JUDITH BENNETT

Im Zeichen der Aphrodite

Aus dem Amerikanischen
übersetzt von Rosemarie Paur

BASTEI LÜBBE

BASTEI-LÜBBE-TASCHENBUCH
Band 60 082

Lizenzausgabe: Gustav Lübbe Verlag GmbH, Bergisch Gladbach
Printed in Western Germany 1983
Einbandgestaltung: Roberto Patelli
Satz: Offset Satz Studio Loeffel, Köln
Druck und buchbinderische Verarbeitung: Ebner Ulm
ISBN 3-404-60082-7

Der Preis dieses Bandes versteht sich einschließlich
der gesetzlichen Mehrwertsteuer

Für Z

Ohne dessen Liebe, Verständnis, Ermutigung und Unterstützung dieses Buch nicht geschrieben worden wäre. Und für meine geduldigen Kinder Anina und Nicky, die mein Leben mit Freude erfüllen, und von denen ich viel gelernt habe.

Und für meinen guten Freund Gerald Born, dessen klugen Rat ich schätze.

Inhalt

Einleitung

Ich bin Therapeutin und helfe Frauen seit einem Jahrzehnt auf mannigfaltige Weise: als Gründerin und Präsidentin der »Beratungsstelle in Lebenskrisen« und des »Beratungszentrums für Umschulungsfragen«, beide in Chikago. Beide Institutionen haben es sich zur Aufgabe gemacht, bei Problemen in menschlichen Beziehungen, im Sexualverhalten und bei Gesundheitskrisen zu helfen. Als Sexualwissenschaftlerin bereite ich mich auf die Promotion in Sexualkunde vor, als Lehrerin unterrichte ich über Themen wie Liebe und Sexualkunde. Daneben bin ich Astrologin und habe mich mit der Traumanalyse nach C. G. Jung, mit der Zahlenlehre, der Handlesekunst und der Graphologie beschäftigt, um meinen Patienten besser helfen zu können, aber auch aus purer Neugierde. Ich bin Chefredakteurin der Zeitschrift *Forum*. The International Journal of Human Relations. In dieser Eigenschaft erhalte ich jährlich über fünfzigtausend Leserbriefe von Menschen, die um Anteilnahme an ihrem persönlichen Leben bitten. Ich bin am 13. April 1944 in Ungarn geboren und habe Schulen im Ausland und in den Vereinigten Staaten besucht. Ich habe an der Universität von Chikago meine Examen abgelegt, und bin Mutter von zwei Kindern, einem Mädchen und einem Jungen.

Sowohl bei meinen Konsultationen in der Psychotherapie wie auch in diesem Buch ist es mein Ziel, dem Ratsuchenden zu helfen, selbst den besten Ausweg aus schwierigen Situationen zu finden. Nach allen meinen bisherigen Erfahrungen hat sich die Psycho-Astrologie, verbunden mit meiner Kenntnis von Therapie und Sexualität, auch in den schwersten Fällen als hilfreich erwiesen, sogar bei nur einer Behandlungsstunde. In Hunderten von Beispielen hat diese Technik Hoffnung in das Leben der Menschen gebracht.

Lassen Sie mich meine Position kurz umreißen. Planeten beherrschen das Schicksal nicht. Die Menschen beherrschen ihr eigenes Schicksal, und sie tun es höchst erfolgreich, wenn sie sich eines allumfassenden Rhythmus bewußt sind.

In jahrelanger Erfahrung habe ich gelernt, die Psycho-Astrologie als einzigartiges Mittel für die Selbstentwicklung anzuwenden. In meiner Beratungsstunde entspannten sich die Frauen schnell, wenn sie hörten, daß andere mit ähnlichen Horoskopen auch Probleme gehabt und sie überwunden haben. Sie lernten Neues dazu, trafen wichtige Entscheidungen. Sie gewannen mehr Vertrauen in die Ordnung der Dinge. Wenn sie gingen, waren sie besser auf ihre eigenen Rollen, auf ihre Aktionen und Reaktionen und auf die Ereignisse vorbereitet, die ihnen zustoßen konnten. Viele entwickelten ein Glaubenssystem, das sie vor anhaltender Qual schützte und ihnen half, Abstand zu ihrem kleinen, allzumenschlichen Ich zu gewinnen.

Im Laufe unserer Beratungsstunden kamen wir zu dem Schluß, daß das Leben nicht so bedeutungslos und chaotisch ist, wie es scheint, wenn man verängstigt, ärgerlich oder deprimiert ist. Man kann sich mit Ärger und Depression auseinandersetzen, und was mehr ist, man kann auf dem Wissen aufbauen, das man aus solchen Erlebnissen gewonnen hat. Man kann das Leben als ständige Herausforderung und als ein Geschenk betrachten. Und das Leben kann eine Stufe auf der Leiter der Reinkarnationen sein. Jede Stufe hat einen besonderen Zweck, jede ist eine Lektion in Liebe und Kommunikation, jede ist begleitet von Kampf. Albert Einstein sagte einmal: »Gott würfelt nicht.« Anscheinend hatte er die gleiche Ansicht über die Gesetzmäßigkeit, den Zweck und die Ordnung des Universums und unseres Lebens.

Das wichtigste Ergebnis meiner Beratungsstunden ist vielleicht die Erkenntnis meiner Patientinnen, welche Bedeutung die Veränderung in unserem Leben hat. Die meisten Menschen, die zu mir kommen, leiden an den Nachwirkungen eines Schocks oder standen vor einer einschneidenden Veränderung. Eine unglückliche Liebesaffäre, Krankheit, Verlust, die Angst auszugehen, eine Stellung zu verlieren, ein Kind zu bekommen, Angst vor dem Umzug in eine andere Stadt, vor der Ehe, vor der Scheidung. Veränderung schien immer die Wurzel des Übels zu sein. Meistens liegt der Angst vor Veränderung Unwissenheit und Mangel an Selbstvertrauen zugrunde. Nachdem ich das erkannt hatte, besprach ich mit meinen Patientinnen einige meiner eigenen Ängste und wie ich sie überwunden hatte. Ich schlug vor, daß sie eine »Risiko-Liste« aufstellen sollten, um festzustellen, wie oft sie schon Risiken eingegangen waren – und hatte Erfolg. Die Risiko – Liste wurde eine der beliebtesten Übungen (siehe »Stier-Beziehungen«).

Ich glaube, daß Veränderungen natürlich sind, und letzten Endes wahrscheinlich nützlich. Wie wir mit Veränderungen fertig werden, bestimmt zum großen Teil die Qualität unseres Lebens.

Selbstachtung war ein anderer Stolperstein. Ich beriet meine Patientinnen, wie sie ihr Selbstbild und ihre Körpersprache verbessern konnten. Ich gab ihnen Unterlagen und Übungsmaterial über die Kunst der Kommunikation, einschließlich sexueller Kommunikation. Ich stützte ihr Selbstvertrauen, indem ich auf die vielen positiven Möglichkeiten in ihren Horoskopen einging und wies sie darauf hin, welche Weisheit sie allein schon dadurch erlangt hatten, daß sie lebten. Ich konnte den meisten helfen, den Weg, der sie aus ihren bedrückenden Ängsten führte, wenigstens zu erkennen, wenn nicht sofort zu gehen.

All das tat ich mit Hilfe der Psycho-Astrologie. In diesem Buch ist fast all das enthalten, was ich lehre und alles, was ich in einem Jahrzehnt von meinen Patientinnen gelernt habe. Ich möchte den Leser näher über Sex-Symbole informieren. Es ist ein psycho-astrologisches Buch über die vielen Möglichkeiten der Frau und es dringt in Bereiche vor, die in anderen Astrologiebüchern nicht berührt werden. Es befaßt sich speziell mit Frauen, untersucht die weibliche Psychologie, die Sexualität, den Ärger, die Angst, Schuld, Machtkämpfe und Veränderungsbedürfnisse. Es lehrt, wie man Liebe findet. Liebe besteht nicht darin, dem richtigen Menschen zu begegnen, sondern darin, der richtige Mensch zu werden. Ich lehne sowohl die reine Vorhersage wie auch die strikte Anwendung der Astrologie in persönlichen Entscheidungen ab.

In diesem Buch werden Astrologie, Psychologie und weibliche Sexualität in einzigartige Verbindung gebracht. Die heutige Frau findet hier das für sie Wesentliche: Wie sie sich auf den universellen Rhythmus der für sie wichtigen Planeten einstimmen und sich ihrer eigenen Liebe und Kraft bewußt werden kann. Das einzige, das man hier nicht findet, sind individuelle Voraussagen. Jeder Mensch hat sein einmaliges Horoskop, aber solche Analysen sind nicht Thema dieses Buches.

Statt dessen habe ich einen Weg ersonnen, um diese persönliche

Information zu psycho-astrologischen Porträts der Frauen zu verdichten. Sie finden in diesem Buch dreizehn verschiedene Frauentypen. Zwölf entsprechen den Tierkreiszeichen, ein weiterer dem der »kosmischen Frau« – der Frau, die wirklich alles in sich vereint. Die Leserin kann zuerst das Kapitel lesen, das ihr Sonnenzeichen beschreibt. Oder sie kann die Liste mit den fünfunddreißig Kennzeichen lesen, die zu Beginn jedes Kapitels stehen und das auswählen, das sie am treffendsten beschreibt. Dabei ist es gleichgültig, ob es ihr Sternzeichen ist oder nicht.

Heutzutage basiert fast jedes Astrologiebuch auf den Sternzeichen. Im Laufe der Jahre sind jedoch viele Frauen zu mir gekommen und haben gesagt: »Ich habe die Beschreibung über Löwe, Jungfrau, Waage usw. gelesen, aber sie paßt nicht. Was ist mit mir los?« Meine Antwort ist ein nachdrückliches »Nichts!« Sternzeichen-Beschreibungen stimmen selten. Sie sind zu vereinfachend und zu verallgemeinernd, um wesentliche Aussagen oder wirkliche Einsicht zu vermitteln. Sie bieten auch keine Alternative zu dem sattsam bekannten alten Trott über den angeblich beständigen Charakter.

Ich habe dieses Buch hauptsächlich darum auf gemischten astrologischen Porträts und nicht auf Sternzeichen aufgebaut, weil ich glaube, daß eine Frau von der Überzeugung befreit werden muß, ihr Sternzeichen sei ihr in Marmor gehauener Charakter.

Eine Zwillinge-Leserin identifiziert sich vielleicht mit der Beschreibung der Widder-Frau. Soll sie diese Erkenntnis unter den Tisch fallen lassen und sich als »schlechten« Zwilling betrachten? Ich bin der Meinung, daß die Wahl stets bei ihr liegt. Keine Frau soll dem starren Denken der Sternzeichen-Enthusiasten ausgesetzt sein.

Man braucht nichts über Astrologie zu wissen, um etwas aus diesem Buch zu lernen. Das Rollenmodell der Leserin kann die Widder-Frau, die Zwillinge-Frau oder die Fische-Frau sein, ganz wie sie selbst entscheidet. Vielleicht macht sie auch gerade eine Phase durch, auf die die Beschreibung in einem Kapitel genau paßt, während sie vor ein paar Jahren eine ganz andere Frau war. Ihr altes Selbst wird vielleicht in einem anderen Kapitel dargestellt.

Was ist Psycho-Astrologie?

Astrologie ist eine uralte Methode, veränderliche Muster und Zyklen zu studieren. Sie überschneidet sich mit anderen metaphysischen Systemen. *Psycho*-Astrologie ist eine Mischung aus alter astrologischer Weisheit und moderner psychologischer Sachkenntnis. Ich halte sie für ein dynamisches und produktives Mittel zum Verständnis der menschlichen Natur. Der Wißbegierige findet hier Antwort auf seine Fragen. Sie kann zu Selbsterkenntnis und zum Verständnis der menschlichen Beziehungen verhelfen, in bestimmten Lebensabschnitten Anleitungen geben und dazu beitragen, die vielfältigen Energien zu entdecken, unter deren Einfluß wir ständig stehen.

Mit der Psycho-Astrologie kann ich mich auf Menschen einstimmen und mit ihnen Kontakt aufnehmen. Ich kann meine Intuition in festgefügte Bahnen lenken, und ich kann integrieren, was ich beobachtet, erfahren, gelernt und gefühlt habe. Sie übersetzt die astrologischen Ausdrücke in eine moderne Sprache. Psycho-Astrologie ist auch für mich persönlich eine Brücke gewesen. Durch sie habe ich meinen Horizont erweitert und bin von der humanistischen, akademischen Psychologie zum Grenzgebiet einer neuen Astrologie vorgestoßen.

Sie hat mich gezwungen, meine Intuition genauso einzusetzen und zu realisieren wie meinen logischen Verstand, und schließlich habe ich meiner Intuition vertraut.

In diesem Buch benutze ich die Psycho-Astrologie als ein Barometer für die ineinander übergehenden Phasen in der Entwicklung einer Frau. Ich helfe ihr damit zu erkennen, daß sie für ihre eigene Erfüllung verantwortlich ist, und zwar sowohl für sich selbst als auch in Beziehung zu anderen.

Für wen ist Psycho-Astrologie gedacht?

Dieses Buch ist für die Frau gedacht, die sich mit ihrem psycho-sozial-sexuellen Selbst vertraut machen, die ihre Hemmungen erkennen und reduzieren oder beseitigen, die Liebe und Freude geben und empfangen will. Sie wird hier unschätzbare Einsicht in ihre Persönlichkeit gewinnen. Sie wird Rat, Inspiration, Wissen, Führung, Ermutigung, Unterstützung und einen Katalysator für ihr inneres Wachstum finden.

Wenn Liebe der Schlüssel zum Leben ist, so ist der Schlüssel zu Liebe und Ehe sexuelle Kommunikation. Die menschliche Sexualität ist eine kritische Komponente der Liebe. Wir drücken unsere Sexualität so aus, wie wir es von unseren Eltern, unseren Altersgenossen und der Gesellschaft gelernt haben. Wir betrachten sie zum Beispiel hauptsächlich als geschlechtliche Wechselbeziehung. Tatsächlich schließt fast jeder gesellschaftliche Kontakt einen erotischen Aspekt mit ein.

Die erotische Energie ist im wesentlichen eine natürliche und gesunde Kraft. Es ist die Freude zu leben, das Verlangen nach Beziehungen, sich mit Gefühl mitzuteilen und dem Leben Bedeutung abgewinnen zu können. Wir alle haben die Fähigkeit, Freude zu erfahren, uns an Veränderungen anzupassen und uns wohlzufühlen, wenn wir mit anderen enge Beziehungen eingehen. Wenn wir uns in vollkommener Harmonie mit unserer freiströmenden erotischen Energie befinden, werden wir mit Selbstachtung, Liebe, Kreativität und in Freiheit leben. Wir können die Risiken in Kauf nehmen, die erforderlich sind, um Veränderungen zu bewirken, und wir lernen, das Verantwortungsgefühl zu schätzen, das mit engen Beziehungen und weltlichem Erfolg einhergeht.

Wenn wir jedoch Schwierigkeiten haben, unsere Bedürfnisse zu zeigen, Liebe zu geben und zu nehmen, unsere erotischen Kräfte zu entwickeln, menschliche Beziehungen zu gestalten, unseren Ärger konstruktiv umzusetzen, Ziele zu erreichen, dann wird dieses Buch, so hoffe ich, wertvolle Hilfe für ein erfülltes Leben sein.

Die dreizehn Frauen-Typen dieses Buches

Dieses Buch ist auf dreizehn psycho-astrologischen Frauen-Porträts aufgebaut. Die verschiedenen Typen werden beschrieben, angefangen mit der Widder-Frau bis zur »kosmischen Frau«.
Es gibt zwölf Tierkreiszeichen, und ich habe ihre Symbole ange-

wandt. Eines habe ich hinzugefügt, nicht, weil ich glaube, daß ein Planet über Pluto hinaus in naher Zukunft entdeckt wird (obwohl auch das geschehen wird), sondern weil ich glaube, daß die heutige Frau nach Rollenvorbildern sucht. Das dreizehnte Kapitel beschreibt die vollendete Frau, die Frau, die geistig, erotisch, intellektuell und gefühlsmäßig so unabhängig ist, daß sie vollkommen und ihrer Sache gewiß in innerer Abhängigkeit mit allem verbunden ist. Wenn sich das paradox anhört, verweise ich auf Kapitel dreizehn. Jede Frau ist eine Mischung aus verschiedenen Einflüssen, ihrer Gene, ihrer Vergangenheit, den Einwirkungen ihrer Eltern, Lehrer, Freunde, Liebhaber, Kinder, der Gesellschaft im allgemeinen und der Medien. Außerdem hat sie eine eigene Vorstellung von sich selbst, aber diese wird selten realisiert. Auch hier kann vielleicht das dreizehnte Kapitel helfen.

Ein einzelnes Horoskop enthält mindestens fünfzehn verschiedene Faktoren, mit denen der Astrologe arbeitet. Das sind z.B. Sonnenzeichen, Mondzeichen, Aszendent, Himmelsmitte, Elemente, Qualitäten, Planetenaspekte, sensitive Punkte, Halbsummen, um nur einige zu nennen. Dies ist jedoch kein Lehrbuch, auf Einflüsse anderer Planeten über den herrschenden hinaus gehe ich nicht ein. Hier zählt nur das Ergebnis; die Beschreibung des Weges, der dahin führt, hebe ich mir für später auf. Ich bin überzeugt, daß jede Leserin eine treffende Beschreibung ihres wahren Selbst in diesem Buch finden wird.

Die Frau, die dieses Buch liest, braucht nichts über Astrologie zu wissen. Sie braucht auch ihr eigenes Horoskop nicht zu kennen, um das Buch verstehen und daraus lernen zu können.

Über die Anwendung dieses Buches

Jedem der dreizehn Kapitel ist eine Auflistung vorangestellt. Diese Liste enthält fünfunddreißig Kennzeichen, die jeden Frauentyp beschreiben. Da fast alle Frauen ihr Sternzeichen kennen, rate ich jeder Leserin, ihr Sternzeichen aufzuschlagen und die Auflistung zu überprüfen. Wenn dreißig oder mehr Kennzeichen zutreffen, beschreibt dieses Kapitel sie wahrscheinlich genau.

Wenn sie jedoch das Gefühl hat, daß ihr Sonnenzeichen *nicht* stimmt, sollte sie die anderen Auflistungen durchsehen. Eine wird stimmen, und dann soll sie hier anfangen, ganz gleich, um welches Zeichen es sich handelt.

Sie soll nicht erschrecken, wenn auch verschiedene Punkte in anderen Kapiteln auf sie zutreffen. Es gibt allgemeingültige Verknüpfungen und auch allgemeingültige Probleme, die viele Frauen betreffen. Hier zeigt sich die Verschwisterung. Wenn sie sich in mehr als einem Kapitel wiederfindet, so wird dies nur ihr Gefühl verstärken, daß sie nicht allein ist. Und wenn ihr die Ratschläge aus mehreren Kapiteln zugute kommen können, so wird sie um so stärker werden. Um den berühmten Alan Leo zu zitieren: »Jedes Teil eines Ganzen spiegelt das Ganze wider. So spiegelt jedes der zwölf Tierkreiszeichen den ganzen Tierkreis wider.«

Phasen

Wenn eine Frau entdeckt, daß ein Kapitel sie beschreibt, wie sie vor fünf Jahren war, und ein anderes ihr jetziges Selbst wiedergibt, dann ist sie auf der richtigen Spur. Denn dieses Buch wurde geschrieben, um die reichen Entwicklungsmöglichkeiten im Leben einer Frau aufzuzeigen. Es hilft ihr zu entdecken, woher sie gekommen ist, und zeigt den Weg in die Zukunft.

Eine Leserin in den Zwanzigern hat zum Beispiel das Sternzeichen Skorpion, im Augenblick jedoch identifiziert sie sich mit dem Zeichen Widder. Das braucht sie nicht zu verwirren. Ich glaube, das bedeutet einfach, daß sie mehr ein Widder als ein Skorpion ist, oder daß sie gerade eine Widder–Phase in ihrem Leben durchmacht. Diese Phase kann zu gegebener Zeit einer anderen Platz machen. Beim Lesen dieses Buches wird sie wertvolle Einblicke gewinnen und die Richtung erkennen, die sie einschlagen will.

Ein anderes Beispiel: Eine Frau, deren Leben sich im Umbruch befindet, ist eine Leserin in den Vierzigern mit dem Sternzeichen Steinbock. Das Kapitel Steinbock ist für sie bis auf das I-Tüpfelchen zutreffend, wenn sie mit ihrem Leben unzufrieden ist und es ändern möchte. Sie wird in diesem Buch nicht nur die Einsicht und die praktischen Ratschläge finden, die sie braucht, um sich selbst zu analysieren, sondern sie wird auch entdecken, wem sie nacheifern möchte. Vielleicht möchte sie lieber wie ein feuriger Löwe sein. Sie braucht nur das Kapitel über die Löwe-Frau zu lesen, um festzustellen, ob es einen Sinn hat, diesen Phantasien nachzugehen, und wie sie am besten zu verwirklichen sind. Wieder eine andere Leserin blickt vielleicht zurück, erkennt, daß sie durch viele Phasen gegangen ist, und gegen ihr augenblickliches Leben nichts einzuwenden hat. In diesem Fall kann man ihr nur gratulieren.

Die heutige Frau ist sehr komplex und lebt zudem in einer schwierigen Zeit. Oft ist sie verwirrt, wenn es um ihre Bedürfnisse geht. Sie möchte unabhängig werden, doch es ist nicht einfach, sich aus traditionellen Mustern und aus der Abhängigkeit von einem Mann zu lösen. Ihr Leben befindet sich im Umbruch, und die Gesellschaft hat wenig dazu getan, sie auf eine Welt vorzubereiten, die zwar die Empfängnisverhütung, nicht aber die Chancengleichheit erreicht hat.

Ich glaube, daß meine phasenbetonte Betrachtungsart außerordentlich wichtig ist, denn die moderne Frau kann nicht mehr nach alten Klischees beurteilt werden. Sie ist Ehefrau, Mutter, Partnerin, Tochter, Liebhaberin, Freundin, berufstätig. Sie ist auch Hure, Heilige, Engel, Teufel, Muse, Amazone. Frauen (und Männer) stehen in ständigen Wandlungsprozessen. Die heutige Frau hat mehr Auswahlmöglichkeiten denn je. Sie verändert sich schnell und ist immer mehr Streß ausgesetzt. Dieses Buch trägt dieser Tatsache Rechnung.

Warum nicht Sternzeichen?

Meiner Ansicht nach soll eine Frau, die meint, ihr Sternzeichen sei nicht zutreffend, das Recht haben, sich als einen anderen astrologischen *Typ* zu betrachten, und darin unterstützt werden.

Es gibt noch andere Gründe, warum ich dieses Buch nicht auf den Sternzeichen aufgebaut habe. Die Beschreibung eines Sternzeichens, wenn auch für Anfänger brauchbar, ist viel zu vereinfachend. Es ist bequem, weil die meisten Leute ihr Sternzeichen kennen, aber es ist nur einer von vielen Faktoren, die ein Horoskop ausmachen. Ein »ganzheitlicher« Astrologe stellt und deutet ein Horoskop unter Einbeziehung mindestens folgender Symbole: Zehn Planeten, das Achsenkreuz von Aszendent und Medium Coeli und die Mondknoten. Progressions- und Transithoroskope werden ebenfalls herangezogen.

Es gibt auch technische Schwierigkeiten mit der Sternzeichen-Astrologie. Erstens einmal wissen die Leute, die zum Zeitpunkt des Übergangs von einem Tierkreiszeichen in ein anderes geboren wurden, im allgemeinen nicht, welches Zeichen sie haben. Wenn man zum Beispiel am exakten Übergang von Wassermann zu Fische geboren wurde, muß man die genaue Geburtszeit wissen und sich ein Horoskop stellen lassen, um zu erfahren, ob man Wassermann oder Fische als Sternzeichen hat. Die Sonne bewegt sich jedes Jahr zu verschiedenen Zeitpunkten in die einzelnen Zeichen, und manchmal verschiebt sich der Übergang um einen ganzen Tag.

Wenn man seine genaue Geburtszeit nicht weiß, muß der Astrologe auf komplizierte Weise – Korrektur genannt – feststellen, welcher Zeitpunkt es gewesen sein muß. Bei der Korrektur geht man in der Zeit zurück und ermittelt anhand der Hauptereignisse im Leben des Betreffenden die genaue Geburtszeit. Leider gibt es verschiedene Korrektur-Methoden, und zwei Astrologen, die verschiedene Methoden anwenden, können leicht zu verschiedenen Geburtszeiten und somit zu verschiedenen Horoskopen für die gleiche Person kommen.

Ferner gibt es ein historisches Problem. Einige Astrologen arbeiten mit dem siderischen Tierkreis, der auf Sternbildern beruht. Aber die Sternbilder, wie Widder, Stier, usw., befinden sich nicht mehr dort, wo sie in alten Zeiten waren. Der siderische Tierkreis unterscheidet sich von dem äquatorialen, der in den meisten Astrologiebüchern benutzt wird. Der äquatoriale Tierkreis basiert auf den Jahreszeiten der Erde.

Der äquatoriale Tierkreis nimmt als den Punkt der Frühlings-Tag-und-Nacht-Gleiche (Frühlings-Äquinoktium) null Grad Widder an, das erste Zeichen des Tierkreises. Jedem Zeichen sind dreißig Grad zugeteilt, so daß die zwölf Zeichen zusammen dreihundertsechzig Grad ergeben. Die Einteilung der Zeichen in dreißig Grad erscheint willkürlich. Die meisten östlichen Astrologen benutzen jedoch den äquatorialen Tierkreis, weil er stimmt.

Das Horoskop ist in zwölf Häuser eingeteilt. Einige Astrologen arbeiten mit Dreißig-Grad-Häusern. Das aufgehende Zeichen oder der Aszendent bestimmt den Beginn des Horoskopes auf der linken Seite. Der Aszendent ergibt sich aus der Geburtszeit, sein Zeichen (Widder bis Fische) ist das Sternbild, das am östlichen Horizont zur Geburtszeit eines Menschen aufgeht. Andere Astrologen benutzen unterschiedlich große Häuser. Die meisten westlichen Horoskope werden jetzt nach der Methode Koch oder Placidus gestellt, die beide das Horoskop in ungleiche Abschnitte einteilen. So kann ein Haus fünfzig Grad, ein anderes nur fünfundzwanzig Grad umfassen.

Die Psycho-Astrologie stützt sich bis zu einem gewissen Grad auf die klassische Astrologie und einige ihrer Auslegungen. Wie die moderne Astrologie beurteilt sie jedoch einen Menschen nach seinem Gesamthoroskop, nach Intuition und aufgrund der Erkenntnisse der Psychologie, der menschlichen Sexualität und der Entwicklungsphasen. Abweichend von der klassischen Astrologie nimmt sie jedoch an, daß jeder Mensch für negative Charakterzüge selbst verantwortlich ist, und daß nicht irgendwelche Kräfte von außen sein Schicksal bestimmen. Obwohl ein angezeigtes Ereignis eintreten mag, bestimmen doch Reaktion darauf, Interpretation und Wahrnehmung des Vorfalls das Ergebnis, nicht irgendein kosmischer Oberaufseher.

Zusammenfassend bin ich gegen die Sternzeichen-Astrologie, weil sie allzu oft einen beschränkenden Einfluß ausübt, den viele Frauen als schädlich empfinden. Ich möchte keine Frau mit einem negativen Selbstbild belasten. Die meisten Frauen leiden sowieso unter einem schwachen Selbstwertgefühl und reagieren viel zu empfindlich auf autoritäre Einflüsse von außen, weil sie sich ihres eigenen Wertes nicht deutlich genug bewußt sind. Ich glaube, daß die Psycho-Astrologie sich gegen diese Tendenz wendet und einen befreienden, keinen einschränkenden Einfluß ausübt.

Warum ich dieses Buch geschrieben habe

Keine Frau muß meine persönliche Philosophie übernehmen, um Gewinn aus diesem Buch zu ziehen. Ich halte es jedoch für wichtig, meine Überzeugungen darzulegen, weil dadurch die Dinge klarer werden. In diesem Buch greife ich zurück auf meine Ausbildung als Beraterin, Psycho-Astrologin, Dozentin sowie als Beobachterin der menschlichen Natur und des Sozial- und Sexualverhaltens. Außerdem ziehe ich Gewinn aus meinen Erfahrungen als Mutter, Ehefrau, Tochter, Liebhaberin, Vertraute und Berufstätige. Ich bringe mit: meine Erziehung, Beobachtungsgabe, Erfahrung, meinen Charakter und meine Intuition. Ich glaube, daß wir bisher noch nicht einmal die Spitze des psychischen menschlichen Eisbergs entdeckt haben. In uns schlummert unendlich viel unbewußtes Wissen, entwicklungsgeschichtliche Erinnerung, Reinkarnationsbewußtsein.

Meiner Meinung nach bewegen wir uns auf zwei Hauptebenen: auf der Ebene des höheren Selbst, unserem Leitstern, und auf der Ebene unseres niederen Selbst, unserer Persönlichkeit. Das höhere Selbst ist weiser und weniger unentschieden. Die Persönlichkeit ist erdgebunden und hat die üblichen Probleme, denen wir uns alle gegenüberstehen. Das höhere Selbst ist die Schatzkammer, die Synthese, der Wegweiser durch unsere vielen Leben und Persönlichkeiten. Es entscheidet nach bestimmten, allgemeingültigen Gesetzen, die wir noch nicht entziffert haben, welche Erfahrungen in einem nächsten Leben auf der Erde durchzumachen sind. Obwohl das höhere Selbst stets den Zweck verfolgt, ein positiveres, liebevolleres und umfassenderes Wesen zu entwickeln, hat die Persönlichkeit meist Schwierigkeiten.

Ich bin Optimistin und glaube, daß wir alle auf dem Wege einer positiven Entwicklung sind. Wir sind nicht immer erfolgreich, und darum fallen wir manchmal wieder zurück. Trotzdem sollte es unser wesentliches Anliegen sein, unter unseren Möglichkeiten und Plänen die richtigen Erfahrungen auszuwählen, um unsere gegenwärtigen Aufgaben zu erfüllen und uns zu der »kosmischen Frau« zu entwickeln.

Die Erfahrungen, die wir brauchen – und mögen sie noch so schwer sein –, sind die, die uns auf unserem Weg weiterbringen. Manchmal rutschen wir aus, manchmal fliegen wir. Persönlich glaube ich, daß wir durch die negativen Energien von Schuld, Angst und unterdrücktem Ärger davon abgehalten werden, uns in höhere Regionen aufzuschwingen. Darum ist es so wichtig, die negativen Energien zu erkennen und zu lernen, sie in uns auszumerzen.

Jeder Mensch setzt sich aus vielen Faktoren zusammen. Wir verwandeln uns ständig, sind ständig in Bewegung. Wie viele Physiker auch glaube ich, daß wir den Schlüssel zum Geheimnis des Universums gefunden haben, wenn wir erst einmal die Struktur des Atoms verstehen. Wenn wir uns selbst und andere besser kennen und lieben lernen, so glaube ich weiterhin, werden wir den Sinn des Lebens erkennen.

Liebe ist die Quelle unserer Kraft und Kreativität. Liebe ist die Grundlage dieses Buches.

Die Kapitel

Jedes Kapitel enthält eine Analyse des psychologischen Charakters, der wechselnden Phasen menschlicher Bedürfnisse, der Selbstachtung, des Sexualverhaltens und der erotischen Bedürfnisse, der Fähigkeit, mit dem Ärger fertig zu werden, der Partnerwahl für Liebe und Ehe (zu verschiedenen Zeiten ganz unterschiedlich), der Notwendigkeit und Fähigkeit persönlichen Wachstums und alternativer Lebensstile. In der psychologischen Analyse finden sich Hinweise auf Stärken und Schwächen mit Vorschlägen zur Beseitigung der letzteren. Es gibt Antworten auf Fragen wie: Wie kann der Widder lernen, seine verletzten Gefühle zu zeigen? Wie kann der Zwilling sein ständiges Verlangen nach Anregung und Abwechslung produktiv einsetzen? Wie kann der Skorpion sein unersättliches Verlangen nach Macht in eine bestimmte Richtung lenken? Wie kann der Steinbock berufliche Ziele mit einem guten Familienleben in Einklang bringen?

Jeder Typ ist vollkommen individuell in der Wertstruktur, in seinem Bedürfnis nach Sicherheit, dem Verlangen nach Abhängigkeit oder Selbständigkeit. Ich zeichne die entwicklungsmäßigen Veränderungen dieser Faktoren im Laufe des Lebens einer Frau auf. Es ist zum Beispiel nützlich, wenn die Widder-Frau weiß, daß sie sich gefühlsmäßig langsam entwickelt, die Steinbock-Frau, daß ihr Glück zunimmt, je älter sie wird und die Fische-Frau, daß sie vielleicht später auf Abwege gerät. Es hilft den Frauen, wenn sie wissen, daß sie bestimmte Probleme und Eigenschaften mit anderen teilen.

Das Thema Selbstachtung behandele ich in jedem Kapitel, denn Selbstachtung ist die Grundlage für inneres Wachstum, enge Beziehungen und Liebe. Ohne sich selbst zu lieben, kann man andere nicht lieben. In diesem Buch findet man Ratschläge, wie man seine Selbstachtung beurteilen und erhöhen kann.

Genauso wie sich jede Frau in psychologischer Hinsicht von einer anderen unterscheidet, unterscheidet sie sich auch von den anderen im Sexualverhalten. Eine Frau, die ihre eigene Sexualität versteht, wird mit sich selbst und ihrem Liebespartner besser auskommen. Welche erotischen Bedürfnisse hat sie? Wie wird sie mit Schuld fertig, und wie erlebt sie Freude? Sexualität ist Kommunikation und gehört zu unseren größten Freuden. Für viele wird die erotische Erfahrung jedoch gemindert, weil unsere Kultur uns gemeinsame Vergnügungen abzieht. Wir haben gelernt, die Sexualität auf den Müllabladeplatz unserer Beziehungen zu werfen. Selbsterkenntnis und neue Fertigkeiten, intime Beziehungen aufzubauen, können uns helfen, diese Neigung zu ändern.

Sexualität und Ärger gehören eng zusammen. Wenn wir unseren Ärger nicht positiv umsetzen können, zerstört er unsere gesunde Sexualität. Ich behandele den Ärger, seine Beziehung zum Sexualverhalten und zur Kommunikation für jeden Frauentyp und weise darauf hin, wie man den Ärger in konstruktive Bahnen lenkt. Unkontrollierter Ärger kann und wird viele Formen annehmen: Machtkämpfe mit einem Partner, Konkurrenzneid, Feindseligkeit, Unfähigkeit zum Orgasmus, Mangel an sexuellem Verlangen, und andere Probleme. Für jeden Frauentyp gibt es Hinweise, den Ärger zu zeigen und sich davon zu befreien. Im dreizehnten Kapitel findet die Frau Ratschläge, wie sie ihren Ärger als Stütze in den Partnerschaften ihres Lebens nutzbar machen kann.

Für jede Frau gibt es den am besten passenden Gefährten als Ehepartner, als Vater ihrer Kinder und, wenn sie will, als Versorger.

Es gibt andere, die für vor- bzw. nach- oder außereheliche Beziehungen in Frage kommen. Ich prüfe zum Beispiel, wie die Widder-Frau ihr Verlangen nach Beständigkeit und ihren gleichzeitigen Erlebnishunger stillen kann, wie die Schütze-Frau mit ihrer Wanderlust fertig wird, wie die Wassermann-Frau sich in engen freundschaftlichen Bindungen verhält und die Fische-Frau ihre Neigung zu klettenartiger Abhängigkeit überwinden kann.

Selbsterkenntnis gibt Entscheidungsfreiheit zu Beziehungen, die über die normale Form einer Liebesaffäre, Ehe oder Scheidung hinausgehen. Daher behandele ich diese Möglichkeiten auch. Im letzten Abschnitt jedes Kapitels werden, zum erstenmal in der Astrologie, alternative Lebensformen zur Monogamie behandelt. Die Bedürfnisse jedes Menschen in bezug auf persönliches Wachstum und intime Verbindungen werden erörtert, wechselnde sexuelle Bedürfnisse werden analysiert und festgelegt. Es gibt zum Beispiel Frauen, die ein Leben lang erotisch und gefühlsmäßig ausschließlich aneinander gebunden sind. Ich möchte auch jene Frauen ansprechen, denen die traditionelle Monogamie nicht zusagt. Manche brauchen verschiedene Partner für Liebesaffären und Ehe. Andere experimentieren und haben viele Verhältnisse, frei von Schuldgefühlen.

Dieses Buch gibt Frauen wertvolle Hinweise zur Selbsterkenntnis, Selbstachtung und zur Entwicklung erotischer und sozialer Möglichkeiten. Männer lernen Frauen und ihre eigene weibliche Seite besser kennen. Ich hoffe und glaube, daß alle, die ihre Fähigkeiten zu Liebe, erotischen Freuden, Gesundheit und Glück erweitern wollen, von diesem Buch profitieren.

Nach der Liste auf der nächsten Seite wird in der traditionellen Sternzeichen-Astrologie bestimmt, unter welchem Zeichen man geboren ist. Nur zu oft scheint das Bild wie in Stein gehauen zu sein und stimmt nicht mit der Entwicklung eines Menschen zu einem bestimmten Zeitpunkt überein. Andere Faktoren außer der Sonne können einen großen Einfluß haben. Ein starker Aszendent, Aspekte der Planeten, der Lauf des Mondes oder verschiedene Kombinationen können die Auswirkungen der Geburtssonne beeinträchtigen. Ein Mensch kann in eine Phase kommen, die mehr mit einem anderen Sternzeichen übereinstimmt und diesen

Zyklus fortsetzen, bis er sein natürliches Ende findet. Ein unter dem Zeichen Stier Geborener kann sich zum Beispiel wie ein Löwe verhalten und viele Züge dieses Zeichens annehmen, bis die Löwe-Phase beendet ist und die Stier-Persönlichkeit wieder zum Vorschein kommt, natürlich modifiziert durch die Erfahrungen des Löwe-Verhaltens. Und so ist es mit allen Zeichen, sie sind ständig im Fluß. Es ist sehr wichtig zu wissen, wo man sich gerade befindet. Bewußtwerden bedeutet Selbsterkenntnis. Das ist das Ziel von Astrologie und Psychologie – Erweiterung des Selbstbewußtseins.

Daten der Tierkreiszeichen

Widder	21./22. März bis 20. April
Stier	21. April bis 21. Mai
Zwillinge	22. Mai bis 21./22. Juni
Krebs	22./23. Juni bis 22./23. Juli
Löwe	23./24. Juli bis 23./24. August
Jungfrau	24./25. August bis 23. September
Waage	24. September bis 23./24. Oktober
Skorpion	24./25. Oktober bis 22./23. November
Schütze	23./24. November bis 21./22. Dezember
Steinbock	22./23. Dezember bis 20./21. Januar
Wassermann	21./22. Januar bis 18./19. Februar
Fische	19./20. Februar bis 20./21. März

Die folgenden Kapitel stellen die dreizehn Archetypen dar, die aus verschiedenen Elementen zusammengesetzt sind – Sonnenzeichen, Mondzeichen, aufsteigendes Zeichen, Planetenherrscher und Aspekte – und die einem Menschen helfen sollen, herauszufinden, in welcher Phase er sich gerade befindet. Wenn dreißig der zu Beginn eines jeden Kapitels aufgeführten Kennzeichen Ihrer ehrlichen Selbsteinschätzung nach auf Sie zu passen scheinen, so ist anzunehmen, daß einige Ihrer Planeten die allgemeingültigen Archetypen dieses Sternbildes berühren. Die »kosmische Frau« ist ein Mensch, der alle Lektionen des Tierkreises gemeistert und die Entwicklung zu einem kosmischen Wesen durchgemacht hat.

Wenn sie zu gut scheint, um wahr zu sein, verzweifeln Sie nicht, sie existiert. Sie müssen nur offen bleiben und sich den Veränderungen anzupassen lernen, die ständig in ihrem Leben auftreten.

Widder

21./22. März bis 20. April

Kennzeichen der Widder-Frau

Wichtig: Diese Liste enthält nur die Kennzeichen einer Phase. Wenn Sie den Eindruck haben, daß sie nicht auf Sie zutreffen, prüfen Sie bitte die anderen Listen, um festzustellen, in welcher Phase Sie sich befinden (dies gilt auch für alle anderen Kennzeichen-Listen, die den einzelnen Tierkreiszeichen-Kapiteln vorangestellt sind).

1. SEHR STARK MOTIVIERT
2. BAHNBRECHEND
3. BBRAUCHT HERAUSFORDERUNG
4. STARKE PERSÖNLICHKEIT
5. GLÜCKSKIND
6. POSITIV, OPTIMISTISCH
7. GEWINNERIN
8. REBELLISCH
9. GEFÜHLLOS
10. GEHT RISIKEN EIN
11. UNGEDULDIG
12. IMPULSIV
13. WETTEIFERND
14. DOMINIEREND
15. ÜBERNIMMT VERANTWORTUNG
16. ZIELBEWUSST
17. «MÄNNLICH» ODER EINFACH ANDERS
18. ANDROGYN
19. EXTROVERTIERT
20. LEICHT REIZBAR
21. STARKES SELBSTWERTGEFÜHL
22. HUMORVOLL
23. GLEICHGÜLTIG
24. SELBSTSÜCHTIG
25. STOLZ
26. STARKE LIBIDO
27. VERABSCHEUT DETAILS
28. ARROGANT
29. DERB
30. SCHNELL GELANGWEILT
31. DYNAMISCH
32. CHARISMATISCH
33. KATALYSATOR
34. JÄGERIN
35. IDEALISTIN

Die Persönlichkeit der Widder-Frau

Allgemeines

In ihren Beziehungen, in Liebe und Arbeit braucht die Widder-Frau Herausforderung. Sie ist dynamisch und tatkräftig, möchte Einfluß haben und Veränderungen bewirken. Sie steht gern einem Haushalt oder Büro vor, neigt zu Extrovertiertheit und ist voller Lebensfreude. Häufig steht sie im Wettbewerb mit anderen und setzt voraus, daß sie die erste sein wird. Sie hofft überhaupt immer, bei allem, was sie anpackt, daß sie als beste abschneiden wird. Sie hat den Mut, fast alles anzupacken.

Widder ist das erste Zeichen im Tierkreis, ein Kardinal- und Feuer-Zeichen, sein Herrscher ist der Mars. Die Widder-Frau, im Frühling geboren, scheint den zähen Willen eines Samenkorns zu haben, das durch den gefrorenen Boden brechen, überleben und blühen muß. Wie die beiden anderen Feuer-Zeichen Löwe und Schütze neigt der Widder zu Optimismus, ist lebensfroh, leidenschaftlich, dominierend, ungestüm, auffallend, fordernd, leicht gelangweilt, unbeständig, zeitweise närrisch und unvernünftig, im allgemeinen reizend und voll unerschöpflichem Enthusiasmus. In der Mythologie ist Mars der Kriegsgott, und so ist die Widder-Frau auch eine gute Kämpferin, Konkurrentin, Debattierende oder Bahnbrecherin. Häufig wird sie von der Gesellschaft in ihrem Wesen und ihrer Erscheinung als männlich eingestuft.

Scarlett O'Hara ist ein Beispiel für den Widder-Typ – optimistisch, leidenschaftlich, und manchmal ist es nicht leicht, mit ihr auszukommen. Scarlett ist ein Stehaufmännchen, dabei impulsiv und stolz. Sie strahlt und wütet, fasziniert und stößt gleichzeitig ab. Man kann sie ablehnen, man kann sie unwiderstehlich finden, aber man kann sie nicht ignorieren. Sie ist sich selbst ihr größter Feind, letzten Endes hält sie jedoch durch. Es gelingt ihr sogar, uns zu überzeugen, daß auch Tragik ein Teil des Lebens, Gewinnen eine rein subjektive Erfahrung ist. Für die Widder-Frau ist es sehr wichtig, daß sie gewinnt.

Man gehört zum Widder-*Typ*, wenn dreißig oder mehr der oben angeführten Kennzeichen auf einen zutreffen. Man muß die

Sonne nicht im Widder haben, um ein Widder-Typ zu sein.

Man braucht auch keine Planeten im Widder zu haben, wenn man eine Widder–*Phase* durchmacht. Die Widder-Phase im Leben einer Frau wird wie folgt charakterisiert:

1. Es werden häufig hastige und impulsive Entscheidungen getroffen.
2. Die Widder-Frau fängt vollkommen neu im Leben an, einmal oder mehrmals.
3. Sie zeigt eigensinniges oder aufrührerisches Verhalten, besonders wenn vorher Anpassung herrschte.
4. Für die Widder-Frau typisch: hartnäckige Suche nach Unabhängigkeit, nach Wegen, die eher »männlich« als traditionell weiblich sind (zum Beispiel eine Frau, die in den mittleren Jahren plötzlich wieder studiert oder den Beruf wechselt).
5. Sie stellt sich bewußt neuen Aufgaben, meistens sowohl im Privat– wie im Berufsleben.
6. Auch wenn sie das Gefühl hat, mit dem Kopf gegen eine Wand zu schlagen, will sie auf keinen Fall aufgeben, ganz gleich, was die anderen sagen.
7. Im körperlichen Bereich immer wieder auftretende Krankheiten oder Wunden am Kopf (dies deutet auf einen Widder-Einfluß hin, jedoch nicht auf eine Widder-Phase).

Die Widder-Frau ist im allgemeinen eine ewige Optimistin, trotz vieler Hindernisse fängt sie mit großer Kraft immer wieder von vorne an, wenn etwas schiefgegangen ist.

STARK MOTIVIERT, BAHNBRECHEND, BRAUCHT HERAUSFORDERUNG

Die Widder-Frau kann häufig mehr als fünf Dinge auf einmal tun, und oft tut sie es auch. Von klein auf hat sie einen starken Erfolgsdrang, strebt begierig an die Spitze. Meist muß sie sich selbst beweisen, muß eine Situation kontrollieren, und diese Eigenschaften bringen sie schnell nach oben. Nur die Saturn-beherrschte, übermäßig ehrgeizige Steinbock-Frau ist genauso häufig in leitenden

Positionen anzutreffen, die sie vielleicht nur nicht so schnell erreicht wie die Widder-Frau.

Um Höchstleistungen zu erlangen, muß die Widder-Frau geistig gefordert werden. Ihr Verstand ist meist ihre stärkste Seite, obwohl sie auch körperlich kräftig sein kann. Oft ist sie sehr attraktiv.

Die Widder-Frau ist selten faul. Immer muß sie etwas tun, vollenden, herstellen, sonst kommt sie sich unproduktiv vor, fühlt sich frustiert oder fängt an zu grübeln. Sie muß ihren Verstand und ihre Fähigkeiten ständig an der Umwelt messen. Sie muß wissen, daß sie ihren Führungsanspruch und ihre Aktionsbereitschaft in die Tat umsetzen kann, daß sich früher oder später für ihren Ehrgeiz und ihre oft beachtliche Initiative ein Ventil finden wird.

In ihrem Privatleben braucht die Widder-Frau Ansporn zu innerem Wachstum. Sie muß lernen, von Zeit zu Zeit die aufgezwungene Selbstkontrolle abzulegen und ihre Schwächen genauso zu zeigen, wie ihre Stärken.

STARKE PERSÖNLICHKEIT

Keiner wird bestreiten, daß die Widder-Frau wegen ihrer verrückten Kleidung, ihres selbstsicheren Auftretens, ihrer dominierenden Körperlichkeit und ihrer kräftigen Stimme auffällt. Was sie auch treibt, sie erregt Aufsehen.

Wenn sie zu den seltenen scheuen Widder-Typen gehört, so wird sie doch auf irgendeine Art so ausgefallen sein, daß man sie beachtet.

Ihre Anziehungskraft, verbunden mit vibrierender Energie und einem unbezähmbaren Geist, helfen ihr, Veränderungen in ihrem Leben mutig durchzustehen. Die Menschen spüren dies und sehen in ihr unwillkürlich ein Vorbild, nach dem man sich richtet, eine Rolle, die sie gern übernimmt.

GLÜCKSKIND

Die Widder-Frau ist häufig für ihr eigenes Glück verantwortlich, und auch für ihr Unglück. Sie scheint eine Art kosmischen Schutzmechanismus eingebaut zu haben, der denen zufällt, die sich selbst helfen. Diesen Mechanismus hält sie dadurch in Gang, daß sie jede Gelegenheit, die sich bietet, beim Schopf packt.

POSITIV, OPTIMISTISCH, GEWINNERIN

Ihr Glück und auch ihre Kraft schöpft sie teilweise aus ihrem angeborenen Optimismus. Die Widder-Frau ist häufig Gewinnerin im Rennen des Lebens, den Hinderniskurs hat sie selbst gesetzt. In ihrem tiefsten Inneren glaubt sie, daß ihr so ungefähr alles gelingt, und oft stimmt es.
Sie macht sich ihren Sonnenschein selbst und kann gewöhnlich einen trüben Tag aufhellen.
Ihre Freunde verlassen sich oft darauf, daß sie von ihr ermutigt werden, und selbst eingefleischte Pessimisten können nicht anders, als über den kindlichen Optimismus zu lächeln, mit dem sie das Leben anpackt.

REBELLISCH, GEFÜHLLOS, GEHT RISIKEN EIN

Der Widder-Frau mangelt es häufig an Mitgefühl und Sensibilität. Oft fällt es ihr schwer, an den Sorgen der anderen Anteil zu nehmen. Sie sollte die Gefühle der anderen mehr achten und nicht nur an sich selbst denken.
Ihr Wunsch nach Anregung kann so stark sein, daß sie die Sicherheit darüber vergißt. Dadurch geht sie zwar leicht Risiken ein, kann dabei jedoch auch hart und unempfindlich gegenüber dem Schutzbedürfnis anderer Menschen werden. Sie selbst empfindet solche Gedanken als zu einengend. Es ist typisch für sie, daß sie jede Beschränkung haßt. Oft lehnt sie sich gegen Konventionen auf, die ihre Eltern oder die Gesellschaft zur Erziehung eines jungen Mäd-

chens für notwendig halten. Selten träumt sie vom Hegen und Pflegen, wie es das typisch weibliche Klischee vorschreibt. Der Gedanke, zu Hause Plätzchen zu backen, den Haushalt in Ordnung zu bringen und ihren Mann zu umsorgen, erfüllt sie viel eher mit Widerwillen. Details sind meist nicht ihre Stärke, und sie steht auch nicht gerne still und geduldig als Helferin im Hintergrund.

UNGEDULDIG, IMPULSIV

Die Widder-Frau marschiert nach ihrem eigenen Takt. Oft sträubt sie sich gegen die Lehrjahre, die sie doch durchmachen muß, bevor die Herrenjahre kommen. Besonders in der Jugend möchte sie sich lieber auf einmal nach oben katapultieren, als geduldig zu klettern. Wenn zum Beispiel viele Leute vor einem Schalter stehen, interessiert es sie wenig, daß die anderen auch ihre Anliegen haben. Durch ihr »Erst einmal ich« wird sie vielleicht im Augenblick ihr Ziel erreichen, als erste eine Fahrkarte kaufen können. Ihre persönlichen, drängenden Anliegen erfüllen sie so sehr, daß sie darüber andere Bedenken vergißt.

Die Widder–Frau behindert sich selbst, wenn sie in ihren Alltagsgeschäften zu impulsiv handelt und dabei niemals Kompromisse eingeht.

Durch ihre Ungeduld besteht die Gefahr, daß sie Erfahrungen zu schnell durchläuft, besonders am Anfang ihres Lebens. Sie hat die Neigung, an der Oberfläche zu bleiben. Hin und wieder könnte es für sie nützlich sein, ihre Gefühle zu sichten und eine Erfahrung gründlich auszuloten.

WETTEIFERND, DOMINIEREND, ÜBERNIMMT VERANTWORTUNG

Die Widder-Frau hat ein starkes Naturell, überzeugende Stoßkraft, Hochfrequenz-Schwingungen, Intelligenz und große Willenskraft. Ihr geistiger Horizont ist im allgemeinen weit gesteckt, und das kann zu Schwierigkeiten führen. Sie neigt dazu, die Beschränkungen, die die Gesellschaft den Frauen setzt, nicht zu beachten, liebt ein freies, ungebundenes Leben. Fast immer betrachtet sie sich als gleichwertig mit den Männern, und auch ihre Leistung will sie nicht nach abweichenden Gesichtspunkten bewertet wissen. Sie sieht die Welt durch eine rosarote Brille und wie eine Bühne, auf der sie sich in verschiedenen Rollen bewähren kann. Es ist typisch für sie, daß sie konkurrieren und gewinnen will, Unterwürfigkeit kommt für sie nicht in Frage. Sie weiß, daß es im Leben nach bestimmten Regeln zugeht, aber wenn schon Regeln, dann möchte sie sie selbst aufstellen. Die Widder-Frau übernimmt gerne die alleinige Verantwortung für die Führung eines Haushalts, eines Geschäfts oder eines Lebens. Wenn sie dabei versucht, nicht nur ihr eigenes Leben zu gestalten, sondern auch das der Menschen, die um sie herum sind, kann sie unwissentlich zwischenmenschliche Probleme heraufbeschwören. Die gleiche Tendenz erleichtert ihr jedoch den Zugang zur Geschäftswelt und zur Hochfinanz.

ZIELBEWUSST

Die klassische Astrologie charakterisiert den Widder als Pionier, und das ist richtig. Die heutige Widder-Frau muß jedoch sehen, wie sie mit dieser Eigenschaft in einer von Männern beherrschten Welt fertig wird. Es ist wesentlich, daß man seine angeborenen Anlagen akzeptiert, und zwar sowohl die positiven als auch die negativen. Im Fall der Widder-Frau bedeutet dies, daß sie sich ihre Ungeduld, ihre Selbstsucht und ihre Neigung, sich Hals über Kopf in eine Sache zu stürzen und sie dann links liegen zu lassen, eingestehen muß. Es ist wichtig, daß sie diese Eigenschaften als Teil ihres Selbst und ihres Widder-Erbes akzeptiert. Sind sie erst einmal angenommen, kann sie sie sehr positiv einsetzen. Als Unternehmerin oder »Pionierin« auf irgendeinem Gebiet wird sie vielleicht Schwierigkeiten mit der traditionellen weiblichen Rolle haben, aber sie hat auch ungeheure Möglichkeiten, ihre persönlichen Ziele zu erreichen.

»MÄNNLICH« ODER EINFACH ANDERS, ANDROGYN

Häufig hat die Widder-Frau unterbewußt das Gefühl, anders zu sein als andere Frauen. In manchen Fällen kommt sie mit diesem Gefühl gut zurecht und nutzt es zu ihrem Vorteil. Häufig empfindet sie es jedoch als eine Art emotionales Exil. Sie ist mit einem weiblichen Körper geboren worden und hat sehr oft ein männliches Bewußtsein.

Die Widder-Frau ist für eine schwierige Aufgabe geboren. Wenn sie will, so kann sie das Modell für androgynes Verhalten im zwanzigsten Jahrhundert schaffen. Das Wort androgyn kommt aus dem Griechischen und setzt sich aus den Wörtern andro = männlich und gyn = weiblich zusammen. Bis zu einem gewissen Grade sind wir alle androgyn, aber die Widder-Frau hat eine außergewöhnlich stark entwickelte männliche Seite. Sie ist daher sehr früh in ihrer Entwicklung in der Lage, wesentliche Aspekte des Männlichen und des Weiblichen zu vereinen und zur Synthese zu bringen.

Carl Gustav Jung, der große Schweizer Psychologe, der bei Freud studierte, bevor er sich auch mit Astrologie und Metaphysik befaßte, glaubte, daß jeder Mensch einen gegengeschlechtlichen inneren Partner hat. Seine Theorie hat großen Einfluß auf unser Verständnis der menschlichen Psyche gehabt.

Jung lehrte, daß in jedem Mann auch eine Frau lebt. Er nannte sie die Anima oder den inneren weiblichen Partner, der als geistige Führung agiert und ihn mit seinen tiefsten weiblichen Instinkten in Berührung bringt. So lange die Anima unterdrückt ist (wie es bei den meisten westlichen Männern der Fall ist), projiziert der Mann seine weibliche Seite auf die Frau, mit der er am engsten verbunden ist. Diese trägt dann alle unbewußten Projektionen seiner emotionalen (weiblichen) Bedürfnisse und Komplexe.

Jung glaubte auch, daß jede Frau einen Animus hat, einen inneren männlichen Partner, der ihre »männlichen« Bedürfnisse, wie Handlungsbereitschaft, Zielbewußtsein und Logik, repräsentiert. Unterdrückt, wird der Animus auf den Mann in ihrem Leben projiziert, so wie ein Scheinwerfer Farben auf eine Leinwand projiziert. Der ganz spezielle Mann – Vater, Liebhaber oder Ehemann – ist die Leinwand für die unterdrückten Bedürfnisse ihres Animus.

Praktisch bedeutet dies, daß Frauen von den Männern erwarten, ihre eigenen unterdrückten Bedürfnisse nach Tatkraft, Zielstreben, Macht, Angriffslust oder Unabhängigkeit auszuleben, bevor sie mehr Selbsterkenntnis erreichen. Die Widder-Frau unterscheidet sich dadurch von den anderen, daß sie zu ihrem Animus eine engere Beziehung hat als die meisten Frauen. Häufig kann sie aktiv, stark und zielbewußt sein. Auf der anderen Seite hat sie Schwierigkeiten, empfänglich, passiv und emotional verletzlich zu sein. Integration müssen wir alle lernen. Für die Widder-Frau heißt es, weiblicher zu werden.

EXTROVERTIERT, LEICHT REIZBAR

Die unbewußte Unterdrückung von Ärger, Schuldgefühlen oder Angst kann Krankheiten verursachen. Kein Mensch kann das Leben wirklich genießen, Liebe aufrechterhalten oder Aufgaben durchführen, ohne seine negativen Gefühle zu reduzieren oder zu beseitigen.

Die einzelnen Frauen-Typen reagieren auf unterschiedliche Art auf gefühlsmäßige Belastung oder einschränkenden Druck. Die Fische-Frauen neigen zu Tagträumerei oder greifen zu Alkohol und Drogen, die Schütze-Frauen reisen vielleicht, die im Zeichen der Jungfrau Geborenen überarbeiten sich, die Stier-Frauen sammeln etwas, und die Krebs-Frauen essen. Die Widder-Frau schlägt meist zurück. Sie ist schnell frustriert und gereizt, und meist geht sie dann hoch.

Die Widder-Frau neigt zur Extrovertiertheit und kann Dampf ablassen, was sich als Vorteil erweist, wenn man negative Gefühle loswerden will. Meist ist sie stolz und selbstgerecht, oft zeigt sie eher ihren Zorn, als daß sie verletzt ist. Hat sie selbst jemanden verletzt, so setzt sie sich über ihr Schuldgefühl leicht hinweg, sie läßt ihren Enttäuschungen freien Lauf. Sie erinnert dabei an ein Kind, das vertrauensvoll erwartet, man würde ihm alles nachsehen, weil es so frohgemut und unerfahren ist.

STARKES SELBSTWERTGEFÜHL, HUMORVOLL, GLEICHGÜLTIG

Im allgemeinen hat die Widder-Frau genug Selbstvertrauen, ist oft mutig und erreicht, was sie will. Jeder erlebt einmal Angstminuten oder leidet unter Phasen der Unsicherheit, und sie bildet keine Ausnahme. Ihre Ängste treiben sie jedoch meist zur Selbstverwirklichung an und blockieren sie nicht. »Nur weiter« – unbesorgt um Kosten oder Konsequenzen – ist häufig ihr Motto. Ihr Selbstgefühl stärkt sie durch Aktivität und Führungsaufgaben. Wenn sie sich für einen Beruf außerhalb des Hauses entscheidet, so tut sie dies aus tiefem innerem Bedürfnis heraus – um volle Selbstachtung zu erlangen.

Sie hat viel Sinn für Humor. Sie lacht gern und sieht die komische Seite der Dinge. Existenzielle Alpträume sind nicht ihre Sache und ein Mensch, der weiter nichts tut, als geduldig auf Godot zu warten, tut ihr bestimmt nicht leid. Für den Widder-Typ ist es wesentlich, daß er aktiv am Leben teilnimmt, und ohne Lachen kann er sich das nicht vorstellen.

Ihr Stolz ist vielleicht der einzige Stolperstein, der sie hindert, auch über sich selbst zu lachen.

Sie mag es manchmal auf ihren Sinn für Humor schieben, daß ihr die kleinen Dinge des Lebens und die Sorgen anderer Leute gleichgültig sind.

Die Widder-Frau kann häufig recht arrogant sein. Sie schützt ihren Humor vor, um sich mit den Problemen der Welt im allgemeinen nicht abgeben zu müssen.

SELBSTSÜCHTIG, STOLZ

Wie alle Vertreter der Feuerzeichen, ist die Widder-Frau normalerweise ziemlich selbstsüchtig. Ihre Gefühllosigkeit und ihre Ungeduld können nachlassen, wenn sie reifer wird. Intuitiv, scharfsichtig und stolz wie sie ist, neigt sie dazu, ihre eigene Begabung zu überschätzen. Mit einer nur schwach bemäntelten Selbstvergötterung kann sie durchs Leben gehen, für die Anfälligkeit der menschlichen Natur, vor allem ihrer eigenen, hat sie praktischerweise ein schlechtes Gedächtnis.

Hinter ihrem extravertierten Wesen verbirgt sich eine Eigenschaft, die ihr inneres Wachstum hindern kann – Stolz. Im positiven Sinne wird er ihr helfen, sich gegen Fehlschläge und Niederlagen zu wehren. Negativ gesehen kann sie Gefühle und Menschen so manipulieren, daß es aussieht, als würde sie nie verlieren. Sie muß daran denken, daß Stolz eine zweischneidige Angelegenheit ist, und versuchen, ihn auf positive Weise einzusetzen.

STARKE LIBIDO, VERABSCHEUT DETAILS

In ihrer Jugend ist die typische Widder-Frau nicht in der Lage oder bereit, sich in heftige Gefühlsverwicklungen einzulassen. Sie will wenig Verantwortung übernehmen und schiebt Einschränkungen oder Verpflichtungen fast prinzipiell beiseite. Bevor man sie verletzt hat, stürmt sie schon weiter, enttäuscht und ungeduldig. Aus den Beziehungen, die zu ihrer Entwicklung beitragen könnten, wird sie fast sicher erst nach inneren Kämpfen aussteigen. Dies kann sich ändern, wenn sie in die Dreißiger kommt und toleranter wird.

Sie sucht nach den besten, schnellsten und einmaligsten Liebes- und erotischen Erfahrungen, aber sie hält sich meist nicht lange genug auf, um den Partnern eine zweite Chance zu geben. Sie erkennt und urteilt schnell, aber sie kann auch schwerwiegende Fehler begehen. Sie ist zwar treu, wenn sie sich einmal entschieden hat, wenn man ihr jedoch nicht mit unermeßlicher Energie begegnet, kann sie ebensogut einen anderen abenteuerlichen Weg einschlagen.

Sie hat die Leidenschaft und den Lebenshunger, den die Franzosen »joie de vivre« nennen. Es geht ihr nicht nur ums Überleben, sondern sie möchte jeden Berg erklimmen und jeden Gipfel stürmen.

ARROGANT, DERB, LEICHT GELANGWEILT

Die Widder-Frau kann das Gefühl haben, daß sie mehr und alles besser weiß als die anderen, daß sie die erste sein und unfraglich als die Beste akzeptiert werden muß. Sie sieht sich selbst in ständigem Wettbewerb mit anderen und mißt sich mit Maßstäben einer völlig illusionären Perfektion. Dadurch setzt sie sich fortwährend einem starken Druck aus. Sie neigt dazu, sehr hart gegen sich selbst zu sein und verlangt viel von anderen.

Im allgemeinen ist sie freimütig, derb und unbedacht. Sie redet nicht gern um die Dinge herum. Wenn sie auf eine Frage nicht wirklich eine Antwort haben wollen, fragen Sie keine Widder-Frau. Sie beantwortet die peinlichsten Fragen mit den oft peinlichsten Antworten, auch dann, wenn die Fragen gar nicht gestellt wurden. Böcke zu schießen, gehört zum Zeitvertreib der Widder-Frau, und Diskretion ist nicht gerade ihre Sache. Sie verabscheut außerdem Geheimnisse. Der verschlagene Skorpion ist für sie eine ständige Herausforderung und treibt sie zur Verzweiflung. Wenn die Widder-Frau das Gefühl hat, daß man ihr etwas vorenthält, kann sie mit ihren unbarmherzigen Fragen oder satirischen Bemerkungen unerträglich sein.

Im allgemeinen erträgt sie es nicht, wenn man sie links liegen läßt, und auch Langeweile kann sie schlecht vertragen. Manchmal reizt es sie bis zum äußersten, eine angenehm ruhige Atmosphäre zu zerstören, nur weil sie selbst zu ersticken droht. Beschränkungen kann sie ihrem Wesen nach nicht ertragen, und Langeweile ist ihr größter Feind.

DYNAMISCH, CHARISMATISCH, KATALYSATOR

Für manche mag es schwer sein, mit der Widder-Frau zu leben, sie ist jedoch die aufregendste Person, die man finden kann, und eine sehr gute Freundin.

Wenn man sie dynamisch nennt, so ist das eigentlich schmeichelhaft, viele fänden »rücksichtslos« sicher zutreffender. Auf jeden Fall hat die Widder-Frau das unbeschreibliche Etwas, das wir Charisma nennen. Ihre Energie und Vitalität ziehen oft Menschen an, die, verdrießlich oder deprimiert, mehr unter der Alltagsroutine leiden als sie. Mit ihrer Hilfe gewinnen sie neuen Lebensmut.

Sie ist häufig ein Katalysator, bevor sie überhaupt weiß, was das Wort bedeutet. Als Lehrerin kann sie ihre Schüler zu neuer Denkungsart anregen. Als Mutter erzieht sie ihre Kinder zu Originalität und Unabhängigkeit. Als Frau wählt sie einen Lebensstil – oder auch mehr als einen –, der nicht der Norm entspricht. Sie bietet gesellschaftlichen Konventionen Trotz und beweist damit, daß sie ein Widder ist und kein blindes Schaf.

JÄGERIN, IDEALISTIN

Die Widder-Frau hat mehr Freude an der Jagd als an der Eroberung. Sie ist im allgemeinen auch nicht an Besitz interessiert, sondern zieht das freie, ungehinderte Leben eines Pioniers vor. Als Idealistin glaubt sie daran, daß eine neue Welt im Kommen ist und daß wir besser vorwärts blicken sollten, als zurück. Ganz gleich, wie rauh der Wind auch in der Gegenwart wehen mag, die Widder-Frau kann sich meist selbst aus schwierigen Lagen befreien, kann der beliebten »Die Sache ist es doch nicht wert«-Philosophie widerstehen und geht zurück auf die Barrikaden, um ihre Sache zu verfechten. Der Widder schlägt den positiven Weg ein und bringt vielen Menschen Freude.

Die Beziehungen der Widder-Frau

Die Widder-Frau ist meist eine komplizierte, anspruchsvolle und leidenschaftliche Gefährtin und Partnerin. Fein aufeinander abgestimmte, ausgewogene, aufregende und ungewöhnliche Partnerschaften liegen ihr. Wie Don Quixote sucht sie ewig nach einem Ideal.

Was Liebesaffären betrifft, so ist sie gern die Gebende, verlangt aber auch die Sterne vom Himmel. Sie neigt dazu, sich zu intensiv mit Menschen einzulassen. Sie kann übertreiben, um so ihre Unabhängigkeit und Eigenständigkeit zu demonstrieren, aber ihre Exzesse können auch Flucht vor zu großer Intimität sein.

Unbewußt wünscht sie sich vielleicht eine Beziehung, in der es keinen Schwachen und keinen Starken gibt, in der beide Partner gleichwertig sind. Es kann vorkommen, daß sie einen Mann gnadenlos auf seine Durchsetzungskraft prüft.

Die Liebe ist für die Widder-Frau oft ein Kriegsschauplatz. Man kann an der Art, wie sie argumentiert, abschätzen, wie stark sie engagiert ist. Wenn sie über Strategie, Einzelheiten, Philosophie, Liebe, Leben und Arbeit anderer Meinung ist als ihr Mann, kann er beruhigt sein. Das ist bei ihr der Auftakt zur Verführung. Häufig schöpft sie Kraft aus Liebesgeplänkel und einem Messen der Kräfte. Auf der Hut muß er allerdings sein, wenn sie gleichgültig und abwesend erscheint, denn das sind Zeichen, daß sie bald weiterziehen wird.

In ihren ersten erotischen Beziehungen ist die Widder-Frau oft dominierend. In der ersten Hälfte ihres Lebens ist sie leicht anmaßend, sogar männlich. Mit ihrer Empfänglichkeit, Verletzlichkeit und ihrer weicheren Seite ist sie noch nicht in Einklang. Ihr Abhängigkeitsgefühl kann tief verborgen sein und wird vielleicht auf Männer projiziert. Sie braucht zwar Liebesbeweise von anderen, wird aber selten darum bitten oder sie geben. Sie hat wohl noch nicht gelernt, zu ihren tiefsten Gefühlen vorzudringen.

Wie die Vertreter der anderen Feuerzeichen auch, ist die Widder-Frau loyal und überschwenglich großzügig, aber sie braucht Partner, die positiv wie sie sind, Partner, die Respekt, Sensibilität und gleiche Rechte verlangen. Bei ihr müssen geistige Funken sprühen, damit sie körperlich in Bewegung gerät. Meist braucht sie viel Raum und Freiheit, um zu experimentieren, sich neue Aufgaben zu stellen und sie zu meistern. Sie ist so lange treu, wie die Beziehung erregend und gegenseitiger Respekt vorhanden ist und sie das Gefühl hat, daß innerlich und äußerlich noch Neuland zu erobern ist.

In Liebe, Freundschaft und Ehe möchte die Widder-Frau sowohl erotisch als auch gefühlsmäßig mit Haut und Haaren bei der Sache sein, aber es kann Jahrzehnte dauern, bis sie herausgefunden hat, wie sie es tun muß. Gewöhnlich entdeckt sie erst in den Dreißigern oder später, was sie in Liebe und Partnerschaft wirklich will und braucht. Und genauso lange dauert es meist, bis sie weiß, was sie geben will. Es wird sie oft heftige Anstrengung kosten, ihre ichbezogene Haltung aufzugeben und Partnerschaften auf der Basis von Gegenseitigkeit einzugehen.

Kindheit

Die Widder-Frau orientiert sich in der Kindheit oft mehr am männlichen Rollenbild und hat im allgemeinen ein engeres Verhältnis zum Vater als zur Mutter. Sie ist oft ein Wildfang und ärgert sich darüber, daß sie ein Mädchen ist. Sie zieht es vielleicht vor, mit den Jungen auf die Bäume zu klettern oder ein Buch zu lesen, als mit ihren Freundinnen zu schwätzen. Ihr ganzes Leben lang vertraut sie Männern mehr als Frauen und hat das Gefühl, die Männer besser zu verstehen. Wenn ihr Busen sich zu entwickeln beginnt, kann sie Komplexe über ihren Körper entwickeln. Dann wirft sie sich vielleicht mehr denn je auf ihre Studien und wird eine »Intellektuelle«. Manches Widder-Mädchen will lieber die intelligenteste der Klasse sein als sexuell attraktiv, obwohl es insgeheim den Wunsch hegen mag, ein Sex-Symbol zu sein.

Oft ist das Widder-Mädchen wütend und frustriert während der Pubertät. Sie empfindet es als lästig, daß sie zur Frau werden muß, mit allen Begleitumständen, die damit in unserem Kulturkreis verbunden sind. Wenn beim Ausgehen jeder für sich selbst zahlt, so könnte sie das erfunden haben. Sie kann aber auch die entgegengesetzte Richtung einschlagen, ihre erotische Seite überbetonen und die Männer ausnutzen. Ihre Feindseligkeiten äußern sich oft im Versuch, andere zu beherrschen oder, dann konstruktiver, in verschiedenen Führungspositionen in der Schule.

Liebhaber und andere enge Bindungen

Im allgemeinen hat die Widder-Frau bessere Beziehungen zu Männern als zu Frauen. Manche Romanze fängt als Freundschaft an und entwickelt sich dann zu einer beruflichen Beziehung. Sie muß geistig angeregt werden, damit ihr Körper mehr als einmal vom gleichen Mann erregt wird. Sie ist fähig, einem Mann die Maske, die aus seinen Ich-Vorspiegelungen und den schützenden Symbolen der Männlichkeit besteht, herunterzureißen. Da sie einen weiblichen Körper und einen mehr oder weniger männlichen Geist hat, fällt es ihr leicht, sich in einen Mann zu versetzen. Im schlimmsten Fall führt das dazu, daß sie ihn beherrscht. Im besten Fall wird eine seltene Kameradschaft daraus. Sie benötigt viel Spielraum, um ihre Kraft zu zeigen, und nimmt eher einen Verlust in Kauf, als nichts zu riskieren. Im allgemeinen braucht sie einen Partner oder Liebhaber, der aktiv ist und intensiv am Leben teilnimmt, sonst könnte sie ihn nicht respektieren. Sie möchte ihn auch auf anderen Gebieten, nicht nur im Bett, prüfen.

Die Widder-Frau ist unerhört ehrgeizig gegenüber den Menschen, die sie gern hat oder liebt, und sie verachtet Verlierer. Diese Kombination bringt sowohl ihr als auch den anderen eine doppelte Bindung. Wenn sie gewinnt, kann sie den Respekt für einen Freund oder Liebhaber verlieren und die Beziehung beenden. Wenn sie verliert, kann das gleiche aus anderen Gründen geschehen.

Wie ein verzogenes Kind möchte sie ihren Willen haben, und zwar sofort. Sie ist arrogant, freimütig und neugierig. Von dem Mann, den sie gewählt hat, möchte sie hören, daß sie die Beste ist. Eine Beziehung, in der sie sich nicht gewürdigt fühlt oder die sie nicht mehr unter Kontrolle hat, gibt sie auf.

Sie schätzt Macht mehr als Unterwürfigkeit, Direktheit mehr als Diskretion. Sie fordert viel, gibt einiges und wird immer versuchen zu gewinnen. Bis sie ihre wahre Liebe findet, wird ihr größtes Vergnügen die Jagd auf Männer und deren Beherrschung sein. Häufig hat sie Spaß daran, den ersten Schritt zu tun und ihr Wild zu verfolgen. Es macht ihr nichts aus, einem Mann nachzulaufen, es bereitet ihr sogar Vergnügen, selbst den Ton anzugeben, auch im Bett. Vieles davon kann allerdings Prahlerei oder Theater sein, fast eine Herausforderung an sich selbst – eine Übung, wie man überlebt und gewinnt.

Die größten Schwierigkeiten werden ihr dadurch entstehen, daß ihr Partner sich nicht von ihr beherrschen lassen will. Fast immer ist sie verblüfft über Menschen, die ihre schwachen Seiten sehen können, und fühlt sich von ihnen herausgefordert, gleichzeitig hat sie auch Angst vor ihnen. Insgeheim mag sie sich einen Mann wünschen, der ihr verborgenes Selbst entdecken, erforschen und lieben wird, dem sie sich unterwerfen kann – wenn sie ihn jedoch gefunden hat, wird sie fast sicher versuchen, ihn zu beherrschen, zu überlisten und bis zum äußersten zu bekämpfen.

Die Liebe der Widder-Frau

Zu Beginn einer Liebesgeschichte kann die Widder-Frau fast jeden Mann fesseln. Sie hat ungewöhnlichen Charme, eine außerordentliche Anziehungskraft, scharfen Verstand, eine ansprechende, frische Ehrlichkeit, starken Willen und eine kräftige »Aura«.

Sie ist im allgemeinen scharfsichtig, aufrichtig und verachtet Verstellung. Mitleidlos stellt sie typisch männliches Verhalten, das zu ungleicher Rollenverteilung führt, und stumpfsinnige Gewohnheiten, die eine Beziehung töten können, bloß.

Die Widder-Frau verliebt sich leicht und ist mehr in den Wirbel und die Aufregung als in den Mann selbst verliebt. Manchmal kann er fast nebensächlich sein, ein vorübergehender Partner in einem erotischen Abenteuer, das man im Augenblick Liebe nennt.

Es kann ihr schwerfallen, zwischen echter Liebe und Leidenschaft zu unterscheiden. Da sie sich gegen Selbsterkenntnis sträubt, wird sie häufig ein Opfer ihrer falschen Annahmen. Ich habe Widder-Frauen in den Vierzigern kennengelernt, die zugaben, daß sie wenig über ihre eigenen Motive wußten, die jedoch immer noch so impulsiv handelten wie früher.

Wenn sie Glück hat, findet die Widder-Frau einen Mann, mit dem sie geraume Zeit zusammenbleiben kann. Wenn nicht, wird allerdings Durcheinander in ihrem Liebesleben herrschen. Das hindert sie allerdings nicht daran, auf ihre bizarre Art weiterzusuchen.

Wenn sie wirklich liebt, blüht die Widder-Frau auf wie eine seltene Blume. Sie strahlt vor Lebensfreude, Schwung und Stolz. Ihre Energie verdoppelt sich (wenn das noch möglich ist), und ihr Glück ist ansteckend. Wahrscheinlich zum erstenmal in ihrem Leben erkennt sie, wie glücklich man durch Nehmen werden kann.

Eine verliebte Widder-Frau ist unwiderstehlich, sie gibt sich ganz dem Erlebnis hin. Ihre Selbsteinschätzung kann sich dadurch von Grund auf ändern. Sie öffnet ihre Sinne und Gefühle. Sie wird geduldiger, für sinnliche Eindrücke empfänglicher und nachgiebiger. Sie wird auch nachsichtiger gegenüber anderen und zum erstenmal tolerant. Ihr Zeitgefühl verändert sich, und sie beginnt zu verstehen, warum so viele Menschen sich dem Augenblick so hingeben können, wie zeitverloren und allumfassend die Liebe macht. Sie wird versuchen, ihr Leben freier zu gestalten, denn sie fühlt, daß Liebe keine Grenzen kennt.

Die Widder-Frau lernt durch die Liebe, was es heißt, sowohl zu geben als auch zu nehmen. Die Liebe lehrt sie, Gefühle und Bedürfnisse eines anderen Menschen genauso wichtig zu nehmen, wie ihre eigenen. Gleichzeitig begreift sie vielleicht, daß ihre Individualität sich gerade in einem Miteinander entwickeln kann. Mag sein, daß sie Partnerschaften vorher mißtraut hat, weil sie befürchtete, daß sie ihre persönliche Entwicklung behindern würden. Auch wenn sie verliebt ist, verliert die Widder-Frau schwerlich ihre eigenen Anliegen aus den Augen. Sie verlangt und braucht einen ganz besonderen Mann, wenn die Beziehung Bestand haben soll.

Was für einen Liebhaber sie braucht

Ein Mann, der sich seiner Männlichkeit und Stärke nicht vollkommen bewußt ist, sollte wahrscheinlich lieber nichts mit der Widder-Frau anfangen. Ein Mann, der nicht bereit ist, sich geistig oder gefühlsmäßig auseinanderzusetzen, sollte sie auch lieber meiden. Ein Mann jedoch, der auf Herausforderungen wartet, um an ihnen zu wachsen, der ihr gefühlsmäßig Halt gibt, ihr hilft, sich ihre Schwächen einzugestehen und anzunehmen, der wirklich eine unabhängige Frau möchte – das ist der Mann, den die Widder-Frau liebt und der sie für immer als Liebhaber oder Freund halten kann. Jeder braucht Menschen, die Brücken zu Gefühlen schlagen, die sonst nicht freigesetzt werden können. Die Widder-Frau braucht einen Partner, der seelische Grausamkeiten duldet, der Ärger und Selbstbehauptungswillen ebenso hinnimmt wie die Liebe. Sie braucht einen Geliebten, der ihre schroffe Außenseite durchschaut und den weichen Kern zum Vorschein bringen kann, einen Mann, der stark genug ist, sich seiner Gefühle nicht zu schämen, der weder Angst hat, daß er zu abhängig wird, noch Angst, daß sie ihre Abhängigkeitsgefühle auf ihn projiziert.

Die Liebe zu einer Widder-Frau ist ein ewiges Balancieren. Der Mann wird hin- und hergerissen zwischen ihrer Forderung, die erste in seinem Leben zu sein, den Ansprüchen des Berufs und anderen engen Bindungen. Als Gegenleistung kann sie einen jedoch zu geistigen Höhenflügen anregen. Der glückliche Mann, der die Aufnahmeprüfungen bestanden hat, wird sich als etwas ganz Besonderes vorkommen. Im Herzen der Widder-Frau ist er es ganz bestimmt.

Über die erotischen Beziehungen der Widder-Frau

In den erotischen Beziehungen der Widder-Frau (was bis zu einem gewissen Grad auch für die platonischen zutrifft) gelten die im folgenden aufgezählten Richtlinien.

Wahrscheinlich geht es schon frühzeitig mit erotischen Erfahrungen los. Sie ist vielleicht ein Wildfang oder »männlich« in ihren Ansichten und zeitweise in der Kleidung, aber sie ist immer lebensfroh und anziehend. Sexualität wird sie faszinieren und wird ihr sowohl als männliches als auch als weibliches Vorrecht erscheinen (mit dieser Ansicht kann sie ihrer Zeit voraus sein).

Sie heiratet oft früh, auf einen Impuls hin, ist leidenschaftlich beteiligt, und nimmt den falschen Mann. Aus einem Gefühl der Verantwortung heraus hält sie jedoch tapfer durch. Vielleicht denkt sie auch, daß sie sich selbst eine Lektion in Geduld erteilen müsse (meiner Meinung nach nicht unbedingt das beste Mittel).

Oft stellt sie fest, daß Liebe und Sexualität in ihrem Leben nicht immer das gleiche bedeuten. Wenn sie mit ihrem Partner glücklich ist, ist sie monogam. Wenn nicht, wird sie herumspielen und dabei weniger Schuldgefühle haben als die meisten Frauen.

Die Widder-Frau erfährt meist wenigstens einmal im Leben die wahre Liebe, oft vor oder nach der Ehe. Als Ehemann wählt sie häufig nicht ihr romantisches Ideal, sondern einen guten Versorger. Im allgemeinen findet sie Lösungen für die Probleme in ihrem Leben. Vielleicht ist sie so sehr in ihre berufliche Karriere verwickelt, daß sie hier ein Ventil für ihre Liebesprobleme findet. Vielleicht ist sie auch wandlungsfähig genug, um ihre Ehe oder Partnerschaft erfolgreich zu führen. Wenn sie sich scheiden läßt, so läßt sie meist geraume Zeit verstreichen, ehe sie sich wieder bindet. Sie genießt gerne ihre Freiheit und Unabhängigkeit.

Was die Widder-Frau lernen muß

Die Widder-Frau muß die Neigung bekämpfen, ihre eigenen Schwächen zu bagatellisieren und andere dafür verantwortlich zu machen. Auch sollte sie ihre Männer nicht testen, und einen Teil der Verantwortung für eine fehlgeschlagene Beziehung selbst übernehmen. Sie darf den Mann, den sie liebt, nicht dafür tadeln, daß er nicht »stark« genug ist. Sie muß einfühlsamer zuhören und geduldiger werden. Vor allem aber darf sie nicht die Kontrolle über die Dinge verlangen, wenn sie von sich selbst nur sehr wenig offenbaren will.

Wenn sie erfolgreiche Beziehungen aufrechterhalten will, muß sie leben und leben lassen. Sie muß Rhythmus, Tempo und Melodie des anderen auch akzeptieren. Schließlich muß sie lernen, daß sie nehmen kann, ohne sich minderwertig vorzukommen, weich sein kann, ohne für schwach gehalten zu werden, anspruchslos, ohne Mangel an Reaktion zu fürchten. Wenn sie den Dingen ihren Lauf läßt, wenn sie erkennt, daß es oft besser ist, etwas geschehen zu lassen, als selbst die Initiative zu ergreifen, dann werden ihre Beziehungen Erfolg haben.

Um wirklich frei zu werden, muß die Widder-Frau die unterdrückte weibliche Seite ihres Wesens zu Wort kommen lassen. Um wirklich stark zu sein, muß sie ihre Verletzlichkeit bejahen. Sie muß allmählich zu sich selbst kommen und entdecken, daß sich hinter ihrem rasenden Tempo und ihren Forderungen die Angst verbirgt, anderen zu nahe zu kommen, sich gefühlsmäßig gehen zu lassen. Wenn sie sich in einer Beziehung sicher fühlt, kann es sein, daß sie sich ändert. Dann gibt sie vielleicht ihrem Verlangen nach, umsorgt und gestreichelt zu werden, phantasievolle Liebe zu empfangen.

Die Widder-Frau muß um Liebe und Hilfe bitten lernen. In praktischen Dingen fällt ihr das leichter, wenn auch selbst das ein geringerer Schlag für ihren Stolz ist. Wenn sie jedoch um Gefühle bitten soll, so ist das für sie fast ein Eingeständnis, daß irgend etwas vollkommen in Unordnung geraten ist. Feuerzeichen, die voller Energie vibrieren, in ihrem Leben ständig nur eilen, geben, beherrschen wollen und selten nehmen, können zu früh ausbrennen.

Die Widder-Frau, die sich mit ihren tiefsten Ängsten auseinandersetzt und die ohne Widerstand zu einem Miteinander bereit ist, wird angenehm überrascht sein. Sie entdeckt dann vielleicht, daß das, was sie bisher unter Liebe oder Freundschaft verstand, nur Imitation war.

Die Sexualität der Widder-Frau

In der Sexualität verhält sich die Widder-Frau auch nicht anders als bei allen anderen Dingen in ihrem Leben: Sie genießt sie impulsiv und mit vollem Engagement. Sie gibt alles, was sie hat, und nimmt alles, was sie bekommen kann. Sie ist für alles offen, fragt jedoch nicht nach morgen, sexuelle Exklusivität ist nicht ihre Sache. Die Jagd reizt sie.

Die Widder-Frau ist ein außerordentlich leidenschaftliches, sinnliches und erotisch reizvolles Wesen. Sie ist romantisch und eitel und braucht viel Bestätigung von einem Sexualpartner. Wenn sie sich unsicher fühlt, ist sie eifersüchtig und besitzgierig. Fühlt sie sich sicher, ist sie so treu, wie es die Vertreter der fixen Zeichen (Stier, Skorpion, Löwe, Wassermann) auch nicht besser sein können. Freilich ist sie immer noch völlig unberechenbar.

Und das ist das Geheimnis der Widder-Sexualität: Die Widder-Frau liebt zwar das Leben und ist oft sexuell tonangebend, insgeheim wünscht sie sich jedoch einen Partner, der sie mit einer dynamischen Erotik in Höhen und Tiefen, zu Geben und Nehmen mitreißt. Gleichzeitig muß er ein starkes Bedürfnis nach geistiger Anregung haben, die den körperlichen Vorgang auslöst und begleitet.

Die sexuelle Energie kann positiv oder negativ sein. Die Widder-Frau sprüht vor Dynamik, Schwung und Kraft, wenn sie jedoch gehemmt ist, wird sie gierig, ekelhaft, ungeduldig, wütend und schließlich krank. Unterdrückter Ärger, Angst und Schuldgefühle betäuben das weibliche Lustempfinden.

Die Widder-Frau hat einen riesigen Appetit auf Genuß. Sie probiert alles einmal aus und mag einen Mann, der vorurteilslos ist. Sie schätzt die verschiedensten sexuellen Techniken mit allem Drum und Dran. Sex in der Öffentlichkeit gehört zu den geheimen Phantasien, die sich noch erfüllen müssen. Der Mann, dem es gelingt, ihre Träume zu verwirklichen, findet ihre Zuneigung und Treue. Sie sucht einen Mann, der in ihren Phantasien mitspielt, und der manchmal auch mit ihr die Rollen tauscht.

Die Widder-Frau braucht einen Partner, der sehr einfühlsam ist und eine Empfänglichkeit in ihr weckt, die man in dem temperamentvollen Geschöpf, das man am Tage vor sich hat, gar nicht vermuten würde. Er sollte sich viel Zeit nehmen, denn schnelle Abfertigung schätzt sie nicht. Den ganzen Tag über hat es die Widder-Frau eilig, nur im Bett kann sie sich eigentlich entspannen und es langsamer angehen lassen.

Die Widder-Frau sucht den vollkommenen Genuß. Am Wegrand bleiben die liegen, die den Anforderungen nicht gewachsen waren. Es lockt sie das Geheime, Abenteuerliche, Exotische. Was sie entdeckt, will sie haben, was sie hat, will sie beherrschen.

Wie die Skorpion-Frau, für die Sexualität nur ein Mittel zur Macht ist, führt auch die erfahrene Widder-Frau den Geschlechtsakt zu einem bestimmten Zweck aus. Mit einem Auge zur Tür, falls das Erlebnis fad oder der Mann schwach sein sollte, dirigiert sie das männliche Wesen, um es zu prüfen. Wird er sich ihr humorvoll anpassen, aufgeschlossen für ein Experiment, fähig zum Rollentausch sein? Kann er das Kommando übernehmen? Könnte er sich auch zurücklegen und passiv sein? Wie auch immer, die Widder-Frau erlebt genügend innere Konflikte. Auf der einen Seite sehnt sie sich nach dem vollkommenen Genuß und vermutet, daß er nur durch eine feste gefühlsmäßige Bindung zu erreichen ist. Auf der anderen Seite möchte sie sich ihre Möglichkeiten offenhalten. Geistige Neugier, Entdeckungslust und der Wunsch, bestehende Gesetze und traditionelles Verhalten in bezug auf neue Gebiete zu testen, sterben nie aus.

Unsere Kultur lehrt besonders die Frauen Liebe, Sexualität und Bindung in *einer* Partnerschaft zu suchen. Die Widder-Frau trennt Liebe und Sex gerne. Sie kann im Lauf der Jahrzehnte viele sexuelle Verhältnisse gehabt haben, jedoch nur wenige tiefe gefühlsmäßige Bindungen. Es fällt ihr viel leichter, sich erotisch oder intellektuell zu engagieren, als ihr Herz zu beteiligen. Sie möchte lieber erobern und dann ihrer Wege gehen, als bleiben und die gegenseitigen Schwachstellen entdecken. Sie ist zwar zu tiefer Liebe fähig, widersetzt sich jedoch ihren eigenen Bedürfnissen. Je mehr sich die Widder-Frau gefühlsmäßig zu einem Mann hingezogen fühlt, desto vorsichtiger wird sie sein.

Im Bett sind wir alle verletzlich. Wir müssen damit rechnen, daß wir uns früher oder später gehen lassen, wenn wir einen guten Partner haben. Die Widder-Frau sucht lange und sorgfältig nach einem Partner, sie weiß, daß eine erotische Beziehung von Beginn an mehr Komplikationen mit sich bringen kann, als man vermutet. Sie hat vielleicht viele Partner, aber immer nur einen wirklichen Geliebten auf einmal.

Routine verabscheut sie auf allen Gebieten, auch beim Sex. Wenn ein Partner selbstbewußt vorprogrammierte, automatische Techniken anwendet, läßt sie ihn stehen. Andere Frauen mögen das gleiche empfinden, aber die Widder-Frau wird schneller etwas sagen und gehen. Als sie ihre eheliche Liebe beschrieb, sagte mir eine Widder-Frau (die die Beziehung aufrechterhielt): »Ich lag da und ließ das Ritual meines Mannes über mich ergehen, wie er sich da bis zum Orgasmus durcharbeitete. Dabei hakte ich innerlich ab, durch welchen Abschnitt unseres ausgeleierten Ehehandbuches er sich gerade durchkämpfte. Ich wußte, wenn er bei Punkt 16 war, näherte er sich dem Höhepunkt.« Diese Dame löste ihr Problem mit anderen, phantasievolleren Liebhabern, die sich mehr Zeit ließen.

Es gibt eigentlich nur zwei Möglichkeiten für die Widder-Frau, sexuelle Freiheit zu erlangen. Die eine ist Anonymität, zum Beispiel eine Sex-Party oder eine einmalige Affäre. Die andere ist die Vereinigung aus echter Liebe. Nur diese beiden Extreme reizen sie wirklich. In der ersteren muß sie nichts investieren, es ist nur ihr Ehrgeiz, eine gute Leistung zu bieten. In der letzteren gibt sie sich völlig hin, vereint ihr innerstes Selbst mit dem eines anderen und bewahrt dabei ihre eigene Identität.

Wenn die Widder-Frau sich richtig gehenläßt, wird sie zur Tigerin. Angst oder Schuld gibt es nicht für sie. Sie schreit, schlägt, schluchzt, kratzt und fällt schließlich erschöpft in Ekstase. Sex wird zum äußersten Trip, zu einer kosmischen Erfahrung.

Um die Liebe wirklich zu genießen, müssen alle Sinne daran teilhaben. Mit dem stimmlichen Ausdruck während des Liebesspiels ist die Widder-Frau vertraut. Sie scheint zu wissen, daß Töne die Kommunikation bereichern und den sexuellen Genuß dem ganzen Körper mitteilen. Sie muß sich jedoch bewußt bemühen, ihren Tastsinn voll einzusetzen. Obwohl die Berührung ein sinnlicher Genuß für sie ist, ist ihr Tastsinn nicht sehr gut entwickelt. Sie ist zu hastig. Sie muß ruhiger werden, die zarten Blumen liebkosen, die sie bereits mit den Augen bewundert, Samt an die Wange halten oder mit der Hand über das Haar ihres Partners streichen.

Wenn sie sich auch bemühen muß, ihren eigenen Tastsinn zu entwickeln, so liebt sie es, berührt zu werden. Sie hat es gern, wenn sie sanft und leicht gestreichelt wird, so daß sie sich entspannen und mit dem Liebesspiel beginnen kann. Wenn sie einmal in Fahrt ist, braucht sie stärkere Stimulierung. Manch eine Widder-Frau hat mir erzählt, wie es sie frustriert, wenn ihr Mann ihre Brust immer noch sanft streichelt, während sie sich nach einem harten Zugriff sehnt. Die einzige Antwort darauf ist offene Aussprache.

Widder ist das erste Tierkreiszeichen, und das scheint sich auch auf die sexuellen Zyklen auszuwirken. In den frühen Morgenstunden ist die Widder– Frau am erregbarsten und empfänglichsten. Wir wissen aus neuerer Forschung, daß die männlichen Sexualhormone zu diesem Zeitpunkt einen Höhepunkt erreichen. Für den Widder ist es die natürlichste Zeit zur Vereinigung.

Wie alle Frauen, liebt auch die Widder-Frau einen Mann, der sich selbst kennt und seine Sexualität akzeptiert. Sie zieht es jedoch vor, wenn er den Geschlechtsakt mit harten Stößen beendet. Dabei soll er ihr Bewegungsfreiheit lassen, während sie sich ihm und seinem Rhythmus ganz hingibt.

Die Widder-Frau hat aufreizende Phantasien, voll Exhibitionismus und Machtgefühl. In ihren Phantasien schreckt sie vor nichts zurück.

Frauen, die mit ihrer eigenen Sexualität in Einklang leben, können sich auch an Masturbation erfreuen. Da die Widder-Frau mit ihrem Körper auf gutem Fuße steht, genießt sie die Masturbation. Auch neue Sex-Spielzeuge probiert sie gerne aus.

Der Ärger der Widder-Frau

Ein Haupthindernis für gesunde Sexualität ist Ärger, der mit schwacher Selbstachtung und einem Gefühl der Unzulänglichkeit verbunden ist. Das Ringen um Selbstachtung und um ein Gefühl der Bedeutung sind wesentliche menschliche Anliegen. Sexualität in einer gereizten Atmosphäre ist keine Quelle der Freude und auch nicht die Basis, auf der zwei Menschen aneinander wachsen können. Unterdrückter oder unpassend geäußerter Ärger ist destruktiv für Selbstachtung und gesunde Beziehungen. Wird der Ärger jedoch auf die richtige Weise mitgeteilt, kann er zu starker Motivation und zur Verwandlung eines Menschen führen. Für die Widder-Frau ist Zorn ein vielgeprüftes Kampfmittel, das sie schneller bei der Hand hat, als Tränen. Sie ist zornig, wenn sie angreift, weil sie sich in der Defensive fühlt, weil sie innere Zweifel und Ängste verbergen und persönliche Macht erzwingen will. Was sie dabei verliert, ist Intimität.

Unterdrückte Sexualität erzeugt Ärger. Unterdrückter Ärger verursacht unzulängliche erotische Fuktionen. Eine Frau, die lächelt, wenn sie am liebsten schreien würde, die zustimmt, wenn sie lieber nein sagen möchte, oder die jedesmal Kopfschmerzen bekommt, wenn ihr Partner das Thema Sex anschneidet, ist auf dem besten Wege, frigide zu werden. In ihrer vergeblichen Suche nach Befriedigung hat sie häufig zahlreiche Sexualpartner. Psychologisch kastriert sie ihre männlichen Partner, da sie nie einen Höhepunkt erreicht. Sie schadet sich dabei selbst, da sie sich wiederholt in Situationen begibt, in denen sie unmöglich das finden kann, was sie sucht. Liebe beruht nicht auf Selbstverleugnung, sondern auf Selbstbestätigung. Wer zornig oder verärgert ist, kann sich nicht bestätigen. Verärgerte Frauen halten sich sexuell zurück. Unpassende oder schlechte sexuelle Stimulierung ist nur ein zweitrangiger Grund für Frigidität.

Offensichtlich liegt die Lösung des Problems darin, den Ärger loszuwerden. Heftige, immer stärkere und häufigere Streitereien sind jedoch destruktiv und nicht zu empfehlen. Auseinandersetzungen mit kontrollierter Auslösung, wie sie Dr. George Bach in seinem Buch »The Intimate Enemy« beschrieben hat, sind konstruktiv. Hier beginnen die Partner mit ehrlichen, nüchternen Erklärungen über ihren Ärger und ihre Bedürfnisse und erarbeiten sich schließlich Vorschläge wie etwa größeren Abstand, Veränderung der Situation oder Kompromisse. Man kann auch Dampf ablassen und auf eine Matratze oder ein anderes lebloses Objekt einschlagen, vorausgesetzt, man will damit nicht seinen Partner strafen oder beschuldigen.

Die Widder-Frau weiß im allgemeinen, wann sie ärgerlich ist. Die meisten Leute halten ihren Ärger jedoch für Depression, Masochismus oder Frustration. Es ist wesentlich, daß man seinen Ärger erkennt, ihn annimmt und bereit ist, ihn konstruktiv zu äußern.

Die Widder-Frau in den Zwanzigern denkt sich nichts dabei, ihrem Ärger explosiv und nicht ohne Berechnung Luft zu machen. Sie zögert nicht, mitten in einer Auseinandersetzung aufzustehen, zu gehen und die Tür zuzuknallen, besonders wenn sie merkt, daß sie den Kampf verliert. Sie gerät in Wut und läuft davon, wobei sie dem Verwegenen, der es wagte, sie zu reizen, unmißverständlich zeigt, wer hier der Herr ist. Was fehlt, ist die Erkenntnis, daß sie sich dafür *entschieden* hat, wütend zu werden, und die Bereitschaft, den Ärger mit dem anderen konstruktiv aufzuarbeiten. In diesem Stadium benutzt sie den Ärger als Mittel zur Macht. Wahrscheinlich läßt sie viele unzufriedene Sexualpartner zurück, bis sie nicht mehr davonläuft.

In den Dreißigern wird die Widder-Frau ein wenig ruhiger. Sie fängt an, ihrem Partner mitzuteilen, was sie innerlich beschäftigt. Sie sagt, worüber sie sich ärgert, daß manche Dinge Bezug zu Kindheitserfahrungen haben, sie gibt zu, daß ihr Ärger nur ein Mantel für ihre Ängste und Unsicherheiten ist. Jetzt wirft sie mit Tellern und ficht den Kampf aus. Ihr Ärger bringt ihr Erleichterung und hilft, Verbindungen enger zu gestalten, psychische Mauern einzureißen, anstatt sie aufzubauen. Zu dieser Zeit braucht sie einen Mann, der zuhören kann, dessen Ich die periodischen Ausbrüche, die forschenden Unterhaltungen, den überhitzten Sex verträgt.

In den Vierzigern wird sie erwachsen und ausgeglichener. Sie nähert sich den Eigenschaften des gegenüberliegenden Waage-Zeichens; sie lernt, das Ich und das Wir in Harmonie zu bringen, ein Miteinander anzustreben, zu teilen. Sie hat jetzt den Ärger als Teil des Lebens akzeptiert und versucht, ihn als Katalysator anzuwenden. Zu dieser Zeit hat die Widder-Frau mehr Angst vor Einsamkeit als die Frauen anderer Zeichen. Sie sehnt sich nach einer soliden Bindung. Sie hat destruktive, unvergeßliche Beziehungen gehabt, hat ihrem Unabhängigkeitsdrang nachgegeben, jetzt weiß sie, daß es Zeit ist, die Waage-Natur zu Wort kommen zu lassen. Jetzt macht es ihr keine Freude mehr, Türen hinter Problemen und Argumenten zuzuknallen – besonders, wenn sie keinen hat, der hinter dieser Tür zurückbleibt.

In den Fünfzigern hat die Widder-Frau ihren Ärger bis zu einem gewissen Grad unter Kontrolle und kann ihn positiv einsetzen. Sie hat endlich gelernt, sich in Auseinandersetzungen diplomatisch zu verhalten, ohne daß sich ihr Stolz verletzt fühlt. Sie hat eingesehen, daß Ärger nicht zur Erweiterung ihrer Persönlichkeit beiträgt und daß wesentliche Partnerschaften nicht durch das Geräusch quietschender Reifen und unsinniger Auseinandersetzungen zu gewinnen sind.

Die Widder-Frau hält ihren Ärger für gerechtfertigt. Sie fühlt sich dem, der sie ärgert, überlegen und sie ist es, die in der Hitze des Gefechts eine Entschuldigung erwartet. Im Grunde genommen ist ihr Stolz an allem schuld. Jeder Schritt fällt ihr schwer, der sie ihrer Meinung nach in die schwächere Position versetzt.

Um ihren Ärger zu bekämpfen, muß sie die Situation erkennen lernen, in denen sie zornig wird, ihre Energien einsetzen, wenn ein Verhältnis zur Routine geworden und verändert werden muß, den Mut zur Ehrlichkeit aufbringen oder jemanden zum Zuhören veranlassen, der sie sonst nicht beachtet hat. Solange sie ihren Ärger als Waffe benutzt, kann die Widder-Frau keine dauerhafte und starke erotische Bindung erwarten. Sie sollte mitfühlend sein, und Zorn oder Ärger sind dabei keine Hilfe. Nur ein sehr feinfühliger und intelligenter Mann ahnt, wie kompliziert der Ärger der Widder-Frau tatsächlich ist.

Ich schlage einen Fünfstufenplan vor, um Auseinandersetzungen mit dem Partner zu bereinigen und dabei den Ärger produktiv einzusetzen:

1. Werfen Sie sich gegenseitig keine Fehler vor. Keiner soll mit Vorwürfen bedacht werden, keiner sich schuldig fühlen.
2. Kommen Sie überein, es offen zu sagen, wenn Sie sich über den anderen geärgert haben. Der Ärger darf nicht länger als einen Tag anhalten. Sprechen Sie nicht über größere Probleme, wenn einer von Ihnen gehetzt oder im Streß ist.
3. Akzeptieren Sie ohne Vorbedingungen, daß jeder Partner das Recht hat, ärgerlich zu werden.
4. Verzichten Sie darauf, im Zorn zu verletzen, nur um Ihren Willen durchzusetzen. Lernen Sie zu sagen: »Ich ärgere mich über dich, aber ich werde dich nicht angreifen.« Verletzte Gefühle können ohne Vorwurf und Kritik ans Tageslicht gebracht werden. Bleiben Sie sachlich, sprechen Sie in gleichmäßigem Ton und vergiften Sie die Atmosphäre nicht durch den kleinsten Vorfall. Wenn Sie meinen, daß es Ihnen nicht gelingt, in ruhigem Ton zu sprechen, so gehen Sie in ein Nebenzimmer, nehmen Sie einen Stock, einen Gummischlauch oder ein Kissen, und schlagen Sie auf einen unzerbrechlichen Gegenstand ein.
5. Bitten Sie Ihren Partner, Ihnen zu helfen, mit Ihrem Ärger fertigzuwerden. Keiner hat es gern, wenn er angreifen muß oder angegriffen wird, Verbündete jedoch sind unschlagbar. Sie machen sich einen möglichen Feind zum Freund.

Voraussetzung für dieses Vorgehen ist, daß die Widder-Frau aufhört, ihren Partner als Konkurrenten zu betrachten, und sich zu einem Miteinander entschließt. Sie darf ihren Ärger nicht in beißenden Bemerkungen oder in der Bestrafung des Übeltäters äußern. Sie muß erkennen, daß man innere Harmonie nur erreichen und äußere Harmonie bewahren kann, wenn man die Rechte des anderen genauso achtet wie die eigenen. Wenn die Widder-Frau lernt, ihren Ärger konstruktiv zu nutzen, wird sie erotisch glücklicher und hat die Möglichkeit, höchsten Genuß zu erleben und zu teilen.

Die Lebensstile der Widder-Frau

Monogamie und anderes

Monogamie wird als sexuelle und gefühlsmäßige Exklusivität gekennzeichnet. Streng genommen sind damit die meisten westlichen Menschen, ob nun verheiratet oder nicht, nicht monogam, denn wenige Menschen sind heute gefühlsmäßig monogam. Hier benutze ich das Wort Monogamie jedoch im weiteren Sinne nur für sexuelle Exklusivität.

Eine Frau schätzt vielleicht an ihrem Ehemann andere Eigenschaften als an ihrem Liebhaber. Die Widder-Frau ist besonders wählerisch, wenn sie einen Ernährer und Vater für ihre Kinder sucht. Sie weiß, daß sie selbst starker Leidenschaften fähig ist, aber sie weiß auch, daß diese auf sicherem Grund ruhen müssen. Daher sucht sie sich einen Ehemann, der ihre Bedürfnisse nach Beständigkeit und Achtung in den Augen der Gesellschaft erfüllt, einen Mann, der auf Form achtet und Kontinuität verspricht (nicht gerade einen Widder-Typ).

Als Gefährtin ist die Widder-Frau feurig, loyal, gefühlvoll und praktisch. Wenn sie mit ihrer Wahl zufrieden ist, kann sie vielleicht ihr Verlangen nach Erregung in der erotischen Leidenschaft mit ihrem Ehemann stillen, die Widder-Frau hat jedoch oft auch verschiedene platonische Freundschaften mit Männern. Ihr Verlangen nach vielen Menschen, nach Anregung und Herausforderung kann in zahlreichen Beziehungen zum Ausdruck kommen, die den vielen Teilen ihres Selbst entsprechen.

Die folgenden Situationen könnten die Widder-Frau dazu bewegen, sich von der Monogamie abzuwenden.

a) Abenteuerlust. Sie ist unterwegs, und plötzlich gefällt ihr jemand.

   Wahrscheinlich handelt sie impulsiv und stürzt sich in das Erlebnis. Sie hat keine Schuldgefühle, denn ihrer Meinung nach hat das keinen Einfluß auf ihre Ehe.

b) Ihr Mann ödet sie an. Früher oder später entdeckt die Widder-Frau, daß platonische Freundschaften das Vakuum nicht füllen können, das durch nachlassende eheliche Leidenschaft oder fehlende Entwicklung des Partners oder der Beziehung entsteht. Obwohl sie zeitweise in melodramatische oder riskante Affären getrieben werden mag, lebt sie eher dadurch auf, als daß sie zerstört wird.

c) Schwache Selbstachtung, unterdrückter Ärger. Es ist möglich, daß sie auf »Jagd« geht, um sich zu bestätigen, daß sie ihrem Mann ihre Untreue später gesteht, vorgeblich, um reinen Tisch zu machen. In Wirklichkeit will sie ihm eins auswischen. Das ist jedoch eine armselige Strategie, in der Sexualität und Ärger gleichermaßen mißbraucht werden. Im besten Fall können höchstens die Gefühle aufbrechen und die Partner zu den entsprechenden Schritte anspornen.

d) Mangelnder Respekt für den Partner. Die Widder-Frau kann niemanden lieben, den sie nicht achtet. Diese Situation ist tödlich und bedeutet meist das Ende der Partnerschaft oder Ehe in jeder entwicklungsfähigen Form. Wenn die Beziehung rein äußerlich überlebt, wird Sex darin keine bedeutende Rolle spielen. Die Widder-Frau, die entdeckt, daß ihr Mann gefühlsmäßig nicht ohne sie leben kann, so wie das kleine Kind nicht ohne die Mutter, kommt sich vor, als würde sie ersticken, und lehnt sich schließlich auf. Sie wird wahrscheinlich zahlreiche Affären haben und sich einen Mann suchen, der ihr ebenbürtiger ist. Sie wird nicht zögern, die ursprüngliche Beziehung gefühlsmäßig und gesetzlich zu lösen.

e) Außergewöhnliche Eifersucht des Partners. Dies kann die Widder-Frau dazu treiben, weniger beengende Verhältnisse einzugehen. Sie läßt sich ihre Unabhängigkeit nicht kontrollieren oder ihre Freiheit in Frage stellen.

Alternative Lebensstile

Mit der monogamen Ehe scheint es schwierig zu werden. Viele Leute experimentieren und wollen herausfinden, wie ein Paar sowohl gefühlsmäßig als auch wirtschaftlich überleben kann. Die Widder-Frau findet man an der vorderen Front vieler Bewegungen. Zu neuen Lebensstilen gehören die folgenden:

Enge Bindungen

Die Widder-Frau wird willig und mit ganzem Herzen an dieser Bewegung teilnehmen. Hier besteht Freundschaft mit beiden Geschlechtern, wobei gelegentlich sexuelle Kontakte weder ausgeschlossen noch verlangt werden.

Kommunen

Gehören nicht zur ersten Wahl der Widder-Frau, denn hier gibt es viel Konkurrenz von anderen Frauen auf engem Raum und viele Hausarbeiten, die sie nicht ausstehen kann. In einer Kommune kann es sein, daß die Partner ausgetauscht werden und Küchen- und Hausarbeit der Reihe nach übernommen werden muß. Die Widder-Frau ist zwar für alles offen, schätzt aber keine Beziehungen, in denen alle gleich sind und Führungspositionen nur periodisch von der Gemeinschaft festgelegt werden.

Gruppenehe oder Großfamilien

Dieser Stil gefällt der Widder-Frau. Wenn ihr auch die weiblichen Mitbewerber in ihrem Revier nicht zusagen werden, so können die Vorteile doch die Nachteile überwiegen, wenn es gute Freundschaften gibt und alle auf zufriedenstellende Weise am Sex teilhaben. Sie wird es hier wahrscheinlich aushalten und ihre latente Angst vor Homosexualität abbauen, ihre Bisexualität ausleben können und ein »Wir«-Bewußtsein im Gegensatz zu ihrer Beschäftigung mit sich selbst entwickeln. Letzten Endes wird sie in eine Zweierbeziehung zurückkehren wollen, denn dort verbraucht sie weniger Energie, doch sie wird den leidenschaftlichen und intellektuellen Rahmen der Gruppenehe vermissen.

Ménage à trois

Vorübergehend eine gute Sache, wobei Paare ihr Liebesleben und ihren Lebensstil mit einer dritten Person teilen. Die Widder-Frau, wie viele andere Frauen, zieht es vor, wenn die dritte Person ein

Mann ist. Wenn Eifersucht und Besitzansprüche nicht wichtiger werden als Leidenschaft, ist es ein brauchbares Modell.

Offene Ehe

Wegen ihrer Offenheit ist die Widder-Frau für diesen modernen Stil besser geeignet als alle andere Typen. Wenn sie wirklich entschlossen ist, kann sie etwas daraus machen. Obwohl sie ehrlich sein will und von einem vollkommenen Seelenaustausch mit ihrem Gefährten träumt, wird sie sehr daran arbeiten müssen, dies in die Praxis umzusetzen.

Homosexueller/Bisexueller Lebensstil

Ich habe erstaunlich viele Widder-Frauen gefunden, die offen ein homosexuelles Leben geführt haben. Viele kamen aus einer traditionellen Ehe und gingen dann homosexuelle Partnerschaften ein. Hier kann die Widder-Frau ihrem Hang zur Avantgarde frönen, ihre androgyne Sexualität ausleben und ihren Ärger über Sozialisierungsbestrebungen für Homosexuelle zeigen. Weil sie gern in Extremen lebt, kann es sein, daß sie sich später wieder mit gleichem Eifer für heterosexuelle Bindungen entscheidet.

Moderne Lady Chatterley

Das kann eine typische Situation für eine verheiratete Widder-Frau sein, die sexuell von ihrem Mann enttäuscht ist. Da sie im Grunde treu ist, bleibt sie verheiratet, gleichzeitig sucht sie jedoch nach einem Ventil für ihre primitive Sexualität. Sie wird viele Liebhaber finden und selten gezwungen sein, ihre Ehe zu zerstören.
Die übliche Bezeichnung dafür ist Veränderung. Die Menschen brauchen Veränderung. Wenn wir zwanzig sind, sind unsere sexuellen und gefühlsmäßigen Bedürfnisse anders als die, die wir mit fünfzig haben. Ehepartner wählen vielleicht parallele Wege und sind zufrieden, ohne je wirklich auf der gleichen Wellenlänge zu sein, oder sie nähern sich einander von verschiedenen Punkten und finden eine neue gemeinsame Ebene, oder aber ihre Wege trennen

sich ganz. Was sich von Zeichen zu Zeichen ändert, ist nicht das Bedürfnis nach Veränderung und die Experimentierfreude, verschieden ist der Mut, den man braucht, um Alternativen zu suchen.

Die Widder-Frau hat außergewöhnlichen Mut und ist zum Risiko bereit. Sie ist dafür prädestiniert, alternative Möglichkeiten des Zusammenlebens zu ergreifen. Sie ist zwar eifersüchtig und besitzgierig, sie ist jedoch auch bereit zu gesellschaftlichen Veränderungen, zu Abenteuern und Umwälzungen.

Wir müssen die reziproke Beziehung zwischen Monogamie und erotischem Vergnügen und die direkte Beziehung zwischen erotischem Vergnügen und dem Abbau von Aggression erkennen. Die Widder-Frau kann uns den Weg zu einer neuen Gesellschaft führen, der uns in diese Richtung bringen wird.

Zusammenfassung

Die Widder-Frau möchte eigentlich weiter nichts als alles. Sie will für sich und ihr Leben allein verantwortlich sein, das ist ihr gesunder Grundsatz.

In ihren verschiedenen Lebenszyklen kann sie schwierig, ekelhaft und anspruchsvoll sein. Ihre Frustrationen kann sie an anderen auslassen. Sie macht Außenseiter für Fehler und Schwächen verantwortlich, die, so befürchtet sie insgeheim, eigentlich ihre eigenen sind, was sie aber nicht zugeben möchte.

Es ist faszinierend zu beobachten, daß die Widder-Frau zu ihrer Vervollkommnung viele Eigenschaften ihres Gegenzeichens Waage erwerben muß. Sie sollte sich kooperativer verhalten, mehr Achtung vor anderen haben, Geduld, einen Schuß sinnenfreudige Genußsucht und mehr Anerkennung für ihre Umgebung entwickeln. Sie muß lernen, daß sie manchmal mit ihren Impulsen oder Wünschen hinter den Bedürfnissen der anderen zurückstehen muß und es letztlich zu ihrem eigenen Besten ist, wenn sie ihren aufdringlichen Egoismus zurückstellt. Keine Frau muß stolz alles sich selbst verdanken. Die Widder-Frau muß lernen, daß sie ihr Tempo verlangsamen und trotzdem jeden Schritt genießen und ihre Freude mit anderen teilen kann. Man kann im Leben eine Reise von A nach

C nicht immer direkt, sondern man muß gelegentlich auch einen Umweg über B machen. Man muß jede Erfahrung als Lehre auskosten und akzeptieren. Dies ist besonders schwierig für den Widder, der sich lieber aktiv einschalten würde.

Die Widder-Frau mag sich daran stoßen, daß das Leben und der Erfolg für eine Frau in einer männlich orientierten Welt in mancher Hinsicht schwierig sind. Es wird ihr schwerfallen, einige traditionell weiblichen Schutzzonen zu akzeptieren. Einerseits hindert sie ihre Männlichkeit, andererseits trägt sie zu ihrem Glück bei. Ständig ist sie von ihrem Ehrgeiz und ihrer Abenteuerlust hin- und hergerissen, und immer ist sie auf der Suche nach Liebe.

Die Widder-Frau muß versuchen, ihre negativen Eigenschaften anzunehmen und auf positive Weise umzusetzen. Sie muß erkennen, wann sie übertreibt. Wenn sie überhastet voraneilt, was fehlt ihr? Welche traditionell weiblichen Rollen nimmt sie an, welche lehnt sie ab? Was erfreut sie, was erregt sie? Wie steht sie zu traditionell männlichen Rollen? Jeden Tag wird sie von neuem überdenken müssen, wie sie leben soll, wie Bemuttern mit Berufsehrgeiz, Aktivität mit Passivität in Einklang zu bringen sind. Sie muß Wege finden, sexuelle Liebe mit ihrem Wettbewerbseifer, Zusammenleben mit Herrschsucht, Abhängigkeit mit Unabhängigkeit und Angriffslust mit Sanftmut zu verbinden. Selbstentfaltung besteht für sie ebensosehr aus Bewältigung von Angst und Einsamkeit wie aus äußerer Aktivität und triumphalen Veränderungen.

Stier

21. April bis 21. Mai

Kennzeichen der Stier-Frau

1. ROMANTISCH
2. KÜNSTLERISCH
3. BEFANGEN
4. GEWOHNHEITSMENSCH
5. DOGMATISCH
6. ORGANISATIONS-
   UND MANAGERTALENT
7. SANFT
8. NACHSICHTIG GEGEN SICH
   SELBST, FAUL
9. BESITZGIERIG
10. LIEBT LUXUS UND KOMFORT
11. ANERKENNEND
12. SINNENFREUDIG
13. VORSICHTIG
14. EIGENSINNIG
15. BEHARRLICH, HARTNÄCKIG
16. EIFERSÜCHTIG
17. RUHIG
18. SCHÜCHTERN
19. KONSERVATIV
20. GUT VERDIENEND
21. SENTIMENTAL
22. HABGIERIG
23. LIEBEVOLL
24. SELBSTGERECHT
25. EHRLICH
26. ZUVERLÄSSIG
27. PRAGMATISCH
28. METHODISCH
29. BAUMEISTERIN
30. FREUNDLICH
31. PRODUKTIV
32. GEDULDIG
33. TOLERANT
34. BESCHEIDEN,
    SICH SELBST HERABSETZEND
35. NATURVERBUNDEN

Die Persönlichkeit der Stier-Frau

Allgemeines

Die Stier-Frau ist sinnlich und verführerisch. Unter einem kühlen, ruhigen und verstandesmäßig indifferenten Äußeren besitzt sie genug Waffen, um einen Mann zu reizen und zu halten. Vom Schlafzimmer bis zur Küche scheint sie in ihren Erbfaktoren alles Ewig-Weibliche mitbekommen zu haben. Kein Wunder, daß sie oft die Göttin der Erde genannt wird.

Wenn sie ein Zimmer betritt, weiß jeder, daß sie da ist. Sie ist schön, strahlend und anziehend. Oft trägt sie die schönsten Kleider, Schmuck und Parfüm und tritt immer mit großer Selbstsicherheit auf.

Zu ihrer körperlichen Anziehungskraft kommt ihre verführerische, volle, melodische Stimme. Mit den Augen sendet die Stier-Dame Botschaften aus, die einen Mann lähmen und ihm unbeschreibliche irdische Wonnen versprechen.

Sie bewegt sich mit der Grazie einer Tänzerin, denn sie liebt ihren Körper und pflegt ihn gut. Voller Selbstkontrolle übt sie sich als meisterhafte Zauberin und schafft oft gerade die Atmosphäre, die die Phantasie ihrer Lieben beflügelt.

Körperlicher Kontakt ist wichtig für die Stier-Frau. Sie muß berührt, geliebkost werden. Ihre Fürsorge drückt sich oft im Erotischen aus, aber sie hat es nie eilig. Sie erwartet das Allerbeste in der Liebe und in der Sexualität und gibt sich nicht mit weniger zufrieden.

Sie schätzt die Häuslichkeit und lädt gern Gäste ein. Da sie eine erstklassige Köchin ist, gibt es bei ihren Gesellschaften meist das beste Essen, das feinste Zubehör und die aufregendsten Leute, die sie auftreiben kann – alles in einer entspannten, luxuriösen Atmosphäre.

Stier ist das zweite Zeichen des Tierkreises, ein fixes Zeichen, Element Erde. Der fixe Anteil gibt ihr den Starrsinn, die Beharrlichkeit, die Zähigkeit und eine manchmal etwas hochtrabende, selbstgerechte Art. Von der Erde hat sie eine solide, konservative, materialistische Haltung. Jedes Tierkreiszeichen wird von einem Planeten und seinen Schwingungen beherrscht. Beim Stier ist es die Venus, die Göttin der Liebe und der Schönheit. Venus und alle Eigenschaften, die ihr zugeschrieben werden, beeinflussen das Leben der Stier-Frau: Luxus entzückt die Venus-Natur.

Zu den Stier-*Typen* gehört eine Frau, die die Sonne oder andere wichtige Planeten im Stier hat, Planeten im zweiten Haus (dem natürlichen Stier-Haus), einen Stier-Aszendenten oder eine stark aspektierte Venus.

Zu den Stier-Typen sind auch die zu rechnen, die gerade eine Stier-Phase durchmachen. In diesem Fall muß man keine Planeten im Stier haben. Der Stier-Typ ist durch die Kennzeichen zu Beginn dieses Kapitels charakterisiert. Die Stier-Phase hat folgende Merkmale:

1. Die materiellen Grundlagen werden überprüft, um Sicherheit und ein müßiges Leben zu gewährleisten.
2. Das Bedürfnis zu besitzen und zu beherrschen, sowohl auf Dinge als auch auf Menschen bezogen, spielt eine große Rolle.
3. Transformation, ausgelöst durch materielle Anliegen, eine Erneuerung der Werte.
4. Man findet eher Dogmatik, die auf selbstsüchtigen Wünschen beruht, als Vernunft, der objektive Tatsachen zugrunde liegen.
5. Eine tiefe Naturverbundenheit, die die Materie durchdringt und Harmonie mit allem Lebendigen verheißt.

Die Stier-Phase wird durch ihre Dualität gekennzeichnet. Die Verfolgung materieller Interessen auf der einen Seite und der Ideale geistiger Schönheit auf der anderen verursachen oft eine Spaltung und inneren Aufruhr. Die Neigung zur Verschwendungssucht muß gezügelt werden, wenn ihr die tieferen geistigen Werte nicht zum Opfer fallen sollen. Es besteht auch ein ständiger Krieg zwischen Körper und Seele, da den erotischen Freuden und den guten Dingen des Lebens ein unverhältnismäßig großer Energieaufwand zukommt. Harmonie und Gleichgewicht zwischen diesen beiden Kräften müssen existieren, damit die Stier-Frau glücklich sein kann. Die Stier-Frau lebt ein einfaches und doch kompliziertes Leben. Ungleich ihrer Skorpion-Schwester, die auf vielen geheimen Pfaden wandelt, macht die Stier-Frau jedoch kein Hehl aus ihrem Leben. Die einfachen Freuden haben es ihr angetan: Sex, gutes Essen und nette Gesellschaft, meist genau in der Reihenfolge.

Das Zeichen Stier regiert das Geld, der Planet Venus regiert die Liebe, und diese beiden Dinge sind nicht so zusammenhanglos, wie es auf den ersten Blick scheinen mag. Liebe empfinden wir für die Menschen und Dinge, die wir gern um uns haben. Geld versetzt die Stier-Frau in die Lage, sich den Besitz zu verschaffen, der ihr am Herzen liegt oder überall dahin zu reisen, wo sie gern sein möchte. Liebe gibt es jedoch nur umsonst, und das ist für die Stier-Frau oft schwer zu lernen.

Besitz ist ihr Lebenselixier. Selbst die kleinsten Dinge werden registriert und bleiben im Gedächtnis haften. Verflucht sei der, der ein wertvolles Stück Papier, einen alten Brief oder eine Zeitschrift vom letzten Jahr wegwirft, ohne vorher zu fragen. Der Zorn des Stiers kann schon bei der Bedrohung der geringfügigsten Dinge erregt werden. Man kann sich vorstellen, wie wütend sie erst wird, wenn eine andere Frau ihr den Mann wegnehmen will – ihren wertvollsten Besitz.

Sie hat die Gabe, alle Dinge dieser Welt in ihrem eigenen Sinne zu manipulieren. Ihr Aussehen, ihre Begabungen und ihren Besitz setzt sie ebenfalls so ein, daß sie ihre Ziele erreicht. Die schwierigste Aufgabe für die Stier-Frau wird es sein, aus sich selbst herauszugehen und über ihren Besitz hinauszuwachsen. Die Vorliebe für Luxus und Bequemlichkeit erweckt selbstsüchtige Neigungen in ihr, und sie kann dann die Bedürfnisse anderer nicht verstehen.

ROMANTISCH, SENTIMENTAL

Über die praktische und materialistische Seite der Stier-Frau ist schon viel gesagt worden, wenige Menschen sind sich jedoch bewußt, wie tief romantisch sie innerlich ist. Schicken Sie ihr eine Rose (die sie sehr schätzt), und sie wird Sie auf ewig lieben. Ihre Phantasie wird aus dieser einzelnen Rose ganze Vasen voller herrlicher Bouquets machen. Der romantische Faktor darf nicht unterschätzt werden. Die Stier-Frau würde sich an König Arthurs Tafelrunde ganz zu Hause fühlen. Der Gedanke an einen Ritter auf einem Schimmel läßt jede echte Stier-Frau erschauern. Für ihn würde sie Freunde, Familie und Stellung über Bord werfen, um ihm zu folgen, wohin er auch will (was schon vorgekommen sein soll).

Wenn Sie schon einmal darüber nachgedacht haben, wer während der Hochzeitsfeierlichkeiten leise vor sich hingeschluchzt hat, so können wir auf die Stier-Frau tippen. Sie ist sehr sentimental und alles, was vergangene Erinnerungen heraufbeschwört oder auffallend schön ist, wird die Tränen zum Fließen bringen. Ein Besuch auf ihrem Speicher ist wie eine Reise in ihre Vergangenheit. Ich kenne eine Stier-Frau, die jeden Brief aufgehoben hat, den sie jemals bekam, alle fein säuberlich verschnürt und in einem Koffer verstaut. Ein Ratschlag für die Stier-Frau: Übertriebene Anhänglichkeit an diese sentimentalen Erinnerungen ist nicht zu ihrem Besten. Lassen Sie die vielen vergangenen Andenken und leben Sie in der Gegenwart.

BEFANGEN

In ihrer frühen Jugend kann die Stier-Frau übertrieben befangen sein. Ihr Körper kommt ihr vielleicht unbeholfen vor, die einzelnen Teile scheinen nicht zusammenzupassen. Aschenbrödel war wahrscheinlich ein Stier. Empfindlich gegenüber dem Spott ihrer Schwestern, sich ihrer Möglichkeiten völlig unbewußt, hatte das arme Ding keine Ahnung, welche Verwandlung ihr bevorstand.

Im Laufe der Zeit wird das Selbstgefühl des Stier-Mädchens stärker und es lernt, es zu seinem Vorteil zu nutzen. Obwohl sie nicht immer ein gutes Gespür für Beziehungen zu anderen hat, weiß die Stier-Frau sehr genau, wo ihr Platz in der Welt ist. Da sie ein so stark idealisiertes Schönheitsgefühl hat, muß sie lernen, sich so zu akzeptieren, wie sie ist, und nicht so, wie sie gern sein möchte. Sobald dies einmal geschehen ist, wird sie immer mehr zu einem innerlich schönen und bewußten Menschen werden.

KÜNSTLERISCH

Die Stier-Frau ist niemals glücklicher, als wenn sie zur Schönheit des Lebens beitragen kann. Ihr Heim wird eine harmonische Verbindung aus Tradition und Modernem sein. Da alles zur richtigen Atmosphäre ihres Liebesnestes beiträgt, kümmert sie sich um jede Kleinigkeit.

Sie liebt Musik und spielt vielleicht selbst ein Instrument. Ihre volle, sinnliche Stimme gehört zu ihren größten Vorzügen, und sie hat selbst viel Freude daran. Mit ihrem feinen Sinn für Proportionen, ihrer guten Beobachtungsgabe und dem subtilen Farbgefühl ist sie eine vortreffliche Malerin. Sie befühlt und betastet die Dinge gern und kann auch Bildhauerin sein, mit Ton arbeiten und töpfern. Durch den Ton schafft sie die Verbindung zur Erde, zu der sie sich hingezogen fühlt und von der sie kommt.

Ihre größte künstlerische Leistung ist jedoch ihre Lebenskunst.

GEWOHNHEITSMENSCH

Die Stier-Frau ist ein Gewohnheitsmensch. Ihr Frühstück, ihr morgendliches Ritual, ihr Weg zur Arbeit ändern sich selten, denn diese haben sich als wirksam und brauchbar erwiesen. Sie ist erdgebunden, daher ist sie mit den Lebenszyklen vertraut. Sie erkennt die ordnungsmäßige Progression der Sonne, des Mondes und der Planeten, die am Himmel ihre Bahn ziehen, und bezieht auch ihr Leben in diese Ordnung ein. Zyklen sind Maßstäbe für Veränderungen. Das Leben geht nicht voran ohne Veränderungen, und Veränderungen bringen Krisen mit sich. Die Griechen gaben uns das Wort »Krisis«, das nicht Katastrophe andeutet, sondern eher auf eine Zeit der Entscheidung hinweist. So sehr die Stier-Frau weiß, daß Veränderungen notwendig sind, so sehr sträubt sie sich oft eigensinnig dagegen. Sie zaudert und wartet, bis der Zeitpunkt zur Entscheidung vorüber ist und der Alltag ihr die Veränderungen diktiert. Sie muß lernen, bewußt Entscheidungen zu treffen, oder sie ist dem Kreislauf ausgesetzt, den sie so gut kennt.

Die Stier-Frau sollte sich darin üben, Veränderungen einzuführen -

einen neuen Weg nach Hause ausprobieren, in einem anderen Geschäft einkaufen, lange schlafen und im Bett frühstücken. Sie wird dann entdecken, daß Abweichungen von der Routine willkommene Erleichterungen vom Stumpfsinn der Gewohnheit bringen.

SELBSTGERECHT, DOGMATISCH

Die Stier-Frau weiß, wann sie recht hat. Sie können sie fast alles fragen, und sie wird antworten. Fragen Sie sie jedoch nie nach der Quelle ihres Wissens. Oft wird sie nicht einmal selbst wissen, woher sie die Information hat, und sie stellt sie auch selten in Frage.

Trotz ihrer Schüchternheit und ihrer geringen Selbsteinschätzung hat sie tiefen Selbstrespekt. Wie auch immer die äußeren Umstände sein mögen, ihr eigenes Selbstwertgefühl erhält sie aufrecht. Es besteht jedoch nur ein geringer Unterschied zwischen Selbstwert und Selbstgerechtigkeit. Dieser Unterschied kann noch mehr zusammenschrumpfen, wenn die Stier-Frau erfolgreich wird und sich sicher fühlt. Sie kann dann vergessen, wie schwer sie sich ihren Weg bis hierher erkämpft hat, und wird die anderen bestrafen, weil sie nicht so sind wie sie. Doch wenn auch ihre Ratschläge etwas großspurig und selbstgerecht sein mögen, so werden ihre vielen Freunde sie trotzdem darum bitten.

Sie neigt dazu, ihre Überzeugungen zum Dogma zu erheben und hält an alten Ideen fest, obwohl sie vom Verstand her weiß, daß sie nicht mehr gültig sind – einfach, weil sie sich nicht ändern kann. Ihre Gefühle hängen von ihren Überzeugungen ab. Sie kann besonders rigoros mit Freunden und Verwandten sein, die sie sehr liebt. Oft glaubt sie zu wissen, was das beste für die anderen ist, weil sie sie doch so sehr liebt und das Beste für sie will. Es wird für sie sehr schwierig sein zu lernen, daß sie nicht das Karma der anderen Leute abwickeln kann. Die anderen müssen die Verantwortung für sich selbst übernehmen.

ORGANISATIONS- UND MANAGERTALENT

Die Stier-Frau hat, verglichen mit den anderen Tierkreiszeichen, die am besten organisierten Schränke und Schubladen. Sie ist vielleicht nicht so ordentlich und peinlich genau wie ihre Jungfrau-Schwester, aber sie legt Wert darauf, über ihren Besitz genau Buch zu führen. Sie hat sogar Aktenordner für ihre Rechnungen, Briefe und Rezepte.

Diese nie endende Sucht, die Welt in Ordnung zu bringen, kann sie beruflich zum Bibliothekswesen, zum Städtebau oder zur Schriftstellerei ziehen. Jede Tätigkeit, bei der es gilt, verschiedenartige Teilinformationen zu einem brauchbaren und funktionierenden System zu verarbeiten, interessiert die Stier-Frau.

Sie hat auch ein sehr starkes Zeitgefühl. Es ist, als hätte sie eine Uhr im Kopf, die die Lebenszyklen mißt und veranschlagt, wieviel Zeit für die einzelnen Aufgaben zu bewilligen ist. Wenn sie sich zu einer bestimmten Zeit verabredet, ist sie da. Wenn sie einen Termin zusagt, können Sie sich auf die Stier-Frau verlassen.

Ihr Zeitgefühl und ihr Organisationstalent wendet sie oft auf die Behandlung von Menschen an. Sobald jedoch der menschliche Faktor hinzukommt, wird alles ein wenig schwieriger. Hier muß sie ihre Menschenkenntnis ins Spiel bringen.

Die Stier-Frau liebt ein ordentliches Zuhause und ein ordentliches Leben. Sie ist nie glücklicher, als wenn alle ein harmonisches Ganzes bilden, dessen Mittelpunkt sie ist. Ihr starker Wille kann Gefühle niederwalzen, wenn sie ihr bei der Erfüllung einer Aufgabe im Wege sind. Sie muß sehr darauf achten, die Gefühle ihrer Freunde und Lieben nicht zu übersehen, und sie sollte Zeit und Raum für sie mitplanen.

SANFT, RUHIG, SCHÜCHTERN

Niemand kann die Stier-Frau übertreffen, wenn es um eine sanfte Berührung, ein sanftes Wort oder eine gütige Tat geht. Wie ihr Symbol, der Stier, wütet sie nur, wenn sie ärgerlich oder in höchster erotischer Leidenschaft ist. Wenn es nach ihr geht, ist sie sehr ruhig.

Die beiden Hörner ihres Symbol-Stiers sind die Hörner eines Di-lemmas. Entweder ist die Welt für sie vollkommen in Ordnung, oder sie gerät außer sich vor Wut, wenn man sie ärgert. Mittelwege scheint es kaum zu geben. Viele Stier-Frauen unterdrücken ihren Ärger lieber, denn sie lernen schon bald, daß ihre Gesundheit lei-det, wenn sie sich ständig in Aufregung befinden. Sie sind beson-ders anfällig im Hals und an den Schultern, Körperteile, die durch ständigen Streß und Ärger geschwächt werden können.

Auf vielen Gebieten ist die Stier-Frau unschlagbar. Sie kommt viel-leicht gerade vom Einkaufen zurück, als ihr Mann anruft und er-klärt, er habe seinen Chef zum Essen nach Hause eingeladen. Ruhig und gleichmütig nimmt sie diese Hiobsbotschaft auf. Sie weiß, daß das, was kommen muß, kommt, und außerdem hat sie wahrschein-lich für einen solchen Notfall vorgesorgt und ein passendes Menü in der Tiefkühltruhe.

Die meiste Zeit ihres Lebens wird sie Unbekannten gegenüber sich schüchtern verhalten. Das ist oft das Ergebnis eines schwachen Selbstgefühls während der Jugend und der Quälereien, die ihr von ihren Altersgenossen in der Kindheit zugefügt wurden. Neue Um-gebung und neue Gesichter sind ihr unangenehm, denn sie bedeu-ten Unbekanntes, dem man sich stellen muß. Konfrontationen sind jedoch nicht ihr Stil, sie geht ihnen lieber aus dem Wege. Jede uner-freuliche Situation wirkt auf ihr Nervensystem. Nur wenn sie in die Enge getrieben wird, wird sie für ihre Rechte kämpfen. Sie könnte viel Unglück vermeiden, wenn sie es lernt, die Probleme schon an-zupacken, wenn sie auftreten.

NACHSICHTIG GEGEN SICH SELBST, FAUL

Komfort und Zufriedenheit sind wichtig für die Stier-Frau. Bade sie in parfümiertem Wasser, wickle sie in ein weiches, flauschiges Tuch, gib ihr einen Eisbecher mit Früchten, überschütte sie mit Liebe und Zuneigung, und sie gehört dir fürs ganze Leben. Es ist keine Frage, daß für sie nur das Beste gut genug ist.

Auf den meisten Gebieten wird sich ihre Genußsucht in Grenzen halten, denn wenn sie will, kann sie Selbstbeherrschung üben wie wenige andere Zeichen. Ihr größtes Problem ist das Essen. Hier löst sich der Wille, der sonst Berge versetzen, das Meer teilen oder wilde Pferde im Zaum halten kann, in nichts auf. Die meisten Stier-Frauen haben ihr Leben lang Gewichtsprobleme. Die ungewollten Pfunde erscheinen auf den Hüften, die von Natur aus eigentlich wohlproportioniert sind. Essen bedeutet auch Sicherheit für die Stier-Frau, und hier entstehen, durch die Verbindung ihres enormen Appetits mit der Leidenschaft für das Essen, die Probleme. Die Tisch-Szene im Film »Tom Jones« zeigt eine typische Stier-Phase. Hier war das sinnliche Vergnügen des Essens verbunden mit der Vorfreude auf spätere erotische Genüsse. Die Stier-Frau glaubt wirklich, daß der Weg zum Herzen eines Mannes durch den Magen geht (weil sie ihren eigenen so gut kennt). Sie ist eine große Künstlerin in der Küche. Sie hat es niemals gern, wenn Essen verschwendet wird, und ihre einzige Enttäuschung nach Verlassen ihres Tisches wird ihre reduzierte Willenskraft sein.

Die Stier-Frau nimmt sich Zeit. Hetzen Sie sie niemals, man kann sie nicht von der Stelle bringen, wenn sie es nicht selbst will. Sie setzt sich ihre eigenen Prioritäten und führt sie gemächlich aus. Sie organisiert ihr Leben so, daß nur sie selbst die Zeit hat, es zu genießen. Müßiggang gefällt ihr, und es macht ihr eben Spaß, ihre Zeit so zu vergeuden oder sie so vollzustopfen, daß es wie Arbeit aussieht. Die Wahl liegt jedoch bei ihr, und auch diese Entscheidung bereitet ihr Freude. Je näher sie ihrem Ideal an Komfort und Luxus kommt, desto fauler wird sie. Sie sollte sich ständig neue Aufgaben suchen, um diese Neigung zu überwinden.

BESITZGIERIG

Die Stier-Frau will ein Ding nicht nur gebrauchen, sie muß es besitzen. Sobald sie einmal etwas an ihren Busen gedrückt hat, wird sie es nicht mehr loslassen. Besitz ist alles. Sie schafft es, vier Sätze Töpfe und Pfannen, acht verschiedene Sätze Geschirr, fünfzehn Spitzendecken und sämtliche Möbel ihrer verstorbenen Schwiegermutter für sich in Anspruch zu nehmen.

Genauso besitzgierig ist sie in bezug auf ihre Familie und ihre Liebhaber. Sie hat sie ausgewählt, und aus dem Grunde gehören sie ihr, so wie ihre Kleider, ihr Schmuck und ihre Pelze. Wenn sie es bis zum äußersten treibt, kann sie eine sehr dominierende Ehefrau und Mutter sein. Dann läßt sie ihren Lieben wenig Spielraum zur Eigenentwicklung. Viele Kinder lehnen sich schon früh auf, wenn sie das Gefühl haben, erdrückt zu werden. Positiv gesehen umsorgt sie alle mit der gleichen Aufmerksamkeit, die sie ihrem übrigen Besitz widmet.

Keiner sollte versuchen, ihr den Mann oder den Liebhaber zu stehlen. Dann sieht sie rot, und der rasende Zorn, den man so oft mit dem Stier verbindet, bricht hervor. Sie greift frontal an, und nichts kann sie halten. Alle Kraft und Stärke, die sie aufbringen kann – und ihre Kraft ist beträchtlich –, wird sich auf ihren Gegner entladen.

LIEBT LUXUS UND KOMFORT

Die von der wollüstigen Venus beherrschte Stier-Frau liebt den Luxus. Es bekommt ihrem Portemonnaie zwar schlecht, aber es ist eben doch viel angenehmer, erster Klasse zu fahren.

Die Stier-Frau scheint einen angeborenen Sinn für Wert und Qualität zu haben. Sie hat lieber einen Orientteppich als haltbare Gebrauchsware. Warum beim Versandhaus bestellen, wenn die teuren Geschäfte auch liefern? Sie kennt den wirklichen Wert, und was manchen Leuten extravagant erscheinen mag, ist für die Stier-Frau eine gute Investition. Ihre Antiquitäten und Möbel werden im Wert steigen, sie wird ihre Kunstgegenstände im Notfall verkaufen können, und der Schmuck, den sie im Laufe der Jahre erworben hat, kann gut der Grundstock für ein neues Geschäft sein.

ANERKENNEND

Die Stier-Frau hat keine großen Erwartungen. Sie kennt die Welt und die Unzulänglichkeit der Menschen zu gut, um mehr zu erwarten, als sie sehen und in der Hand halten kann. Sie hat keine geheimnisvollen Träume wie ihre Fische-Schwester oder baut phantastische Luftschlösser wie die Wassermann-Frau, sie baut solide Häuser mit Mörtel und Ziegelsteinen. Wenn jedoch etwas Schönes eintrifft, das sie nicht erwartet hat, oder jemand ein Versprechen erfüllt, gibt es niemanden, der das mehr zu würdigen wüßte.

Ihre Hochachtung ist fast kindlich. Wenn jemand ihr etwas schenkt, wird sie es ewig in Ehren halten. Wenn jemand in harten Zeiten gut zu ihr ist, wird sie ihr Leben lang daran denken. Es scheint sie völlig zu überraschen, daß man ihr auch einmal etwas gibt. Wahrscheinlich ist ihr schwaches Selbstgefühl schuld. Sie kann sich nicht vorstellen, daß die Leute auch einmal nett zu ihr sein wollen.

Der Stier ist ein Erdzeichen und wird von Venus beherrscht, wen wundert es, daß die Stier-Frau die irdischen Dinge sehr schätzt? Sie versteht etwas von Pferden und reagiert auf jeden Mann, der muskulös, stark und gut proportioniert ist. Sie ist empfänglich und sammelt Erfahrungen, wo sie nur kann. Gleichzeitig nimmt sie alles, was sie sieht, hört, fühlt, schmeckt und berührt in sich auf. Sie liebt alles Sinnenhafte. Wenn sie die Dinge anerkennend würdigt, so schöpft sie dabei vielleicht aus ihrem großen Vorrat an Erinnerungen, Erfahrungen und Gefühlen über die Welt und ihre Menschen.

Das Problem dabei ist, daß all das Genießen und Anerkennen die Stier-Frau nicht zu aktivem Handeln bringt. Sie sollte deshalb einmal neue Unternehmungen beginnen, Risiken eingehen, denn das würde ihre abwartende, zurückhaltende Einstellung ausgleichen.

SINNENFREUDIG

Man kann die Stier-Frau mit einer feingestimmten Orgel vergleichen. Ihre Sinne sind die Tasten, und jede Taste erzeugt Töne. Jede Note ist charakteristisch, und jede Taste läßt eine andere Oktave erklingen. Nur wenn alle Noten gespielt werden, fühlt sie sich als harmonisches Ganzes. Die Sinne der Stier-Frau sind hoch entwickelt. Sie ist wie ein Rubens-Akt: Robust, sinnenfroh, stark und gesund, mit einem enormen Appetit auf das Leben. Sie liebt das Gefühl der Luft auf der Haut und die Wärme der Sonne. Die Stier-

Frau, die ein Dessert verachtet, ist mir noch nicht begegnet.

Wie viele ihrer anderen Eigenschaften, verbirgt die Stier-Frau auch ihre Sinnenfreudigkeit hinter einer Maske aus Konventionalität. Oft lernt sie in der Kindheit, daß man in unserer Gesellschaft alles, was mit dem Körper zusammenhängt, nicht zu beachten habe. Doch so ganz glaubt sie diese Heuchelei nicht, und deshalb wagt sie sich so weit vor, wie es die Konvention eben erlaubt. Ihrer Sinnennatur läßt sie nur dann freien Lauf, wenn sie einem Menschen wirklich vertraut. Glücklich der Mann, dem sie vertraut!

VORSICHTIG, EIGENSINNIG

Die Stier-Frau wird von vielen Ängsten geplagt. Ganz oben auf der Liste steht die Angst, Fehler zu machen. Sie ist so sehr bemüht, immer das Richtige zu tun, daß sie vor lauter Zögern oft gar nichts tut. Ich kenne eine Stier-Frau, eine Sekretärin, die jeden Brief, den sie geschrieben hatte, nicht weniger als viermal las. Die Briefe waren zwar perfekt, aber es dauerte lange, ehe sie ihr Ziel erreichten.

Die Stier-Frau wird selten auf etwas wetten, wenn es unsicher oder unbeständig erscheint. Da sie den natürlichen Lauf der Dinge kennt, weiß sie oft um den Ausgang einer Sache. Sie beteiligt sich nicht an Glücksspielen, sie zieht die sicheren langfristigen Wertpapiere vor, wenn sie auch nur mäßigen Gewinn abwerfen.

Wenn sie sich gegen Veränderungen wehrt, so steht dahinter die Angst vor Verlust oder Schmerz. Sie arbeitet lieber mit bekannten Größen, als daß sie alles, was sie sich bisher mühsam erkämpft hat, aufs Spiel setzen würde. Das negative Resultat: Sie wird noch eigensinniger und besitzgieriger, als sie schon war. Es ist schwierig für sie, bei dieser Grundeinstellung unabhängig zu werden. Sie muß lernen, daß man nicht jede Situation kontrollieren oder voraussehen kann. Sie gehört zu den ruhenden Polen der Erde, wenn sie sich jedoch gegen Veränderungen stemmt, werden Stagnation, Unbeweglichkeit und Verfall einsetzen. Sie muß bewußt Risiken eingehen, wenn sie mit ihrer Zeit Schritt halten will.

Die Stier-Frau hat das Gefühl, die Zeit gehöre ihr. Sie möchte alles auf ihre eigene Weise erledigen, und dazu gehört die Verzögerungstaktik. Wenn sie meint, etwas sei nicht zu ihrem Besten, wird sie es nicht tun. Das gleiche gilt, wenn ihr Gefühl für Anstand, Aufrichtigkeit und Schicklichkeit verletzt ist. Sie wird eigensinnig und rührt sich nicht von der Stelle. Diese Eigenschaft kann sowohl Laster als auch Tugend sein. Wenn sie glaubt, mit ihrem Urteil und ihren Erfahrungen richtig zu liegen, beugt sie sich nicht. Sie sollte ständig bemüht sein, flexibler zu werden, sich nicht nur auf ihre Wahrnehmungen verlassen, sondern sich auf die reale Situation einstellen.

BEHARRLICH, HARTNÄCKIG

Die Pionier-Frau ist ein gutes Beispiel für Ausdauer und Verbissenheit der Stier-Frau. Sie beendet, was sie begonnen hat, und wenn es Jahre dauern sollte. Es kann etwas Berufliches, ein Projekt, eine menschliche Beziehung sein, selten gibt sie auf. Sie glaubt, daß sie ihr Ziel erreichen wird, wenn sie sich nur intensiv genug damit beschäftigt, lange genug durchhält und nicht aufgibt.

Auch an Ideen hält sie mit der gleichen Inbrunst fest. Sobald sie einmal zu der Überzeugung gekommen ist, daß ihre Ansichten richtig sind (und das kann eine Weile dauern, denn sie versucht, bei ihren Entscheidungen fair und gerecht zu sein), läßt sie sich nicht mehr davon abbringen. Selbst wenn sich später herausstellen sollte, daß sie unrecht hatte, ist sie im tiefsten immer noch überzeugt, daß sie im Recht war.

Beruflich zeigt die Stier-Frau die gleiche Ausdauer. Sie wird ohne Murren Überstunden machen, damit die Arbeit fertig wird. Sie ist verläßlich und großzügig mit ihrer Zeit. Sie wird eine neue Angestellte anlernen, Kaffee kochen, die Kasse führen und sogar die Toto-Gemeinschaft organisieren. Sie weiß, daß die kleinen Dinge oft genauso wichtig sind, wie das große Ganze.

Sie bemüht sich sehr, Freunde zu gewinnen, die Schwiegereltern günstig zu stimmen und ein kameradschaftliches Verhältnis zu den Mitarbeitern herzustellen. Alles ist jedoch veränderlich, auch Freundschaften, und nicht alle sind es wert, daß man daran festhält. Da sie eigensinnig ist, weigert sie sich oft, etwas aufzugeben, das gar nicht mehr in ihrem eigenen Interesse liegt. Wenn sie lernt, die Dinge so zu sehen, wie sie sind und nicht, wie sie sie haben möchte, wird sie ihnen auch freien Lauf lassen können. Sie muß lernen, aufzugeben, so schmerzlich es auch sein mag, und ihr Leben wird sich zum Besseren wenden.

EIFERSÜCHTIG

Die Stier-Frau ist genauso begierig auf die Zuneigung anderer wie auf ihr Eigentum. Keiner darf den Dingen, die sie liebt, zu nahe kommen, einschließlich ihrer Freunde und der Familie. Sie hat Angst, sie könnten gestohlen werden oder es könnte ihnen auf irgendeine Weise ein Übel zugefügt werden.

Mit ihrer starken Venus-Natur schließt sie ihre Lieben wie in eine schützende Hülle ein. Der Versuch, die Stier-Frau zu verstehen, gleicht dem Versuch, die Liebe in ihren vielen Aspekten zu verstehen. Sie schützt und hält, verschwendet Zuneigung, hegt und pflegt, aber sie meint, sie sei die einzige, die dazu in der Lage ist. Wehe dem, der sie verdrängen will oder ihr ins Gehege kommt.

In weniger entwickelten Stadien konzentriert die Stier-Frau diese Gefühle auf materielle Objekte und trachtet nach Dingen, die andere haben. Sie kann eifersüchtig sein auf Reichtum, Erfolg und Schönheit ihrer Mitmenschen. Wenn sie in ihrer Entwicklung fortschreitet, wird sie einsehen, daß dies ein unnötiges negatives Gefühl ist.

KONSERVATIV, GUT VERDIENEND, HABGIERIG

Von Kindheit an ist die Stier-Frau eine Bewahrerin. Sie weiß, daß die Schätze der Erde wertvoll sind, darum teilt sie sie weise ein. Sie wird niemals etwas wegwerfen, wenn sie meint, man könne es in Zukunft noch gebrauchen.

Vielleicht beteiligt sie sich an einer Wiederverwertungsaktion, an der Errichtung eines Wildschutz-Reservats oder an einer Umweltschutz-Vereinigung. In ihrem Garten wird nichts weggeworfen.

Alte Blätter und Pflanzenstiele werden als Humus aufbewahrt, ihre Sonnenblumen-Samen hebt sie sorgfältig für das nächste Jahr auf. Ihre Kleidung ist eher konservativ. Sie verabscheut Auffälligkeit und achtet sehr auf Qualität. Sie ist zwar im Grunde unzähmbar, möchte aber nach außen hin nicht so erscheinen. Wieder eine Maske, die jeden täuscht, der etwa glauben könnte, sie wäre zu fortschrittlich. Es ist wichtig für sie, daß ihre Umgebung sie achtet und akzeptiert, sie wird kaum etwas tun, um ihre Position zu gefährden. Sparen gehört zur zweiten Natur der Stier-Frau. In ihrer konservativen Art braucht sie einen Sparpfennig, den sie irgendwo versteckt hat. Ihr Geld kann aus Tätigkeiten stammen, die mit dem Bergbau, mit landwirtschaftlichen Berufen oder mit dem Immobilienhandel zu tun haben.

Ihr Talent zum Geldverdienen scheint grenzenlos zu sein. Nichts ist zu niedrig oder zu minderwertig, wenn es ihr Profit einbringt. Sie erkennt Möglichkeiten, wenn alle anderen in schwärzesten Farben malen. Sie fängt ganz klein an, füllt zum Beispiel zu Hause Marmelade und Gelee in Gläser und verkauft sie. Am Ende ist sie zur Konkurrenz für eine große Marmeladen-Fabrik geworden, wenn sie nur entschlossen ist und wenn die Sache Gewinn abwirft.

Wenn die impulsive Stier-Frau ihr Bedürfnis nach Sicherheit und Selbstachtung nicht im Zaum hält, kann es zu Habgier kommen. Für sie ist Erfolg mit materiellem Reichtum verbunden. Ohne das Gegengewicht einer gewissen geistigen Entwicklung verliert sie die Kontrolle und reißt jeden Pfennig an sich, den sie erblickt. Ihre angeborene Fürsorge für andere Menschen tritt dann in den Hintergrund, und das Leben macht ihr weniger Spaß.

Sie hat außerdem das Gefühl, daß das Geld ihr Macht über ihr eigenes Leben verleiht, daß sie sich dadurch freier, beweglicher fühlt, weniger zur Verantwortung gezwungen. Gleichzeitig kann sie jedoch auch recht großzügig sein und verteilt Anteile ihrer gehorteten Schätze an die, die ihr nahestehen, um sich Liebe, Beachtung und Treue zu sichern. Die Gaben werden allerdings sehr selten ohne versteckte Absichten, ohne Hintergedanken verschenkt. Die Stier-Frau muß lernen, aus dem Herzen zu geben.

LIEBEVOLL

Sie hat ein sehr starkes Bedürfnis, berührt und geliebt zu werden. Durch Berührung gibt sie ihren Gefühlen Ausdruck. Wenn man ihr Zuneigung vorenthält, ist sie wie eine Pflanze ohne Wasser. Als Kind wetteifert sie um die Liebe beider Elternteile und findet oft, daß die Geschwister mehr bekommen, als ihnen zusteht. Sie kann es lange Zeit ohne sexuelle Kontakte aushalten, ihr natürliches Strahlen schwindet jedoch, wenn sie keine Zuneigung erhält.

EHRLICH, ZUVERLÄSSIG

Einer Stier-Frau können Sie Ihr Geld, Ihre Geheimnisse, Ihr Leben und im allgemeinen sogar Ihren Mann anvertrauen. Sie ist überzeugt, daß Ehrlichkeit die beste Politik ist. In einem höheren Entwicklungsstadium spricht sie auch sehr offen über sich selbst und ist die erste, die ihre Fehler zugibt (Sie dürfen allerdings nicht davon anfangen).
Verträge und schriftliche Vereinbarungen sind ihr unangenehm, aber ihr Wort ist ihr heilig, und ihr Versprechen hält sie immer. Keine Verpflichtung ist ihr zu gering. Sie gibt jedoch vor, Vereinbarungen zu vergessen, wenn Konfrontationen damit verbunden sind.
In plötzlichen Notfällen ist die Stier-Frau ein Geschenk des Himmels. In Zeiten der Trauer, in anstrengenden Streß-Perioden trifft sie kühlen Kopfes die Entscheidungen für die anderen. Durch ihr Gefühl für den Rhythmus des Lebens, für die natürlichen Geschehnisse von Geburt, Entwicklung und Tod ist sie unschätzbar für die anderen, die die großen Zusammenhänge nicht sehen können. Man weiß, daß man sich auf sie verlassen kann, und besser noch, sie weiß es auch.

PRAGMATISCH, METHODISCH, BAUMEISTERIN

Wird es klappen? Diese Frage stellt sich die Stier-Frau oft. Sie erwägt sorgfältig und hat ein sicheres Urteil. Hat sie einmal Pläne gemacht, führt sie sie fast übertrieben methodisch aus. Wie ein perfekter Maurer sorgt sie zuerst für ein gutes Fundament, dann setzt sie einen Stein auf den anderen. Sie muß sich jedoch davor hüten, Sklavin ihrer Methodik zu werden, denn dadurch können sich Verzögerungen ergeben.

Die Stier-Frau entwirft gern, formt, sucht sorgfältig die passenden Materialien aus und baut langsam. Architektur und alle mit dem Bauen verbundenen Tätigkeiten sind einträgliche Berufsmöglichkeiten. Durch ihre Ausdauer und ihr richtiges Gespür für die Umwelt hat sie für uns alle erfreuliche Ergebnisse erzielt.

FREUNDLICH, BESCHEIDEN

Die Stier-Frau verkörpert echte Bescheidenheit und hilft anderen aus reiner Freundlichkeit. Im Scheinwerferlicht möchte sie nicht stehen, wenn man sich jedoch an sie erinnert, nimmt sie huldvoll an. Obwohl es ihr schwerfällt, Lob entgegenzunehmen, sollte sie sich freuen, wenn es geboten wird. Zu oft bemüht sie sich, die beste Arbeit zu leisten und vergißt dann, ihr Selbstgefühl durch die Anerkennung zu erhöhen. Im Berufsleben kommt sie nicht dadurch voran, daß sie mit anderen wetteifert, sondern durch ihr Stehvermögen und ihre Integrität.

Sie achtet sehr darauf, die Gefühle anderer nicht zu verletzen. Mit offenen Armen nimmt sie verlaufene Tiere und verlaufene Menschen auf. Hat sie erst einmal einen bestimmten Entwicklungsstand erreicht, ist ihre großzügige Freigebigkeit fast legendär.

PRODUKTIV, GEDULDIG, TOLERANT

Der Urheber der puritanischen Lebensauffassung hätte gut ein Stier sein können. Die Stier-Frau ruht nicht eher, als bis sie irgend etwas von Wert erworben oder dergleichen hervorgebracht hat.

Als Vertreterin eines der energischsten Zeichen hat sie meist eine ganze Reihe von Projekten gleichzeitig laufen. Jedes einzelne wird sorgfältig und mit Hingabe verfolgt. Oft jedoch verwendet sie ihren Energieüberschuß dazu, immer neue Projekte zu beginnen, obwohl es besser wäre, die angefangenen Dinge erst einmal in Ruhe zu Ende zu bringen.

Ihre Geduld ist sagenhaft, und sie verliert sie nur in ganz seltenen Fällen. Immer wieder kann sie Theorien oder ein Verfahren erklären. Sie ist eine gute Lehrerin, wenn sie ihre manchmal etwas moralistische Seite überwindet.

Gegenüber den Fehlern anderer ist sie tolerant, nicht gegen ihre eigenen. Ich bin Stier-Frauen begegnet, die bei ihren dem Alkohol oder Drogen verfallenen Männern ausharrten, ohne daß sie sie verurteilt hätten. Diese weitgehende Toleranz beeinflußt auch ihre Lebensphilosophie. Lebensweisen, Ideen und politische Ansichten, die vielen unannehmbar scheinen, bereiten ihr keine Probleme. Sie ist für alles offen und eine der besten Zuhörerinnen, die Sie finden können. Mißverstehen Sie ihre verständnisvolle Art jedoch nicht. Sie wird nicht gleich mitmachen, denn ihre konservative Seite ist stark.

NATURVERBUNDEN

Die Stier-Frau liebt die Natur und hat eine starke Beziehung zu ihr. Sie wird die Namen aller Pflanzen und Tiere in ihrem Umkreis lernen.

Sie wird sich auch gern körperlich in der Natur betätigen. Lange kann sie nach einem handgemachten Korb suchen, den sie braucht, wenn sie im Garten Blumen schneidet, und getreu ihrer Art wird sie auch sehr an ihm hängen.

Gärtnern ist ein Steckenpferd fast aller Stier-Frauen. Wenn sie in einem Beton-Hochhaus wohnt und nur einen winzigen Balkon hat, wird die Stier-Frau dort bestimmt Tomaten züchten und einen Kräutergarten anlegen. Hat sie riesige Grundstücke, so versorgt sie alle mit den frischesten, herrlichsten Früchten.

Die Beziehungen der Stier-Frau

Weil der Stier so endgültig und tief verwurzelt ist, treten fast alle Eigenschaften, die zu Beginn des Kapitels aufgelistet sind, in jeder Beziehung, die eingegangen wird, in Erscheinung. Hat die Stier-Frau sich einmal festgelegt, wird sie alle Kraft einsetzen, um eine Beziehung erfolgreich zu gestalten. Sie ist eine wunderbare Hälfte jedes Duos – Gefährtin, beste Freundin, Mitarbeiterin, Mitfühlende. Sie braucht diese Beziehungen von Mensch zu Mensch zur Erfüllung ihres eigenartigen, komplizierten Wesens. Gleichzeitig ist sie auch Perfektionistin und erwartet von Familie, Freunden und Liebhabern, daß sie sich ihrem Standard anpassen. Sie kann sehr schnell sehr kritisch werden, wenn ihre Nächsten ihren Maßstäben nicht gerecht werden.

Wie ihr Gegenzeichen Skorpion kann sie eine Machtstellung erreichen, und zwar nicht so sehr, weil sie danach strebt, sondern häufiger, weil sie bewiesen hat, daß sie sie ausfüllen und ausbauen kann. Obwohl oft unbewußt, kann die Stier-Frau durch Sex und enge Bindungen Reichtum erwerben, den sie dann wieder in Sicherheit, Luxus und Schönheit umsetzt. Reiche Leute ziehen sie an, sie hat guten Geschmack und ist beliebt bei denen, die an die feineren Dinge im Leben gewöhnt sind. Obwohl sie aufgrund des Gesetzes der Polarität unter ihrem Stand heiraten und es ihr an materiellen Gütern fehlen mag, kann sie mit den Reichen doch umgehen.

Sie hat eine gesunde Einstellung zu dauerhaften Beziehungen. Sie ist treu, beharrlich und hängt an ihrem Heim. Sie liebt Komfort und teilt die schönen Dinge des Lebens gerne mit ihren Freunden und Lieben. Sie ist solange eine treue Ehefrau oder Freundin, bis sie betrogen wird. Sie kann sehr wütend werden, wenn sie entdeckt, daß man sie hintergangen hat, oder daß sie ausgenutzt wurde. Sie ist tolerant wie sonst kaum ein Zeichen im Tierkreis, hat sie jedoch ihre Grenze erreicht, handelt sie mit Blitzgeschwindigkeit. Es kann Monate oder Jahre dauern, bis sie sich erholt . . . wenn überhaupt. Wenn es Liebe ist, ist es alles oder nichts. Sie verlangt die gleiche Loyalität, die sie gibt. In der Freundschaft kann sie sowohl geben als auch nehmen, besteht jedoch darauf, daß dieser Austausch im Verhältnis fünfzig zu fünfzig stattfindet.

Sie läßt sich von keinem Menschen zu etwas zwingen, das sie nicht will. Es ist ihr nur im guten beizukommen. Sollten ihre Freunde und Vertrauten dies nicht frühzeitig entdecken, werden sie unerwartet mit ihrem starken Willen konfrontiert.

Obwohl liebevolle Zuneigung zu ihren größten Bedürfnissen gehört, ist sie oft nicht liebevoll zu anderen. Ihr Partner wundert sich vielleicht über lange, schweigsame Perioden, in denen sie sich in einer anderen Welt zu befinden scheint. Wahrscheinlich ruht sie sich von ihrem Karma aus, so wie die Erde zwischen Zyklen der Produktivität und des Wachstums ausruht.

Die Stier-Frau neigt dazu, Männern mehr zu vertrauen als Frauen. Sie wird auch, eher als alle anderen Typen des Tierkreises, einem anderen Stier zu Hilfe kommen.

Sie liebt ältere Männer. Sie scheinen ihr Vertrauen schneller zu erringen und können ihre eigene Beständigkeit gegenüber der Außenwelt widerspiegeln. Andererseits hat sie Angst davor, alt zu werden und legt großen Wert auf Jugend und Jugendlichkeit. Viele halten sie wegen ihres jugendlichen Verhaltens und ihrer Frische für jünger, als sie eigentlich ist.

Wenn sie eine höhere Entwicklungsstufe erreicht hat, läßt die Stier-Frau immer mehr Masken fallen, hinter denen sie ihre Ängste verborgen hat. Sie wagt es jetzt, ihren erotischen Neigungen eher nachzugeben. Spielte früher Mutterschaft die Hauptrolle in ihrem Leben, so experimentiert sie jetzt mit neuen Freiheiten. Sie liebt die Kinder noch, o ja, aber sie fühlt sich nicht mehr so verpflichtet ihnen gegenüber.

Jetzt erfährt man auch, daß sie mit Geld umgehen und es in der Finanzindustrie mit den Besten aufnehmen kann. Sie hat einen unheimlichen Instinkt für Immobiliengeschäfte und Bankwesen. Mit ihrem starken Willen und der angeborenen Begabung für alles Materielle kann sie die täglichen Geschäfte einer Firma so umsichtig leiten wie ein Mann. Wenn es um Herzensangelegenheiten geht, weigert sie sich eigensinnig, ihren gesunden Menschenverstand zu Rate zu ziehen. Oft hat sie Beziehungen, die ihr Aufregung, Geheimnistuerei und sinnenfreudige Sexualität bieten. Vielleicht sehnt sie sich nach Abenteuern, weil ihr Leben zu methodisch und eintönig verläuft. Es ist für sie nicht ungewöhnlich, daß sie einen Mann heiratet, den sie eben erst kennengelernt hat.

Sie ist besitzergreifend und dogmatisch und hängt an Gewohnheiten in ihrem Liebesleben. Durch ihre erstickende Liebe kann jede Beziehung quälend werden.

Wenn das Abenteuer vorbei ist, bereut sie ihre Wahl des öfteren, hält jedoch eigensinnig daran fest. Eine Stier-Frau gibt nicht gerne zu, daß sie einen Fehler gemacht hat.

Ihre größte Aufgabe in der Liebe besteht darin, ihre Besitzgier zu überwinden. Sie ist immer versucht, das beschützende, eifersüchtige Weibchen zu spielen. Menschen sind kein Privatbesitz, auch die Liebsten müssen Raum für inneres Wachstum haben. Sie kann nur besitzen, wenn sie losläßt.

Kindheit

Das Stier-Kind spielt oft zufrieden viele Stunden für sich allein. Die Eltern machen sich vielleicht Sorgen, daß es zuviel allein ist. Ihr widerspenstiges Wesen zeigt sich nur, wenn man sie zuviel herumstößt, sonst benimmt sie sich gut und macht im allgemeinen keine Schwierigkeiten. Ihre selbstauferlegte innere Kontrolle führt dazu, daß sie Disziplin ablehnt, wenn sie ihr unvernünftig erscheint. Liebe wirkt jedoch Wunder. Auch wenn sie sich eigensinnig Ihren Forderungen widersetzt hat, macht eine Umarmung alles wieder gut.

In ihrer frühen Kindheit kann es zwei Extreme geben: Das Kind, das schon früh Verantwortung tragen muß und keine Chance zu einer normalen Kindheit hat, oder das verwöhnte Kind, das alles bekommt, und überhaupt keine Verantwortung tragen muß. Ob jedoch arm oder reich, sie hat einen angenehmen Charakter.

Zu ihren Altersgenossen hat das Stier-Mädchen meist gute Beziehungen. Sie kann sehr scheu und schüchtern sein, aber mit der Zeit entwickelt sie sich zu einer diplomatischen, wenn auch zurückhaltenden jungen Dame. Gleichzeitig sucht sie die ungeschminkte Wahrheit und kann einen mit ihren treffenden Beobachtungen überraschen.

Sie hat gute Beziehungen zu beiden Eltern, zieht jedoch gewöhnlich den Vater vor. Sie ist sein Augapfel, und er wird viel für sie tun. Sie ist sehr abhängig von ihren Eltern und holt sich bei Schwierigkeiten Rat von ihnen, anstatt die Probleme selbst zu lösen.

Liebhaber und andere enge Beziehungen

Die Stier-Frau ist in engen Beziehungen sehr gebefreudig. Dies betrifft nicht nur ihren Körper, sondern auch Verstand und Geist. Wenn sie heiratet, gibt sie sich ihrem Mann voll und ganz. Sie gehört zu den mehr monogamen Zeichen des Tierkreises und geht nur fremd, wenn sie sehr gute Gründe dafür hat. Beim ersten Eindruck wirkt sie sehr aufregend und anziehend und hat in der Anfangsphase einer Beziehung mit einem Mann einen gewissen Schwung. Wenn sie sich Sexualpartner außerhalb der Ehe sucht, so liegt es oft daran, daß ihr eindimensional ausgerichteter Ehemann die unzähligen Seiten ihres Wesens nicht ansprechen kann. Wenn sie jemanden geheiratet hat, der ihr geistig nicht gewachsen ist, so sucht sie diese Eigenschaften vielleicht in einem jüngeren Mann. Sollte die Ehe ihr nicht die erforderliche finanzielle Sicherheit bieten, so wird sie auch hier für Abhilfe sorgen.

Ihre Ängste um finanzielle und gefühlsmäßige Sicherheit können dazu führen, daß sie ihre Lebensfreude und ihre sonst gute Einsicht verliert. Im weiteren Verlauf verschwindet dann die Begeisterung, die bei ihren meisten Liebesbeziehungen vorhanden ist. Oft schreckt sie vor engeren Bindungen zurück, weil sie an sich selbst zweifelt. Sie hegt und beschützt von Natur aus auch sich selbst. Wenn sie Zurückweisung oder Verletzung befürchtet, können längstvergessene Erinnerungen aufsteigen, die ihren Selbsterhaltungs-Mechanismus in Gang setzen.

Liebe Stier-Frau, Sie müssen Risiken eingehen, damit sich Ihre Beziehungen entwickeln oder verbessern. Die folgende »Risiko-Liste« halte ich für sehr nützlich:

1. Beschreiben Sie Ihre größte Angst. Listen Sie alle Einzelheiten auf, setzen Sie sich direkt der Angst aus.
2. Erzählen Sie Ihrer besten Freundin, was Sie an Ihrer Beziehung schon lange Zeit stört.

3. Tun Sie etwas, was Ihnen Spaß macht, wozu Sie sich aber bisher noch nicht getraut haben (desto besser, wenn Sie es gemeinsam mit ihrem Liebhaber/Partner/Ehemann tun).

4. Berichten Sie Ihrem Liebhaber/Ihrer Freundin über die erotischen Phantasien, die Sie ihm/ihr bisher nicht zu erzählen wagten.

5. Setzen Sie sich vor einen leeren Stuhl und stellen Sie sich vor, daß dort der Mensch sitzt, auf den Sie am eifersüchtigsten sind oder den Sie am meisten beneiden. Erzählen Sie der »Person«, warum Sie so fühlen.

6. Gehen Sie einen Schritt weiter und nehmen Sie selbst die Eigenschaft an, auf die Sie bei dieser »Person« eifersüchtig oder neidisch sind.

7. Wählen Sie eine Gewohnheit aus, die Sie an sich selbst überhaupt nicht mögen, und stellen Sie einen Plan auf, um sie abzulegen (nehmen Sie eine Gewohnheit, die *Sie* mehr stört als die anderen).

8. Schenken Sie einer Freundin etwas ohne besonderen Grund und erwarten Sie keine Gegenleistung. Wiederum desto besser, wenn es etwas aus Ihrem Besitz ist, das die Freundin gerne hätte.

9. Setzen Sie sich hin und sprechen Sie mit Ihrem Chef über eine Angelegenheit, die Ihnen bei Ihrer Arbeit nicht gefällt. Das wird Sie soweit stärken, daß Sie daraufhin mit Ihrer Stellung vollauf zufrieden sind.

10. Stellen Sie eine Liste auf mit allen Wunschträumen, die Sie seit Ihrer Kindheit hatten. Führen Sie einen aus.

11. Werfen Sie zwei Dinge weg, die Sie schon jahrelang haben, und die Sie mit großer Sicherheit nie mehr brauchen werden.

12. Geben Sie ein Vorhaben auf, an dem Sie schon lange arbeiten, von dem Sie jedoch wissen, daß nie etwas Vernünftiges daraus wird.

13. Entschuldigen Sie sich bei jemandem, mit dem Sie selbstgerecht argumentiert haben, obwohl Sie wußten, daß Sie im Unrecht sind.

14. Gehen Sie aus und machen Sie allein eine neue Bekanntschaft, unterhalten Sie sich mit ihm/ihr mindestens eine halbe Stunde.

15. Bitten Sie eine Freundin, die Rolle Ihrer Mutter zu übernehmen. Sagen Sie ihr etwas, das Sie ihr schon seit Jahren sagen wollten. Es muß nicht etwas Nacheiliges sein, Sie können ihr auch sagen, wie gut Ihnen das blaue Kleid im Jahre 1958 gefallen hat!

Wenn die Stier-Frau lernt, bewußt etwas zu wagen und die Ergebnisse beobachtet, wird sie feststellen, daß sich alles mögliche verändert. Nach ein paar Wochen merkt sie, daß sie die Angst dabei verloren hat. Das einzig Beständige im Leben ist der Wechsel, sie muß flexibler werden und die Veränderungsprozesse im Leben akzeptieren.

Die Stier-Frau darf nicht besitzgierig sein und muß die Neigung, andere zu kontrollieren, ebenso überwinden wie ihre Angstgefühle. Solange sie das nicht tut, gleichen ihre Beziehungen einem Feilschen um den niedrigsten Preis für einen Ballen Stoff. Sie hält ihre wahren Gefühle zurück, tauscht sie gegen die anderer aus und wagt sie nur dann zu verlieren, wenn ihr die Sache ganz sicher erscheint. Kein Wunder, daß ihre Partner oft ihrer Spiele überdrüssig werden. Angst gehört zu den stärksten Hemmschuhen der menschlichen Entfaltung. Die Stier-Frau muß sich aktiv von ihr befreien, sonst befindet sie sich nicht im Einklang mit den Lebenskräften, die sie so gut kennt. An sich selbst sollte sie nur noch denken, wenn es um ihre Vervollkommnung geht. Wenn sie sich von Schönheit und Harmonie leiten läßt, weiß die Stier-Frau instinktiv, was richtig ist.

Was für einen Mann sie braucht

Die Stier-Frau hat die innere Festigkeit, Intelligenz und Energie, um ein produktives Leben zu führen. Was ihr oft fehlt, sind Feuer und Selbstliebe, um diese Eigenschaften zur Geltung zu bringen.

Sie braucht einen Mann, der ihre Kraft und ihre beständigen Gefühle widerspiegelt. Ihrer Ansicht nach muß ein richtiger Mann Zärtlichkeit, Empfindsamkeit und Phantasie haben, Anteil an ihrer Zukunft nehmen und auch gesunden Menschenverstand besitzen. Ein amüsanter, charmanter und sinnenfroher Mann kann sie solange fesseln, wie er ihr Geschenke bringt.

Ihre Beziehungen werden sehr stark von ihrem Eigensinn

bestimmt. Wenn ihr Mann aufmerksam ist und sie ein wenig bewundert, schmilzt sie dahin. Dann wird er mit ihrem Willen fertig und kann ihr helfen, ihre schwerfälligen Bedenken zu überwinden. Wenn er etwas impulsiv ist, wird er ihre sinnliche Lebensfreude ins Gleichgewicht bringen.

Ihr Mann sollte auf feinfühlige Art versuchen, sie aus ihrem geliebten Heim und von ihren Besitztümern fortzulocken. Ihr Partner muß ihre Liebe zu den irdischen Dingen teilen, und wenn er ihre angeborene Vorsicht überwinden kann, wird sie vielleicht hin und wieder sogar den Boden der Tatsachen verlassen.

Ratschläge für den Mann in ihrem Leben

1. Verlieben Sie sich schnell, ganz und gar, und für immer.
2. Hätscheln Sie sie, seien Sie sanft und verständnisvoll, aber behandeln Sie sie nicht gönnerhaft, sie durchschaut Sie.
3. Ermutigen Sie sie, fordern Sie sie heraus, treiben Sie sie an, aber unmerklich.
4. Denken Sie an ihren Geburtstag, Ihren Hochzeitstag und alle anderen wichtigen Daten in ihrem Leben.
5. Machen Sie ihr Geschenke. Es kann fast alles sein, solange es schön und exquisit ist.
6. Bewundern Sie sie häufig. Helfen Sie ihr, Lob und Anerkennung entgegenzunehmen, denen sie so oft ausweicht.
7. Erwidern Sie ihre Treue. Versichern Sie ihr, daß Sie so lange für sie sorgen können und wollen, wie es sie *glücklich macht*. Machen Sie ihr bewußt, daß sie sich ändern kann und daß Sie bereit sind, die gereifte Frau zu akzeptieren und zu lieben, die sie werden kann.
8. Lassen Sie sie Ihr Leben organisieren, aber machen Sie ihr klar, daß Sie das Privileg des Inputs haben wollen.
9. Beißen Sie sich auf die Zunge, bevor Sie jemals eine Bemerkung machen, die ihre Eifersucht entfachen könnte. Nehmen Sie Rücksicht und denken Sie vor allem daran: Sie können ihr helfen, sie zu überwinden, wenn Sie versuchen, sie zu verstehen.

Wenn Sie der Mann sind, den sie sich fürs Leben gewählt hat, können Sie sich glücklich schätzen. Die Verbindung von Venus und Erde kann sie zur aufregendsten sexuellen Eroberung machen, die Sie je erlebt haben. Ihr Bedürfnis, die Menschen, die sie liebt, zu umhegen und zu versorgen, wird Ihnen ein Gefühl der Sicherheit geben, wie Sie es noch nie hatten. Behandeln Sie sie wie eine zarte Blume oder eine saftige Frucht, lernen Sie ihre Tiefen kennen, denn sie wird Sie sicherlich dorthin führen. Ihre Möglichkeiten sind wahrhaftig groß, und Sie können die Freude teilen, wenn Sie ihr helfen, sich weiterzuentwickeln.

Die Sexualität der Stier-Frau

Die Stier-Frau, die Göttin der Erde, hat eine starke erotische Ausstrahlung. Äußerlich scheint sie ruhig und beherrscht, aber darunter spürt man den starken Rhythmus der Erde. Im Schlafzimmer hat ihre sinnenfrohe Natur die Oberhand. Sie macht aus der Liebe eine Kunst. Lieben Sie keine Stier-Frau, wenn nicht sehr viel Zeit zur Verfügung steht, damit sie ihr Repertoire abspielen kann. Manche Männer haben einen Orgasmus, wenn sie sie bloß küssen. Ihre Berührung, sanft und zärtlich, ist erregend. Hat sie einmal die Maske abgelegt und ihre Hemmungen überwunden, kann sie laut herausschreien. Wenn sie in der Stimmung ist, ist sie unersättlich. Sie besteht jedoch auf Gegenseitigkeit.

Die Sexualität ist ein wesentlicher Teil im Leben der Stier-Frau. Für die Öffentlichkeit wahrt sie einen gewissen Schein, aber sie ist sich ihres Sexualtriebes voll bewußt und schämt sich nicht deshalb. Oft sind ihre Gefühle mit im Spiel, es fällt ihr schwer, sexuelle Kontakte zu haben und nicht verliebt zu sein.

Sie ist eine Meisterin der Körpersprache. Wenn sie ihre ausladenden Hüften schwingt, ihre langen Beine kreuzt oder mit ihrem Schlafzimmerblick um sich wirft, ist sie der Inbegriff alles Weiblichen für die Männer. Ihr ausgeschnittenes Kleid enthüllt genug, um das Verlangen jedes vollblütigen Mannes zu erhöhen. Sie hat Haltung und verpackt ihren Körper wie ein liebevolles Geschenk, sie ist eine atemberaubende Schönheit.

Der Stier-Frau geht es nicht um Machtkämpfe im Bett. Ihr Sexualverhalten ist direkt und unkompliziert. Ihre Triebfeder ist gesunde fleischliche Lust. Sie will Sex, weil es ihr guttut und weil es natürlich ist. Obwohl sie eine tiefsitzende Unsicherheit über ihr Selbstwertgefühl haben kann, hat sie keinerlei Zweifel an ihrer Sexualität. Ihr Gegenzeichen ist der Skorpion, hier wird Sex als Mittel zur Erreichung von Macht und Geld angewandt. Für die Stier-Frau ist das nicht das Hauptziel, es ist eine Zulage.

Es gibt drei Stichworte zum Verständnis der Stier-Sexualität. Das eine ist *Leidenschaft*. Der Geschlechtsakt löst heftige und überwältigende Gefühle in der Stier-Frau aus. Sie ist von glühender Zuneigung und Liebe für ihren Partner durchdrungen, die die Grenzen des rein Körperlichen sprengen. Auch ihr Geist wächst über sich hinaus, und ihre Hoffnungen und Phantasien heften sich an den Geliebten. Kommunikation in höchster Leidenschaft gehört wahrscheinlich zum Wesentlichsten, das sie zu geben hat. Für die Stier-Frau hat Sexualität viele Facetten. In ihrer Intensität liegt etwas Heilendes und Beruhigendes. Nie geht es ihr besser, nie fühlt sie sich lebendiger und angeregter als nach gutem, heftigem Sex.

Die Stier-Frau ist ein Geschöpf starker *Sinnlichkeit*. Sie ist am glücklichsten, wenn alle ihre Sinne gleichzeitig erregt werden. Am besten sollte sie geliebt werden, während sie ein Bonbon lutscht, einem Rachmaninoff-Konzert lauscht, eine Fuß-Massage erhält und an einem Maiglöckchen schnuppert. Körperlicher Kontakt ist wichtig für sie, sie liebt es, berührt zu werden. Zeichen der Zuneigung, wie ein Kuß, ein sanfter Kniff in das Hinterteil, das Streichen einer Hand über die Brust oder ein Biß in den Nacken bringen sie richtig in Fahrt. Ihre Phantasie wird sofort stimuliert und es fällt ihr schwer, ihre Gedanken beisammenzuhalten.

Die Sexualität der Stier-Frau hat eine stark *fruchtbare* Seite. Sie hat ein ungeheures Bedürfnis, Kinder zu gebären. Selbst bei ihrer etwas ambivalenten Einstellung der Mutterschaft gegenüber, kann der Po eines Babys Hormone in ihre Blutbahn jagen. Sie wird sich als Mensch nicht völlig erfüllt vorkommen, wenn sie nicht ein Kind auf die Welt bringt, das sie nähren, umarmen und lehren kann. Wenn sie aus irgendwelchen Gründen selbst keine Kinder bekommen kann, wird sie sie ohne Zögern adoptieren. Sie ist eine wunderbare Pflegemutter. Sie können sicher sein, wenn sie keine eigenen

Kinder hat, werden die Kinder ihrer Freunde und Verwandten sie als zweite Mutter betrachten.

Ist sie erst einmal geweckt, verlangt die Stier-Frau auf unmerkliche Art Befriedigung. Sie fühlt sich angenehm wohl, wenn der Sex in langen, träge dahinfließenden Runden über die Bühne geht, mit Pausen dazwischen für Popcorn oder Soda oder eine schnucklige Süßspeise, und dann wieder zurück ins Bett. Sie ist am glücklichsten, wenn alles in ihrem eigenen Bett oder in einer natürlichen Umgebung vor sich geht. Ihr Schlafzimmer wird luxuriös sein, mit gutem Geschmack eingerichtet. Welcher auch immer der von ihr ausgewählte Stil sein mag, er wird gewiß einen stimmungsvollen Hintergrund abgeben, vor dem sie und ihr Partner eine gediegene Liebesnacht erleben werden.

Mit einem Sternenbaldachin über ihrem Kopf kann sie unter einem Apfelbaum, auf einer grünen Wiese oder auf einem Blattlager glücklich gemacht werden. Wenn die Glut ihrer Leidenschaft in die Erde unter ihr sinkt, kann sie zu neuen Höhen emporsteigen, und ihren Partner mitreißen.

Erste sexuelle Erfahrungen

In Sexual-Angelegenheiten bewegt sich die Stier-Frau in ihrer Jugend zwischen Extremen. Sie ist entweder sehr konservativ oder frühreif. Im ersten Fall hat sie vielleicht die Mutter verloren und muß viel Verantwortung übernehmen. Sie erzieht die Geschwister mit und hat wenig Zeit für kindliche Spiele und wenig Gelegenheit für sexuelle Experimente. Wenn ihr die Verantwortung einer Erwachsenen übertragen wird, wird sie die entsprechenden Gewohnheiten und Standpunkte einnehmen. Sie ist wahrscheinlich das letzte Mädchen in der Klasse, das seine Jungfräulichkeit verliert (nach den Vertreterinnen der Zeichen Jungfrau und Steinbock).

Im anderen Fall wird das Stier-Mädchen, dem alle Sicherheit und Bequemlichkeit geboten wird, das es braucht, viel früher experimentieren. Weil sie ein Wildfang ist, wird sie mit älteren Jungen spielen. Gerne ist sie die Patientin im Doktor-Spiel. Solche Erregungen hat sie gern, und meist macht sie heimlich mit dem Experimentieren weiter, bis sie mit den Jungen, die »wissen wie«, durch ist. Sie hört gern unanständige Geschichten und wird eine der ersten sein, die mit einer Freundin an der Ecke stehen und sie weitererzählen.

In dieser Zeit entwickelt das Stier-Mädchen die unheimliche Begabung, vertrauenswürdige Menschen auszuwählen, mit denen sie persönliche Erfahrungen austauschen kann. Ihre Angst, unerwünscht zu sein, erfordert Verschwiegenheit, selbst in diesem jugendlichen Alter. Im allgemeinen kann sie es verwinden, wenn jemand über ihr Betragen klatscht, aber diese Person wird niemals wieder ihr Vertrauen erlangen. Ihr legendärer Zorn ist jetzt voll ausgereift.

Die jungen Stier-Mädchen strahlen vor Übermut und Charme. Sie haben ihren eigenen Kopf und lieben freundschaftliche Geschenke. Sie sind neugierig auf ihren Körper und sexuelle Dinge. Sie lassen sich auch leicht verführen. Haben sie einmal entdeckt, daß Sex Spaß macht, kann es sein, daß ihr sexueller Appetit mit ihnen durchgeht. Das halbwüchsige Stier-Mädchen ist im allgemeinen schon gut angepaßt und wird auch mit seinem Leben gut fertig. Eine Portion Selbstliebe und Selbstbewahrung erhalten ihr die Selbstachtung. Ist sie erst Frau, wird sie ihren Körper und die Freuden, die er ihr bringen kann, zu schätzen wissen. Es mag eine Weile dauern, bis sie ein Selbstbild entwickelt, das ihr annehmbar scheint, sie versucht jedoch ständig, das, was die Natur ihr gab, zu verbessern. So wird sie Gymnastik treiben und eine Diät befolgen, um ihren Körper in Form zu halten.

Ihre Erscheinung ist sehr weiblich, sie ist eines der wenigen Mädchen in der Klasse, das sich nicht aufregt, wenn sich ihre Brüste entwickeln und die Jungen aufmerksam werden. Ihr angeborenes Wissen um sexuelle Dinge macht sie bei ihren Klassenkameraden beliebt, und wenn sie erst in der Oberschule ist, weiß sie, was sie will. Obwohl sie den Urtrieb zur Fruchtbarkeit hat, ist sie selten typisch teenagerhaft in die Mutterschaft vernarrt. Sie wird die Mutterschaft letzten Endes jedoch bereitwillig annehmen, weil sie ihr Sicherheit, einen festen Platz in der Gesellschaft verspricht.

Ihre Lebensphilosophie steht zum großen Teil fest, wenn sie die Schule verläßt. Ihre Einstellung ist gesund, sie kann die Menschen so nehmen, wie sie sind. Meist hat sie viele Freunde. Um diese Zeit ist ihr nüchterner Charakter entwickelt und hat sich mit der Kraft ihres Temperamentes auseinandergesetzt.

Liebe und Sexualität

Da die Stier-Frau ihrem Wesen nach dualistisch ist, versucht sie stets, die beiden Teile zu vereinen. Sexualität und Liebe sind keine Ausnahme. Sie erkennt, daß eine enge Beziehung zwischen den beiden besteht, aber ihre Logik verwirrt sie manchmal. Im allgemeinen würde sich daraus ergeben, daß ein Mann auch Sex mit ihr haben möchte, wenn er sie liebt. Das heißt jedoch nicht unbedingt, daß ein Mann sie liebt, wenn er Sex mit ihr haben möchte. Ihr Bedürfnis nach Liebe und Zuneigung ist genauso stark wie ihr Bedürfnis nach Sexualität. Ohne Liebe kommt sie sich so leer vor wie eine Muschelschale, aus der das Leben entwichen ist. Die Stier-Frau braucht eher Freude als Aufregung. Das stärkste Hindernis ist ihr Verstand, der sich in den Weg stellt. Sie kann zu sehr analysieren. In der Sexualität nehmen wir an tiefer, gefühlsmäßiger Wonne teil, und wenn andere Dinge hineinspielen, gibt es keine Erfüllung.
Sie drängt sich nicht um die Führung in der sexuellen Beziehung, sondern folgt ihrem Partner willig. Sie möchte ihm zu Gefallen sein und wird wahrscheinlich seinetwegen sogar Analverkehr versuchen, wenn sie sich auch beklagt, daß es wehtut. Sie kann wenig Schmerz ertragen, nimmt jedoch geringere Unbequemlichkeiten in Kauf, wenn die sexuelle Leidenschaft dadurch gesteigert wird. Obwohl sie lustvolle Sexualität schätzt, sehnt sie sich im Grunde nach der liebevollen Wärme, die dann folgt.
Die Stier-Frau kann in allem bis zum Extremen gehen. Sie ist ständig hin- und hergerissen zwischen dem Bedürfnis nach Sex und dem Verlangen nach Sicherheit. Weil ihr sexuelles Bedürfnis so stark ist, kann sie zur Nymphomanin oder Prostituierten werden, im allgemeinen ist sie jedoch sehr konventionell und wünscht sich ein Heim mit Kindern.
Sie kann die Rolle des aktiven und des passiven Partners übernehmen, sowohl in hetero- als auch in homosexueller Beziehung. Hat

die Stier-Frau erst einmal den Schritt zur lesbischen Liebe getan, tut sie es mit der ganzen Leidenschaft ihres Zeichens. Sie bewahrt ihr weibliches Wesen, vor der Außenwelt zeigt sie eine undurchdringliche Maske. Meist wählt sie sich eine jüngere Partnerin und macht ihre berufliche Karriere zu ihrem Lebensinhalt.

Die Reaktionen der Stier-Frau beim Geschlechtsverkehr kann man wie folgt charakterisieren:

1. Völlig fasziniert vom Objekt ihrer Wünsche – hat ausgeklügelte Pläne, um ihn ins Bett zu bekommen.
2. Langsame, verführerische Erweckung des Verlangens in einer schwül-romantischen Atmosphäre, in der ihre Hemmungen eine nach der anderen schwinden, während ihre Temperatur langsam steigt.
3. Vollkommene Beteiligung von Gefühl und Verstand, Anwachsen zu einem langsamen, natürlichen Orgasmus oder Höhepunkt.
4. Ein Orgasmus, in dem der Körper erbebt und lange Zeit in periodischen Zuckungen verharrt. Sie braucht jetzt nur die Berührung ihres Geliebten zu spüren, um in vollkommene, ekstatische Entzückung zu fallen.
5. Völlige Entspannung mit einem beruhigenden, empfindungslosen Gefühl, das sich über den ganzen Körper ausbreitet. Zu diesem Zeitpunkt können ihre geheimsten Wünsche und Gefühle an die Oberfläche kommen und ein aufmerksamer Liebhaber tut gut daran, zu lauschen und auf sie einzugehen. Es wird nur die nächste sexuelle Vereinigung steigern (die vielleicht schon Minuten später erfolgt).

Was für einen Liebhaber sie braucht

Wie die Venus scheint auch die Stier-Frau durch reflektiertes Licht. Sie reflektiert wahre Schönheit, nicht nur in den Dingen, die sie um sich versammelt, sondern auch in den Männern, die sie wählt. Ein Mann muß schön sein, um der Stier-Frau wirklich zu gefallen. Oft gewinnen jüngere Männer ihr Herz, denn sie haben die Schönheit und die Anmut der Jugend noch nicht verloren. Wenn sie

einen muskulösen und kraftvollen Körper haben, desto besser.
Viele Typen können ihr gefallen. Im allgemeinen soll ihr Mann gut proportioniert und muskulös sein. Sie mag einen Mann, der sehr am Erotischen interessiert ist, einen starken Sexualtrieb hat und weiß, was er tut. Sie gibt sich mit geringeren Mengen beider Eigenschaften zufrieden, wenn er ihr sehr viel Liebe und Achtung entgegenbringt.

Sie läßt sich gerne von einem sehr männlichen Mann beherrschen. Sie ist das Ewig-Weibliche, das nach dem Besten sucht, das die männliche Spezies zu bieten hat. In der Phantasie befaßt sie sich mehr mit Typen als mit speziellen Menschen. Cowboys mit rauhen Gesichtern und verwegenen Bärten – die typische Zigaretten-Reklame – kommen der Sache sehr nahe. Sie hat einen Hang zu Naturburschen und zu Männern aus fremden Ländern.

Ein Mann soll sie festhalten, liebkosen, sich viel Zeit nehmen, um sie in die richtige Stimmung zu bringen und sie dann mit all seiner Kraft nehmen, sie dabei zwicken, massieren und seine Liebe laut hinausschreien. Es ist gut, wenn er Kraft genug zu Wiederholungen hat, denn einmal ist nie genug für die Göttin der Liebe.

Wenn sie ihre fortwährenden Zweifel an sich selbst nicht kontrolliert, sich ständig selbst schilt, oder aber als Kind körperlich oder gefühlsmäßig mißbraucht wurde, kann sie zur Masochistin werden. Peitschen und Würgen können dann zu ihrem Repertoire gehören. Wiederum ist jedoch Einbildungskraft von äußerster Bedeutung. Vielleicht verkleidet sie den Mann als maskierten Einbrecher, der in ihrer Wohnung einen Diebstahl begehen will und sie bei dieser Gelegenheit zu allen möglichen sexuellen Handlungen zwingt. So seltsam es sich anhört, das Empfinden der Wärme nach dem Verkehr, die Kommunikation und das Gefühl der Erfüllung sind ebenso stark wie während der konventionellen Sexualphasen.

Ihre normalerweise nüchterne Vorstellung der Verbindung Sex/Liebe kann vorübergehend in Vergessenheit geraten, wenn sie weit weg von zu Hause ist. Wenn sie ziemlich sicher sein kann, daß ihr Verhalten nicht bekannt wird, so können auch einmal ein Taxifahrer in London, ein Hotelpage in Hongkong oder ein Nachbar im Flugzeug nach Athen Empfänger ihrer sexuellen Gunst sein.

Die Stier-Frau begrüßt das neue Zeitalter der sexuellen Freiheit.

Wenn unsere Gesellschaft nicht mehr so scheinheilig tut, können all ihre Lebensphasen integriert werden, so daß ihr Selbstbild mit ihrer inneren Realität übereinstimmt. Ihr Sinnliches und sexuelles Wesen kann zum Vorschein kommen. Es ist interessant, daß sie diese phantastische Verschmelzung auch ohne gesellschaftlichen Segen zustande bringt, wenn und sobald sie lernt, sich innerlich weiterzuentwickeln. Sie hat die Begabung, Dinge, die sonst kaum annehmbar sind, für sich als ganz normal erscheinen zu lassen.

Was sie lernen muß

Die Stier-Frau muß lernen, daß die Bedürfnisse des Körpers sich nicht immer mit ihrer inneren Vorstellung von Schönheit und Wirklichkeit decken. Ihre Erinnerung an eine weit zurückliegende ideale Vergangenheit, als die innere Wirklichkeit den äußeren Erscheinungen von Liebe und Sexualität entsprach, macht sie oft unzufrieden. Der Körper soll sein Recht erhalten, aber ihr idealistisches Bedürfnis nach Romantik und Schönheit muß auch erfüllt werden.
Die Stier-Frau wird die Liebe nicht finden, wenn sie die Menschen ihrer Umgebung beherrschen will. Wenn sie anderen wirklich vertraut, wird sie entdecken, daß sie sie mit Liebe und Zuneigung überschütten, die sie so sehr ersehnt.
Sie darf ihre Gefühle nicht an Menschen verschwenden, die ihrer eigentlich nicht würdig sind. Sie ist die ewige Optimistin, die glaubt, wenn sie die Menschen nur genug liebt, werden diese ihre Liebe erwidern. Das ist so selten der Fall, daß sie dafür oft sich selbst die Schuld gibt. Hier finden wir wieder ein deutliches Beispiel für ihr hartnäckiges und eigensinniges Widerstreben, die Menschen richtig einzuschätzen.
Es gibt Zeiten des Schweigens und Zeiten des Redens. Die Stier-Frau muß ihren Partner wissen lassen, was sie will, sonst werden Frustration und unterdrückter Ärger die Folge sein. In ihrem Hege- und Pflege-Instinkt übersieht sie oft eines ihrer anderen Prinzipien: Geben und Nehmen. Im Bett sorgt sie dafür, daß sie ihren Anteil bekommt, sie muß sehen, daß er ihr auch im Leben zuteil wird. Eine weitere gesunde Entdeckung macht sie, wenn sie erfährt, daß

Sex und Liebe nicht immer miteinander verbunden sein müssen. Eine beiläufige Affäre ist oft genauso befriedigend und ist eine gute Gelegenheit, einen Teil ihrer überschüssigen Energie loszuwerden. Daraus ergibt sich, daß sie lernen muß, *wann* sie experimentieren kann. Sie muß verschiedene Möglichkeiten ausprobieren, wenn sie den Drang dazu spürt.

Wenn die Stier-Frau fühlt, daß ihr Körper aus dem Gleichgewicht geraten ist, muß sie untersuchen, welche Kräfte am Werk sind, welche Seite sie belastet. Vielleicht muß sie ihren sexuellen Appetit zügeln, oder aber Neid und Eifersucht sind die Wurzeln des Übels. Es kann auch sein, daß sie die Wirkungen unterdrückten oder mißverstandenen Ärgers spürt, oder aber sie versagt sich aus Pflichtgefühl unterbewußt ein Vergnügen.

Sie wird das höchste Glück finden, wenn sie ihre Talente, ihren Besitz und ihre natürlichen Energien auf die produktivste und positivste Art einsetzt. Wenn die Stier-Frau erkennt, daß jede Handlung aus freier Wahl entsteht, daß sie für ihre eigenen Erfahrungen verantwortlich sein kann, wird sie auf geradem Weg auf die Zukunft zusteuern.

Der Ärger der Stier-Frau

Wie viele andere auch, erkennt die Stier-Frau den Ärger nicht als ein Gefühl an, das so normal ist wie Liebe, Depression, Freude oder Glück. Wenige haben die Stier-Frau jemals wirklich wütend gesehen. Hinter einem ruhigen, geduldigen Äußeren verbirgt sie Wunden, Kränkungen und Verletzungen, wie es eine weniger tolerante, selbstbewußtere Frau niemals tun würde. Dieser Ärger belastet schließlich ihren Kreislauf. Jahre oder Monate, nachdem das ursprüngliche Ereignis stattfand, wird sie in blinder Wut explodieren. Der Anlaß zu dem Ausbruch kann so geringfügig sein, daß er kaum Beziehung zu dem Ausmaß ihres Ärgers hat.

Frauen bewegen sich wie auf einem empfindlichen Drahtseil, wenn sie Gefühle ausdrücken. Andere negative Gefühle als Eifersucht sollen sie nicht zeigen. Die Stier-Frau weiß, wo sie hingehört und achtet die Autorität. Diese Haltung bestärkt sie darin, ihre tiefe, empfindsame Natur zu verleugnen. Sie bemerkt gar nicht, wenn man sie übervorteilt hat und ist sich oft ihres legitimen Rechtes zu einem gesunden Wutausbruch nicht bewußt. Den meisten Stier-Frauen fällt es schwer zu erkennen, *wann* es passend ist, ihre Frustration zu zeigen oder dem Ärger freien Lauf zu lassen.

Die folgenden Beispiele zeigen, wie die Stier-Frau ihre wahren Gefühle verstecken und den Ärger unterbinden kann.

Ungefähr ab dem dreißigsten Lebensjahr entwickelt die Stier-Frau eine sarkastische, beherrschte Art, sich mit den Unannehmlichkeiten des Lebens auseinanderzusetzen. Mit eisigem Redefluß verabreicht sie Nonstop-Lektionen, wenn ihr Zorn nur im geringsten erregt wird. Der Abwehrmechanismus hält ihre Gefühle in sicherem Abstand. Vielleicht wird sie Expertin darin, andere in ärgerliche Auseinandersetzungen zu locken. Sie behält ihren selbstgefälligen Ausdruck, lächelt sanft und entschwindet. Es ist, als würde der Ärger der anderen den Druck ihres eigenen Ärgers erleichtern. Diese Taktik benutzt sie auch, um ihren Herrschgelüsten gerecht zu werden. Sie kann durch diese Spiele so sehr in Anspruch genommen werden, daß sie vergißt, sich mit ihrem eigenen Kummer auseinanderzusetzen.

Am liebsten *sollte* jeder sich so verhalten wie sie. Über andere kann sie hart und unnachgiebig urteilen (damit hält sie ihren Selbsthaß in Schach. Sie projiziert ihren unterdrückten Ärger und ihren Kummer auf andere).

Oft überarbeitet sie sich, um Ärger zu vermeiden, besonders, wenn es um häusliche Unannehmlichkeiten geht. Dann ist sie zu müde von der Erfüllung all ihrer Pflichten, um sich auch noch mit ihrem Partner abzugeben. Wenn sie nicht bis zum Kern des Problems vordringt, braucht sie sich auch nicht zu ärgern. Das Ergebnis dieser Taktik ist zu oft die Verschlechterung ihres Sexuallebens. Es kann zu dem mechanischen »Mittwochabend-wenn-die-Kinder-im-Bett-sind-aber-bevor-es-zu-spät-ist« werden.

Die angeborene Angst der Stier-Frau, hilflos den Naturkräften ausgeliefert zu sein, motiviert sie und bringt sie aus ihrem inneren Gleichgewicht. Nur wenn sie nicht mehr fest in sich ruht, wird sie aktiv. Ihre komplizierten Reaktionen auf die Vorgänge um sie herum sind meist wohl verborgen.

Es fällt der Stier-Frau oft schwer, sich unbeherrscht zu zeigen. In diesem Fall sind Tränen das endgültige Zeichen der Schwäche. Sie hat Angst, die anderen würden sie für unausgeglichen halten. Ihre tiefsten Wünsche und Ängste und den Ärger zeigt sie nur ungern. Die gleichen Eigenschaften, die der Stier-Frau Kraft und Ausdauer im Unglück geben, machen sie hilflos, wenn sie Kränkung, Angst, Frustration und Ärger auf konstruktive, selbstvertrauende Art ausdrücken soll.

Ihr Ärger beruht oft auf ihren Minderwertigkeits- und Unsicherheitsgefühlen. Sie neigt nicht zur Selbstanalyse und bittet – mit Ausnahme einiger guter Freunde vielleicht – auch nicht um Rat. Sie hat wenig enge Bindungen, denn sie hat Angst, die Kontrolle zu verlieren und in Liebe und Lust zu verwundbar zu sein. Ehrliche, nützliche gegenseitige Beeinflussung läßt sie selten zu.

Sie hält ihren Ärger für unberechtigt. Es ist ihr größtes Problem, daß der unterdrückte Ärger sich in Depression, Selbsthaß und Verzweiflung verwandelt. Wieder einmal steckt sie im Dilemma. Oft idealisiert sie ihre Mutter und denkt daran, daß sie stets angehalten wurde, ein braves Mädchen zu sein. Wie ihre Jungfrau-Schwester will sie immer das Richtige tun. Immer noch muß sie sich mit den Klischees, die den Frauen von Kindheit an aufgezwungen werden, auseinandersetzen: Brave kleine Mädchen widersprechen nicht.

Im Körperlichen zeigen sich ihre Gefühle jedoch immer. Sie hat Gewichtsprobleme, kann unter Nacken- und Schulterbeschwerden, Migräne und Halsentzündungen leiden. Sie blockiert ihre Gefühle so geschickt, daß das Herz so schwer beansprucht wird, daß es einmal zu einem Herzanfall kommen könnte.

Ungleich der zarten Krebs-Frau oder mehr ätherischen Fische-Frau hat die Stier-Frau eine robuste Konstitution und kann jahrelang ihre Kräfte mißbrauchen, ohne Schaden zu erleiden. Sie zieht sich vielleicht in sich zurück und wird still, aber die Auswirkungen ihrer unterdrückten Wut werden schließlich doch in Erscheinung treten.

Veränderungsmuster

Selbstbewußtsein ist wesentlich für Veränderungen. Die Stier-Frau setzt sich vielleicht nicht gern mit sich selbst und ihrem Verhalten auseinander, aber sie wird es tun müssen, wenn sie ihre Reaktionen ändern will. Wut ist nicht einfach Ärger, der sich äußern will, es *ist* das Selbst, das sucht und verwirrt ist.

Um mit ihrem Ärger fertig zu werden, muß die Stier-Frau:

1. Konflikte als unvermeidlich akzeptieren.
2. Erkennen, daß man mit Ärger fertigwerden kann. Man muß ihn nur äußern, wenn er zum erstenmal aufsteigt.
3. Daran denken, daß sie aus Ratschlägen anderer immer etwas lernen kann.
4. Akzeptieren, daß Auseinandersetzungen mit Gruppen uns lehren, wie wertvoll es ist, gegenseitig Anteil zu nehmen.
5. Anderen das Recht lassen, ihre eigenen Fehler zu machen.
6. Anderen zugestehen, sich frei und doch unter Obhut zu entwickeln.
7. Die Privatsphäre und die Fähigkeiten der anderen achten.
8. Ihre eigenen Bedürfnisse und Grenzen definieren.
9. Lernen, wo ihre Bedürfnisse und Wünsche beginnen und wo die der anderen enden.
10. Daran denken, daß der eigene Wutanfall nicht automatisch das Verhalten eines anderen Menschen ändert.

(Zur besseren Kommunikation, siehe »Ärger der Waage-Frau«. Für weitere Ratschläge, wie man Ärger erkennt, siehe »Ärger der Skorpion-Frau« . Für Übungen zu größerem Selbstbewußtsein, siehe »Beziehungen der Steinbock-Frau«.)

Auf einer höheren Entwicklungsstufe wird die Stier-Frau erkennen, daß es natürlich für sie ist, wenn sie allen ihren Gefühlen Ausdruck verleiht. Sie macht sich Sorgen darüber, wie sie ihren Ärger äußern könne, ohne daß die Meinung der anderen über sie dadurch beeinflußt wird. Diese Befürchtung wird sich zerstreuen, wenn sich herausstellt, daß sie es mit der gleichen bewundernswerten Begabung kann, mit der sie ihre Freude äußert. Wie die Erde, zu der sie so sehr gehört, muß sie alle ihre Eigenschaften irgendwann einmal entfalten.

Die Lebensstile der Stier-Frau

Monogamie und anderes

Die Stier-Frau liebt – verlangt sogar – Monogamie in der Ehe. Sie arbeitet schwer, um ihrem Mann und den Kindern das Leben angenehm zu machen. Sie verläßt sogar ihr kostbares Heim (für das sie aber weiterhin selbst sorgt) und geht arbeiten, damit die finanzielle Sicherheit, die so wichtig für sie ist, gewährleistet bleibt. Sie muß gewiß sein, daß die schützende Hülle, die sie um ihre Lieben gespannt hat, keinen Riß bekommt.

Mit ihrem angeborenen Verständnis für die großen Lebenszyklen kann sie die Veränderungen in unserer Gesellschaft nicht ignorieren. Man beweise ihr, daß ein aufkommender Lebensstil dazu beitragen kann, neue Forderungen zu erfüllen, und sie wird mitmachen. Sobald sie einmal erkannt hat, daß ein neues Konzept von Wert ist und Früchte trägt, wird sie es in ihrer methodischen Art unterstützen. Man kann sie besonders leicht überreden, wenn man sie überzeugt, daß neue Lebensstile gut für ihre Kinder sind.

Normalerweise wird sie die Routine ihres Familienlebens nur unter den äußersten Umständen aufs Spiel setzen. Hat sie einmal etwas aufgegeben (oder wurde sie verlassen), wird sie sofort nach jemandem Ausschau halten, der ihr hilft, ihr Leben zu stabilisieren. Ihr verbissener Entschluß und ihre »Ich-habe-es-einmal-getan-ich-kann-es-wieder-tun«-Einstellung werden dazu führen, daß sie auf ihre Figur achtet, sich eine überwältigende Garderobe zulegt und sich buchstäblich auf den Markt wirft. Typische Situationen, die sie zur Untreue bringen können, sind:

1. Sie hat nicht genug Achtung vor ihrem Partner. Sie wäre nicht bei ihm, wenn sie gar keine Achtung vor ihm hätte, doch wenn diese notwendige, eheliche Komponente verlorengeht, wird sie woanders danach suchen.

2. Jahrelange Vernachlässigung oder Mißachtung ihrer Bedürfnisse. Sie ist eigensinnig, auch wenn es um sie selbst geht. Es dauert lange, und sie muß wiederholt vergeblich versucht haben, alles wieder zu kitten, ehe sie sich entschließt, woanders Ausschau zu halten.

3. Völliges Versagen ihres Partners als Liebhaber. Sie ist die Verkörperung der Liebe. Sie *braucht* Intimität, Berührung, Zärtlichkeit, Streicheln, oder sie welkt wie eine Orchidee in der Sahara. Viele andere Entbehrungen wird sie länger in Kauf nehmen, auf körperliche Liebe kann sie nicht verzichten.
4. Mangelnde finanzielle Sicherheit. Sie muß Sicherheit fühlen, sehen und spüren. Wenige Dinge bedeuten ihr mehr, und sie kann große Opfer bringen. Das kann sogar die Neuordnung ihres wohleingerichteten Lebens sein.
5. Ständige Einsamkeit. Auch hier wird sie von ihrem Verlangen nach Intimität, ihrem Wunsch, gebraucht und geliebt zu werden, angetrieben. Sie kennt den Unterschied zwischen allein und einsam, und während sie vom ersteren begeistert ist, hat sie wenig übrig für das letztere.

Wenn sie weit weg von zu Hause ist, sich in einer romantischen Umgebung befindet und gewiß ist, daß ihre Sicherheit, ihre Stellung in der Öffentlichkeit und ihr Ruf nicht angetastet werden, kann sie mal ins Straucheln geraten. Eine ältere Stier-Frau kann einen netten jungen Mann unwiderstehlich finden. Kommt sie zu dem Schluß, daß nichts und niemand unter dieser Erfahrung zu leiden hat, wird sie durch ein heftiges, kurzes erotisches Erlebnis verjüngt. Kinder sind für die Stier-Frau notwendig, welchen Lebensstil sie auch wählen mag. Sie ist eine getreue Erbin des »Stier-Typ«-Pionier-Geistes des vorigen Jahrhunderts, sie liebt die Erde, schätzt den Kampf um das Leben und weiß, wie wichtig es ist, etwas für die Kinder zu hinterlassen.

Wenn sie die Wahl hat, wird sie wahrscheinlich auf dem Lande leben wollen. Dort kann sie sich ein glückliches Zuhause aufbauen und den größtmöglichen Einfluß auf ihre Umgebung ausüben. Wenn sie in städtischer Umgebung lebt, wird sie versuchen, sich einen Kreis aufzubauen, dem sie vertrauen kann und in dem sie sich vor allem wohlfühlt. Für ihre erdverbundene Energie findet sie auch in der Großstadt Ventile und wenn sie für alles offen ist, kann sie auch aus den Verhältnissen lernen, die dort herrschen.

Alternative Lebensstile

Alleinlebende Frau

Durch ihre Beharrlichkeit, Ausdauer und Geduld kann die Stier-Frau diesem Lebensstil zugetan sein. Obwohl sie Gesellschaft und sexuelle Kontakte liebt, bleibt sie ledig, bis sie ihren Märchenprinzen gefunden hat. Ihr Bedürfnis nach der besten Qualität in allen Dingen, einschließlich ihrer Männer, macht sie sehr wählerisch. Hat sie einmal ihr Ideal gefunden, wird sie die Beziehung wahrscheinlich festigen und innerhalb von Monaten eine enge Bindung eingehen. Und sollte sie irgendwie daneben greifen und eine falsche Wahl treffen (was sehr selten ist), können Sie damit rechnen, daß sie die letzte ist, die es erkennt und offen zugibt.

Enge Bindungen

Hier handelt es sich um Freundschaft mit beiden Geschlechtern, wobei sexuelle Kontakte weder ausgeschlossen noch propagiert werden
Die Stier-Frau hat lieber Männer zu Freunden als Frauen. Ihre Herrschsucht kann sich hindernd auswirken, trotz ihres sonst natürlichen Verhaltens im Umgang mit Menschen: sie wird jedoch Geduld und Toleranz üben, wenn sie weiß, daß es sich lohnt. Sie ist beinahe Expertin darin, sich bei anderen beliebt zu machen, und wenn sie erkennt, wie gut es ist, Erfahrungen mit Freunden auszutauschen, trifft sie eine gute Wahl. Wenn sie in ihrer ersten Beziehung zu einem Mann beständig ist, werden die sexuellen Varianten dieses Lebensstils annehmbar, vielleicht sogar interessant für sie werden.

Offene Ehe

Dieser Lebensstil klappt bei der Stier-Frau fast nie. Ihre angeborene Herrschsucht und Eifersucht schließen im allgemeinen auch nur die leiseste Erwägung dieser Alternative aus. Der bloße Gedanke, einer anderen Frau zu erlauben, sich mit *ihrem* Mann zu vergnügen, kann ihre nur schwach verhüllten Zweifel an sich selbst wecken und sie für Tage niederschmettern.

Die Stier-Frau kann sehr verständnisvoll und einfühlsam sein und wird sich niemals einmischen, wenn andere Glück und Erfüllung suchen, wo sie wollen. Sie wird vielleicht sogar einer engen Freundin zuhören, die gerade eine offene Ehe eingegangen ist und ihr von den Freuden, den Höhepunkten des Entzückens und der Befriedigung erzählt, die diese Beziehung ihr gegeben hat. Mit Interesse zuhören und handeln sind jedoch zwei grundverschiedene Dinge, und die Stier-Frau ist ziemlich unerschütterlich in diesem Fall.

Ménage à trois

Auch hier sind ihre Eifersucht und Herrschsucht hinderlich. Die Stier-Frau ist geneigt, so etwas am ehesten noch zusammen mit einer alten Schulfreundin auszuprobieren. Dies jedoch nur, wenn sie sicher ist, daß es ihr Geheimnis bleibt und sie ihr wirklich vertrauen kann.

Dieser Lebensstil könnte ideal für sie sein. Ihre innere Sicherheit könnte wachsen, ihre tiefe Bindung an ihr Eigentum gelockert werden (wobei ihr Mann ihr wertvollstes Eigentum ist) und sogar ihre Selbstachtung könnte sich erhöhen. Es gibt so viele Möglichkeiten! Nach einer Nacht des Austobens, des Berührens und Fühlens würde sie immer noch in den Armen ihres Mannes aufwachen und aufstehen, um ihm das Frühstück zu machen. Dann könnte sie erkennen, wie verrückt sie war, ihren Mann als einen Teil ihres Eigentums zu betrachten, nachdem sie Zeuge war, wie er vorübergehend einer anderen »gehörte«. Jedoch, solange sich die Stier-Frau nicht dramatisch entwickelt, wird sie an ihrer Routine festhalten. Und dazu gehört, daß sie ihren Mann nicht mit anderen teilt.

Gruppenehe

Wenn die Stier-Frau die Monogamie um der Monogamie willen hinter sich gebracht hat, kann sie durch diesen Lebensstil Sicherheit und Gefühlsreichtum gewinnen. Auf jeden Fall wird sich der Kreis vergrößern, der auf ihre Beständigkeit und Verläßlichkeit baut.

Es würde jedoch wiederum eine ziemlich hohe Entwicklungsstufe der Stier– Frau voraussetzen, wenn sie diese Einrichtung als eine Alternative zu der bewährten monogamen Ehe betrachtet. Sie sollte es einmal versuchen, das Experiment würde ihr guttun. Wenn es nichts wird, braucht sie sich nicht als Versager zu fühlen. Experimente werden nicht immer nach vollkommenem Erfolg oder Mißerfolg bewertet. Die Nebeneffekte können ihre Beziehung reicher gestalten, sie reifen lassen und ihre bereits vorhandene ungestüme Sinnlichkeit vergrößern.

Kommunen/Wohngemeinschaften

Die Stier-Frau ist eine ausgezeichnete Kandidatin für eine Wohngemeinschaft, besonders wenn sie als Ledige einzieht. Sie sorgt gern für andere und hilft ihnen, die richtigen Entscheidungen für sich zu treffen (wenn sie auch gerne selbst bestimmt, was eine gute Entscheidung ist und was nicht). Der Garten und die Speisekammer dieser Wohngemeinschaft würden der Neid der Umgebung sein, denn es gibt wenig, was sie lieber täte, als den Boden zu bearbeiten und in der Küche zu wirken. Ihr praktischer Sinn und ihre Leistungsfähigkeit können ansteckend sein und dazu beitragen, die verschiedenartigen Charaktere der Bewohner zu festigen. Ihr Lehrtalent und ihre Geschicklichkeit, mit Geld umzugehen, können sich als unschätzbar erweisen.

Probleme können auftreten, wenn ihre Eifersucht und ihre Herrschsucht die Oberhand gewinnen. Es könnte leicht sein, daß sie Besitzansprüche auf jedes Mitglied der Gemeinschaft anmeldet und dann niedergeschmettert wäre, wenn irgend jemand ähnliches täte.

Es würde *ihre* Wohngemeinschaft werden, und obwohl sie großartig für alle sorgen würde, wäre der Sinn der Sache letzten Endes verloren.

Homosexueller/Bisexueller Lebensstil

Wenn die Stier-Frau sich einer anderen Frau in einer intimen Situation erschließt, wird sie oft den sanften Zärtlichkeitsaustausch vorziehen. Ihre sexuellen Bedürfnisse sind zwar stark, aber sie zieht lange, sinnliche Stunden voll erotischen Fluidums im Bett vor. Eine andere Frau hat oft mehr Verständnis für die kleinen Dinge und das Bedürfnis nach Gegenseitigkeit, die so typisch für die Sexualität der Stier-Frau sind. Ihre starke männliche Seite kann sehr anziehend für weibliche Frauen sein. Und wenn diese erdgebundene Dame ihre konservative Seite wenigstens etwas überbrückt, kann sie sich oft so weit entwickeln, daß sie enge Beziehungen zu einer anderen Frau aufnimmt.

Soweit es um Bisexualität in dem Sinne geht, daß sie ihren Mann mit einer anderen Frau teilen soll, wird sie wahrscheinlich ablehnen. Wenn sie sich jedoch gleichermaßen zu Männern und Frauen hingezogen fühlt, steht sie tatsächlich vor einem schwierigen Problem. Das, was sie braucht, kann sie in diesem Fall von keinem bekommen, und sie ist nun einmal so veranlagt, daß sie sich mit einem Menschen fürs Leben zusammentut. Dies wäre eine weitere ideale Situation, in die sie hineinwachsen könnte. Wenn sie lernt, ihren Besitz zu teilen, so werden sich ihr viele Möglichkeiten bieten, ihre Anpassungsfähigkeit zu entwickeln.

Zusammenfassung

Die Stier-Frau verbraucht viel Energien, um die Kontrolle über sich zu erlangen. Dafür, so meint sie, wird materieller Reichtum ihr Sicherheit und Glück gewähren. Mehr als alle anderen Zeichen hat die im Zeichen des Stiers Geborene eine ungesunde materielle Seite. Die Stier-Frau versucht außerdem, ihre Umgebung zu sehr zu beherrschen – und das nicht aus Machtgelüsten, sondern weil sie das Beste für die anderen will. Sie sollte lernen, daß jeder Mensch selbst erfahren muß, was für ihn am besten ist.

Durch ihre eiserne Selbstbeherrschung wirkt sie sehr nach innen gekehrt. Ihr tiefsitzendes Gefühl der Unzulänglichkeit treibt sie dazu, Bestätigung in ihrer Umgebung zu suchen. Wenn es klappt, sollte sie sich darüber freuen. Die Stier-Frau auf einem höheren Entwicklungsstand wird nach dem Ausgleich zwischen Geben und Nehmen trachten. Sie ist vollkommen auf die Grundwerte des

Daseins eingestellt. Ein gemütliches Heim und eine Familie, so meint sie, sind genauso wichtig, wie eine Karriere. Im Laufe ihrer Entwicklung wird sie lernen, daß sich ihr Gefühl für Sicherheit sehr steigert, wenn sie beides erfolgreich verbindet. Ihre vielen Tugenden und positiven Seiten können jedoch beeinträchtigt werden, wenn sie zu gierig nach den materiellen Dingen des Lebens greift. Ist sie zu herrschsüchtig, kann sie sich selbst ihre Lieben, für deren Wohlergehen sie so hart arbeitet, zu Feinden machen. Ihre angeborene Gebefreudigkeit ist zu bewundern, und darauf kann sie ruhig stolz sein.

Die Stier-Frau ist entschlossen, im Leben keine Fehler zu machen, und gerade dadurch versagt sie oft. Dies wiederum führt zu einem verstärkten Unzulänglichkeitsgefühl. Sie ist tolerant gegenüber anderen, beurteilt sich selbst jedoch zu streng. Sie muß ihre Selbstzweifel ablegen und sich neue Wertmaßstäbe setzen. Ihre starke Naturverbundenheit und ihr Wissen um die Weltordnung werden ihr dabei helfen. Ihre Lebensklugheit und ihr Verständnis für die innere Ordnung der Dinge werden sie im Laufe ihrer Entwicklung erkennen lassen, daß es mehr im Leben gibt, als nur zu besitzen. Hat sie sich von der Last der viel zu vielen Besitztümer und der Verantwortung, die sie mit sich bringen, befreit, wird die Stier-Frau sich nicht mehr gegen Veränderungen in ihrem Leben auflehnen. Dann kann sie die höchsten Höhen erreichen, und ihr hochherziges Wesen wird sich zeigen. Die Göttin der Erde wird wiedergeboren.

Zwillinge

22.Mai bis 21./22.Juni

Kennzeichen der Zwillings-Frau

1. QUECKSILBRIG, LEBHAFT
2. SCHNELL
3. ZERSTREUT
4. LAUNISCH
5. REIZBAR, NERVÖS
6. UNTERHALTSAM
7. ANREGEND
8. GESPRÄCHIG, MITTEILSAM
9. KLUG
10. WITZIG
11. CHARMANT
12. UNBESTÄNDIG
13. UNBERECHENBAR
14. VIELSEITIG
15. EXTROVERTIERT, UNTERNEHMUNGSLUSTIG
16. FREIHEITSLIEBEND
17. EERFINDERISCH
18. GROSSZÜGIG
19. INTELLEKTUELL
20. ZWIESPÄLTIG
21. WISSBEGIERIG
22. UNGEBUNDEN
23. UNPRAKTISCH
23. JUGENDLICH
25. DRAMATISCH
26. SCHILLERND, FACETTENREICH
27. SPIELERISCH
28. NEUROTISCHER SEXUALTRIEB
29. KURZE AUFMERKSAMKEITS-SPANNE
30. VERÄNDERLICH
31. UNVERBINDLICH
32. OPPORTUNISTISCH
33. ANHÄNGLICH
34. BEIDHÄNDIG
35. VERSCHWENDERISCH

Die Persönlichkeit der Zwillings-Frau

Allgemeines

Die Zwillings-Frau bringt Leben in diesen ansonsten stumpfsinnigen und geordneten Planeten. Ihre wilde Phantasie, gepaart mit lebhaftem Witz und anregendem Charme, kommen in ihrem Leben, ihrer Rede, ihrem Verhalten und ihrem Schreiben zum Ausdruck. Sie hat etwas überaus Erfrischendes und vermittelt dieses Gefühl auch ihrer Umgebung.

Sie ist stolz darauf, Männer unterhalten und erregen zu können. Sie genießt die Jagd so sehr, daß sie den Ruf hat, Männer an der Nase herumzuführen, denn sie denkt nicht daran, sich mit jedem Mann einzulassen, der sie reizt! Sie ist selbstbewußt und selbstsicher. Ständig tasten ihre Antennen den Raum nach Stimmungsschwankungen, kaum merklichen Schattierungen, nach jedem Mann ab. Sie findet ihr Ziel und verschwendet keine Zeit dabei, und wenn sie ihn nicht mit Blicken einfängt, so redet sie ihn buchstäblich in eine Ecke.

Der Zwilling ist das dritte Zeichen im Tierkreis, beweglich/Luft. Der bewegliche Teil macht sie veränderlich. Die Zwillings-Persönlichkeit verändert sich dauernd, und daher ist sie schwer zu fassen. Sie ist ein ewig wechselndes Kaleidoskop aus Stimmungen, Rollen und sogar Menschen. Sie können niemals sagen, daß sie eine Zwillings-Frau wirklich *kennen*, häufiger muß man sich die Frage stellen, welches von ihren vielen Selbst sie gerade verkörpert.

Immer wieder versucht sie zu entkommen, man kann sie nicht einengen, sie möchte frei sein. Sie bringt Menschen zusammen, tritt in einer Vermittlerrolle auf und fühlt sich besonders wohl, wenn ein Gedankenaustausch möglich ist.

Man sagt, daß jedes astrologische Zeichen von einem Planeten und seinen Schwingungen beherrscht wird. Die Zwillinge werden vom Merkur, dem Götterboten, beherrscht. Der flinkfüßige Merkur erleichtert jede Kommunikation. Lernen, Briefe schreiben, Reportagen, Nachrichtensendungen, Reisen, Klatsch, all das fällt unter die Herrschaft Merkurs.

Der weibliche Zwillings-*Typ* hat die Sonne oder andere wichtige

Planeten in den Zwillingen, Planeten im dritten Haus (dem natürlichen Haus der Zwillinge), einen Zwillings-Aszendenten oder einen stark aspektierten Merkur. Zwillings-Typen sind auch die, die gerade eine Zwillings-*Phase* durchmachen. In diesem Fall muß man keine Planeten in den Zwillingen haben. Der Zwillings-Typ wird durch die Kennzeichen zu Beginn dieses Kapitels beschrieben. Die Zwillings-Phase hat folgende Merkmale:

1. Intensive geistige Tätigkeit; man ist unfähig, die Gedanken abzuschalten.
2. Wenig Spaß an Sexualität, dient nur zum Anlocken, Erregen und zur Befreiung von nervösen Spannungen.
3. Völliges Aufgehen in Menschen, Projekten und Erlebnissen, gefolgt von Gelangweiltsein und Desinteresse.
4. Zwang, alles, was gesehen, gehört und gefühlt wird, mitzuteilen.
5. Gefühl der Spaltung, der Zerrissenheit, viele Teil-Persönlichkeiten, die das Ganze suchen.
6. Man möchte irdischen Verantwortlichkeiten und den Beziehungen entfliehen.

Selten wählt die Zwillings-Frau eine drastische Art, um ihre Frustrationen zu zeigen. Eher entflieht sie in eine Phantasiewelt, wo sie sich ihrer aufgespeicherten nervösen Energien entledigen kann. Schnulzen, Filmzeitschriften, wahre Geschichten und Filme bieten ihr ein glänzendes Ventil. Der Gedanke an Sex mag sie überwältigen, wirkliche körperliche Vereinigung will sie jedoch gar nicht. Sie zieht den Ersatz-Sex auf der Leinwand vor, geht dann nach Hause und vergißt das Ganze.

Die Zwillings-Frau ist ein zwiespältiges Wesen, symbolisiert durch Kastor und Pollux, die Zwillinge. Das Zeichen ist geheimnisvoll, jeder Zwilling ist sich des anderen bewußt, jeder möchte dem anderen zu Gefallen sein, jeder liebt den anderen, aber beide versuchen, ihrem eigenen Spiegelbild zu entfliehen. Komplizierte Beziehungen, ein kompliziertes Liebesleben und eine komplizierte Persönlichkeit charakterisieren die Zwillings-Frau. Fast jeder weiß, daß die Zwillings-Frau sich ständig wandelt, aber nur wenige verstehen ihre tiefsten Gefühle.

Die Zwillings-Frau ist oft groß, schlank und voller Selbstsicherheit.

Es versteht sich von selbst, daß sie dort zu finden ist, wo etwas los ist. Oft liegt sie in der Sonne und nimmt die Energie der Sonnenstrahlen in sich auf. Sie ist sehr gut proportioniert und hält auch im mittleren Alter ihre Figur. Meistens hat sie ein jugendliches Auftreten.

Sie zieht sich gut an, denn sie weiß, wie wichtig eine gute Erscheinung ist. Sie lebt ganz dem Augenblick, über das Gewesene macht sie sich keine Gedanken – was vor einer Stunde war, ist fast schon eine Ewigkeit her. Sie lebt ganz und gar in der Gegenwart – und im allgemeinen für die Gegenwart.

Die Zwillings-Frau ist sich der Kompliziertheit ihres dualistischen Wesens nur zu sehr bewußt und sucht nach der Einheit und Ganzheit in einem anderen Menschen. Sie muß lernen, daß ihre innere Zwiespältigkeit erst ausgeglichen werden muß, bevor sie das wahre Glück außerhalb ihres Ichs finden kann.

Ihr Verstand ist oft ihr größter Feind. Er ist bei ihr so ausgeprägt, daß sie oft Unruhe schafft. Aus Langeweile stiftet sie in ihrer Umgebung Streit. Dann lehnt sie sich zurück und betrachtet das Feuerwerk. Wenn ihre Manipulationen entdeckt werden, bleiben ihr nur sehr wenige als Freunde erhalten.

Ein Stichwort für sie ist *Verwicklung*. Die Zwillings-Frau ist auf alles neugierig. Es gibt nichts, was sie nicht versuchen würde. Keine Provokation oder Herausforderung ist bei ihr unmöglich. Wenn nichts passiert, keine Möglichkeit zum mündlichen Gedankenaustausch besteht und die Betriebsamkeit aufhört, ist ihr Leben nichts wert.

QUECKSILBRIG, LEBHAFT, SCHNELL, ZERSTREUT

Ihr beherrschender Planet Merkur wird durch das Quecksilber symbolisiert. Genauso glänzend, munter und unruhig ist auch sie. Und wie das Element Quecksilber zerbricht sie in tausend Teilchen, wenn man sie fallen läßt.

Ihre Bewegungen sind schnell und fließend. Das gleiche gilt für ihren Verstand. Blitzschnell kann sie von einem Thema zum anderen springen. Das Zwillings-Zeichen ist eines der intelligentesten Tierkreiszeichen, und es gibt nichts unter der Sonne, das ihren Verstand nicht reizen würde. Ihr fehlt jedoch oft Vernunft und Urteilskraft, die mit dem Intellekt nicht verwechselt werden dürfen. In ihrem Wissensdurst übersieht sie oft das Naheliegende und hat nicht den gesunden Menschenverstand, um ihre Erkenntnisse praktisch zu verwerten.

Die meisten Menschen können sich mit ihr nicht messen, wenn sie, auf jedem Gebiet versiert, zu geistigen Höhenflügen ansetzt. Berücksichtigt man ihre Schlagfertigkeit und die Fähigkeit, jeden Opponenten fertigzumachen, der nicht geistesgegenwärtig genug ist, so kann man sie als gewandte Rednerin charakterisieren. Es trifft nur sehr selten zu, daß sie nicht pariert.

So wie Quecksilber in viele Teile auseinandergesprengt wird, wenn man es fallen läßt, so hat die Zwillings-Frau die Neigung, ihre Energien zu verpuffen. Zu viele Interessen, zu viele Liebesgeschichten, zu viele nicht zu Ende gebrachte intellektuelle Pläne lassen sie erschöpft in lauter einzelne Teile auseinanderfallen. Sie braucht die Willenskraft der im Zeichen des Stiers Geborenen und die Konzentration der Fische, um ihr Interesse lange genug bei einer Sache zu halten. Sonst wird sie nichts erreichen.

Sie muß sich auch etwas bremsen und das Leben ein wenig mehr genießen. Sie hat es immer eilig. Sie ist immer bemüht, eine Aufgabe auf dem schnellsten Weg zu erledigen. Bügelfreie Kleidung, Mikrowellenherde und Fertiggerichte sind wie für sie gemacht, nach dem Motto »Bringen wir es hinter uns, damit wir Zeit für wichtige Dinge haben«. Sie ist zu allem bereit, wenn sie eine Methode findet, um Zeit zu sparen. Weil sie jedoch Zeit bei Projekten verschwendet, die sie nicht zu Ende führt, genießt sie selten die Früchte ihrer Bemühungen.

LAUNISCH

Die Zwillings-Frau gibt einer Laune nach, wo immer sie auch hinführen mag. Ihre plötzlichen und unvernünftigen Richtungsänderungen machen alle um sie herum verrückt. Sie scheint jedoch zu wissen, was sie tut, und wenn Sie ihr folgen, so haben Sie wenigstens kein eintöniges Leben. Die Zwillings-Frau folgt einer Stimme in ihrem Inneren, die sie zum Handeln zwingt. Sie bedauert es immer, wenn sie dieser inneren Stimme nicht folgt. Sie ähnelt der Steinbock-Frau, wie sie so von einem Projekt zum anderen, von einem Beruf zum anderen und von einer Beziehung zur anderen springt. Während die Steinbock-Frau jedoch das Ergebnis genau kalkuliert hat, springt die Zwillings-Frau im blinden Glauben, daß das, was sie tut, das Richtige sei, und kümmert sich nicht im voraus um den möglichen Ausgang ihrer Handlungen.

Routine macht sie verrückt. Alles, was vorausberechnet oder auf eine Formel gebracht werden kann, ist ihr verhaßt. Lieber arbeitet sie im Zirkus als in einem Kurzwarengeschäft. Sie macht sogar Umwege, um sich neuen Herausforderungen zu stellen. Sie scheint so exzentrisch zu sein wie die Bewegungen des Planeten Merkur. Versuchen Sie nicht herauszufinden, warum sie etwas tut, akzeptieren Sie es und springen Sie zu ihr auf das Karussell, Sie werden Ihren Spaß haben.

Die Zwillings-Frau hat viel Humor, ihr Witz und ihr Charme sind bereits legendär. Sie können mit ihr Pferde stehlen, je spontaner, desto besser. Sie lacht gerne (wenn auch vielleicht im falschen Augenblick), und kann ihre Scherze stundenlang treiben.

Sie ist eine Künstlerin im Rollenwechsel. Sie ist dabei so schnell, wie das Chamäleon beim Farbenwechsel. Vom Party-Girl zur Hausfrau, zur Karrierefrau, zur ernsthaften politischen Kommentatorin – sie kann sich auf all diese Rollen in Sekundenschnelle, ohne mit der Wimper zu zucken, einstellen.

Wiegen Sie sich nie in dem Glauben, die Launen der Zwillings-Frau voraussagen zu können. Sie wandeln sich von einem Augenblick zum anderen, wie die Muster eines Kaleidoskopes. Ein hartes Wort genügt, und Ihre Gefühle ändern sich vollständig. Sie sind so flüchtig wie die kühle Morgenluft, die vom Boden der Wüste aufsteigt. Man kann die Zwillings-Frau sehr schwer festnageln. Sie ändert ihre Ansicht blitzschnell. Meistens gibt sie ganz schnell Antwort, ohne lange zu überlegen.

REIZBAR, NERVÖS

Die Zwillings-Frau ist so reizbar und nervös wie ein Rennpferd. Immer auf dem Sprung zum nächsten Abenteuer, verhält sie sich wie ein Krieger, der zum Gefecht bereit ist. Sie weiß nie, wann sie fliehen muß, aber sie ist immer bereit zur Flucht. Da sie ständig im Bilde und voller Erwartung ist, kann sie ziemlich sicher sein, daß ihr nur wenig entgeht. Im positiven Sinne macht sie diese Gespanntheit sehr optimistisch und hoffnungsfroh, und das ist sehr wichtig, wenn man neue Wagnisse eingeht. Wenn sie in dieser Stimmung ist, kann sie nichts Negatives entmutigen.

Die Zwillings-Frau wird keine Entscheidung treffen, ohne daß sie vorher alle Betroffenen gefragt hätte. Sie hat es nicht gern, wenn ihr an allem die Schuld gegeben wird. Sie fühlt sich wie zerschmettert, wenn man sie anschreit, und möchte im Boden versinken, wenn sie scharf kritisiert wird.

Die Lungen und das Nervensystem sind ihre schwachen Stellen. Sie neigt zu Unfällen, bei denen Hände und Arme betroffen sind. Oft stolpert und fällt sie, weil sie vorwärtsrennt, ohne aufzupassen, wohin ihre Füße treten.

Sie muß ihre überschüssige nervöse Energie so lenken, daß sie ihr Glück bringt, denn das Glück entzieht sich ihr oft. Wenn sie ihre Energien richtig lenken und im Gleichgewicht halten lernt, wird sie ihre Erlebnisse kontrollieren können und nicht so oft ein Opfer der Umstände sein.

UNTERHALTSAM, ANREGEND

Die Zwillings-Frau hat gerne Gäste. Im Unterschied zu ihren Stier- und Krebs-Schwestern, bei denen das in reichlichen Mengen vorhandene Essen eine große Rolle spielt, betrachtet sie sich selbst als den Hauptgang. Auf Parties ist sie in ihrem Element. Hier kann sie charmant, witzig und wortgewandt sein. Sie wird necken, erregen und der Mittelpunkt sein. Wenn ihre Gäste gehen, ist sie in Hochstimmung und verspürt keinerlei Verantwortung dafür, was sie angerichtet hat.

Sie hat ein unerschöpfliches Repertoire und ist niemals um Worte verlegen. Sie kann irgendwelche längst vergessenen Informationen über die Cholera-Epidemie von 1850, das Liebesleben der Taufliege oder jedes andere Thema ausgraben und damit den Abend interessant gestalten. Sie wird nie müde, Geschichten zu erzählen und sich an die komischen Vorfälle zu erinnern, die in ihrem Nonstop-Leben, in dem es kein Zurückschauen gibt, geschehen sind.

Vielleicht singt sie sogar ein Lied oder spielt Klavier. Ihre Stimme kann romantisch und ausdrucksvoll sein. Ihr musikalischer Geschmack kann die ganze Skala umfassen, aber es ist fast sicher, daß die Musik dramatisch, bewegt und ausdrucksstark ist.

Welche Methode sie auch anwendet, die Zwillings-Frau wird ihre Umgebung zum Denken anregen. Aus diesem Grunde ist sie eine ausgezeichnete Lehrerin.

So wie sie einen trägen Geist nicht vertragen kann, bringt sie auch einen trägen Körper in Bewegung. Sie wird irgendein Projekt erfinden, einen Plan fassen oder einfach zur Tätigkeit antreiben. Das Ergebnis interessiert sie nicht sehr, ihrer Meinung nach ist die Aktion an sich gut.

GESPRÄCHIG, MITTEILSAM

Die Zwillings-Frau ist die geborene Übermittlerin des Tierkreises. Sie liebt Filme, Fernsehen, Computer, Stereo, Büchereien und alles, was den ständigen Informationsaustausch erleichtert. Wenn etwas Neues geschieht, möchte sie so nah dabei sein wie möglich. Wenn sie sich die Zeit nähme, den Tatsachen auf den Grund zu gehen, wäre sie eine ausgezeichnete Reporterin.

Das Telefon könnte ein Teil ihrer selbst sein. Sie wird in jedem Zimmer einen Anschluß haben. Sie ist geschickt und könnte nebenher in der Küche verschiedene Dinge tun, während sie sich mit einer Freundin unterhält. Infolge ihrer schnellen Auffassungsgabe und des Wunsches, zum nächsten Punkt zu kommen, unterbricht sie ihre Gesprächspartner oft.

Die Zwillings-Frau könnte sowohl die freie Assoziation als auch den Blankvers erfunden haben. Ihre sprudelnde Konversation machen

Stier, Waage und Steinbock verrückt. Oft beendet sie einen Satz nicht einmal, wenn ihr der nächste Gedanke einfällt. Sie sieht nie zurück, immer nach vorn. Wäre Loths Frau ein Zwilling gewesen, wäre sie nie zur Salzsäule erstarrt.

Sie ist eine ausgezeichnete Zuhörerin, aber lassen Sie sich nicht täuschen. Sie hört nur aufmerksam zu, um unterbrechen und ihre wertvollen Ergüsse loswerden zu können. Sie ist eine zwingende Rednerin und hat zu allem etwas zu sagen. Auf ein bißchen Flunkern kommt es ihr dabei nicht an, wenn die Sache dadurch interessant wird.

Die Zwillings-Frau wählt die Informationen, die sie weitergibt, sehr genau aus. Mit ihrem computerähnlichen Verstand analysiert und durchkämmt sie alle Angaben und gibt nur soviel weiter, wie sie für die jeweilige Geschichte braucht. Diese Fähigkeit, mit Halbwahrheiten und leicht gefärbten Wahrheiten zu operieren, hat ihr den Ruf eingebracht, etwas unzuverlässig zu sein. Wenn man sie direkt und deutlich fragt, sagt sie die Wahrheit. Sie müssen also sehr direkt sein, wenn Sie mit der Zwillings-Dame zu tun haben.

Worte sind ihr Hauptmedium, sie hat ein außergewöhnliches Talent, sich auszudrücken. Sie hat auch künstlerische Begabung und kann sich als Innenarchitektin, Malerin oder Sängerin betätigen.

KLUG, WITZIG, CHARMANT

Die Zwillings-Frau lebt von ihrer geistigen Wendigkeit. Eine Situation mag noch so unmöglich aussehen, sie wird eine kluge, anwendbare Lösung finden. Ständig übt sie ihre intellektuellen Fähigkeiten und kann jede Schicksalswendung zu ihrem Vorteil drehen. Ihr schlagfertiger Witz hat schon manche langweilige Abendgesellschaft gerettet. Ihre Erkenntnisse sind scharfsinnig und treffen den Nagel auf den Kopf. Sie sieht die lächerliche Seite der Dinge, wo andere gar nichts bemerken. Die Würze ihres Witzes spricht für sich selbst. Sie fühlt sich in einer Taverne genauso wohl wie im Festsaal von Schloß Windsor. Der Prinz oder der Trunkenbold, der sie ausspielen will, kann einem nur leid tun. Sie verliert niemals. So sarkastisch sie auch sein kann, sie beleidigt selten. Das Geheimnis liegt in ihrem Charme, mit dem sie eine recht unverblümte Wahrheit vorbringt, und in der raffinierten Verpackung. Ich habe gehört, wie eine Zwillings-Frau einem Mann erklärte, er sei ein großes Schwein, und er lachte und meinte, sie habe wahrscheinlich recht. Sie kann so direkt, so eindringlich und so lieb sein, daß diese Kombination unwiderstehlich ist. In jeder Situation, in der große Diplomatie erforderlich ist, kann sie diese Eigenschaften zu ihrem Vorteil anwenden. Sie ist gut am Platz im diplomatischen Dienst, wenn sie lernt, ihren Mund zu halten. Es wäre besser, wenn sie erst denken und dann sprechen würde.

UNBESTÄNDIG, UNBERECHENBAR

Die Zwillings-Frau ist fast unberechenbar. Sie ist jedem einen Schritt voraus, auch sich selbst. Das einzig Beständige, das man von ihr erwarten kann, ist das Unerwartete. Sie selbst weiß nämlich nicht, was sie als nächstes tun wird, und will es auch gar nicht wissen. Das Leben ist viel aufregender, wenn die Zukunft unbekannt ist. Erwarten Sie von einer Zwillings-Frau niemals Ausgeglichenheit, sie ist in ständiger Veränderung begriffen.
Auch ihre Anteilnahme wechselt stark. Die Einstellung »aus den Augen, aus dem Sinn« bedeutet oft Verlust von Freunden, geschäftlichen Ärger und mangelnde persönliche Entwicklung. Sie hat viele Chefs dem Wahnsinn nahe gebracht, weil sie das Ablagesystem verbessert und umorganisiert hat, das seit Jahren bestens funktionierte. Sie ist eben völlig unorthodox. Sie hat die größte Freude daran, alles anders zu machen. Gerne vertauscht sie das Traditionelle mit ihrem Speziellen, aber selbst das bleibt nicht beständig. Sie ändert ihre eigene Methode genauso leicht wie die der anderen.

VIELSEITIG

Die Zwillings-Frau kann fast alles versuchen und wird sich dabei auszeichnen. Tief in ihrem Inneren scheint es einen Plan für ungefähr jedes Wagnis unter der Sonne zu geben, und sie allein ist in der Lage, dieses Wissen abzurufen. Durch ihre Vielseitigkeit lernt sie schnell und erwirbt die erforderliche Fertigkeit in sehr kurzer Zeit. Solange etwas neu ist, ist es aufregend. Ein altes Projekt, das sie nicht mehr interessiert, läßt sie fallen, und nimmt genauso schnell ein neues auf. Da sie sich nicht lange konzentrieren kann, langweilt sie sich ziemlich schnell. Und lieber wäre sie tot, als gelangweilt.

Die Zwillings-Frau befürchtet so sehr, daß sie etwas versäumt, daß sie am liebsten an zwei Stellen zur gleichen Zeit wäre. Sie kann gleichzeitig zwei Stellungen haben. Sie kann in beiden Fällen schlampige Arbeit leisten, aber sie tut genug, um annehmbare Ergebnisse zu erzielen. Im allgemeinen hat sie ihre Finger in mehr Dingen, als gut ist und kann unmöglich alles durchführen, was sie sich vornimmt. Sie ist nicht glücklich, wenn sie nicht mehr als ein Projekt auf einmal laufen hat. Nur wenn ihre Zeit in Anspruch genommen wird, fühlt sie sich wichtig und nützlich. Leere Flecken erfüllen sie mit Grauen.

»Hans-Dampf in allen Gassen, doch nirgends zu Haus« kann die Zwillings-Frau sagen. Ihr Interesse an so zahlreichen Dingen und ihre Fähigkeit, so vieles auf einmal auszuführen, machen sie sehr gewandt beim Erlernen neuer Fertigkeiten, obwohl sie auch diese selten meistert. Sie muß lernen, durchzuhalten und etwas zu Ende zu führen. Es reicht nicht aus, das Prinzip zu verstehen, man muß auch bereit sein, die Arbeit zu tun.

EXTROVERTIERT, UNTERNEHMUNGSLUSTIG

Das Zwillings-Tierkreiszeichen ist ein bewegliches, von Merkur beherrschtes Luftzeichen, also kommt die Zwillings-Frau auch viel herum. Als Kind war sie ständig unterwegs, zu Fuß oder auf dem Fahrrad. Als Erwachsene ist sie eine erfahrene Reisende, gleichermaßen zu Hause in einer fremden Stadt wie in ihrem wohlausgestatteten Appartement. Oft ist sie in der Großstadt glücklicher als auf dem Lande, das Fluten des Verkehrs, das Gewühl beim Einkaufen, die Museen und Galerien – das alles gibt Anregungen, die das friedliche, beschauliche Landleben ihr nicht bietet.

Sie ist aktiv und begierig auf Erlebnisse. Oft ist sie Hals über Kopf auf der Suche nach Neuem. Wo immer es etwas Neues, Ausgefallenes und Aufregendes gibt, ist sie zu finden. Sie weiß, wo sie hin will und merkwürdigerweise auch immer, wie sie dahin kommt.

Die Zwillings-Frau macht alles mit. Sie suchen eine Begleiterin zum Elefantenreiten in Jodhpur? Sie wollen Gold im Yukon waschen? Antilopen jagen in der Serengeti-Steppe? Die Zwillings-Frau wird an Ihrer Seite sein und den Elefanten antreiben, damit er noch etwas schneller läuft.

In ihren persönlichen Beziehungen ist sie genauso extravertiert. Sie macht gerne alle möglichen Bekanntschaften und ist begierig, von Ihnen so viel zu lernen, wie sie kann. Bei Freund und Feind begeht sie geistigen Diebstahl und lernt von einem so leicht wie vom anderen. Sie ist die erste, die erkennt, daß das Leben eine Schule ist, und daß man sowohl aus Erfahrungen als auch aus Büchern lernen kann.

FREIHEITSLIEBEND

Der wichtigste Besitz einer Zwillings-Frau ist ihre Freiheit. Sie ist die unabhängige Dame, die keine Bedingungen stellt. Wenn jemand versucht, ihre Zeit oder ihren Körper in Besitz zu nehmen, zieht sie sich sofort zurück. Über diese Artikel verfügt nur sie. Luft kennt keine Grenzen, und die Zwillings-Frau kennt sehr wenige. Sie will so frei und so beweglich wie der Wind sein.

Sie sucht die gleiche Eigenschaft in ihren Beziehungen. Sie möchte sich nicht durch die Beschränkungen von Pflicht und Verantwortung binden. Wenn sie auch beide in großem Maß übernimmt, die Entscheidung muß wiederum bei ihr liegen. Sie will sie sich nicht aufzwingen lassen. Die Zwillings-Frau hat oft den Drang, vor der Wirklichkeit zu fliehen. Alkohol, Drogen, Nikotin, Filme, Liebesgeschichten, Schnulzen und zwanghafte Arbeitsgewohnheiten bieten Fluchtventile, bei denen sie ihre überschüssige Energie loswerden kann. Welches Beruhigungsmittel sie jedoch auch wählen mag, keines ist wirksam, wenn sie nicht lernt, die den Menschen gesetzten Grenzen zu akzeptieren. Es ist schwierig für sie, mit dieser Grundeinschränkung zu leben.

ERFINDERISCH

Die Zwillings-Frau liebt technische Geräte. Kommt man in ihre Küche, meint man, im nächsten Jahrhundert zu sein. Sie wird viel Zeit damit zubringen, sich arbeitssparende Methoden und Einrichtungen auszudenken.

Sie ist genauso erfinderisch, wenn es um verfahrene Situationen geht. Neue ständige Herausforderungen sind gerade das, was sie braucht. Schwierige Aufgaben im Beruf, unmögliche Komplikationen zu Hause, komplizierte Probleme, welche die Experten aus der Fassung bringen – all das weckt ihre schöpferischen Kräfte. Sie weiß, daß es auf jedes Rätsel eine Antwort gibt und daß jedes Puzzle gelöst werden kann, und ihr emsiger Verstand ist gerade das richtige Werkzeug dafür. Ständig entwickelt sie Verfahren, Lösungen und Systeme, die das Komplizierte vereinfachen sollen.

GROSSZÜGIG

Alles hat zwei Seiten – das jedenfalls glaubt die Zwillings-Frau. Darum versucht sie stets beide Seiten zu hören, bevor sie sich ein Urteil bildet. Trotz all ihrer Unbeständigkeit ist sie sehr gerecht in ihren Urteilen. Sie nimmt nur wenige Dinge persönlich, sondern betrachtet eher alles, als würde es sich auf einer Bühne abspielen, wo es ihrem unmittelbaren Einfluß entzogen ist.

Da sie ziemlich unkonventionell ist, wirft sie keinen Stein auf andere, wenn diese ausgefallene Ideen oder Ideale haben. Wenn etwas noch niemals versucht worden ist, so ist das ein ausreichender Grund für die Zwillings-Frau, um es auszuprobieren. Wer weiß, vielleicht klappt es und ist besser als die alte Methode!

INTELLEKTUELL, ZWIESPÄLTIG, WISSBEGIERIG

Der Verstand der Zwillings-Frau ist ihr immer ein paar Schritte voraus. Es ist deshalb schwierig für ihre Feder, mit ihren Gedanken Schritt zu halten. Ist ihr Geist einmal in Bewegung, kann sie ihn nur schwer zum Stillstand bringen. Schlaflosigkeit, Verwirrung, Fehler und nervöse Erschöpfung sind oft das Ergebnis.

Ihr wißbegieriger Verstand stellt die Frage: »Warum?« Sie prüft, untersucht und analysiert, bis sie befriedigt ist, daß sie die Antwort weiß. Manchmal hat sie so viele Fragen, daß sie meint, sie wisse gar nichts.

Ihre ruhelose geistige Verfassung führt oft zu Unsicherheit, denn sie bezweifelt, daß man irgend etwas ganz sicher wissen kann. Die Zwillings-Frau sucht immer nach Selbstvervollkommnung. Sie besucht Abendkurse, arbeitet an ihrer Bau-Konzession oder kauft sich Kassetten-Lehrgänge – kurz, sie ist für alles offen, von dem sie annimmt, daß es ihr Leben verbessern, ihren Verstand schärfen oder mehr Geld bringen würde (letzteres ein ständiges Problem). Sie ist ein intellektuelles Geschöpf und ist von Rätseln und Wortspielen fasziniert. Wenn sie geistig stillhalten muß, explodiert sie gefühlsmäßig.

Ihre Persönlichkeit kommt einem wie ein Wunder vor. In ihrer zwiespältigen Art kann sie auf die eine Weise denken, handelt jedoch auf die andere. Für sie selbst bedeutet das kein unmittelbares Problem, aber ihr Partner oder ihre Freunde werden sich verwundert fragen, ob sie verstanden haben, was sie sagt. Diese Zwiespältigkeit äußert sich in vielen kleinen Dingen. Vielleicht bricht sie zu einem Ziel auf, und geht dann in die entgegengesetzte Richtung. Sie sitzt mit Ihnen beim Essen und spricht Sie wiederholt mit falschem Namen an. Manchmal ist sie körperlich zwar anwesend, mit ihren Gedanken jedoch ganz woanders. Da zwei Seelen in ihrer Brust wohnen, findet sie sich selten mit der unmittelbaren Realität ab. Sie versucht zwischen den Zeilen zu lesen, und darin ist sie eine Meisterin. Sie kann jedoch auch etwas lesen, das gar nicht existiert, und hier macht sie ihre schwerwiegendsten Fehler. Einen Mittelweg scheint es für die Zwillings-Frau nicht zu geben. Zwei Seelen wohnen in ihrer Brust: Ihre eine Seele akzeptiert die Dinge, wie sie sind. Sie bemerkt Einzelheiten, die anderen entgehen. Mit unheimlichem Gespür erkennt sie, warum die Dinge funktionieren. Ihre andere Seele ist jedoch von unsichtbaren Dingen fasziniert. Bei Geistergeschichten, Seancen und Kartenlesen läuft ihr eine Gänsehaut über den Rücken.

Sie hat Freude an den schönen Dingen im Leben, erkennt jedoch, daß wenig für immer bestehen bleibt. Sie legt keine Vorräte an, sie verbraucht. Wenn nichts mehr da ist, kauft sie Neues. Sie beherzigt die goldene Lebensregel: »Iß, trink und sei glücklich, denn morgen bist du tot.« Aber auch hier ist sie zwiespältig, denn einerseits denkt sie an die Sicherheit und andererseits ist sie sich der flüchtigen Natur unseres Lebens bewußt. Meist hat jedoch erstere Einstellung bei der Zwillings-Frau die Oberhand.

Sie ist beinahe wie der Großinquisitor, nichts kann man vor ihr verbergen. Sie wird die Tatsachen aufstöbern, und wenn es ihre ganze Zeit in Anspruch nimmt. Hat sie sich einmal etwas in den Kopf gesetzt, läßt sie nichts unversucht. Sie ist eine gute Studentin und Forscherin und weiß instinktiv, wo sie die Informationen suchen muß.

UNGEBUNDEN, UNPRAKTISCH

Die Zwillings-Frau verbringt einige Zeit damit, die Fesseln zu brechen, die andere ihr angelegt haben. Liebe und Ehe bringen bestimmte Bedingungen mit sich, die von der Zwillings-Frau nicht geduldet werden. Sie ist glücklich, wenn sie liebt, aber man darf diese Liebe nicht dazu benutzen, sie mit Routine, Verpflichtungen und Beständigkeit zu langweilen. Sie muß eine Beziehung ebenso leicht lösen können, wie sie sie eingeht.

Auch mit dauerhaftem Besitz kann sie nichts anfangen und verschenkt alle Dinge, die sie nicht braucht, oder sie wirft sie fort. Sie möchte jeden Augenblick ausziehen können, und je weniger sie besitzt, desto einfacher ist es. Sie »sammelt« auch keine Energien (sie verbraucht sie so unüberlegt), und mit vielen Dingen gibt sie sich gar nicht ab.

Die Zwillings-Frau erscheint ihren Freunden oft unpraktisch. Sie sucht nach Beständigkeit in ihrem Leben, wirft sie jedoch über Bord, wenn sie ungeduldig wird. Sie möchte geliebt werden, jedoch keine Verantwortung für ihren Geliebten übernehmen. Sie möchte lernen und behindert die, die ihr etwas beibringen wollen.

Sie baut phantastische Luftschlösser, es fehlt ihr jedoch oft die Fähigkeit, sie in die Wirklichkeit umzusetzen. Viele Pläne werden nicht zu Ende gebracht, weil sie nicht genug Geduld aufbringt. Sie ist zu schnell gelangweilt, und dadurch mangelt es ihr an Zielstrebigkeit und Ausdauer, um ein Projekt ganz durchzuführen.

Zu oft sieht sie nach den Sternen, statt auf der Erde zu bleiben. Ihre Träume beruhen auf Wünschen und müssen auf den Boden der Tatsachen herunter. Sie muß sich fragen, ob die Träume realisierbar sind, und die Situation richtig einschätzen. Sie muß lernen, die Dinge nicht in einem Idealzustand, sondern im harten Licht der Realität zu sehen.

Aufgrund der starken Beziehung zu ihrer Traumwelt führt sie oft ein sprunghaftes Leben. Ihr Realitätsgefühl steht auf so schwachen Beinen, daß sie immer in Gefahr ist, unter dem Gewicht der Anforderungen, die sie an sich selbst stellt, zusammenzubrechen. Das Gleichgewicht zwischen den beiden Welten ist sehr empfindlich. Sie muß danach streben, die Ideale aufrechtzuerhalten und ihre eigene Realität mit der, die das Leben ihr bietet, zu verschmelzen.

JUGENDLICH

Die Zwillings-Frau scheint nicht zu altern und bewahrt sich ihre kindliche Unschuld. Es gehört zu ihrem Charakter, daß ihre Liebesfähigkeit grenzenlos zu sein scheint. Selten ist sie nicht verliebt.

Die Zwillings-Frau bemüht sich auch darum, jung zu bleiben. Sie achtet auf ihre schlanke Linie und paßt auf das auf, was sie ißt. Sie hat eine sehr schöne Haut und pflegt sie. Sie zieht sich auch jugendlich an. Das entspricht ihrer Einstellung zum Leben. Durch ihre angeborene Entdeckungsfreude, ihre Freude am Lernen und ihr Interesse an ihrer Umwelt ist sie stets in einer Erwartungshaltung.

DRAMATISCH, SCHILLERND, FACETTENREICH

Die Zwillings-Frau sucht das Drama im Leben. Es muß Handlung, Dialog, Konflikt geben. Sie scheint schneller zu lernen, wenn im Leben Schwierigkeiten überwunden werden müssen. Sie kann auch im Ausdruck dramatisch sein, besonders schriftlich. Wenn man einen Brief von ihr liest, fühlt man sich direkt in ihre Umgebung versetzt. Auch in ihrer Einrichtung hat sie eine Neigung zum Dramatischen, vielleicht in der Wahl einer kühnen Farbe (sie mag alle Farben und hat keine Vorliebe für eine bestimmte) oder in der richtigen Plazierung eines alten chinesischen Stuhls oder Wandschirms. Wie auch der Einfall sein mag, sie erreicht ein so eindrucksvolles Szenarium wie wenige andere.

Man kann niemals sagen, daß man eine Zwillings-Frau wirklich kennt. Gerade wenn man glaubt, man hätte sie in ihrem Wesen erfaßt, zeigt sie einen Aspekt, den man niemals erwartet hätte. Vielleicht erwähnt sie beiläufig, daß sie einmal als Lehrerin in Alaska tätig oder an der Küste von Australien beim Tiefseetauchen war und nicht dachte, daß es einen interessiere. Diese »Geheimnisse« hat sie sich sorgfältig für den richtigen Augenblick aufgehoben. Sie weiß, wie sie Eindruck machen kann.

Um welche Aufgabe es auch gerade geht, eines ihrer vielen Selbst wird der Sache gewachsen sein. Sie mag noch nie erste Hilfe geleistet haben, aber bei einem Unfall ist sie die erste, die genug Geistesgegenwart besitzt, einen Arm abzubinden. Sie meistert alle außergewöhnlichen Situationen.

NEUROTISCHER SEXUALTRIEB, SPIELT

Die Zwillings-Frau kann genauso sexy wie jede andere Frau im Tierkreis sein, sie verliert nur schnell das Interesse. Sie ist rein gedanklich an Sex interessiert, nicht an der körperlichen Ausübung. Eigentlich würde sie lieber zusehen als am Geschlechtsverkehr beteiligt sein, auch wenn sie weiß, daß Sex eine wichtige Rolle im Leben einnimmt.

Die Zwillings-Frau braucht die Sexualität oft zur Bestätigung ihres

Ego. Solange sie Männer anziehen und locken kann, fühlt sie sich jung und romantisch. Wenn ein Mann hinter ihr her ist, weiß sie, daß sie immer noch das gewisse Etwas hat. Wenn jedoch der Reiz vorüber ist, wird sie abgelenkt und kühlt schnell ab. Eine interessante Feststellung: oft steht eine alte Flamme höher im Kurs, als ihre augenblickliche Eroberung. Sie hat die Neigung, den Mann zu idealisieren und denkt später mehr an das idealisierte Bild als an den Menschen, den sie kannte. Sex reizt die Zwillings-Frau nicht, und wenn noch so viel darüber erzählt wird. Sie ist viel mehr daran interessiert, was ein Mann ihr bieten kann. Ungleich ihrer Stier-Schwester wird sie eher nach einem Mann mit Macht und Ansehen Ausschau halten, als sich vom Gärtner oder dem Botenjungen vor Verlangen hinreißen zu lassen. Sex treibt sie nicht an, er ist mehr ein Mittel zu ihrem Ziel. Das Ziel ist ihre eigene Sicherheit und Position. Explosiver Sex ist die wichtigste Basis für eines der vielen Spiele, die sie treibt. Sie stellt sich vor, ein Licht zu sein, von dem alle Motten angezogen werden. Um zu zeigen, wie raffiniert sie ist, wird sie das Licht ein- und ausschalten. Sie wird einen Mann auf einen Pfad locken, von dem es kein Zurück gibt, und seinen Annäherungen geschickt ausweichen. Wenn Sie ihr gefallen wollen, laufen Sie ihr hinterher, aber fangen Sie sie nicht.

Langeweile duldet sie nicht. Sie richtet in vielen Familien verheerende Verwüstungen an, weil sie Haß und Fehde anstiftet. Das ist ein Lieblingsspiel von ihr. Wenn sie ihre Geschwister dazu bringt, sich zu raufen, oder wenn alle mit den angeheirateten Verwandten streiten, hat sie ihren größten Spaß. Außerdem hält sie sich dadurch die Verwandtschaft und deren Forderung, beharrlicher und verantwortungsbewußter zu werden, vom Leibe.

Sie ist auch sehr erfinderisch im Ausdenken von Spielen. Sie überschätzt ihre Talente und wird den selbstauferlegten Forderungen dann nicht gerecht. Sie überzeugt sich selbst, daß sie fast unbesiegbar sei und entdeckt zu ihrem Entsetzen, daß sie es nicht ist. Sie erzählt eine Lüge so oft, bis sie selbst daran glaubt, und ist unfähig, sich der Wahrheit zu stellen, wenn sie in die Enge getrieben wird. Das ist wahrscheinlich ihr gefährlichstes Spiel, und wenn sie nicht aufpaßt, wird es zu ihrem Untergang führen.

KURZE AUFMERKSAMKEITSSPANNE,
VERÄNDERLICH, UNVERBINDLICH

Wenn Sie vor einer Woche mit einer Zwillings-Frau eine Verabredung getroffen haben, rufen Sie sie besser am Vormittag des vereinbarten Tages an. Sie kann den Termin vergessen haben. Sie hat ihn zweifellos in ihren Kalender eingetragen, aber wahrscheinlich hat sie vergessen, darauf zu schauen, als sie aufstand.

Ihre Arbeit hat sie auf dem Schreibtisch aufgestapelt. Sie fürchtet, daß sie sie vergessen wird, wenn sie sie wegräumt. Ich habe Zwillings-Frauen gekannt, die mitten im Satz vergessen haben, was sie sagen wollten. Die meisten haben jedoch eine etwas längere Aufmerksamkeitsspanne.

Wahrscheinlich hat sie ihren Beruf so oft gewechselt wie ihre Lieblingssandaletten, die so sexy aussehen. Da sie mit solcher Geschwindigkeit lernt, hat sie oft verschiedene Berufe, die nicht das mindeste miteinander zu tun haben. Ich kenne eine Zwillings-Frau, die innerhalb von vier Jahren von der Sekretärin, zum Mannequin, zum Schmuckverkauf und von da zu einem eigenen Antiquitätengeschäft umstieg. (Sie ist übrigens eine großartige Verkäuferin. Sie ist so schlagfertig und eine so gute Überredungskünstlerin, daß sie die Leute dazu bringt, Dinge zu kaufen, die sie eigentlich nicht brauchen.)

Man muß sehr gewitzt sein, um eine Stellungnahme von der Zwillings-Frau zu bekommen. Sie wagt sich zwar schnell in unbekanntes Gebiet vor, aber sie hält sich nicht lange auf. Sie weiß nie genau, was die Zukunft bringt und will sich nicht auf etwas festlegen, das sie später behindern könnte. Deshalb gibt sie selten eine offene Antwort. Wenn sie sich drücken oder ausweichen kann, wird sie es tun. Selbst bei so trivialen Dingen wie Verabredungen wird sie es vermeiden, sich auf eine genaue Zeit festzulegen. Es kommt vor, daß sie einfach nicht erscheint. Manchmal vergißt sie es, manchmal will sie auch der Person oder der Sache, um die es geht, ausweichen.

OPPORTUNISTIN

Die Zwillings-Frau ist ein Geschöpf des Augenblicks. Sie ist sich der Veränderlichkeit und ihrer kritischen Aspekte so sehr bewußt, daß sie eine Gelegenheit sofort beim Schopf packt. Sie sieht immer mindestens zwei Wege und hat Spaß daran, die richtige Wahl zu treffen – das heißt die Wahl, die ihrem Interesse am meisten dient.
Sie läßt sich mehr von den Umständen als von prinzipiellen Erwägungen leiten. Sie kümmert sich wenig um Folgerichtigkeit oder Konsequenzen.
Es interessiert sie weit mehr, inwieweit eine bestimmte Situation sie angeht und wie sie sie zu ihrem Vorteil nutzen kann. Ihre Weltanschauung ist sehr relativ; sie ist der Mittelpunkt, um den sich die ganze Welt dreht. Ethik oder Moral in Zusammenhang mit einem Ereignis stellt sie nicht weiter in Frage, wenn es nicht zu ihrem Vorteil sein sollte. Wenn erforderlich, ist sie auch unehrlich, um ihre Zwecke zu erreichen. Kleine harmlose Lügen und geringfügige Gesetzesübertretungen sind notwendige Anpassungsmaßnahmen an eine unbeugsame und unnachgiebige Welt. Sie hat ein moralisches Mäntelchen für jede kleine Sünde. Sie kann sich selbst und ihrer Umgebung etwas vormachen. Ihr Waterloo erlebt sie oft, wenn sie nicht ganz so schlau ist, wie sie glaubt, und Leute trifft, die sie durchschauen.
Positiv gesehen hat sie einen unheimlichen Spürsinn für kommende Modetorheiten und öffentliche Schwärmereien und kann aus diesen Möglichkeiten Gewinn ziehen. Sie hat ein Auge dafür, was der Durchschnittsverbraucher haben will und weiß, wie man es verpackt. Wenn sich die Gelegenheit bietet, wird sie aktiv.

ANHÄNGLICH

Wenn man ihre etwas verrückten Seiten bedenkt, scheint ihre Anhänglichkeit ungewöhnlich. Sie kann sich einem Menschen, einer Idee oder einem Projekt vollkommen hingeben. Diese Eigenschaft bringt ihre allerbesten Seiten zum Vorschein.
Hat sie einmal ein Ideal, wird sie es mit ins Grab nehmen. Sie kann

eine frühere Liebe vollkommen idealisieren und alle anderen Liebhaber am ersten messen. Sie ist »hoffnungslos hingegeben«. Ihr Verstand sagt ihr zwar, daß eine solche Haltung unvernünftig ist, aber es ist eine tief gefühlsmäßige Reaktion, über die sie wenig Kontrolle hat.

BEIDHÄNDIG

Die Zwillings-Frau kann beide Hände gleich gut gebrauchen. Es mag wenig Bedeutung haben, daß jemand sowohl mit der rechten als auch mit der linken Hand schreiben kann, aber es ist ein Zwillinge-Kennzeichen. Außerdem ist sie auch sehr geschickt. Sie kann Dinge auseinandernehmen und sie leicht wieder zusammensetzen.

VERSCHWENDERISCH

Die Zwillings-Frau erwirbt ohne Schwierigkeiten Kenntnisse und möchte sie sofort zu barer Münze machen. Sie verdient Geld schnell und gibt es hemmungslos wieder aus. Ihr Bankkonto ist meist entsetzlich durcheinander. Geld und Besitz rinnen ihr durch die Finger wie Wasser.

Sie gibt ihre letzte Mark aus reinem Vergnügen an der Sache aus. Es scheint sie zu neuer Aktivität anzuspornen, wenn sie ohne einen Pfennig ist.

Sie weiß, es wird immer irgendeinen Weg geben, mehr zu verdienen, und ihr unglaublicher Verstand wird immer noch ein Reservoir finden, auf das sie zurückgreifen kann. Sie will das, was sie haben will, dann haben, wann sie will, und sie wird ihre letzte Mark hergeben, um es zu bekommen.

Sie ist die geborene Spielerin. Sie möchte unerwartete Gewinne haben, keine langfristigen Projekte wie die Stier-Frau, keine mühselig eingesammelten Erträge. Sie möchte die schnellsten Ergebnisse mit der geringsten Anstrengung erzielen. Sie hat eine Vorliebe für Pferderennen, Spielkasinos und Spekulationen. Keine Lotterie oder Tombola entgeht ihr. Wenn sie verliert, beklagt sie sich nicht, statt dessen schmiedet sie schon wieder neue Pläne. Sie glaubt, wenn sie es nur oft genug versucht, muß der große Gewinn doch einmal kommen. Oft kommt er, und wenn nicht, kann sie es immer noch einmal versuchen.

Nichts reizt die Zwillings-Frau mehr als ein neuer Beginn. Eine neue Stellung, ein neuer Freund, ein neues Auto, alles verleiht ihr ein herzhaftes Strahlen.

Das einzige, was die Zwillings-Frau nicht ausgeben kann, sind ihre Gefühle. Wahres Mitgefühl fehlt ihr oft. Erwarten Sie keine Hühnerbrühe von ihr, wenn Sie krank sind – oft kommt nicht einmal ein freundliches Wort.

Es fällt ihr schwer, sich in andere einzufühlen, selbst bei ihren nächsten Angehörigen. Auf einer breiteren Ebene zeigt sie wenig Interesse an den Problemen sozialer Schichten oder Institutionen, die keinen direkten Einfluß auf ihr Leben haben.

Die Beziehungen der Zwillings-Frau

Fangen Sie mit Jogging an, wenn Sie sich mit einer Zwillings-Frau einlassen. Aber nicht nur einen Kilometer am Tag, wir sprechen von Marathon-Lauf. Sie gehört zu den schnellsten Denkern des Tierkreises. Ihr Motto ist »Heute hier – morgen verschwunden«, also sollten Sie lieber üben, damit Sie mit ihr Schritt halten können.

Sie gewinnt leicht Freunde. Ihre geistige Wendigkeit, Gesprächigkeit, Klugheit und Extrovertiertheit garantieren dafür, daß immer Leute um sie versammelt sind. Sie ist außerdem so offensichtlich großzügig, daß sich fast jeder in ihrer Gegenwart wohl fühlt. Sie spricht fast jederzeit mit jedem über alles. Sie freundet sich genauso leicht im Waschsalon an wie beim Ballett. Je exzentrischer oder kreativer die Leute sind, desto wahrscheinlicher werden sie eine Zwillings-Frau als Freundin gewinnen. Sie schätzt Individualität, Offenheit und Glamour.

Sie scheint einen sechsten Sinn dafür zu haben, wenn ein plötzlicher Notfall im Haushalt oder Leben einer Freundin oder eines Freundes eintritt. Sie erscheint als erste, nicht, weil sie eine so gute Samariterin ist, sondern häufiger, weil sie vielleicht etwas Neues lernen, ihre vielfältigen Kenntnisse oder Weisheiten zur Schau stellen, oder jemanden mit ihrer Fähigkeit, schnell zu denken und zu handeln, beeindrucken kann.

Wenn Sie Ihre Party etwas aufmöbeln wollen, laden Sie eine Zwillings-Frau ein. Sie kommt garantiert mit allen zurecht. Außerdem bieten Parties ihr auch das Feld für die Spielchen, die sie so gerne treibt. Sie hat viele Freunde und Bekannte, die sie in ein paar Minuten auftreiben kann. Für die meisten ist sie jedoch viel zu schnell, als daß sie mit ihr Schritt halten könnten.

Ihr Wankelmut ist legendär. Es können sich drei Herren auf einer Gartenparty um sie bemühen, und sie verwirrt einen vierten mit ihrem Charme, ihrer Schlagfertigkeit und ihrer schlanken Erscheinung. Langweilige Situationen oder langweilige Menschen kann sie nicht ausstehen, und da sie eine schnelle Auffassungsgabe hat, erkennt sie beides sofort und verschwindet schnell.

Entweder mag sie die Leute auf den ersten Blick, oder sie kann sie nicht leiden. Ihre Blitzurteile sind selten falsch. Die Motive der anderen betrachtet sie skeptisch und argwöhnisch, daher wird sie auch nicht oft enttäuscht. Sie sieht die Dinge sehr klar und vertraut vollkommen auf ihre Intuition.

Das wichtigste für die Zwillings-Frau ist Behaglichkeit. Sie wird ihre Zeit und Kraft nicht an jemanden verschwenden, bei dem sie sich unbehaglich fühlt. Wenn sie bei Menschen nicht wenigstens einigermaßen ihrer Sache sicher ist, kann sie keinen Eindruck machen, und ihre muntere Rede scheint wie durch einen beschädigten Lautsprecher zu sickern.

Sie weiß meist eine Menge über die Leute, mit denen sie zu tun hat, obwohl sie sich selbst solchen Luxus der Verwundbarkeit selten gestattet. Am ehesten erfährt man etwas über sie, wenn man ihr aufmerksam zuhört. Ihre vielen Reisen auf der Suche nach ihrem Seelengefährten, ihrer anderen Hälfte, haben sie herumkommen lassen und ihr Erfahrungen vermittelt, die nur wenige je haben werden. Sie ist wirklich eine faszinierende Frau und zieht alle Aufmerksamkeit auf sich.

Klatsch ist oft ihr Betriebskapital. Sie hört nicht sehr gut zu und wiederholt die Dinge in ausgeschmückter Form. Das Telefon ist fast ihr verlängertes Ich, und wenn sie vergißt, die Rechnung zu bezahlen und es vorübergehend abgeschaltet wird, kommt sie sich vollkommen verloren vor.

Ihre eigenen Gefühle versteht sie nicht sehr gut, und sie behält sie für sich. Selten kommt es vor, daß sie einer Freundin, der sie vertraut, ihr Herz über ihre unbeständigen Gefühle ausschüttet, aber nehmen Sie das Gespräch am nächsten Morgen nicht wieder auf, sie wird alles vergessen haben.

Wie die Luft, die ihr Zeichen repräsentiert, soll alles leicht und beweglich sein. Wenn eine Beziehung sich festigt und ihre Freunde schließlich mit ihr auf vertrautem Fuß stehen, kann es sein, daß sie eine Weile verschwindet, so als wolle sie mehr wissen und Kenntnisse sammeln, um sie zu beeindrucken und zu verwirren. Obwohl sie sich innerlich nach Intimität sehnt, kann sie der Gedanke daran ersticken und beklemmen. Sie macht oberflächlich alles mit, aber erwarten Sie keinen Tiefgang von ihr.

Sie kann ihren engen Freundeskreis jahrelang nicht sehen und wird bei ihrer Rückkehr genau da weitermachen, wo sie aufgehört hat. Sie liebt es, alte Freundschaften zu erneuern, auch bei alten Flammen ist es ähnlich. Wenn sie zurückkommt, hat sie sicherlich eine neue Technik gelernt oder meistert andere sexuelle Praktiken – es ist, als würden sie einen neuen Menschen kennenlernen.

Sie geht zum Jahrestreffen ihrer ehemaligen Mitschüler und hofft, daß sich niemand – mit Ausnahme des Alters – wesentlich verändert habe. Sie altert sehr langsam, behält ein jugendliches Wesen und entwickelt die reizvollste Weltgewandtheit, die man je an einer Frau finden wird. Insgeheim ist sie stolz darauf, damit anzugeben, wie gut sie sich gehalten hat, und sie flirtet mit alten Jugendfreunden, obwohl sie inzwischen wohlbeleibt geworden sind und ihnen die Haare ausgehen.

Sie kann mit großem Geschick verschiedene Beziehungen mit verschiedenen Leuten zu gleicher Zeit haben. Oft kennen sie sich nicht und kommen aus unterschiedlichen Kreisen. Sie liebt die Abwechslung und hat kein großes Bedürfnis, die einzelnen Gruppen zusammenzubringen. Das gleiche gilt für ihre Liebesgeschichten. Oft steht sie vor dem Dilemma, zu einem »nein« sagen zu müssen, damit sie zum anderen »ja« sagen kann. Dies kann die beste Lösung für ihre nie endende Suche nach dem »Richtigen« sein. Die Bindung an dieses Idealbild kann sehr stark sein, sie fühlt sich auch selten schuldig, wenn sie einen Mann verabschiedet, der den Anforderungen nicht entsprach.

Bei neuen Beziehungen geht es ihr mehr um die Quantität als um die Qualität. Oft reißen sich die Leute um sie, weil sie ein Talent hat, die Dinge leicht zu nehmen, und weil sie Anregungen in ein sonst eintöniges Leben bringt. Ihre Aufgabe ist es, viele Menschen und nicht nur wenige verstehen zu lernen.

Kindheit

Die in diesem Zeichen Geborenen sind im allgemeinen sehr klug und lernen schnell. Sie sind wie Zauberer – eben hat man sie noch gesehen, und schon sind sie verschwunden. Sie sind auch bekannt für ihren Forschungstrieb. Eine Zwillings-Frau erzählte mir einmal, wie verzweifelt ihre Mutter gewesen sei, als sie noch ein Kind war. Sie hätte Wutanfälle bekommen und aus Leibeskräften geschrien, bis ihre Mutter sie aus dem Laufstall befreit hätte. Als das Kind im Haus umherstreifen konnte, war es in seinem wahren Element, denn es hatte Abwechslung genug und konnte gegen die Langeweile ankämpfen.

Zwillings-Mädchen lernen alle Bewegungskünste früher als die meisten. Wenn solche Aktivitäten die mütterliche Mißbilligung finden, kommt es zum Kampf. Mütter nehmen oft an, daß Kinder das Unbekannte fürchten, und wenn die Zwillings-Mädchen vor nichts davonlaufen, sind die Mütter oft verwirrt. Die Zwillings-Mädchen haben meist viele Spielgefährten und -gefährtinnen. Sie haben nicht unbedingt früher einen Freund als andere Mädchen, meist beginnen sie mit romantischen Beziehungen ungefähr zur gleichen Zeit wie alle anderen.

Bei ihr haben die Beziehungen allerdings eine Tiefe und Intensität, die bei den anderen fehlt. Die typischen Teenager-Schwärmereien sind für sie eine Zeitverschwendung. Sie lernt früh, wie man Jungen umwirbt und betört.

Die besten Eltern für ein Zwillings-Mädchen sind die, die ihr vertrauen und sie ihre Entdeckungen machen lassen. Freiheit ist oft der Schlüssel zu ihrem Herzen, und ihr Betragen wird beispielhaft sein, wenn als Belohnung irgendeine neue Form der Freiheit winkt. Sollten die Eltern ihr zu nahe kommen, wird sie sich zurückziehen, so wie sie sich später aus dem gleichen Grund von Männern und vertrauten Freundinnen zurückzieht.

Obwohl sie nicht »Papis kleines Mädchen« sein möchte, fängt sie schon früh an zu idealisieren. Im allgemeinen hat sie ein engeres Verhältnis zum Vater als zur Mutter. Dies besonders dann, wenn der Vater einen interessanten, aufregenden Beruf hat und die Mutter ein Heimchen am Herd ist.

Sie wird als erste im Kinderkreis vorschlagen, Doktor oder ein anderes »intimes« Spiel zu spielen. Ihre Was-ich-mal-werden-möchte-Phantasien umfassen die Berufe Ärztin, Rechtsanwältin, Forscherin, Ballettänzerin, Dame der Gesellschaft mit weitreichenden Beziehungen und sogar Politikerin, wenn sie mit dieser Möglichkeit früh genug in Berührung kommt.

Schwierigkeiten, eine Sache zu Ende zu bringen, hat sie schon als Kind. Bitten Sie ein Zwillings-Mädchen, ihr Zimmer aufzuräumen, so ist es, als solle sie die Chinesische Mauer abreißen. Alles aufzuschieben und eine kurze Aufmerksamkeitsspanne sind Eigenschaften, mit denen sie meist geboren wird. Sie wird zwar in ihr Zimmer gehen, aber der Fortgang der Sache hängt ganz von ihrer Stimmung ab. Wenn sie in all dem Wirrwarr etwas findet, das sie interessiert oder ihre Phantasie anregt, kann man das Aufräumen vergessen. Andererseits kann es auch sein, daß sie die Lieblingspfeife ihres Vaters abwäscht, weil sie es aufregend findet, etwas zu tun, für das sie noch zu klein ist.

Zwillings-Mädchen sind anmutig, beim Tanzen und Turnen zeichnen sie sich besonders aus. Hier haben sie Gelegenheit, etwas zu lernen und Kunststücke zu meistern, mit denen andere Kinder Schwierigkeiten haben.

Um ein Zwillings-Mädchen erfolgreich zu erziehen, müssen sich die Eltern erst einmal ihres angeborenen Charmes bewußt werden. Über Lügen ist sie nicht erhaben, und sie kann äußerst überzeugend wirken. Der Trick, die Ereignisse um sich herum auszuschmücken und sich selbst vorteilhafter darzustellen, als sie ist, begleiten sie fast ihr ganzes Leben.

Sie wird viele Freunde haben, wenn sie älter wird, und mit einem fest liiert sein (wenn nicht mit zweien oder dreien). Bei Sex-Experimenten wird sie wahrscheinlich auch zu Extremen neigen. Entweder sie sagt zu allem ja, oder sie hält sich bis zur Ehe zurück. Aller Wahrscheinlichkeit nach verliebt sie sich Hals über Kopf. Sie wird allerdings den Mann ebenso schnell wieder verabschieden, wenn sie entdeckt, daß er nicht der »Richtige« ist.

Um ihrem späteren Leben wenigstens etwas mehr Stabilität zu verleihen, sollten ihre Eltern versuchen, ihr einen Sinn für die tatsächlichen Gegebenheiten zu vermitteln.

Irgendwann in ihrem Leben muß sie lernen, daß ihre andere Hälfte nur in ihr selbst zu finden ist und daß die Menschen bei weitem nicht so langweilig sind, wie sie ihr vorkommen. Sie muß nur einmal lange genug stehenbleiben und ihnen zuhören, dann wird sie entdecken, daß sie viel mehr zu sagen haben, als sie annimmt. Man kann sie nicht festbinden, sie nicht einschließen, man kann ihr jedoch eine Basis geben, von der aus sie zu ihren aufregenden Entdeckungsreisen starten und zu der sie zur Erholung zurückkehren kann. Diese Basis ist oft ihr eigenes Selbstvertrauen, ihre Selbstachtung und Selbstschätzung.

Liebhaber und andere enge Vertraute

Ihre Beziehungen sieht die Zwillings-Frau ziemlich unrealistisch. Dies geschieht jedoch weniger, um die anderen zum Narren zu halten, als zu ihrem eigenen Selbstschutz. Sie fürchtet Intimität und Realität, und verbraucht viel Energie für Flucht und Phantasie.

Sie hat oft Menschen um sich, und damit verbirgt sie ihr tiefes inneres Gefühl der Einsamkeit nicht nur vor anderen, sondern auch vor sich selbst. In ihrer Sucht, alles über Menschen und Umstände zu erfahren, versäumt sie oft, andere als Spiegel zu betrachten, um ihre Handlungen wirklich zu verstehen. Ihre »Aus-den-Augen-aus-dem-Sinn«-Einstellung greift ganz von selbst auch auf ihre Beziehungen über. Sie konzentriert sich auf das Naheliegende und gibt sich hemmungslos dem Augenblick hin. Das Geschirr kann sich im Spülbecken stapeln, die Wäsche sich zu Bergen im Schlafzimmer türmen, wenn etwas Neues und Aufregendes lockt, spielt alles andere keine Rolle.

Sie hat auch die Tendenz, die Menschen zu idealisieren. Wenn sie dann ihren Idealvorstellungen nicht entsprechen, ist sie enttäuscht. In dieser Hinsicht muß sie viel realistischer in ihren Beziehungen werden.

Ihr Ego ist befriedigt, wenn man ihr sagt, wie gut einem ihre Unterhaltung gefällt. Sie kann stundenlang über frühere Erlebnisse und Reisen sprechen und würzt ihre Erzählungen mit Humor.

Sie kommt auch herüber und hilft einem das Wohnzimmer tapezieren oder neu auslegen. Wenn es ein kleines Zimmer ist, desto besser, denn sie wird alles schnell leid. Es kann sein, daß sie die Decke und zwei Wände fertigmacht, und ihr dann plötzlich einfällt, daß sie sich für eine Party umziehen muß.

Sie liebt Menschen, die ihre Sätze im Geiste beenden können. Zuviele Worte machen sie mürbe, sie hat nicht sehr viel Geduld, wenn es darum geht, die nähere Bedeutung von irgend etwas zu erklären. Vor neuen Erlebnissen, neuen Kenntnissen und neuem Klatsch fürchtet sie sich nicht. Wenn sie über ein Fremdwort stolpert, das sie nicht kennt oder nicht versteht, wird sie es bestimmt mit ihrer ganz persönlichen Auslegung vertuschen. Beim nächsten Mal wird sie jedoch Bedeutung, richtige Betonung und Herkunft des Wortes kennen.

Auch in ihren Beziehungen verleugnet sie die Realität. Es kann sein, daß sie sich einen Tag mit einem Freund zankt und am nächsten bestreitet, daß jemals eine Auseinandersetzung zwischen ihnen stattgefunden habe.

An Unangenehmes erinnert sie sich nicht gern. Sie wird alles mögliche tun, um zu vermeiden, daß man ihr abstoßendes Verhalten vorwirft. Bigamie ist für eine Zwillings-Frau eher akzeptabel als die Scheidung. Sie braucht Stimulierung von vielen Seiten auf einmal und hat oft eine Liebesbeziehung mit einem eindimensionalen Mann. Kann er sie körperlich nicht stimulieren, wird sie es überleben, gibt er ihr jedoch keine geistige Anregung, kann man die Angelegenheit vergessen. Sie macht ihre Männer gerne eifersüchtig, denn sie möchte sich beweisen lassen, daß sie geliebt und gebraucht wird.

Einen Mann aus einem Erdzeichen wird sie verrückt machen mit ihrem Herumflattern, ihren Flirts und den wechselnden Stimmungen. Ihr Mann soll ihr zwar folgen, darf ihr aber nicht zu nahe kommen. Sie liebt ihre Freiheit, empfindet es aber gleichzeitig als Herausforderung, wenn ein Mann ihr etwas davon wegnehmen möchte. Sie ist voller Widersprüche, und das kann wie ein Zauber auf einen Mann wirken, der Frische, Leichtigkeit und Veränderung mag. Es kann jedoch wie ein böser Traum für einen Mann sein, der seine Frau übertrieben beschützen will, von Natur eifersüchtig ist und selbst gerne im Mittelpunkt stehen möchte. Die Zwillings-Frau weiß, was ihre Liebsten mögen. Die Hälfte der Zeit wird sie versuchen, ihnen zu gefallen, die andere Hälfte wird sie sie quälen.

Zur Kindererziehung hat die Zwillings-Frau meist eine etwas lässige Einstellung. Sie mag Kinder und hat sie gern um sich. Im Gegensatz zu vielen Frauen ist sie ganz und gar nicht verzweifelt, wenn sie erfährt, daß sie schwanger ist. Schließlich ist es ein neues Abenteuer, eine neue Erfahrung, die ihr Leben auf die eine oder andere Weise sicher bereichern wird.

Im Gegensatz zu den im Zeichen des Stiers und des Krebses Geborenen wird sie ihre Kinder nicht übertrieben behüten. Sie wird ihnen meist die Freiheit lassen, die sie beanspruchen. Da sie selbst ständig in Bewegung ist, wird sie ihre Kinder dadurch zu Entdeckungen und innerem Wachstum anregen. Sie erwartet von ihnen, daß sie sich auf irgendeinem Gebiet auszeichnen, sobald sie sich bewegen können.

Im Laufe des dritten und vierten Jahrzehntes ihres Lebens kann die Zwillings-Frau ehrlicher gegenüber sich selbst werden und einen Kreis guter und beständiger Freunde gewinnen. Vielleicht hat sie auch einen Beruf, in dem sie zu mehr Selbstdisziplin angehalten wird und in dem sie ein festes Ziel anpeilen kann. Sobald sie es sich ernsthaft vornimmt, kann sie großen beruflichen Erfolg haben.

Die Liebe der Zwillings-Frau

Die Zwillings-Frau braucht viel Verständnis und Liebe. Was sie abschreckt, ist die Verantwortung, die damit verbunden ist.

Solange sie für ihren Mann im Mittelpunkt steht, wird sie Berge für ihn versetzen. Wenn er einen Tag frei hat, meldet sie sich krank, damit sie für ihn dasein kann. Sie bemüht sich, besonders ausgefallene Gerichte zu kochen (da sie die Küchenarbeit nicht gerade liebt, ist das ein Bravourstück). Oft scheint sie seine Gedanken lesen zu können. Will er am Samstag mit seinen Freunden zum Fußball, sagt sie, das wäre fein, sie hätte sowieso einen Besuch bei ihrer Tante Anni vorgehabt. Er wird nie erfahren, daß sie keine Tante Anni hat, er hält sie für unbezahlbar, weil sie ihre Pläne den seinen so gut anpaßt.

Fühlt sie sich gekränkt oder übervorteilt, so bekommt sie entweder einen Wutanfall und geht, oder sie bleibt und wundert sich, was zum Teufel mit ihr los sei. Wenn ihr Liebster sie im passenden Augenblick mit Geschenken überschüttet, ihre Stimmungsschwankungen im voraus spürt, sie sanft anspornt, ihm zu sagen, was sie haben möchte, dann wird er Erfolg haben. Er muß weise sein, um ihre Zwiespältigkeit zu erkennen. Sie kann heute sehr in ihn verliebt sein und tut morgen so, als sei es eine entsetzliche Plage, mit ihm zusammenzuleben.

Wenn sie verliebt ist, sieht sie aus, als sei sie im siebenten Himmel. Sie bewegt sich schneller denn je, teilweise auch deshalb, weil sie Angst hat, ihre Freiheit zu verlieren. Sie könnte ihre schriftstellerische Begabung einsetzen und für ihren Liebsten täglich Gedichte schreiben. Während sie im Bett ein Liebeslied für ihn singt, schmiedet sie im Geist Pläne, wie sie ihn für immer halten kann. Sie ist sehr verletzlich, wenn sie wirklich liebt, und das kann ein Segen oder ein Fluch sein, je nachdem, wie fest sie in sich selbst ruht.

Die sexuellen Beziehungen der Zwillings-Frau

Der Begriff »Hauptbeziehung« ist wie für die Zwillings-Frau gemacht. Wegen ihrer zwiespältigen Natur, des Bedürfnisses nach ständig wechselnder Umgebung und der Angst, festgehalten zu werden, legt sie sich nicht leicht fest. Sie wird sich diesen Aspekt ihrer Persönlichkeit nicht direkt eingestehen, statt dessen wird sie sich übergroße Mühe geben, eine sexuelle Beziehung mit einem

Mann fortzusetzen, und andere ihrer Sammlung einzureihen. Sie glaubt ernsthaft an die »eine Beziehung«, ihre Verhältnisse mit anderen Männern dienen nur der Abwechslung. Verheiratete Männer reizen sie nicht besonders, wenn sie mit ihren Frauen zusammenwohnen. Dreiecksverhältnisse liegen ihr auch nicht sehr – es sei denn, natürlich, die beiden anderen würden alle Aufmerksamkeit auf sie richten. Sie hat Angst, ausgeschlossen zu werden, eine natürliche Folge ihres angeborenen Gefühls der Einsamkeit.

Wenn eine Beziehung zu Ende ist, idealisiert sie oft den Mann, den sie verlassen hat. Sie baut ganze Phantasiegebilde um ihn auf und erwartet offensichtlich, daß ihr nächster Freund diesem Idealbild entspricht.

Die Zwillings-Frau ist in Liebesdingen sehr verletzlich. Oft ist die aufregende Zeit der Werbung für sie realer als das Glück, das danach kommt. Daher kann es sein, daß sie einen Mann erst lockt und dann davonläuft, bevor er sie wieder einfangen kann. Dadurch steht sie oft unter Streß, und ihr Nervensystem kann darunter leiden.

Oft heiratet sie mehr als einmal. Sie kann zu Beginn einer Affäre so sehr aus dem Gleichgewicht geraten oder gelangweilt sein, daß es schwierig ist, eine Beziehung mit ihr aufrechtzuerhalten. In den mittleren Jahren gibt sich ihre Unruhe und Unstetigkeit meistens und sie wird eher bereit sein, die konventionellen Verantwortungen auf sich zu nehmen. Für Langeweile ist sie immer noch anfällig und muß hart an sich arbeiten, um innerhalb der Lebensformen, die sie sich aufgebaut hat, zufriedenstellende Anreize zu finden.

Was für einen Liebhaber sie braucht

Jede Zwillings-Frau hat eine geheime Liste mit Qualifikationsmerkmalen für Liebhaber. Sie braucht einen Mann,

1. der gerne zwei nimmt zum Preis für eine
2. der die ganze Nacht aufbleibt, um mit ihr zu reden
3. dem die Worte zu einem bekannten Lied schneller einfallen als ihr
4. der früher von der Arbeit nach Hause geht, um die General-

probe des Musicals im Laientheater zu sehen, in dem sie die Hauptrolle spielt

5. der mit ihr alte Filme im Kino ansieht
6. der ihr erklärt, wie sexy er sie findet, auch wenn sie die ganze Nacht mit ihm Kreuzworträtsel geraten hat
7. der ihr für sein Mittagessengeld der ganzen Woche eine Riesen–Bonbonniere kauft (sie ist sein für ewig!)
8. der gut aussieht, aber nicht Stunden vor dem Spiegel zubringt, um einen gewissen Wirkungseffekt einzustudieren
9. der so facettenreich ist wie sie
10. der Sinn für die beliebten »Quickies« im Sexualleben hat
11. der ihre Wandelbarkeit liebt und mit ihr Schritt halten kann, selbst jedoch relativ beständig bleibt.

Was sie lernen muß

Langeweile führt zum endgültigen Untergang vieler Zwillings-Frauen. Es folgt eine Liste mit zehn Vorschlägen, wie sie ihre Langeweile konstruktiv umsetzen könnte:

1. Bekennen Sie vor einem Spiegel, daß Sie sich langweilen. Fragen Sie sich: Wann habe ich mich heute gelangweilt? Warum? Woher kommt die Langeweile? Was ist diese Langeweile? Wer langweilt mich?
2. Unterhalten Sie sich mit dem nächsten Menschen, der Sie langweilt. Fragen Sie, warum er/sie glaube, daß Sie sich langweilen. Fragen Sie, ob er/sie sich auf diese Art langweilt.
3. Wenn Sie das nächste Mal ein Projekt oder eine Aufgabe langweilt, führen Sie sie zu Ende!
4. Sprechen Sie mit Ihrem Chef über den Teil Ihrer Arbeit, der Ihnen eintönig vorkommt. Suchen Sie, ob es etwas gibt, das Sie statt dessen tun könnten, um mehr Interesse an der Arbeit zu bekommen und dadurch auch produktiver zu sein.
5. Wenn Sie sich das nächste Mal beim Sex oder beim Vorspiel langweilen, lassen Sie Ihren Partner an einer Phantasievorstellung teilhaben, bitten Sie ihn, mitzuspielen.
6. Suchen Sie die schwachen (das heißt langweiligen) Seiten in der

Beziehung zu Ihrem Partner. Fragen Sie, ob er bei diesen Punkten das gleiche empfindet. Ergründen Sie die Ursachen und lassen Sie ihren Partner an Ihrem Gefühl der Langeweile teilhaben.

7. Suchen Sie sechs Dinge, die Sie beide als langweilig in Ihrer Beziehung zueinander empfinden. Nehmen Sie sich vor, diese Dinge aus der Welt zu schaffen.

8. Wenn am Horizont ein langweiliges Projekt auftaucht, versuchen Sie festzustellen, ob etwas Aufregendes hinterherkommt.

9. Fragen Sie einen Freund oder eine Freundin, ob er/sie etwas Langweiliges zu tun hätte. Helfen Sie ihm/ihr dabei. Es dauert dann nur halb so lange und erfordert auch nur die halbe Langeweile. Sie werden dabei Selbstdisziplin üben und lernen, bei *Ihren* langweiligen Arbeiten um Hilfe zu bitten.

10. Sehen Sie in den Spiegel und danken Sie sich selbst für die Langeweile. Ohne sie wären Sie wahrscheinlich nicht der tatkräftige, humorvolle und schöpferische Mensch, der Sie sind.

Eine Zwillings-Frau hat oft das Gefühl, nicht dort zu sein, wo sie eigentlich sein möchte (wo immer das sein mag). Vielleicht hilft es ihr, wenn sie sich eine Art Bühnenbild vorstellt, das zeigt, wo sie jetzt ist, und dann, wo sie in Akt zwei gerne wäre.

Wenn sie die beiden vergleicht, wird sie leichter die Richtung erkennen, die sie gehen muß, damit die Realität sich mehr ihren Vorstellungen nähert.

Sie muß mehr Mitgefühl entwickeln. Sie kann bei sich selbst zu üben anfangen und wird entdecken, daß sich ihre Fähigkeit wahrscheinlich dann auch bei anderen zeigen wird. Zwillings-Frauen haben oft eine Überdosis »Ich«. Die folgenden Übungen können als Gegengewicht dienen:

1. Wenn Sie sich das nächste Mal gefühllos gegen sich selbst verhalten oder böse auf sich selbst sind, setzen Sie sich auf den Boden und stellen Sie sich vor, vor einem Ihrer Lieblings-Phantasie-Ichs zu sitzen. Reden Sie mit diesem Ich, als ob Sie es selber wären. Sprechen Sie Ihre positiven Eigenschaften an.

2. Wenn Ihnen ein Freund/eine Freundin gleichgültig ist, sagen Sie ihm/ihr, warum. Erklären Sie, daß Sie lernen wollen, ihm/ihr entgegenzukommen. Bitten Sie Ihren Freund, geduldig mit Ih-

nen zu sein, und dann versuchen Sie, ihm so gut es geht entgegenzukommen. Fragen Sie, ob Ihre Technik erfolgreich ist. Bitten Sie ihn, Ihnen dabei zu helfen.

3. Gestehen Sie es Ihrer besten Freundin, oder noch besser, Ihrem Liebhaber/Ehemann/Partner, was in Ihrer Beziehung Sie verletzt. Fragen Sie ihn, worin auch er sich verletzt fühlt. Arbeiten Sie daran, diese Verwundbarkeit *gemeinsam* zu überwinden.

4. Bitten Sie eine Freundin, irgend etwas Besonderes für Sie zu tun, wenn Sie sich das nächste Mal verletzt fühlen – irgend etwas Persönliches

5. *Lieben Sie sich selbst*. Ihre vielen positiven Eigenschaften – Hilfsbereitschaft, Klugheit, Großzügigkeit, Schlagfertigkeit, wie sexy Sie sind – all das macht Sie zu einem ganz besonderen Menschen; ein Mensch, der das Leben vieler anderer erhält. Sie *sind*, was Sie *sind*, – es ist kein Theater und keine Fassade. Gefallen Sie sich so, wie Sie den anderen gefallen.

Wenn die Zwillings-Frau lernt, sich selbst zu akzeptieren, wenn sie geduldig mit denen ist, die nicht so klug und witzig sind wie sie, wenn sie sich in einer Liebesbeziehung mit einem Mann, der ihr das bietet, was sie braucht, geborgen fühlt – dann kann sie sich endlich entspannen. Die Energie, die sie aufbringt, um im übertragenen Sinn ihr Haus mit vielen Giebeln und Flügeln zu versehen, ist nicht verschwendet, wenn sie eines Tages lernt, darin zu leben.

Die Sexualität der Zwillings-Frau

Um die Sexualität der Zwillings-Frau zu verstehen, muß man erst wissen, wie ihr Verstand arbeitet. Hier handelt es sich nicht um belangloses Geplauder, es ist so verwirrend wie das Schaltsystem eines Computers. Sie hat eine starke erotische Ausstrahlung, die auf eine einmalige und geheimnisvolle Weise wirkt.

Die komplizierte Natur der Zwillings-Frau läßt sich von verschiedenen Ebenen aus betrachten. Wahrscheinlich unterscheiden sich die Zwillings-Frauen stärker voneinander, als die Frauen irgendeines anderen Zeichens.

Die Zwillings-Frau sucht ständig nach ihrer anderen Hälfte, dem anderen Zwilling. Bei dieser Suche hüpft sie von Liebhaber zu Liebhaber, von Ehemann zu Ehemann und hofft, den schwer faßbaren »perfekten Partner« zu finden, der ihr starkes inneres Bedürfnis nach Identität und Ganzheit befriedigt.

Für die im Zeichen des Zwillings Geborenen gibt es sexuelle Erfüllung nur, wenn gleichzeitig die geistigen Bedürfnisse befriedigt werden. Die Zwillings-Frau interessiert sich mehr für den Intelligenzquotienten als für die Geschlechtsteile. Sie muß den Intellekt respektieren können, oder es gibt keine Befriedigung für sie.

Es kann sein, daß sie viele Affären hat und ihre wahre Liebe niemals findet. Man mag ihren Körper brutal behandelt und auf ihren Empfindungen herumgetrampelt haben, sie wird immer so aussehen, als sei sie noch nie berührt worden. Wenn sie verzweifelt glaubt, daß ihre Suche fast hoffnungslos sei, sucht sie an den unmöglichsten Orten und bei Männern, die nur ganz entfernt ihrem geistigen Modell entsprechen. In dieser Phase kann sie wahllose Geschlechtsbeziehungen haben.

Die Zwillings-Frau ist oft nervös, ruhelos und in höchster Spannung. Die enge Beziehung zwischen ihrer Sexualität und ihrem Verstand erzeugt einen fast neurotischen Sexualtrieb. Wenn sie nach einem Liebhaber sucht, so sucht sie auch nach einem intellektuellen Partner, nach ihrer verlorenen Hälfte. Kein Wunder, daß viele Männer die Zwillings-Frau kaum verstehen können, sehr oft versteht sie sich selbst nicht. Trotz ihres pausenlosen Geplappers, trotz der vielen Leute, die sie anzieht, und ihrer häufigen, tragischen Liebesaffären ist sie eigentlich in ihrem Leben meistens einsam. Sie sucht den einen perfekten Partner, als intellektuelle und gefühlsmäßige Ergänzung, der sie aus ihrer Einsamkeit befreien soll. Sie sehnt sich nach der gefühlsmäßigen Erlösung ihres ganzen Seins, nicht nur nach der Stimulierung ihrer sexuellen Bedürfnisse. Bei ihrer Suche schließt sie zahlreiche enge Freundschaften und hat viele Bekannte. Vielleicht wagt sie sich an Unternehmungen, zu denen ihr die Durchhaltekraft fehlt, aber von jedem Ausflug bringt sie viel von dem Wissen mit, das in ihrem Kopf gespeichert ist. Wenn und wann sie entscheidet, daß die Suche wirklich fruchtlos ist, kann sie sich entspannen und neue Gegenden und neue Menschen kennenlernen und sich in neue Abenteuer einlassen.

Sie neigt dazu, sich in eigene Sphären zurückzuziehen, die wenige Menschen betreten dürfen. Hier erwägt sie die Trennung von ihrem kosmischen Liebhaber. In diesen Träumereien fühlt sie sich vollkommen allein und ungeliebt. Einen großen Teil ihres Lebens sucht sie nach dem, was sie verloren hat – eine Suche, die von Beginn an verdammt ist. Wenn sie die Suche schließlich aufgibt, sucht sie Ersatz, der Vergessenheit heißen kann. Vielleicht versucht sie, die Sensibilität und das Verlangen ihrer Seele zu zerstören, denn sie sehnt sich nach der Rückkehr in den Kosmos, wo ihr Liebster wartet.

Bei sexuellen Kontakten verlangt die Zwillings-Frau Abwechslung. Sie läßt sich gern überraschen, wenn sie es am wenigsten erwartet. Überrumpeln Sie sie auf einem Hochzeitsempfang und gehen sie mit ihr ins Bootshaus, sie wird begeistert sein. Sie hat auch nichts dagegen, wenn sie auf der Fahrt bedrängt wird – im Flugzeug, auf dem Rücksitz eines Autos, im dunklen Tunnel der Liebe.

Sie reagiert sowohl auf sensorische als auch auf sinnliche Reize. Sie will sehen, was vor sich geht (ein oder zwei gut angebrachte Spiegel). Die Laute der Liebe hört sie gern, aber nicht zu deutlich, denn im Grunde ihres Herzens ist sie irgendwie prüde. Das Licht läßt sie lieber brennen, denn sie möchte nichts versäumen. Ihr Schlafzimmer ist oft so üppig wie das der im Zeichen des Stiers Geborenen und strahlt Erotik aus. Weiches Licht, romantische Musik, schwere Liköre – alles ergibt einen prächtigen Hintergrund für das stürmische Hin und Her.

Getreu der Zwiespältigkeit ihres Wesens ist sie eine Mischung aus Gegensätzen. Über ihr Liebesleben spricht sie ganz offen. Ihre Freunde sind ständig erstaunt, wenn sie die intimsten Einzelheiten über ihren Körper und ihren Geist zum besten gibt. Sie schockiert gerne, aber gleichzeitig fordert sie Achtung. In ihrem tiefsten Innern ist sie eine Bilderstürmerin, der es größten Spaß macht, Idole zu stürzen und heilige Kühe zu töten. Oft übertreibt sie bei den Schilderungen ihrer Taten.

Ihr Geist ist freiheitsliebend, aber sexuell ist sie leicht gehemmt. Sie schreckt vor manchen Arten des Liebesspiels zurück, weil sie sie geschmacklos findet. Die körperliche Seite wird oft negiert, obwohl sie anzügliche Gespräche ganz gern hat.

Ihre Ansicht über Sexualität wird vom Intellekt bestimmt. Wenn sie ihre männliche Beute erst einmal gefangen hat, wird sie ihrer oft überdrüssig oder, schlimmer noch, sie langweilt sie. In Wirklichkeit ist sie nicht sehr begeistert von allzuviel Sex oder vom Kinderkriegen. Ihr Interesse an der Erotik ist hauptsächlich verbal.

Phantasie spielt in ihrem Sexualleben eine große Rolle. In ihrer Vorstellung sieht sie das Kennenlernen, die Zeit der Werbung und der Verführung lebhaft vor sich und malt sich sogar die schmutzigsten Unterhaltungen während des Aktes aus. In diesem Spiel ist sie Meisterin, es ist für sie genauso wichtig wie die Sache selbst.

Der Gedanke an Sex motiviert sie mehr als der Akt selbst, und so scheint es, als sei sie hinter jedem Mann her. In Wirklichkeit ist sie aber nicht so sexbesessen, sie sucht nur überall nach dem perfekten Partner. In der Vielfältigkeit fragt sie mehr nach Sensationen und Erlebnissen, als nach tiefen Gefühlen und fester Bindung.

Im Leben der Zwillings-Frau spielt Jugend eine große Rolle. Oft hat sie die wichtigste Liebesaffäre, wenn sie noch sehr jung ist. Dieser frühe Eindruck färbt ihre spätere Einstellung zu Sexualität und Liebe. Reife und Unreife gehen Hand in Hand. Ihr ganzes Leben erhält sich die Zwillings-Frau eine Jugendlichkeit, die wundervoll sein kann. Immer behält sie etwas von einem kleinen Mädchen, das sich verirrt hat. Sie wirkt dadurch sehr mitleiderweckend – welcher Mann möchte das kleine Mädchen nicht retten, das sich im Wald des Lebens verlaufen hat? Ihre vielen Kenntnisse helfen ihr oft, die unerwünschte Konkurrenz einer Rivalin loszuwerden. Sie hat eine gesunde »einen-Schritt-voraus«-Einstellung. Oft fühlt die Konkurrentin zwar den Schlag, hat aber buchstäblich keine Ahnung, wo er herkam. Wenn die Suche nach ihrem Seelengefährten erfolglos ist und andere Faktoren dazukommen, so daß sie sich gelangweilt fühlt, kann es scheinen, als hätte sie wenig oder keine wärmeren Gefühle, keine Ethik oder Moral. Ihre Einstellung zur Sexualität wird dann egoistisch, kalt und berechnend.

Sie fordert Aufmerksamkeit, um ihr Ego zu stärken. Dinge, die sie nicht direkt angehen oder berühren, interessieren sie nicht. Oft hat sie das Bedürfnis, der Mittelpunkt zu sein, um den sich alles dreht, und ihr Interesse an einem Mann hält so lange an, wie er nur Augen für sie hat. Sex mit ihr kann explosiv sein. Solange die Sache jedoch nicht ansprechend und wirkungsvoll verpackt ist, ist alles sehr vergänglich, wie ein warmer Hauch an einem Wintertag.

Zwei Stichworte verhelfen zu einem besseren Verständnis der Zwillings-Sexualität. Das eine Stichwort ist Reiz. Ihr ruheloser Geist, ständig in Bewegung, verlangt nach Reiz und Stimulierung. Wenn er sich gelangweilt fühlt, ist sie es auch. Die traditionell übliche Position beim Geschlechtsakt wird sie zu Tode langweilen, sie sehnt sich nach Neuem und anderem.

Das andere Stichwort ist Integration. Zwillingsgeborene verbinden Sexualität mit einer Reihe anderer starker emotionaler Bedürfnisse, und wenn diese nicht erfüllt werden, sind sie sexuell oft unbefriedigt. Wenn die Zwillings-Frau innerlich überzeugt ist, daß der Mann, mit dem sie zusammen ist, wenigstens ein paar ihrer emotionalen Bedürfnisse befriedigt, kann Sex mit ihr sogar großartig sein.

Viele Zwillings-Frauen lassen sich sexuell einfach nicht mit einem Mann ein, wenn nicht gleichzeitig ein tieferes, beständiges, emotionales Interesse vorhanden ist. Im Gegensatz zur allgemeinen Meinung liegt ihr nichts an Sexualität um der Sache willen. Reine körperliche Lust, die beispielsweise so wichtig für die Stier-Frau ist, bedeutet nichts für die Zwillings-Frau. Sie will mehr. Wenn sie ihre Hand in seine Tasche steckt, will sie nicht nur seine Geschlechtsteile spüren, sie möchte Beachtung, Sicherheit, Gesellschaft.

Die ersten Erfahrungen mit der Sexualität

Neugier kennzeichnet die Zwillinge als Kinder und Jugendliche. Das Zwillings-Mädchen möchte wissen, was hinter der geschlossenen Schlafzimmertür ihrer Eltern vor sich geht und wird wahrscheinlich irgendwann durchs Schlüsselloch schauen. Auch die Anatomie ihrer Spielgefährten interessiert sie, und sie wird sicher bei kindlichen Spielen auf diesem Gebiet ihre Forschungen treiben. Ein frühreifes Mädchen hat frühzeitig sexuelle Erfahrungen. Sie verliebt sich auch meist sehr früh. Ihre Schwärmereien entwickeln sich oft zu vollentwickelten Liebesaffären, wenigstens von ihrer Seite. Gefühlsmäßig investiert sie sehr viel in diese erste Beziehung, und der Eindruck hält ein Leben lang an.

Wenn sie wegen ihrer verrückten Schwärmereien von Eltern oder älteren Geschwistern übermäßig kritisiert oder gestraft wird, kann auch das einen andauernden schädlichen Einfluß auf ihr Leben haben. Wird ihre Suche nach einem Seelengefährten in jungen Jahren mißbilligt, kann sich diese Mißbilligung im Laufe der Jahre festsetzen und sich zu einem Schuldgefühl entwickeln, wenn sie ihre Suche als Erwachsene fortsetzt und erweitert.

Sie ist sehr gefühlsbetont und durchläuft die Gefühlsskala schneller als die anderen. Es fällt ihr schwer, bei einem einzigen Gefühl zu bleiben. Die Phantasie spielt eine wichtige Rolle in ihrer frühen Entwicklung. Sie kann Phantasie-Spielgefährten haben, mit denen sie recht wilde und ausgefallene erotische Spielereien betreibt. Sie denkt sich lange, komplizierte Geschichten einer vollkommenen Liebe aus und führt sie in ihrem Zimmer, wo sie sicher und ungestört ist, auf. Ihre Angst, diese Phantasien in die Tat umzusetzen, prägt oft ihr Sexualverhalten im späteren Leben.

Um ihr zwanzigstes Lebensjahr ist die Zwillings-Frau in ihrer sexuellen Entwicklung meist geprägt und wird selten davon abweichen. Ganz im Rahmen ihrer allgemeinen Entwicklung können allerdings ihre erotischen Neigungen so breit gefächert wie ihre Persönlichkeit sein.

Immer ist sie jedoch auf der Suche nach ihrer verlorenen anderen Hälfte, nach einem Spiegelbild, von dem sie lernen kann.

Liebe und Sexualität

Nach einer jugendlichen Periode, in der sie sich gewöhnlich bis über beide Ohren und Hals über Kopf verliebt, lernt die Zwillings-Frau, wie man die Liebe nützen kann. Sie kann dann in eine Idee oder ein Ideal vernarrt sein, oft jedoch nicht in den Mann, der das Bett mit ihr teilt. Manchmal sieht es so aus, als lehne sie die Liebe ab, weil sie für ihr sensibles Wesen zu quälend und schmerzhaft ist. Sie nutzt sie lieber aus. Sexualität wird dann mechanisch und bietet wenig mehr als eine nervöse Entspannung.

Sexualität und Liebe sind für die Zwillings-Frau fast ein Synonym.

Beide werden Mittel zum Zweck. In ihrer kühlen und ziemlich berechnenden Art investiert sie sehr wenig Gefühle in den Liebesakt. Oftmals schenkt sie dem jeweiligen Partner zwar ihren Körper, aber nicht ihr Herz.

Um die Sexualität von der Liebe zu trennen, muß sie sorgfältiger analysieren, warum sie sich mit einem Mann einläßt. Wenn sie lernt, daß es kein Fehler ist, sexuelle Beziehungen zu einem Mann zu haben, um eine Phantasievorstellung zu verwirklichen, dann wird sie auch lernen, zwischen Sex zur Phantasieverwirklichung und Sex aus Liebe zu unterscheiden.

Die stärkste erogene Zone der Zwillings-Frau ist ihr Verstand. Durch ein Gespräch kann sie sexuell erregt werden, während Schweigen sie kalt werden läßt. Abgesehen von erotischen Gesprächen kann ihr sexuelles Verlangen durch Wortspiele in ihrer Hand, Küsse auf die Brust, durch Nachzeichnen ihrer Beckenstruktur und ein sanftes Massieren der Brust erhöht werden.

Sehr oft ist sie in ihren sexuellen Annäherungsversuchen ungeduldig. Es kann sein, daß sie zur Angreiferin wird und ihre sexuellen Bedürfnisse zeigt.

Sie ist Expertin darin, zwei Dinge auf einmal zu tun – zum Beispiel Fellatio auszuüben, während sie ihrem Partner die beste Gesäßmassage macht, die er je bekommen hat.

Mit ihrem ruhelosen Verstand und ihrer nie endenden Wißbegier sucht sie nach immer neuer Befriedigung durch Sexualität. Sie experimentiert auch gerne und ist an Sexspielzeug, Vibratoren und Anregern interessiert. Ihre Einstellung »Abwechslung ist die Würze des Lebens« tritt auch in ihrem Sexualverhalten sehr deutlich zutage.

Die Muster ihrer sexuellen Reaktionen beim Geschlechtsverkehr sind etwa folgende:

1. Necken, erregen und die Atmosphäre aufheizen, verzögern, unterhalten oder rauchen, um die sexuelle Erwartung zu steigern.
2. Wenn der richtige Augenblick für sie da ist, schnell und vollkommen bei der Sache, ohne Einschränkung.
3. Explosiver Orgasmus.
4. Schnelles Abkühlen der Leidenschaft, wenig Gemütsbewegung, leichtes Dahinplaudern bis spät in die Nacht, starkes Bedürfnis

nach Zuneigung. Für die im Zeichen des Zwillings Geborene reicht es durchaus, wenn in einer Nacht der Geschlechtsverkehr nur einmal stattfindet.

Was für einen Liebhaber sie braucht

Die Zwillings-Frau braucht einen Mann, der ihr seine ungeteilte Aufmerksamkeit widmet, sich mit ihr bis in die frühen Morgenstunden über jedes nur mögliche Thema unterhält, schnell den Geschlechtsverkehr ausübt und die Sache dann auf sich beruhen läßt. Natürlich soll er auch gebildet, intellektuell, unterhaltsam, gesellig, ein echter Freund und wohlhabend sein.

Sie ist für Abwechslung beim Sex. Findet sie das nicht bei einem Mann, dann wird sie sie woanders suchen. Ihr Mann muß daher vielseitig sein, wenn er der einzige bleiben will. Sie weiß, wie man einen Mann erregt, er ist vielleicht noch nie einer solchen Meisterin begegnet. Wenn er mit ihr experimentiert, muß er sie auch mit ihm experimentieren lassen.

Sie braucht auch einen Mann, bei dem sie sich wohl fühlt und sich entspannen kann. Wenn der Mann so reizbar und nervös ist wie sie, sind die Chancen für eine sinnvolle erotische Bindung gleich Null. Die Zwillings-Frau schätzt es, wenn sie während des Verkehrs weiterhin erregt wird. Am besten müßte ihr Partner vielarmig wie ein Polyp und sehr agil sein.

Ihren Versuchen, ihn eifersüchtig zu machen, muß er mit viel Toleranz begegnen. Sie wird oft platonische Freundschaften mit anderen Männern schließen, nur um ihren Partner zu prüfen. Diese Taktik sollte er ihr abgewöhnen und ihr seine Liebe auf andere Weise zeigen. Um Frustrationen zu vermeiden, darf er seine Eifersucht nur gelegentlich zeigen. Wenn er sie jedoch vollkommen unbeachtet läßt und nicht für gegenseitige Anregung sorgt, kann es sein, daß sie geht, weil sie sich gelangweilt fühlt.

Heiße Worte schätzt sie sehr. Ihr Partner kann sie auf einer Gesellschaft beiseite nehmen und sagen: »Dein Flirten mit anderen Männern macht mich verrückt, ich kann mich nicht mehr auf höfliche Konversation konzentrieren.« So etwas wird sie anregen und erregen, und sie wird wahrscheinlich auf die Tür zugehen.

Es gibt keine stereotype Formel für den Mann der Zwillings-Frau. Mit ihrem Necken, Schmeicheln und Erregen kann sie jeden Mann zur sexuellen Höchstleistung antreiben, vom männlichen bis zum etwas femininen Typ. Das ist ihre Spezialität, und meist kann sie auch den unbeweglichsten Mann in Bewegung bringen. Es macht ihr oft sogar Spaß, wenn sie einen Mann körperlich und gefühlsmäßig beherrscht, denn dadurch befriedigt sie ihre sadistische Ader. Am wichtigsten ist es für sie, daß der Mann ihr intellektuell ebenbürtig ist. Ständig stellt sie seinen Intellekt auf die Probe. Sie glaubt, daß keiner auf dem gleichen Niveau ist wie sie. Wenn es sich lohnt, tritt sie gerne in Wettbewerb und wäre wahrscheinlich mehr am Sexuellen interessiert, wenn sie es für eine echte Herausforderung hielte. Wenn sie im Wohnzimmer bei einer Diskussion unterliegt, so weiß sie, daß sie im Schlafzimmer wieder gewinnen kann. Ihr Mann braucht Scharfsinn und Verständnis, um ihre Possen auch nur halbwegs zu kontrollieren.

Ist die Zwillings-Frau gefühlskalt, zeigt sie wenig Sympathie für die Schwächen anderer und wird herrschsüchtig. Dann kommt ihr anscheinend geistiger Hochmut zum Ausdruck, und sie verhält sich sehr überheblich. Wenn ein Mann will, daß man ihn beherrscht und auf seinen Gefühlen herumtrampelt, kann die Zwillings-Frau diesen Wunsch erfüllen.

Mit ihrer großartigen Phantasie ist die Zwillings-Frau für die Star-Rolle vor großem Publikum wie geschaffen. Sie hält mit ihrer Redegewandtheit alle in Bann. Während sie die Zuhörer so in der Hand hat, sucht sie sich in der Phantasie sexuelle Partner aus und spinnt großartige Geschichten um sie herum.

Sie braucht einen Mann, der ihr hilft, die praktischen Aspekte ihrer Phantasien in die Realität zu übertragen, denn es fällt ihr schwer, auf der Bühne die sie sich im Geiste geschaffen hat, aufzutreten. Sie wünscht schon, daß einige dieser Phantasien Wirklichkeit werden, und deshalb muß ihr Partner die Geduld aufbringen, sie dabei zu unterstützen. Er braucht keine teuren Parfüms, Haute-Couture-Kleider oder exotische Blumengebinde zu kaufen, sie zieht einfache bügelfreie Kleidung und den sauberen Duft von Zitronen- und Fichtennadeln vor. Er muß jedoch die bildende Kraft ihres Geistes respektieren, der unablässig neue Aufgaben zur gemeinsamen Entdeckung und Freude ersinnt.

Vor allem braucht die Zwillings-Frau einen Mann, der die Einsamkeit vertreiben kann, die sie oft fühlt. Ist sie erst einmal Mitte Zwanzig, hat sie mehr erlebt, als die meisten Menschen in einem ganzen Leben, und sie fragt vielleicht: »Ist das alles?«

Den Zwillings-Frauen bleibt oft ein entsetzliches Gefühl der Leere, das alle erotischen Abwechslungen, alle intellektuellen Spiele und alle Wanderungen ihrer Einbildungskraft nicht erfüllen können. Der Mann, der diese Erfüllung bietet, muß sich zuerst seiner selbst bewußt sein, voll auf seine eigene Natur vertrauen und bereit sein, die erforderliche Zeit aufzubringen, ihr bei der Suche nach ihrer verlorenen Hälfte zu helfen. Der Seelengefährte, den sie ewig sucht, befindet sich in ihrem Innern und wartet geduldig, daß sie endlich entdeckt: Das, was man sich am meisten wünscht, wonach man sich am meisten sehnt, und wofür man die längste Zeit aufwendet, befindet sich in einem selbst. Ihr Mann kann ihr helfen, ihre Aufmerksamkeit nach innen zu richten, um zu erkennen, was sie bisher versäumt hat. Er muß ihr Freund und ihr erotischer Partner in einem sein.

Was sie lernen muß

Die Zwillings-Frau, die den perfekten Partner findet, ist die Ausnahme. Sie muß sich bewußt werden, daß ihre Suche fast unmöglich von Erfolg gekrönt sein kann. Bis sie sich selbst versteht, wird sie das Opfer ihrer eigenen Träumereien sein. Sie wird als einsamer und bitterer Mensch enden, wenn sie von Affäre zu Affäre hetzt, um ihren Märchenprinzen zu finden. Sie muß lernen, die Männer in ihrem Leben zu akzeptieren, wie sie sind, nicht wie sie sie haben möchte.

Das soll nicht heißen, daß sie ihre Suche aufgeben soll. Sie soll nur erkennen lernen, was für einen Mann sie wirklich haben will. Sie muß die Geduld aufbringen, nach ihm zu suchen und konstruktiv auf ihn zu warten. Von der Verachtung der Gesellschaft darf sie sich nicht einschüchtern lassen. Sie muß dickfellig werden gegenüber

Menschen, die sie nach dem Modell der Krebs-Frau formen wollen – wie es die traditionelle Gesellschaft von den meisten Frauen verlangt.

Es erfordert viel Kraft, eine Zwillings-Frau zu sein, denn sie verbraucht ungeheure Energie bei ihren vielen Abenteuern und bei der Verfolgung ihrer Impulse. Ihre Einsätze sind hoch und die Risiken groß, aber der Preis ist pures Gold, er winkt am Ende ihres selbsterdachten Regenbogens. Wenn es sich auszahlt, ist der Lohn den Einsatz wert.

Die Zwillings-Frau gibt sich selbst oft zu schnell her. Sie muß das Tempo verlangsamen und feststellen, ob die augenblickliche Attraktion wirklich die gefühlsmäßige Investition wert ist. Sie muß sich zurückhalten, bis sie sich verliebt. Da ihre Urteile so flüchtig sind, wäre es besser, die Entscheidung hinauszuschieben, bis sie dem Mann die Chance gegeben hat, sein wahres Ich zu zeigen. Intuitiv weiß sie, was sie sucht, und der Mann, hinter dem sie gerade her ist, sucht vielleicht selbst nach der perfekten Partnerin, während er sich hinter einer Löwe-Fassade verbirgt, die augenblicklich gerade in Mode zu sein scheint.

Sie muß lernen, die Intelligenz anderer zu respektieren. Oft wird man sich noch lange an ihren beißenden Sarkasmus erinnern, wenn sie längst vergessen hat, daß sie jemand damit kränkte.

Der Verstand arbeitet bei allen Menschen anders. Bei den Zwillings-Frauen, die von Merkur beherrscht werden, bewegt er sich so rasch wie Quecksilber. Im Gegensatz dazu bewegt sich der Verstand der im Zeichen des Stiers Geborenen mit der Kraft eines Erdbebens. Die Zwillings-Frau wird feststellen, daß sie selbst innerlich weiterkommt, wenn sie andere als intellektuell ebenbürtig behandelt.

Sie hat die Neigung, bei Liebesgeschichten an Verlierer zu geraten. Sie muß sich selbst objektiv die Frage stellen: Was kann dieser Mann mir geben, und was kann ich ihm zurückgeben? Nur wenn es gegenseitige Bedürfnisse und gegenseitigen Nutzen gibt, kann eine Beziehung funktionieren. Zu oft nimmt die Zwillings-Frau, was gerade zur Verfügung steht, und versucht, daraus zu pressen, stehlen und zu erzwingen, was sie haben will – und das gilt besonders für erotische bzw. Liebesbeziehungen. Gleichzeitig gibt sie selten viel von sich selbst und erwartet es auch nicht von ihm. Das kann ihre persönliche Reife verzögern und zur vollkommenen Katastrophe sowohl im Beruf als auch in der Liebe führen.

Ihre nervöse Sexualenergie kann in ein kreatives Betätigungsfeld geleitet werden, mag es nun eine neue Innenausstattung für ihre Wohnung oder eine berufliche Betätigung sein, wo sie ihre vielgestaltige Persönlichkeit einsetzen kann. Frustration und Ärger kommen ihr zu oft in den Weg. Sie muß lernen, ihre Gefühle *konstruktiv* freizusetzen und auszudrücken. Da sie sich so gut mündlich ausdrücken kann, sollte sie vielleicht eine Gruppentherapie machen, bei der sie etwas über die Quelle von Ärger und Frustration lernt und sieht, wie andere, vielleicht ihre astrologischen Schwestern, mit diesen Problemen fertig werden.

Vor allem aber muß sie Selbstkontrolle üben. Wenn sie ihren natürlichen Neigungen freie Bahn läßt, lädt sie sich Unheil auf. Sie muß ihren Geist im Zaum halten, sonst läuft sie Gefahr, daß er ziellos von einem Reiz zum anderen, den er am Wege aufliest, umhertorkelt und sich niemals an eine Sache bindet. Sobald sie ihn gezähmt hat, wird sie ihr wahres Wesen besser verstehen. Ihre Einstellung zu ihrem inneren Selbst wird großen Einfluß darauf haben, wie sie mit der Sexualität und den Beziehungen fertig wird.

Der Ärger der Zwillings-Frau

Oberflächlich scheint die Zwillings-Frau mit ihrem Ärger auf sehr gutem Fuß zu stehen. Sie äußert ihn oft verbal und direkt. Sie spricht über die meisten Verärgerungen, und man hat zuweilen den Eindruck, daß sie ständig am Jammern sei. Sie bringt es fertig, ihre engsten Freunde und ihre größten Gönner zu verdammen, wenn sie ihren Erwartungen nicht entsprechen. Sie hat einen grausamen Zug, den sie auch verbal zum Ausdruck bringt. Oft zollt man ihr Hochachtung, weil sie fähig ist, »die Leute an ihren Platz zu verweisen«. Sie weiß jedoch nichts über Ursprung und Angemessenheit ihres Ärgers und auch über die Wirkung, die er auf andere und sie selbst hat.

Die größte Schwierigkeit der Zwillings-Frau besteht darin, sich in das Leben anderer einzufühlen. Selten kann sie sich vom Gefühl her in die unangenehme Lage eines anderen Menschen versetzen. Sie kann gleichzeitig die intellektuellste, schöpferischste und gefühlloseste Frau sein.

Wohin führt sie das? Sie besteht auf rationalen, logischen Erklärungen für all ihre emotionalen Reaktionen. Ihr Mann ist *völlig* unaufmerksam, ihre Büromaschinen sind *immer* kaputt, ihre Tochter tut *nie* was sie ihr sagt. Selten ist sie mit ihren Lieben zufrieden, und das erzählt sie jedem. Wenn sie nicht aufpaßt, wird sie zur ständigen Quenglerin.

Oft meint sie, daß die Fähigkeit zum verbalen Ausdruck des Ärgers gleichbedeutend sei mit dem Verständnis des Ärgers. Verbalisieren kann jedoch eine intellektuelle Reaktion auf eine sehr wichtige Emotion sein. Oft wenden sich die Menschen leidenschaftlich gegen andere, weil sie dem Ursprung ihres Ärgers nicht nachgehen wollen. Sie haben Angst, sich zu ändern, durch Rückwirkung ihres eigenen Benehmens und Verhaltens verletzt zu werden. Das Ergebnis ist, daß sie gewohnheitsmäßige Nörgler und Streithähne werden und ihre Wut immer projizieren. In Wirklichkeit ist die Wut Selbsthaß. Wenn diese Situation chronisch wird, sind sie keiner Emotion mehr fähig. In diesem Fall dient der ständige Wortschwall nur dazu, ihr Gefühlsleben abzutöten. Es ist eine ungesunde, unproduktive Art, mit den Lebensaufgaben fertigzuwerden.

Zwillings-Frauen können außerordentlich eifersüchtig sein. Die erfolgreichen Beziehungen ihrer Freundinnen, deren schöne Wohnungen, das Geld auf der Bank, alles kann sie zur Raserei treiben. Sie werden die Eifersucht hinter Unzufriedenheit verbergen und sie mit süßen Worten vertuschen. Sie werden ihre Beziehungen zu anderen dann so manipulieren, daß diese Facette ihrer Persönlichkeit niemals hervortritt. Auch wenn die Zwillings-Dame ihre Eifersucht sorgfältig verbirgt, wird ihr Ärger anwachsen, bis sie ihn nicht mehr unterdrücken kann. Meistens kommt dann der Punkt, an dem ihre Wachsamkeit nachläßt und sie ihre wahren Gefühle vor anderen zeigt. Kurze Zeit darauf weiß sie aber nicht mehr, was sie in ihren Tiraden gesagt hat. Die Zwillings-Frau ist nicht fähig, sich zu ihren negativen Gefühlen zu bekennen.

Mit den Problemen der Kontrolle und Manipulation muß sie sich ihr ganzes Leben herumschlagen. Ganz gleich, wie gut die Arbeit ist, die sie oder eine Mitarbeiterin geleistet haben, sie wird über Unvollkommenheit klagen oder möglicherweise sie sogar erfinden. Je älter sie wird, desto schwieriger ist sie zufriedenzustellen. Sie hegt Groll gegen alle, die ihr im Weg stehen. Ihre wahren Gefühle verbirgt sie hinter leichten, beißenden Hänseleien, und sie können dann nur bei Ausbrüchen hervorkommen. Sie kann bei einer unbedeutenden Beleidigung explodieren und lediglich durch einen Blick zu einem Tobsuchtsanfall provoziert werden. Im allgemeinen bewahrt sie die Ruhe in den kritischsten Situationen. Später, wenn die Krise vorbei ist, werden alle, die beteiligt waren, wegen ihres Versagens in Stücke zerrissen. Man kann niemals voraussagen, was ihren Zorn erregen wird.

Die Zwillings-Frau vermeidet es, sich selbst dem Ärger anderer auszusetzen. Sie schlägt alle möglichen Haken, um Konfrontationen auszuweichen und befürchtet, die Kontrolle über sich selbst zu verlieren.

Sie braucht das Gefühl, stets selbst die Kontrolle zu bewahren. Wenn jemand auf sie wütend ist, wird sie darauf bestehen, daß sie im Recht ist, selbst wenn Logik, Tatsachen oder Augenzeugen dagegen sprechen.

Ihr Ärger kann viele Formen annehmen. Ungleich der Widder-Frau, die Spaß an einem Streit hat, möchte die Zwillings-Frau allein streiten, und Sie sollen ruhig dabeisitzen und sich ihre Ergüsse anhören. Wie können Sie es wagen, ihr zu widersprechen! Sie erinnert sich an einen Vorfall vor drei Jahren, als Sie himmelschreiend im Unrecht waren, und sie benutzt das auch als Waffe. Sie kann mal direkt, mal ausweichend sein, aber konstant sind dabei immer die gleichgültige Kälte und die gefühllosen, selbstgerechten Monologe. Sie will nicht hören, was andere zu sagen haben – sie haben sowieso unrecht. Da sie den Gefühlen und Motivationen der anderen gegenüber so blind ist, denkt sie vielleicht, sie hat Sie zurechtgewiesen, wenn tatsächlich nichts, was sie gesagt hat, im entferntesten Zusammenhang mit Ihnen oder dem fraglichen Thema steht. Zu einem anderen Zeitpunkt können ihre Beobachtungen so scharfsinnig sein, daß sie Ihre Selbstachtung zerstört. Dann wird sie ihrer

Wege gehen, und ein anderer soll den Schaden wiedergutmachen. Wenn man sie später auf ihre Gefühllosigkeit hin anspricht, wird sie die Meinungsverschiedenheit vergessen haben und ableugnen, daß je eine bestanden hat. Bewußt oder nicht, die Zwillings-Frau kann andere außerordentlich täuschen. Sie ist sich jeden Augenblick dessen bewußt, was sie getan hat, sie lehnt es aber einfach ab, die Verantwortung für ihre Handlungen zu übernehmen. Alles ist »vergessen«, bis man ihr das nächste Mal in die Quere kommt – dann wird sie einem das Bein auf die gleiche Art stellen. So paradox es klingt, die Zwillings-Frau betrachtet Gefühle als unnötige Komplikationen im Leben der meisten Menschen. Sie ist stolz darauf, wie beherrscht sie ist. Außerdem vergißt sie es innerhalb von Stunden, wenn sie einmal die Beherrschung verloren hat. Selten hat sie ein exaktes Bild von sich selbst, ihr Selbstbild ist sehr verwischt. Es ist der größte Fehler, den man machen kann, wenn man ihre Handlungen kritisiert. Sie hält sich für intelligent genug, sich mit jedem messen zu können. Man mag ja recht klug sein, aber an sie kommt man nicht heran.

Oft übertreibt sie ihr Selbstvertrauen und ist nicht halb so selbstsicher, wie sie scheint. Sie verbirgt ihre Verwundbarkeit, denn sie hält sie für einen Charakterfehler oder für Schwäche. Wenn ihre nervöse Spannung so stark wird, daß sie sich nicht länger zurückhalten kann, weint sie unvermittelt. Sie weint auch, wenn sie weiß, daß sie etwas verloren hat, das wertvoll für sie ist – ihre Stellung zum Beispiel. Sie möchte immer diejenige sein, die den Schlußstrich zieht. Wenn man versucht, sich ihr selbsterteiltes Vorrecht anzumaßen, wird sie verheerend sein in ihrem Bemühen, den offensichtlichen Irrtum zu korrigieren.

Sie kann außerordentlich kühl und abweisend sein. Wenn sie einen nicht mag, ist sie sehr unkooperativ, was sich besonders nachteilig im Berufsleben auswirkt. Inkompetenz ärgert sie am meisten, überhaupt ist ihre Toleranzschwelle sehr niedrig. Auch wenn man sie die Bürde ganz allein tragen läßt, kann es zu Verärgerung kommen. Untergebene wird sie oft mit Arbeit überlasten, um sie auf die Probe zu stellen, und wenn ihnen Fehler unterlaufen, verliert sie sehr schnell das Vertrauen in sie.

Die Zwillings-Frau benutzt ihren Ärger, um andere zu beherrschen, um etwas zu verhehlen oder zu manipulieren. Von allen Tierkreis-zeichen ist sie sich ihres Ärgers am meisten bewußt. Sie kann leicht hysterisch werden. Es mag sein, daß ihr Partner und sie jeden Tag streiten.

Sie verabscheut körperliche Gewalt, ist jedoch nicht abgeneigt, sie selbst anzuwenden, wenn sie bedrängt wird. Manchmal wendet sie die Masche »Ich-armes-kleines-verlaufenes-Mädchen« an, wenn ihr Mann sie voller Wut bedroht. Zehn Minuten später greift sie aus einer ganz anderen Position an.

Daher muß die Zwillings-Frau bewußt Abstand gewinnen und sich selbst beobachten. Sie muß lernen, die Regel »Was-du-nicht-willst-das-man-dir-tut-das-füg-auch-keinem-andern-zu« anzu-wenden, bis sie zur Gewohnheit wird.

Zwillings-Frauen, macht euch die konstruktive Seite des Ärgers bewußt!

1. Er kann festgefahrene Situationen katalysieren.
2. Er kann andere zum Denken motivieren.
3. Er zeigt Gefühle und Gefühlstiefe auf.
4. Es kann ein sehr offener, direkter Versuch sein, jemanden wis-sen zu lassen, daß man ungehalten ist.
5. Er kann die Luft reinigen.
6. Er kann das Bedürfnis nach mehr Teilnahme zeigen.

Ärger ist echte Energie und muß aus dem Solarplexus, dem Zwerchfell ausgestoßen werden, bevor eine vernünftige Diskussion über die Probleme stattfinden kann. Wenn er aus dem Körper nicht heraus kann, verursacht er Krankheiten, über einen längeren Zeit-raum sogar den Tod.

Die Zwillings-Frau reagiert besonders empfindlich auf Streß und Probleme des Nervensystems, daher sollte sie auf keinen Fall Ge-fühle unterdrücken.

Ihr Gefühlsleben muß in Einklang mit ihrem Körper gebracht wer-den. Im folgenden ist aufgeführt, wie Ärger auf positive Weise aus-gedrückt und in Liebe verwandelt werden kann:

1. Erwarten Sie nicht, daß ein anderer sich ändert, wenn Sie Ihren Ärger zeigen.
2. Beschuldigen Sie keinen anderen und verlangen Sie von nie-mandem, daß er sich ändert.

3. Teilen Sie die Verantwortung, wenn Frustration und Ärger gezeigt werden.
4. Gebrauchen Sie Ihren Ärger nicht, um andere zu verletzen oder zu strafen.
5. Geben Sie zu, daß Ärger selbstgesteuert ist und daß er positive Veränderungen bewirken kann.

Der Schlüssel zur liebenden Äußerung des Ärgers ist Mitgefühl – Mitgefühl für uns und alle anderen, die betroffen sind. Besser als viele versteht die Zwillings-Frau das Bedürfnis nach Freiheit, das Bedürfnis, eigene Entscheidungen zu treffen. Wenn sie ihr Bedürfnis, zu manipulieren und Situationen zu beherrschen überwindet, kann sie ein glänzendes Beispiel für andere werden.

Hier sind ein paar Hinweise, die der Zwillings-Frau helfen sollen, sich mit ihrem Ärger als echtem Gefühl auseinanderzusetzen.

1. Haben Sie Mitgefühl mit sich und anderen.
2. Lachen Sie: Humor bringt Befreiung und Abstand zu den Dingen.
3. Weinen Sie, wenn Sie das Bedürfnis danach haben. Lassen Sie es nicht soweit kommen, daß Ihre Tränen zu einem Strom der Selbstzerstörung werden.
4. Entwickeln Sie einen gewissen Sinn für Abstand, um Ihre eigenen Gefühle und Motivationen dadurch besser verstehen zu lernen.
5. Wenn Probleme diskutiert werden, bleiben Sie bei der Sache. Bringen Sie bei dieser Gelegenheit nichts vor, was nicht dazu gehört.
6. Fühlen Sie sich nicht von Zornausbrüchen anderer bedroht.
7. Übernehmen Sie nicht so bereitwillig die Verantwortung für die Handlungen anderer.
8. Suchen Sie sich eine gesunde körperliche Tätigkeit, um Spannungen und geringfügigen Ärger abzureagieren.
9. Akzeptieren Sie Ihren eigenen Ärger, ertragen Sie ihn, ohne einen anderen zu beschuldigen.
10. Üben Sie sich darin, Ihren Partner objektiv anzuhören.
11. Setzen Sie nicht von vornherein Konfrontation voraus.
12. Erzählen Sie in Ihrem engen Freundeskreis, wie Sie gewöhnlich reagieren. Wenn man nicht weiß, wie Sie reagieren, weiß man

auch nicht, wie man es vermeiden kann, negative Reaktionen hervorzurufen.

13. Ärger kann ein Mittel sein, um mit anderen Menschen in Verbindung zu kommen. Warten Sie nicht ab, bis der Ärger abgeklungen ist, bevor Sie sich mit den Verursachern auseinandersetzen. Lassen Sie die anderen auch an Ihren guten Gefühlen teilhaben, nachdem Sie den Ärger positiv geäußert haben.

14. Seien Sie vernünftig und respektieren Sie die Individualität anderer.

15. Äußern Sie Ihren Ärger *gefühlsmäßig*, nicht intellektuell. Wenn Sie Ihre Freude über einen schönen Sonnenuntergang ausdrücken können, können Sie auch Ihren Ärger über einen gefühllosen Chef, Partner, Verwandten, Freund, ein Kind oder die Eltern ausdrücken.

Die Lebensstile der Zwillings-Frau

Der ungebundene Geist und die Zwiespältigkeit der Zwillings-Frau bestimmen hauptsächlich die verschiedenen Aspekte ihres Lebensstils. Sie kann die ständig nörgelnde Ehefrau, die pflichteifrige Ehefrau und Mutter, die Vizepräsidentin einer Aktiengesellschaft oder die erfahrene Jetsetterin sein – all das gleichzeitig.

Unsere Kultur ändert sich, und die Zwillings-Frau hat nichts lieber als Veränderungen. Oft kämpft sie in vorderster Linie für die Freiheit, und ihre kräftige verbale Unterstützung irgendeiner Bewegung kann zahlreiche Nebenbewegungen entstehen lassen. Sie läßt die Dinge in so rosigem Licht erscheinen, daß die anderen sich danach drängen, auch teilzunehmen.

Oft hat sie ein tiefes Einsamkeitsgefühl, das sie von Ort zu Ort, Mensch zu Mensch, Erlebnis zu Erlebnis treibt. Ihre anscheinend nie endende Suche nach ihrer anderen Hälfte bringt es mit sich, daß sie viele verschiedene Leute aus vielen verschiedenen Lebensbereichen kennenlernt. Sie kann schließlich nicht wissen, wo sie findet, was sie sucht.

Ihre Klugheit und geistige Wendigkeit ziehen die Menschen an, oft ist sie eine Art inoffizielles »Idol« für ihren großen Freundeskreis.

Ihr Mangel an Verschwiegenheit bringt es jedoch mit sich, daß viele ihrer Beziehungen zu einem kurzen, wenn auch aufregenden Leben verurteilt sind.

Sie teilt die Interessen vieler Menschen. Ihre extrovertierte Art und das nach außen hin gezeigte Selbstvertrauen, in Verbindung mit ihrem umfangreichen Wissen und ihrer Weltlichkeit, regt die Menschen, die mit ihr in Kontakt kommen, oft an. Ihre Ansichten über moderne Lebensstile wirken beispielhaft. Viele Zwillings-Frauen haben aufgeklärte Freundinnen dazu angespornt, neue Techniken mit ihren Partnern auszuprobieren. Zum Beispiel wird sie diejenige sein, die anregt, Sexspielzeug in ein sonst fades Liebesleben einzuführen. Ihre unbekümmerte Einstellung veranlaßt vielleicht sogar ihre Freundinnen, eine Liebesaffäre in Betracht zu ziehen, falls die Ehe eintönig ist und keine Entwicklung mehr stattfindet.

Ihre Einstellung hat etwas von »Der-Teufel-soll-sich-darum-scheren«, und wenn ihre Teenager-Tochter oder ihr Sohn kommt und sie um Rat bittet, weil sie mit anderen jungen Leuten zusammenleben wollen, so wird sie sich für ihre Kinder begeistern, so, als handle es sich um sie selbst. Sie wird auf ihre Kinder stolz sein, wenn sie sich gegen traditionelle Gesellschaftsformen auflehnen, um ihr Glück zu finden. Sie weiß, daß ihre Suche lange gedauert hat und oft schwierig war. So gibt sie ihnen Ratschläge aus ihrem »Erfahrungsschatz«, damit sie nicht die Fehler machen wie sie.

Die Zwillings-Frau probiert oft viele verschiedene Lebensstile und Gewohnheiten aus. Es würde ihr guttun, wenn sie etwas länger in ihrer jeweiligen Umgebung bliebe, vielleicht könnte sie das Leben der Menschen bereichern, die ihr dort begegnen.

Wir beginnen eine neue Dekade mit manchen neuen Wertmaßstäben und Idealen. Wir entfernen uns von der alten Regierungsherrschaft, von kleinen, eng verbundenen Kernfamilien, von der Entpersönlichung, die in den letzten zwanzig Jahren alarmierend um sich gegriffen hat. Die Unruhen der Sechzigerjahre waren für die Zwillings-Frau eine ungeheure Quelle der Inspiration. Sie schienen fast wie für ihren wetterwendischen Geist gemacht. In den Siebzigerjahren hätte man über die Veränderungen, die damals eingeleitet wurden, nachdenken sollen, aber wie so viele verlangte auch die Zwillings-Frau, daß es so weiterginge.

Bei Beginn einer neuen Dekade ist es, als ob man die Tafel abwischen würde. Die Zwillings-Frau muß über ihre »persönlichen vergangenen Dekaden« nachdenken, um Muster und Unzulänglichkeiten zu erkennen. Es ist eine Zeit, in der sie sich entwickeln und geistig zur Ruhe kommen kann. Sie hat die gute Gelegenheit, zu erkennen und sich einzugestehen, daß sie ihre verlorene Hälfte kaum in einem anderen Menschen finden wird. Sie sollte ihre Methoden kritisch überprüfen und bessere Lösungen für ihr Alleinsein bei sich selbst suchen.

Alternative Lebensstile

Alleinlebende Frau

Die Zwillings-Frau heiratet oft jung und wählt als Partner jemanden, den sie als Ideal oder Idol betrachtet. Sie heiratet oft mehr als einmal, da es übermenschlicher Talente bedarf, ihr die Langeweile vom Leib zu halten. Ein Leben als alleinlebende Frau mag sie deshalb äußerlich reizen, denn sie ist von Routine befreit und braucht sich um niemanden zu kümmern. Innerlich wird jedoch ihr Gefühl der Einsamkeit oder des Alleinseins verstärkt, wenn sie allein lebt. Aus den gleichen falschen Gründen, die sie vorher motiviert haben, kann sie darum in eine neue Ehe getrieben werden. Sie muß lernen, selbst Anregungen zu geben, das kindliche Staunen in ihren Liebhabern und Partnern zu wecken. Langeweile kann aus allem entstehen, und wenn sie das lernt, lernt sie auch, sich zu entspannen und tiefere Einsicht in das Leben zu gewinnen.

Bindungen

Bei diesem Lebensstil gibt es Freundschaften mit beiden Geschlechtern, wobei sexuelle Kontakte weder ermutigt noch abgelehnt werden. Die Zwillings-Frau lebt oft auf diese Art, wenn auch die Beziehungen für sie selbst selten so intensiv sind, wie für die, mit denen sie verbunden ist. Sie bewahrt einen gewissen Abstand und ermutigt die anderen gleichzeitig, sich ihr zu nähern, damit sie sie blenden und beeindrucken kann. Ihre Freundschaften mit Männern führen meist auch zu sexueller Intimität. Mit vielen Männern, mit denen sie zuerst sexuelle Kontakte hatte, wird sie später recht gute Freundschaften schließen. Wenn sie die Menschen so einzuschätzen lernt, wie sie sind, und nicht so, wie sie ihrer Meinung nach werden könnten, werden ihre »engen Bindungen« wesentlich enger sein und ihr die Sicherheit und das Gemeinschaftsgefühl geben, die sie so selten hat.

Offene Ehe

Diese Vereinbarung ist wahrscheinlich die beste Lösung für ihr Bedürfnis nach Reiz und Abwechslung. Mit der Eifersucht steht sie nicht auf bestem Fuß, was Probleme bei diesem Lebensstil bringen kann, aber ihre Bindung an die Hauptbeziehung kann hier förderlich sein. In einer offenen ehrlichen Ehe ist Vertrauen eine absolute Notwendigkeit. Wenn sie realistisch in ihren Erwartungen ist, wird sie genug Vertrauen haben, um ihrem Partner die Freiheit einzuräumen, die dieser Lebensstil bietet. Solange sie nicht glaubt, daß jeder Mann, der ihr unter diesen Umständen begegnet, »der Richtige« ist, geht alles gut. Vielleicht lernt sie dabei sogar, daß ihr oberflächliches Gefühl der Langeweile, das sie so oft plagt, schwindet, wenn sie einen neuen Menschen kennenlernt.

Ménage à trois

Die Zwillings-Frau verlangt, Mittelpunkt zu sein, oft fordert sie es sogar. Sie liebt es sehr, bewundert zu werden. Wenn sie Dreierbeziehungen eingeht, so sollte es besser mit zwei Menschen sein, die nur ein Ziel im Auge haben: sie anzuregen, ihr zu gefallen und sie zufriedenzustellen. Sie kann sehr verführerisch und anregend sein, es ist auch kein Problem für sie, zwei Leute auf einmal zu betören. Der Sinn dieses Lebensstils ist es jedoch, daß drei Menschen das Leben teilen und gemeinsam sexuelle Erlebnisse haben. Mit Erlebnissen kann sie aufwarten, ihr Mitgefühl muß jedoch stärker werden – sowohl für sich selbst als auch für andere.

Gruppen-Ehe

Diese Einrichtung ist eine weitere gute Möglichkeit für sie, von vielen Menschen auf mancherlei Art angeregt zu werden, obwohl dieser Lebensstil für sie vielleicht zu langweilig werden könnte. Er erfordert auch ein hohes Maß an Toleranz, und die Zwillings-Frau
bewegt sich meist zu schnell und in zu viele Richtungen, um sehr tolerant zu sein. Ihre Intoleranz für die Bedürfnisse anderer ist oft sogar einer ihrer größten Charakterfehler. Sie müßte sich wirklich dafür interessieren, was andere zu sagen haben, wie sie das Leben sehen und welche Bedürfnisse sie haben, um einen so anspruchsvollen Lebensstil erfüllen zu können.

Kommunen/Wohngemeinschaften

Das Leben in einer Wohngemeinschaft kann anregend und erfül-
lend für die Zwillings-Frau sein. Vor allem müßte die Kommune
sehr viele Leute umfassen. Sie hat die Tendenz, durch Gruppen zu
gehen, wie ein Mähdrescher durch Kansas. Sie kann Stimulation,
Anregungen und Pioniergeist in die Kommune einbringen, fast jeden Menschen irgendwie ansprechen. Sie hat die ausgesprochene
Gabe, die Leute zu größerer Leistung anzustacheln. Bevor sie jedoch in diesem Lebensstil wirklich erfolgreich ist, muß sie lernen,
sich zu entspannen und beständiger zu werden. Die Zwillings-Frau
neigt dazu, aus Langeweile oder weil etwas Aufregenderes oder
Großartigeres winkt, alles hinzuwerfen. Verläßlichkeit ist jedoch
Grundvoraussetzung für ein Zusammenleben in Wohngemeinschaften, und jeder muß sein Teil dazu beitragen. Die Zwillings-
Frau muß auch lernen, ihre Manipuliersucht zu unterdrücken.
Hierdurch hat sie schon mancherlei Unfrieden unter ihren Freunden gesät.

Homosexueller/bisexueller Lebensstil

Aus verschiedenen Gründen lockt dieser Lebensstil die Zwillings-
Frau. Es ist eine etwas umstrittene Lebensart, und schon das allein
reizt ihre Neugier. Die Zwillings-Frau liebt Unterhaltung mit

Menschen, die sie nicht kennt, und die enge Verbundenheit homosexueller Gemeinschaften gibt einen guten Rahmen für sie ab. Ein
Problem kann hier die Schwierigkeit sein, die sie oft mit anderen
Frauen hat, und sie wird sehr viel mehr Selbstachtung und Mitgefühl entwickeln müssen, um bestehen zu können.

Zusammenfassung

Die Zwillings-Frau ist in der Tat eine der aufregendsten Frauen der
Welt. Sie hat sehr viele positive Eigenschaften, die oft von ihrer Un-
sicherheit und durch die Suche nach ihrem schwer zu fassenden
Seelengefährten, ihrer anderen Hälfte überschattet werden. Sie hat
viele Voraussetzungen, um glücklicher und reifer zu werden.
»Zusammennehmen«, »Selbstentwicklung«, »Vollendung« – das
sind alles Vorschläge, die von der Zwillings-Frau abgelehnt wer-
den, weil sie ermüdend und langweilig klingen. Sie muß Freude am
Irdischen gewinnen und lernen, daß die Wiederholung bekannter
Muster die Beständigkeit bietet, die für inneres Wachstum erforder-
lich ist.
Wenn die Zwillings-Frau von ihren Illusionen abläßt und aufhört, in
ihrer Phantasiewelt zu leben, kann sie Glanz, Geschwindigkeit und
Anmut einer Sternschnuppe erreichen.

Krebs

22./23 Juni bis 22./23 Juli

Kennzeichen der Krebs-Frau

1. SUBJEKTIV
2. INTUITIV
3. SELBSTBEOBACHTUNG
4. LAUNISCH
5. GEFÜHLSBETONT
6. PHANTASIEVOLL
7. TRÄUMERISCH
8. GEDULDIG
9. BEWAHREND
10. ÄNGSTLICH
11. ZU FÜRSORGLICH
12. BESORGT
13. SICHERHEITSBEWUSST
14. HÄUSLICH
15. MATERIALISTISCH
16. SUBTIL
17. MANIPULIERT
18. DÜNNHÄUTIG
19. KLEINLICH
20. RACHSÜCHTIG
21. STARKER SEXUALTRIEB
22. EMPFINDSAM
23. NOSTALGISCH
24. SCHMOLLT
25. SENTIMENTAL
26. MAGNETISCH
27. BEHARRLICH
28. SENSIBLES ICH
29. MITTELMÄSSIGE SELBSTACHTUNG
30. BESITZGIERIG
31. ICHBEZOGEN
32. SELBSTSÜCHTIG
33. HAT SEHR VIEL HUMOR
34. DRAMATISCH
35. DAS GEHEIMNISVOLLE WEIBLICHE DER KREBS-FFRAU

Die Persönlichkeit der Krebs-Frau

Allgemeines

Die Krebs-Frau ist eine faszinierende, unbeständige, vorsichtige Frau, eine Nymphe, Muse, Mutter, Dichterin. Halb handelt sie, halb träumt sie, und selten treffen die beiden zusammen.

Der Krebs ist besonders eng mit dem Mond verbunden, deshalb werden die Krebs-Typen oft Mond-Kinder genannt. Als »Kinder« könnte man sie wegen ihrer starken Gefühle vielleicht immer bezeichnen. Sie haben meist runde Gesichter, die an den Vollmond erinnern.

Die Bibel vergleicht den Mond mit dem Baum des Lebens. Die Krebs-Frau ist der Lebensbaum, der die anderen körperlich ernährt. Bei ihr geht es um die Grundlagen: Nahrung, Obdach, Vermehrung. Ihr Gefühlsleben ist meist stärker als ihre körperlichen, geistigen und logischen Impulse.

Interpretiert man Eros und Logos als weiblich bzw. männlich, so ist die Krebs-Frau mit dem ersteren ausgesprochen reichlich bedacht und unterbewertet das letztere.

Ihr Leben lang steht sie vor der Aufgabe, ihre eigene unaufhörliche Veränderlichkeit, vergleichbar mit Ebbe und Flut, der vom Mond beeinflußten Gezeiten, mit ihrem ebenso starken Widerstand gegen Veränderungen in Einklang zu bringen. Sie muß leben lernen, ohne zu versuchen, das Leben zu kontrollieren, es als dynamischen Prozeß voller unvorhersehbarer Faktoren akzeptieren und über ihre »beschützende Mutterrolle« hinauswachsen.

Krebs ist das vierte Zeichen des Tierkreises, Kardinal und Wasser. Die anderen beiden Wasserzeichen sind Skorpion und Fische. Die Eigenschaft »kardinal« ihres Zeichens treibt die Krebs-Frau zum Handeln und zum Ausdruck der eigenen Persönlichkeit. Dadurch wird sie an die Gegenwart gebunden, obwohl sie lieber in der Vergangenheit leben würde. Weil ihr Zeichen kardinal ist, hegt sie den Wunsch, ihre Welt über ihr Heim hinaus auszudehnen. Sie ist gefühlvoll, beeindruckbar, aufnahmefähig, phantasievoll, für übersinnliche Einflüsse empfänglich, subjektiv, dramatisch und nachsichtig, auch gegen sich selbst.

Bereitwillig nimmt sie alles auf, es fällt ihr jedoch schwer, die Energien freizusetzen. Sie neigt dazu, sich alles für schlechte Tage aufzuheben. Damit verurteilt sie sich selbst zu sehr viel überflüssigen Gefühlen und viel überflüssigem Fettgewebe. Es ist typisch, daß sie ihr Leben lang gegen Übergewicht kämpfen muß.

Die Krebs-Frau stopft ihr Haus genauso mit den Gegenständen ihrer Sammelleidenschaft voll, wie sie die Mägen ihrer Gäste bei ihren nie endenden Tafelrunden vollstopft. Sie wird die prächtigsten und mit Leckerbissen verwöhntesten Kinder der ganzen Gegend haben, eine erstklassige Gärtnerin und Haushaltsberaterin, für ihren Partner eine Muse der Sinnlichkeit und für alle Welt eine Mutter sein. Sie mag passiv sein, wird jedoch ihr Ziel erreichen. Obwohl sie launisch und introvertiert ist, grenzt ihre scharfsinnige Intuition an Hellsichtigkeit.

Obwohl sie dramatisch veranlagt ist, scheut sie vor Selbsterkenntnis und echter, tiefer Selbstenthüllung zurück. Unterschätzen Sie sie jedoch nicht und schreiben Sie sie niemals als bemutterndes Mauerblümchen ab. Sie übernimmt häufig wichtige öffentliche Verantwortungen und ist eine beliebte Persönlichkeit. Sie kann auch eine ausgezeichnete Rednerin, Geschichtenerzählerin und Humoristin sein.

Ein Krebs-*Typ* ist eine Frau, die die Sonne oder andere wichtige Planeten im Krebs hat, einen Krebs-Aszendenten, viele Planeten im vierten Haus, dem natürlichen Krebshaus, oder einen stark aspektierten Mond. Der Krebs-Typ wird durch die Kennzeichen zu Beginn dieses Kapitels beschrieben.

Krebs-Typen sind auch die Frauen, die gerade eine Krebs-Phase durchmachen. Die Krebs-Phase hat die folgenden Charakteristiken:

1. Gebären und nähren, Mutterschaft, biologisch und symbolisch. Die Frau dieser Phase kann vollbeschäftigte Mutter ihrer Kinder sein oder sie bemuttert das Büro, die Nachbarschaft und alle, mit denen sie zu tun hat.

2. Nestbau. Errichtung eines schützenden, nährenden Standortes, der einer Oase gleicht und die Sorgen der Welt draußen läßt. Die Krebs-Frau hat oft gärtnerische Begabung und füllt Haus und Garten mit Pflanzen, die aussehen, als kämen sie gerade aus der Baumschule.

3. Der plötzliche Drang, sich mit Feinschmecker-Kochkünsten, Sammeln irgendwelcher Gegenstände, Innenarchitektur und Blumenzucht zu beschäftigen oder ein Heim aufzumachen.

4. Ernsthafte Beschäftigung mit psychologischen Grenzgebieten, besonders mit Trance und Séancen. In dieser Phase kann sie Visionen und plötzliche Erkenntnisse haben, hellsichtig und telepathisch sein.

5. Sie ißt zuviel und ängstigt sich zu sehr. Es ist ein sicheres Zeichen für eine Krebs-Phase, wenn eine Frau sich um all ihre Lieben und alle möglichen Dinge in Haus und Hof ängstigt.

6. Intensiv mit den Grundlagen des Daseins, mit dem Überleben befaßt, Probleme mit der Mutter oder Mutter-Figuren.

7. Der Drang, an den Geburtsort zurückzukehren.

8. Schwierigkeiten mit dem Magen, dem Magen-Darmkanal, Brust oder Brustkorb, der Gebärmutter, den Schleimhäuten oder den Ellenbogen.

Im besten Sinne bietet die Krebs-Phase einer Frau umfassenden Schutz und befähigt sie zu einer Art kosmischer Mutterschaft ohne Besitzansprüche und Energieverluste.

Die Krebs-Frau hat die Wahl, ihre emotionale Energie positiv oder negativ auszudrücken. Positiv gesehen liebt sie bedingungslos, ist sie anpassungsfähig, stark, intuitiv, anziehend, hegend, nachgiebig, liebevoll, gefühlvoll, schöpferisch, visionär, energisch, gebefreudig, fürsorglich, beharrlich, scharfsinnig, mitfühlend und geduldig. Negativ gesehen ist ihre Liebe erdrückend, sie ist launisch, unbeständig, ein negatives Medium, nützt aus, kontrolliert, manipuliert, ist besitzgierig, passiv, hilflos, unvernünftig, träumt anstatt zu handeln, ist ängstlich, hängt zu sehr an der Familie, ist materialistisch, klammert sich an, ist defensiv und zu nachsichtig.

Typische Krebsberufe befassen sich mit: Landwirtschaft, Tierzucht, Bäckerei, Biochemie, Bädern, mit der Krebskrankheit, Hausbesorgerei, Lebensmittelhandel, Sammeln, Handel und Banken, Kochen und häuslichen Angelegenheiten, Wassertherapie und anderen Arbeiten in dieser Richtung – ganz allgemein mit Methoden, die sich nicht nur auf Worte stützen: Parapsychologie, Angeln, Blumenzucht, Lebensmittelvorbereitung oder -lagerung, Gärtnerei, Glaswarenerzeugung, Haushaltsführung, Hotelarbeit, Arbeit in Küchen oder mit Küchengeräten, mit Land (Anbau landwirt-schaftlicher Erzeugnisse, Verkauf und Ankauf von Land), Handel, Meteorologie, Arbeit in der Milchwirtschaft, Krankenpflege, Diät-küche, Geburtshilfe, Bau von Anlagen am oder auf dem Wasser, In-stallation, Kommunalpolitik, Immobilienhandel, Arbeit in Restau-rants, mit Silber, in Schwimmbädern oder Tavernen, Sozialarbeit, Lagerhaltung und alle Beschäftigungen, die ganz allgemein mit Frauen zu tun haben.

SUBJEKTIV, INTUITIV

Die Krebs-Frau neigt dazu, so zu handeln, als sei sie der Mittelpunkt des Weltalls und ihre eigene Richtschnur gültig für alles, was sie fühlt und sieht. Während ein vor allem logisch denkender Mensch sich nach objektiven Kriterien in der Außenwelt richtet, handelt die subjektive Krebs-Frau von Anfang bis Ende nach ihrem sechsten Sinn. Sie wird ein Buch nicht nach seinem Umschlag beurteilen, sondern nach seiner »Aura«. Ihrer eigenen Intuition vertraut sie am meisten und läßt ihre Eindrücke ständig durch diesen psychischen Filter gehen. Für wissenschaftliche Betätigung hat sie keine Ver-wendung, sie betrachtet ihre Eindrücke als Tatsachen.
Für die Krebs-Frau sind Gefühle ganz eindeutig Fakten. Sie hat keine Einwände gegen Logik, sie braucht sie nur selten. Und wenn die ganze Stadt Blumenzwiebeln im März setzt, sie weiß, daß es ver-rückt ist, die Zwiebeln vor dem ersten Vollmond im Mai zu setzen. Ihr Garten bestätigt unwiderlegbar ihre Überzeugung.
Die Krebs-Frau sieht die Dinge aus ihrer eigenen, ganz besonderen Perspektive, stark beeinflußt von ihren Gefühlen. Nach ihrer Intui-tion bietet sie im Bridge, macht ihr Budget, sagt den Ausgang der Wahlen und die Noten ihrer Tochter voraus, wählt ihre Garderobe, pflanzt ihre Rosen und errät die Gedanken ihres Mannes. Sie kann eine außergewöhnliche Psychotherapeutin sein, denn sie sieht in die Menschen hinein und holt Dinge heraus, die andere oft gar nicht bemerken. Das gilt besonders bei Familienangelegenheiten. Mit höchster Intuition erfaßt sie, inwieweit Menschen durch ihre Her-kunft oder ihre Mutter beeinflußt wurden.

SELBSTBEOBACHTUNG, LAUNISCH

Die Krebs-Frau möchte offenen Konflikt unter allen Umständen vermeiden. Gewöhnlich ist es ihre Politik, sich aus der Hitze des Gefechts herauszuhalten. Soll doch der Löwe brüllen und der Widder mit dem Kopf gegen die Wand anrennen, die Krebs-Frau wird dabeistehen und auf die erste Gelegenheit warten, bei der sie hinausschlüpfen kann, ohne daß es Wellen gibt. Sie schaukelt das Boot nicht gerne auf und nieder, sondern rudert lieber leise und sicher ans Ziel.

Sie ist sentimental und beobachtet sich selbst. Es bereitet ihr Freude, wenn sie ihr Inneres erforscht. Der Rückzug stört sie nicht, denn sie weiß, daß sie meist ihr Ziel erreicht, wenn sie nur lange genug wartet. Sie wird vom Mond beeinflußt und muß lernen, die Stimmungen zu beherrschen, die sie viermal im Monat beim Mondwechsel durchmacht. Muscheln leben bis zu 150 Jahren und öffnen und schließen sich regelmäßig mit dem Kommen und Gehen des Mondes. Die Krebs-Frau lebt vielleicht nicht ganz so lange, aber auch sie reflektiert die Sonnen- und Mondphasen und die Wetteränderungen. So manche Krebs-Frau ist bei Vollmond auf der Höhe und ist zwei Wochen später bei Neumond nervös.

Die Aufgabe der Krebs-Frau ist es, ihre psychische Sensibilität so produktiv wie möglich einzusetzen. Sich vor ihren Stimmungen und den Voraussahnungen, die damit verbunden sind, zu fürchten, ist das Schlimmste, was sie machen kann. Sie sollte versuchen, ihre Sensibilität als eine Gabe zu betrachten und sie für den Dienst an den Menschen und für die Angelegenheit, die ihr am Herzen liegt, aufzubewahren.

GEFÜHLSBETONT

Die Krebs-Frau hat meist innere Ängste von gigantischem Ausmaß. Sie ist außerordentlich sensibel in bezug auf Menschen und Umstände und reagiert auf alles emotional, angefangen von der Überschrift auf der gestrigen Zeitung bis zu den geänderten Öffnungszeiten ihrer Bank. Sie verbirgt ihre Gefühle jedoch oft und für die,

die sie nicht gut kennen, scheint sie so friedlich zu sein wie ein Segelboot im ruhigen Wasser.

Leeres Geschwätz und beiläufige Bemerkungen können sie zum Zittern bringen. Aufregungen legen sich ihr auf den Magen, und sie macht sich berufliche Sorgen. Sie liebt Musik und kann beim Klang ihres Lieblingssongs oder ihrer Lieblingssonate in romantische Träumereien verfallen. Blumen, Düfte und Bilder wecken alte Erinnerungen und starke Gefühle. Ohne intensive Reaktionen lebt die Krebs-Frau nur halb.

PHANTASIEVOLL, TRÄUMERISCH

Die Krebs-Frau kann mit einer Phantasie und einer inneren Bilderwelt geboren sein, die einem Rubens oder Bosch alle Ehre machen würden. Wenn man sie so sieht, wie sie zufrieden in die Ferne oder in die Augen ihres Partners blickt, stellt sie sich vielleicht gerade Schäferspiele in Arkadien oder ein leidenschaftliches Liebespaar in einem Fellini-Film vor.

Sie hat eine pornographische, erotische Phantasie und neigt zu Tagträumereien. Wenn man sie bittet, den Unterschied zwischen einer erotischen und einer pornographischen Kunstsammlung zu erklären, würde sie sagen, daß die erstere zwar teuer und wertvoll, die letztere jedoch ein besseres Geschäft ist und mehr Spaß macht.

Sie ist beeindruckbar und mehr Träumerin als Tatmensch, außer in Notfällen. Wenn es darauf ankommt, zeigt sie sich der Situation im großen Stil gewachsen. Sie mag sich wie eine geistig abwesende Königin aufführen, die über ihre Untertanen herrscht; wenn jedoch ihre Kinder oder andere Nahestehende in Gefahr sind, handelt sie schnell wie der Blitz. Sie zieht vielleicht ihre Tagträumereien und ihre innere Welt der äußeren vor, aber sie funktioniert tadellos, wenn sie will.

GEDULDIG, BEWAHREND

Die Krebs-Frau ist der Inbegriff der Geduld. Sie kann länger warten als jeder andere, und mit dieser Strategie gewinnt sie an Zuneigung oder Macht. Es ist die ewig gültige Kraft des Wassers, das durch den langsamen Prozeß der Erosion Flußbetten in riesige Gebirgszüge gräbt.

Die Jagd nach dem täglichen Brot oder Menschen, die immer in Hetze sind, sind ihr unergründlich. Sie hat nicht die Absicht, wegen kleiner Dinge Magengeschwüre oder Herzattacken zu bekommen. Ihre Schwestern aus dem Feuerzeichen, die die Menschen wahllos mit den Ellbogen beiseitestoßen, werden sie nicht bei solchem Wahnsinn erwischen. Gemächlich und feinfühlig geht sie an eine Situation heran und erwartet, daß die Welt zu ihr kommt, bevor sie sich bemüht.

Ihre ganze Einstellung ist bewahrend. Politisch neigt sie zum Konservativen, denn die alten Werte und Lebensstile liegen ihr am Herzen. Wirtschaftlich ist sie meist sparsam und möchte ihr Kapital erhalten. Gesellschaftlich hat sie lange währende Freundschaften. Zu Weihnachten und zu den Geburtstagen wird sie mit konventionellen Karten die Kontakte aufrechterhalten. In der Liebe wird sie wahrscheinlich an ihrem Partner hängen. Körperlich speichert sie leicht Wasser und wird schnell mit extra Kalorien aufgeschwemmt. Ihr Gedächtnis ist ungewöhnlich gut. Sie kann sich wahrscheinlich ohne Anstrengungen an ihre früheste Kindheit erinnern. In der Mode hat sie eine Vorliebe für das Gestrige und zieht sich oft mit einem hübschen, irgendwie entzückend unmodernen Charme an.

ÄNGSTLICH, ZU FÜRSORGLICH, BESORGT

Es ist typisch für die Krebs-Frau, daß sie in ihrer Einbildung mehr Drachen erschlägt, als die Inquisitoren Ketzer verfolgt haben. Die Krebse leben auch mit mehr Drachen als jeder andere, ausgenommen vielleicht die Fische, wenn sie ihre Depressionen haben.

Die Mond-Frau ist Pessimistin. Sie klagt, nörgelt, jammert, schmeichelt und verführt, alles in der Absicht, ihre Lieben zu beschützen, damit ihr selbst weitere Sorgen erspart bleiben. Es kommt ihr wahrscheinlich so vor, als würde sie in ihren Sorgen um die anderen an deren Aktivitäten teilnehmen.

Angst kann ihr Selbstvertrauen zerstören. Sie kann Phobien über Schlangen, Spinnen oder große Höhen entwickeln. Angst kann auch ihre persönliche und berufliche Entwicklung blockieren, indem sie ihre sowieso schon schwache Initiative vernichtet. Aus Angst wählt sie den sicheren und bekannten Pfad. Angst ist für die fast legendäre übertriebene Fürsorge für ihre Kinder und die allgemeine Sorge um andere Menschen verantwortlich. So wie sie den echten Wunsch hat, das Leben für die Leute angenehm zu machen, so hat sie gleichermaßen Sorge um ihre Geborgenheit und Glück. Wenn Sie eine Frau kennenlernen, die an einem kalten Tag den Pyjama ihres Kindes am Ofen wärmt, drei Kuchen bäckt, wenn Oma zum Essen kommt, nie den Osterhasen und den Weihnachtsmann vergißt, dann haben Sie gerade eine Krebs-Frau getroffen.

SICHERHEITSBEWUSST, HÄUSLICH, MATERIALISTISCH

Nur der Stier kann sich mit dem Krebs messen in dem energischen Bemühen um Sicherheit, im materiellen Aspekt des Überlebens. Der Krebs neigt dazu, seine Aufmerksamkeit auf die Grundlagen des Daseins zu richten: Das Trachten nach Nahrung und Obdach und die Garantie für ein bequemes, wenn nicht luxuriöses Leben halten sie in Bann. Sexualität gehört auch zu den grundlegenden Dingen, bei der Krebs-Frau ist sie jedoch oft eine weitere Garantie für die Sicherheit.

Soweit es sie betrifft, sind Menschen, die kein Heim haben, das ihren Kindheitsbedingungen entspricht, fast immer wurzellose, unglückliche Fremdlinge auf dieser Erde. Sie glaubt, daß eine gute Mahlzeit und eine nette Familie alles wieder ins Lot bringt.

Die Krebs-Frau plant im voraus, und ihre Pläne drehen sich meist um materielle Sicherheit. Bei unüberlegten Käufen wird man sie nie ertappen. Sie ist mehr an ständigem Zuwachs interessiert: Geld, das wiederum Geld erzeugt, ein Haus, das im Wert steigt,

Kleidung, Schmuck und Möbel, die den Wert nicht verlieren. Man könnte sie nicht überreden, die Vorsicht beiseite zu lassen und sich dem Schicksal anzuvertrauen. Sie ist entschlossen, sich selbst zu schützen und hat meist das Gefühl, daß die schweren Zeiten vor der Tür stehen. Im Grunde ist sie Pessimistin oder vielleicht Realistin, es kommt ganz darauf an, von welchem Gesichtspunkt aus man es betrachtet. Flüssiges Vermögen oder Bargeld sind wirkliche Sicherheitsbeweise für sie, und sie könnte Konten bei mehreren Banken in der Stadt haben.

Die Krebs-Frau kann von dem Gedanken existenzieller Unsicherheit verfolgt werden. Es besteht die Gefahr, daß sie ein Geizhals wird, der Schätze für morgen hortet und dabei das Leben heute vernachlässigt. Wenn sie sich zu sehr an die materiellen Dinge klammert, wird sie gewöhnlich noch ängstlicher, kann dicker werden und das Leben weniger genießen.

SUBTIL, MANIPULIEREND

Die Krebs-Frau spinnt ihr Netz zwar zart, aber dramatisch. Nichts ist zu diesseitsbezogen, als daß es nicht ihre Phantasie anregte, und kein Mensch ist zu unbedeutend, als daß sie ihm nicht Beachtung schenken würde. Sie gehört nicht zu denen, die sich umdrehen und die Leute anstarren, aber sie taxiert sie genau aus dem Augenwinkel ab.

Sie weiß Bescheid über die Lebenskunst, weil sie selbst eine Lebenskünstlerin ist. Gewöhnlich ist sie nicht der auffallende Mittelpunkt, aber es ist gut möglich, daß sie die einzige ist, die weiß, was hinter den Kulissen gespielt wird. Intuitiv entdeckt sie die kaum zu ahnenden Anhaltspunkte und gibt sie weiter.

Krebs ist ein Wasserzeichen, deshalb wird die Krebs-Frau niemals etwas direkt ankündigen. Sie fühlt sich wohler, wenn sie indirekt handeln kann, ist glücklicher, wenn sie die Leute suggestiv beeinflußt, als wenn sie ihnen ungestüm mit ihrer Klugheit imponieren würde. Wenn sie etwas von einem engen Freund will, fällt es ihr wahrscheinlich schwer, ihren Wunsch direkt zu äußern. Es bereitet ihr oft Schwierigkeiten, um das zu bitten, was sie haben möchte, und es kann sein, daß sie so lange zögert, bis der Zug abgefahren ist. Sie glaubt, jeder, der sie liebt, müsse automatisch wissen, was sie will.

Die Krebs-Frau manipuliert oft die anderen, manchmal, ohne es zu wollen. Es ist einfach vom Temperament her schwierig für sie, direkt über Themen zu sprechen, die ihr unangenehm sind. Sie fühlt sich unbehaglich bei Meinungsverschiedenheiten und offenem Konflikt, bei Enttäuschung und Verletzung, bei Angriff und Einschüchterung. Sie fürchtet sich vor Lächerlichkeit, und wie ein Krebs zieht sie sich in den schützenden Panzer zurück, um auszuweichen. Wegen ihres vorsichtigen, teilweise auch undurchsichtigen Wesens ist es für andere fast unmöglich zu wissen, was sie fühlt. Die Andeutungen, die sie macht, sind zart, und wahrscheinlich will sie es so. Sie liebt Geheimnisse und bringt sie ins Spiel, um die Oberhand zu behalten. Lautes, ungestümes Verhalten und offene Aggression sind nicht ihr Stil. Sie fühlt, sie wird immer mehr erreichen, wenn sie sich selbst und ihrer introvertierten Art treu bleibt.

Sie kann erfolgreich vorgehen, wenn sie die anderen auf subtile Art manipuliert. In ihrer Haupt-Beziehung wird sie jedoch, auf lange Sicht gesehen, einen hohen Preis zahlen müssen. Partner, die ständig ausmanövriert oder manipuliert werden, werden sich schließlich gegen die unsichtbaren Ketten, die die Krebs-Frau so geschickt zu handhaben weiß, auflehnen. Kein Partner läßt sich gern die Verantwortung oder Schuld für Situationen in die Schuhe schieben, die eigentlich das Paar gemeinsam angehen. Das ist jedoch genau das, was die Krebs-Frau ihrem Partner antun kann.

DÜNNHÄUTIG, KLEINLICH, RACHSÜCHTIG

Die Krebs-Frau ist verwundbar durch Angriffe aus dem Hinterhalt, Kritik und Aggression und fühlt sich unbehaglich bei Menschen, die kein Gemeinschaftsgefühl und keine persönliche Sensibilität haben. Sie ist sehr dünnhäutig und oft durch eine unbeabsichtigte Kränkung verletzt. Da sie nichts vergißt, kann das zu unerfreulichen Situationen führen. Sie ist in der Lage, sich eine unüberlegte

Bemerkung von Frau Müller für die Zukunft zu merken. Wenn Frau Müller zehn Jahre später zu Besuch kommt, wird sie die Krebs-Frau kühl und bissig vorfinden, und Frau Müller wird keine Ahnung haben, warum.

In ihrer dünnhäutigen Art nimmt sie Beleidigungen, ob nun wirkliche oder eingebildete, oft sehr übel. Da sie so subjektiv ist, neigt sie dazu, fast alles persönlich zu nehmen. Sie wird verstehen, wenn ein beschäftigter Arzt sich nicht an ihren Vornamen erinnert: sie wird es jedoch nie verzeihen, wenn er sich nicht nach ihrer Familie erkundigt. Wenn sie das Gefühl hat, daß sie oder ihre Familie hintergangen worden sind, kann die Krebs-Frau häufig Vergeltung üben. Sie kann zum Beispiel sehr rachsüchtig sein, wenn sie vermutet, daß ihr Partner untreu ist. Sie hat einen grausamen Zug, und sie wird ihn dafür bezahlen lassen. Endlose, gnadenlose Anfälle schlechter Laune, Einkaufswut und Anschuldigungen sind nicht ungewöhnlich.

STARKER SEXUALTRIEB, EMPFINDSAM

Die Krebs-Frau kann die entzückendsten Überraschungen bieten. Sie ist scheu, hat aber eine starke erotische Ausstrahlung. Sie ist intuitiv, gleichzeitig aber auch von intensiver Körperlichkeit. Das ist eine Mischung, der die Vertreter des anderen Geschlechts nur schwer widerstehen können. Sie ist eine begehrenswerte Frau, die verbal zwar wenig verspricht, jedoch das Gefühl vermittelt, daß sie eine Menge bieten kann. Sie mag treu Haus und Herd bewachen oder die Leiter weltlichen Erfolgs hinaufklettern: selten, wenn überhaupt, wird sie ohne eine tiefe, fast primitive Sinnenhaftigkeit sein. Purpurrot und Indigo sind oft ihre Lieblingsfarben.

Sie ist sinnlich im wahrsten Sinne des Wortes. Man muß nur einmal beobachten, wie eine Krebs-Frau durch ein Modegeschäft geht und fast alles im Vorbeigehen berührt. Seide, Wildleder und Pelze wird sie zweimal anfassen, nicht nur mit den Fingerspitzen, sondern mit der vollen, offenen Handfläche.

Für die Krebs-Frau ist Sexualität etwas, das sie lebt und atmet. Sex ist in ihrem Gang, in der Art, wie sie duftet, kocht, lächelt, wie sie

Geheimnisse mit ihrem Körper und ihren Stimmungen schafft, in der Art wie sie die Leute mit ihrer einmaligen Gastfreundschaft und ihrer intuitiven Aufmerksamkeit beeindruckt. Sie kann jeden Mann im Bett erfreuen, solange er umgänglich und sensibel ist, und . . . solange, wie sie ihn brauchen kann.

NOSTALGISCH, SCHMOLLEND, SENTIMENTAL

Die Krebs-Frau hat eine starke psychische Bindung an die Vergangenheit, oft durch ihre Mutter und Großmutter. Sie mag die Großartigkeit der Vergangenheit vermissen, die Herausforderung der Gegenwart ignorieren und Angst vor der möglichen Vergänglichkeit der Zukunft haben. Sie wünscht sich wahrscheinlich, daß sie zu einer Zeit gelebt hätte, da die Antiquitäten neu waren, das Sammeln schöner Dinge billiger und das Weltall geordneter war. Sie hat eine nostalgische Sehnsucht nach vergangenen Zeiten, nach der wehmütigen Ära der Tanzkarten und Krinolinen, des Duftes von Magnolien und Rosen, der Gartenfeste. Daher ist es kein Wunder, daß sie manchmal schmollt. Halten Sie ein Moratorium auf die Vergangenheit, stellen Sie ihr die Wunder des einundzwanzigsten Jahrhunderts vor, und sie vergißt vielleicht ihre wehmütigen Erinnerungen – aber nur für den Augenblick. »Krieg und Frieden«, »Vom Winde verweht« oder »Anna Karenina« werden alles wieder auffrischen, und sie wird leise vor sich hinschluchzen und wünschen, man lasse sie in Ruhe. Die Wunder der Raumfahrt werden die Krebs-Frau niemals so sehr erregen wie der Gedanke, im Luxus der Südstaaten leben oder mit der russischen Aristokratie verkehren zu können. Und wenn jemand ihr vorwirft, im Unrecht zu sein, wird sie eben schmollen.

MAGNETISCH, BEHARRLICH

Die Krebs-Frau hat die Gabe, Menschen anzuziehen. Sie ist aktiv und erscheint reaktiv, eine Kombination, die viele Leute schwer verstehen. Sie ist wie eine Schauspielerin, die ihren Text kann und ihn wortlos aussendet. Wer die Botschaft versteht, wird fast telepathisch zu ihr hingezogen.

Sie ist außerordentlich beharrlich, hartnäckig, geduldig und auf eigensinnige Art unnachgiebig. Was sie haben will, wird sie bekommen, wenn nicht heute, dann nächste Woche – und sie wird sich auch kaum davon trennen. Man kann nur hoffen, daß sie das, was sie festhält, auch braucht, und daß sie lernt, sich von negativen Gefühlen und Einflüssen zu befreien, wenn sie reifer wird.

SENSITIVES ICH, MITTELMÄSSIGE SELBSTACHTUNG

Im alten Ägypten wurde das Zeichen Krebs nicht durch den Krebs, sondern durch den Skarabäus, den Mistkäfer, dargestellt. Beide Tiere sind durch einen Panzer geschützt, und auch die Krebs-Frau scheint Schutzschichten zu brauchen, um ihre weiche, zarte, verletzliche Seite zu bedecken. Sowohl der Krebs als auch der Skarabäus haben die Aufgabe, das Vergängliche zu verschlingen und dadurch Regeneration herbeizuführen. Die Krebs-Frau absorbiert die negativen Gefühle ihrer Umwelt, versetzt sie mit ihrem heilsamen Balsam und kann dadurch geistige Umwandlung bewirken.

Sie zweifelt oft an sich selbst. Mehr als alles andere fürchtet sie Zurückweisung und Erniedrigung. Sie kann zum Beispiel Gehässigkeit in der kleinlichen Ablehnung eines Verkäufers sehen. Ihr größtes Problem ist, alle Welt würde sie schikanieren, wenn sie sich nicht ständig schützt.

Manchmal ist sie unaufrichtig und oft trügerisch, zurückhaltend, dabei jedoch Opportunistin. Da sie auf die Menschen eingestimmt ist und Ereignisse fast voraussagen kann, kann sie außerordentlich erfolgreich sein. Ob sie sich nun mit Wohltätigkeit, Therapie, akademischen Berufen, freiwilliger Arbeit oder Lokalpolitik befaßt, die Krebs-Frau braucht Möglichkeiten, die ihr einen Ausweg aus der erstickenden Betreuung ihrer Angehörigen bietet, Wege, ihr Selbstvertrauen außerhalb des Nestes aufzubauen. Ein Ratschlag für Freunde: Das Ego der Krebs-Frau muß gestärkt werden. Drängen Sie sie nicht, fordern Sie niemals etwas! Statt dessen bitten Sie sie sanft und unterstützend, leiten Sie sie so, daß sie die Initiative ergreift und lehren Sie sie, Risiken zu übernehmen. Seien Sie ein Muster an Aktivität, kein Nörgler: ein tatkräftiger Mensch, den sie bewundern kann, aber nicht fürchtet.

BESITZGIERIG, ICHBEZOGEN, SELBSTSÜCHTIG

Die Krebs-Frau kann so vollkommen in ihrem Mann aufgehen, daß sie übertrieben besitzgierig wird. Sie versucht jeden, den sie liebt, in die Rolle ihres Kindes zu drängen. Sie hat häufig Beziehungen, in denen sie die »Mutter« oder Autoritätsperson ist, von der die anderen abhängig sind. In dieser Position kann sie allerhand kontrollieren, und obwohl sie es nur widerwillig zugibt, ist es oft Kontrolle, was sie haben will.

Sie ist unsicher genug, um auf Leute eifersüchtig und neidisch zu sein, die ihr auf irgendeine Weise überlegen sind oder große Ansprüche an die Zuneigung ihres Mannes stellen. Manchmal wetteifert sie mit anderen Müttern um die Gunst ihres eigenen Kindes. Sie möchte im Kinderzimmer herrschen und Nummer eins im Herz der Familie sein . . . und Nummer zwei und drei auch.

Die Krebs-Frau ist sehr geschickt darin, die Leute so zu dirigieren, daß sie ihre leise angedeuteten Befehle oder sogar ihre unausgesprochenen Bedürfnisse erfüllen. Sie kann Beschützerinstinkte in ihren Freunden und Liebhabern wecken, die sich Mühe machen, ihr einen Gefallen zu tun. Beharrlich hält sie an ihren bewährten Methoden fest. (Probieren Sie einmal, in ihrer Küche zu kochen oder ihr Büro oder ihre Waschmaschine zu benutzen, und dann warten Sie ab, was passiert!)

Die Krebs-Frau ist sehr selbstsüchtig. Alle guten Dinge möchte sie für sich haben. Sie wird sich sehr darum bemühen, daß alle ihre Wünsche erfüllt werden. Sie wird ihre Schätze nicht mit anderen teilen. Sie gehören ihr allein.

Krebs-Frau, Sie müssen lernen, Ihr doppeltes Maß aufzugeben und die Menschen einfach *sein* zu lassen. Sie selbst wollen ja auch nicht, daß man sie besitzt, warum versuchen Sie dann, andere zu besitzen? Wenn Ihre Beharrlichkeit irregeleitet wird, kann sie Widerspruch oder Unglück verursachen.

HAT SEHR VIEL HUMOR, DRAMATISCH

Wenn Sie in einem Restaurant sind und ein leichtes Lachen oder ein melodisches, unwiderstehliches Kichern hören, so handelt es sich wahrscheinlich um eine Krebs-Frau. Sie hat einen köstlichen Humor und eine ausgesprochene Neigung zur Komik. Sie neigt dazu, alles im Leben zu dramatisieren, wenn auch meist nicht auffallend. Es ist sehr effektiv, wenn sie ein oder zwei Tränen vergießt, oder wenn sie herzhaft lacht. Sie kann überall die komische Seite im Leben entdecken.

DAS GEHEIMNISVOLLE WEIBLICHE DER KREBS-FRAU

Die besondere, astrologisch vorgezeichnete Aufgabe der Krebs-Frau ist die Fortpflanzung. Sie ist die natürliche kosmische Mutter und Lehrerin, die nicht nur für ihre Kinder, sondern für die ganze leidende Welt sorgt. Der Mond bedeutet Veränderung, Zu- und Abnahme – ein ständiger Kreislauf der Regeneration. Der Mond durchläuft und bestimmt irdische Phasen, übt einen geheimnisvollen Einfluß auf die weibliche biologische Uhr, die Vegetation, die Meerestiere und die Meere aus. Der herrschende Planet der Krebs-Frau hat jedoch einen ganz passiven Charakter, denn er erhält sein Licht von der Sonne. Sein bedeutsamster Einfluß auf unser Bewußtsein ist seine archetypisch weibliche Nachtseite. In dieser Rolle wird der Mond als mütterlich, umhüllend, unbewußt und ambivalent angesehen, da er sowohl beschützend als auch gefährlich ist. Das verschlingende Weibliche, C. G. Jungs schreckliche Mutter, ist die Kehrseite der jungfräulichen, heiligen Maria, die in Michelangelos Skulptur »Pieta« makellos dargestellt ist.
Zur Sommersonnenwende beginnt das Sein der Krebs-Frau. Symbolisch steht sie im vollkommenen Gleichgewicht zwischen ihrer Nachtseite, repräsentiert durch ihren herrschenden Planeten, den Mond, und ihrer Tagseite, astrologisch symbolisiert durch die Sonne. Sie ist mit den Fähigkeiten geboren, energisch genug zu sein, ein männliches Gegengewicht zu den dunklen, zyklischen Kräften ihrer eigenen weiblichen Natur zu sichern.

Die Krebs-Frau ist mütterlich im umfassendsten Sinne: Sie ist als Verwalterin der körperlichen und seelischen Reiche geschaffen. C. G. Jung bemerkte, daß die Mutter in Berührung mit dem kollektiven Unbewußten steht, der nächtlichen Seite des Lebens, und daß sie die Quelle des Wassers des Lebens sei. Die einfühlsame, mitfühlende Natur der Krebse ist mütterlich, hauptsächlich werden sie von gefühlsmäßigen Trieben und praktischen Ideen bewegt, die sich um die Menschen drehen, die sie lieben. Die Krebs-Frau verkörpert die Anima-Rolle, den Inbegriff des Weiblichen. Sie vereinigt viele Projektionen auf sich und ist in diesem Sinne das Ewig-Weibliche.

Ihre Fürsorge, ihre emotional-intuitive Einstellung, ihr Bedürfnis, Wurzeln zu schlagen, und ihre Fähigkeit, ihrerseits Schutz zu bieten, sind ausgesprochen weibliche Eigenschaften. Sie bringt die Leute dazu, für sie zu sorgen, tatsächlich kann sie jedoch für sich selbst sorgen. Es scheint so, als würde sie Leben und Licht von anderen absorbieren, während sie die anderen in Wirklichkeit mit endlos neuen Ideen und Energien aus der Tiefe ihrer eigenen Seele versorgt. Auch hierin ist sie höchst weiblich.

Sie kann launisch, unsicher, charmant, introvertiert, unaufhörlich veränderlich sein, jedoch Veränderungen von außen standhaft widerstehen; sie kann eine gute Lehrerin oder sogar Pastorin sein, sie ist empfindlich, stolz, übelnehmerisch; konservativ, dramatisch, vorsichtig, scharfsinnig; praktisch, beschützend, begeistert, ehrgeizig, sinnlich, leicht melancholisch, mit einer Neigung zu Hysterie; besitzgierig, neidisch, manchmal gierig; machtvoll, aber oft auf subtile Art, nachsichtig, selbstschützend, verwöhnt; rachsüchtig, verschlossen, verdrießlich, mißgünstig, nostalgisch. Sie ist stark, jedoch verletzlich, sexy, jedoch mütterlich. Kurz gesagt, sie ist vollkommen, ganz und gar hundertprozentig geheimnisvoll weiblich.

Die Beziehungen der Krebs-Frau

Die Krebs-Frau muß lieben lernen, ohne die Menschen, die sie liebt, besitzen zu wollen. Außerdem sollte sie sich mehr bewußt machen, wann und wie sie schlechte Beziehungen abbrechen muß. Es mag schwer sein, etwas zu beenden, aber für die Krebs-Frau ist es die reine Hölle. Selten läßt sie etwas los, häufig hängt sie sich an Verlierer oder Betrüger. Sie wird oft von Männern schlecht behandelt.

Die Krebs-Frau ahnt das wahre Gleichgewicht der Macht in menschlichen Beziehungen, aber leider sieht sie es oft als Gewinn- oder Verlust-Angelegenheit. Sie bekommt immer das, was sie haben will, aber häufig will sie das, was sie im tiefsten Innern nicht braucht. Auf diese Art ist sie Gewinnerin, auch wenn sie insgeheim Verliererin sein mag. Mangel an Kommunikation, blockierte Gefühle, Selbstmitleid und Launenhaftigkeit sind häufige Krebs-Probleme.

Sie kann viele Freunde und mögliche Liebhaber anziehen, denn die Menschen scheinen sich geradezu danach zu drängen, sie zu umsorgen. Oft ist sie Ersatzmutter, Amateur-Therapeutin oder geistige Hebamme. So wie die Pflanzen in ihrer Treibhausatmosphäre gedeihen, so ziehen die Menschen vor ihre Tür, eifrig bemüht, ihre Weihe zu erhalten.

Sie schüttelt Kissen hinter schmerzende Rücken und braut magische Getränke gegen Schlaflosigkeit, Kopf- oder Magenschmerzen. Sie liest Gedichte vor, um gepeinigte Nerven zu beruhigen und wirft stets ein schützendes Netz über alles. Manchmal ist das Netz sehr eng. Die Menschen werden oft sehr abhängig von ihr und zu Opfern ihres übergroßen Charmes. Solange sie ihre Macht zum Helfen und Heilen verwendet, ist noch alles in Ordnung, sie muß sich jedoch davor hüten, daß die »negative Mutter« die Zügel in die Hand nimmt.

Wenn die Krebs-Frau frustriert ist, zieht sie sich vom Schlachtfeld des täglichen Lebens zurück. Ihre Freunde finden sie plötzlich verändert und häufig unerreichbar, sie schmollt. Sie kann zu einer seelischen Gosse werden, denn sie unterminiert die Energien der anderen mit ihren unterdrückten Feindseligkeiten. Die Menschen, die sie lieben, fühlen sich verlassen, angstvoll oder schuldig, und da sie selten direkte Erklärungen abgibt, müssen sie sich mit ihren Sorgen und ihrem wachsenden Groll allein herumschlagen. Dieses Verhaltensmuster kann sich regelmäßig wiederholen und eine Kette unglücklicher Beziehungen im Kielwasser hinter sich herziehen.

Kindheit

Die Krebs-Frau hat häufig eine außerordentlich starke Bindung an ihre Mutter. Sie kann hegend oder zerstörend, hilfreich oder schädlich sein. In den meisten Fällen ist gerade die Stärke der Bindung bedrohlich, und viele haben das Bedürfnis, ihrer Mutter den Rücken zu kehren, um eine eigene Identität zu erlangen. Jahre später wird die Krebs-Frau die Mutter vielleicht imitieren, und man kann nur hoffen, daß diese Bande von den zerstörerischen Aspekten gereinigt wurden.

Die Krebs-Frau hat oft eine sehr dominierende Mutter, die geschickt die Archetypen der verheerenden, allmächtigen Göttin Kali mit denen der Jungfrau Maria, der heiligen Mutter, verbindet. Sie kann eine außergewöhnlich willensstarke Frau sein, die ihre Weiblichkeit manipulierend ausnutzt, um andere zu zwingen, ihr sowohl zu schmeicheln als auch zu gehorchen. Ihre Tochter wächst oft ambivalent auf, in Konflikt mit der Macht des Weiblichen, unsicher, was Mutterschaft wirklich bedeutet und ohne sich selbst richtig zu kennen.

Ein anderes Merkmal für die Krebs-Geborene ist die überbehütete Kindheit. Sie kann krank, schwächlich oder das Nesthäkchen der Familie sein, das viel zu lange verzärtelt wird. Sie lebt vielleicht immer noch hinter Mauern, wenn es längst schon Zeit für sie wäre, ins Leben hinauszugehen und ihre eigenen Erfahrungen zu machen. Sie kann eine Stubenhockerin sein, die glücklich an Mutters Rockzipfel hängt und ihre hausgemachten Plätzchen ißt. Später hat sie Angst, auf eigenen Füßen zu stehen, ist isoliert, sich ihrer Gaben und Talente nicht sicher. Viele Krebs-Frauen träumen von ihren Müttern, tot oder lebendig, besonders bei Wendepunkten in ihrem Leben. Es ist interessant, daß mir vier Krebs-Frauen fast die gleiche Geschichte erzählt haben. Jede wurde in der Nacht nach der Beerdigung ihrer Mutter von deren Geist aufgeweckt, der ihr auf die Schulter tippte und versicherte, daß sie nun Frieden habe.

Je mehr die Krebs-Frau wirklich gibt und nimmt, desto glücklicher ist sie in ihren Beziehungen. Leider neigt sie meist dazu, nur zu bestimmten Bedingungen zu geben, alles wachsam zurückzuhalten, bis sie sicher ist, daß sie einem Menschen vertrauen kann – was auch niemals der Fall sein kann. Diese Unsicherheit entsteht teilweise aus dem starken Einfluß ihrer Mutter und dem sich daraus ergebenden Identitätsproblem.

Die Krebs-Frau lernt meist früh, wie wichtig Geld ist. Es ist typisch, daß sie entweder aus einer Familie stammt, in der das Geld chronisch knapp war, oder aus einer Familie, die sie verwöhnt hat. Geld bedeutet ihr schon fast zuviel, und meist verlangt sie auch gierig nach Luxus.

Die Krebs-Frau ist beeindruckbar und leicht zu beeinflussen. Andererseits kann sie Leute auch leicht zum Narren halten. Sie muß sich überzeugen, daß sie sich bei diesem Prozeß nicht selbst betrügt. Was sie in der Kindheit zu schätzen gelehrt wird, ist nicht unbedingt das, was sie später im Leben schätzen sollte, um glücklich sein zu können. Das gilt besonders für ihren Materialismus.

Liebhaber und andere enge Bindungen

Die Krebs-Frau kann die Menschen bezaubern und magnetisch anziehen, wenn sie sich anbietet, für sie zu sorgen. Sie hat eine mütterliche, dabei jedoch verführerische Art, einen besänftigenden, beharrlichen Eigenwillen. Sie gleicht einem verzogenen Kind, das verspricht, sich von seinen einmaligen Schätzen, die es gesammelt hat, zu trennen, wenn man es nur lieb genug hat.

Die Krebs-Frau hat meist viele, vor allem weibliche Bekannte, aber wenig enge Freunde. Ihre Freundschaften können ein Leben lang anhalten, denn meist hat sie mit den Menschen, die sie liebt, eine intuitive Verbindung, die stark genug ist, körperliche Trennungen zu überwinden. Sie ist auch eine gute Briefeschreiberin und schickt mit Vorliebe zu jeder Gelegenheit Ansichtskarten.

Ihr Liebesleben ist eine andere und kompliziertere Geschichte. Sie kann einen Mann finden und halten, schwieriger ist es für sie, einen Mann loszuwerden, der falsch für sie ist oder auch, eine erotische Beziehung nach jahrelangem Bemuttern aufrechtzuerhalten.

Die Krebs-Frau ist eine sichere Kandidatin für eine frühe Ehe, denn nach einigem Hin und Her sucht sie meist sofort Zuflucht. Wenn sie heiratet, bevor sie gefühlsmäßige Reife erreicht hat und ehe sie sexuelle Erfahrungen sammeln konnte, wird es wahrscheinlich Probleme geben. Im Laufe der Jahre werden sie und ihr Partner sich in verschiedenem Rhythmus und in verschiedenen Richtungen entwickeln.

Oft heiratet sie früh den falschen Mann und entdeckt es zu spät. Genauso oft klammert sie sich hartnäckig an ihre Fehler und hofft gegen besseres Wissen, eine Niederlage oder, noch schlimmer, Lächerlichkeit abzuwenden.

Die Krebs-Frau ist stolz, eigensinnig und emotional sehr auf Selbstschutz bedacht. Es scheint paradox, daß sie, die so gerne gibt, auch so stark verweigern kann. Ihre geheimen Ängste, die Zweifel und ihre Eifersucht streifen kaum die Oberfläche, diese verborgenen Gefühle beeinflussen jedoch ihre Beziehungen. Sie fühlt sich schnell verlassen oder verletzt, und sie stellt ihre Nächsten auf die Probe, um ihre Loyalität zu prüfen. Ihr angeborenes Streben nach Selbstschutz kann mit der Zeit zu einem Schutzschild werden, der Zu- und Abfluß verhindert. Sie bringt es fertig, für den Rest der Welt wie die Gewinnerin eines Akademiepreises auszusehen, aber mit den Jahren kann sie sich in eine beängstigende Routine verrennen, die nur sie und ihr Partner ahnen.

Krebs-Frauen sollten das Folgende so ehrlich wie möglich beurteilen:

1. Ihre wahren Wünsche in Ihrer Hauptbeziehung. Passen Ihre Bedürfnisse und Ihre Wünsche zusammen? Ist Ihr Leben erfüllt?
2. Welchen Rang nehmen bei Ihnen Vertrauen und Sicherheit ein, Ihre Besitzgier? Wie ehrlich sind Sie in Ihren Beziehungen?

Sie müssen Ihre Achillesferse erkennen, wenn Sie glücklich sein wollen. Ihre Neigungen zu Besitzgier und passiver Manipulation entstehen hauptsächlich aus meist überdimensionalen Gefühlen der Sorge, Angst und des Mißtrauens. Mit einem Wort, die Wurzel Ihres Problems ist Unsicherheit.

Die Unsicherheit bei der Krebs-Frau

Die Unsicherheit der Krebs-Frau ist klassisch, denn sie begann wahrscheinlich mit Selbstablehnung, die aus Eindrücken in der frühen

Kindheit entstand. Der zwingendste und allgemeingültigste Grund für Selbstablehnung ist jedoch Ablehnung durch jemand anderen. In den tiefsten Tiefen fürchtet die Krebs-Frau vielleicht, daß Selbsterkenntnis und Offenbarung einen häßlichen Frosch zutage bringen würden. Daher schützt sie sich ihr Leben lang selbst.

Ich rate der Krebs-Frau, eine Inventur ihrer Aktivposten zu machen. Sie sollte sich besonders auf die konzentrieren, die sie ignoriert oder als selbstverständlich hingenommen hat. Wenn Sie unsicher und sich Ihrer Vorzüge nicht bewußt sind, werden Sie nicht fähig sein, sie bestmöglich einzusetzen oder sie weiterzuentwickeln. Machen Sie eine Aufstellung über alle Risiken, die Sie bisher eingegangen sind, vom allerkleinsten bis zum größten. Schreiben Sie neben jedes, wie es ausgegangen ist. Sie werden feststellen, daß Sie weit öfter Erfolg hatten, als daß Sie versagten. Tragen Sie die »Risikoliste« bei sich und greifen Sie darauf zurück, wenn Sie vor Ihrer nächsten Entscheidung Angst haben oder unsicher sind. Eine weitere Übung besteht darin, sich das Schlimmste auszumalen, das als Resultat eines Risikos eintreten könnte, das Sie eingegangen sind. Sie werden sehen, daß das schlimmste Ergebnis meistens nicht so arg ist wie etwas, was Sie schon erlebt und überwunden haben.

Häufig ergibt sich aus der Unsicherheit der Krebs-Frau eine außerordentliche Vorsicht. Sie neigt zur Übervorsicht wie eine Jungvermählte, die zum erstenmal eine große Gesellschaft gibt. Während jedoch die Nervosität einer unerfahrenen Gastgeberin verständlich ist, behält die Krebs-Frau über Jahrzehnte hinweg eine allgemeine Vorsicht.

Es liegen Welten zwischen gewollter logischer Vorsicht und ungewollter quälender Vorsicht. Ein Fohlen, das gerade erst laufen gelernt hat, ist natürlich nervös und wachsam. Seine Bewegungen sind gemessen, etwas aus dem Gleichgewicht, verbessern sich jedoch rapide. Der äußerst Vorsichtige hat jedoch eine steife, langsame, gespannte und ungeschickte Körpersprache. Die unaufhörliche Vorsicht der Krebs-Frau ist letzten Endes selbstzerstörerisch, es ist keine realistische Reaktion auf Situationen, die nicht mehr neu sind, die ihr Weiterleben nicht mehr in Frage stellen.

Auf andere Art äußert sich Unsicherheit häufig in Geheimnistuerei und Manipulation. Wenn die Krebs-Frau nicht zeigen will, was sie denkt und wünscht, wird sie wahrscheinlich probieren, indirekt Erfolge zu erzielen. Sie wird dann vielleicht andere auf eine subtile Art so zu beherrschen versuchen, daß sie ihr Ziel ohne offene Kommunikation erreicht (das heißt, ohne ein Risiko einzugehen).

Durch ihre starken Empfindungen und ihre starke Intuition ist sie sehr verwundbar. Die Andeutung eines Mißfallens, ein Wort, eine Nuance, ein Schweigen, eine Geste oder ein Ton können sie verletzen. Wenn sie sich nicht selbst schützt, leidet sie. Wenn sie sich schützt, kann sie zu weit gehen und sich mit einem undurchdringlichen Panzer umgeben oder aber besitzgierig und ausbeutend werden. Sie muß lernen, die schmale Grenze zwischen angemessener Vorsicht und zuviel Selbstschutz einzuhalten.

Die Krebs-Frau muß lernen, nutzlose Vorsicht aufzugeben und geheimnisvolle, selbstschützende, selbstablehnende Handlungen zu unterlassen. Sie werden neue Beziehungen, neue Abenteuer, neue Erlebnisse aufnehmen müssen, denn das Leben wird sie unvermeidlich bringen. Sich aus Unsicherheit zurückzuhalten, ist genauso fruchtlos, als Garantien zu verlangt, wenn es keine gibt.

Mit der Unsicherheit fertig werden

Die Liebe der Krebs-Frau

Die Krebs-Frau verliebt sich genauso langsam und vorsichtig, wie sie alles andere tut. Impulsive Handlungen sind ihr unangenehm, und Verlieben ist für sie eine ernste Angelegenheit. Von ihrem Mann verlangt sie materielle Sicherheit, Exklusivität und einen angesehenen sozialen Status. Sie wird sich kaum in einen Menschen verlieben, der ihr nicht wenigstens zwei dieser Dinge bietet. Das einzige, das sie zu uncharakteristisch hastiger Wahl treiben könnte, ist der gelegentlich nicht zu unterdrückende Drang, das Elternhaus zu verlassen. Ist sie einmal bereit, sich zu verlieben, setzt sie sich mit jedem Dilemma auseinander und wird das Problem lösen. Sie wird sich mit aller Macht auf eine einzige Beziehung stürzen und versuchen, ihre Träume zu verwirklichen.

Die liebende Krebs-Frau ist eine unvergleichliche Partnerin für den

Mann, der verwöhnt, bedient, umsorgt und langsam verführt werden möchte. Wenn er Sicherheit, solide Herkunft, traditionelle Häuslichkeit und eine leidenschaftliche Sinnlichkeit haben möchte, wird er all das in ihr finden.

Die Krebs-Frau hat eine romantische Ader. Sie scheint genau zu wissen, wie sie ihren Mann rasend verliebt in sich machen kann. Sie hat Phantasie, ist scharfsinnig und beharrlich. Sie versteht die Strategie im psychischen Krieg zwischen den Geschlechtern, ohne je bewußt die Regeln gelernt zu haben. Und sie weiß, wo sie zu ihren Gunsten die Grenze ziehen muß.

Wenn sie liebt, ist sie wundervoll nachgiebig, entgegenkommend und oft recht häuslich. Sie kann Beruf und Häuslichkeit gut miteinander in Einklang bringen. Sie ist zumeist eine gute Köchin und Gastgeberin und wird dem Geschmack und den Wünschen ihres Mannes immer nachkommen.

Die verliebte Krebs-Frau übt außerdem eine magnetische Anziehungskraft aus. Sie zieht Männer so sicher an wie die Bienenkönigin die Drohnen. Sie bringt es fertig, gerade so hilflos zu sein, um einen Mann dazu anzuregen, für sie zu sorgen; gleichzeitig ist sie jedoch sensibel und selbstvertrauend genug, um ihm mit aller Kraft zu dienen. Ergebenheit steht ihr gut, denn sie gibt sich mit einem Funkeln und einem weisen Lächeln in den Augen hin.

Ihre vielen Phantasien verleihen ihr einen besonderen Glanz, wenn sie liebt, so daß sie trotz ihrer Vorsicht und ihres Materialismus oft unrealistisch und blind für mögliche Probleme ist. Die verliebte Krebs-Frau blüht auf mit der Sinnlichkeit einer duftenden Rose, der Zartheit eines Maiglöckchens und der exotischen Schönheit einer Treibhaus-Orchidee. Dabei ist sie robuster, als sie scheint.

Wenn sie liebt, ist nichts und niemand wichtiger als ihr Geliebter. Sie ist überzeugt, daß ihr das größte Glück der Welt zuteil geworden ist, und nur wiederholte Untreue kann sie von ihrer Meinung abbringen. Sie kann die erotische Phantasie von Anaïs Nin mit der erdgebundenen Sexualität der Lili Marleen verbinden. Die Liebe hilft ihr, ihren scheuen Pragmatismus etwas zu überwinden. Sie gibt ihre Vorsicht eher auf und lernt sich selbst kennen. Ein Mann, der sie in einem solchen Augenblick verletzt, wird ihr Vertrauen niemals wiedergewinnen.

Die Krebs-Frau, die liebt, steht immer ganz nahe vor einer Augenblicksentscheidung, denn für sie bedeutet Liebe fast immer gleichzeitig Ehe.

Wenn die Liebe sie zum Altar führt, muß sie aufpassen, daß sie sich erotisch weiterentwickelt und weiterhin anziehend wirkt. Wenn die Krebs-Frau heiratet, wird sie oft eine glänzende Hausfrau und Mutter und neigt zu Übergewicht und Asexualität.

Die erotischen Beziehungen der Krebs-Frau

Für die erotischen Beziehungen der Krebs-Frau (was bis zu einem gewissen Grad auch auf die platonischen zutrifft) gelten folgende Richtlinien:

1. Ihre Hormone regen sich früh, wenn sie sich auch vor sexuellen Aktivitäten scheut. Sie kann für körperliche Experimente offener sein als für das riskante Auf und Ab einer gefühlsmäßigen Bindung. Sie neigt häufig zu Masturbation.

2. Sie neigt zu einer frühen Ehe, entweder um unerfreulichen häuslichen Verhältnissen zu entgehen oder um Sicherheit zu gewinnen; sie hofft, daß auch der entsprechende Status damit verbunden ist.

3. Sie will eine Familie gründen und kann viele Kinder haben. Sie hat außergewöhnlich viel Freude an ihrer Häuslichkeit, solange sie den Haushalt führen kann, wie sie will. Man sollte ihr auch die Kasse anvertrauen, sie fühlt sich sicher, wenn sie Geld verwalten kann.

4. Im allgemeinen gestaltet sie ihre Beziehungen vorsichtig, selbst zu ihren Kindern. Selten liebt sie rückhaltlos, sie kann ihre Zuneigung bewußt portionsweise zuteilen. Ihre Beziehungen bauen sich langsam auf, erreichen einen Höhepunkt und können mit unterschiedlicher Stärke lange Zeit fortbestehen.

5. Sie braucht das Gefühl, im Mittelpunkt irgendeiner Gruppe zu stehen. Sie möchte immer die Kontrolle über ihre Ehe oder ihre Haupt-Beziehung haben. Dieses Bedürfnis gibt sie vielleicht nicht offen zu.

6. Sie hat oft eine schwierige, problematische Ehe. Wenige

Krebs-Frauen leben so ruhig, wie sie es gerne täten, und viele lassen sich dann auch wieder scheiden oder trennen sich von ihrem Lebensgefährten.

7. Es fällt ihr außerordentlich schwer, zu leben und leben zu lassen, und es ist ihr fast unmöglich, sich von einem Menschen zu trennen, den sie liebt. Sie kann viel länger an einer verhängnisvollen Beziehung festhalten, als es die Logik erlaubt.

8. Wenn es zur Scheidung kommt, trifft es sie schwer. Sie wird Schuldgefühle und Depressionen bekommen, aber mit der Zeit erholt sie sich gut. Ein Hinweis für die Krebs-Frau: Sie können mehrere aufeinanderfolgende Ehen innerhalb der gleichen Ehe haben, diese Art würde Ihnen wahrscheinlich mehr zusagen.

9. Obwohl sie oft ein Muster an Tugend und eine gute Mutter ist, kann sie heimliche außereheliche sexuelle Beziehungen haben. Sie ist eine begabte Illusionistin, und oft ist die Krebs-Frau, die in ihrer Heimatstadt als Mutter des Jahres gefeiert wird, die gleiche, die leidenschaftliche Nachmittage mit einem Liebhaber verbringt, der vollkommen anders ist als ihr Mann.

10. Sie ist eine gute Freundin und Frau, solange sie sich nicht betrogen fühlt. Ihre Freunde und ihr Mann müssen außerordentlich aufpassen, daß sie sie nicht verletzen, erniedrigen oder ihr das Gefühl des im Stichgelassenseins geben. In diesen Fällen kann sie Rache üben.

Liebhaber und Ehemänner

Die Krebs-Frau braucht vor allem einen Mann, der ihre Launen hinnimmt, ohne nach Erklärungen zu fragen. Sie könnte sie wahrscheinlich auch nicht geben, selbst wenn sie es versuchte, und darum ist es viel besser, er akzepetiert sie so, wie sie ist, statt sie zu drängen.

Sie braucht einen Mann, der einen Konkon um sie spinnt, der schließlich sie beide und ihre Kinder umhüllt. Sie möchte vor der Häßlichkeit und Bedürftigkeit der Welt beschützt werden, und sie fürchtet die Armut. Ihr Mann sollte deshalb genug Geld haben, um den Rubel rollen zu lassen. Sie braucht einen Partner, der angesehen ist, denn sie möchte, daß von seiner Achtbarkeit ein milder Schein auf sie fällt. Sie braucht einen Mann mit einem starken sinnlichen Zug, der sich im Luxus wohlfühlt, und ihre eigenen Bedürfnisse nach Wohlstand befriedigt.

Außerdem sollte ihr Mann dickköpfig genug sein, um es mit ihrer eigenen Hartnäckigkeit aufzunehmen und sich von ihr nicht völlig in Anspruch nehmen zu lassen. Sie wird unzweifelhaft versuchen, den Haushalt zu führen und ihren Mann auf subtile Weise zu beeinflussen. Ihr Mann sollte seiner selbst sicher genug sein, sich ihr nicht bei allem entgegenzustellen, wenn er jedoch keine Grenzen zieht und seinen Platz nicht behauptet, wird sie den Respekt verlieren (alle Kardinalzeichen scheinen das gemeinsam zu haben).

Obwohl sie es haßt, gedrängt zu werden, wird sie ihren Mann wahrscheinlich bei der Kindererziehung, den Finanzen, der Errichtung des Heimes, beim Gärtnern und Dekorieren und bei Gemeinde-Angelegenheiten mit hinzuziehen. Ihr Mann sollte seine eigenen Ansichten haben, seine Interessen unabhängig von ihren verfolgen und sich einen Zufluchtsort schaffen, wohin er sich zurückziehen kann.

Der Mann der Krebs-Frau sollte ihre zutiefst weibliche, empfängliche, hegende Seite anerkennen, darf aber ihren Ehrgeiz und ihre Unsicherheit nicht außer acht lassen. Er muß ihr helfen, einen Ausgleich zwischen Traum und Wirklichkeit und zwischen Aktion und Reaktion zu finden, unterdrückte Aggressionen durch ehrliches Handeln zu ersetzen.

Sie braucht einen Mann, der sie bewundert, aber Ehrlichkeit verlangt, der sich nicht ständig im Labyrinth ihres Unterbewußten verliert, der sie warnt und es ihr bewußt macht, wenn sie – ohne es zu wissen – in die gefährlichen Fußstapfen ihrer Mutter tritt. Ihr Mann muß auch Verständnis dafür haben, daß die Krebs-Frau gleichzeitig einen Haushalt führen und ein Büro leiten kann, daß sie in vielen Fällen im Beruf einen Ausgleich für ihre überschüssigen Energien findet. Er muß lernen, objektiv genug zu sein, um sie so zu schützen, wie es ein Freund tun würde, denn sie selbst ist vollkommen subjektiv und gefühlvoll.

Mein Ratschlag für ihren Mann lautet:

1. Verunsichern Sie sie nicht, denn das fördert ihre schlimmsten

Seiten zutage. Versuchen Sie herauszufinden, wodurch sie sich gefühlsmäßig und finanziell sicher fühlt und erörtern Sie, welche Schritte unternommen werden müssen, um dies gemeinsam zu erreichen.

2. Denken Sie daran, daß sie sich oft ihrer Unsicherheit nicht bewußt ist, besonders wenn sie noch keine siebenundzwanzig Jahre alt ist. Sie ist oft in eine Art Machtkampf mit ihrer Mutter verwickelt, der erst zu ihrer Zufriedenheit gelöst werden muß, bevor sie vollkommen für Sie verfügbar ist.

3. Akzeptieren Sie ihre Launen, so gut Sie können. Sie ist erstaunlich sensibel und intuitiv, nimmt ständig Schwingungen auf und reagiert darauf.

4. Helfen Sie ihr, ihre Intuition und ihre seelischen Anlagen auf positive Art zu akzeptieren und zu entwickeln.

5. Arbeiten Sie mit ihr, daß sie ihre Ängste und ihre Zurückhaltung, die daraus entsteht, überwindet. Lassen Sie es nicht zu, daß sie zur Kompensation zuviel ißt.

6. Bestehen Sie darauf, daß ein Plan gemacht wird für die Einteilung des Geldes, für die Zeit, die Sie zusammen verbringen und für gute Kommunikation. Je praktischer Sie die Sache angehen, desto besser wird sie Sie verstehen und unterstützen.

7. Schenken Sie ihr etwas Schönes, von Blumen bis zu Schmuck. Wenn Sie es sich leisten können, geben Sie ihr ein Heim, das sie nach Herzenslust ausstatten kann. Und vergessen Sie niemals ihren Geburtstag.

8. Mischen Sie sich nicht in ihre Freundschaften mit Frauen ein. Sie kann sehr enge Bindungen zu einigen Freundinnen haben und sich zeitweise mehr mit diesen unterhalten als mit Ihnen. Wenn Sie eifersüchtig sind, denken Sie daran, daß nur mehr Selbstvertrauen und mehr offene Aussprachen helfen.

9. Versuchen Sie nicht, sie zu besitzen, aber lassen Sie sich auch nicht von ihr besitzen. Besitzgier ist wahrscheinlich ein großes Problem. Arbeiten Sie daran, es zu lösen.

Die Sexualität der Krebs-Frau

Das faszinierendste erotische Geheimnis der Krebs-Frau ist die Tatsache, daß sie viel dominierender ist, als sie scheint. Hinter ihrem bescheidenen Äußeren verbirgt sich eine Tigerin mit einem handfesten, sich wiederholenden Repertoire. Sie läßt sich nicht drängen, hat es gern, wenn man viel Aufhebens um sie macht, sie würdigt und sie umwirbt; wenn sie jedoch die Zügel in die Hand nimmt, wird ihr Mann sich fügen.

Die Krebs-Frau neigt dazu, ihre stark ausgeprägte Sexualität zu verbergen. Sie läßt sie auf subtile Art ahnen. Der aufmerksame Beobachter erwärmt sich an dem stetigen erotischen Feuer, das von ihrem schwingenden Gang und den neckenden, lachenden Augen ausgeht. Sie scheint einen einzuladen, sie zu liebkosen, und der Mann, der nahe genug kommt, um sich an ihren vollen Busen zu schmiegen, wird entdecken, daß sie mehr möchte, als nur eine Umarmung.

Die drei Haupt-Tabus in unserer Kultur sind Sexualität, Geld und Tod. Die Krebs-Frau hat sich auf Sex in Verbindung mit Liebe spezialisiert und zieht solides Geld als Grundlage für das Liebesnest vor. Im allgemeinen überläßt sie den anderen die Spekulationen über die metaphysischen Aspekte von Leben und Tod, besonders den im Zeichen des Skorpions und der Fische Geborenen. Der Krebs ist hauptsächlich an der Lebensqualität von heute interessiert und will sie sich für morgen sichern.

Die Krebs-Frau hat den Ruf, männliche Roheit zu verabscheuen und ein scheues, sensibles Wesen zu sein. In Wirklichkeit hat sie aber wahrscheinlich sehr früh sexuelle Erfahrungen gemacht hat und war davon enttäuscht. Ein Abenteuer im Heu oder eine Affäre von einer Nacht sind nicht ihre Sache. Die starke Sinnlichkeit der Krebs-Frau muß geweckt , gepflegt, mit Zärtlichkeit befruchtet und dann durch Leidenschaft zur Blüte gebracht werden. Eine Reihe von Männern können nötig sein, um sie zu erwecken, und sie müssen verstehen, daß dieses schüchterne, zarte Wesen seine Libido erst allmählich kennenlernen muß.

Hinter ihrer altmodischen, sentimentalen Weiblichkeit verbirgt sich oft eine dominierende Circe, die nur auf ihr Stichwort wartet. Begeistert ist sie von einem Mann, der ihr Bedürfnis zu dominieren versteht und von Zeit zu Zeit bereit ist, die Rollen mit ihr zu tauschen. Dem Krebs gegenüber liegt im Tierkreis das Zeichen Steinbock. Ihr Unbewußtes spiegelt die tiefe Unsicherheit und das sich daraus ergebende Bedürfnis nach weltlichem Besitz dieses Zeichens wider. Die Neigung der Krebs-Frau, Sexualität mit Liebe zu verbinden, kann aus der Kindheit stammen, in der man ihr Geschichten erzählt hat, die ihr Ängste verursachten. In Wirklichkeit ist sie durchaus imstande, die sogenannte freie Liebe zu genießen. Es gibt in ihrem Leben genug Pflicht und Zwang, so daß sie freien, unbekümmerten Sex als willkommene Abwechslung ansehen mag. In späteren Jahren kann sie für reinen Sex eine Vorliebe entwickeln.

Das Stichwort für das Verständnis der Krebs-Sexualität ist Konflikt. Häufig wird sie Konflikte erleben zwischen ihrer auf Sicherheit bedachten häuslichen Seite, die Unterstützung durch die Gesellschaft und ihre Erziehung erhält, und ihrer freischweifenden, libidinösen, wollüstigen Sinnlichkeit und Sexualität. Einerseits ist die Krebs-Frau peinlich auf Etikette bedacht (was auch alles Erotische betrifft), auf der anderen Seite muß sie vor ihrer Sexualität kapitulieren und kann es nicht, weil sie an ihr gesellschaftliches Rollenspiel gebunden ist (unser Mutter-Bild ist zum Beispiel vollkommen asexuell). Die Krebs-Frau steht vor dem Dilemma der modernen Frau. Sie hat eine starke sexuelle Kraft und wirkt sehr anziehend auf Männer. Obwohl sie sich zu Männern und zu Ehe und Familie hingezogen fühlt, hat sie oft Angst und verspürt im tiefsten Inneren eine heimliche Ablehnung.

Für die Krebs-Frau muß sexuelle Hingabe, die zu gegenseitiger Ekstase führt, auf Liebe zu ihrem eigenen Körper und ihrer weiblichen Natur beruhen. Sie muß ihrer eigenen Weiblichkeit vertrauen und die Männlichkeit des Partners herausfordern. Diese Art sexueller Hingabe ist keine Einladung zu Brutalität. Es ist das größte Geschenk einer Frau für einen Mann, dem sie sich hingibt und dem sie ihrerseits hilft, sich ihr voll zu offenbaren.

Erste sexuelle Erfahrungen

Im allgemeinen erweckt die Krebs-Frau den Eindruck, jungfräulich und bescheiden zu sein – so sehr, daß man den Eindruck hat, sie gehe ohne jede Kenntnis sexueller Dinge und ohne sexuelle Erfahrungen in ihr Brautgemach. Aber der äußere Anschein trügt oft, und obwohl es einige geben mag, die bis zur Hochzeitsnacht warten, um defloriert zu werden, sind die meisten Krebs-Frauen früh sexuell erwacht. Die Mutter oder die Mutter-Figur spielt eine große Rolle in der Erziehung des Krebs-Mädchens. Oft erhält sie so gut wie gar keine Sexualerziehung. Sie kann so unwissend sein, daß sie beim Eintritt ihrer ersten Periode glaubt, sie hätte sich in eine Tomate oder in rote Farbe gesetzt. Selten wird sie von ihrer Mutter über die Realität der sexuellen Beziehungen aufgeklärt, besonders, da die Krebs-Töchter so altmodisch bescheiden, scheu und vorsichtig erscheinen.

Ihre Sexualerziehung besteht oft aus aufgeschnappten Brocken von Unterhaltungen, Erzählungen einer älteren Schwester, verstohlenen Worten über den Zaun oder Informationen aus dem Radio. Sie ist sentimental und beeindruckbar, und aus Film und Fernsehen mag sie seltsame Vorstellungen darüber haben, was wirklich geschieht, wenn das Licht einmal aus ist. Ihre starke Einbildungskraft übertreibt die Tabus, und sie versucht es vielleicht heimlich mit dem Sex, um herauszufinden, ob die Tabus berechtigt sind.

Das Krebs-Mädchen ist meist praktisch veranlagt, sie läßt sich nicht gerne übersehen oder zum Narren halten. Sie hat außerdem ein unersättliches Bedürfnis, berührt und bewundert zu werden. Sehr oft werden diese Bedürfnisse am besten in den oberen Schulklassen befriedigt. Sie wird nicht so weit gehen, daß sie sich bei Tanzveranstaltungen aufdrängt oder einen Jungen anruft und ihn um eine Verabredung bittet. Wenn man ihr nicht nachläuft, ist sie damit zufrieden, hinter aggressiven Mädchen zurückzustehen und geduldig zu warten. Auf diese Art lernt sie, fast unmerkliche Lockungen auszusenden, und früher oder später wird sie heftig von jungen Männern umworben. Von Anfang an scheint sie eine magische Anziehung auf ältere Männer auszuüben, wenn sie auch später entscheiden mag, daß es nicht praktisch ist, einen älteren Mann zu heiraten.

Das Krebs-Mädchen hat starke konservative und selbstschützende Instinkte. Es ist daher unwahrscheinlich, daß sie etwas über ihre sexuellen Experimente erzählt.

Mehr als ein Dutzend Krebs-Teenager haben mir erzählt, daß sie ihre Jungfräulichkeit nach sorgfältiger Erwägung verloren haben. Jede hatte ihren ersten Liebhaber sorgsam ausgewählt und sich einen Ort ausgesucht, wo sie sicher und ungestört war. Das Krebs-Mädchen hält auf ihren guten Ruf. Diejenigen, die übermäßig behütet werden, können bis zur Ehe die Jungfräulichkeit notgedrungen beibehalten, aber sie werden deshalb häufig sehr früh eine Bindung eingehen.

Das Krebs-Mädchen schwärmt oft für ihren Vater oder einen anderen älteren Mann, vielleicht als Gegengewicht zum übermäßigen Einfluß ihrer Mutter. Sie sucht die Anerkennung ihres Lehrers und ist, dank ihres einmaligen Gedächtnisses, eine gute Schülerin. Sie kann zum Nachahmen neigen, wenn ihr ein entsprechend bewundernswertes weibliches Vorbild begegnet, das sexy genug ist.

Schon frühzeitig zeigt das Krebs-Mädchen Neigungen zu anderen Frauen, wenn sie es auch nicht unbedingt zugibt. Bisexualität reizt sie vielleicht auch. Sex muß bei ihr Hand in Hand mit sehr viel Zärtlichkeit und Gefühl gehen, und im Laufe ihres Lebens wird sie vielen Männern begegnen, die ihr diesen Wunsch nicht erfüllen können.

Liebe und Sexualität

Nach Meinung der Krebs-Frau sind Liebe und Sex wie füreinander gemacht. Es ist typisch für die Krebs-Frau, daß sie ihre Liebe in Verbindung mit Sicherheit, Bewunderung, körperlichem Kontakt und Sanftheit, die in ein Meer von Begierde münden, bevorzugt. Ihre Einbildungskraft ist so fruchtbar, daß sie sich komplizierte Szenen ausdenkt, die sie stimulieren. Sie braucht auch das Gefühl, daß ihre Phantasien erlaubt sind. Sicherlich war es eine Erleichterung für sie, als die Ansichten über die Sexualität freier wurden.

Manchmal ist sie in ihren Phantasien aktiver als im Bett. Sie scheint einen angeborenen anfänglichen Widerwillen dagegen zu haben, sich mit Sexualität zu befassen, eine unerklärliche Zurückhaltung bei Beginn des Geschlechtsverkehrs und kurz vor dem Orgasmus. Sie übernimmt nicht schnell die Initiative, wahrscheinlich aus ihrer Unsicherheit heraus. Mit sexuellen Kontakten beginnen, bedeutet fortfahren und dann bis zum Ende weitermachen, beim Orgasmus verliert man auch die Kontrolle über sich selbst, und all das mag der Krebs-Frau Hemmungen bereiten.

Ist sie verliebt, wenn auch vielleicht nur illusorisch, so neigt sie auch eher zur Ausübung der Sexualität. Die Liebe scheint alle ihre Hemmungen zu beseitigen, so daß sie bei Sexualität in Verbindung mit Liebe am ehesten aus sich herausgeht.

Sie experimentiert nicht besonders gern, läßt sich aber leicht beeinflussen. Ein sehr erfahrener Liebhaber kann ihr alle möglichen ausgefallenen Liebesspiele beibringen und in ihr eine gelehrige Schülerin finden. Wenn sie später mehr Erfahrung hat, übernimmt sie gerne die Rolle der Meisterin und nimmt dann eine sehr viel aggressivere Haltung ein.

Ihre Phantasien werden sich um romantische Zwischenspiele drehen – Liebesspiele im Wasser, ein Spaziergang am Strand bei Vollmond, Satin-Bettwäsche, ein großes Bett, Kerzenlicht, leise Musik, eine Umgebung voller Sinnlichkeit, ein Märchenprinz, der ihr immer wieder hilft, ihre Zurückhaltung zu überwinden und sie zu den herrlichsten verbotenen Freuden der sexuellen Vereinigung führt. Die Vergewaltigungs-Phantasie ist nicht ungewöhnlich bei der Krebs-Frau; sie malt sich gerne aus, daß sie vergewaltigt wird. In ihren geheimsten Phantasien beherrscht sie schließlich den Mann, der sie für vollkommen unterwürfig hält.

Beim Geschlechtsverkehr verhält sie sich meistens wie im folgenden beschrieben wird:

1. Anfängliches Widerstreben, als ob sie über eine Mauer klettern müßte, um zu beobachten, was auf der anderen Seite vorgeht.

2. Langsame Erweckung. Sie braucht meist viel Stimulierung der Haut, auch Massagen der Füße oder Oberschenkel; ein andauerndes Streicheln des Kopfes, der Schultern oder ihrer Brüste erregt sie sehr. Ein schnelles Eindringen mißfällt ihr meist, sie braucht einen langsamen Auftakt als Vorspiel.

3. Direkte Annäherung. Im allgemeinen braucht die Krebs-Frau

keine komplizierten sexuellen Techniken. Sie bleibt bei ihren Lieblingspositionen, während sie sich im Geiste die Abwechslungen vorstellt, die in Wirklichkeit fehlen. Es sollte die Liebhaber nicht überraschen, wenn ihre Krebs-Partnerin heiße Sex-Szenen vor Augen hat, oft sogar mit einem anderen Mann als dem, mit dem sie gerade im Bett ist (er hat das gleiche wahrscheinlich genauso oft getan). Ihre Lieblingspositionen sind die moderne Position, d.h. sein Eindringen von hinten, und die Position, in der die Frau oben liegt. Sie braucht viel Feuchtigkeit als Gleitmittel und möchte vielleicht sogar künstliche Schmiermittel verwenden. Oft wird sie von Schweiß stimuliert.

4. Intensiver Orgasmus. Sie ist fähig zu intensivem Orgasmus, besonders nach heftigem Vorspiel und Phantasievorstellungen. Im allgemeinen steigert sie sich in starke körperliche Spannung hinein; oft hat sie einen Ausschlag auf der Brust, Schweiß auf dem Rücken, Schenkel oder Magen und ein hochrotes Gesicht.

Die Krebs-Frau, die sich niemals völlig hingegeben hat und sich an Ängste klammert, die durch eine negative Einstellung zur Sexualität hervorgerufen werden, wird mit ihrem Körper und ihrem Körperbild arbeiten müssen. Wenn sie zwar schon oft einen Orgasmus hatte, aber aus irgendeinem Grund unzufrieden ist, schlage ich einige Übungen vor, in denen Bewußtheit, Geschicklichkeit und Vertrauen gestärkt werden, am besten mit einem Berater oder Therapeuten.

Was für einen Liebhaber sie braucht

Ein Mann, der es langsam angehen läßt, der sie mit liebevollen, ergebungsvollen Worten verwöhnt, wird bei der Krebs-Frau an erster Stelle stehen. Sie braucht und sucht eine exklusive Beziehung, und der Mann, der richtig für sie ist, wird es auch wollen.

Sie braucht einen Mann, der ihr sehr viel Sicherheit bietet, sowohl gefühlsmäßig als auch materiell. Der Mann, der dieses Bedürfnis nicht erfüllen kann, der niemals weiß, wann er zu Hause sein wird, der seine Telefonnummer nicht hinterläßt, wenn er verreist, der niemals eifersüchtig oder besitzgierig ist und den es nicht im geringsten interessiert, was sie tut, wenn er über das Wochenende fort ist – ein solcher Mann ist falsch für sie. Vielleicht sagt sie, daß sie besitzergreifende Männer nicht mag, aber sie zieht einen Mann vor, der sich ständig um sie kümmert, um sicher zu sein, daß sie glücklich und umsorgt ist und nur von ihm allein umworben wird.

Im allgemeinen liebt sie einen Mann, der ein beständiger, verläßlicher Liebhaber ist, gleichzeitig jedoch auch Phantasie hat und bereit ist, ihre Phantasieabenteuer mit ihr zu teilen. Wenn er klug ist, läßt er sie die Starrolle darin übernehmen, denn die zweite Geige spielt die Krebs-Frau nicht gerne. Obwohl sie hin und wieder herumspielt, möchte sie nicht wissen, ob ihr Mann es auch tut.

Ihr Mann sollte ein sanfter Liebhaber sein, der gleichzeitig jedoch innerlich gelöst genug ist, um ihr zu helfen, ihre eigene Zurückhaltung zu überwinden. Der Mann, der als Katalysator für ihre sexuelle Befreiung wirkt, kann sie ein Leben lang halten. Ein intuitiver Mann, der ihre Stimmungen fühlen und sich ihnen ohne Worte anpassen kann, ist gut für sie. Sie hat eine Neigung zu oraler und vielleicht auch zu analer Sexualität. Ihr Liebhaber sollte für diese Alternativen offen sein (von denen wenigstens eine inzwischen die Norm geworden zu sein scheint). Sie braucht einen Mann, der einen starken Geschlechtstrieb hat, sich aber gut zu kontrollieren weiß. Sie wird nur langsam warm, und ein Mann, der eine verfrühte Ejakulation hat, würde sehr frustrierend auf sie wirken. Andererseits kann sie außerordentlich geduldig und gut für einen Mann sein, der zeitweise impotent ist.

Sie kann eine selbstsüchtige Liebhaberin sein, die nur an ihr eigenes Vergnügen denkt, aber ihre Selbstsüchtigkeit kann einen Mann, der seiner eigenen Sexualität sicher ist, auch von einem Druck befreien. Wenn sie bereit und in der Lage ist, sich um sich selbst zu kümmern, wird er von der typisch männlichen Sorge »sie bis zum Orgasmus zu bringen« frei sein.

Die Krebs-Frau zieht einen Mann vor, der vorausplant. Wenn er klug ist, wird er Musik, eisgekühlten Sekt, Seiden-Negligées und ein herrliches, parfümiertes Bad vorbereiten. Wenn sie verheiratet sind, muß er dafür sorgen, daß ihre Sinnlichkeit nicht abflaut, oder seine Krebs-Frau wird sich zurückziehen. Hier werden Experimente, gemeinsame Wochenenden in sinnenfreudiger Umgebung und andere besondere Anstrengungen wichtig sein. Sie braucht einen Mann, der sowohl das kleine Mädchen als auch die leidenschaftliche Tigerin in ihr weckt. Ihr Mann sollte sie niemals kategorisieren oder in ein Schema pressen. Eine der größten Fallgruben im Leben der Krebs-Frau ist gerade ihre Fähigkeit, sich an vorgezeichnete Rollen anzupassen. Sie neigt dazu, ihre sexuelle Vitalität zu verlieren, wenn sie in die Rollen der Ehefrau und Mutter hineinwächst. Daher braucht sie einen Mann, der dafür sorgt, daß der Funke lebendig bleibt, der ihr erlaubt, sich sexuell zu entfalten, wenn sie ihre sexuelle Blütezeit in den Vierzigern erreicht. Masturbation kann eine Hilfe sein; verschiedene Krebs-Frauen haben mir berichtet, daß sie sie als Ergänzung, nicht als Ersatz zum Geschlechtsverkehr schätzen. Gegenseitige Masturbation ist gut als Geschlechtsverkehr für den Krebs.

Die Krebs-Frau kann eine subtile Herrscherin sein. Obwohl sie vielleicht behauptet, daß sie Herrschsucht nicht mag, spielt sie in ihren Phantasien oft die Rolle der Herrin. Ihr Mann sollte erfinderisch sein, Selbstvertrauen haben und sich ihrer Phantasien bewußt sein, besonders auf diesem Gebiet.

Das Gefühl von Satin, Gummi, Leder, Wildleder, feiner Schweizer Baumwolle oder Samt wird sie wahrscheinlich wild machen. Vielleicht träumt sie von einer Hunderttausend-Mark-Chinchilla-Bettdecke, die sie in einer Zeitschrift abgebildet sah, aber es reicht auch, wenn die Liebesspiele auf einer Ersatzdecke stattfinden. Haut-Stimulation ist wesentlich, um sie in Schwung zu bringen. Es erregt sie, wenn man ihren Körper mit Haaren, Federn, Pinseln oder Seidenpyjamas streichelt. Ein Partner, der ihr Haar kämmt und bürstet, sie lange massiert und dann mit ihr zum Essen ausgeht, schafft die richtige Basis für die Hingabe.

Die Krebs-Frau liebt stark parfümierte Cremes und Salben, Blumenparfüms, Massageöl mit Frucht- oder Blumenduft und Moschusgeruch. Sie schätzt starke Düfte und schwere Parfüms, während sie leichte alkoholische Getränke vorzieht. Der Mann, den die Krebs-Frau braucht, wird sich mit der Möglichkeit abfinden müssen, daß sie ihm Dinge vorenthält. Die Krebs-Frau ist kompliziert und daher nicht leicht zu befriedigen. Er muß darauf bestehen, daß die Kommunikation zwischen ihnen bestehen bleibt, denn sie wird es wahrscheinlich nicht tun. Er muß selbst intuitiv sein und erkennen, wann sie sich zurückzieht, die Hinweise verstehen, die sie von Zeit zu Zeit aussendet. Er muß unterscheiden lernen zwischen ihrem Wunsch, sich zurückzuziehen, weil sie mit sich allein sein möchte, und ihrem Rückzug, der durch Ärger oder Kummer heraufbeschworen wurde. Es ist wahrscheinlich, daß ihre sexuelle Beziehung nach einer anfänglichen erfolgreichen Periode ein starkes Band sein und sie über manche Hindernisse hinwegtragen wird. Die Krebs-Frau, die die Sexualität akzeptiert und liebt, wird sie als einen ständigen, reichen, immer verfügbaren Schatz für sich und ihren Partner bewahren.

Was sie lernen muß

Die Krebs-Frau muß vollkommen ehrlich sich selbst gegenüber sein. Andere können ihr letzten Endes nichts vormachen, aber sie kann sich selbst etwas vormachen. Sie ist außerordentlich sinnlich, muß aber anfängliche Hemmungen überwinden. Am liebsten hat sie sexuelle Beziehungen mit einem Mann, den sie liebt, aber es wird Zeiten in ihrem Leben geben, zu denen sie, ohne den Grund zu wissen, nach neuen Horizonten Ausschau hält und dann Sex um seiner selbst willen sucht.

Sie muß lernen, sich vollkommen hinzugeben. Obwohl sie äußerst weiblich und empfänglich ist, hat sie ein verborgenes Bedürfnis, die Dinge an sich zu reißen und zu kontrollieren, und es hält sie oft davon ab, wirklich aus sich herauszugehen. Sobald sie das einmal erkannt hat, ist sie auf dem Weg zum echten erotischen Geben und Nehmen.

Die Krebs-Frau muß lernen, sich offen und direkt zu behaupten, sowohl in bezug auf die Sexualität als auch auf die Beziehung schlechthin. Sie neigt dazu, mehr passiv zu manipulieren und weiß vielleicht nicht, was sie wirklich will. Sie muß ihren Hang zur Geheimnistuerei überwinden und statt dessen den Wert des Austausches erkennen lernen. Sie muß ihrem Partner sagen, was sie wie und wann getan haben möchte, und sie muß auch seinen sexuellen Bedürfnissen Rechnung tragen.

Sie muß sich ihre Unsicherheiten, Ängste und Zweifel bewußt machen. Oft ist sie davon überzeugt, daß der morgige Tag Regen bringen wird, niemals Sonne, und sie verbraucht überaus viel Energie beim Versuch, sich zu schützen.

Die Krebs-Frau muß Veränderungen ruhiger hinnehmen. Sexuelle Energie ist Lebensenergie. Sexualität drückt sich höchst individuell und veränderlich aus. Weder Liebe noch Sexualität können stillstehen, und keine der Kräfte sollte dazu mißbraucht werden, zu manipulieren, zu besitzen oder einen Menschen zurückzuhalten. Das Leben ist ein dynamischer Vorgang, und auch Sexualität ist ein fließender Prozeß. Die Krebs-Frau muß offen sein, damit sie lernen, wachsen, teilen, sich bewegen und fließen kann. Wasser ist ihr Element, und Wasser ist niemals statisch.

Die Tatsache, daß sie so häufig von Männern schlecht behandelt wird, zeigt das Bedürfnis an, realistischer zu sein. Sie ist praktisch, aber auch schwankend, und zu Beginn einer Beziehung leicht zu beeinflussen und zu beherrschen. Zum Zeitpunkt, an dem sie wieder zu Verstand kommt, findet sie sich oft an den falschen Mann gebunden. Es ist daher die größte Aufgabe für die Krebs-Frau, sowohl in der Sexualität als auch bei Beziehungen zu lernen, den Dingen ihren Lauf zu lassen. Der richtige Augenblick und die Tat sind zwei wertvolle Mittel, und sie sollte sie zu ihrem Vorteil nutzen.

Die Krebs-Frau sollte genau wissen, was sie will, denn sie kann es haben. Die Probleme in ihrem Sexualleben – und auch sonst in ihrem Leben – entstehen aus falschen Entscheidungen. Selbsterkenntnis und Bewußtmachung ihrer Sexualität sind daher kritische Bestandteile im Leben der Krebs-Frau.

Der Ärger der Krebs-Frau

Die Krebs-Frau wird oft als mürrisch bezeichnet, und das aus gutem Grund. Sie gerät leicht in Wut und explodiert in typisch theatralischer Art. Sie weint auch viel, und es ist schwierig zu sagen, wie oft sie aus Freude, und wie oft sie aus Ärger in Tränen ausbricht. Sie hegt vielfach einen Groll und weicht Diskussionen und Gegenüberstellungen aus.

Ich habe eine Reihe von Krebs-Frauen befragt, und hier sind die typischen Antworten:

1. »Ich weine mich gerne richtig aus.«
2. »Wenn ich mich ärgere, muß ich etwas *tun*. Ich muß schlagen oder werfen oder aus dem Zimmer stürmen. Kurz gesagt, ich bekomme einen Wutanfall und fühle mich dann besser.«
3. »Ich werde nicht sehr oft böse, aber wenn ich es werde, ist fast immer mein Mann schuld daran. Wenn er mich nicht so behandeln würde, hätte ich keinen Grund, böse zu werden.«
4. »Wenn alles falsch läuft und ich ärgerlich werde, werde ich wirklich körperlich krank. Ich gehe mit Migräne oder Magenkrämpfen zu Bett.«
5. »Wenn ich mich ärgere, denke ich mir phantastische Rachegeschichten aus und teile grausame Bestrafungen aus. Den Ärger und das Wüten spiele ich immer wieder durch, ich kann dabei Dinge sagen und denken, die ich ansonsten nie über die Lippen brächte.«

Die erste Frau weiß oder weiß nicht, wann sie sich ärgert, aber sie hat eine automatische Erleichterung gefunden. Sie »dreht einfach den Wasserhahn auf«, um mit ihr zu sprechen. Sie fügte hinzu, daß das Weinen ihre Spannung gelöst habe. Für sie ist Weinen eine gute Art, mit dem Ärger fertigzuwerden, denn es schmälert weder ihr Selbstvertrauen noch ihr Verhältnis zu anderen. Wenn sie natürlich im Beruf zu dieser Taktik griffe, wäre das Ergebnis sehr destruktiv; weinen aus Ärger erzeugt den Eindruck von Hilflosigkeit und Unvernunft.

Die zweite Frau dramatisiert ihren Ärger. Sie hat das Gefühl, eine Leistung vollbracht zu haben, wenn sie ihren Ärger ausdrückt. Oft braucht die Krebs-Frau körperliche Befreiung von ihrem Ärger. Sie kann auf den Tisch schlagen, Bleistifte zerbrechen, Papier zerreißen, einen Papierkorb durch die Küche feuern oder ein Kissen eindrücken.

Eine Krebs-Frau erzählte mir, daß sie nach einer Reihe von Auseinandersetzungen mit ihrem Mann ihre Matratze regelrecht entzweigerissen hätte. Sie brauchte dazu eine ganze Menge Energie und Geschicklichkeit – und es führte zu getrennten Schlafzimmern, die sie schon seit Jahren angestrebt hatte.

Die dritte Dame schiebt die Schuld auf andere. Die Verantwortung für ihren Ärger überträgt sie in diesem Fall auf ihren Mann. Ich fragte sie, ob sie andere Leute auch für ihre Liebe zur Verantwortung gezogen hätte. Sie schüttelte den Kopf, offensichtlich verwirrt. Als ich ihr die Bedeutung gefühlsmäßiger Verantwortung erklärte – daß unsere Gefühle Fakten sind, die wir selbst bestimmt haben –, erwiderte sie, daß sie sich Abstand zu ihrem Mann schaffe, wenn sie ihm die Schuld an ihrem Ärger gäbe. Sie erklärte mir, daß sie genau das wolle. Es scheint also, daß sie ihren Ärger zur Manipulation benutzt hat.

Bei der vierten Frau ist der Körper sehr fein auf ihre Gefühle abgestimmt. Ihr Gehirn meldet den Ärger, und ihr Körper weist diesen Hinweis und seine Konsequenzen niemals zurück. In einem typischen Krebs-Manöver benutzt sie ihren Ärger als Vorwand dafür, sich zurückzuziehen. Wann immer sie sich ärgert, isoliert sie sich von den anderen. Sie zieht im Schlafzimmer die Vorhänge zu, stellt das Telefon ab, weigert sich, mit ihrer Familie zu sprechen, und lebt in ihrem Schneckenhaus. Ich fragte sie, ob der Schmerz das wert sei, und sie sagte, daß sie daran gewöhnt sei und daß es sie nicht störe. Die Krebs-Frau hängt lieber an einer alten Gewohnheit, als neue Wege zu gehen, selbst wenn die letzteren nützlicher und gesünder wären.

Die fünfte Frau scheint ein gutes Ventil für ihren Ärger in der Tagträumerei gefunden zu haben. Es ist klug, den Ärger in der Phantasie abzureagieren, wenn man dabei nicht völlig der Realität entflieht. Ich fragte diese Frau, wie ihre ärgerlichen Tagträume sie sexuell beeinflußten. Sie erklärte mir, daß ihre allgewaltigen Phantasien, durch die sie sich sehr viel Ärger vom Hals schaffen konnte, ihrem Sexualleben Feuer gaben. Sie ist nicht verheiratet, hat aber einen Freund, der von ihren inneren aufregenden Abenteuern weiß. Sie sagte, sie rufe ihn oft an und bitte ihn herüberzukommen und sich ihre neuesten Phantasien anzuhören. Sie versicherte mir, daß auf dem sexuellen Gebiet zwischen ihnen alles in Ordnung sei.

Es ist typisch, daß die Krebs-Frau erzogen wird, Ärger zu speichern und ihn dann dramatisch auszudrücken. Sie kann dies sinnlos oder als geplantes Manöver tun. Manchmal läßt sie ihrem Ärger einfach freien Lauf, manchmal benutzt sie ihn, um ihre Ziele zu erreichen.

Die Krebs-Frau hat eine starke Neigung, Ärger durch ihren Körper zu filtern. Oft leidet sie körperlich darunter, denn das Gleichgewicht ihres Nervensystems ist außerordentlich anfällig. Ihr Körper reagiert sehr empfindlich auf negative Gefühle; unterdrückter Ärger kann Beschwerden hervorrufen, die von ständigen Kopfschmerzen bis zu Magengeschwüren reichen.

Die Hartnäckigkeit der Krebs-Frau führt zu dem unerfreulichen Ergebnis, daß sie sich an ihren Ärger klammert. Je länger dieses negative Stadium anhält, desto wahrscheinlicher ist es, daß sie davon krank wird, besonders ihr Magen wird den größten Streß zu spüren bekommen.

Die Krebs-Frau muß lernen, ihren Ärger konstruktiv zu äußern und ihm auch freien Lauf zu lassen.

Wie man mit dem Ärger fertig wird

Die Krebs-Frau sollte an das folgende wichtige Prinzip denken: Ärger ist eine Reaktion. Wenn wir uns ärgern, so tun wir es, weil irgend etwas in unserer Umgebung oder in unseren persönlichen Wertmaßstäben herausgefordert wurde. Dieses Etwas sagt uns, daß wir mit Ärger reagieren sollen. Aber Ärger, genau wie Liebe, ist eine Wahl, die wir aufgrund unserer unterbewußten Wertmaßstäbe und Einstellungen treffen. Wir können uns daher entscheiden, das Gefühl des Ärgers zu ändern, wenn wir die Wertmaßstäbe ändern, die uns dazu führen, ihn zu empfinden.

Am meisten ärgert sich die Krebs-Frau, wenn man sie ignoriert. Sie kann launisch sein oder sich zurückziehen, aber sie braucht große Anerkennung. Sie ärgert sich, wenn diese ausbleibt. Die Krebs-Frau muß lernen, um das zu bitten, was sie braucht. Es ist der sicherste Weg für sie, um das zu bekommen, was für sie erforderlich ist, und es ist ein ausgezeichneter Weg, um Situationen zu vermeiden, die sie wahrscheinlich ärgerlich machen werden.

Sie ärgert sich auch, wenn jemand, den sie geliebt, beschützt und vielleicht auch mit ihrer Liebe erstickt hat, auf einmal unabhängig wird. Dann empfindet sie oft Entsetzen. Die Krebs-Frau möchte nicht nur gebraucht werden, sondern unersetzlich sein – das heißt, kontrollieren. Sie muß lernen, die Unsicherheit zu überwinden, die hinter dieser Besitzgier steckt. (Für Hinweise zur Überwindung der Unsicherheit, siehe »Beziehungen der Krebs-Frau«. Zur Erlernung, den Dingen ihren Lauf zu lassen, siehe den Abschnitt über die Technik der Farben-Meditation in »Beziehungen der Steinbock-Frau«.)

Die Krebs-Frau ärgert sich oft über Ungerechtigkeit gegenüber jungen Menschen. Da sie sehr mitfühlend ist, haßt sie Grausamkeit in jeder Form. Auf der persönlichen Ebene kann sie ihren Ärger konstruktiv ausdrücken, wenn sie gegen die vorgeht, die ihren Ärger an Kindern auslassen. Auf gesellschaftlicher Ebene kann sie sich für Gesetzesvorschläge einsetzen, die den Schutz der Kinder beinhalten (zum Beispiel Gesetze gegen Kindesmißbrauch), oder sie kann helfen, Heime oder Pflegestätten für bedürftige Kinder einzurichten. Sie kann auch eine ausgezeichnete Erzieherin sein und sich als Lehrerin oder Leiterin nützlich machen.

Sie ärgert sich, wenn man sie bedrängt oder ausnützt, aber selten rückt sie direkt damit heraus. Sie muß in bezug auf ihren Ärger direkter und ehrlicher werden.

Ein großer Teil ihres Ärgers würde sich in nichts auflösen, wenn sie offener wäre. Oft wissen die Leute einfach nicht, worüber und wann sie sich ärgert.

Die folgenden praktischen Tips sollen der Krebs-Frau helfen, sich konstruktiv mit ihrem Ärger auseinanderzusetzen:

1. Identifizieren Sie Ihren Ärger. Es gibt viele Anzeichen, auf die Sie achten können: Körperliche Reaktionen, die mit dem Zustand Ihrer inneren Verfassung Hand in Hand gehen; ein Gefühl von Streß; sprachliche Ausdrücke; Wutanfälle und andere klare Hinweise; eine Einschätzung Ihres augenblicklichen Lebens mit gesundem Menschenverstand; Widerspiegelungen. Die Reaktionen der anderen werden Ihnen viel darüber verraten, wie Sie fühlen. Sie erkennen die subtilen Hinweise, die Sie aussenden.

2. Identifizieren Sie die Art Ihres Ärgers. Ärger hat verschiedene Wurzeln und kann: sich auf eine bestimmte Situation beziehen, wie zum Beispiel eine Stellung; mit Ihrer Familie zusammenhängen; durch vergangene Kränkungen verursacht sein, die mit der Gegenwart nichts zu tun haben; unbestimmt sein; unvernünftig

sein. Wenn sie ihn nicht näher bestimmen können, suchen Sie einen Berater auf.

3. Stellen Sie fest, was Sie tun können, um mit dem Ärger fertigzuwerden. Denken Sie daran, daß Sie nicht hilflos sind. Es gibt viele Möglichkeiten. Sie können: Eine Kommunikationsmethode erlernen, die es vermeidet, Sie und andere in die Defensive zu drängen; den Ärger auf körperlicher Art abreagieren; zu einem Therapeuten gehen; mit alternativen oder metaphysischen Methoden arbeiten, um Energien wiederzugewinnen.

4. Unternehmen Sie positive Schritte, um den Ärger zu entschärfen. Denken Sie daran, sich der Wertmaßstäbe bewußt zu bleiben, nach denen Sie Situationen beurteilen, und seien Sie bereit, diejenigen zu ändern, die unnötigen Ärger verursachen. Haben Sie Humor; beurteilen Sie objektiv, bemühen Sie sich um eine positive Einstellung; bitten Sie um das, was Sie brauchen; weinen Sie, entspannen Sie sich, versuchen Sie, die Dinge loszuwerden, ohne sich selbst zu zerstören; entschließen Sie sich, soviele Dinge wie möglich aus Ihrem Leben zu entfernen, die Sie irritieren oder ärgern, und entscheiden Sie, wie das am besten zu machen ist.

Und denken Sie daran: Es besteht immer die Möglichkeit, daß Sie an Ihrem Ärger festhalten wollen. Wenn das so ist, machen Sie es sich bewußt. Akzeptieren Sie diese Situation für den Augenblick, aber räumen Sie sich die Freiheit ein, den Zustand später zu ändern. (Für Kunst der Kommunikation, siehe »Ärger der Skorpion-Frau« und »Ärger der Waage-Frau«. Für mehr Hilfe bei Wertmaßstäben, siehe das Kapitel über die Jungfrau-Frau.)

Die Lebensstile der Krebs-Frau

Monogamie und anderes

Die Krebs-Frau ist meist sehr auf die Familie hin orientiert, sie möchte und braucht die Liebe der Familie in ihrem Leben. Gleichzeitig kann sie Sexualität einfach zum Vergnügen genießen, und häufiger als der Schein anzeigt, kann sie ein heimliches Leben führen. Sie hat hedonistische Neigungen, die im Konflikt mit ihrem Selbstbild als gute Mutter und Ehefrau stehen, die sie aber nicht immer unter Kontrolle hat. Immerhin ist die Krebs-Frau jedoch von Natur aus loyal vor allem ihren Kindern gegenüber. Sie ist vielleicht ihrem Mann nicht sexuell treu, aber wenn es so etwas gäbe wie Monogamie mit der Familie (nichts ist ihr wichtiger), so kann man sagen, daß sie fast immer monogam ist.

Sie wird sich wohl wünschen, ihr ganzes Leben lang monogam zu bleiben, denn Monogamie paßt zu ihren Wertmaßstäben. Sie wurde wahrscheinlich traditionell erzogen und betrachtet die monogame Ehe als *die* Lebensweise. Die reifere Krebs-Frau kann jedoch einen sexuellen Trieb und Drang, von dem sie niemals geträumt hat, eine üppige Sinnlichkeit und ein Bedürfnis nach Erregung bei sich entdecken. Im Lauf des Lebens sehnt sie sich zwar weiterhin nach Beständigkeit, gleichzeitig aber nach Anreizen. Sie mag Schuldgefühle über außereheliche sexuelle Phantasien haben, doch sie führt häufig ein heimliches Leben – ob nun im Geiste oder in der Realität. Im folgenden sind typische Situationen aufgeführt, die die Krebs-Frau veranlassen könnten, nicht monogam zu sein:

1. Sinnliche, sexuelle oder emotionale Verödung. Sie braucht ständige Auffrischung der Gefühle, des Umsorgtseins.

2. Sehnsucht nach Erregung und Abwechslung, entweder wegen Mangel an Erfahrung und einer frühen Ehe oder wegen des unbestimmten Gefühls, etwas zu versäumen.

3. Stimmungsschwankungen oder Launenhaftigkeit.

4. Rache (Das »Ich-werd's-ihm-schon-zeigen«-Spiel).

5. Enttäuschung über ihren Partner, entweder als Liebhaber oder als Vater/Versorger. Auf diese Tour kann sie einen neuen Vater für ihre Kinder suchen.

6. Sie verliebt sich in einen anderen Mann.

7. Sie verfällt dem Zauber einer Phantasie oder einer Gruppe, in der außereheliche sexuelle Beziehungen die Norm sind. Sie ist leicht zu beeindrucken.

8. Trennung oder Weltschmerz vor der Scheidung.

Alternative Lebensstile

Alleinlebende Frau

Die Krebs-Frau wird diesen Lebensstil kaum auf die Dauer annehmen. Sie hat es gern, wenn sie von ihren Liebhabern umgeben ist. Wenn sie im Alter allein lebt, hat sie ganz sicher allerhand Dinge, Tiere oder Pflanzen, die ihr das Gefühl vermitteln, nicht allein zu sein.

Enge Bindungen

Dieses Zeichen vertritt Freundschaft mit beiden Geschlechtern und ist weder für noch gegen sexuelle Beziehungen. Der Krebs-Frau könnte dies sehr zusagen. Das einzige Hindernis ist ihre Besitzgier.

Offene Ehe

Die Krebs-Frau ist vollkommen gegen diese Idee, die sie komplett verrückt findet. Sie wird wahrscheinlich die, denen es Spaß macht, nicht verurteilen; aber sie wird es nicht selbst ausprobieren.

Ménage à trois

Für die Krebs-Frau möglicherweise ein faszinierendes Experiment, das ihr sexuellen Reiz und sinnliche Bereicherung bietet. Es kann außerdem ein Mittel sein, Bisexualität oder eine Lieblingsphantasie auszuprobieren, wenn es nämlich um zwei Männer geht.

Gruppenehe

Sie ist zu besitzgierig, um dies zu versuchen, wenn es auch zu ihrer Sicherheit beitragen würde. Die Vorstellung kann sie allerdings faszinieren, und sie wird eine der eifrigsten Leserinnen von einschlägigen Autoren sein. Sie stellt es sich vor, aber sie möchte nicht so leben.

Das Leben in einer Wohngemeinschaft kann ihr sehr viel Spaß machen. Ich habe viele Krebs-Frauen getroffen, die mir das bestätigen. Die Krebs-Frau wird viel in der Küche der Kommune arbeiten und die Mitglieder bemuttern. Sie ist praktisch und klug; und wenn sie sich anerkannt fühlt, kann sie diesen Lebensstil beibehalten (den es übrigens auch außerhalb der Kommunen gibt).

Homosexueller/bisexueller Lebensstil

Die Krebs-Frau ist nicht unwiderruflich heterosexuell. Mir sind viele homosexuelle Krebse begegnet, und noch mehr, die behaupteten, bisexuell zu sein. Die Mehrzahl ist natürlich strikt heterosexuell, duldet den homosexuellen Lebensstil jedoch zumindestens theoretisch. Die homosexuelle Neigung der Krebs-Frau kann teilweise aus ihren intimen Kenntnissen aller weiblichen Angelegenheiten herrühren, aus der Anziehungskraft, die Frauen auf sie ausüben, und aus ihrer hoch entwickelten Sensibilität.

Zusammenfassung

Die Krebs-Frau sucht das angenehme Leben. Sie hat eine besondere Gabe, die besten Voraussetzungen zu finden, die ein solches Leben möglich machen. Ihr Interesse an der materiellen Seite des Lebens kann jedoch gefährlich stark sein. Sie ist eine gute Verwalterin, eine sensible, mitfühlende Lebenskünstlerin. Sie kann perfekt einen Tisch decken, eine harmonische Umgebung schaffen und ihre Lieben mit Komfort umgeben. Sie muß jedoch darauf achten, diese außergewöhnlichen und notwendigen Eigenschaften mit geistiger-gefühlsmäßiger Liebe, die nicht binden will, in Einklang zu bringen. Die Krebs-Frau ist eine ausgezeichnete Lehrerin, muß jedoch dafür sorgen, ihren Kindern, Schülern oder Vertrauten Wertmaßstäbe zu setzen, die auf die Dauer eine gesunde Gesellschaft schaffen. Eine Gesellschaft, für die Autos und Fernsehapparate wichtiger sind als Kinder, ist eine zutiefst kranke Gesellschaft. Zu den großen Aufgaben der Krebs-Frau gehört es, ihren eigenen Materialismus zu erkennen, ihm Grenzen zu setzen und dann andere anzuhalten, ihren Materialismus einzuschätzen und ihn in das richtige Gleichgewicht zu bringen. Die folgenden Zeilen aus Muriel Rukeysers »Wreath of Women« deuten auf einen anderen wichtigen Aspekt der Krebs-Persönlichkeit hin:

> Frauen, die sich schinden, wissen,
> daß sie eins aus vier sein müssen:
> Hure, Künstlerin, Heilige, Ehefrau.

Die Krebs-Frau wird nichts gegen die Routine der Hausarbeit und Kinderbetreuung einzuwenden haben, sie blüht dabei sogar auf. Sie hat sehr viel zu geben. Sie ist kompliziert, nimmt Informationen schnell auf, setzt sie gut um und spielt jede der obengenannten Rollen auf dramatische Weise. Sie ist mit einer zähen Pflanze zu vergleichen, die jedoch regelmäßig Frühlingsregen braucht, damit sie grün bleibt und die Blätter nicht braun werden und zu Boden fallen. Liebe kann ein Problem für sie sein, bis sie lernt, sich selbst zu lieben. Liebe kann schwierig sein, bis sie lernt, zu geben und zu nehmen, ohne gleichzeitig eine Rechnung aufzumachen. Aber Liebe ist die Antwort auf alle ihre Schwierigkeiten, und im Laufe ihrer Entwicklung wird sie immer mehr die Würdigung, Anerkennung, Bewunderung – und, ja, Liebe – finden, die die Würze ihres Lebens ist.

Löwe

23./24 Juli bis 23./24 August

Kennzeichen der Löwe-Frau

1. LIEBESHUNGRIG, FEURIG
2. ROMANTISCH
3. STILVOLL, KÖNIGLICH
4. FÖRMLICH
5. WARM
6. GESELLIG, GESCHWÄTZIG
7. DIPLOMATISCH
8. SICH SELBST ACHTEND –
   ABER MIT EINEM KNACKS
9. SCHÖPFERISCH, OFT BEGABT
10. SELBSTANPREISUNG
11. FORDERND
12. GROSSMÜTIG
13. THERAPEUTISCH BEGABT
14. MITREISSEND
15. GESCHÄFTSTÜCHTIG
16. HASST DETAILS,
   DRÜCKT SICH VOR ROUTINE
17. VERSCHWENDERISCH
18. AUTORITÄR
19. VOREINGENOMMEN
20. UNGESTÜM
21. STOLZ
22. SELBSTZUFRIEDEN
23. BEQUEM
24. LÄSSIG
25. KINDLICH, HAT FREUDE
   AM SPASS
26. LEICHTGLÄUBIG
27. VERTRAUENSVOLL
28. EITEL
29. ÄNGSTLICH
30. STARK
31. DRAMATISCH
32. SELBSTBEWUSST
33. UNREIF
34. GEFÜHLLOS
35. BRAUCHT EINEN FAN-KLUB
   UND GEFOLGE

Die Persönlichkeit der Löwe-Frau

Allgemeines

Eva hat, so erzählt eine Version der Schöpfungsgeschichte, in den Apfel gebissen, um gottähnlich zu werden. Darauf, so heißt es dort, wurden Adam und Eva von niederen Göttern aus dem Paradies gejagt, weil sie auf Evas üppige Sinnlichkeit und ihren offenbaren Ehrgeiz, sich selbst zur Göttin zu befördern, eifersüchtig waren.

Eva, das Ewige Weib, hat betonte Löwe-Eigenschaften. Es trieb sie vermutlich ebenso heftig voran wie den Löwen in seiner Entwicklungsphase. Indem sie die verbotene Frucht verschlang, verbanden sich dynamische Kreativität und naive Selbstsucht mit der für den Löwen typischen Unverfrorenheit. Die Löwin hat das Gefühl, daß die Welt sich schon um sie bemühen wird, ganz gleich, was kommt, und wie eine Katze erwartet sie, neun Leben so paradiesisch wie möglich zu verbringen.

Die Löwe-Frau ist wahrscheinlich außergewöhnlich stolz auf sich selbst und macht keinen Hehl daraus. Durchaus in der Lage, für sich selbst zu sorgen, mag sie es vorziehen, verwöhnt, umworben und beschützt zu werden und ist überzeugt, ein göttliches Recht darauf zu haben.

Mit ihrer angeborenen schauspielerischen Begabung und der Neigung, in einer Szene zu dominieren, kann sie mit dem Leben spielen. Geht daher etwas schief, so kann sich ihr Bedürfnis, alles zu dramatisieren, in Wichtigtuerei, Prahlerei oder kleine Lügen verwandeln, die ein angeschlagenes Ich stützen sollen.

Im allgemeinen ist sie großzügig, begabt und heiter, vital, herzlich, romantisch, beliebt, extravertiert und kassiert nicht ungern Geschenke sowohl verbaler als auch materieller Art. Sie hat aber auch ein Talent für emotionale Mißtöne. Oft ist sie kleinlich, selbstgefällig und klatscht viel, und auch die Rachsucht ist ihr nicht fremd.

Typische Löwe-Berufe sind: Schauspielerin, Entertainerin, Geldverleiher, Makler, Kapitalanleger; Cartoonist; Berufe, die mit Humor und Kreativität zu tun haben; Arbeit in einem Klub oder Amüsierpark als Geschäftsführer, in Spielkasinos, bei Spiel und Sport; in der Kardiologie, im weiten Feld der Musik, in der Ornamentierung, der Goldschmiedekunst; in öffentlichen Ämtern und im Management. Zirkus und Kartenspiel können Hobbies, aber auch bezahlte Berufe sein.

Löwe ist das fünfte Zeichen des Tierkreises, das Zeichen der Liebe. Es ist ein festes Zeichen, Element Feuer. Da der herrschende Planet, der seine Strahlen über den Löwen wirft, die Sonne ist, das Herz unseres Sonnensystems, hat der Löwe natürlich mit den Angelegenheiten des Herzens zu tun. Im Körper beherrscht der Löwe Herz, Kreislauf und den unteren Rücken. Blockierte oder mißbrauchte Liebesenergie wird zuerst die vom Löwen beherrschten Körperteile angreifen.

Der Löwe-Typ ist durch die Kennzeichen zu Beginn dieses Kapitels beschrieben.

Die Löwe-Phase hat die folgenden Merkmale:

1. Beginn einer starken Beschäftigung mit sich selbst, eine »Ich«-Phase, wie sie die Teenager-Jahre charakterisieren.

2. Intensive romantische Sehnsüchte; geistige und körperliche Abenteuer.

3. Das Bedürfnis, auf irgendeinem Gebiet seines Lebens zu dominieren.

4. Mögliche sexuelle Übertreibungen in der Absicht, den idealen Partner zu finden (dies kann eine sehr konfuse Energiephase sein).

5. Dynamischer schöpferischer Drang, der nach Verwirklichung sucht. Körperliche sowie geistige Kinder müssen ans Licht gebracht werden. Frauen können bei dem Gedanken ans Kinderkriegen in Panik geraten.

6. Ein erhöhter Sinn für Spaß und Humor.

7. Starke Beschäftigung mit Schauspielerei und Unterhaltung.

Auf höchster Ebene ist die Löwe-Phase eine Möglichkeit, sein Herz für die Menschheit zu öffnen, mit dem ganzen Wesen zu lieben.

Die Löwe-Frau ist meist romantisch, verliebt in sich selbst, sich selbst fördernd und auch für ihr Weiterkommen selbst verantwortlich. Sie kann eine Modepuppe sein. Sie wird das Beste im Leben haben wollen und auch kaum vermuten, daß sie es umsonst erhält. Wenn nötig, bringt sie dafür Opfer, und mit ihrer natürlichen Begabung, ihrem Charisma und ihrer Leidenschaft bekommt sie im allgemeinen, was sie will.

Die Löwe-Frau hat ein sicheres Auge für das ästhetisch Effektive und vergißt selten, es zu ihrem Vorteil einzusetzen. Wenn sie sich vernachlässigt oder ignoriert fühlt, kann sie ein rührendes Drama im Schlafzimmer, im Gerichtssaal oder mitten auf der Straße aufführen. All ihrer Herrlichkeit ungeachtet, ist die Löwe-Frau durchaus bereit und fähig, sich wieder zum schmollenden kleinen Mädchen zurückzuentwickeln. Obwohl sie eine außerordentlich unterhaltsame Frau ist, zieht sie oft das Unglück an. Viele ihrer Romanzen enden in Enttäuschungen, und ihre Ehe mag nur zum Schein bestehen.

Ihr größtes Problem ist, daß sie zu viel erwartet und zu wenig gibt. Sie hat idealisierte Vorstellungen vom Beginn einer Verbindung. Meist erwartet sie reichlich Romantik und Zauber und eine makellose Werbung seitens ihres Partners, obwohl sie selbst weniger heftige Anstrengungen unternimmt. Sie ist so von sich eingenommen, daß sie es für unnötig hält, sich weiter zu bemühen. Häufig wird sie in dem Glauben erzogen, die Ehe sei das Ziel aller Wünsche, ein *fait accompli*. Sie ist höchst erstaunt, wenn sie herausfindet, daß die Ehe nur der Beginn eines langen Tanzes zu zweit ist, der mit einem Solo ihrerseits enden kann – oder auch nicht.

Im besten Fall ist die Löwe-Frau die Krone aller Weiblichkeit, die Hohepriesterin der Romanzen und der Liebe. Sie muß nur die Ketten des eigenen Ichs und ihrer Eitelkeit durchbrechen, um das herrlichste Geschöpf auf Erden zu sein, eine moderne Aphrodite, die immer wieder neu aus dem ewigen Meer steigt.

LIEBESHUNGRIG, FEURIG

Die Löwe-Frau mag das stärkste Sex-Symbol im Tierkreis sein. Viele Schauspielerinnen haben einen starken Löwe-Einfluß im Horoskop, der ihnen das überschwengliche, extravertierte, dominierende Air gibt, in den meisten Fällen von einer starken Vitalität unterstützt.

Alle Feuerzeichen intensivieren die Gefühle, und der Löwe intensiviert das Wesen der Liebe. Die Hauptaufgabe der Löwe-Frau besteht darin, ihr persönliches Bewußtsein von der Macht der Liebe und ihrer Fähigkeit, Liebe zu fühlen, zu entwickeln. Da das viele Auf und Ab der Liebe der rote Faden ist, der durch ihr Leben geht und es zusammenhält, wird die Löwe-Frau fast dazu getrieben, das Wesen und die Bedeutung der Liebe zu verstehen. Schon sehr früh spürt sie, daß das Herz eine Triebkraft des Schöpferischen ist, und die Sexualität eine andere.

Ihr Sexualtrieb kann wie ein Hochofen sein, der niemals ausgeht, aber sorgfältig geschürt werden muß. In ihren Leidenschaften ist sie optimistisch und eigenwillig. In Perioden, in denen sie nicht einem Mann treu ergeben sein ist, hat sie meist viele Sexualpartner. Sie ist temperamentvoll und kann eine miese Affäre vergolden, Glanz in die verstaubtesten Ecken einer Romanze bringen. Oft ist sie Medium für alle Schattierungen der menschlichen Fähigkeit, zu lieben. Das reicht vom Liebevollen, Verliebten, Heftigen, Aufregenden und Zärtlichen bis zum Autokratischen, Cholerischen, Befehlenden, Stürmischen, Wütenden, Feurigen und Impulsiven. Sie kann animalische Leidenschaft entwickeln und eine wilde Liebende sein. Sie macht ihre Sache gut; aber nur, wenn ihr Herz wirklich beteiligt ist, macht sie die Sexualität zu dem, was sie sein soll – ein Weg zur Liebe.

ROMANTISCH

Die Löwe-Frau ist durch und durch romantisch. Bei jeder Begegnung wird das romantische Gespinst neu gesponnen, und ihre üppige Phantasie erblüht. Schuldgefühle, Selbstmitleid und Masochismus halten sie im allgemeinen zurück. Sie möchte aus dem vollen leben und ihr Herz unter Kontrolle haben, aber wenn ihr Ich die Oberhand gewinnt, wird sie Prunk und Romantik ohne Wärme haben. Körperliche Leidenschaft wird dann zweitrangig vor der Flucht in die Phantasie.

Musik und altmodische Romantik können ihre verborgene Weiblichkeit wecken. Heftig und drängend, wie sie ist, braucht sie solche Hilfsmittel, um ihre weibliche, empfängliche Seite zu erneuern.

Durch romantisches Zeremoniell und Ruhe gewinnt sie Zeit und Lust, sich zu entspannen.

STILVOLL, KÖNIGLICH

Selbst wenn sie ihr ganzes Leben Hausfrau ist, hat die Löwe-Frau doch das gewisse Etwas, das jeden aufmerksam werden läßt. Normalerweise schick bis zum Extrem, wirkt sie hochgewachsen, ganz gleich, wie groß sie wirklich ist und betrachtet ihre Umgebung mit einer Gemütsruhe, die an Arroganz grenzt.

Im allgemeinen strahlt sie Selbstvertrauen, Dramatik und Würde aus. Typischerweise liebt sie Rot und Orange, aber selbst Erdfarben wie Braun, Beige und Blau werden an ihr glühen. Sie liebt erprobte und gute Kleidung der besten Qualität und ist am glücklichsten, wenn sie Naturstoffe mit echten, riesigen Juwelen trägt. Manchmal entwirft sie ihre Kleidung selbst. Sie durchstöbert Trödelläden und findet verborgene Schätze. Auf ihren Geschmack kann sie sich verlassen.

FÖRMLICH, WARM

Ob die Löwe-Frau nun die Königin der Gesellschaft oder eine Unbekannte ist, sie hat oft das reservierte Auftreten einer Königin. Bei der ersten Begegnung ist sie meist zurückhaltend. Sie läßt sich die Leute lieber förmlich vorstellen und hat gerne die Zeit, sie abzuschätzen.

Nach dem ersten Taxieren erwärmt sie sich bald und verliert ihre Zurückhaltung zugunsten einer natürlichen Wärme. Es kann sehr gemütlich sein, mit ihr zusammenzusein. Sie umarmt und berührt die anderen gern, ist die geborene Ehestifterin. Sie schafft als Gastgeberin eine Atmosphäre des Wohlbehagens, wenn auch selten alle Einzelheiten einer Cocktail-Party klappen.

GESELLIG, GESCHWÄTZIG, DIPLOMATISCH

Die Löwe-Frau ist meist ein geselliger Mensch, registriert die feinen Schattierungen menschlichen Verhaltens und hat ein Gespür für diplomatische Beziehungen. Unter Umständen ist sie an der Grenze zur Extrovertiertheit imstande, Worte und Aufrichtigkeit je nach Bedarf einzusetzen.

Klatsch mag sie. Ihre Ohren sind lang und offen, ihre Augen sehen fast alles, sie ist wie ein Schwamm, der jeden lokalen Klatsch aufsaugt, das A und O aller gesellschaftlichen Information. Menschen und ihre Motive faszinieren sie. Das, was sie erfährt, wendet sie mit unterschiedlichem Geschick an. Manchmal tritt sie ins Fettnäpfchen, manchmal hat sie aber auch genau die passende Information, um sich einen dicken Fisch an Land zu ziehen.

STARKE SELBSTACHTUNG MIT EINEM KNACKS

Die Löwe-Frau glaubt, daß sie so ungefähr jeden Beruf auf Erden ausüben könne. Gut ist sie gewöhnlich in der Verwaltung und als verantwortungsbewußte Chefin, auch berät sie gern.

Ihr berufliches Selbstwertgefühl kann, besonders in der frühen Jugend, stabiler sein als ihr Selbstvertrauen. Trotz all ihrer Vorzüge ist sie oft unsicher, wie das bei Frauen vorkommt, deren Identität stark auf ihrem Status als professionelle Schönheit oder Sexsymbol beruht.

Solange sie sich geliebt, schön und begehrt weiß, fühlt sich die junge Löwe-Frau ziemlich sicher. Wenn die Aufmerksamkeit nachläßt und die Liebe enttäuscht, kann sie eine Identitätskrise erleiden – und das mehr als einmal. Mit zunehmender Reife versteht sie, daß Selbstachtung mehr aus dem Bewußtsein innerer Schönheit kommt als aus Bewunderung, und sie kann sich ändern. Sie hat die Kraft und die Beständigkeit, zu lernen, weiterzuleben und von neuem zu lieben.

Die Löwe-Frau ist darauf bedacht, die Fäden in der Hand zu halten. Gewöhnlich weiß sie, daß sie jeden Drachen, der sich ihr in den Weg stellt , bezaubern, überlisten, verführen oder vernichten kann.

Die Löwin muß eins bedenken: Eine Frau, die ein starkes Gefühl ihrer eigenen Persönlichkeit hat und sich selbst liebt, braucht sich ihre Identität nicht von einem Außenstehenden – einschließlich ihres Mannes – auszuleihen.

SCHÖPFERISCH, OFT BEGABT

Werbung und Verkauf liegen der Löwe-Frau und interessieren sie gewöhnlich auch. Keiner tut verläßlichere oder auch auffälligere Arbeit als eine Löwe-Dame, die sich auf Verkauf, Publicity oder Werbung konzentriert.

Sie selbst ist ihr wichtigster Aktivposten. Jedes Produkt, jede Dienstleistung erhält von ihrer Hand einen unverwechselbaren Stempel. Entwirft sie eine neue Frisur, so wird sie kühn, mitreißend, anders als die vom letzten Jahr sein. Als Malerin wird sie auffallende Farbkombinationen wählen. Ist sie Köchin, wird sie die Gerichte einfallsreich dekorieren. Ihre Persönlichkeit vibriert in ihren Worten, ihrem Aussehen, ihren Möbeln – in allem, das sie anfaßt. Es ist traurig, wenn die Löwin sich selbst neutralisiert und sich den Müllers von nebenan anpaßt, denn wenn sie ihren Stil verleugnet, schränkt sie ihre Möglichkeit, sich selbst zum Ausdruck zu bringen, ein.

Keine Löwe-Frau sollte sich vor ihrem schöpferischen Genie fürchten oder es durch Konvention einengen. Ihre Rolle ist es, andere mit der für sie typischen Inspiration zu begeistern.

FORDERND, GROSSMÜTIG

Wenn auch die Löwin nicht gerade die komplizierteste aller Frauen ist, so hat sie doch Eigenarten. Sie kann zum Beispiel Unmögliches von anderen fordern, zugleich aber außerordentlich großzügig sein. Selten gibt sie, ohne eine kräftige Gegenleistung zu erwarten. Mehr noch, sie verlangt alles zu ihren Bedingungen. Obwohl es ihr nicht bewußt sein mag, möchte sie oft, daß andere ihre Zuneigung und Freundschaft so zeigen, wie auch sie es tut.

Sie setzt hohe Ziele, auch sich selbst. Sie möchte so gut wie möglich aussehen, und selten umgibt sie sich mit Menschen und Dingen, die nicht Klasse haben. Ihre Beziehungen mag sie nicht einschlafen lassen. Sie wird die jeweiligen Aufenthaltsorte und gefühlsmäßigen Zustände ihrer Freunde registrieren und auch nicht zögern, in Indien anzurufen, wenn sie gerade dort sein sollten.

Ihren Liebhabern gegenüber ist sie ein Muster an Großzügigkeit, vorausgesetzt, man behandelt sie so, wie sie es erwartet. Meistens verlangt sie ein Extra an Aufmerksamkeit. Sie wird kaum akzeptieren, daß andere Prioritäten setzen, die sich von den ihren unterscheiden. Kurz gesagt, sie kann ein wohlwollender Diktator sein. Am besten begegnet man ihren Forderungen mit Überzeugung und Toleranz. Wahrscheinlich will sie gar nicht, daß andere ihre eigenen Bedürfnisse ihretwegen vernachlässigen, sie ist nur einfach so heftig von ihrer Bedeutung überzeugt. Wenn sie dafür kein Ventil findet, wird sie zum abstoßenden und keineswegs mehr wohlwollenden Diktator.

AMATEUR-THERAPEUTIN

Es ist bekannt, daß die Löwe-Frau sagt, was sie meint, es sei denn, sie muß diplomatisch sein. Sie redet nicht gern um die Sache herum, Heuchelei ist ihr viel zu anstrengend. Vor Schmeichlern hat sie keine Achtung, obwohl sie oft eine Anzahl von Ja-Sagern (und -Sagerinnen) um sich versammelt. Es macht ihr großen Spaß, den Leuten mit Rat und Tat zur Seite zu stehen, denn dadurch kommt sie sich wichtig und als Autorität vor. Im allgemeinen meint sie es gut und ist auch hilfreich, besonders, wenn sie schon ein paar eigene Konflikte hinter sich hat.

Löwin, Sie sollten versuchen, Ihr Ich etwas einzuschränken. Erteilen Sie nur dann Ratschläge, wenn Sie darum gebeten werden, und man wird Sie doppelt würdigen. Denken Sie daran, daß es den meisten Leuten mißfällt, wenn man ihnen sagt, wie sie ihr Leben führen sollen.

MITREISSEND

Die Löwe-Frau ist fast immer eine Führer-Natur. Sie mag ruhiger als ihre Widder- und Schütze-Schwestern sein, aber sie zieht Anhänger an. Ihr Hauptanliegen wird es wahrscheinlich sein, ihr Talent zum Management und ihre Herrschgelüste mit dem persönlichen Stil, der ihr Liebesleben bereichert, in Einklang zu bringen. Was auf einem Gebiet erfolgreich ist, mag es auf dem anderen nicht sein. Sie muß selbst sorgfältig für das richtige Maß sorgen.

GUTE GESCHÄFTSFÜHRERIN, HASST DETAILS UND ROUTINE

Die Löwe-Frau leitet gern Menschen und Projekte und macht ihre Sache gut, ungern aber befaßt sie sich mit Details. Meistens versteht sie es ausgezeichnet, Leute für die Details zu finden, und am besten arbeitet sie, wenn sie einen Mitarbeiterstab hat, der sich um die Einzelheiten kümmert.

Bei engen Beziehungen kann ihre Neigung, alles zu delegieren, zum Problem werden. Meist erwartet man von ihr als Frau, daß sie sich verantwortlich um den Haushalt mit aller damit verbundenen Schinderei kümmert. Es macht ihr wohl nichts aus, ein Galadiner zu planen, die Kleidung für die Familie einzukaufen und das Feuer im heimischen Kamin in Gang zu halten, das Ansinnen, die Reste zu verwerten und überhaupt sparsam zu wirtschaften, kann sie jedoch übelnehmen. Sie könnte auch vergessen, das Holz für den himmlischen Kamin zu bestellen.

Geld gibt sie im allgemeinen leicht aus, fast als erwarte sie, daß es sich von selbst wieder ersetze. Manche Partner stoßen sich an ihrer Einstellung dazu. Am besten für sie wäre es, sich selbst ihr Geld zu verdienen und sich ein Mädchen zu nehmen. Eine andere Möglichkeit wäre, mit einem Mann zusammenzuleben oder zu heiraten, der ohne Murren Haushalts- und Familienpflichten übernimmt.

Ein Ratschlag für die Löwe-Frau: Heiraten Sie niemals einen Geizhals. Selbst wenn Sie keine Kinder haben, wird ein Mann von Vorteil für Sie sein, der in kleineren Hausarbeiten geschickt ist, nichts dagegen hat, das Scheckbuch wieder auszugleichen und der keine Magenkrämpfe von Ihrer reichhaltigen Kochkunst bekommt.

AUTORITÄR, VOREINGENOMMEN, UNGESTÜM, STOLZ

Die Löwe-Frau kann wegen ihres Verhaltens Schwierigkeiten in Beruf und Privatleben haben, ihr größtes Handicap ist jedoch der *Stil*, in dem sie um Hilfe bittet. Sie bringt es fertig, bei jeder Gelegenheit aggressiv zu sein und so zu tun, als wisse sie alles am besten. Sie kann sich weigern, überhaupt zuzuhören und wird oft unverfroren ihre Ansicht kundtun. Sie ist eigensinnig und wird ihre Meinung nicht leicht ändern. Ihr größtes Problem wird jedoch sein, daß sie den Leuten sagt, was sie tun sollen, anstatt sie darum zu bitten. Das gilt besonders für Situationen, in denen sie Hilfe braucht. Unterwürfigkeit ist keine Löwe-Eigenschaft. Lieber leitet sie ein Geschäft, als daß sie die bescheidene Kassiererin ist. Sie mischt sich in die Angelegenheiten anderer Leute und vernachlässigt dabei ihre eigenen. Wenn sie reifer wird, lernt sie vielleicht zu bitten und zu erklären, ohne zu verletzen. Ihre natürliche Autorität strahlt dann vielleicht, ohne Widerstand hervorzurufen, und ihr Stolz wird zur Quelle von Selbstvertrauen und Kraft.

SELBSTZUFRIEDEN, BEQUEM, LÄSSIG

Katzen müssen schlafen und sich strecken, auch die Löwe-Katze muß auf sich achtgeben. Wenn sie andererseits zu lange auf ihren Lorbeeren ausruht, wird die Löwe-Frau faul. Ruhepausen scheint sie zu brauchen und muß lernen, ihnen nachzugeben, ohne gleich zu übertreiben.

In ihren Ruhepausen erwartet sie vielleicht, daß die Welt zu ihr kommt, und es besteht die Gefahr, daß sie zu bequem wird. Wenn sie in Selbstmitleid versinkt oder ihr Ich gerade verletzt wurde, kann sie zuviel essen, zuviel trinken oder zu lässig werden. Dann muß sie sich einen Ruck geben, aufstehen, wieder am Leben teilnehmen und sich ein gutes Programm zur Erlangung von Selbstdisziplin aufstellen.

KINDLICH, HAT FREUDE AM SPASS

Die Löwe-Frau ist auch deshalb so beliebt, weil sie niemals ganz aus dem bezaubernden Kind herauswächst. Sie mag immer noch an Phantasie-Spielgefährten, an eine Geisterwelt glauben. Sie ist die Dame, die lächelnd mit dem Kopf nickt, wenn ihr Kind von einem Abenteuer mit einem sprechenden Frosch berichtet. Sie findet die Welt der Symbole faszinierend, und das ist auch teilweise ein Grund dafür, daß sie so sorglos mit Geld umgeht.

Die Löwe-Frau kann ganz bezaubernd sein, denn sie ist kindlich überschwenglich, impulsiv und naiv vertrauensvoll. Sie kann das steife Protokoll überall über den Haufen werfen, auf Gesellschaften zieht sie vielleicht die Schuhe aus oder watet barfuß im taunassen Gras. Ihr kindlicher Zug kann auch als Katalysator für Risiken dienen, die sie als Erwachsene eingehen muß. Die Fähigkeit der Löwin, etwas vom Geist der Kindheit einzufangen und zu behalten, gehört zu ihren gesündesten und nettesten Eigenschaften.

LEICHTGLÄUBIG, VERTRAUENSVOLL

Wegen ihres kindlichen Wesens neigt sie dazu, schnell zu vertrauen und leichtgläubig zu sein. Ermahnungen wie »Nimm keine Schokolade von Fremden« oder »Prahle nicht mit deinen Schätzen« hört sie nicht. Kaum daß sie sich die Mühe macht, Menschen und Vorgänge zu überprüfen. Die Kombination von Naivität und Faulheit könnte bei ihr zu einigen unerfreulichen Verlusten führen.

EITEL, ÄNGSTLICH

Die Eitelkeit der Löwe-Frau ist sprichwörtlich. Mit Schmeichelei können Sie alles bei ihr erreichen.

Sie mag auch unter ständiger Angst leben. Die Löwe-Frau stellt so grandiose Ansprüche an ihre Rolle und ihre Autorität, daß sie oft gar nicht anders kann, als heimlich beunruhigt zu sein, ob sie allem gerecht werden kann. Sie will etwas beweisen und muß vielleicht dafür bezahlen mit einem nervösen Magen, Stechen im Rücken und Herzklopfen. Auch die Leber kann in Mitleidenschaft gezogen sein.

STARK

Als Feuerzeichen ist der Löwe prädestiniert, im Leben zu spielen; aber die Löwe-Frau weiß, welche Risiken sie eingehen kann und verwechselt selten Phantasie mit Wirklichkeit. Wenn sie will, kann sie jedoch ihre Phantasiewelt Wirklichkeit werden lassen. Sie hat einen angeborenen Sinn für Beständigkeit, besonders in Zeiten, in denen sich die Wertmaßstäbe sehr schnell ändern.

DRAMATISCH, AUFFÄLLIGE SCHAUSPIELERIN

Die Löwe-Frau hat die Neigung, die Dinge zu dramatisieren. In jeder Geste, in jedem Vorfall kann sie das mögliche Drama sehen und es leicht unverhältnismäßig aufbauschen. Wenn sie sich mit ihrem Mann streitet, kann sie vorübergehend das Gefühl haben, die Welt ginge unter. Genauer gesagt: Sie wird ihren Freunden erzählen, daß sie für den Streit, den sie gerade durchgemacht hat, eine Olympiamedaille verdiene.

Sie tut viel um der Show willen. Wenn sie einen Splitter in der Zehe hat, fängt sie an zu hinken. Ein Husten kann Lungenentzündung bedeuten. Nichts ist zu klein, um großartig zu werden. Sie muß ein bestimmtes Image, einen ungewöhnlichen Charakter oder Lebensstil darstellen. Zeitweise mag sie der Wahrheit etwas nachhelfen, aber sie hat nun einmal »Theater« im Blut.

SELBSTBEWUSST

Da sie so sehr Schauspielerin ist, ist sich die Löwe-Frau mehr als der Durchschnitt ihrer Gesten, ihrer Körpersprache und ihres Gesichtsausdrucks bewußt. Sie kann der Klassenclown, die Gaunerin, die Dichterin oder die Intellektuelle sein. Jede Rolle ist richtig, solange sie sich dadurch von der Masse abhebt.

Bewußt sucht sie sich Leute aus, die sie imitieren und von denen sie durch Beobachtung lernen kann, sei es im Leben oder auf der Bühne, und diese Fähigkeit erfolgreich im Beruf einsetzen. Die Reaktionen der anderen auf sich selbst kann sie meist sehr schnell einschätzen.

UNREIF, GEFÜHLLOS

Die Löwe-Frau tendiert dazu, die Weltanschauung eines Kindes beizubehalten, was ganz reizvoll sein, sie jedoch daran hindern kann, erwachsen zu werden.

Nicht selten glaubt sie noch als Erwachsene an Geister, Kobolde und magisch erfüllte Wünsche. Mag sein, daß sie sich weigert zu sehen, daß die Welt sie erwachsen, realistischer und fleißiger will, als sie als Kind war. So mag sie die Verantwortung, die ihre Altersgenossen übernommen haben, unter Umständen ablehnen.

Ihre Wünsche können so stark sein, daß sie fähig ist, sie anderen aufzubürden, oder sie kann so erfolgreich sein, daß sie kein Gefühl mehr für die Bedürfnisse anderer hat.

Auf einer einmal gefaßten Meinung beharrt sie meist. Als gute Schauspielerin wird sie sich selbst überzeugen, daß ihre Ansichten immer richtig sein.

BRAUCHT EINEN FAN-KLUB UND GEFOLGE

Die Löwe-Frau kann in jedem Stück die Hauptrolle spielen, aber welche Rolle sie auch übernimmt, sie hat ein starkes Bedürfnis, geliebt und bewundert zu werden und Anhänger um sich zu scharen.

Sie muß glänzen, Mittelpunkt der Aufmerksamkeit sein, gepriesen werden.

Sie hat Sonnenschein in ihrem Wesen. Ist sie glücklich, so strahlt sie jene Wärme und das Licht aus, das Menschen anzieht. Auch sie jedoch muß ihre Phasen durchmachen. Ist sie schlecht gelaunt, so vertreibt sie durch ihre Kleinlichkeit und ihre übertriebenen Forderungen andere.

Die Beziehungen der Löwe-Frau

Es gibt drei beständige Grundtendenzen im Liebesleben der Löwe-Frau: Sie ist im romantischen Liebesspiel Spieler und Zuschauer zugleich, sie hat übertriebene Erwartungen, und sie ist voller egozentrischer Schwärmerei. Diese Eigenschaften sind ihr angeboren, und die Erziehung verstärkt in unserer Kultur noch diese Tendenz.

Die größte Aufgabe der Löwe-Frau besteht in ihren Beziehungen darin, ihre Selbstsucht zu überwinden und wirklich beteiligt zu sein. Zu Beginn wird sie die Liebe als ein Spiel ansehen, oder als einen Test für ihre Manager-Fähigkeit. Durchaus wahrscheinlich, daß sie sich die Liebe wie ein Meisterwerk, ähnlich Michelangelos »David« vorstellt, eine gediegene Angelegenheit, die allmählich durch Leidenschaft wächst, ständig im Scheinwerferlicht steht, um sich selbst überlassen, erhaben zu herrschen. Die Löwe-Frau sieht in der Liebe oft eine unanfechtbare, unwandelbare Einheit, die ihren Bedürfnissen dient.

Die Löwe-Frau will das auch haben, was sie will und nimmt dabei zahllose Schicksalsschläge auf sich. Manchmal ist sie zu ihrem eigenen Nachteil zu sehr auf ein Ideal fixiert. Sie hat einen starken Willen und ist stolz; sie kann unverblümt, diktatorisch, vulgär, heftig und herablassend sein – und dabei gleichzeitig ein schmerzliches Einsamkeitsgefühl haben. Sie ist eine gute Schauspielerin, aber es kann ihr wehtun, wenn sie ihre Verletzlichkeit hinter Herrschsucht verbirgt.

In ihrer romantischen Träumerei hegt die Löwe-Frau gewöhnlich die Erwartung, daß sie früher oder später die perfekte Verbindung finden wird. Sie wird glauben, daß diese mühelos aufrecht erhalten werden kann, daß sie alles, was ihr am Leben nicht gefällt, automatisch herausfiltert. Aber weder der Löwe-Frau, noch sonst einem von uns kann eine Verbindung ein Leben der Liebe schenken. Das können nur die Entwicklung und der Gebrauch ihrer eigenen Liebesfähigkeit.

Die Löwe-Frau kann die Hälfte ihres Lebens mit dem Versuch zubringen, Frösche in Prinzen zu verwandeln. In der anderen wird sie versuchen, ihre großen Erwartungen mit der Realität des Lebens, der Liebe und der Ehe und den wechselnden Bedürfnissen, die sie und ihr Partner haben, in Einklang zu bringen.

Kindheit

Oberflächlich gesehen mag die Löwe-Frau eine ganz gewöhnliche Kindheit haben. Sie wird ein braves kleines Mädchen sein, das jedoch gewöhnlich genug Charakterstärke und Vorstellungskraft hat, um den Eltern zu signalisieren, daß sie überleben wird. Sie hat meist eine engere Beziehung zu ihrer Mutter als zum Vater.

Da sie so schwärmerisch-romantisch ist, kann sie sich ihre eigene Welt schaffen, in die sie entflieht. Sie ist wahrscheinlich die Anführerin, ein Clown, oder sie organisiert irgend etwas. Sie liebt Vergnügungen, viel freien Raum und ein Leben in großem und interessantem Maßstab. Das Spiel wird dann die Hauptrolle übernehmen und das Leben, obwohl äußerlich normal, mag Schall und Rauch sein.

Das Löwe-Kind träumt oft von Berühmtheiten und imitiert deren Gang, Kleidung und Sprechweise. Insgeheim mag sie sich geschworen haben, auch berühmt zu werden. In alten Zeiten hätte sie vielleicht geglaubt, daß sie das notwendigerweise mit Hilfe der Männer erreichen müsse. Jetzt spreizt sie die Flügel wohl unabhängiger, träumt von Ruhm und Erfolg, die sie aus eigener Kraft erreichen wird.

Ihr Stolz läßt sie überempfindlich sein, und meist verträgt sie keine Kritik. Sie wird damit nur fertig, wenn sie sich vorübergehend ganz in sich zurückzieht und sich ein anderes Spiel ausdenkt, um zu beweisen, daß sie »besser ist«. Das Löwe-Mädchen kann so großartige Vorstellungen von sich haben, daß es sie schon beleidigt, wenn man annimmt, sie sei »Durchschnitt«.

Häufig ist sie auffallend und fast immer hübscher als die Norm, und das betrachtet sie auch als Auszeichnung. Was die Beziehung Junge-Mädchen betrifft, so wird sie hier unschlagbar. Selbst ein schüchternes Löwe-Mädchen entwickelt noch seine Besonderheit – vielleicht die großen Augen, den frechen Gang oder eine schimmernde Mähne –, die sie dann hingebungsvoll bis zur Perfektion nährt.

Ein Löwe-Mädchen kann eine ganz schöne Nervensäge, aber ihre Eltern können in vielen Punkten auch stolz auf sie sein. Häufig hat sie ein riesengroßes Ich und muß konstruktive Wege finden, um es zu füttern und auszudrücken. Wenn sie hier keine Hilfe erhält, kann sie hart und herausfordernd werden, wodurch die Entwicklung ihrer weiblichen Seite schwierig sein wird.

Liebhaber und andere enge Bindungen

Die Löwe-Frau hat eine Neigung zu egozentrischer Herrschaft. Hübsch und Aufmerksamkeit heischend, beherrscht sie oft ihren Mann. Sie muß lernen, diese Anlage in konstruktive Kanäle zu lenken.

Sie kann eine Femme fatale sein, eine Glamour-Königin, die jedem Mann den Kopf verdreht. Dazu strahlt sie eine erotische Anziehung aus, die die meisten Männer verlockend und unwiderstehlich finden – ein paar auch ziemlich beängstigend.

Die Löwe-Frau hat die fast unerschöpfliche Neigung und Fähigkeit, die Führungsrolle zu übernehmen. In den ersten Jahren wird sie dies selten als Problem erkennen. Sie ist nicht weich, fügsam und nachgiebig, weil sie noch nicht gelernt hat, auf ihre Weiblichkeit zu vertrauen und sie zu genießen.

Sie ist jedoch eine gute Freundin, eine Geberin. Selten wird sie etwas dagegen haben, das gute Leben mit anderen zu teilen. Sie ist nicht kleinlich oder besitzgierig, und wenn sie Ängste hat, so beunruhigen diese sie im allgemeinen nicht. Sie hat meist viele Freunde beiderlei Geschlechts, meistens oberflächliche Bekanntschaften. Sie ist großzügig, behält aber die besten Tips ihrer Gewinnstrategie für sich.

Gesellschaftlich ist sie ungezwungen und meist freigiebig, und diese Qualität macht sie bei manchen beliebt, die sonst keine Notiz von ihr nehmen würden. Es können sich Schmarotzer an sie heften, sie sollte deshalb darauf achten, die Spreu vom Weizen zu scheiden. Sie hat viele auffällige Freunde, von denen sie einige beneiden. Die anderen, die wahren Freunde, stoßen sich nicht an ihrem Bedürfnis, im Scheinwerferlicht zu stehen, und wissen ihre Begabung zu Liebe und Vergnügen zu würdigen. Ihre romantischen Abenteuer führen sie überall hin. Sie kann von Arm zu Arm wandern, von der Hütte zum Schloß, auch in bescheidenen Verhältnissen weiterleben, wenn es sein muß. Die meisten Dinge erledigt sie mit Schwung, aber sie nörgelt und jammert viel, wenn sie unzufrieden ist.

Es ist einer ihrer Vorzüge, daß sie Optimistin ist. Steckt sie, zum Beispiel, in einer schlechten Ehe, so wird sie irgendwie damit fertig, findet einen Weg, um die Sonne wieder scheinen zu lassen – bekommt ein Baby, unternimmt eine Reise oder eröffnet ein neues Geschäft. Das ist gesund, aber später können dadurch auch Probleme entstehen. Wenn Vertreter der fixen Zeichen, wie es der Löwe ist, in einer Beziehung hängenbleiben, die ihren Bedürfnissen nicht entspricht, so finden sie im allgemeinen einen Ausweg daraus. Oft zögern sie jedoch, sich mit den zugrundeliegenden Problemen auseinanderzusetzen und finden sich dann Jahre später dem gleichen Problem gegenüber, das sie schon zu Beginn nach dem Ausweg suchen ließ.

Das Bedürfnis der Löwe-Frau nach Unabhängigkeit ist nicht so groß, daß sie es nicht auch genießen würde, von ihrem Mann abhängig zu sein – wenn er ihren Stolz, ihre Eitelkeit und ihre Zuneigung nicht vernachlässigt. Sie ist oft erstaunlich ausgeglichen. Sie wird nur dann einen Fehler machen, wenn sie ihr ganzes Leben auf »ihn« zuschneidet.

Die Löwe-Frau sollte verschiedene Möglichkeiten haben, sich selbst zu bestätigen. Die Führung eines Haushalts kann ausreichen, aber wenn das Heim nicht sonderlich eindrucksvoll, nicht eine Herausforderung ist, wird die Sache nach einem kurzen Zwischenspiel ihren Reiz verlieren. Ich kenne eine Löwe-Frau, die eine Beratungsstelle für Sexualtherapie leitet, eine andere, der eine Galerie gehört, eine, die eine Petit-Point-Stickerei aufgemacht hat und drei, die von zu Hause aus einen Party-Service leiten. Alle sind glücklich mit ihren Partnern.

Große Erwartungen

Die Hauptschwierigkeit der Löwe-Frau besteht in ihren unrealistischen Erwartungen bei sexueller Liebe und sexuellen Beziehungen. Die Löwe-Dame führt in Gedanken eine mehr oder minder geheime Kartei.

Wann immer ein Mann ein ernsthafter Kandidat zu sein scheint, prüft sie ihn unnachgiebig, um festzustellen, ob er sich wirklich etwas aus ihr macht. Liebt er sie, so wird er einigen oder allen folgenden Punkten genügen:

1. Er liebt sie, ganz gleich, wie sie sich benimmt.
2. Er *sagt* ihr, sie sei die beste, wunderbarste Frau, die ihm jemals begegnete, auch ohne zu wissen, wie stark ihr Bedürfnis ist, dies regelmäßig zu hören.
3. Er *sagt* ihr, daß er sie ewig lieben wird.
4. Er *sagt* ihr, daß sie die einzige ist, die er jemals begehren wird.
5. Er *sagt* ihr, daß sie brillant sei.
6. Vor allem wird er ihr immer *sagen, was sie braucht, ohne daß sie ihm sagt, was das ist*, und zwar zu jeder Tages- und Nachtzeit.

Aber selbst der Nikolaus braucht einen Brief mit den Weihnachtswünschen. Wie kann dann ein nur sterblicher Mann die *unausgesprochenen* Wünsche der Löwe-Frau erfüllen?

Eine glückliche Ehe, so bemerkte der französische Schriftsteller André Maurois, sei ein Gebäude, das täglich neu erbaut werden müsse. Die Löwe-Frau ist bereit, die sichtbaren Teile des Gebäudes wieder aufzubauen, nicht aber die Fundamente für ihren Partner neu zu errichten und ihre eigenen zu reparieren. Sie glaubt vielleicht, daß er, wenn er sie liebe, auch klug genug sei, ihre Gedanken zu erraten wie die Bedürfnisse, die sich aus der Beziehung ergeben.

Das »Glas-Kopf-Syndrom«, bei dem jeder Partner annimmt, der andere wäre ein Gedankenleser, ist ein weitverbreitetes Problem enger Beziehungen. Jeder erwartet, daß der andere weiß, was er fühlt, denkt und wünscht. Und so wird jeder unentwegt enttäuscht. Das bringt Ärger, bis schließlich einer der Partner mit dem Rücken zur Wand steht und stammelt: »Was habe ich gesagt? Was habe ich getan?«, während der andere wütet.

Ein Rat an die Löwe-Frau: Machen Sie sich bewußt, was Sie von Ihren Beziehungen erwarten. Schreiben Sie es auf. Das Aufschreiben ist ein guter Weg, die Dinge klar zu erkennen und außerdem eine ausgezeichnete Möglichkeit, die unvermeidlichen Veränderungen, die man durchmacht, zu verfolgen. Versuchen Sie, Ihre Erwartungen bis zu ihrem Ursprung zurückzuverfolgen. Wenn Sie sie unrealistisch oder zu hoch finden, stammen sie wahrscheinlich aus Märchen, aus den Medien oder aus den Hoffnungen der Eltern für ihr kleines Mädchen, die selbst ihr Leben lang unerfüllte Wünsche hatten.

Diskutieren Sie über Ihre Gefühle in regelmäßigen Abständen mit Ihrem Mann und auch mit Ihren Freunden. Vielleicht versuchen Sie ein Poster zu malen mit Ihrer persönlichen Ansicht vom Nirwana. Sehen Sie es sich an, es wird Ihnen Einsichten vermitteln. Dann schätzen Sie ab, wie nahe Ihre augenblicklichen Beziehungen Ihrem Ideal kommen. Versuchen Sie die Kluft zu überbrücken, aber erwarten Sie nie, daß die Menschen perfekt sind oder daß sie automatisch wissen, was Sie wollen.

Die Liebe der Löwe-Frau

Wenn die Löwe-Frau liebt, so gibt sie ihrem Mann das Gefühl, ein König zu sein. Sie kann ihn überzeugen, er sei der glücklichste Mann auf Erden, weil er seine Königin gefunden hat. An einem kalten Morgen steht sie auf und bringt ihm das Frühstück ans Bett. Wird er versetzt, kündigt sie ohne ein Wort der Klage ihre Stellung und zieht mit ihm in eine andere Stadt. Seine Wäsche wird sie makellos besorgen. Sie kommt der traditionellen Vorstellung von der weiblichen Frau so nahe wie irgend möglich.

Diese ultra-feminine Phase der liebenden Löwe-Frau sollte man allerdings nicht als Muster auf Lebenszeit mißverstehen. Einige ihrer Grundtendenzen wird die Löwe-Frau kaum aufgeben.

Immer noch ißt sie gern allein ihre Schokolade, liest für sich allein, möchte lieber von Haushaltspflichten und Kleinkram befreit sein und würde sich am liebsten das Frühstück ans Bett servieren lassen. Wenn sie jedoch liebt, bemüht sie sich ständig, ihren inneren Widerstand gegen irgendwelche Bemühungen anderen zuliebe zu überwinden – das heißt, für eine Zeitlang. Der Beweis für ihre Liebe zu einem Mann liegt darin, wie aufmerksam sie ist. Sollte sie nur eine Rolle spielen, so überzeugt sie sich dabei doch auch selbst. Aber seien Sie nicht zu sicher, daß sie nicht plant, letzten Endes das weibliche Familienoberhaupt zu werden. Wenn sie die Probleme, die aus ihren übergroßen Erwartungen und ihren Bedürfnissen nach übertriebener Aufmerksamkeit entstehen, beseitigt, ist die Löwe-Frau eine fabelhafte Partnerin. Vielleicht hat sie ihren Mann an der Leine, aber er ist davon begeistert, herumgeführt zu werden. Und wenn die Dinge umgekehrt sind, so gibt es keinen größeren Spaß, als die Löwin zu beobachten, die an einem Brillantenhalsband paradiert.

Im Grunde ihres Herzens ist sie weich. Sie hat Herz, und wenn sie liebt, schüttet sie ihre Gaben aus. Sie kann heilen, bewundern, preisen, verehren, dienen, unterstützen und ihrem Mann ein ewiges, goldenes Eldorado malen. Sie ist überzeugt, daß die Welt herrlich ist, trotz Dantes Visionen und der Atombombe. Sehr wenig kann sie bedrohen.

Mein Rat für ihren Mann: Hüten Sie sich davor, sie zu beleidigen, ihre Wünsche nicht zu erraten, ihr nicht den Hof zu machen. Sie müssen in der Lage sein, ihr zu helfen, sich selbst zu lieben und dieses Gefühl zu bewahren.

Liebhaber und Ehemänner

Die Löwe-Frau braucht vor allem einen Mann, der sich ihrem Wunsch, Mittelpunkt zu sein, anpaßt und ihre Versuche, ihre schöpferischen Energien zum Ausdruck zu bringen, nicht sabotiert.

Sie braucht einen Mann, der die geborene Schauspielerin in ihr erkennt und schätzt. Aber er muß ihr auch helfen können, Darstellung und Person zu trennen, denn von Zeit zu Zeit wird sie fast zu der Rolle, die sie gerade spielt.

Sie braucht einen Mann, der weiß, was er selbst von der Beziehung erwartet, damit er sie anleiten kann, sich ihre eigenen Vorstellungen bewußt zu machen. Er braucht nicht extravertiert zu sein, das übernimmt sie für ihn mit. Er muß auch nicht zu gesellig sein, auch hier wird sie wahrscheinlich lieber den Löwenanteil übernehmen. Da die Löwe-Frau geistig träge sein kann, wird sie einen Mann zu würdigen wissen, der intellektuell rege und diszipliniert ist. Sie wird ihm wahrscheinlich das Feld überlassen, wenn er über Plato oder die Weltwirtschaft einen Vortrag hält. Sie braucht auch einen Mann, der körperlich disziplinierter ist als sie. In der Jugend wird sie wahrscheinlich nicht erkennen, wie wichtig es für sie ist, Selbstdisziplin zu üben. Später kann diese sie bei ihrem Mann auch stören. Sie erkennt die Bedeutung meist erst nach langer Erfahrung. Sie schätzt einen Mann, der auf irgendeinem Gebiet kreativ ist. Sie hat ein Auge für die Begabungen anderer Leute und ist normalerweise auch nicht so unsicher, daß sie in Wettbewerb treten muß. Sie wird denken, daß sie einen Partner haben möchte, der sie Star sein läßt, und sie hat recht. Er muß jedoch fähig sein, auch selbst zur Geltung zu kommen. Sie braucht eine gewisse Spannung in ihrer Beziehung, ein *Yin* für ihr *Yang*.

Sie kann sich zu einem Mann hingezogen fühlen, der sensibler ist als sie. Sie kann recht abgestumpft sein und muß lernen, rücksichtsvoller zu werden. Leider ist sie gewöhnlich kein Star als Schülerin; die Welt der kleinen Gefühle und Gesten interessiert sie kaum. Mit viel Ausdauer kann ihr Mann ihr jedoch deren Bedeutung für die menschlichen Beziehungen beibringen.

Die erotischen Beziehungen der Löwe-Frau

Die erotischen Beziehungen der Löwe-Frau weisen folgende Muster auf, die bis zu einem gewissen Grad auch die platonischen Bindungen betreffen.

Gewöhnlich ist sie schon sehr früh von Filmstars, blonden Sex-bomben und Glamour, der Sexualität ausstrahlt, fasziniert. Sie ist meist früh entwickelt und bringt es fertig, schon mit dreizehn für sechzehn gehalten zu werden. Das ist allerdings hauptsächlich Theater, innerlich ist sie noch das kleine Mädchen, das ein neues Spiel ausprobiert.

Sie tut die Dinge gerne *aus Prinzip*. Sie kann sich zum Beispiel ent-scheiden, ihre Jungfräulichkeit aufzugeben nach dem Prinzip, sie hätte jetzt lange genug gewartet. Gefühlsmäßig mögen sie die er-sten Jahre ihrer erotischen Beziehungen wenig berühren. Herum-spielen macht Spaß; wenn es jedoch zum Geschlechtsakt kommt, kann es sein, daß sie ihn ablehnt oder bis weit in die Zwanziger hin-ein keine Freude daran hat. Das hält sie jedoch nicht davon ab, se-xuell sehr aktiv zu sein. Wie gering ihr Vergnügen am Geschlechts-verkehr ist, bleibt ihr Geheimnis.

Ein Tip für Männer: Die Löwinnen haben gern ein ausgedehntes Vorspiel, am liebsten als Hauptgang.

Es ist unwahrscheinlich, daß sie viele tiefere Beziehungen vor der Ehe hat. Ihr Herz verschenkt sie nicht leicht oder schnell, und zum Zeitpunkt ihrer Hochzeit kann sie noch recht unreif sein. Sie ist ge-fühlsmäßig noch unreif und auch sexuell unerfüllt.

Es scheint eine kleine, jedoch wachsende Zahl von Löwe-Frauen zu geben, die vor der Ehe viel experimentieren.

Die Löwe-Frau kann mit achtzehn oder dreiundzwanzig heiraten. Es ist unwahrscheinlich, daß sie ungewöhnlich lange wartet, denn dann würde sie sich ausgeschlossen fühlen. Sie ist in hohem Maße ein soziales Wesen, und wenn das Spiel Ehe heißt, wird sie es wohl spielen.

Heiratet die Löwe-Frau, so meint sie, daß ihre Ehe im Himmel ge-stiftet sei, um auf Erden weiterzuleben. Sie ist eine Romantikerin und möchte, daß ihre Ehe ein Leben lang halte.

Wenn ihr Traumschloß schneller zerbricht, als sie sich eingestehen mag, muß sie ihre Erwartungen und ihre Bereitschaft, ein reifer Er-wachsener zu sein, überprüfen. Gibt sie genug? Ist sie erwachsen? Spielt sie immer noch Spiele, die Selbsterkenntnis und Gemein-samkeit verhindern?

Ihr Zeichen ist eins der glücklichsten im Tierkreis, es gibt ihr die chance, ihre Ehe aufrechtzuerhalten – vorausgesetzt, sie lernt, ihre stürmische Neigung zu zügeln, sich selbst als wichtigsten Teil der Partnerschaft zu betrachten.

Ihre Achillesferse ist ihr großes Bedürfnis zu glänzen, sind ihre unrealistischen Erwartungen, wenn sie jedoch ihre eigene Bühne findet, kann die Ehe gutgehen.

Wenn die Löwe-Frau sich trennt oder sich scheiden läßt, steht sie vor einer besonders schwierigen Phase. Es kann jedoch eine Entwicklungsperiode sein, und sie sollte verstehen, daß sie notwendig ist. Fast immer wird sie eine Scheidung durchmachen, Resultat falscher Erwartungen und unvollständiger Bewußtmachung ihres eigenen Verhaltens und ihrer eigenen Bedürfnisse. Aus einer Trennung oder Scheidung kann sie jedoch fast alles lernen, was sie wissen muß, um eine neue, glücklichere Beziehung aufzubauen.

Ein Herumspielen ist im allgemeinen gegen die Natur der Löwe-Frau. Sie zieht es vor, monogam zu sein, ist vollkommen mit ihrem Mann befaßt. Außereheliche Sexualität ist fast immer ein sicheres Zeichen, daß irgend etwas in der Beziehung nicht stimmt und daß sie selbst es sich bewußt gemacht hat. Es kann jedoch auch ein Zeichen für Unreife und so starke Ich-Bedürfnisse sein, daß sie nach anderen Schmeichlern neben ihrem Partner sucht.

Was die Löwe-Frau lernen muß

Die Löwe-Frau muß lernen, wie man liebt. Astrologisch wird ihr Zeichen von der Sonne beherrscht, dem Herzen und Wärmespender unseres Sonnensystems. Ihre besondere Aufgabe im Tierkreis ist es, ihr Herz zu öffnen.

Löwe-Frau, Sie müssen

1. Ihre Selbstsucht und die dadurch entstehende Gefühllosigkeit überwinden.
2. Sich ihres wahren Selbst besser bewußt sein.
3. Ihre Erwartungen herunterschrauben.
4. Es vermeiden, aus Gewohnheit oder Prinzip gefühlsmäßig im eingefahrenen Trott steckenzubleiben.
5. Konstruktive Ventile für ihre wunderbare Kreativität finden.

Wenn Sie einige dieser Ratschläge beherzigen, werden Sie eine glücklichere Partnerin und Freundin sein.

Die Sexualität der Löwe-Frau

Die Löwe-Frau muß einem Nimbus gerecht werden, dem Nimbus des fabelhaften Sex-Symbols.

Schon früh wird sie eine Zauberin sein, eine Lolita mit sehr viel mehr erotischer Macht, als sie selbst handhaben kann. Männer reagieren auf sie, noch ehe sie selbst ohne Schuldgefühl oder Verwirrung sexuell reagieren kann.

Ihre Sexualität kommt fast nie zur Reife, bevor sie nicht in den Zwanzigern ist. Sie wird die sexuellen Funktionen gut ausüben, jedoch keine tiefen Gefühle empfinden. Dabei kann sie ihre Sache sehr gut machen, während sie im Herzen halb Jungfrau bleibt.

Sie ist meist freundlich, doch selbstsüchtig, eindrucksvoll, aber faul. Widersprüchlich im Wesen kann sie zum Beispiel Vulgarität nicht ausstehen, fühlt sich aber zu Männern hingezogen, die sie zwingen, ihre Hemmungen abzulegen.

Sie neigt dazu, einen Kult mit der Schönheit zu treiben – ihrer eigenen. Sie trägt vielleicht ihren Schmuck im Bett und parfümiert ihre Bettwäsche. Bei ihrem ersten sexuellen Beisammensein könnte sie sich recht sittsam verhalten, auf einer Nachttischlampe *und* einem Nachthemd bestehen. Denken Sie daran, daß sie in Wirklichkeit ungeduldig darauf warten mag, die Grenzen des zivilisierten Verhaltens zu überwinden und von dem Mann will, daß er die Führung (und die Konsequenzen) übernimmt. Obwohl sie einen gesunden Sexualtrieb hat, möchte sie nicht zuviel Energie aufwenden, um Männer anzulocken. Die Löwe-Frau ist mit der Sexualität vertraut und möchte sie mit den Gaben verbinden, die durch Geld zu beschaffen sind. Selten findet sie das Liebesnest in einer Hütte so aufregend, wie das gleiche im Ritz. Warum, denkt sie sich, soll ich mich in einen armen Mann verlieben, wenn es genausogut ein Mann mit Geld sein kann?

Die Löwin verliebt sich oft und liebt selten. Die dramatische Zeit der Werbung mag ihr mehr bedeuten als ein gemeinsames Nest, dessen

Dauer man vorausberechnen kann. Hat sie jedoch einmal eine Wahl getroffen, so ist sie treu und hält eigensinnig daran fest.

Es gibt drei wichtige Schlüssel zur Sexualität der Löwe-Frau.

1. Denken Sie daran, ihr ungeteilte Aufmerksamkeit zu widmen, und sprechen Sie mit ihr darüber, wie begehrenswert Sie sie finden. Am glücklichsten wäre sie, wenn sie Marilyn Monroe, Ihre Exfrau, alle Ihre Geliebten, eingebildete Spielgefährten und Kindheitsfeen in ihrer Fähigkeit übertreffen könnte, Ihre liebende Ergebenheit zu erringen und festzuhalten.

2. Seien Sie darauf vorbereitet, daß Sie mehr geben müssen, als Sie erhalten werden. Sie könnte das Gefühl haben, daß die Welt ihr etwas Besonderes schuldet und sie es nicht nötig hat, es zurückzuzahlen.

3. Wenn es um ihr eigenes Interesse geht, hat die Löwe-Frau die empfindlichsten Antennen, mit denen sie die subtilsten erotischen Signale aufnimmt. Was sie wirklich erregt, ist Ihre Begierde. Wenn Sie es fertigbringen, sie in Gesellschaft Ihre Königin und in Ihrem prinzlichen Bett Ihre Hure sein zu lassen, mag sie ein Leben lang bei Ihnen bleiben.

Erste sexuelle Erfahrungen

Das Löwe-Mädchen scheint sich der Macht der Sexualität ziemlich bewußt zu sein. Als Teenager wird sie lange Stunden vor dem Spiegel damit zubringen, Gang und Benehmen einer Berühmtheit einzustudieren. Sogar ein schüchternes Löwe-Mädchen wird lernen, Aufmerksamkeit zu erregen. Als Teenager wird sie äußerlich voller Selbstvertrauen und innerlich unreif sein. Sie wird zu stolz sein, um normale Gefühle der Angst oder Unzulänglichkeit zu zeigen und sie meist mit einer bezaubernden Prahlerei überspielen.

Gewöhnlich ist sie recht gesellig und kann Anführerin in Fan-Klubs, Klubleiterin, Sexpertin in der Nachbarschaft oder Ratgeberin für alle und jeden in Fragen der Jungen/Mädchen-Etikette sein. Sie ist empfänglich für Druck von seiten ihrer Altersgenossen und muß vorsichtig sein, nicht jede Mode mitzumachen, was auch Drogen einschließt.

Zur Selbstbeobachtung wird sie kaum neigen. Daher wird ihr Selbstbewußtsein sehr oberflächlich sein und ihren Beziehungen wird es an Tiefe fehlen. Da sie einen starken Willen hat, kann sie im allgemeinen die richtige Entscheidung treffen, oder aber es nach einer falschen noch einmal versuchen.

Ist ihre Mutter eine altmodische Frau, die sich nur ihren häuslichen Pflichten hingibt, wird das Löwe-Mädchen sie wahrscheinlich nicht nachahmen wollen. Der Lebensstil ihrer Mutter mag ihr wie eine Sackgasse vorkommen, eine Bühne, die zu eng und zu eintönig ist, als daß sie sich entfalten könnte. Immerhin ist eine Mutter jedoch ein wesentliches Rollenmodell für ihre Tochter, so daß das Löwe-Mädchen unsicher werden kann, wie es die weibliche Seite seines Wesens ausdrücken soll.

Wenn sie unter sehr strengen oder aber sehr großzügigen Verhältnissen aufwächst, macht sie fast immer eine intensive Identitätskrise mit ungefähr achtzehn Jahren durch, wenn sie mündig wird, und später, gemäß einem Haupt-Planetenzyklus, noch einmal mit achtundzwanzig Jahren. Das sind die Zeiten, wo sie sich entscheiden muß, wie sie ihre weibliche Seite und ihre sexuellen Bedürfnisse erfüllen kann und wie sie damit fertig wird, daß es ihr Recht – oder ihr Kreuz – zu sein scheint, daß die Männer ihr schmeicheln. Mit achtzehn wickelt sie bestimmt irgendeinen jungen Mann um den Finger. Sie entdeckt, was es bedeutet, eine Frau mit einer Macht zu sein, die auf starkem Willen und dem Status einer jugendlichen Femme fatale beruht.

Was sie aus ihren persönlichen Möglichkeiten macht und wie sie ihre Macht gebraucht, wird Einfluß darauf haben, was im nächsten Stadium ihres Lebens geschieht.

Liebe und Sexualität

Ein kürzlich in den USA veröffentlichtes Sexuallexikon definiert den Geschlechtsakt als »jede Interaktion, die sexuelle Reaktion einbezieht«. Nach dieser Definition hat die Löwe-Frau eine ganze Menge Geschlechtsverkehr. Sie hat meist eine lebhafte Phantasie und genug Gelegenheiten, ihre Tagträume zu realisieren.

Sie ist dazu geboren, das Leben zu genießen, und wird wahrscheinlich einen Weg einschlagen, der mit bereitwilligen Bewunderern, Verlobten, vielen Freundschaften und wahrscheinlich ein oder zwei Ehen gepflastert ist. Häufig ist es ihr Ziel, die angenehmste und erfreulichste Kombination aus Liebe, Zuneigung, Schmeichelei, Freundschaft und Spaß zu finden – vom sorgenfreien Leben das Beste.

Schwer festzustellen, welche ihrer Erfahrungen auf Tatsachen beruhen, und welche nur Worte sind. Die Löwin redet viel, hält aber nicht immer durch. Ihre Tatsachenberichte müssen auch nicht unbedingt den Ansichten der anderen entsprechen. Sie neigt dazu, alles zu dramatisieren. An einem Tag kann sie den Mann, den sie liebt, für perfekt halten, am nächsten ist sie verbittert über ihn, weil sie ihn in neuem Licht sieht, das aus ihren getäuschten romantischen Erwartungen genährt wird.

Sie neigt zu Besitzansprüchen, was sie nicht immer von einer subtilen doppelten Moral abhält, in der eine Fluchtmöglichkeit für sie selbst vorgesehen ist. Sie verlangt vollkommene Treue und ist selbst treu, solange sie zufrieden ist. Meist scheint ihr Mann der verletzliche Teil zu sein, denn so manche Löwe-Dame ist nicht bereit, das Risiko der Liebe einzugehen. In jungen Jahren kann sie von Männern ausgenutzt werden, die berechnender sind als sie, Männer, die alle Tricks kennen und deren Gefühle abgestumpft sind.

Die Löwe-Frau zieht es vor, wenn Liebe und Sexualität Hand in Hand gehen, aber das trifft in ihrem Leben nicht immer zu. In ihren Phantasievorstellungen ist die Liebe so perfekt und ewig wie das Tadsch Mahal. In der Realität kann die Liebe weit vom Ideal entfernt sein, und gewöhnlich betrachtet sie das als einen Freibrief, herumzuspielen. Liebt sie aber, wird sie mit ihrer Stärke und ihrem Willen, das Ich des Geliebten zu stärken, ihn zu trösten und aufzurütteln, nicht ihresgleichen haben.

Die Löwe-Frau liebt das heftige Vorspiel, und zwar so sehr, daß sie das Wort schon als Beleidigung empfindet. Oft möchte sie einfach spielen, berühren, umarmen, lecken und das Gefühl zweier ineinander verstrickter Körper genießen. Diese »Präliminarien« findet sie genauso aufregend wie das Eindringen selbst.

Sind einmal die ersten Schritte getan und sie fühlt sich sicher, kann ihre Leidenschaft einem den Verstand rauben. Sie selbst kann von der Intensität ihrer Gefühle überrascht sein. Mag sie bisher gedacht haben, daß sie mehr verspreche als sie halten könne, merkt sie nun, da sie erweckt ist, daß dem nicht so ist. Wo sie bisher schnurrte, schreit sie. Sie kann stoßen, beißen und kratzen. Es ist, als hätte sich eine Tür geöffnet und ihr den Blick dafür freigegeben, daß sie weit über frühere Phantasiespiele und kokette Ermunterungen hinausgehen kann.

Sie kann sexuell dominierend sein. Sie wird die Position vorziehen, bei der die Frau oben ist und ihr alle Freuden gegenseitigen Begehrens entlocken. Es scheint, als ob sie plötzlich ein uraltes Wissen über die Sexualität gefunden und die besten hinduistischen Positionen und Atemtechniken entdeckt hat. In der sexuellen Leidenschaft kann sie ihre Passivität ablegen. Jede Spur von Widerstand schwindet, wenn sie sich immer mehr in ihrer eigenen Welt verliert, in der Entladung einer neuen sinnlichen Gemeinsamkeit. Sie kann die Treibende sein. Mit schwingenden Hüften und geschlossenen Augen wirft sie ihre berühmte Mähne zurück – ein wilder Derwisch, der einen exotischen, rituellen Begattungstanz ausführt.

Wenn sie mit Sadomasochismus experimentiert, wird sie wahrscheinlich die dominierende Rolle spielen. Sie entdeckt, daß es ihr Spaß macht, mit Strumpfhaltern zu Bett zu gehen. Im allgemeinen liegt ihr oraler Sex sehr; wenn sie sich erst einmal gehenläßt, ist sie eine großartige Exhibitionistin. Es kann ihr gefallen, sich selbst beim Liebesspiel zu beobachten oder an Gruppenszenen teilzunehmen. Wenn ihre normalerweise konservativen Instinkte sie in den konventionellen Grenzen der Sexualität halten, wird ihr Phantasieleben besonders reich sein: Ihre Vorstellungen können sich um Exhibitionismus, sexuelle Varianten, die sie für »Unmoral« hält, um Ehebruch in verschiedenen Formen, Bisexualität, sexuelle Szenen mit Berühmtheiten und Romanzen in anderen Zeitaltern drehen. Auch pornographische Filme könnten ihr gefallen. Ich habe viele Löwe-Frauen kennengelernt, die mit Perversität und Inzest experimentierten.

Das sexuelle Verhaltensmuster der Löwe-Frau gestaltet sich im allgemeinen nach folgenden Mustern:

1. Sie ist sich ständig bewußt, welchen Eindruck sie auf Männer

macht; ist oft in gespannter, aber angenehmer Erwartung.

2. Wahrscheinlich wird sie es so einrichten, daß eine Situation entsteht, in der sie flirten und herumspielen kann und ein Mann viele Gelegenheiten hat, ihr Ich zu stärken und sie in Erregung zu versetzen. Sie möchte das sexuelle Wechselspiel kontrollieren. Jeder Blick, jeder Schwung der Hüften ist, oft halb unbewußt, berechnet. Es mag sein, daß sie den Mann schneller in Fahrt bringt, als sie selbst erregt ist.

3. Es geht langsam bei ihr, sie braucht die allmähliche Werbung. Wenn sie sich zur schnellen Befriedigung herbeiläßt, dann wahrscheinlich bei Männern, die ihr nichts bedeuten.

4. Sie ist eine stolze Künstlerin im Bett, das Liebesspiel mit ihr ist meist ein Vergnügen, sinnlich, köstlich.

5. Sie neigt dazu, ihr eigenes Liebesspiel zu beobachten. Dadurch vermindert sich die Intensität ihrer emotionellen Beteiligung. Wenn Sexualität ganz und gar befriedigen soll, müssen Verstand, Körper und Geist gefesselt sein, hier und jetzt.

6. Es könnte sein, daß sie sich so stark auf die Atmosphäre oder die Technik ihres Liebhabers konzentriert, daß sie ihre eigenen Gefühle außer acht läßt. Sie kann dann zwar einen Orgasmus haben, im Innersten jedoch unberührt bleiben.

Die Löwe-Frau, die übertriebene Selbstbeteiligung oder Gleichgültigkeit überwindet, wird zur wirklich Liebenden.

Was für einen Liebhaber sie braucht

Im Idealfall braucht die Löwe-Frau einen großzügigen Mann, der sie mit Luxus umgibt und ihr genug schmeichelt, um ihr größter Bewunderer zu sein. Aus den vorausgegangenen Beschreibungen sollten ihre Bedürfnisse klar sein. Daraus folgt, *was ein Mann nicht tun sollte*, wenn er die Nummer eins für sie bleiben will. Ihre Löwe-Dame wendet sich sicherlich von Ihnen ab aus folgenden Gründen: Sie sind arm und ohne Ehrgeiz oder Aussichten; Sie sprechen hauptsächlich von sich selbst; Sie führen sie in billige Lokale; Sie machen sich nichts aus Schmuck, Kunst oder Innendekoration; Sie sind blind dafür, wie sie sich selbst und ihre Wohnung herrichtet; Sie haben keine Manieren; Sie vergessen wichtige Daten, zum Beispiel ihren Geburtstag; Sie erzählen von anderen Frauen, die in Ihrem Leben eine wichtige Rolle gespielt haben; Sie kritisieren oder nörgeln; Sie vergleichen sie auf unschmeichelhafte Weise mit anderen; Sie lehnen es ab, ihr zu schmeicheln; Sie sorgen nur für Ihre eigene sexuelle Befriedigung und ignorieren ihre; Sie machen sie öffentlich lächerlich; Sie sind geizig.

Was sie lernen muß

Die Löwe-Frau muß lernen *zu fühlen*. Sie ist meist so sehr mit ihrem Selbstbild und dem Bemühen, ihm gerecht zu werden, beschäftigt, daß sie dabei ihr inneres Selbst vergißt. Sie muß versuchen, sich wirklich selbst kennenzulernen.
Es mag ihr nicht gefallen, im traditionellen Sinne weiblich zu sein. Oft würde sie lieber selbst umschmeichelt werden, als einem Mann zu schmeicheln. Die Routine-Aspekte einer Beziehung können ihr auch zuwider sein.
Sie muß vor allem ihren Stolz überwinden und Fehler zugeben. Schauspielerei ist gut und schön, aber nicht als Mittel, um ständig Gefühle zu verleugnen. Es wäre auch sehr klug, wenn sie ihre idealisierten Erwartungen überprüfen und in vielen Fällen herabsetzen würde.
Es kann erforderlich sein, daß sie lernt, sich selbst auf eine andere Art zu lieben. Ja, sie ist wahrscheinlich stolz auf ihr Aussehen, ihre schöpferische Begabung und ihre Macht. Aber ist sie wirklich zufrieden? Reagiert sie empfindlich auf die subtilen Gefühle, die das Spektrum der Liebe und Selbstliebe färben? Nur sie selbst kann das beantworten, und auch nur dann, wenn sie sich selbst gut kennt.

Der Ärger der Löwe-Frau

Ärger ist der Löwe-Frau nicht fremd.
Sie hat genug natürliche Aggressionen und geht durch Perioden, in denen sie diese annimmt und andere, wo sie sie ablehnt. Ihr leiden-

schaftliches Temperament ist eine Hilfe, wenn sie ihren Ärger ausdrücken will. Manchmal wird sie auch explodieren. Es ist gefährlich für sie, wenn sie ihren Ärger unterdrückt, besonders, da sie sowieso schon nervös und reizbar veranlagt ist. Kreislaufprobleme und Herzkrankheiten sind keine Seltenheit bei Löwen, deren natürliche Leidenschaftlichkeit und Empfindlichkeit kein Ventil findet.

Ich habe mit einigen Frauen, die dem Löwe-Typ angehörten oder durch eine Löwe-Phase gingen, über das Thema »Ärger« gesprochen. Hier sind einige ihrer Kommentare, die wahrscheinlich typisch für die Einstellung der Löwen zum Ärger ist:

1. »Ich ärgere mich am meisten, wenn jemand mich auf eine Art behandelt, die ich nicht leiden kann. Wenn ich ein Restaurant betrete, erwarte ich sofortige Aufmerksamkeit und einen guten Tisch. Wenn ich eine Person oder eine Behörde anrufe und ein Angestellter mich warten läßt, als wäre ich irgend jemand, ärgere ich mich.«

2. »Ich gebrauche meinen Ärger, um meine Stärke zu demonstrieren. Ich habe festgestellt, daß mir kalter, kontrollierter Ärger sehr viel einbringt, besonders im Beruf. Selten brause ich auf oder bin außer mir vor Wut, denn ich kann genug Ärger auf die andere Art abreagieren, und sie scheint erfolgreich zu sein.«

3. »Ich ärgere mich, wenn man mir räumlich und zeitlich zu nahe kommt. Zum Beispiel ärgere ich mich, und das betrifft auch meine Kinder, über die weitverbreitete Annahme, daß ich jederzeit mit den albernsten Anliegen gestört werden kann. Mir scheint, wir Frauen sind ein Opfer des Mythos, daß wir immer zur Verfügung zu stehen haben. Ich glaube, dem liegt die allgemeine Ansicht zugrunde, daß die Arbeit der Frauen sowieso nie aufhört, und wir doch nie so wichtig wie Männer sind. Mein Mann wird nie so belästigt wie ich, selbst Handwerker schleichen auf Zehenspitzen um ihn herum. Am meisten ärgert mich, daß ich unsere Kinder erzogen habe, das gleiche zu tun – ihm gegenüber!«

4. »Ich bin mir nicht bewußt, mich zu ärgern. Manchmal verspüre ich einen scharfen Stich im Rücken oder mir wird übel, wenn ich mich aufrege. Ich habe jedoch meine Aufregungen noch nie mit Ärger in Verbindung gebracht.«

Die erste Frau vertritt eine Reaktion, die typisch für den Löwen ist. Wenn der Stolz der Löwe-Frau verletzt ist, wird sie ärgerlich. Die Löwe-Frau erwartet immer eine Behandlung erster Klasse. Wenn sie diese nicht erhält und ihre Selbstachtung erschüttert ist, wird sie es übelnehmen.

Ärger ist sehr oft eine direkte Reaktion darauf, daß ein grundlegendes, wichtiges Wertgefühl verletzt wurde. Wenn jemand unseren zärtlich geliebten, oft unbewußten »Ansprüchen« auf die Zehen tritt, kann Ärger entstehen.

Die zweite Befragte repräsentiert eine andere, häufig auftretende Löwe-Überzeugung, daß nämlich Ärger notwendig ist, um Überlegenheit zu demonstrieren. Offensichtlich hat sie gelernt, ihren Ärger zur richtigen Zeit einzusetzen, ihn zu kontrollieren und für sich zu nutzen. Ihre Bemerkungen deuten aber darauf hin, daß über den Begriff »Stärke« einige Verwirrung besteht.

Stärke ist häufig ein Streitpunkt in der Frauentherapie. Was ist Stärke, und was ist Schwäche? Wir sind dabei, uns von vielen alten, starren Klischees zu befreien, etwa dem vom tonangebenden Mann und der unterwürfigen Frau. Und so wie wir in bezug auf die geschlechtliche Rollenverteilung beweglicher wurden, so werden auch die Begriffe Stärke und Schwäche weiter gefaßt. Frauen und Männer zeigen und bemerken Stärke, Schwäche und Gefühle auf neue Art. Jede Frau muß ihre eigenen Maßstäbe innerhalb der Grenzen finden, die für sie, ihren Partner, ihre Nächsten und ihre Kultur annehmbar sind.

Die dritte Frau hätte für alle Frauen sprechen können in ihrer Wut darüber, für selbstverständlich genommen zu werden. Sie erzählte mir die folgende Geschichte. Sie war Produktions-Chefin in einer Papierfabrik. Es war eine verantwortungsvolle Stellung, in der sie ständigem Streß ausgesetzt war. Sie mußte von morgens bis abends allen möglichen Forderungen nachkommen, war häufig Verbindungsglied zwischen Mitgliedern der Gewerkschaft und dem Management und arbeitete in einer lauten, schmutzigen Umgebung. Die Fabrik war kürzlich wegen geringfügiger Verstöße gegen die Sicherheit geprüft worden, und irgendwie wurde es ihr übertragen, sich mit den Mechanikern zu befassen, die die Schäden beheben sollten. Sie erzählte, daß sie die Aufgabe zuerst ohne Überlegung angenommen habe. Als sich jedoch herausstellte, daß mit der Neuordnung tausende geringfügiger Kleinigkeiten verbunden waren, die einen großen Teil ihrer Zeit und ihrer Geduld in Anspruch nahmen, erkannte sie, daß sie diesen »Hausputz«-Auftrag nur erhalten hatte, weil sie die einzige Frau in der Geschäftsleitung der Produktion war.

Die Zustände wurden unhaltbar, und sie fühlte sich plötzlich wie damals als junge Mutter, als sie immer verfügbar sein mußte und niemals nein sagen durfte. Ihr war, als würde man ihr wieder die Luft abschneiden. Da entschloß sie sich, ärgerlich zu werden, besprach die Situation kühl mit ihrem Chef, und alles wurde in ihrem Sinne geregelt. In diesem Fall war Ärger ein kalkuliertes Werkzeug, das sorgfältig eingesetzt wurde, um eine Veränderung zu bewirken.

Die vierte Frau könnte das seltene, fromme menschliche Exemplar sein, das sich nie ärgert. Es ist jedoch wahrscheinlicher, daß sie ihren eigenen Ärger nicht erkennt. Die Löwe-Frau ist oft unfähig oder nicht bereit, ihre eigenen tieferen Gefühle zu identifizieren. Sie lebt lieber schnell und an der Oberfläche, taucht selten in die dunklen Tiefen. In ihrer Bewußtheit mag es Lücken geben, oder sie fühlt sich durch ihren Ärger gehemmt.

Mit siebenundzwanzig hatte die vierte Frau wahrscheinlich noch nie einen Orgasmus erlebt. Sie meinte, sie wisse nicht genau, wie ein Orgsamus und ob das, was sie sexuell erlebt habe, das Bestmögliche sei. Sie schien mir ein perfektes Beispiel dafür, daß allgemein unterdrückte Gefühle, einschließlich Ärger, oft zum Absterben der gesamten Persönlichkeit führen.

Wie man mit dem Ärger fertig wird

Die vier wesentlichen Schritte, sich mit dem Ärger auseinanderzusetzen, sind:
1. Identifizieren Sie Ihren Ärger.
2. Gestehen Sie sich Ihren Ärger ein.
3. Entscheiden Sie, ob Sie mit anderen darüber sprechen wollen. Diese Entscheidung hängt hauptsächlich davon ab, ob und auf welche Weise Ihr Ärger Ihre Beziehungen beeinflußt.

4. Arbeiten Sie darauf hin, Ihren Ärger als ein natürliches Gefühl zu akzeptieren. Gefühle sind Tatsachen. Sie werden nicht zu einem schlechten Menschen, weil Sie sich ärgern. Ihr Ärger sagt Ihnen etwas über sich selbst, was Sie wissen sollten.

Löwe-Frau, Sie müssen Ihr Selbstbild sorgfältig prüfen. Wie beeinflußt es den natürlichen Fluß der Kommunikation mit Menschen? Welche Wirkung hat Ihr Ärger auf Ihr Selbstwertgefühl? (Weitere Hinweise auf die Kunst der Kommunikation, siehe »Ärger der Waage-Frau«. Weitere Ratschläge zur Identifizierung Ihres Ärgers unter »Ärger der Skorpion-Frau«.)

Es ist wichtig, sich die eigenen Wertmaßstäbe bewußt zu machen. Die Einstellung der Menschen resultiert hauptsächlich aus deren Wertmaßstäben, und diese wiederum werden vordringlich in der Kindheit gebildet. Leiden Sie zum Beispiel unter dem Gefühl, schlecht behandelt zu werden, so reagieren Sie vielleicht auf ihre Erziehung. Vielleicht hat man Sie wie eine Prinzessin verwöhnt oder Sie hatten eine entbehrungsreiche Kindheit, die Sie zur Flucht in großartige Phantasievorstellungen zwang. Was den Ärger betrifft, Löwe-Frau, müssen Sie:

1. Konflikte als unvermeidlich, menschlich und wirklich akzeptieren.
2. Ihr eigenes Bedürfnis akzeptieren, in vielen Situationen dominieren zu wollen. Betrachten und benutzen Sie es mehr als Stärke denn als Fehler.
3. Die Begriffe Stärke und Dominanz, Schwäche und Verletzlichkeit neu bewerten. Sie werden entdecken, daß Sie eine Terminologie brauchen, die nicht auf den Restbeständen männlichen Lebens, ihren Problemen und Konditionen basiert.
4. Sich bewußt machen, daß Ärger meist durch ein bestimmtes Glaubenssystem verursacht wird (»Das schuldet er mir« oder »So sollte ich nicht behandelt werden«!). Sie können vielleicht einige Ihrer Wertmaßstäbe ändern, aber nur, wenn Sie erkennen, was sie sind.
5. Wissen, daß Gefühle wie Ausgeschlossensein, Eifersucht, Eitelkeit, Arroganz, Angst, Ungerechtigkeit und Machtlosigkeit Ärger in vielen Leuten auslösen. Sie sind nicht allein.

Die Frauen in meinen Gruppen haben viele konstruktive Möglichkeiten gefunden, mit ihrem Ärger fertig zu werden. Hier einige Hinweise, wie Sie Ihren Ärger nutzen können: Zur Erleichterung von Spannung; zur Überwindung von Angst; zur Schaffung von Konflikten, um dadurch Veränderungen zu bewirken; zur Erringung von Macht und Selbstbewußtsein; zur Unterstützung, um sich von Ihren Eltern zu trennen und eine eigene Identität aufzubauen; als Ansporn, Katalysator, zur Linderung der Langeweile, als Signal für eine erforderliche Veränderung oder einen Weg zur Beseitigung Ihrer »Pflicht und Schuldigkeit«.

Die Lebensstile der Löwe-Frau

Monogamie und anderes

Die Löwe-Frau paßt nicht in altmodische Klischees. Ihr Appetit ist zu groß, als daß ihn ein Mann oder eine Ehe ihr ganzes Leben lang befriedigen könnte. Sie wird wahrscheinlich außereheliche Beziehungen haben, und sie mag mehr als einmal heiraten.

Die Löwin kann den Wunsch hegen, ihrer Rolle als Ehefrau eine interessante berufliche Tätigkeit hinzuzufügen, um so ihre wachsenden Nöte zu sublimieren. Sie ist auch fähig, Enttäuschungen, Ärger und fehlgeschlagene Erwartungen zu schlucken und ihre Ehe verhältnismäßig intakt zu halten, vielleicht für immer. Sie hat die Willenskraft, ungefähr alles zu tun. Die einzige, unwiderrufliche Wahrheit besteht darin, daß sie sich im Laufe ihres Lebens viele Male wandelt, und mit ihr ihre Bedürfnisse.

Die folgenden typischen Situationen könnten die Löwe-Frau dazu bringen, von der Monogamie abzuweichen:

1. Enttäuschte Erwartungen.
2. Vernachlässigung ihrer Sinnlichkeit.
3. Vernachlässigung ihres Ichs.
4. Wachsende Angst oder Streß. Sie kann mit hektischer Betriebsamkeit und/oder wahllosen sexuellen Beziehungen darauf reagieren.
5. Das Gefühl, ausgeschlossen zu sein. Sie haßt es. Wenn daher sexuelle Experimente »in« sind, mag sie sie versuchen.

6. Bedürfnisse nach sexueller Dominanz.
7. Angst, verlassen zu werden. Trotz all ihrem Glanz hat die Löwe-Frau ein verletzliches Ich, das oft fürchtet, verlassen zu werden. Um dem zuvorzukommen, geht sie manchmal lieber selbst.
8. Der Wunsch, Phantasievorstellungen zu verwirklichen.
9. Mangel an Spaß und Leichtigkeit in der Ehe. Wenn ihr Mann keinen Sinn für Humor hat und das Leben nicht genießen kann, wird sie sicherlich kompensieren und das sinnliche Vergnügen woanders suchen.

Alternative Lebensstile

Alleinlebende Frau

Von Zeit zu Zeit mag es der Löwe-Frau Spaß machen, allein zu leben. Sie wird feststellen, daß es seine Vorteile hat, frei zu sein. So braucht man keine Rechenschaft darüber abzulegen, wie man Zeit und Geld verwendet. Aber die Löwin ist vor allem ein geselliges Wesen, selten introvertiert oder gar mit dem Bedürfnis nach Zurückgezogenheit. Auf die Dauer ist es ihr daher nicht zu empfehlen, allein zu leben.

Enge Verflechtungen (Intimate Network)

Diese Bewegung befürwortet Freundschaft mit beiden Geschlechtern und schließt sexuelle Verbindungen weder aus, noch werden sie gefordert. Für die Löwe-Frau wahrscheinlich eine Wohltat. Sie kann sich dabei ganz glücklich fühlen, solange sie ihre Eifersucht und ihre Neigung zu Verdrießlichkeit auf ein Minimum beschränkt.

Offene Ehe

Die Löwe-Frau ist ziemlich konservativ. Selten ist sie ein Pionier, viel eher ist sie daran interessiert, die angenehmen Seiten des Status quo beizubehalten. Die offene Ehe ist daher wahrscheinlich nicht ihre Sache.

Ménage à trois

Sie könnte es versuchen. Extra Spaß, Vergnügen, Zuneigung und vielleicht die Chance für Exhibitionismus könnten sie begeistern – für eine Weile.

Gruppenehe

Im allgemeinen möchte die Löwe-Frau ihren Partner nicht auf konventionelle Art, vermutlich aber überhaupt nicht teilen. So etwas ist nichts für die Löwin. Sie ist viel zu sehr auf sich selbst bezogen. Das wäre eine Möglichkeit für ihr Gegenüber, die Wassermann-Frau, die stärker gruppenbewußt ist.

Kommunen

So wie bei der Gruppenehe, mag sie auch hier Probleme haben, nur daß sie hier nicht förmlich verpflichtet ist, einen Partner zu teilen. Wenn sie eine gemütliche Nische finden kann und eine Position, in der sie richtig anerkannt wird, könnte ihr dieser Lebensstil gefallen. Manche Löwen können Verwalter von Kommunen werden, während andere kleinere Abteilungen leiten, zum Beispiel die Küche.

Homosexueller/bisexueller Lebensstil

Die Löwe-Frau hat eine stark entwickelte männliche Seite, und es wäre gut, wenn sie einen besseren Zugang zu ihrer Weiblichkeit hätte. Das betrifft heterosexuelle, bisexuelle und homosexuelle Löwen. Sie ist der Bisexualität nicht abgeneigt, und es scheint auch eine ganze Anzahl homosexueller Löwinnen zu geben. Jeder nach seinem Geschmack, ist ihr Motto, und man wird selten einen Löwen treffen, der jemandem Vorwürfe wegen seiner sexuellen Neigungen macht. Im Gegenteil, sie bewundert es vielleicht, wenn andere experimentieren, wenn sie auch nicht unbedingt selbst daran teilnehmen wird.

Zusammenfassung

Die Löwe-Frau ist meistens ein sprühendes Wesen mit ausreichend Lebensfreude und Entschlossenheit, um bei vielen Anklang zu finden. Sie braucht die Anerkennung der Leute und wird alles versuchen, sie zu bekommen. Sie kann von falschen Freunden oder ihrer eigenen Neigung, im Rampenlicht zu stehen, fehlgeleitet werden. Meist ist sie sehr eigensinnig, selbstbewußt und eine gute Schauspielerin mit Charisma. Sie kann oberflächlich und egozentrisch, großspurig und von Glamour geblendet sein. Was sie mit ihrem beträchtlichen Talent und ihrer Persönlichkeit anfängt, ist individuell verschieden.

Positiv gesehen kann uns die Löwe-Frau etwas von der Natur der Freude vermitteln. Sie gibt sich der Muße und romantischen Erlebnissen hin, bereichert ihre Sinne und ihr Liebesleben, geht ihren schöpferischen Neigungen nach – das sind ihre Spezialitäten. Wir brauchen sie in unseren Industrienationen, unseren streßgeplagten Großstädten. Die Frauen und die jungen Menschen dort müssen wieder lernen, sich zu entspannen, zu spielen, zu lieben.

Löwe ist das Zeichen der Liebe. Die Löwe-Frau beschäftigt sich vor allem mit dem Wesen der Freude und der Kunst der Liebe. Manipuliert sie vielleicht zuerst, ist besitzgierig und selbstsüchtig, so kann sie später die Menschen glücklich machen. Sie lehrt uns dann am meisten, wenn sie eine liebende Frau *ist*.

Jungfrau

24./25 August bis 23. September

Kennzeichen der Jungfrau-Frau

1. ALTRUISTISCH
2. SELEKTIV
3. GERINGES SELBSTWERTGEFÜHL
4. HART ARBEITEND
5. ANSPRUCHSVOLL
6. PERFEKTIONISTISCH
7. SELBSTGERECHT
8. ÜBERZEUGEND
9. SCHARF, DURCHDRINGEND
10. WEISS VIEL
11. EHRLICH
12. PRAKTISCH
13. BESCHEIDEN
14. UNAUFFÄLLIG
15. ZURÜCKHHALTEND
16. VERDRÄNGTE GEFÜHLE
17. ZWANGHAFT
18. ORDENTLICH
19. HINGEBUNGSVOLL
20. MONOGAM
21. UNTERSCHIEDLICHER SEXUALTRIEB
22. NEUGIERIG
23. BEWEGLICH
24. ÜBERTRIEBEN ENERGISCH
25. NERVÖS
26. GESUNDHEITSBEWUSST
27. GUT ORGANISIERT
28. BESORGT UM ANDERE
29. MENSCHENFREUNDLICH
30. VERANTWORTUNGSBEWUSST
31. GUTE LEHRERIN
32. KRITISCH
33. TÜCHTIG
34. HAT CHARAKTER

Die Persönlichkeit der Jungfrau-Frau

Allgemeines

Die Jungfrau-Frau hat eine schlechte Presse. Man stößt sich oft an ihren kritischen Fähigkeiten, ihre Bescheidenheit und Vorsicht werden verspottet, ihr Scharfsinn gefürchtet, ihre Genauigkeit für Mangel an Phantasie gehalten. Ihre sexuelle Treue wird häufig für Prüderie gehalten oder als die neueste Sünde dargestellt: Zugeknöpftheit. Anscheinend kann sie es uns nicht recht machen. Die Jungfrau spiegelt unsere eigenen negativen Eigenschaften wider, zeigt unsere Fehler, reflektiert unsere Engstirnigkeit und unsere Nörgelei. Kurz gesagt, sie tut uns allen einen großen Gefallen!

Die Jungfrau-Frau ist oft auffallend hübsch und faszinierend. Ihre Intelligenz und ihre ruhige, erotische Schönheit sind zeitlos. Sie ist klug, praktisch, klar, witzig, bereit zu guten Taten, vertrauenswürdig, unabhängig; sie ist aufdringlich neugierig, scharfsichtig, ehrlich und sensibel. Häufig ist sie arbeitswütig, leidet an mangelnder Selbstachtung, ist ruhelos, zwanghaft, hypochondrisch, ängstlich, und im allgemeinen kann man ihr nichts recht machen.

Die Jungfrau-Frau scheint zur Verantwortung, oft der weltlichen, geboren zu sein. Sorgfältig wird sie ihren Garten bestellen nach den Regeln, die Voltaire in »Candide« vorschlägt, um dann zu entdecken, daß ein anderer die Überschüsse erntet. Häufig fühlt sie sich in ihrem Leben verkannt und unglücklich, selten verliert sie jedoch ihre Ziele aus den Augen. Deren eines ist produktive Dienstleistung, das andere vollkommene, perfekte Gesundheit.

Unser Wort Hygiene kommt aus dem Griechischen. In der griechischen Mythologie hieß die Göttin der Gesundheit Hygeia und wurde oft als Jungfrau dargestellt. Astrologisch wird die Jungfrau mit einer Garbe Korn in den Armen gezeigt. Die Bezeichnung »Jungfrau« weist auf ihr lebenslanges Interesse an Reinheit und Perfektion in menschlichen Belangen hin. Unser modernes Symbol für Medizin ist der magische Stab des Merkur. Merkur ist der astrologische Herrscher der Jungfrau und symbolisiert den beweglichen Geist, den Verstand.

Die Verbindung zwischen Geist und Körper war den Alten wohlbekannt. Die Jungfrau sollte diese Verbindung sehen und begreifen und anderen helfen, sie auch zu verstehen und in ihrem Leben wirksam werden zu lassen. Es ist Aufgabe der Jungfrau zu lernen, die Materie dem Geist unterzuordnen, und zwar auf positive Art. Die Jungfrau-Frau kann die Erdmagierin sein, wenn sie den Gedanken der Reinheit von Körper und Geist lebendig hält.

Jungfrau ist das sechste Zeichen des Tierkreises, ein bewegliches Erdzeichen. Die Beweglichkeit verleiht der Jungfrau eine unruhige, nervöse, suchende und anpassungsfähige Veranlagung. Sie möchte »Gutes« tun und tut es oft. Man kann es ihr schwer recht machen, schwer mit ihr Schritt halten und es ist noch schwerer, sie zu verstehen.

Weniger eine Leitende, ist sie Vorarbeiterin, Lehrerin oder die verläßliche Mitarbeiterin, die sich um die entscheidenden Einzelheiten kümmert. Das Element Erde macht die Jungfrau-Geborenen nützlich, prosaisch, an den materiellen Aspekten des Lebens interessiert, zurückhaltend, fleißig, konservativ, gewinnsüchtig, sparsam. Alle Erdzeichen, einschließlich Stier und Steinbock, sind an der Form interessiert und haben deshalb astrologisch mit körperlichen Angelegenheiten zu tun. Feuerzeichen werden mit der Domäne des Geistes, Luftzeichen mit der des Verstandes und Wasserzeichen mit der Seele in Verbindung gebracht.

Gesundheit und allgemeine Pflege des Körpers, Diät und Nahrungsaufnahme sind hauptsächlich Jungfrau-Angelegenheiten. In der medizinischen Astrologie bezieht sich Jungfrau auf oder beherrscht das Zwerchfell, den Darm, die Eingeweide, den Solarplexus und das sympathische Nervensystem. In gefühlsmäßigen Streßsituationen werden bei den Jungfrau-Typen daher zuerst und vor allem diese Körperteile in Mitleidenschaft gezogen.

Die Jungfrau-Phase in der Entwicklung wird wie folgt charakterisiert:

1. Intensive Sorge um Körper und Gesundheit im allgemeinen; vielleicht Hypochondrie; schrullenhaft; zwanghaft besessen von Sauberkeit und allgemeiner Perfektion.

2. Umstände, die einem unerfreuliche Pflichten auferlegen; im Leben oder im Beruf viele Detailangelegenheiten (besonders können Grundbesitz- und Immobilienverträge und Rechtsan-

sprüche betroffen sein); manchmal Perioden, in denen man mit unwesentlichen Einzelheiten und noch zu erledigenden Kleinigkeiten konfrontiert wird.

3. Chronische Krankheit, besonders betroffen Bauch oder Eingeweide; Krankheit, die mit dem Arbeitsplatz zu tun hat.
4. Beschäftigung mit sich selbst, mit einer Diät oder Bekleidungsfragen und Ausbildung anderer auf diesen Gebieten.
5. Beruf als Kritiker (Literatur, Kino usw.), in der Forschung, in Redaktion und Herausgabe von Literatur; Arbeit mit kleinen Tieren, öffentlicher Dienst. Viele Menschen in einer Jungfrau-Phase arbeiten im Gesundheitsdienst (siehe »Jungfrau-Berufe« weiter unten).
6. Dienstbarkeit; desgleichen Begabung für Gärtnerei, Freude am Kochen und der Haushaltsführung.
7. Viele kleine Reisen aus nützlichen, erzieherischen oder beruflichen Gründen.
8. Man fühlt sich verpflichtet, auch einmal deprimiert, unzulänglich, untauglich, unter seinem Wert eingesetzt, eingeengt (eine negative Jungfrau-Phase).

Typische Jungfrau-Berufe und Arbeitsgebiete sind:
Buchhaltung; Verwaltung; Arbeit mit Tieren, vor allem mit kleinen Tieren oder Haustieren; Militär; Dienst im Haushalt; Dienstbarkeit jeder Art; Berufe, die mit der Gesundheit und der Pflege des Körpers zu tun haben; Chemie; öffentlicher Dienst; Angestellte; Handwerk, besonders Präzisionsarbeit; Kritik; Zahntechnik; Datenverarbeitung; Diät und Ernährung; Arzt und Krankenpflege; Redaktion und Herausgabe; Personalarbeit; Landwirtschaft; Nahrungsmittel-Industrie; Gärtnerei; Kinderbetreuung; Kräuterkunde; Heilen im allgemeinen; Hygiene; technische Illustration; Dolmetscher; Büchereiwesen; Mathematik; Kommunalarbeit und -politik; Behandlung von Nervenkrankheiten; Säuglingsheime; Modellherstellung; Körperkultur; Polizeiarbeit; öffentliche Gesundheit; Fürsorge; Arbeit in Gaststätten und Sanatorien; wissenschaftliche Arbeit; Nähen; Petit-Point-Stickerei; Ladeninhaber; Statistik; Stenographie; Schneiderei; Lehrer; Textilarbeit.

Die Jungfrau-Geborene ist oft auf eine ruhige Art attraktiv. Sie neigt dazu, ihr Aussehen und ihren Charme herunterzuspielen; sie ist zart, aber zäh und kann übermäßig kritisch sein. Mit ihren unaufhörlichen verletzenden Witzeleien und unheimlich treffenden Beobachtungen, die sie häufig selbst nicht mehr bremsen kann, entfremdet sie sich den Leuten. Sie hat jedoch eine Menge Tricks auf Lager, ihre zwingende geistige Kraft ist dabei nicht der geringsten einer.

Die Jungfrau-Frau kann eine ganze Menge erreichen. Sie ist eine Pedantin, eine Perfektionistin, eine unabhängige Frau, die es verabscheut, wenn sich jemand wie eine Klette anklammert. Sie stellt große Ansprüche und ist fleißig. Sie neigt zu Verkrampfung, ist ordentlich, tüchtig, praktisch, sarkastisch, bescheiden. Sie verdrängt ihre Gefühle oft, ist zwanghaft, hat Urteilsvermögen. Sie ist darum bemüht, Wirkungskreise zu finden, an die sie glaubt und denen sie dienen kann. Kurz gesagt, sie ist sehr am Beifall der Gesellschaft interessiert und kann leicht in die Rolle der Musterschülerin, des Mädchens von nebenan oder der glühenden Intellektuellen schlüpfen, je nachdem, was verlangt wird.

Die Jungfrau hat oft zwei Selbst; eines, das sie aller Welt präsentiert und ein geheimes, das verborgen bleiben kann. Gerade dieser doppelte Aspekt reizt und fordert die Menschen heraus, die sie sonst links liegenlassen würden.

ALTRUISTISCH, SELEKTIV

Einer der großen Vorzüge der Jungfrau ist ihre Gebefreudigkeit. Sie wird die Kranken und Verirrten mit Hühnersuppe füttern, Hunde aus dem Tierheim holen, sich für die Kinder in Biafra einsetzen, versuchen, einen neuen Impfstoff zu entwickeln oder die Stadtbücherei umorganisieren.

Obwohl sie ihre Kräfte freigebig verteilt, hat sie Spannkraft und ein genaues Urteil. Sie weiß, was sich lohnt und was nur Zeitverschwendung wäre. Die Jungfrau-Geborene Sophia Loren sagte kürzlich in einem Interview, daß ihr Leben sich um ihre Familie und ihre Karriere drehe. Sie sieht sehr wenig Menschen und hat fast gar kein Gesellschaftsleben. Die Jungfrau-Frau kann nein sagen und es damit auch ernst meinen.

GERINGES SELBSTWERTGEFÜHL, ARBEITET HART

Die Jungfrau ist meist ein so hart arbeitender, intelligenter Mensch, daß sie ihr Gewicht in Gold wert ist. Sie steht als eine Leuchte der Vertrauenswürdigkeit inmitten einer Gesellschaft, die den Wert harter Arbeit seit kurzem in Frage stellt, augenscheinlich eine Reaktion auf die ultra-strenge Arbeitsmoral unserer Vorfahren.

Da sie so hart arbeitet und wenig spielt, gibt es Perioden, wo sie sich ausgeschlossen und vorzeitig gealtert vorkommt. Irgendwann rebelliert sie vielleicht und macht dann eine selbstsüchtige Widder- oder Löwe-Phase oder eine verspielte Schütze-Phase durch. Sie braucht die Lebensfreude der Feuerzeichen und deren angeborenes Wissen um Selbstvertrauen. Die Jungfrau scheint mit dem schwächsten Selbstwertgefühl geboren zu sein. Offensichtlich ist sie zu einem Leben der Arbeit bestimmt, wobei sie jahrelang mehr als notwendig tut, und weniger dafür anerkannt wird. Sie geht sorgfältig mit ihren Mitteln um, ist anpassungsfähig und möchte vor allem Abhängigkeit im Alter vermeiden. Sie neigt dazu, sich zu sehr vorzubereiten. Sie muß sich sehr bemühen, ihre Bedürfnisse nach Freude und Liebe zu ihrem Recht kommen zu lassen.

Sie lebt oft so, als müsse sie alles, was sie erfahren und beweisen möchte, in die erste Hälfte ihres Lebens pressen. Sie scheint Angst zu haben, daß ihr die Zeit davonläuft.

Ein Symptom geringer Selbstachtung ist die Selbstverleugnung. Die Jungfrau strengt sich oft aufs äußerste an und lehnt es dann ab, das ihr Zustehende zu fordern. Selten bekommt sie so viel, wie sie gibt. Es ist typisch, daß sie mehr aktiv ist als empfänglich, eher ihre Pflichten wahrnimmt, als daß ihr Freude bereitet wird.

Sie könnte die Mutter sein, die ihre Kinder auf die besten Schulen schickt und dann in Billigläden nach deren Cocktailkleidern Ausschau hält. Ihrem Intellekt und ihrer Logik vertraut sie weit mehr als ihren Gefühlen, vielleicht in der Überzeugung, daß das Leben sie ja doch enttäuschen wird. Sie errichtet sich damit eine negative Gedankenwelt und färbt ihr Leben grau in grau, wo es doch in allen Regenbogenfarben leuchten könnte.

ANSPRUCHSVOLL, PERFEKTIONISTIN, SELBSTGERECHT, ÜBERZEUGEND

Die Jungfrau fordert sich bei jeder Aufgabe Höchstleistungen ab. Sie scheint die Welt als eine vernünftige Einrichtung zu betrachten, in der jeder eine Rolle und einen Zweck hat. Sie ist darauf konzentriert, ihren eigenen Zweck zu finden und ihn bis zum I-Tüpfelchen zu erfüllen. Von anderen erwartet sie das gleiche.

Vielleicht ist sie der Meinung, daß jeder, der sich nicht an die Regeln hält, besonders an die, nach denen sie lebt, leicht verrückt ist. Eine so vereinfachende Einstellung mag recht beruhigend für sie sein, bringt aber auch ständige Enttäuschungen mit sich. Und das wiederum bestärkt sie in ihrer Grundüberzeugung, daß es schwierig ist, auf dieser Welt zufriedengestellt zu werden. Ihre Forderungen sind oft berechtigt, wenn auch ihr Ton häufig so hart ist, daß er für Leute mit schwächerem Ego oder schwächeren Prinzipien untragbar wird.

Dinge, hauptsächlich auf der Grundlage des Nützlichkeitsprinzips, sind unheimlich wichtig für sie. Sie ist schwer zu widerlegen, wenn sie ihre wohlerwogenen und logisch dargebotenen Argumente über Steuerreform, Gesundheitsfürsorge, politische Korruption, neue Schulsprengel und das Verhältnis der Sozialpartner vor einem ausbreitet. Die Jungfrau ist im allgemeinen davon überzeugt, daß alles, was sie glaubt und tut, wesentlich ist, und sie kann nicht verstehen, daß irgendjemand anderer Meinung sein könnte.

SCHARF, DURCHDRINGEND, WEISS VIEL, EHRLICH, PRAKTISCH

Die Jungfrau hat einen scharfen, durchdringenden Verstand und verläßt sich sehr stark auf ihn. Künstlichkeit und Unehrlichkeit verachtet sie. Einen Betrug riecht sie meilenweit und ist der letzte Mensch, der auf einen Schwindler hereinfällt. Sie kann ihr Leben der Ausrottung von Trug und Schmutz weihen. So ist sie etwa eine hervorragende Reporterin. Sie löst die Rätsel des Skorpions, klärt die unbewußten Geheimnisse der Fische und bringt Ordnung in die durcheinandergeratenen Prioritäten der Waage, alles mit einem realen, brauchbaren Resultat. Da sie weiß, wo der Hund begraben liegt, ist sie ein gefährlicher Feind.

BESCHEIDEN, UNAUFFÄLLIG, ZURÜCK-HALTEND, VERDRÄNGTE GEFÜHLE

In der Erscheinung unauffällig, verlangt es die Jungfrau selten nach einem großen Auditorium. Sie ist häufiger die fleißige Biene, die hinter den Kulissen dafür sorgt, daß die Dinge getan werden. Wenn sie berühmt wird, dann deshalb, weil sie ihre Aufgaben gründlich gelernt hat. Sie hat wahrscheinlich alle grundlegenden Einzelheiten ihrer Kunst studiert und alle Verästelungen des Machtgefüges gründlich analysiert.

Oft ist sie sehr scheu und fühlt sich unbehaglich in der Öffentlichkeit. Vielleicht will sie ihre Vorzüge verbergen. Im Laufe ihres Lebens wird sie oft herausgefordert, mehr Offenheit, mehr Spontaneität und Selbstvertrauen zu entwickeln und sich freier zu äußern.

Die Jungfrau kann die Ehefrau sein, die als Zeichen ihrer Zuneigung ihren Mann verstohlen auf den Arm klopft, anstatt ihn zu küssen. Sie schüttelt ihren Söhnen eher die Hand, statt sie zu umarmen, wenn sie erst einmal das Babyalter hinter sich haben.

Selten wird die Jungfrau übersprudeln. Sie muß lernen zu loben und Lob anzunehmen. Sie ist zurückhaltend mit ihren Gefühle.

Die Jungfrau ist voller Spannkraft und wird in kritischen Zeiten auf dem Sprung sein. Sie ist naturverbunden und fühlt sich oft auf einem einsamen Spaziergang wohler als auf einer Party.

ZWANGHAFT, ORDENTLICH, HINGEBUNGSVOLL

Die Jungfrau hat das Gefühl, sie müsse alles perfekt tun und ihre Liebe müsse rein, aufopfernd und gewissenhaft sein. Ihre Maßstäbe sind sehr hoch.

Sicher hat sie ein Medizinschränkchen, in dem sich Arzneimittel, Kräuter und medizinische Geräte für jeden nur erdenklichen

Krankheitsfall finden. Überall im Haus und in ihrer Handtasche gibt es Listen, damit sie auch ja keine ihrer verantwortungsvollen Aufgaben vergißt. Andererseits kann die Jungfrau-Frau aber auch unwahrscheinlich schlampig sein. Periodisch kann sie von bakterienfreier Sauberkeit zu überfließenden Aschenbechern, sterbenden Pflanzen und schmutzigem Geschirr wechseln – und das genauso zwanghaft.

Die Jungfrau verschenkt ihre Liebe nicht leichtfertig. Das entspricht ihrer Natur. Sie studiert ihren Mann sehr sorgfältig und taxiert jeden Aspekt seines Wesens. Selten trägt sie ihr Herz auf der Zunge, denn sie schützt sich gegen Kränkungen, wenn sie jedoch einmal liebt, dann liebt sie ganz. Sie spielt nicht mit der Liebe und zieht strenge Monogamie vor. Sie ist besonders verwundbar, wenn ihr Partner vom Pfad der Tugend abweicht, denn ihre Entscheidungen und Erwartungen beruhen auf Vollkommenheit.

MONOGAM, WECHSELNDER SEXUALTRIEB

So gut wie nie wirft sich die Jungfrau einem Mann an den Hals oder gerät in eine Situation, wo sie ihre Unschuld verteidigen muß. Tut sie etwas, dann nur bei größtmöglicher Aussicht auf Erfolg, und sobald sie einmal ihr Interesse angemeldet hat, wird sie kaum Ungewißheit oder Konkurrenz dulden.

Sie braucht eine totale Beziehung zu ihrem Mann. Etwas anderes beruhigt sie nicht, und nichts anderes interessiert sie wirklich. Damit sie sexuell in Fahrt kommt, braucht sie gewöhnlich einen angemessenen, vertrauenswürdigen Verbündeten, ein Wesen, das sie sicher in den Armen hält und sie leidenschaftlich liebt. Jedes erlahmende Interesse spürt sie.

Wenn der Erfolg im Erotischen darauf beruht, daß eine Frau fähig ist, sich völlig gehenzulassen und einen Mann in Erregung zu versetzen, dann wird die Jungfrau wohl in Schwierigkeiten geraten. Sie zeigt ihre sexuellen Bedürfnisse nicht leicht oder gerät auch nicht schnell in höchste Erregung. Sie ist deshalb wahrscheinlich besser dran mit einem Mann, dessen sexuelles Barometer nicht zu eng mit dem ihren verbunden ist. Sie ist gefühlsmäßig und daher auch sexuell gehemmt. Sie mag es vorziehen, die Rolle des asexuellen Ehepartners oder der Matrone zu spielen. Aber ich habe auch ein paar Jungfrauen kennengelernt, die mehrere Partner brauchten, wahllos herausgesucht, mit deren Leidenschaftlichkeit sie in Berührung kommen wollten. Danach widmeten sie sich glücklich einer einzigen heißen Beziehung.

Grundsätzlich ist die Jungfrau davon abhängig, daß ihr Partner sie lehrt, die vollen Freuden der Sexualität zu genießen. Wenn sie sie findet, kann sich das Blatt mit erstaunlicher Geschwindigkeit wenden, und sie ist selbst von der Stärke ihres Sexualtriebs und ihren Möglichkeiten überrascht.

NEUGIERIG, BEWEGLICH, ÜBERTRIEBEN ENERGISCH, NERVÖS

Die Jungfrau-Frau ist unersättlich neugierig, so sehr, daß es nicht selten vorkommt, daß sie drei Bücher auf einmal liest. Sie ist meist in ständiger Bewegung, sowohl geistig als auch körperlich. Sie muß etwas sehen, herumkommen, Fakten kennenlernen. Fast immer reist sie gern, möchte neue Länder sehen, vergleichen, analysieren, zergliedern. Auch plant sie ihre Abenteuer gern.

Im allgemeinen hat sie einen Überfluß an nervöser Energie, und es kann Jahrzehnte dauern, bis sie lernt, sie in die geeignete Richtung zu lenken. Mit Hilfe von Meditation oder Entspannungsmethoden, körperlicher Therapie, einer ausgeglichenen Diät und der passenden Ernährung kann sie wahre Wunder erreichen.

GESUNDHEITSBEWUSST, ORGANISIERT, BESORGT UM ANDERE

Die Jungfrau organisiert eindrucksvoll und kann für alles eine Kartei haben, von Rezepten bis zur Technik der Kinderbetreuung.

Wegen ihres eigenartigen Nervensystems und ihres niedrigen Selbstwertgefühls sorgt sich die Jungfrau ziemlich viel. Indem sie alles genau organisiert, versucht sie, mögliche Verwirrung und den Druck widersprüchlicher Forderungen auszuschließen.

Ihr Leben lang wird sie sich ihrer geistigen und körperlichen Gesundheit bewußt sein, und auch der ihrer Angehörigen. Ihr Interesse an den emotionalen/spirituellen Aspekten der Gesundheit kommt meist erst später. Manchmal klappert sie die Reformhäuser ab; sie ist glänzend informiert über Vorsorgemedizin, hat zum Vergleich eine Menge Therapeuten und Ärzte aufgesucht und ist auf dem laufenden sowohl über jeden neuen Trank und jedes neue Kraut, als auch über jedes Leiden ihrer Lieben. Sie kann eine überbesorgte Mutter sein und ist meist für die Betreuung der Kranken verfügbar. Sie hat auch Talent dazu.

Die positive Jungfrau wird eine ganzheitliche Einstellung zur Gesundheit und Selbstheilung haben.

MENSCHENFREUNDLICH, VERANTWORTUNGS-BEWUSST, GUTE LEHRERIN

Die Jungfrau-Geborene ist loyal und verläßlich. Ob nun zu Hause, im Krankenhaus oder bei der Wohlfahrtsarbeit, sie ist vertrauenswürdig und führt Anweisungen pünktlich und genau aus. Sie wird auch die menschliche Seite nicht vergessen, nicht übersehen, eine Augenbraue abzuwischen oder eine Hand zu halten.

Sie hält sich strikt an den Buchstaben des Gesetzes, und sie versucht auch dem Geist des Gesetzes zu folgen. Meist kann sie anderen die Regeln genausogut beibringen, wie sie sie selbst befolgt. Als Lehrerin ist ihr keiner ebenbürtig. Sie ist auch eine ausgezeichnete Disputantin oder Rednerin.

KRITISCH, TÜCHTIG, HAT CHARAKTER

Die Jungfrau ist so eifrig damit beschäftigt, zu unterweisen und Gesetze zu befolgen, daß sie mit ihren Mitmenschen, die nicht das gleiche tun, oft wenig Geduld hat. Sie ist der Meinung, sie habe immer recht, kann sich auch nicht erinnern, daß ihre Kritik einmal daneben gegangen wäre. Sie kann moralistisch sein und die Rückkehr zur absoluten Einfachheit predigen.

Sie ist diszipliniert und verabscheut jede Verschwendung. Sie hält Zeit für das Wesen aller Dinge und mag versuchen, das Leben nach ihrer Philosophie zurechtzubiegen. Ungehemmte, unkonzentrierte, undisziplinierte Menschen sind ihr ein Greuel. Sie sollte bedenken, daß sie etwas von ihnen lernen kann, daß sie sie daran erinnern können, sich zu entspannen und ihre scharfe Kritik zu mildern.

Worte benutzt sie präzise und kann jedes Argument kontern. Oft hat sie Freude an der Genauigkeit und Kunst der Stickerei. Vielleicht entwirft sie ihre eigenen Muster. Sie arbeitet mit chirurgischer Genauigkeit, und wenn sie Ärztin ist, ist sie wirklich meist Chirurgin.

Die Jungfrau sollte daran denken – oder es vielleicht wieder lernen – sich selbst zu lieben. Die höchsten Leistungen und gute Taten können nicht den Hunger derjenigen stillen, die im Unfrieden mit sich selbst sind. Sehr häufig ist die Jungfrau ein bewundernswerter Mensch, eine Frau von Klasse. Sie hat Integrität und Charakter. Nur sollte sie darauf achten, daß ihr Wunsch nach Anpassung sie nicht daran hindert, als wunderbare, liebende Frau zu glänzen und hervorzutreten.

Die Beziehungen der Jungfrau-Frau

Die Jungfrau hat ein tiefes Bedürfnis, ihrem Partner zu nützen, ihn zu stützen und seine einzig wichtige Geliebte, Freundin und Verbündete zu sein. Sie fühlt sich in der Tat oft zu Menschen hingezogen, die in Schwierigkeiten sind, zu Außenseitern der Gesellschaft, zu den Benachteiligten.

Ihre herausragende Eigenschaft in einer Beziehung ist ihre bezaubernde Direktheit, die mit einer disziplinierten Ergebenheit ihrem Mann und der Partnerschaft gegenüber verbunden ist. Sie hält ihre Bindungen in Ehren. Sie wird alles in ihrer Macht stehende tun, um ihrem Geliebten und ihren nächsten Freunden jeden Stein aus dem Weg zu räumen, ihnen das Leben angenehm zu machen, sie in die Lage zu versetzen, ihre größtmöglichen Fähigkeiten zu entfalten. Sie kann mehr damit beschäftigt sein, die Bedürfnisse der anderen herauszufinden, als ihre eigenen. Sie hängt sich nicht an wie eine Klette. Die Jungfrau ist viel eher damit beschäftigt, Gefühle und wirtschaftliche Möglichkeiten zu ordnen und zum Einsatz zu bringen.

Sie ist stark, hat aber nichts dagegen, die zweite Geige zu spielen, wenn ihr Mann Solist oder Dirigent ist. Oft zeigen sich ihre besten Seiten, wenn ihr Mann sie am meisten braucht.

So paradox es klingt, die so überaus kritische Jungfrau läßt sich im Grunde von allen Damen des Tierkreises am meisten gefallen. Sie ist beständig, von großer Loyalität und träumt selten davon, die Leute zu reformieren. Es ist viel wahrscheinlicher, daß sie ihre Tugenden würdigt, ihre Fehler akzeptiert und sich jederzeit für sie einsetzt.

Die Jungfrau-Frau kann eine Zauberin sein. Meist hat sie ein Talent zur Nachahmung. Mit einem Zwinkern in den Augen sieht man ihren Imitationen zu. Sie hat meist viele Freunde, aber sie wird auch ausgenutzt. Sie muß den Unterschied lernen zwischen benutzen (meist im positiven Sinn des Wortes) und sich benutzen lassen. Das ist manchmal eine bittere Lektion.

Äußerlich die bescheidenste aller echten Romantikerinnen, ist die Jungfrau innerlich so verträumt und idealistisch wie ein Teenager. Sie scheint kühl und unnahbar zu sein, und doch ist Romantik der Inhalt ihres Lebens. Ihren Rationalismus breitet sie über ihre sentimentalen Sehnsüchte, als werfe sie eine alte, graue Decke über ein wieherndes, überschwengliches Fohlen, dem nicht zu trauen ist.

Es ist traurig, daß sie ihre Sexualität oft unterdrückt, und ihr offensichtliches emotionales Desinteresse kann Unsicherheit bei anderen hervorrufen. In ihrem tiefsten Innern befürchtet die Jungfrau jedoch, daß sie es nicht wert ist, geliebt zu werden – und vielleicht ist es das, was sie antreibt.

Kindheit

Im allgemeinen lernen wir in unserer Kultur nicht, frohgemut und vertrauensvoll zu leben. Weil es so vielen Eltern an Selbstvertrauen und der Fähigkeit fehlt, Zuneigung zu zeigen, fühlen sich ihre Kinder oft mißverstanden und ungeliebt. Sie wachsen ohne angemessenes Beispiel für Liebe, Selbstachtung und Lebensfreude auf. Biertrinken, Sport und Fernsehen können eine herzliche Umarmung oder eine teilnehmende Frage nicht ersetzen. Es ist typisch, daß das Jungfrau-Mädchen außerordentlich empfänglich dafür ist, »programmiert« zu werden. Oft fühlt sie sich, bewußt oder unbewußt, durch die Wertmaßstäbe und Ansprüche ihrer Familie übermäßig belastet. Gewöhnlich ist sie ein sehr braves Mädchen, häufig die Älteste oder das einzige Mädchen in der Familie, oder das einzige Kind. In jedem Fall ist sie oft das Kind, das seinem Vater und seiner Mutter als Übungsfeld für ihre Rolle als Eltern dient, und das die Konsequenzen für die klassischen Fehler zu tragen hat, die die Erwachsenen machen, wenn sie diese Rolle üben.

Sie wird sich wahrscheinlich stark mit ihrer Mutter identifizieren und Schwierigkeiten haben, das Band zu lösen. Obwohl unabhängig, neigt sie dazu, die Überzeugungen ihrer Mutter zu übernehmen und später eine schwere Identitätskrise durchzumachen (die Zeit um das achtundzwanzigste Jahr kann sehr schwierig sein).

Die Mädchenzeit der Jungfrau ist meist mit Vorschriften und Pflichten überlastet. Sehr oft wächst sie mit puritanischen Wertmaßstäben auf, sie wird angehalten, ihrer vorgezeichneten Rolle gerecht zu werden, sich auf eine Aufgabe zu konzentrieren und tüchtig zu sein, ihre Gefühle zurückzuhalten und Sexualität und Intimität zu fürchten. Diese frühe Verdrängung ist häufig ihr Verderben in späteren Jahren.

Liebhaber und andere Vertraute

In ihrem Benehmen und ihren wechselseitigen Beziehungen ist die Jungfrau oft untadelig korrekt. Sie tut immer das Richtige, zumindest sieht es so aus, als ob sie es täte. Es ist schwierig für andere, Ablehnung oder Feindseligkeit in Gegenwart eines Musters an Tugend zu zeigen, das alles zu wissen scheint, und das auch noch perfekt ist.

Wie ein guter Spielführer hat die Jungfrau meist einen Spielplan und schätzt die Dinge generell richtig ein. Häufig hat sie die Kontrolle in ihren Liebesbeziehungen, ist jedoch klug genug, es zu verschleiern. Sie ist nicht erhaben darüber, ihre Rolle als tugendhafte Frau ganz und gar auszuspielen und auf diese Weise eine mögliche Opposition auszuschließen, bringt jedoch ihrem Partner der sich egoistisch vorkommt, Schuldgefühle bei.

Doch die Jungfrau ist eine echte Romantikerin. Sie gibt gern, sucht die reine, unkomplizierte Liebe und Leidenschaft – und bekommt statt dessen meist ein so arbeitsreiches Leben, daß ihr wenig Zeit bleibt, einmal zu entspannen und einen leidenschaftlichen Nachmittag zu verbringen. Bis über die Ohren ist sie mit Aktivitäten, Freunden und Schmarotzern beschäftigt und häufig viel mehr die jungfräuliche Vestalin, die von der Lust träumt, als eine Frau aus Fleisch und Blut, die nach einem Rendzvous dürstet.

Sie liebt aus ganzem Herzen, aber nicht leicht. Die Leidenschaften der Jungfrau brauchen meist Zeit, sich zu erwärmen, aber sie brauchen Äonen, um abzukühlen. Meist ist sie nicht über das gewöhnliche Maß hinaus besitzergreifend und lebt normalerweise mit ihrer Eifersucht wie mit einem unwillkommenen, aufdringlichen Insekt. Ihre Unsicherheit schürt ihre Eifersucht von Zeit zu Zeit; dann macht sie Szenen, die eigentlich nicht zu ihrem Charakter passen oder erteilt Lektionen, wie sie es gerne hätte.

Sie ist wählerisch, peinlich genau und systematisch, obwohl sie manchmal alle Vorsicht über Bord werfen und sich in eine stürmische Liebesgeschichte stürzen kann. Sie ist bewundernswert vernünftig in ihren Entscheidungen, und ihre Talente als scharfsinnige Rätsellöserin sind dabei eine Hilfe.

Die Jungfrau weiß im allgemeinen, wie sie ihren Mann kriegt. Sie weiß zu schmeicheln, ihm um den Bart zu gehen, zu überzeugen. Sie beweist ihm auch, daß er sie braucht. Intuitiv verwandelt sie sich in genau die Person, ohne die er, so fühlt er bald, nicht leben kann. Sie gibt jedem Menschen das Gefühl, er oder sie könnten mit der Zeit der Mittelpunkt ihres Lebens werden.

Sie spezialisiert sich, wählt nur einen Mann zu einer Zeit. Zu ihren Gunsten ist zu sagen, daß sie fast immer vollkommen ehrlich zu ihm ist. Die Jungfrau wendet keine Schliche an, besonders nicht in der Liebe. Wahrscheinlich wird sie ihren Zukünftigen über ihre Meinung nicht im unklaren lassen. Wenn sie ihn braucht, wird sie es ihm sagen. Wenn sie unsicher ist, erfährt er es auch.

Als Pragmatikerin ist sie geneigt, jeden Punkt zu analysieren. Sie wird sich fragen: »Mache ich's so richtig? Wird's so gehen?« Sie sucht Glauben, hat ihn aber selten. Verstandesmäßig weiß sie, daß die Liebe unvollkommen ist, selten aber akzeptiert sie es wirklich.

Verdrängungen bei der Jungfrau-Frau

Die Jungfrau-Frau hat scharf definierte Ansichten über Recht und Unrecht. Ihr stark intellektuelles Wesen prägt ihre Überzeugungen. Was sie als nützlich empfindet.

Ein Gefühl, das man nicht hat, kann man nicht verdrängen, man kann jedoch einen Gedanken verdrängen, der zu einem Gefühl führen könnte, das man nicht zulassen will. Die Jungfrau verdrängt häufig erklärende Gedanken oder Werturteile. Wenn sie zum Beispiel eine Freundin beneidet, die beruflich viel erreicht hat, und der Neid für sie ein unannehmbares Gefühl ist, so bestraft sie sich für den unbewußten Neid durch Verdrängung der gehobenen Stimmung, wenn sie später hört, die gleiche Freundin habe Schiffbruch erlitten.

Die Verdrängung der Jungfrau ist, wie alle Verdrängungen, ein unbewußter Vorgang, der bestimmte Ideen, Erinnerungen, Identifizierungen und Erklärungen als nicht akzeptabel blockiert. Was sie blockiert, hängt von ihren Wertvorstellungen ab. Wenn sie diese automatisch von ihren Eltern übernommen hat, wird sie unwillkürlich gelernt haben, die gleichen Reaktionen wie diese zu unterdrükken.

Verdrängung führt zu einem System automatischer Vermeidungsreaktionen, die zur Gewohnheit werden. Diese Reaktionen haben die Neigung, sich auszuweiten, so daß man nicht nur den Neid verdrängt, sondern auch die gehobene Stimmung. Die Jungfrau kann dadurch ein Verhalten annehmen, das sie von ihren Lieben absondert, und es kann sein, daß sie sich der Gründe dafür nicht bewußt ist.

Agnes suchte mich auf, als sie dreiundzwanzig war. Sie hatte für ihre Kinder und dem Wunsch ihres Mannes eine profilierte Karriere im Gesundheitsdienst geopfert. Außer ihrer Familie hatte sie keine Interessen. Sie war sich gelegentlicher entsetzlicher Szenen mit ihren Kindern bewußt, mit Schimpfworten und zerschmetterten Gläsern, die sie bald darauf wieder vergaß.

Sie war entsetzt, als sie eines Tages entdeckte, daß sie Verachtung für ihren willensschwachen Mann empfand, der sich aus diesen Streitereien heraushielt, und daß sie ihre Kinder zeitweise richtig haßte. War ihr das aufgegangen, warf sie sich mit erneutem Enthusiasmus auf ihre Rolle als perfekte Mutter und Ehefrau. Vor der Welt kam das Bild nie ins Wanken.

Als sie zu mir kam, hatte sie keine Freude mehr an den sexuellen Beziehungen zu ihrem Mann, und sie hatte angefangen, tagsüber, wenn sie allein war, stark zu trinken. Agnes hatte den Haß auf ihre Kinder und die Verachtung für ihren Mann verdrängt. Sie mußte sich ihren wirklichen Gefühlen stellen, ohne davonzulaufen, damit sie die Verantwortung übernehmen und sich ändern konnte.

Die gefühlsmäßigen Verdrängungen der Jungfrau müssen notgedrungen auf ihr Leben abfärben, so daß ihre Anschauungen trister sind, als es sein müßte.

Wie man Verdrängungen begegnet

Die Jungfrau sollte sich über ihre Wertmaßstäbe genauso klarwerden wie über viele ihrer eigenen (und fremden) Fehler. Wieso glaubt sie zum Beispiel, daß körperliche Bewegung und Psychotherapie nützlich seien, Homosexualität und Tiefkühlkost dagegen schädlich?

Warum nahm Agnes die Entscheidungen ihres Mannes an, und warum widersetzte sie sich ihren eigenen Gefühlen so sehr, daß sie sie im Alkohol ertränken mußte? Sie glaubte, es sei unmöglich, sich ihrem Mann zu widersetzen. Hätte sie sich dafür entschieden, ihre Karriere fortzusetzen, so hätte dies für sie bedeutet, eine schlechte Ehefrau und Mutter, das heißt, eine unvollkommene Frau zu sein – alles Wertmaßstäbe, die sie als Kind übernahm.

Jungfrau, Sie müssen lernen, Ihre Vorstellungen von Recht und Unrecht, Moral und Unmoral für Ihr Leben, so wie es *jetzt* ist, zu revidieren. Ich schlage die folgende Übung vor, die Ihnen bewußt macht, warum Sie so fühlen, wie Sie es tun. Es ist eine Liste mit Fragen, die Sie selbst bewerten sollen. Ein Ratschlag: Seien Sie ehrlich zu sich selbst und wundern Sie sich nicht, wenn sich Ihre Antworten von Zeit zu Zeit ändern!

1. Welche fünf Dinge sind mir die wichtigsten im Leben? Warum?
2. Habe ich das getan, was für mich am wichtigsten ist? Wenn nicht, warum nicht?
3. Genieße ich das Leben? Was gefällt mir daran, was mißfällt mir?
4. Genieße ich mein Sexualleben? Wenn ja, auf welche Weise? Wenn nicht, wie und warum nicht? Möchte ich es ändern?
5. Was fühle ich wirklich in der Beziehung zu meinem Mann oder Liebhaber? Wie wichtig sind sie mir? Was gefällt mir daran, und was nicht?
6. Auf welche Art ähnelt mein Verhalten meinem Ehemann oder Liebhaber gegenüber dem meiner Mutter zu meinem Vater? Was gefällt mir an meinem Verhalten, und was nicht? Wie würde ich es ändern? Kann ich Kooperation erwarten?
7. Wer ist mein bester Freund, meine beste Freundin? Was sehe ich in dieser Person? Was gebe ich, und was erhalte ich? Bin ich mit dieser Freundschaft zufrieden? Wenn nicht, was fehlt?
8. Wie oft entspanne ich mich? Ist es oft genug? Muß ich meinen Lebensstil ändern? Wie?

Die Liebe der Jungfrau

Die Jungfrau ist ein Labyrinth, ein Paradox der Gefühle. Sie ist romantisch, verzaubert mit ihrem Gang, ihr Körper vermittelt ein Wissen, das ihr Geist vielleicht nicht begreift. Ein ambivalentes Geschöpf, ein heißer Körper mit einem kühlen Verstand. Die Kunst der Liebe wird bei ihr zum Handwerk, sie gestaltet ihre Beziehungen zögernd, mit zarten Fingern und feinem Lächeln, unterstützt von einem unaufhörlich tätigen und praktischen Verstand.

Was immer sie will, sie bekommt es, aber sie läßt auch ihren Mann zu seinem Recht kommen. Sie ist eine hingebungsvolle, ernsthafte Liebhaberin. Sie fragt nicht nach dem Warum, das Wie interessiert sie mehr. Wie paßt es in den Rahmen ihres Lebens? Wie wird die Beziehung funktionieren? Wie mag er sie am liebsten? Wie wäre er als Ehemann, Vater, Freund? Diese Fragen stellt sie sich immer.

Die Jungfrau-Frau hat etwas Verwunschenes, etwas ewig Jugendliches, wenn sie es nicht mit Launen und Nörgeln zerstört. Oft ist sie die Dienerin der Liebe und kommt glücklich ihrem eigenen Verlangen nach, ihren Mann und seine Marotten zu befriedigen. Bei Verabredungen ist sie vorzeitig da, kauft seine Lieblingsplatten und spielt sie in seinem Schlafzimmer, scheuert das Bad und versprüht sein Lieblingsparfüm.

Sie ist eifrig darum bemüht, zu gefallen und zu lernen. Sie ist wirklich neugierig auf ihn. Sie will alles über ihn wissen, von seinen Lieblingsmahlzeiten als Baby bis zum Fußballidol seiner Knabenzeit. Sie möchte genau erfahren, was er zur Zeit vorzieht, damit sie nur das kocht, was er mag. Sie fragt ihn aus über seinen Geschmack in punkto Frauen, Filme, Fernsehen, Biersorten, Wein, Schnaps und Zigarren. Höchstwahrscheinlich wird sich ihr jede kleinste Information für immer im Gedächtnis einprägen. Nur ihr Verlangen nach Romantik übertrifft ihre Neugier.

Sie ist entschlossen, ihren Mann zu verhätscheln und zu bemuttern. Sie mag einen Mann vorziehen, der erzogen, umerzogen oder auf irgendeine Art geheilt werden muß. Sie ist nur zu anpassungsfähig.

So manche Jungfrau würde ihren Mann überall hinbegleiten, in die Diskothek, ein Rock-Konzert, an einen Nacktbadestrand. Sie wird jedoch eine Grenze ziehen, wenn sie ihren Mann mit irgend jemand teilen soll; es sei denn, es ist die letzte Chance oder der einzige Weg, ihn zu halten. Sie kann Eifersucht und Hemmungen überwinden, wenn so eine Beziehung wieder funktionieren kann.

Meist ist sie klug, anhänglich, neugierig und interessiert genug, um die Beziehung aufrechtzuerhalten.

Sie ist gewöhnlich monogam und erspart es so ihrem Mann, auf Abwege zu gehen. Außerdem hat sie einen natürlichen Beschützerinstinkt und wird ihren Liebsten sorgfältig vor Krankheit, Armut oder anderen Damen beschirmen.

Die Jungfrau-Frau ist in fast allen Dingen eine unnachgiebige Perfektionistin. Nichts als das Beste ist gut genug für den Mann, den sie liebt. Außerdem ist sie auch perfekt darin, die Erfüllung ihrer eigenen Bedürfnisse zu erreichen. Sie will von ihm haben, was sie begehrt, und bekommt sie es nicht, wird sie ihn kritisieren, bis er in hilflose Abneigung verfällt. Sie selbst mag noch nach jahrelanger Ehe sehr verliebt sein, ihr Mann baut jedoch vielleicht einen Schutzwall sowohl gegen Intimität als auch gegen Kritik auf, so daß, ohne daß es ihr bewußt wird, ein Abstand auftaucht.

Muster in den erotischen Beziehungen der Jungfrau

Die erotischen Beziehungen der Jungfrau-Frau zeigen meist folgende Muster, die bis zu einem gewissen Grad auch für die platonischen gelten.

1. Sie hat einen stark gehemmten, oft verdrängten Sexualtrieb, den sie durch Tagträumerei kompensiert.
2. Sie wehrt sich dagegen, sich ihren Gefühlen zu überlassen und Verpflichtungen einzugehen. Experimente im breiten Rahmen mißfallen ihr, sie hält sie für unter ihrer Würde. Ein paar Jungfrauen gehen freilich in das andere Extrem, als würden sie versuchen, dem Archetyp ein Schnippchen zu schlagen.
3. Wenn sie sich verliebt, dann mit Haut und Haar. Sie gerät in eine völlig neue Dimension, ähnlich wie Alice im Wunderland. Sie hat meist eine Beziehung zu nur einem Mann zu einer Zeit, ist sehr romantisch und glaubt, in jeder neuen Beziehung »es« gefunden zu haben. Sie kann ein starkes Bedürfnis haben, sexuelle Aktivität vor sich selbst zu rechtfertigen. Die einzige Möglichkeit dazu ist Verliebtheit.
4. Oft zieht sie Verlierer, Schmarotzer, Heimatlose oder Kranke an. Sie spielt gerne Krankenschwester, das bestätigt ihr Bedürfnis, für andere zu sorgen.
5. Sie heiratet meist früh in einem Anfall von Leidenschaft, der sie überrascht. Häufig einen Jugendfreund, und das im Glauben, es sei für immer – und so kann es auch sein! Manchmal kann es jedoch verbunden mit Schuldgefühlen über eine Scheidung, einige Willenskraft kosten, die härtesten Schläge zu überleben.
6. Ihre Beziehungen haben Qualität und Tiefe, aber es fehlt ihnen

oft das Feuer. Das kann in späteren Jahren Feindseligkeiten hervorbringen. Sie ist schlecht darauf vorbereitet und kann sie ignorieren oder verdrängen, was ungesund ist.

7. Wenn sie sich scheiden läßt, ist sie meist ungewöhnlich bitter und enttäuscht. Manche Jungfrauen bleiben danach für den Rest ihres Lebens allein und genießen es. Andere gehen zum erstenmal in ihrem Leben gleichzeitig verschiedene Liebesbeziehungen ein.

8. In der besten Jungfrau-Beziehung üben beide Partner einen geliebten Beruf aus und treffen sich nach gegenseitiger Abmachung. Es kann sein, daß sie einen genauen Vertrag haben möchte, in dem festgelegt wird, wie, wann und zu welchem Zweck sie sich treffen.

Liebhaber und Ehemänner

Die Jungfrau braucht den perfekten Mann. Er sollte charmant, sensibel, überaus fleißig, ehrlich und tüchtig sein. Sie möchte einen, der ihr Spiegelbild ist, nur sollte er mehr Flair, Humor und Spontaneität als sie haben, Eigenschaften, die sie bewundert und die ihr oft fehlen.

Während sie die Männer, die sie in ihrer Schwäche verzweifelt brauchen, anbetet, ist sie am besten dran mit einem äußerst leistungsfähigen Mann, der sich sowohl seiner inneren Berufung als auch seiner sexuellen Meisterschaft sicher ist.

Sie wird ihn kaum achten, wenn er nicht hart arbeitet, und sie braucht einen erotisch feurigen und sensiblen Mann, der sie aus sich herauslockt.

Die Jungfrau braucht einen Mann, der tolerant und bequem ist. Sie selbst wird Faulheit nur vom Hörensagen kennen und mag ein Dynamo sein, dessen Batterien man nur alle Jubeljahre einmal aufladen muß. Sie braucht einen Mann, der ihr Tempo verringert, der ihr hilft, auch ohne ihre übertriebene nervöse Energie zu existieren. Ihr Mann sollte ein lockerer Typ sein, ein fauler Bursche an Wochenenden, der die Sache wirklich leicht nimmt. Er sollte vital sein und offen, nicht so kritisch wie seine Partnerin und nicht nach dem Äußeren urteilen, sondern sich an der menschlichen Natur erfreuen.

Die Jungfrau zieht einen beständigen und peinlich ehrlichen Mann vor. Sie will keinen Intriganten, Schwindler, Betrüger oder Abenteurer. Sie fühlt sich behaglicher bei einem Mann, dem sie vertraut, einem von der häuslichen Sorte.

Sie braucht einen Mann, der sich seine Freiheit nimmt und sie ihr geben kann. Und sie braucht Raum, um frei und unabhängig zu sein. Aber sie hat ein so starkes Bedürfnis, gebraucht zu werden, daß andere sie manipulieren können. Der Mann, der am besten zu ihr paßt, wird daraus niemals seinen Vorteil ziehen, sondern ihr helfen, ihr Bedürfnis zu geben mit ihrem Bedürfnis nach Freiheit in Einklang zu bringen.

Er muß sauber, gepflegt und ordentlich sein. Er braucht nicht elegant oder teuer gekleidet zu sein, aber sie schätzt Qualität in der kleinsten Einzelheit. Sie hat Adleraugen und wird wahrscheinlich jede Zigarettenasche, jeden Fleck und jede Falte entdecken. Ein Mann, der sich nicht regelmäßig wäscht oder vergißt, sich zu rasieren, bevor er sie liebt, dessen Wohnung ein Schlachtfeld ist, dieser Mann kann sich die Jungfrau aus dem Kopf schlagen. Sie ist außerordentlich empfänglich für Gerüche, und etwas so wenig Greifbares wie sein Körpergeruch kann ausschlaggebend sein.

Die Sexualität der Jungfrau-Frau

Die Jungfrau hat die Botschaften unserer Kultur über die Sexualität nur zu gut gelernt. Sie entwickelt technische Fertigkeit, noch bevor ihre Seele im Erotischen mitschwingt. Sie ist diszipliniert, stark und hochgemut, und oft verdrängt sie ihre Gefühle. Selten ist es einfach für sie, Schuldgefühle in Zusammenhang mit der Sexualität und die Angst, unzulänglich zu sein, zu überwinden.

In unserer Kultur ist die Sexualität keine natürliche Funktion mehr. Unsere Sexualerziehung ist hauptsächlich negativ, wird unterschwellig weitergegeben. Verlockende, aber unrealistische Mitteilungen an Anschlagbrettern, die Werbung in Kino und Fernsehen, verstohlene Unterhaltungen in Waschräumen, dunkle Andeutungen, »unanständige« Klubs, Läden für Erwachsene – all das gehört nicht zu einem gesunden Sexualklima. Wir lernen früh und gründlich, daß die Sexualität irgendwo zwischen fragwürdig, schmutzig, unvermeidbar und sündigem Vergnügen einzuordnen ist. Ich bin niemals einem Menschen begegnet, der nicht mit Schuldgefühlen und Angst hinsichtlich der Sexualität aufgewachsen ist.

Weil die Jungfrau oft ein so braves Mädchen und eine Perfektionistin ist, schluckt sie häufig die doppelte Dosis der Informationen, die von ihrer Mutter und den Zeitläufen verabfolgt werden. Ihre erotischen Vorstellungen sind eher konventionell, ihr höchstes Ziel ist häufig eine stabile Ehe mit einem passenden Mann. Wahrscheinlich ist sie besser auf ihre ehelichen Pflichten in der nicht-sexuellen Spähre, auf ihre Rollen als Partnerin-Ehefrau-Gastgeberin-Wirtschafterin vorbereitet, als darauf, die phantasievolle Rolle der Hure in ihres Mannes Bett zu übernehmen.

Manchmal wehrt sie sich gegen die Unterdrückung in ihrer Erziehung und beginnt ein freieres Leben. Sie versucht auf ihre Art, aus dem beengenden, stereotypen Kreis auszubrechen. Vielleicht zieht sie in eine Kommune, reist, hat ein uneheliches Kind oder hängt einfach herum, schlägt sich mehr oder weniger ehrlich durchs Leben. Welche Route sie auch nimmt, das unterschwellige Dilemma der psychischen Verdrängung meldet sich wahrscheinlich zu einem späteren Zeitpunkt.

Die Wahrheit jedoch ist, daß die Jungfrau, sobald sie sich einmal von den Tabus befreit hat, eine hingebende, großzügige, außerordentlich loyale, aufregende Frau mit eindrucksvollem weltbürgerlichen Geschmack ist. Dann hat sie eine gewaltige erotische Aura, Charme und Frische, einen unermüdlichen Körper. Will sie verführerisch sein, ist sie unwiderstehlich. Sie hat das Gebaren einer anständigen Dame, die verspricht, sich in eine köstliche Herumtreiberin zu verwandeln.

Der Jungfrau gegenüber liegt im Tierkreis das Zeichen der Fische. Das unterbewußte Wesen der Jungfrau ähnelt der gefühlvollen, poetischen, romantischen, an sich selbst zweifelnden Natur der Fische. Nach vielen Jahren der Beobachtung vermute ich, daß einige Jungfrau-Frauen ihre Fische-Eigenschaften hinter einer disziplinierten, schwer zu durchbrechenden, zurückhaltenden Art verbergen, die reiner Selbstschutz ist.

Die Schlüsselworte zum Verständnis der Jungfrau-Sexualität sind *technische Verfeinerung und gefühlsmäßige Bindung*. Sie liebt es, ihre Fertigkeiten zu perfektionieren. Sie nähert sich jeder Aufgabe systematisch und diszipliniert, ihre Kenntnisse der Sexualität erweitert sie auf die gleiche Art, wie sie nach Büchern sucht oder Äpfel aufliest – praktisch, ausdauernd, überzeugend. Sie kann jedoch sexuelles Know-how nicht in Glück verwandeln, bevor sie sich nicht selbst mit all ihren Fehlern akzeptiert und die Sexualität als eine natürliche, freudevolle Funktion betrachtet.

Erste sexuelle Erfahrungen

Viele Mädchen des Jungfrau-Typs wachsen in moralinsauren, lieblosen Haushalten auf. Sie werden oft dazu erzogen, traditionell weiblich, hilfreich, sexuell passiv und verschlossen zu sein. Befriedigung soll ihnen der Mann geben. Über Sexualität wird zu Hause meist nicht gesprochen. Unwahrscheinlich ist, daß die Eltern ihrer Tochter eine positive Einstellung zum Sex vermitteln.

Erzogen als pflichtbewußte, gehorsame Tochter, hat die Jungfrau auch einen eigensinnigen, rebellischen Zug, der sie aus dem Haus und in eine frühe Ehe treiben kann. Ihre unterdrückten Bedürfnisse nach Abenteuer und Erfahrung können sich in der Suche nach einem unkonventionellen Beruf oder Lebensstil äußern.

In der Schule wird sie sich hervortun und Achtung erringen. Sie ist meist beliebt und übernimmt verantwortungsvolle Posten. Sie hat Freunde beiderlei Geschlechts, aber sie bleibt vorsichtig und ist kein unbekümmerter, oberflächlich freundlicher Mensch.

Oft lebt sie in einer märchenhaften Phantasiewelt, die eine herrliche heimliche Fluchtmöglichkeit bietet. Sie sehnt sich nach Glanz und Erregung, und im tiefsten Innern mag sie die Atmosphäre sorgfältig beherrschter Sinnlichkeit, die sie umgibt, verabscheuen. Heimlich kann sie erotische Literatur verschlingen, in Porno-Filme schleichen und über sexuelle Positionen mit ihren Freundinnen diskutieren. Sie möchte *Bescheid wissen*. Der Gedanke, Tabus zu brechen, könnte sie auch erregen.

In der Jugend kann sie asexuell, ein Glamour-Girl, eine Sexbombe oder eine verbummelte Künstlerin sein. Der Verlust der Jungfräulichkeit ist ein schwerer Schock für sie und könnte eine Gewissenskrise heraufbeschwören.

Das Jungfrau-Mädchen kann mit der Homosexualität flirten oder, weniger häufig, mit Bisexualität. Sie hat vielleicht lesbische Affären und verrückte Schwärmereien, die Phantasie bleiben. Es ist möglich, daß sie ihr Leben lang ausschließlich weibliche Vertraute hat. Sie bewundert ihre Mutter oft viel mehr als ihren Vater, stößt sich aber auch an ihr. Sie neigt dazu, deren Zweifel und sexuelle Schuldgefühle in sich zu verschließen und diese Gefühle später unbewußt auf ihre eigenen Beziehungen zu übertragen. Das beste Hilfsmittel dagegen ist Selbstbewußtheit.

Sie idealisiert die Liebe und verliebt sich vielleicht eher in die Liebe als in einen Menschen. Wenige junge Männer werden ihren Traum von Perfektion erfüllen können, und sie wird vielleicht erst lange, nachdem sie ihre Jungfräulichkeit verloren hat, glücklich lieben.

Liebe und Sexualität

Zweifellos hätte die Jungfrau Freud zugestimmt, der sagte, daß der normale Mensch zwei Dinge können müsse, lieben und arbeiten. Lieben mit der Großzügigkeit der Intimität und auch sexuelle/geschlechtliche Liebe mit einbeziehen, produktiv zu arbeiten, ohne die Fähigkeit zu verlieren, ein erotisches und liebendes Wesen zu sein. Um zu erblühen, braucht die Jungfrau-Frau beides, Liebe und Arbeit. Sie muß geben und dienen, persönlich und beruflich. Sie ist am wenigsten anspruchsvoll, ruhelos und von Zweifeln geplagt, wenn sie liebt. Dann ist sie ein schönes Geschöpf, diszipliniert und doch gefühlvoll.

Sie hat den Glauben, der sie trägt, und genug Pragmatismus, um zu Überleben. Sie ist ausgeglichen. Ihr erotisches Gefühl kann sich auf wunderbare Art steigern, und sie wird sich dann weiblicher vorkommen als je zuvor.

Hatte sie Schuldgefühle oder Angst vor der Sexualität, beginnt sie nun, sich zu entspannen. Ihre natürliche Spannkraft und starke Neugier treiben sie an, neue Wege zu suchen. Wenn sie zuvor Männern mißtraut hat, so ist die Liebe eine Wohltat, ein einmaliges neues Puzzle, das sie zu lösen lernen muß. Es hat den Anschein, als werfe sie die neuen Teile in die Luft, jongliere mit ihnen und entwerfe ein neues Muster.

Keine Sorge um das alte, es hat ausgedient.

Sie kann sich der Sexualität ganz hingeben, mit einem, den sie nicht vermutet hätte. Schere, Frau oben, Mann oben, Hundeart, Neunundsechzig, Spiegel an der Decke, eiformige Vaginalvibratoren, Pfauenfedern, weiche Kondome und vieles andere mehr erregt plötzlich ihre Phantasie.

Das, was sie reizt, wird sie mit Eifer und gründlich versuchen. Sie wird alles mit ihrem Partner teilen und verlorene Zeit wiedergutmachen wollen. Ihr sexueller Appetit wird im Verhältnis zu ihrer Begeisterung wachsen. Die ersten Jahre der Mutterschaft können Probleme bringen. Die Mutterschaft wird als asexuell angesehen, und es wird der Jungfrau schwerfallen, sie mit einem ungehemmten Sexualleben zu verbinden. Sie wird es wahrscheinlich außerordentlich schwierig finden, sich zu entspannen, wenn das Baby im Nebenzimmer ist oder ihrer Lust stimmlich Ausdruck zu verleihen, wenn ein Kleinkind da ist. Wochenendausflüge, Urlaub mit ihrem Mann ohne die Kinder und eigene Zeit zum Meditieren, Einkaufen oder zum Friseur zu gehen, sind sehr wichtig für sie.

Was für einen Liebhaber sie braucht

Die Jungfrau, die ein reiches und aufregendes Sexualleben haben möchte, braucht einen Liebhaber mit beweglichem Geist und beweglichem Körper. Selten ergreift sie die Initiative und braucht einen Mann, der ihr über die erste Verwirrung hinweghilft, insbesondere einen Mann, der subtil und erfahren zugleich ist. Brutale Männlichkeit wird sie nur schrecken, und sie verabscheut Prahlerei oder Vulgarität. Sie will nicht allzusehr übertroffen werden, braucht aber Anleitung.

Sie mag spröde erscheinen, aber sie hat eine phantastische Einbildungskraft. Es wird etwas dauern, bis sie ihrem Mann zu erkennen gibt, wie großartig sie ist, aber je direkter er ist, desto offener wird sie sein. Sie verlangt einen Mann mit Geschmack und Klasse, und vor allem muß er peinlichst sauber gekleidet und gewaschen sein. Sie wird unsauberen Sex ablehnen, obwohl die Grenze zwischen annehmbar und unannehmbar sich mit der Erfahrung verwischen kann. Kann sein, daß sie oralen Sex in allen Varianten mag. Die Jungfrau möchte umschmeichelt, erschlossen und vielleicht beherrscht werden. Eine Verführung gegen ihren Willen kann zu ihren Lieblingsphantasien gehören. Das Vorspiel ist wichtig und, wie bei vielen Frauen, erforderlich für einen Orgasmus.

Die Jungfrau braucht einen Mann, der seine sexuellen Techniken beherrscht und Freude daran hat, ihr neue beizubringen. Wenn er ein einfühlsamer Lehrer ist, wird er in der Jungfrau eine ausgezeichnete Schülerin finden. Sie braucht einen Liebhaber, der die Gefühle bei der sexuellen Befriedigung nicht zu kurz kommen läßt. Sie braucht ihn als Katalysator für ihre eigenen Gefühle, damit sie sich wohlfühlt, wenn sie sie zeigt. Ein Mann, der verschlossen, schweigsam und schnell ist, ist nicht ihre Sache. Noch schlimmer, sie könnte an sich zweifeln.

Sie hat vielleicht gerne Sex zu den merkwürdigsten Tageszeiten, um die Routine zu durchbrechen. Ungewöhnliche Episoden und Verabredungen an seltsamen Orten können sie erregen und ihr das Gefühl vermitteln, sie sei leidenschaftlicher als sie ist. Ihr Körpergefühl ist gewöhnlich gut auf den Gebieten Gesundheit, Selbstdisziplin und Sauberkeit, mittelmäßig bis schlecht jedoch auf allen anderen. Selten hält sie sich für hübsch oder sexy und muß hart arbeiten, um ihre erotische Selbstachtung zu erhöhen. Sie braucht einen Liebhaber, der ihr dabei hilft. Masturbation wäre eine gute Unterstützung.

Ihr Liebhaber sollte die Grenzen respektieren, die sie in ihrem Sexualleben zieht. Wenn sie Pornofilme, Nacktmagazine oder Vibratoren nicht mag, sollte er Verständnis zeigen. Einfachheit könnte ihr die größte Freude bereiten, und wenn die moderne Position ihr am liebsten ist, wird er sie nicht umstimmen können. Wenn andererseits die Jungfrau eine technische Expertin ist, muß er mit ihr Schritt halten können.

Die Jungfrau hat eine verrückte, selten aufscheinende, aber starke herrschsüchtige Seite. Wenn sie die Oberhand gewinnt, wird sie ein vollkommen anderes Sexualverhalten zeigen. Dann wird sie am Gruppensex teilnehmen, und es wird ihr Spaß machen, alles zu organisieren. Häufig reizen sie Frauen, und sie kann die Verführerin sein.

Was sie lernen muß

Die Jungfrau-Frau muß lernen, daß Sexualität mehr ist als nur Geschlechtsverkehr. Sie muß ihre Grenzen überwinden, erst vom Verstand her, dann mit dem Körper.
Sie setzt erotische Liebe mit Sexualität gleich, das ist ihr größter Fehler.
Aber sie hat, wie wir alle, die Wahl, in welcher Form sie Liebe und Sexualität ausdrücken will. Das ekstatische Gefühl der Liebe zu einem Menschen beruht auf der Liebe zum Leben, zu Blumen, zum blauen Himmel, zu allen Menschen, zum Verrücktsein. Die Liebe der Jungfrau muß nicht auf ihren Partner und ihre Familie begrenzt bleiben, und Sexualität muß sich nicht auf den Geschlechtsakt beschränken. Wenn ihre Vorstellung über die Sexualität freier wird, befreit sie auch sich selbst.
Anschließend ein paar Sinnlichkeits-Hinweise für die Jungfrau-Frau, die Probleme hat, mit dem Sex zu beginnen:
- Schicken Sie Ihrem Liebsten ein Gedicht.
- Machen Sie ihm ein Kompliment, streicheln Sie seinen Nacken (mehr als einmal, natürlich).
- Kaufen Sie ihm ein neues After Shave oder Eau de Cologne. Wenn es Ihnen gefällt, desto besser.
- Schlagen Sie einen Mitternachtsspaziergang unter dem Sternenhimmel vor.
- Erzählen Sie ihm ein paar Ihrer erotischen Phantasien. Vielleicht können Sie einige vorspielen.
- Halten Sie verschiedene Sorten Massage- und Badeöl vorrätig. Schlagen Sie ein entspannendes Bad mit einer anschließenden Massage vor.
- Seien Sie manchmal albern, spielen Sie zum Beispiel Arzt oder ziehen Sie ihre Lieblingskleidung an.

- Essen Sie zusammen zu Abend – halbnackt.
- Lesen Sie ihm aus einem Ihrer Lieblingsbücher vor.
- Besuchen Sie Freunde, die erotische Filme sammeln und zeigen.
- Springen Sie zusammen in die Sauna oder eine heiße Badewanne.
- Setzen Sie Dimmer auf Ihre Lichtschalter, Sie können dann wortlos eine romantische Stimmung andeuten.
- Malen Sie sich gegenseitig die Fingernägel an.
- Hören Sie sich zusammen Ihre Lieblingsschallplatten an.
- Waschen und bürsten Sie sein Haar. Sie können es auch schneiden, wenn er es zuläßt.
- Nehmen Sie Ihre Liebesspiele auf Tonband auf. Wenn Sie Stille vernehmen, ist es Zeit, daß Sie Ihren Stil ändern. Nichts erregt Ihren Partner – und Sie vielleicht auch – mehr, als wenn Sie aus sich herausgehen und Ihrer Lust stimmlich Ausdruck verleihen.
- Tanzen Sie langsame Tänze.
- Genießen Sie Sex als Frühstück, Mittag- oder Abendessen.

Jungfrau, Sie müssen Ihren ganzen Körper als Sexualorgan betrachten. Ihre Einstellung ist kritisch: Bewußtmachung und Neugier sind am besten. Sexualität betrifft Ihr ganzes Sein. In unserer Kultur hat der Durchschnittsmensch keinen Kontakt zu seinem Körper und seiner Sexualität. Bei Ihnen muß das nicht der Fall sein. Leben Sie nicht aus Ihrem Verstand heraus, oder besser gesagt, aus dem Teil Ihres Verstandes, der sich sorgt und kalkuliert. Erwarten Sie nicht, eine Rolle zu spielen oder eine Vorstellung zu geben, wenn Sie sexuell lieben. Lassen Sie sich gehen, erfahren Sie die Sexualität als eine wunderbare, heilende Kraft, eine Brücke zu Ihrer Sinnlichkeit und Vitalität – und zu der Ihres Partners.

Der Ärger der Jungfrau-Frau

Das größte Problem der Jungfrau mit ihrem Ärger besteht darin, daß sie ihn selten erkennt. Ihr zweites Hauptproblem ist ihre Angst, ihn zu zeigen. Ärger wird allgemein als gesellschaftlich unannehmbar betrachtet, und deshalb lernen die meisten von uns, ihn zu unterdrücken. Gewalttätigkeit und ein armseliges Gefühlsleben sind oft das Ergebnis. Sogenannte Sexualverbrechen wie etwa Vergewaltigung sind extreme Beispiele für die Explosion von unterdrücktem, heftigem Ärger. Vergewaltigung hat nichts mit Sexualität zu tun. Es ist ein Akt der Wut.

Neuere Forschungen in den Vereinigten Staaten haben ergeben, daß auf den Krieg orientierte und patriarchalische Gesellschaften, so wie die amerikanische, dazu neigen, verschiedene Formen körperlichen Vergnügens zu unterdrücken. Die Forschung hat wiederholt bewiesen, daß die Beschränkung sinnlicher Freude und Stimulierung Wut, Geisteskrankheiten, schwere Depressionen und andere Formen emotionaler Störungen verursacht. Fehlende Berührung kann sogar zum Tode führen, wie Studien an ständig vernachlässigten Kindern zeigten.

Ärger und Sexualität stehen in wechselseitigen Beziehungen. Verdrängte Sexualität verursacht Ärger. Verdrängter Ärger läßt die Gefühle abstumpfen und führt zu unzulänglichen Sexualfunktionen. Die Frau, die ihren Ärger zurückhält, wird ein unbefriedigendes Gefühlsleben haben, sexuell gehemmt sein und chronische seelische oder körperliche Schmerzen haben.

Ärger ist ein menschliches Grundgefühl, wenn wir es auch noch nicht als solches akzeptiert haben. Wir lieben jemanden, sind traurig, eifersüchtig, gierig, ärgern uns oder haben Launen. Das sind Tatsachen.

Trinken, in vielen Fällen ein Symptom verdrängten Ärgers, wird entschuldigt, aber offen gezeigter Ärger ängstigt uns. Wir wollen unsere bereits befleckte, gesprungene, zivilisierte Maske nicht damit verunreinigen. Wir neigen dazu, dem Ärger anderer Namen zu geben: Depression, Streß, Angst, Groll, Feindseligkeit, Reizbarkeit. Wir projizieren persönlichen Ärger auf Gruppen: Frauen, Juden, Gastarbeiter, Schwarze, Gewerkschaften, Streikende, Fremde, die Regierung, die Radikalen; die Liste ist endlos. Da wir solche Angst vor dem Ärger haben, haben wir bestimmte Kanäle geschaffen, Krieg oder Sport etwa, durch die wir ihn lenken können. So bleibt den Frauen meist keine gesellschaftlich sanktionierte Art, Feindseligkeit zu zeigen. Kriegerische Wut, wie in Vietnam, wird akzeptiert und sogar mit Medaillen ausgezeichnet. Wie jedoch Tausende herausgefunden haben, muß Wut zu Hause abgestellt werden, selbst wenn sie zur Depression wird. Es ist eine wohlbekannte klinische Tatsache, daß Depressionen meistens durch nicht gezeigten Ärger entstehen, der verdrängt wurde.

Zeigt eine Frau ihren Ärger, wird sie schnell als Drachen bezeichnet. Sie findet keine Rolle und kein Rollenmodell, das ihr helfen könnte, ihren Ärger in eine positive Kraft zu verwandeln. Ärger blockiert jedoch die Kommunikation. Er kann auch zum Verlust der Selbstachtung, zu körperlicher Krankheit, psychosomatischer Krankheit oder einem Wutausbruch führen, der den Verlust einer Stellung oder Freundschaft oder sogar eine Scheidung mit sich bringt. Ärger ist auch ein großes Hindernis für ein gesundes Sexualleben. Die verärgerte Frau ist sexuell nicht zugänglich. Sie mag das als ein Mittel zur Bestrafung ihres Mannes oder aller Männer rechtfertigen, aber vor allem schadet sie sich selbst. Die Jungfrau wird wahrscheinlich die grundlegenden Schritte zur Auseinandersetzung mit dem Ärger nicht kennen: Die Identifizierung des Ärgers und seinen geeigneten Ausdruck. Ich kam zu diesem Schluß, nachdem ich eine Anzahl Frauen befragt hatte, die Jungfrau-Typen waren oder gerade eine Jungfrau-Phase durchmachten. Hier sind einige ihrer Kommentare, die typisch für die Einstellung der Jungfrau zum Ärger sind:

1. »Ärger? Darüber denke ich nicht nach. Ich meine, wenn ich glaube, daß ich mich ärgere, denke ich einfach an etwas anderes. Ich denke lieber an etwas Angenehmes.«

2. »Ich haßte es, wenn ich als kleines Mädchen und als Teenager mit meiner Mutter zum Einkaufen gehen mußte. Ich fand es langweilig und erniedrigend. Ich konnte niemals etwas dagegen sagen, aber ich war richtig wütend. Ich habe es meiner Mutter niemals erzählt, aber ich bekomme jetzt jedesmal Depressionen, wenn ich mehr als ein paar Lebensmittel einkaufen muß.«

3. »Ich erinnere mich, daß ich in der Schule sehr gehänselt wurde, weil ich so zimperlich war. Ich glaube, nach den dortigen Maßstäben war ich ziemlich prüde. Ich war wirklich schüchtern, aber jetzt glaube ich, mehr als alles andere habe ich mich geärgert.«

4. »Ich habe mich noch niemals geärgert. Mein Leben verlief immer reibungslos. Ich habe alles, was ich brauche. Warum soll ich es jetzt ruinieren?«

5. »Die Erkenntnis meines Ärgers hat, glaube ich, meine Ehe zerstört. So bin ich hin- und hergerissen, vielleicht ist es gut, vielleicht aber auch nicht, wenn man weiß, daß man sich ärgert. Jede Frau muß selbst entscheiden, ob es die Sache wert ist, alles ans Tageslicht zu bringen. Man kann eine ganze Menge beängstigender Gefühle in sich selbst entdecken; wenn die Büchse der Pandora einmal geöffnet ist, ist alles möglich.«

6. »Ich habe aus Ihrem Seminar über die konstruktive Nutzung von Ärger gelernt, daß die Leute mich als ruhigen, zufriedenen Menschen betrachten. Meine Klassenkameradinnen haben mir gesagt, daß ich lächle, wenn ich unsicher zu sein scheine. Ich fange gerade an zu lernen, was ich wirklich fühle, auf jeden Fall bin ich nicht ruhig und zufrieden. Ich bin *empört* über das, was mit mir geschehen ist, was ich mit meinem Leben angefangen habe. Und ich kann niemandem die Schuld geben außer mir selbst, das ist das schlimmste daran.«

Die erste Frau hat die typische Jungfrau-Einstellung vor der »Aufklärung« (diese Bezeichnung benutzen meine Studenten für den Punkt, von dem aus es kein Zurück mehr in der Bewußtwerdung eines Menschen gibt). Nach der Aufklärung kann man sich nur nach vorn orientieren. Diese Frau hat ihren Ärger geschluckt und weiß nicht recht, warum sie ärgerlich ist. Sie sagt: »Ich glaube«, und das zeigt, wie wenig sie weiß, ob sie sich nun ärgert oder nicht. Sie würde lieber »an etwas anderes denken«. Ärger ist aber kein Gedanke, sondern ein Gefühl. Und weder List noch Ignoranz können es aus der Welt schaffen.

Die zweite Frau hat schon früh gründlich und brav gelernt, daß sie ihren Ärger nicht zeigen darf. Selbst jetzt scheint sie ihren Ärger noch nach innen zu richten, gegen sich selbst, und verfällt dadurch in Depressionen. Das Jungfrau-Mädchen, dem beigebracht wird, kein Theater zu machen, sauber und ordentlich und ein braves kleines Mädchen zu sein, bezahlt oft dafür mit unterdrückten Gefühlen. Es wird für sie mit am schwierigsten sein, den Ärger wieder ans Tageslicht zu bringen, denn man hat ihr dann, wenn sie ärgerlich war, Schuldgefühle suggeriert, und stärkere noch, wenn sie ihren Ärger zeigte.

Die dritte Frau kennt die typischen Jungfrau-Fehler. Sie ist sich

jedoch ihrer eigenen ärgerlichen Reaktionen und der Unterdrük-
kung ihres Ärgers aus Angst ziemlich bewußt. Die Jungfrau hat
Angst vor Auflehnung und wird von ihren Altersgenossen häufig
wegen des folgenden elterlichen Machtwortes gehänselt. Sie ist oft
emotional prüde und läßt sich nicht herab, an Gefühle zu rühren,
die für sie schmutzig oder ungewollt sind.

Obwohl ich der vierten Frau zugestehe, daß ich mich irren kann,
halte ich es doch für wahrscheinlich, daß sie gelernt, sich selbst beigebracht hat, ihren Ärger als solchen nicht zuzulassen. Für sie hat
ein ungestörtes Leben Priorität. Ich glaube ihr, wenn sie sagt, sie
habe alles, was sie brauche, aber ich glaube auch, daß sie etwas hat,
was sie nicht haben will: Ärger. Kein menschliches Wesen kann existieren, ohne sich gelegentlich zu ärgern. Sie hat wahrscheinlich alle
Gedanken, Erinnerungen und Assoziationen, die Ärger verursachen könnten, unterdrückt. In einem späteren Gespräch vertraute
sie mir an, daß ihr Sexualleben ihr niemals Spaß gemacht habe, aber
das sei unerheblich. Sie war auch nicht sicher, jemals einen Orgasmus gehabt zu haben.

Ich bewundere die fünfte Frau für ihren Mut und ihre Ehrlichkeit.
Wenn eine Jungfrau ehrlich analysieren will, hat sie mehr Einsicht
als das Orakel von Delphi. Sie ist gerecht, genau und selbstkritisch,
ohne Selbstmitleid zu haben. Diese Frau machte eine sehr treffende
Bemerkung. Jeder Mensch muß selbst entscheiden, was er über sich
wissen will. Viele Menschen schließen lieber die Augen vor allem,
außer vor ein paar Tatsachen und Gefühlen. Manche wurden so erzogen, daß sie alles ignorieren, was in ihrer Jugend nicht sanktio-
niert wurde. Ein paar brechen aus, andere wursteln sich mehr oder
weniger glücklich durch.

Das Leben hat viele Wahlmöglichkeiten, dann wählt man eben die,
nichts zu wählen. Man kann keine gute Wahl treffen, ohne sich
selbst zu kennen.

Die sechste Frau verbirgt ihre Gefühle hinter einem Lächeln. Sie hat
keinen Kontakt zu ihren Gefühlen und ist sich im großen und ganzen nicht bewußt, daß das, was sie sagt, nicht mit ihrer inneren Verfassung übereinstimmt. Eine Frau, die Verantwortung für ihr Leben
übernimmt und so lebt, wie sie es wünscht, muß auch merken können, wie sie auf andere wirkt. Das ist vor allem wesentlich im Beruf,

wo sie nur ihr Image ausbalancieren sollte: Verstand und Schönheit, Weiblichkeit ohne Unterwürfigkeit, Stärke ohne Großspurigkeit, die nur andere einschüchtern würde. Indem sie ihren Ärger äußert, zeigt sich, daß sie von ausgewogenem Selbstgefühl ist. Sie muß lernen, nur soweit in Wut zu geraten, daß sie gehört wird – nicht so oft, daß es wie blinder Alarm aussieht, aber oft genug, daß es von Bedeutung ist. Es hilft nichts, wenn man seinem Ärger freien Lauf läßt *und* das Gesicht verliert.

Wie man mit dem Ärger fertig wird

Während ihrer Jugend wurde die Jungfrau-Geborene wahrscheinlich über mäßig gelobt, weil sie gut, lieb, nachgiebig und bereit zur Kooperation war. Möglicherweise hat man sie auch beschämt und zu diesem Verhalten gezwungen. Zeigte sie sich verärgert, wurde sie ignoriert oder zurückgewiesen; vielleicht mußte sie sich schuldig fühlen oder wurde zum Schweigen gebracht. Die Jungfrau hörte die Botschaft wahrscheinlich schon früh: Gefühle sind nicht so wichtig wie gutes Benehmen, und besonders Ärger ist bei gutem Benehmen nicht akzeptabel.

Um ihre Selbstbewußtheit zu stärken, muß die Jungfrau in der Lage sein, ihren Ärger zu identifizieren. Dann kann sie entscheiden, ob sie ihn loswerden will, hoffentlich auf eine gesunde Art – vielleicht durch sarkastische literarische Essays, athletische Wettkämpfe, kontrollierte Streitereien, durch Umorganisation im Büro, wenn es höchste Zeit ist, oder durch Umstellen ihrer Möbel.

Auffälligstes Zeichen für wachsenden Ärger ist die Verkrampfung verschiedener Muskelgruppen. Bei der Jungfrau werden wahrscheinlich die Eingeweide und der untere Magen betroffen sein. Verdauungsstörungen durch Säureüberschuß, Blähungen, Verstopfung, Durchfall, Magenkrämpfe, Schleimansammlungen und erhöhte Nervösität sind ein sicheres Zeichen, daß negative Gefühle im Körper gefangen sind.

Auch der Gesichtsausdruck weist auf Ärger hin. Hier kann eine gelegentliche Selbstüberprüfung helfen. Die Linien im Gesicht der Jungfrau zeugen von ihren Gefühlen. Bei Ärger und Sorge, manchmal auch bei Furcht, ziehen sich die Brauen zu starken Falten zusammen. Wer ständig die Lippen spitzt, bekommt winzige Falten um den Mund. Ein vor Ärger steifes Kinn oder Zähneknirschen können Extra-Besuche beim Zahnarzt notwendig machen. Lachfalten um die Augen, unterstrichen durch eine senkrechte Linie zwischen den Brauen, können einen ärgerlichen Ausdruck betonen. Ein verkniffenes, abgehärmtes Gesicht ist oft Resultat vieler unausgesprochener Worte, und ein Märtyrergesicht kann Ärger andeuten, den man sich selbst nicht eingesteht.

Die Körpersprache eines verärgerten Menschen kann subtil oder heftig sein. Keinem entgeht die Wut eines schreienden, kreischenden Verrückten, schwieriger ist es, unauffällige Hinweise auf Ärger zu entdecken. Das Ballen der Fäuste ist oft ein Zeichen für Ärger oder äußerste Frustration. Das Einziehen des Magens und zeitweilig aussetzendes, langsames oder flaches Atmen sind Zeichen von Angst und oft von verdrängtem Ärger. Die Angst kann durch unbewußten Ärger hervorgerufen oder unterstützt werden.

Es ist wichtig zu wissen, wie ein Mensch sich ärgert. Viele Leute werden verhängnisvoll ruhig, wenn sie sich ärgern, andere kreischen oder schreien. Einige lassen sich so hinreißen, daß sie mit Sachen um sich werfen, Papiere über den Schreibtisch schleudern, wie verrückt nach der Sekretärin läuten oder jemand in Gegenwart anderer anrufen und zusammenstauchen. Die Jungfrau zeigt ihren Ärger meist nicht durch starke Körpersprache, sondern fast immer auf subtile Art.

Ein schwieriges, aber faszinierendes Rätsel ist es, aus der Reaktion eines anderen zu erraten, welche »Schwingungen« man aussendet. Ein altes metaphysisches Gesetz versichert uns, daß eben die Energien zu uns zurückkehren, die wir aussenden. Wenn wir daher Schönheit und positive Einstellung telegraphieren, werden andere gut auf uns reagieren. Wenn wir feindselig und voller Furcht sind, werden die anderen uns häßliche Dinge antun. Wir können daher umgekehrt unseren Ärger bis zu einem gewissen Grad erkennen, wenn wir intuitiv abschätzen, wieviel Ärger andere uns zusenden. Es ist offensichtlich, daß ein verärgerter Taxifahrer auf die Welt wütend sein kann oder auf seinen letzten Fahrgast, der ihm kein Trinkgeld gab, und sein Ärger braucht nichts mit uns zu tun zu haben.

Aber beobachten Sie, wie sein Ärger verschwindet, wenn wir in guter Stimmung sind. Demgegenüber wird seine Feindseligkeit sich steigern, wenn wir ärgerlich reagieren, sogar wortlos.

Ehrlicher Ärger, in angemessener Weise geäußert, kann der Jungfrau helfen, das vom Leben zu erhalten, was sie haben möchte. Sie kann dadurch eine bessere Einstellung zu sich selbst finden. Ihre Beziehungen können leichter, vertrauens- und bedeutungsvoller werden. Geistiger und körperlicher Streß wird abgebaut. Ärger kann auch ihren Appetit auf Sexualität reizen, sie erregen, sie und ihren Partner mit neuen Kräften versehen. Unterdrückter Ärger kann eine Art weibliche Impotenz erzeugen, ihr den Orgasmus vorenthalten, ihre sexuellen Begierden und ihre Freude an der Sexualität einschränken.

Konstruktiv genützter Ärger ist ein Katalysator. Er kann ein Zeichen für erforderliche Veränderung sein. Er kann die Jungfrau motivieren, sich mit sich selbst auseinanderzusetzen, ihr Leben neu abzuschätzen. Von Zeit zu Zeit ist solche Selbstüberprüfung unumgänglich. Ärger, weit davon entfernt, ein verbotenes, unmenschliches Gefühl zu sein, ist sogar in starkem Maße ein menschliches Gefühl, und es ist wesentlich, daß sie ihn erkennt und ihn auf die bestmögliche Art nutzt.

Manchmal wird sie es am besten finden, wenn sie sich mit ihrem Ärger alleine auseinandersetzt oder mit einer Freundin oder einem Therapeuten darüber spricht. Zu anderen Zeiten mag ein gutes Gespräch oder eine Reihe von Diskussionen mit ihrem Partner ihren Ärger erleichtern. Jungfrau, in Beziehung auf Ärger müssen Sie:

1. Ihre Gefühle, einschließlich Ärger, genau prüfen und lernen, sie zu erkennen.

2. Konflikte und Ärger als unumgänglich und notwendig für Ihre Entwicklung akzeptieren.

3. Ihre eigene Erziehung als hauptsächlich verantwortlich dafür akzeptieren, daß Spannungen in Ihnen entstehen, Spannungen, die höchst produktiv sein können, wenn sie richtig gelenkt werden, oder höchst destruktiv, wenn sie verdrängt oder dazu benutzt werden, andere zu kritisieren oder zu beschuldigen.

4. Ihr Recht auf Ihre Gefühle ohne Selbstbeschuldigung akzeptieren.

5. Sich bewußt machen, daß Ärger durch bestimmte Wertmaßstäbe verursacht wird und erkennen, welche Wertmaßstäbe das sind.
6. Sich Ihrer Entscheidungsfreiheit bewußt sein und die Entscheidungen treffen, die Ihnen nützen und Ihr Leben bereichern.

(Zur speziellen Kunst der Kommunikation siehe »Ärger der Waage-Frau«.

Für weitere Ratschläge zur Identifizierung des Ärgers siehe »Skorpion und Ärger«.)

Die Lebensstile der Jungfrau-Frau

Es gibt Frauen, die mit einer monogamen Ehe zufrieden sind und niemals ernsthaft in Betracht ziehen, sich einen Liebhaber zu nehmen. Es gibt Frauen, die in der Phantasie eine Affäre haben, diese Phantasie jedoch nie in die Tat umsetzen. Manche Frauen sind so sehr an ihre Erziehung und ihr Bedürfnis gebunden, sich den gesellschaftlichen Sanktionen anzupassen, daß sie nicht einmal sich selbst zugeben, von der unentwegten, körperlichen und gefühlsmäßigen Exklusivität mit ihren Partnern gelangweilt, frustriert und unerfüllt zu sein. Manche Frauen »bemogeln« ihre Männer und haben Schuldgefühle, andere begehen Ehebruch und leben glücklich. Viele Frauen üben Serien-Monogamie aus. Ein paar führen ein paar Monate oder Jahre eine offene Ehe, gehen freimütig erotische und platonische Freundschaften ein, ohne sich, wie es scheint, schuldig zu fühlen.

Ich glaube, es ist wichtig, zu wissen, daß man im Leben Wahlmöglichkeiten hat. Als Victor Frankl das Leben in einem deutschen Konzentrationslager beschrieb, stellte er die Theorie auf, daß diejenigen überlebten, die durch reine Willenskraft oder schöpferisches Genie auf unmerkliche Weise anders waren. Ein menschliches Wesen sollte sich seiner Individualität bewußt sein und sich eine gewissen Entscheidungsfreiheit zugestehen. Der freie Wille ist ein Teil des Lebens, und die Psycho-Astrologie unterstützt diese Ansicht.

Die Experimente und Wahlmöglichkeiten von heute können zur Verwirrung führen, in manchen Köpfen bestimmt. Die Familie funktioniert nicht mehr so wie in den Fünfzigerjahren. Sie hat sich in der Tat seit Beginn der industriellen Revolution mehr als einmal drastisch geändert. Sie wird sich gewiß wieder ändern, ebenso wie das Gesellschaftssystem. Wir leben nicht in einfachen Zeiten. Wir müssen den Herausforderungen mit offenem Sinn begegnen, das Gute wo immer möglich erkennen und den Gedanken an ein Jüngstes Gericht durch unbeirrte, hingebungsvolle Taten verhüten.

Monogamie und anderes

Die Jungfrau neigt zu treuer Ehe mit einem Partner – oder wenigstens mit jeweils nur einem: Jungfrau ist ein bewegliches Zeichen; sie heiratet daher oft mehr als einmal (Serien-Monogamie). Ein monogamer Lebensstil könnte Erfüllung für sie sein. Weil aber die Welt ihr mehr Möglichkeiten bietet und die Zeiten eine stärkere Bewußtmachung erfordern, stellt sie allmählich ihren Lebensstil mehr als zuvor in Frage. Und da sie zwanghaft wißbegierig ist, wird sie gründlich nachforschen,

Monogamie ist der Lebensstil sexueller Exklusivität mit einem Partner; definiert man genau, schließt sie auch gefühlsmäßige Exklusivität ein. Die Jungfrau ist ganz und gar für Monogamie, sowohl theoretisch als auch praktisch. Wenn sie diese Praxis durchbricht, dann oft gegen besseres Wissen und gegen ihre zutiefst konservativen Wertmaßstäbe. Ein nicht monogamer Lebensstil kann entsetzliche gefühlsmäßige Spannungen hervorrufen, die zu meistern und schöpferisch zu lösen sie lernen muß.

Im folgenden sind typische Situationen aufgeführt, die Jungfrau-Frauen veranlassen könnten, nicht-monogame Lebensstile einzugehen.

1. Perfektionismus. Die Jungfrau heiratet oft die illusorische Perfektion von Liebe und Romantik. Stellt sich heraus, daß ihr Mann schlechten Mundgeruch oder wenig Ehrgeiz hat, daß er zuviel arbeitet, statt sich um sie zu kümmern, kann sie unruhig werden. Möglich, daß sie dann ihre Illusionen woanders sucht. Mit wachsender Erfahrung und Reife mag sie später verhältnismäßig zufrieden in die Häuslichkeit zurückkehren, oft mit dem ursprünglichen Mann.

2. Vollkommenheit und kritische Einstellung. Die Jungfrau liebt Vollkommenes außerordentlich und verläßt sich vielleicht darauf. Für sie haben Wahrheit, Schönheit, Liebe und Familienleben einer starren Vorstellung zu entsprechen. Dieser Impuls nach Vollkommenheit ist eng mit ihrem Bedürfnis nach Perfektion verbunden, geht aber noch tiefer, ist emotionaler und enger mit ihren Wertmaßstäben verknüpft. Sie kann die Monogamie als Reaktion auf einen fehlenden, für sie jedoch wichtigen Anspruch auf Vollkommenheit, oder auch aus einem wachsenden, oft kleinlichen Rachegefühl heraus aufgeben.

3. Angst vor Intimität. Die Jungfrau könnte ihr wahres Selbst bewahren wollen, besonders ihre Ängste. Sie könnte sich Sexualpartner suchen, die sich weniger intensiv als ihr Mann mit ihr beschäftigen und sie daher auch weniger genau kennenlernen.

4. Ärger mit ihrem Partner. Die Jungfrau kann oft mehr Pein ertragen als die meisten, aber auch sie hat ihre Grenzen. Wenn ihr Mann sie ständig verletzt oder enttäuscht, kann sie woanders Trost suchen.

5. Pragmatismus. Wenn ihr Mann sie im Bett enttäuscht oder den Eindruck eines ständigen Verlierers macht, kann die Jungfrau sich wehren. Sie wird dann sehr sorgfältig Ausschau halten, mögliche Verehrer und Partner auf Herz und Nieren prüfen und ihre Entscheidungen kühl und vernünftig treffen.

6. Ein Lady-Chatterley-Symptom von heute. So manches scheue Jungfrau-Mägdelein lebt ihr Leben ohne erdbebengleichen Orgasmus oder romantische Ekstase. Wenn die Gelegenheit dazu sich allerdings wiederholt, kann sie profitieren. Manchmal wird sie gegen ihren Willen hingerissen, obwohl sie den Liebhaber nach einem maximalen Erlebnis nie wiedersehen mag.

7. Sexueller Zweifel an sich selbst. Eine Kur wäre Nichtausschließlichkeit. Die sexuell unsichere Jungfrau sollte sich draußen umsehen, wenn auch noch so kurz.

8. Suche nach neuem technischen Know-how, Neugier. In den technischen Aspekten des Liebesspiels ist der Jungfrau niemand ebenbürtig. Sie hat einen Riecher für Informationen über verschiedene Positionen, Übungen, Atemtechniken und Spiele. Wenn ihr Mann auf hausbackener sexueller Diät besteht, findet

sie vielleicht raffiniertere Liebhaber, die ihr Entzücken am ungehemmten Liebesspiel haben.

Alternative Lebensstile

Alleinlebende Frau

Es gibt einige Jungfrauen, die ihr ganzes Leben lang mehr oder weniger glücklich allein bleiben. Arbeit ersetzt für sie das Vergnügen,
und beruflich können sie zu ungeahnten Höhen aufsteigen. Kein
ungewöhnlicher Lebensstil für eine Jungfrau-Dame, sowohl für
dauernd als auch auf Zeit. Sie liebt meist ihre Ungestörtheit und ist
im Grunde unabhängig.

Enge Verflechtungen (Intimate Networks)

Die Jungfrau mag auf das Konzept dieser Bewegung neugierig sein,
das Freundschaften mit beiden Geschlechtern befürwortet und sexuelle Verwicklungen weder ablehnt noch verlangt. Praktisch wird
sie es wahrscheinlich jedoch ablehnen. Sie mag es vorziehen, ihre
Freundschaften mit Frauen von denen mit Männern zu trennen,
jede Kategorie säuberlich an ihrem Platz.

Offene Ehe

Die Jungfrau wird für eine sexuell offene Ehe zu traditionell sein,
obwohl ich ein paar getroffen habe, die sie als letzten Ausweg versuchten. Keine ist jedoch dabei geblieben. Es ist unwahrscheinlich,
daß sie diesen Lebensstil wählt, aber es könnte ein lehrreiches Experiment sein.

Ménage à trois

Mag sein, die Jungfrau versucht's, besonders mit ihrem Mann und
einer anderen Frau, falls sie bisexuelle oder homosexuelle Neigungen hat.

Gruppenehe

Wenn sie mit diesem Konzept auf die richtige Art, mit den richtigen Leuten und in der richtigen Umgebung vertraut gemacht wird, mag es ihr gefallen. Es verbindet Tradition mit der Chance, auszubrechen und zu experimentieren, außerdem einigen Schutz und ein begrenztes, aber beruhigendes Vertrauen auf gewisse Grundformen.

Kommunen

Unwahrscheinlich, daß sie sich mit diesem Lebensstil abgibt. Wenn sie ihn zufällig versucht, wird sie wahrscheinlich für Sauberkeit in den Wohnräumen und eine reibungslose Verwaltung sorgen.

Homosexueller/Bisexueller Lebensstil

Ich habe eine ganze Anzahl Frauen des Jungfrau-Typs kennengelernt, die das eine oder andere ausprobiert haben, aber keine, die den Gedanken an Heterosexualität, die zu einer behaglichen Ehe führt, aufgegeben hätte. Die Jungfrau ist meist recht altmodisch, und nirgends ist das offensichtlicher als in ihrer eigensinnigen Treue, mit der sie an einem grundlegenden alten Traum festhält: Erfolg, Familie, Heterosexualität, das Weiterbestehen der Tradition.

Zusammenfassung

Die Jungfrau-Geborene kann uns mit ihrer tiefen Einsicht und ihrer Fähigkeit, die Wahrheit zu sagen, viel über uns selbst beibringen. Sie ist ein Musterbeispiel für Loyalität, Tüchtigkeit, Analyse und Organisation. Sie ergänzt das Gesamtbild und ist gewöhnlich in allem, was sie sich vornimmt, erfolgreich. Persönlich hat sie sehr viel zu lernen.
Sie wirft sich Hals-über-Kopf in eine Aufgabe und kann als besessen-zwanghaft bezeichnet werden. Sie vereinigt geringe Selbstachtung mit beträchtlichem Selbstvertrauen und Selbstgenügsamkeit.

Wenn es sein muß, funktioniert sie im allgemeinen gut. Sie kann für sich selbst und ihre eigene Welt sorgen. Das Problem ist, daß sie oft in Routine steckenbleibt, so gut in den Details ist, daß sie das Ganze nicht sieht und sich auch nicht damit abgibt. Sie kennt Herkunft und Struktur jedes Baumes und übersieht dabei Frische, Einmaligkeit und Potential des Waldes.

Die Jungfrau ist meist ein Mensch, der tiefe Liebe empfindet, häufig jedoch Schwierigkeiten hat, das auch herzlich auszudrücken. Oft ist sie ängstlich, aber statt zu lernen, sich von ihrer Angst zu befreien, überarbeitet sie sich und hackt auf anderen herum. Sie kann umständlich, pedantisch und anspruchsvoll mit ihren Lieben sein. Ihre größte emotionale Aufgabe ist es, lieben zu lernen, ohne zu kritisieren, die Menschen so zu akzeptieren, wie sie sind. Sie muß sich auch vor einem negativen Kommunikationsstil hüten. Oft ist sie weicher, liebevoller und verletzlicher, weiblicher und nachgiebiger, als sie scheint.

Sie hat die Fähigkeit, zu erreichen, was sie sich vornimmt. Daher ist sie es, die letzten Endes gewinnt. Sie ist gefühlvoll, doch realistisch und hat Ausstrahlung und Willenskraft genug, alles anzuziehen, was sie braucht. Wollte sie es, sie könnte jedem Mann den Kopf verdrehen und ihm das Gefühl vermitteln, er sei die einzige Seele auf der Welt, die zählt.

Sie ist, wenn sie mag, eine Schauspielerin, und viele Jungfrauen wählen das als Beruf. Sie bleibt ein Leben lang jugendlich, einer Gazelle gleich, bezaubernd und anziehend.

Wenn die Jungfrau lernt, den Dingen ihren Lauf und andere für sich sorgen zu lassen, wenn sie schließlich erkennt, daß Vertrauen und Liebe zu anderen Menschen und zu sich selbst jene Ruhe bringen, die sie sucht, kann sie eine moderne Madonna werden.

Waage

24. September bis 23./24. Oktober

Kennzeichen der Waage-Frau

1. VERFÜHRERISCH
2. SINNLICH
3. ATTRAKTIV
4. VERWÖHNT SICH
5. KÜNSTLERISCH
6. VERFEINERT
7. GESELLIG
8. MELANCHOLISCH
9. EMPFINDSAM
10. ZAUDERND
11. UNENTSCHIEDEN
12. AMBIVALENT
13. ENTGEGENKOMMEND
14. ANPASSUNGSFÄHIG
15. SICH SELBST SCHÜTZEND
16. SUBTIL
17. PARADOX
18. STARK
19. AGGRESSIV
20. KOOPERATIV
21. STREITLUSTIG
22. MANIPULIEREND
23. VERNÜNFTIG
24. UNVOREINGENOMMEN
25. BEHERRSCHT
26. KÜHL
27. TEAM-WORKER
28. VIELFÄLTIGE BEZIEHUNGEN LIEBEND
29. NARZISSTISCH
30. HÄSSLICHES ENTLEIN
31. DIPLOMATISCH
32. SICH EINER SACHE HINGEBEND
33. BELIEBT
34. HÖFLICH
35. ZWEIFEL AN SICH SELBST

Die Persönlichkeit der Waage-Frau

Allgemeines

Die Waage-Frau ist charmant, attraktiv, von natürlicher Eleganz, charismatisch, sentimental, melancholisch und geistig aktiv. Sie gibt und erhält Aufmerksamkeit und Bewunderung, wenn nicht immer Liebe.

Ihr astrologisches Symbol ist die Waage, die gewöhnlich von einer weiblichen Figur gehalten wird, die das Gleichgewicht symbolisiert: menschliche Gerechtigkeit, Zusammenarbeit und das Gesetz. Waage ist das siebente Zeichen des Tierkreises, kardinal, Element Luft. Es hat vor allem mit Partnerschaften, Ehe und allen *offenen* Verbindungen zu tun (Fische betreffen die geheimen Beziehungen).

Die Waage-Frau ist eine der liebreizendsten. Sie hat oft eine beschwingte Grazie und die Bewegungen eines sinnlichen Menschen. Sie prunkt jedoch nicht mit ihren Schätzen, sondern trägt sie wie einen zarten, aber gediegenen Talisman am Arm. Man kann überzeugt sein, daß zahllose Glücksbringer daran hängen, golden, glitzernd und klingelnd in ruhigem Stolz.

Hinter dem oft stilvollen Äußeren der Waage-Frau verbirgt sich häufig eine intensive Beschäftigung mit beeindruckenden Leuten. Gewöhnlich ist sie außerordentlich darum besorgt, welchen Eindruck die Dinge auf Freunde, Partner, Teilhaber, Liebhaber und ihre eventuell Zukünftigen machen. Es scheint ihre Aufgabe im Leben zu sein, ständig Ich und Du ins Gleichgewicht bringen zu müssen. Dabei kann eine Seite das Übergewicht bekommen, besonders zu Beginn ihres Lebens, wenn sie die Kunst, Harmonie zu schaffen, noch nicht gelernt hat. Meistens übertreibt sie von der Phantasie her, vielleicht auf Kosten der inneren Entwicklung.

Die Persönlichkeit der Waage-Frau wird durch die Kennzeichen zu Beginn dieses Kapitels beschrieben. Eine Frau, die dreißig oder mehr dieser Eigenschaften hat, ist ein Waage-*Typ*, wenigstens im Augenblick. Sie kann auch eine Waage-*Phase* durchmachen, die dann wie folgt charakterisiert wird:

1. Intensive, vor allem geistige Beschäftigung mit allen Aspekten menschlicher Beziehungen.

2. Beschäftigung mit bildender Kunst, klassischer Philosophie, Musik, Verschönerungsprojekten; starkes Interesse am äußeren Eindruck der Dinge: Dekoration, Neugestaltung, Renovierung.
3. Suche nach Anerkennung, Ordnung und vor allem Harmonie in allen Beziehungen; andererseits kann die Waage-Phase aber auch einen ständigen scheußlichen Krieg an allen Fronten bedeuten.
4. Angenehme Kontakte mit vielen Menschen, über Generationen und räumliche Distanz hinweg, denen jedoch oft die Tiefe fehlt.
5. Gute Gefühle inneren Friedens und innerer Harmonie – das endgültige Waage-Ziel.

Folgende Berufe und Arbeitsgebiete sind besonders mit der Waage verbunden: die schönen Künste, Mode, Damen-Ausstattung; Blumenhändler, Schönheitsindustrie (-salons), Boutiquen, menschliche Beziehungen, Schmuck (besonders Arbeit mit Kupfer, Korallen, Karneol, Opal, Quarz), Recht, Prozesse, Gerichte; Innendekoration, Bekleidung, Möbel- oder Pelz-Entwurf oder -Verkauf oder -Werbung; Musik, Dichtung verfassen oder veröffentlichen; Diplomatie, Politik, Friedensarbeit; Medizin, hauptsächlich bezogen auf Wirbelsäule, endokrine Drüsen und Urologie; Schneiderei; Kriegsführung.

Bis sie emotionale Reife erreicht hat, gerät die Waage-Frau häufig aus dem Gleichgewicht und fällt vom einen Extrem ins andere. Sie steht oft im Widerspruch mit sich selbst, obwohl sie lieber vollkommen ausgeglichen wäre.

VERFÜHRERISCH, SINNLICH, ATTRAKTIV

Sie können sich die Waage als eine kurvenreiche, hübsche Frau vorstellen, die ein Künstler in sinnlichem Ebenholz oder rosa Jade verewigen würde. In jeder Hand hielte sie eine mit Edelsteinen besetzte Waagschale, die in ständigem Auf und Ab ist. Ihr Blick wäre einladend und abweisend zugleich.

Waage-Frauen sind berühmt für ihre Schönheit und ihren Sex-Appeal. Brigitte Bardot, die in den Vierzigern immer noch sexy und jugendlich wirkt, hat die Sonne in der Waage. Ihr prächtiges Hinterteil, von Roger Vadim in »Und Gott erschuf die Frau« auf die Leinwand gebracht, machte sie zur Berühmtheit.

Die Waage-Frau ist geschickt in der Kunst der Verführung und erwartet Anerkennung dafür. Rita Hayworth, auch sie mit der Sonne in der Waage, verstand es, Aussehen und Sex-Appeal in Ruhm und Geld zu verwandeln und setzte noch allem die Krone auf, als sie den Aga-Khan, einen Millionär, heiratete.

Die Waage-Frau ist oft sinnlich, träge und feminin. Sie ist weise und naiv, jung und alt. Sie bezaubert und manipuliert Leben und Leute wie eine alterslose Lolita.

VERWÖHNT SICH

Die Waage-Frau genießt die Macht, mit der ihre Schönheit, Sinnlichkeit und vornehme Haltung sie ausstatten. Meist glaubt sie, das Beste sei gerade gut genug für sie. Die Welt, meint sie, schulde ihr etwas für das, was sie ihr gibt.

Sie wird sich verwöhnen. Sie kauft literweise Badeöl, das neueste Make-up, Qualitätsweine, Nichts ist zu gut für sie. Sie liebt Feinschmeckerkost und neigt zur Fülle. Sie zieht sich meist exquisit und modisch an und ist manchmal zu sehr parfümiert. Sie kauft leidenschaftlich gern alles vom letzten Schrei ein, von seltenen Perlen bis zu Kreuzfahrten.

Im Luxus fühlt sie sich besonders wohl und sucht nach Mitteln und Männern, die ihn ihr bieten können. Für Schmeicheleien und Geschenke ist sie empfänglich. Gewöhnlich betet sie das gute Leben an. Sie ist je nach Standpunkt naiv oder optimistisch und vertraut darauf, daß das Schicksal ihr gibt, was sie braucht. Meistens gehen die Dinge gut für sie aus.

KÜNSTLERISCH, VERFEINERT

Die Waage-Frau ist verantwortlich für ihr eigenes Glück, denn sie hat das rechte Gefühl dafür. Sie kann eine Hütte in ein Liebesnest verwandeln, schlechte Schwingungen in gute. Wenn die Waage eine Abendgesellschaft gibt, kann man silberne Leuchter, sanften Kerzenschimmer, langstielige, zarte Rosen in Vasen, bestickte Servietten und einen zottigen Wollteppich erwarten.

Ihr verfeinerter Geschmack erstreckt sich auf alle Einzelheiten ihres Lebens und auch auf das ihrer Nächsten. Das Aussehen der Dinge mag ihr wichtiger sein als deren Duft, Ton und Geschmack. Sie kennt die Trends der Kunst und liebt Schönheit und Natur. Ihre Begabung für ein gutes Leben ist ihr Hauptbeitrag zur Liebeskunst.

GESELLIG

Die Waage-Frau knüpft leicht gesellschaftliche Kontakte. Sie ist eine tatkräftige Freundin und eine bewundernswerte Liebende, bereit, ihre vielen Vorzüge mit anderen zu teilen. Sie macht entzückende Geschenke und kann eine erstklassige Ehestifterin sein. Sie hat nichts gegen den Kleinkram des Lebens. Sie mag Menschen und tut gern etwas für sie.

Meist liebt sie Gesellschaften und ist mitteilsam. Sie kann endlos über Themen sprechen, die sie interessieren. Oft ist sie eher Partnerin als mütterlich und zieht Gesellschaft der Einsamkeit vor. Ehrgeiz verzehrt sie nur selten und sie braucht einen Partner, der sie unterstützt und in die richtige Richtung drängt.

MELANCHOLISCH, EMPFINDSAM

Die Waage-Frau hat eine verborgene Seite, die Gegenseite zur oft prächtigen Verkleidung, die sie nach außen zeigt: eine Art grauer Melancholie und krankhafter Empfindsamkeit. Sie neigt dazu, von Zeit zu Zeit passiv, deprimiert und leicht paranoid zu sein. Sie kann sich einbilden, daß die Leute nur so tun, als hätten sie sie gern und daß keiner ihr »wirkliches« Selbst kenne. Dann hat sie das Gefühl, als sei ihr Leben nur Trug und Schein mit wenig beständiger Substanz. Kurz gesagt, sie kann sich selbst sehr leid tun.

Glücklicherweise ist diese Phase meist vorübergehend. Sie kann daraus auftauchen, wenn sie ein Geschenk erhält, einen schönen

Blumenstrauß oder irgendein Zeichen der Zuneigung. Ein Wort der Warnung an die Waage: Sie stecken soviel Energie in die Verwirklichung einer Idee, bemühen sich so sehr, eine Verbindung oder gewisse äußere Umstände zu schaffen, daß zu wenig für Sie selbst übrigbleibt. Wenn Sie zu oft deprimiert sind, sollten Sie einen Therapeuten aufsuchen. Stil ist kein Ersatz für echte Selbstachtung.

ZAUDERND

Eins der größten Probleme der Waage ist ihre Tendenz, die Dinge hinauszuschieben. Das kostet sie Selbstvertrauen und Leistungsfähigkeit. Ihre Entscheidungen trifft sie passiv, läßt oft andere die Wahl treffen. Meist geht sie den Weg des geringsten Widerstandes und ist zufrieden, die Dinge heil zu überstehen. Bis zu einer bestimmten Grenze geht das gut, aber wenn sie sich und ihr Leben dadurch behindert, hat keiner etwas davon.
Ein Ratschlag: Besuchen Sie einen Kursus, in dem Sie lernen, Entscheidungen zu treffen.

UNENTSCHIEDEN, AMBIVALENT

Beruflich trifft die Waage-Frau ihre Entscheidungen ohne Schwierigkeiten. Im persönlichen Leben scheut sie jedoch vor Entscheidungen zurück, die gefühlsmäßige Risiken mit sich bringen. Sie möchte für Schmerz und Pein nicht verantwortlich sein. Um nachteilige Ergebnisse zu vermeiden, beurteilt sie die Sachlage sorgsam. Oft wägt sie jede Seite einer Angelegenheit so lange ab, bis die Entscheidung entweder falsch oder von der anderen Seite getroffen ist. Gewöhnlich hat sie die besten Absichten; ihr Motto ist »Gerechtigkeit für alle«. Sie möchte jedem sein Recht widerfahren lassen; in der Praxis erleidet ihr großes Ideal jedoch oft Schiffbruch, weil sie sich nicht zur Tat aufrafft.
Um effektive Entscheidungen zu treffen, muß die Waage erkennen, was wirklich wichtig für sie ist. Sie muß zuerst klären, was sie will, und dann Schritte einleiten, um ihr Ziel zu erreichen. Sie kann das

in die Tat umsetzen, wenn sie eine Liste macht und alle Vor- und Nachteile jedes einzelnen Punktes aufschreibt. Als nächstes muß sie die Entscheidung treffen und dabei bleiben. Die einzige Art, mit der Unentschiedenheit fertig zu werden, ist Übung: Treffen Sie eine Entscheidung und bleiben Sie dabei.

ENTGEGENKOMMEND, ANPASSUNGSFÄHIG, SICH SELBST SCHÜTZEND

Ein verborgenes Anliegen der Waage-Frau ist es, anderen eine Freude zu machen. Das ist gewöhnlich weit wichtiger für sie, als, sagen wir, diejenige zu sein, die einen bestimmten Film aussucht. Wenn es um wesentliche Dinge geht, wie zum Beispiel, ob man ein Kind haben oder die Stellung wechseln soll, *muß* sie jedoch lernen, sich zu behaupten. Es ist auch wichtig, daß sie beurteilen und unterscheiden kann, was wesentlich und was unwesentlich ist.

Die Waage-Frau wird gewöhnlich zum braven Mädchen erzogen. Ihre Unentschlossenheit und ihr Zögern können dadurch entstehen, daß sie niemand verletzen und sich den gesellschaftlichen Regeln anpassen will. Sie sagt selten nein, anscheinend, um die Leute nicht zu verletzen. Dahinter aber versteckt sich häufig die Angst, selbst abgewiesen zu werden. Es ist, als müßten ein paar Widder-Eigenschaften auf sie abfärben, damit sie lernt, sich energischer zu behaupten (im gleichen Sinne wäre es gut für den Widder, sich ein paar Waage-Eigenschaften anzueignen, um diplomatischer zu werden).

Manchmal benutzt die Waage ihre Unentschiedenheit auch, um sich vor Verantwortung zu drücken. In solchen Fällen wird die Anpassungsfähigkeit, die eigentlich die Gemeinsamkeit fördern sollte, ein Ärgernis und eine schwache Stelle im Zusammenspiel.

SUBTIL, PARADOX

Mit Charme, Sanftmut und der leisen Art, sich den Dingen zu nähern, wird die Waage-Frau viel erreichen, wenn sie sich nicht ärgert. Läßt sie sich allerdings gehen, kann sie zur verblüffend aggressiven Frau werden, die noch niemals etwas von Zartheit gehört zu haben scheint.

Menschen sind voller Gegensätze, und die Waage ist keine Ausnahme. Sie ist so paradox wie die Mitternachtssonne. Sie kann oberflächlich oder wesentlich, dekorativ oder tonangebend, zart oder grob, nachgiebig oder kraftvoll sein. Meistens hochgeschätzt, ist sie ganz weiblich, hingegeben an Partnerschaften, Schönheit und Freude.

STARK, AGGRESSIV

Obwohl häufig ein angenehmer Mensch, hat die widersprüchliche Waage auch eine angeborene Aggressivität. Viele berühmte Militärs waren Waage-Typen. Die Waage-Frau hat einen militärischen Zug, den sie unter Kontrolle hält und nur bei bestimmten Gelegenheiten zeigt. Sie kann sich vom Pussikätzchen in eine Tigerin verwandeln, wenn sie sich in die Ecke gedrängt fühlt oder eine prinzipielle Angelegenheit klar bedrohlich für sie ist. Grausamkeit und Ungerechtigkeit machen sie am schnellsten wild.

Ihre Stärke kann verborgen sein. Vielleicht hat man sie abgeschrieben als die ewige Dilettantin, die beim Kartenspiel Bonbons lutscht, aber eine Waage ändert sich und stößt offenbar unüberwindliche Hindernisse beiseite, wenn es um eine Sache geht, an die sie glaubt.

KOOPERATIV, ABER AUCH STREITLUSTIG

Das Gesicht der Waage-Frau ist gewöhnlich freundlich, und oft hat sie Grübchen, ein weiches rundes Kinn und ein ansprechendes Lächeln. Sie ist prinzipiell kooperativ. Sie möchte mit anderen auskommen, häufig endet es aber damit, daß sie sich wegen ihrer Ideale mit anderen streitet.

Ihre Neigung zum Streiten wird dadurch geschürt, daß ihr tägliches Leben meist mit konfliktreichen Gefühlen überlastet ist.

Die Waage hält es selten für richtig, mit dem Lächeln aufzuhören oder eine andere Meinung zu äußern, und so zeigt sich ihre Mißbilligung in Feindseligkeit.

Oft schwankt sie in ihren Ansichten über alle wesentlichen Dinge des Lebens. Und so wie ihr Mangel an Entschlossenheit steigt, steigen auch ihre Spannung und ihre Feindseligkeit. Da sie selten sagt, was sie wirklich fühlt (obwohl sie mit intellektuellen Erklärungen über ihre Beweggründe verblüffen kann), streitet sie um kleinliche Dinge.

MANIPULIEREND

Obwohl sie sich manchmal lässig gibt, bereitet direktes Vorgehen ihr Unbehagen. Sie entschärft gespannte Situationen, bevor sie ihre wahren Gefühle zeigt. Häufig setzt sie ihren Humor ein, um gefühlsgeladene Szenen oder Gegenüberstellungen zu vermeiden. Sie versteht sich auf Pointen und bringt sie gerade rechtzeitig an, bevor ein Freund einen Wutanfall bekommt. Auch im Erotischen kann sie die Oberhand behalten durch einen kühlen Ton und ein »Laß mich doch mit deinen Problemen in Ruhe«–Verhalten.

Sie wendet auf typische Art weibliche Schliche an, um zu bekommen, was sie will. Die Frauenbewegung mag einiges geändert haben, sie hält es jedoch immer noch nicht für schlechten Geschmack, mit anderen Frauen in Konkurrenz zu treten, selbst wenn es um einen Mann geht.

VERNÜNFTIG, UNVOREINGENOMMEN, BEHERRSCHT

Die Waage-Frau kann ihre Gefühle betrachten, als wären sie eine tickende Zeitbombe, die kurz vor der Explosion steht. Sie ist ein geistiges Geschöpf, das alles untersucht, nicht einmal, sondern zehnmal.

Logik und abstraktes Denken sind ihre Freunde, Unvernunft und Gefühlsduselei ihre Feinde. Sie zieht sich lieber zurück, wenn Gereiztheit aufflammt, obwohl sie zum Angreifer werden kann. Vielleicht will sie die Situation damit in die Hand bekommen.

Sie ist gefühlsmäßig objektiv, teilweise um sich vor eventuellen Beleidigungen zu schützen, aber das wird sie nicht zugeben. Sie ist immer bereit, ihr Garn zu spinnen und Gründe zu nennen, wenn Sie jedoch wissen wollen, was sie fühlt, fragen Sie sie. Sie werden entdecken, daß sie es vielleicht selbst nicht weiß.

KÜHL, TEAM-WORKER

Hinter dem Äußeren der so überaus weiblichen Waage-Frau lauert der Verstand eines Rechners. Man könnte sie mit der Geliebten Napoleons vergleichen, die ihren Verstand und ihren Körper benutzte, um den Lauf der Geschichte zu ändern. Die Waage-Frau weiß alles, was sie ist, und das, was sie lernt, einzusetzen, um zum Ziele zu kommen.

Sie ist gewöhnlich beruflich tüchtig, zieht es vor, auf traditionelle Weise vorwärtszukommen und ist eine gute Mitarbeiterin. Ungleich ihrer Widder-Schwester, dem gegenüberliegenden Zeichen im Tierkreis, wird sie nicht zu neuen Zielen aufbrechen oder allein vorwärtsstürmen. Sie geht nur vorsichtig Risiken ein und wird ihre Kollegin vor jeder Entscheidung um Rat fragen. Sie ist eine exzellente Strategin, hat ein Gespür für die Machthierarchie und arbeitete instinktiv gut mit Menschen. Ihre Mitarbeiter mögen sie.

Unordnung und Unlogik verabscheut sie. Sie ist genau und organisiert von Fall zu Fall. In der Wohnung etwa kann sie schlampig sein, es wäre jedoch sehr ungewöhnlich, wenn sie in Aussehen und Arbeit unordentlich wäre. Sie kann bei Belastung die Ruhe bewahren. Wenn sie eine Frau sehen, die mit einem entzückenden, aber angespannten Lächeln mit Menschen und Plänen jongliert, die eine First Lady verwirren könnten, haben Sie die Waage-Frau vor sich.

VIELFÄLTIGE BEZIEHUNGEN

Die Waage-Frau ist immer auf der Suche nach dem idealen Partner und selten zufrieden mit dem, was sie hat. Im tiefsten fürchtet sie vielleicht, daß keiner ihren Vorstellungen gerecht wird. Um Intimität zu vermeiden, kann sie drei Affären auf einmal haben, manchmal mit beiden Geschlechtern.

Sie hat Angst vor Einsamkeit und ist bei Vergnügungen meist auf Anregungen anderer angewiesen, hat auch gewöhnlich keine Schwierigkeiten, willige Helfer zu finden.

Wenn sie leidenschaftlich beteiligt ist, hat sie Angst, verletzt zu werden. Kurz gesagt, sie ist selten treu, haßt jedoch Streit und das Ende einer Beziehung. Wenn sie treu *ist*, kann keine Frau auf Erden eine bessere Partnerin sein.

HÄSSLICHES ENTLEIN, NARZISSTISCH, DIPLOMATISCH

Auch die Geschichte der Waage-Frau ist, wie bei so vielen Frauen, die einer inneren Wandlung. Sie ist das ursprünglich häßliche Entlein, das sich zum Schwan entwickelt.

Die Waage-Frau ist leicht narzißtisch, erblüht meist spät und ist voller Kraft, zweifelt jedoch an sich selbst. Sie ist menschenfreundlich, kann jedoch persönlich gefühllos sein. Sie ist nachgiebig, doch gelegentlich aggressiv. Sie ist teils unschuldiges kleines Mädchen, teils unberührte Jungfrau, teils verehrte Göttin der Liebe, teils Femme fatale. Sie ist keine gewöhnliche Frau. Und sie will auch nicht wie eine handeln.

Eleanor Roosevelt war ein Waage-Typ. Ihr Leben ist ein Musterbeispiel für Mut und Leistung, die aus Schmerz und Unsicherheit entstanden. Es zeigt, was sich tut, wenn die Waage ihre Selbstzweifel und ihren übertriebenen Wunsch, zu gefallen, überwindet und ihre Vitalität, ihre Triebkraft und ihren Kampfgeist in den Dienst der Menschheit stellt.

Eleanor muß das Gefühl gehabt haben, als häßliches Entlein aufzuwachsen. Ihr Mangel an Schönheit (obwohl sie auf ihre Art schön war), an traditionellem weiblichem Charme und weiblicher Grazie müssen dazu beigetragen haben, sie mit Selbstzweifeln zu belasten. Typisch für die Waage, ging sie ein *Bündnis* mit einem Mann ein. Sie schuf einen persönlichen *Stil*, der zum Kennzeichen der einem Mann verbundenen und trotzdem unabhängigen Frau wurde.

Ihr Mann schenkte ihr als Frau offensichtlich wenig Aufmerksamkeit, besonders in späteren Jahren, ihre Kinder sahen mehr zu ihm auf, als zu ihr, und sie machte sich daran, Heimatlose unter ihren Schutz zu nehmen. Hatte sie das Gefühl, daß sie ihnen glich? Wie dem auch sei, in Eleanor Roosevelt zeigte sich die Waage von ihrer besten Seite: gerecht, vorurteilslos, unabhängig, positiv, tüchtig, hingebend und fürsorglich.

BELIEBT, HÖFLICH, ZWEIFEL AN SICH SELBST

Das Äußere tadellos, ein Lächeln dann, wenn es angebracht ist, eine angenehme Miene und ein einwandfreies Benehmen, kein Wunder, daß die Waage-Frau so beliebt ist. Sie ist der Traum jeder Gastgeberin, und jeder Mann ist stolz, mit ihr gesehen zu werden. Und doch trägt sie ihre Schönheit wie einen Wendemantel. Sie hat ein so starkes Bedürfnis, bemerkt und akzeptiert zu werden, daß sie häufig von Angst geplagt wird, wie sie wohl abgeschnitten habe.

Stellen Sie sich folgende Szene vor. Die Waage-Dame ist zum Ausgehen angezogen und sieht wie immer hinreißend aus. Innerlich zittert sie vor Unsicherheit. Ein ahnungsloser Beobachter würde meinen, sie sei zu sehr in sich selbst vernarrt. Wahrheit ist, daß sie verzweifelt Bestätigung braucht. Sie sagt ihrem Gefährten, wie sie sich fühlt, und er gibt ihr die Bestätigung, die sie braucht. Arm in Arm verlassen sie das Haus und genießen den Abend.

In einer anderen Szene gibt die Waage-Dame vor, sie fühle sich großartig, und schluckt ihre Angst hinunter. Da bei der Waage die hauptsächlich gefährdeten Körperteile der untere Rücken und die Nieren sind, ist es unwahrscheinlich, daß sie den Abend genießt, wenn sie sich verkrampft.

Es scheint paradox zu sein, der Waage-Frau, die so sexy und kunstvoll ist, den Rat zu geben, sich selbst zu mögen – und doch muß man es ihr sagen. Im beruflichen Leben zeigt sie im Streß Selbstvertrauen und innere Kraft, sie muß lernen, ihr Selbst zu akzeptieren.

Wahre Selbstachtung wird sie finden, wenn sie sich selbst erforscht, vertraut und kennenlernt.

Die Beziehungen der Waage-Frau

Die Waage-Frau ist lebenslang und immer wieder in die Liebe verliebt. Sie glaubt an das magische Band und die fürsorgliche Macht der Partnerschaft, heiratet meist früh und läßt sich mindestens einmal scheiden. Ihr Zeichen steht in der Mitte zwischen der gefühlsmäßig zurückhaltenden Jungfrau und dem heißen Skorpion. Sie kann extrem zurückhaltend oder träge verlockend sein.

Ihre Beziehungen laufen zyklisch ab. Ausgesprochene Höhen und Tiefen sind ihr und ihrem Partner vertraut. Ehe mit einem großartigen Versorger und Seelengefährten ist ihr Ziel.

Kindheit

Das Waage-Mädchen ist sich seiner vielfältigen Begabungen und Fähigkeiten nicht bewußt. Sie weiß auch nicht, daß sie eine starke weibliche Aura hat. Ihr Lächeln ist so geheimnisvoll wie das der Mona Lisa und verlockend wie das von Marilyn Monroe.

Oft ist sie Vaters Liebling, manchmal von Männern belästigt, die sich von ihrem Sex-Appeal bedroht fühlen. Mit Einsetzen von Menstruation und biologischer Reife werden ihr die Reaktionen ihres Vaters auf ihre Entwicklung bewußt. Vielleicht reagiert ihr Vater auf ihre knospende Sexualität, indem er sich von ihr zurückzieht. Das halbwüchsige Waage-Mädchen wird meinen, daß irgend etwas mit ihr nicht in Ordnung sei, und sie wird die Narbe ein Leben lang behalten.

Das Alter zwischen zwölf und vierzehn Jahren ist für den Waage-Typ schwieriger als für alle anderen. Sie wird oft eine zweifache Ablehnung erfahren – zuerst durch den Vater, dann durch ihre Mutter. Waage- Mädchen werden häufig von der Mutter abgelehnt: Sie mag ihre Mutter verehren, aber unterschwellig ist die Beziehung oft durch die Eifersucht der Mutter getrübt. Erst mit dreizehn oder vierzehn Jahren merkt sie, daß sie »anders« ist, oft hübscher, mehr sexy als andere, daß sie mehr Anklang findet. Das muß nicht auf alle Waage-Frauen zutreffen, ist aber die Ursache für die Angst und das Mißtrauen, daß jede Waage-Frau gegenüber ihrer erotischen Attraktivität empfindet. Häufig fühlen sich daher Waage-Frauen zu Männern hingezogen, die sie bemuttern, denn das fehlt ihnen. Aus ihren Kindheitserfahrungen heraus erwartet die Waage-Frau Aufmerksamkeit, mißtraut jedoch zu starker Gefühlsnähe. Wie allen Luftzeichen (Zwillinge, Wassermann) ist ihr meist bei Vernunft wohler als bei Gefühlen.

Liebhaber und andere Vertraute

Stil vor allem hat die Waage-Dame. Sie mag ängstlich, unsicher oder verärgert sein, mit einem ist sie zu Genüge ausgestattet, mit Klasse. In ihren Beziehungen kann sie die folgenden drei Rollen spielen:

1. *Diplomatin*
   Die Waage ist die Vermittlerin im Familienstreit. Sie ist Meisterin in der Überlebenstaktik, und handhabt sie etwa mit indirekten Hinweisen, Nachgiebigkeit, Sublimierung, Voraussicht, Ausweichen und Schlauheit. Sie hält ihre Position, gewinnt und verliert nicht, sondern nimmt an beiden Seiten gleichermaßen Anteil.
   Statt direkt Partei zu ergreifen, ist sie Unterhändler und Zwischenträger. Sie beruhigt die Erregten und gibt ihnen Zuspruch. Mitfühlend und verständnisvoll hat sie ein Ohr für die Gefühle und Argumente aller, für Recht und Unrecht jeder Seite. Gerechtigkeit und Frieden möchte sie vor allem.
   Als Erwachsene ist sie die vollendete Diplomatin und manövriert sich mit geschickter Strategie durchs Leben. Das ist sehr wirksam bei Freunden, die ihren Charme und ihren Sinn für Humor schätzen und ihr die plötzlichen aggressiven Ausfälle verzeihen. Bei ihrem Liebespartner werden diese Manipulationen jedoch letzlich die Kommunikation blockieren.
   Die Waage muß sich ihre diplomatischen Fähigkeiten bewußt machen, um sie konstruktiv anzuwenden. Sie sollte andere nicht dazu verleiten, gegen den eigenen Willen zu handeln, und sich darin üben, ehrlich zu sein.

2. Zurückhaltende Dame

Bei ihren ersten Versuchen mag die Waage-Frau durchaus den falschen Mann wählen, da es ihr noch an der Selbsterkenntnis fehlt, die zur richtigen Wahl in der Liebe erforderlich ist. Einerseits sucht sie einen Mann, der ihr mütterlich/väterliche Fürsorge bietet, andererseits soll er sie jedoch auch auf ein Podest stellen. Von diesem Zwiespalt hin- und hergerissen, soll ihr Mann sie sowohl umsorgen, als auch sich von ihr zurückhalten. Er soll ihr nah sein, aber nur, wenn sie winkt.

Innerlich ist die Waage-Dame ein verwundbares kleines Mädchen, äußerlich die beherrschte, reservierte Lady. Meistens macht sie einen kühlen, ruhigen und gefaßten Eindruck. Leidenschaftliche Zuneigung liegt ihr nicht. Sie hält auf Distanz und verteidigt sie. Körperliche Kontakte schränkt sie ein.

Da sie überintellektuell sein kann, hält sie sich oft die Leute vom Leib. Immer in Bewegung, immer bemüht, ihr Gleichgewicht auszubalancieren, erweckt sie den Eindruck, als wolle und brauche sie eine enge Beziehung, aber nur zu ihren eigenen Bedingungen.

3. Harte/zerbrechliche Frau

Es ist schwierig, die Grundlagen der Waage-Frau zu erkennen, da sie so oft wechseln. Sie hat große Angst vor Einsamkeit, springt von einer Beziehung zu anderen und hat mehrere gleichzeitig. Es ist, als wären ihre beiden Seiten nicht richtig verbunden. Der zerbrechliche Teil ist abhängig, möchte gefallen und dem Partner dienen. Gewinnt diese Seite die Oberhand, ordnet sie sich automatisch unter. Die andere Seite, die harte, lehnt sich gegen dieses Verhalten auf. Weil sie dominiert, manipuliert und argumentiert sie und ist manchmal feindselig. Die Feindseligkeit kann sich hinter ekelhaft süßem Getue verbergen.

Die Waage-Frau möchte von anderen definiert werden. Sie fragt sich »Wer bin ich?« und »Wer sind wir?«. Kritik verträgt sie schlecht, Liebeserklärungen nimmt sie skeptisch auf. Beleidigt man sie, wird sie zurückhaltende Dame oder aber unterwürfig und zerbrechlich. Gelegentlich kann sich jedoch auch eine brüllende Tigerin zeigen. Sie ist im Grunde besitzgierig, möchte es aber nicht sein. Sie ist einfach süchtig nach Bindungen. Sie fühlt sich ohne den gewissen Jemand nicht als Ganzes, hält aber Eifersucht für schlechten Geschmack, und offensichtliche Eifersucht für noch schlimmer. Im Prinzip glaubt sie an Freiheit und Gleichberechtigung.

Ungleich dem beweglichen Widder oder den flink durchreisenden Zwillingen, sucht sie nicht nach neuen Menschen oder Reizen, kann aber Menschen und Ereignisse magnetisch anziehen. Sie kann aktiv warten – noch ein Widerspruch, der sehr typisch für die Waage ist.

Verhaltensmuster in den sexuellen Beziehungen

Im allgemeinen zeigt die moderne Waage-Frau folgende Verhaltensmuster in ihren sexuellen Beziehungen:

1. Sie heiratet früh. Gewöhnlich heiratet sie auch mehrere Male oder sie lebt andernfalls mit verschiedenen Partnern.
2. Sie bemüht sich, die Partnerschaft aufrechtzuerhalten und traditionellen Sexualrollen zu genügen. Schließlich wird sie jedoch unruhig und unterdrückt ihre Gefühle. Dann trennt sie sich, läßt sich scheiden oder nimmt einen neuen Lebensstil an.
3. Zwischen den einzelnen Bindungen oder während der Phase einer offenen Ehe kann die Waage alles ausprobieren, vom Gruppensex bis zu lesbischen Verhältnisse.
4. Neue Beziehungen oder Lebensstile tauchen auf.

Es ist schwierig für die Waage, Beziehungen zu beenden. Läßt sie sich scheiden, geht sie danach zuweilen homo- oder bisexuelle Beziehungen ein. Vielleicht gibt es auch eine neue Bindung oder sie versucht, allein zu leben. Lange wird sie jedoch auf keinen Fall allein bleiben. Sie ist stark und gehört zu den Überlebenden.

Liebhaber und Ehemänner

Da die Waage-Frau am besten mit einem Menschen auskommt, der aufmerksamer und nachgiebiger als der Durchschnitt ist, geht sie manchmal Liebesbeziehungen mit älteren Männern ein. Ihr Mann muß ihr schmeicheln wollen und ihre Bedürfnisse nach Bewunderung und Zuneigung akzeptieren. Er darf nicht eifersüchtig sein, wenn sie andere Männer mit ihrem Exihibitionismus reizt. Wer anders als die Waage-Dame würde eine durchsichtige Bluse zur Weihnachtsfeier im Büro ihres Mannes anziehen?

Ihr Mann muß tolerant und verständnisvoll sein. Er sollte sie ermutigen, aus den starren Formen ihrer drei Verhaltensmuster auszubrechen.

Die Waage-Frau fühlt sich zu Männern hingezogen, die ein gutes Gespräch führen können, zu weltklugen, intelligenten Männern mit Geschmack. Sie schätzt packende und lehrreiche Diskussionen. Wahrscheinlich werden sie und ihr Mann ein leidenschaftliches verbales Vorspiel treiben und so unterschiedliche Themen wie den Glanz Roms, den neuesten Disco-Hit, Mode und Photographie, Häuserstile und erotische Bäder, die Religionskriege und den Zusammenbruch des Rechtssystems behandeln.

Der Mann der Waage-Frau muß auch finanzielle Sicherheit bieten können. Geld ist wichtig für sie, denn sie erkennt richtig, daß es für ein angenehmes, sicheres Leben und die dazugehörige Atmosphäre erforderlich ist. Armut ist einfach nicht ihre Sache.

Die ersten beiden Jahre sind bei einer Liebesbeziehung der Waage entscheidend. In dieser Zeit lernt sie die schwierigsten Lektionen des Lebens oder verliert das Interesse am anderen Geschlecht.

Die Waage-Frau ist ein dualistisches Wesen, kann beide Geschlechter lieben und in entsprechende sexuelle Beziehungen verwickelt sein, sie kann lieben und hassen zugleich. Sie wünscht sich einen Partner, der unabhängiger ist als sie, wenn sie ihn jedoch findet, nimmt sie es ihm übel. Von Zeit zu Zeit hat sie vielleicht Schuldgefühle wegen auseinandergegangener Beziehungen. Dann geht sie sehr hart mit sich ins Gericht, und eine Depression kann folgen. Um sie daraus herauszuholen, braucht sie zärtlich liebende Fürsorge – mit Parfüm, Blumen und schöner Musik. Zusammengefaßt sind die häufigsten Schwierigkeiten in den Beziehungen der Waage-Frau folgende:

1. Unvernünftig hohe Erwartungen.
2. Unfähigkeit, die Menschen so zu akzeptieren, wie sie sind.
3. Mangelnde Bewußtheit.

4. Zuwenig Nachdruck bei der Verwirklichung ihrer Bedürfnisse.
5. Manipulation.
6. Selbstverleugnung.
7. Mangel an Selbstachtung – und die Erwartung, sie durch eine Beziehung zu erhalten.

Sobald Sie einmal das Gefühl haben, daß Sie die Verantwortung für sich und Ihr Liebesleben übernommen haben, gibt es einige Grundbedingungen, die Sie beachten sollten. Beantworten Sie zum Beispiel die folgenden Fragen:

1. Wo liegen die Prioritäten in meinem Leben?
2. Was will und brauche ich von einem Partner?
3. Was erwarte ich von einem engen Freund/einer engen Freundin?
4. Was bin ich bereit zu geben?
5. Was will ich innerhalb von drei Monaten in dieser Beziehung erreichen?
6. Was will ich in den nächsten drei Monaten in meinem Leben ändern?

Es sind keine leichten Fragen, und auch die Antworten werden sich von Zeit zu Zeit ändern, wenn Sie sich ändern, es ist daher eine gute Idee, die Bewertung immer wieder von neuem vorzunehmen. Sie dürfen nicht vor Ihren wirklichen Gefühlen zurückschrecken, wenn Sie die Fragen beantworten. Sie müssen Ihre Prioritäten klären und verstehen, und sind sie erst einmal schwarz auf weiß niedergelegt, sind sie eine hilfreiche Bestätigung der Ziele.

Wenn sie sich einmal mit einem Partner glücklich niedergelassen hat, ist die Waage-Frau ein Engel. Keine Frau auf Erden kann glücklicher sein oder einen Mann glücklicher machen. Sie ist häuslich, fühlt sich jedoch auch draußen in der Welt wohl, sie ist weich und gescheit, gewandt in der Kunst des Lebens und der Liebe. Sie hat sowohl Stil als auch Substanz. Sie hat eine Identität und hat auch die Kunst gelernt, zu teilen.

Ihr Leben kann sich um eine zentrale Beziehung drehen, und das glücklich. Oder aber sie hat verschiedene gleich wichtige Verbindungen, die sie ausbalanciert. Auf jeden Fall weiß sie, wie sie das Beste herausholt und das Beste gibt. Sie bleibt jung, hübsch und romantisch. Sie hat Freude daran, Hand in Hand spazierenzugehen und Parties zu geben. Sie weint über alte Filme. Schöne Musik bewegt sie. Sie tanzt gern eng. Sie paßt auf sich auf und hat nichts gegen Lachfalten. Sie bleibt fröhlich, ausgeglichen und geschäftigt. Jeder, der in diesem Stadium ihr Leben teilt, ist mit einer gebenden, empfänglichen Frau gesegnet.

Die Sexualität der Waage-Frau

Auf der Jagd nach dem Vergnügen

Es scheint natürlich, daß eine sinnliche, feminine Frau wie die Waage die Sexualität genießt, und es ist wahr, daß Töne, Düfte und Rituale des erotischen Wechselspiels ihr angenehm sind. Der verbale Aufbau zu dem erotischen Spiel ist jedoch wesentlich, um sie zu erregen.

Sie wird auch von einem romantischen Film, einem Essen bei Kerzenschein, Musik am Kamin, Erotika und sexuellen Phantasien stimuliert. Auch die Schreie eines leidenschaftlichen Paares nebenan können sie erregen.

Sie macht die schöpferische Jagd auf ein vergnügliches Leben zu einer Kunst – und Vergnügen wird von ihr sehr weit definiert. Der reine Geschlechtsverkehr ist nur ein winziges Fragment ihrer totalen Befriedigung. Damit sie erotisch erregt wird, muß die Waage-Frau mit Worten, Streicheln, Hätscheln und behaglicher, wenn nicht luxuriöser Umgebung vorbereitet werden. Die Schwingungen müssen stimmen.

Sie wünscht sich einen Sexualpartner, der beweglich, aggressiv, lebhaft ist und auf andere Eindruck macht, der die Initiative übernimmt und auch phantasievoll weitermacht. Der wünschenswerte Partner muß ein lebhaftes erotisches Phantasieleben, ein gutes Mundwerk und eine vorzügliche Technik haben, die sich mit ihrer eigenen messen kann.

Die Waage-Frau wird wahrscheinlich am meisten von einem kultivierten, sauberen, gut gekleideten Partner gereizt, der sich artikulieren kann. Er wird nie vergessen, ihr die Tür zu öffnen und sie immer nett ausführen, eher in ein schickes Restaurant als in eine Kneipe oder Spelunke.

Die Waage möchte verfolgt, höflich umworben und geliebt werden wie das Burgfräulein vom Minnesänger. Sie möchte ins Bett überredet werden, denn partiell ist sie noch widerstrebende Jungfrau. Sie neckt gern, denn sie ist auch Verführerin. Sie ist eine Göttin der Liebe und Schönheit, eine moderne Aphrodite, die von den Sterblichen bewundert werden will.

Sie mag hübsche Dinge, denn sie ist auch noch ein kleines Mädchen. Gern läßt sie sich mit Geschenken verwöhnen und verwöhnt ihren Liebhaber.

Vorbereitung und Zusammenspiel geben den Ausschlag, ob sie es zum Akt kommen lassen will. Geschlechtsverkehr ist nicht unbedingt ihre Lieblingsbeschäftigung. Vielleicht zieht sie ein sinnenfreudiges Picknick im Bett vor oder nach dem Koitus vor, und zum Teufel mit den Krümeln.

Es ist wichtig für die Waage-Dame, gut auszusehen. Obwohl sie ihr Leben lang mit Übergewicht kämpft, paßt sie auf sich auf. Sie geht regelmäßig zum Friseur und zur Kosmetikerin.

Sie weiß instinktiv, wie sie den Sex aufregend macht. Sie ist attraktiv, duftet angenehm, hat Grazie und jene gewisse Feminität, die Männer anzieht. Sie möchte die Sexualität von den verstaubten Gefühlen befreien, die den Sex so eintönig machen.

Sie hat Angst, die Kontrolle zu verlieren und sich von ihrer Leidenschaft übermannen zu lassen.

Mit den Fischen teilt sie eine tiefe, geheime Angst, von ihrem Partner mit Haut und Haar in Anspruch genommen zu werden, obwohl sie sich dieser Angst meist nicht bewußt ist. Vor einem Mann sexuell völlig aus sich herauszugehen, bedeutet das Risiko emotionaler Verwundbarkeit. Sie fürchtet, ihre Identität zu verlieren. Ihre Handlungen könnten als die Verkörperung der männlichen Idee von kühler Gleichgültigkeit interpretiert werden. Auch James Bond und John Wayne wollen nicht die Beherrschung verlieren.

Erotisches Selbstbild

Es beweist sich oft, daß die Frauen mit dem größten Sex-Appeal erotisch am unsichersten sind. So hat so manche Waage-Frau eine

negative Vorstellung von sich selbst und tiefe sexuelle Ängste.
Für eine Frau beruht die Freude an der Sexualität auf der Vertrautheit mit dem Körper, mit ihren eigenen sexuellen Reaktionen und
denen des Mannes, und vor allem auf ihrer Liebe zu sich selbst. Die
Waage-Frau ist, was Schönheit und erotisches Selbstbild betrifft,
sehr von den Medien abhängig, besonders von bestimmten Frauenzeitschriften. Oft fühlt sie sich im Vergleich dazu unzulänglich. Da
ihre Ansicht über ihr Äußeres einen sehr starken Einfluß auf ihre
Gefühle hat, durchdringt dieses Gefühl der Unzulänglichkeit ihr
ganzes Selbst.

Im Bett kann sie so sehr mit dem Gedanken an perfekte Schönheit
und Sex-Appeal beschäftigt sein, daß ihre Gefühle blockiert sind.
Sie versucht vielleicht, Positionen einzunehmen, die ihr, wie sie
glaubt, am günstigsten sind, und verhindert dadurch Spontanität
und Interaktion. Sie mag auch unter der Angst leiden, daß sie im
Augenblick des Orgasmus unweiblich, vielleicht sogar häßlich aussieht. Da sie das untragbar findet, verkrampft sie sich oft und läßt
sich nicht so vollkommen gehen, wie es zur Erreichung eines befriedigenden Höhepunktes erforderlich wäre.

So sieht die Waage-Frau zwar großartig aus, ist aber oft einsam und
verstört. Da sie zu scheu ist, über ihre sexuelle Unsicherheit zu sprechen, leidet sie schweigend. Sex, so entscheidet sie, hält auch nicht
das, was versprochen wird.

Ein großes Problem in ihren sexuellen Beziehungen sind unausgesprochene Spannung, nicht geäußerte Kritik. Sie ist darauf bedacht,
ein ruhiges Äußeres zu bewahren. Um ihrem Partner zu gefallen,
schützt sie Ruhe vor, wo ein Sturm sich zusammenbraut. Erotischen Stürmen sollte man ihren Lauf lassen, um die sexuellen Reaktionen zu bereichern.

Auf der Jagd nach Vergnügen könnte sie zur Überprüfung ihres Geschmacks oder um ihren Sexualtrieb anzuheizen, einmal Gruppensex ausprobieren. Sie glaubt, sich durch den Kontakt mit mehreren
Menschen sexuell besser behaupten zu können. Eine feste Bindung
an einen Mann oder eine Frau vermeidet sie lieber, und bei Gruppensex braucht sie sich nicht zu binden. Sie könnte auch am Voyeurismus Gefallen finden. Wenn sie die richtige Atmosphäre vorfindet, ist sie eine Exhibitionistin. Sie tanzt gern auf Tischen, macht

Striptease im Wohnzimmer eines Freundes oder spielt Versteck. Geflüsterte, liebevolle erotische Worte helfen ihr, sich gehenzulassen, es kann auch Obszönes sein. Ein leichtes Streifen der Fingernägel, Federn auf den Schenkeln und weiche, einfühlsame Ölmassagen während des erotischen Spiels schaffen Atmosphäre.

Sie liebt Spiegel an den Wänden und schicke Motels für einen Tag oder ein Wochenende ungetrübter Freude. Sie hat vielleicht auch zu Hause ein prächtiges Zimmer mit einem weichen Teppich, Wohlgerüchen, Hi-Fi, besonderen Lichteffekten und einer Video-Anlage. In ihrem Schrank gibt es ganze Batterien von Parfüm- und Badeöl-Flaschen.

Es stimuliert sie auch, sich wie ein Angehöriger des anderen Geschlechts zu kleiden. Sie mag Transvestiten und akzeptiert sie. In einer ihrer immer wiederkehrenden Phantasien ist sie ein Mann. Diese Phantasievorstellung regt sie dazu an, ein aggressiver Sexualpartner zu sein. In dieser Stimmung wird sie animalisch, brüllt, quält ihren Partner gnadenlos und kann an Sklavenspielen Vergnügen finden.

Sie hat bestimmte Vorstellungen von erotischer Etikette. Sie ist kein Frühaufsteher und meist nicht in der Stimmung für Sex am Morgen. Ihre beste Zeit ist vom späteren Nachmittag bis Mitternacht, nachdem sie ihren Schönheitsschlaf, ihr Bad und ihre Toilette hinter sich hat. Wehe dem Liebhaber, der schlampig und zerzaust erscheint. Sie bringt es fertig und wirft ihn hinaus.

Obwohl sie vor tiefen Gefühlsbindungen zurückscheut, merkt sie sich sehr genau, was ihr Liebster gern hat, und erwartet, daß er an ihre Lieblingsblumen und ihr Lieblingsparfüm denkt. Sie glaubt an Gerechtigkeit und Gleichheit, aber das ist nur Theorie. In Wirklichkeit möchte sie verwöhnt und bewundert und wie eine große Dame behandelt werden.

Kurz gesagt, die Waage-Dame ist eine gute Geliebte, sehr begehrenswert und, so wie sie aussieht, fühlt und geht, eine Quelle exquisiten Vergnügens für ihren Partner. Sie kann sich jedoch selbst bemogeln, wenn sie die sexuellen Bedürfnisse ihres Partners befriedigt und ihre eigenen herunterspielt. Oft verweigert sie sich selbst das Vergnügen, das aus tiefer gefühlsmäßiger Teilnahme an einer erotischen Beziehung entsteht. Sie muß lernen. Denken und

Fühlen, Geben und Nehmen ins Gleichgewicht zu bringen.

In der Sexualität muß sie fühlen lernen, muß lernen, sich ganz gehen zu lassen. Übungen zum Körpergefühl zur Fähigkeit der Kommunikation sowie Entspannungsübungen sind vielleicht alles, was sie braucht, sich mehr aufzuschließen.

Der Ärger der Waage-Frau

Ärger ist ein natürliches menschliches Gefühl. Wir lieben, sind habgierig, energisch, eifersüchtig, glücklich – und wir ärgern uns.

Die Waage-Frau ist eine Taube, deren Falken-Seite unerwartet im Streß zum Vorschein kommt, gewöhnlich als geheuchelte Sorge. Sie hat ein riesiges Problem mit uneingestandenem, verdrängtem Ärger.

Einmal ist sie unfähig, ihren Ärger zu erkennen. Dann weiß sie nicht, wie sie ihn ehrlich und konstruktiv zeigen soll. Sie mag, sollte sie von diesem Problem nicht geradezu überwältigt werden, versichert sein, daß es fast jeder in unserer Kultur teilt.

Keiner von uns hat die Grundregeln des »Integritätskampfes« erlernt. Wir kennen nur »Herrschaftskämpfe«. Der Unterschied ist, daß beim ersteren die Reibungen verschwinden, während sie beim letzteren anwachsen, da eine Partei siegt, die andere aber erniedrigt und verletzt wird.

In unserer Kultur geben wir dem Ärger meist andere Namen. Wir sagen vielleicht, wir wären deprimiert, feindselig, introvertiert, schuldig, aufgeregt, besorgt, selbstsüchtig. . . und fühlen das vielleicht auch alles.

Aber genauso oft verbirgt sich dahinter Ärger. Inzwischen ist auch schon allgemein bekannt, daß Depression aus Ärger entsteht, der geschluckt und nicht gezeigt wurde.

Ärger, wie Sexualität, erschreckt uns. Wir glauben, er sei wie der Flaschengeist. Einmal freigelassen, bekämen wir ihn niemals wieder unter Kontrolle. Die Waage-Frau will ihren Ärger deshalb nicht zeigen, weil sie glaubt, sie wäre dann ein »schlechter« Mensch, und unsere Kultur unterstützt sie noch darin. Sie weiß noch nicht, daß wir nur dann, wenn wir unseren Ärger als natürliches menschliches gefühl akzeptieren, wie die Liebe, mit ihm fertig werden und ihn konstruktiv einsetzen können.

Am sympathischen Gesicht der Waage-Frau ist Ärger selten abzulesen. Wenn sie sich ärgert, so äußert sich das meist unter dem Mantel liebender Fürsorge. Sie »weiß«, daß ihr Mann sich Sorgen macht, daß ihre beste Freundin unter einer unglücklichen Affäre leidet, daß ihr Kind irgendein Unrecht begangen hat. Während sie den Leuten auf den Rücken klopft, versäumt sie es, sich von ihrem Ärger zu befreien. Statt dessen projiziert sie ihn auf andere und verdreht ihn in Sorge, Angst und Schuldgefühle. Leider weiß die Waage-Frau nichts von ihrer Manipulation. Sie ist der Überzeugung, daß sie vor allem vermeiden will, ihren Partner zu verletzen, aber das Ergebnis schadet mehr, als daß es nützt. Durch ihr Manipulieren, die Unterdrückung ihrer Gefühle, gefährdet sie sich und die Partnerschaft. Die Waage ist ein Kardinalzeichen und möchte daher herrschen. Sie versucht ihr Ziel durch Unterdrückung des Ärgers und Manipulation zu erreichen. Sie scheint besorgt, kann aber in Wirklichkeit den anderen ignorieren.

Ärger und Sexualität

Die typische Waage spricht so gut wie nie mit ihrem Partner über ihren Ärger. Statt dessen handelt sie destruktiv. Ärger hat direkten Einfluß auf ihre erotischen Gefühle und ihr erotisches Verhalten. Wenn die gegenseitige Feindseligkeit wächst, bekommt sie Kopf- und Rückenschmerzen. Sie nörgelt an ihrem Mann herum wegen ihrer Gesundheit, wegen Kleinigkeiten, weil er sich nicht um sie kümmert. Da alles, was sie erotisch tut und läßt, von ihrem verdrängten Ärger beeinflußt wird, verdrängt sie auch die Gefühle, die für gesunde, aktive sexuelle Beziehungen erforderlich sind.

Für die Waage kann sich Ärger als Störung der Sexualität auswirken, manchmal aber auch als deren Stimulans.

Waage-Frau, anschließend finden Sie einige Grundregeln, die Ihnen helfen sollen, Ihren Ärger konstruktiv zu äußern.

1. Machen Sie sich bewußt, daß Sie sich ärgern. Erkennen Sie Ihren Ärger, unterdrücken Sie ihn nicht.

2. Stellen Sie fest, worüber Sie sich ärgern. Entscheiden Sie, ob Sie mit Ihrem Partner oder jemand anderem darüber sprechen wollen. Manchmal kann ein Freund oder ein Therapeut helfen. Manchmal wirkt es Wunder, wenn Sie zu den Dächern oder gegen einen Wasserfall anschreien.

3. Wenn Sie sich entscheiden, die Sache mit Ihrem Partner auszutragen, stecken Sie einen zeitlichen Rahmen ab. Verabreden Sie sich für den Streit zu einer Zeit, die beiden paßt.

4. Bereiten Sie sich vor. Klären Sie den Zweck der Diskussion. Soll sie die Luft reinigen? Gibt es ein bestimmtes Problem? Was ist es? Kämpfen Sie, um zu gewinnen (Kämpfe um die Herrschaft sind nicht gut), oder wollen sie die Beziehung verbessern und das, was Sie ärgert, aus der Welt schaffen? Eine gute Eröffnung könnte ungefähr so gehen: »Sieh mal, Peter, es gibt etwas, was mich schon lange stört, und ich merke, daß es mich ärgert. Wenn mir unsere Beziehung gleich wäre, würde ich dich einfach anschreien, daß du den Mülleimer hinaustragen oder nicht immer vergessen sollst, mir telefonisch Bescheid zu sagen. Da ich mir aber etwas daraus mache, möchte ich das wirkliche Problem zur Sprache bringen und sehen, ob wir es nicht lösen können.«

4. Halten Sie sich an Ihre eigenen Gefühle und Wahrnehmungen. Geben Sie nicht dem anderen die Schuld. Lassen Sie das betreffende Problem nicht andere Bereiche der Beziehung vergiften, die gut sind.

5. Tauschen Sie die Rollen, um zu erklären, was Sie meinen. Versuchen Sie, dem anderen auch Ihre Seite der Sache verständlich zu machen.

6. Erkennen Sie den Unterschied zwischen der Persönlichkeit eines Menschen und dem, was er tut.

7. Nehmen Sie nicht an, daß der andere Sie ärgern wollte.

8. Denken Sie positiv. Suchen Sie nach gemeinsamen Motiven, Zielen und Interessen, welche die Kommunikation und den gegenseitigen Respekt fördern.

9. Denken Sie daran, daß Sie ein Recht auf Ihre Gefühle haben. Gefühle sind Tatsachen.

10. Stellen Sie zum Schluß fest, was Sie beide gewonnen haben.

Bestätigen Sie sich erneut Ihre Anteilnahme und Ihre Bindung.
11. Denken Sie daran, daß Sie Ihre Beziehung nicht durch Verdrängung des Ärgers »schützen« können. Unehrlichkeit wird die Beziehung zerstören, die Sie zu retten versuchen. In einer gesunden Beziehung fühlen Sie sich sicher genug, um alles ausdrücken zu können, einschließlich Ärger.

Die Lebensstile der Waage-Frau

Die Waage-Frau sehnt sich nach Partnerschaften und glaubt an die Ehe. Sie könnte an einem Ehemann andere Eigenschaften schätzen, als sie es bei ihrem Liebhaber tut. Manchmal wünscht sie sich, daß ihr Mann alles in sich vereine, die Charakterzüge Don Juans, Don Quichottes und eines Handelsvertreters. Als Partnerin ist sie idealistisch, launisch, empfindsam, anspruchsvoll, entgegenkommend, fein, romantisch. Sie wird von dem Wunsch beseelt, alles in ihrer Macht stehende zu tun, um ihren Gefährten glücklich zu machen.
Sie ist alles andere als Mutter Erde. Sie ist eher ätherisch und erhabenen Dingen hingegeben. Sie ist romantisch, kämpft jedoch für gleiche Rechte. Sie ist eine Idealistin, deren Anpassungsfähigkeit an die Wünsche ihres Mannes in der Hitze der Schlacht um ein Prinzip schwinden kann.

Monogamie und anderes

Die Waage-Frau ist aus Prinzip entschieden für oder gegen Monogamie. Wie auch immer, sie steht dem Thema unnachgiebig und selbstgerecht gegenüber und wird heftig darüber argumentieren. Die Waage-Frau, die gegen die Monogamie ist, hat vielleicht nicht mehr als eine erotische Beziehung. Oftmals wird ein ideologisches Prinzip vertreten, ohne daß es praktiziert wird. Sie glaubt an Gerechtigkeit und Gleichheit. Warum also nicht auch an Freiheit? – Gedankenfreiheit, wenn nicht Handlungsfreiheit.
Im folgenden sind typische Situationen aufgeführt, die die Waage-

Frau veranlassen könnten, nicht monogam zu sein:

1. Suche nach einem perfekten Partner. Die Waage-Frau glaubt, manchmal unbewußt, daß es immer einen möglicherweise idealeren Partner geben könne als den, den sie gerade hat. Eine Zeitlang trägt sie gern eine rosarote Brille und lebt im Land der Träume, aber wenn der Glanz der Träume vergeht, ist sie wieder auf dem Markt, auf der Suche nach einem neuen Liebhaber.
   Bei allen Anzeichen von Unruhe, von äußerlicher Veränderung, rate ich ihrem Mann, seine Aufmerksamkeit zu verdoppeln. Fragen Sie, was ihr fehlt, versuchen Sie, ihre Bedürfnisse zu erkennen. Da sie beeinflußbar ist und sich gern verwöhnen läßt, ist noch nicht alles verloren.

2. Lady Chatterley. Die Waage-Frau kann sich selbst in die Rolle der vornehmen Dame oder der vestalischen Jungfrau zu Hause hineinmanövrieren und hat dann kein Ventil mehr für ihre animalischen Leidenschaften. Die Hure in ihr braucht einen Mann, der sie zwingt, ihre Kopflastigkeit und ihre Rolle aufzugeben. Sie ist durchaus fähig, Beziehungen zu zwei Männern auszubalancieren. Vielleicht kann sie auf diese Art einige wilde Phantasien ausleben.

3. Persönliche Entwicklung. Die Waage ändert sich viele Male im Leben. Sie ist durch ihr Zeichen vom Schicksal dazu bestimmt, sehr viele Erfahrungen in Partnerschaften zu sammeln. Am Anfang ihres Lebens wird Liebe für sie gleichbedeutend mit einem guten Mann sein, von dem sie alles bekommt, was sie braucht. Später, wenn sie mehr im Einklang mit ihrem höheren Selbst und ihrem Eros ist (siehe »Zusammenfassung Waage«), braucht sie einen Mann, mit dem sie ihre ganze Persönlichkeit teilen kann.
   Auf ihrem weiteren Weg wird es Zeiten geben, wo sich Beziehungen überschneiden, wenn sie es mit verschiedenartigen Männern versucht.
   Sie wird ihr Bestes tun, um sich stets vor Augen zu halten, daß sie sich weiterentwickelt, eine ausgeglichene, teilnehmende, vollkommen weibliche Frau werden will.

4. Großer Appetit auf das Leben. Die Waage-Frau hat sehr viel Lebenslust. Sie möchte in Bali schwimmen, auf einem Kamel in die

Sahara reiten, in den Alpen skilaufen und in Monte Carlo sein. Wenn sich derlei Gelegenheiten bieten, wird sie sie wahrscheinlich ergreifen. Ist sie daher allein und ihr Skilehrer hübsch und aufmerksam, kann sie den Sex auch schon zum Mittagessen haben. Wahrscheinlich hat sie keine Schuldgefühle hinterher, denn sie glaubt nicht, daß es ihrer Ehe schadet. Außerdem fühlt sie sich dazu berechtigt.

5. Geringes Selbstwertgefühl. Sie hat viele bange Minuten, wo sie Angst um ihre Schönheit und vor dem Altern hat. Sie kann ihr erschlaffendes Ich vielleicht dadurch wieder aufmuntern, daß sie sich einen neuen Liebhaber nimmt, vielleicht sogar einen neuen Ehemann.

6. Gefühllosigkeit ihres Partners. Die Waage-Frau ist ein kompliziertes Wesen, das viele Seiten und Stimmungen hat. Wenn ihr Partner unfähig oder nicht bereit ist, ihr entgegenzukommen, wird sie früher oder später desillusioniert sein. Sie wird wenig Neigung verspüren, ihm zu sagen, was genau mit ihr los ist und was er tun sollte. Statt dessen wird sie vielleicht versuchen, die Spannung dadurch zu mindern, daß sie ein neues Verhältnis oder eine Eintagsaffäre eingeht.

7. Andere tun's ja auch. Die Waage-Frau folgt gerne dem Trend. Eine freie Haltung in ihren Kreisen kann sie dazu führen, ihre Ehe offener zu gestalten. Viele Mannequins und Schauspielerinnen sind Waage-Typen. Sie haben vielleicht Bindungen an einen Partner, aber sie haben auch sexuelle Beziehungen zu anderen, wenn das in der Welt, in der sie leben, von ihnen erwartet wird.

Alternative Lebensstile

Alleinlebende Frau

Die Waage-Frau möchte nicht für sehr lange allein bleiben. Wenn doch, so gestattet sie sich das zwischen zwei ernsthaften Beziehungen. In diesem Fall hat sie eine Katze, viele Pflanzen und zahllose Kunstgegenstände, die die Leere füllen. Sie kann Phasen der Asexualität durchmachen, wenn sie sehr viel Arbeit hat oder aber auch das Interesse fehlt, aber das ist nur vorübergehend. Die Waage-Frau ist in jeder Lebensphase anders.

Enge Verflechtungen (Intimate Networks)

Der Waage-Frau könnte ein Versuch mit dieser Bewegung gefallen, die Freundschaft mit beiden Geschlechtern befürwortet. Sexuelle Beziehungen werden weder ausgeschlossen, noch gefordert.

Offene Ehe

Diese Einrichtung ist wegen ihrer inneren Unsicherheiten schlecht für die Waage-Frau. Sie ist nicht daran interessiert, sich auszusprechen. Sie möchte, daß es nach ihrem Willen geht und glaubt meist, daß vollkommene Offenheit weder wünschenswert noch möglich ist. Eine offene Ehe würde ihr einfach nicht genug Kontrollmöglichkeiten oder Beruhigung bieten.

Ménage à trois

Das wäre wahrscheinlich etwas für die Waage-Frau. Ungleich ihrer Widder-Schwester, die zwei Männer um sich herum vorzieht, würde die Waage-Dame wohl gern noch eine andere Frau sehen. Das würde ihr die Chance geben, sich voll mit einer Frau einzulassen, was schon immer eine Phantasievorstellung von ihr war (in manchen Fällen auch Realität). Die Waage wird ihr Gebiet sehr geschickt überwachen, und es ist anzunehmen, daß sich das Dreiergespann, wenn auch noch so unmerklich, um sie dreht.

Gruppenehe

Die Waage ist meist zu eifersüchtig dazu, aber sie könnte es wegen der reichen Möglichkeiten, die sich hier bieten, ausprobieren – materiell, erotisch, intellektuell, geistig. Urteil: Zweifelhaft.

Kommunen

Kommunen sind eine gute Sache für die Waage. Ich kenne eine Reihe von Waage-Typen, die diesen Lebensstil in Israel, Indien und den Vereinigten Staaten ausprobieren. Wechselnde Aufgaben, die verschiedensten Partner, Kontakt mit Menschen aller Gesellschaftsklassen und Altersgruppen, viel Geselligkeit und die Gelegenheit, neue Dinge zu lernen, machen dies zu einer besonders guten Möglichkeit für die Waage-Frau, die eine Alternative zur Monogamie in Betracht zieht. Ihre Eifersucht kann jedoch ein Problem werden, besonders, wenn sie ihr nachgibt und sich von ihr verzehren läßt.

Homosexueller/Bisexueller Lebensstil

Die Waage-Frau ist ein dualistisches Wesen, das zeigt sich auch im Sexualleben. Viele Waagen sind bisexuell oder lesbisch. Viele halten das vorübergehend für einen interessanten Lebensstil. Anderen ist er Lebensinhalt.

Häßliches Entlein oder Liebesprinzessin, Sex-Göttin oder Ehefrau, die Waage-Frau ist höchstwahrscheinlich sehr charmant und ganz Frau. Wenn sie in ihren Beziehungen kein Vergnügen findet, wird sie weiter danach suchen. Das kann sie zu vielen neuen Partnern und Lebensstilen führen und ihr eine neue erotische Identität vermitteln.

Die Einschränkung sinnlicher Freuden steht in engem Zusammenhang mit ernsthaften emotionalen Störungen und Gewaltanwendung.

Die Waage-Frau braucht ihre Zeiten der Liebe und der sinnlichen Höhepunkte. Sie braucht ihren Mann, Musik, Badeöl, Parfüm, Blumen, weiche Teppiche und Bettücher aus Satin. Man kann wetten, daß sie überglücklich sein wird – auf jeden Fall so lange, bis sie ihre Meinung ändert.

Zusammenfassung

Das häßliche Waage-Entlein muß an sich glauben, um zum Schwan zu werden. Dann wird sie fähig sein, aus eigener Erfahrung und durch ihr eigenes Beispiel zu zeigen, daß *Liebe Gemeinsamkeit ist*. Mündig geworden, ist das häßliche Waage-Entlein zum vollwertigen Mitglied der Menschheit herangereift.

Skorpion

24./25 Oktober bis 22./23. November

Kennzeichen der Skorpion-Frau

1. KOMPLIZIERT
2. PRAKTISCH
3. MYSTISCH
4. LÜSTERN, LEIDENSCHAFTLICH
5. TAGESMENSCH
6. NACHTMENSCH
7. INTENSIV
8. RACHSÜCHTIG
9. NEIGT ZU EXTREMEN
10. VERDRÄNGTE GEFÜHLE
11. ZWANGHAFT
12. SICH SELBST VERTRAUEND
13. LEISTUNGSFÄHIG
14. EMPFÄNGLICH FÜR ÜBERSINN-
    LICHE EINFLÜSSE
15. EIGENSINNIG
16. LOYAL
17. NEUGIERIG
18. ABENTEUERLICH
19. GEFÜHLLOS, DIKTATORISCH
20. ARROGANT

21. VERSCHWIEGEN
22. HEMMUNGSLOS
23. MANIPULIEREND
24. GLÜHEND
25. ASEXUELL
26. BESITZGIERIG
27. NONKONFORMISTISCH
28. BILDERSTÜRMER
29. FÜHRERNATUR
30. EINSAM
31. UNTER SCHULDGEFÜHLEN
    LEIDEND
32. SELBSTZERSTÖRERISCH
33. UNGEWÖHNLICHES SCHICKSAL
34. MACHT WANDLUNGEN UND
    WENDEPUNKTE, EMOTIONALEN
    TOD UND WIEDERGEBURT
    IN IHREM LEBEN DURCH
    (EIN HAUPTTHEMA)
35. BENUTZT DIE MACHT

Die Persönlichkeit der Skorpion-Frau

Allgemeines

Die Skorpion-Frau ist ein ewig fesselndes Wesen, das der Sphinx gleich die Rätsel um Leben und Tod zu kennen und zu bewachen scheint. Sie fasziniert oder schreckt fast jeden Mann. Sie ist von magischer Anziehung, lüstern und mit geheimnisvollen Kräften ausgestattet. Mit einem Blick kann sie vernichten oder mit der heilenden Kraft ihrer Augen und Hände wieder beleben.

Skorpion ist das achte Zeichen im Tierkreis, fest, Element Wasser. Der feste Teil verleiht ihr Ausdauer, Entschlossenheit und Eigenwille, das Wasser gibt ihr Regenerationskraft, Intuition, Mystizismus, Zwanghaftigkeit und etwas Paranoia. Man sagt, daß jedes astrologische Zeichen von einem Planeten und seinen Schwingungen »beherrscht« wird. Da der Skorpion von Pluto regiert wird, beherrscht Pluto die Hauptthemen im Leben der Skorpion-Frau.

Eine Frau des Skorpion-*Typs* hat die Sonne oder andere wichtige Planeten im Skorpion, Planeten im achten Haus (dem natürlichen Haus des Skorpions), einen Skorpion-Aszendenten oder einen stark aspektierten Pluto. Skorpion-Typen sind auch die, die gerade eine Skorpion-*Phase* durchmachen. In diesem Fall muß nicht unbedingt im Planet ein Skorpion sein. Der Skorpion-Typ ist durch die Kennzeichen zu Beginn dieses Kapitels beschrieben. Die Skorpion-Phase hat die folgenden Merkmale:

1. Machtbesessen. Die Sexualität wird zur Erlangung der Macht eingesetzt.
2. Eine schwere Krankheit; Tod oder schwere Krankheit eines nahestehenden Menschen, die einen tiefen Wandel des Bewußtseins und des Lebensstils des Skorpions herbeiführen.
3. Transzendenz hin zu geistig-religiöser Einstellung (Gandhi kommt einem in den Sinn).
4. Eine Verwandlung, die zu einem neuen Selbst und neuem Lebensstil führt; symbolischer Tod und Wiedergeburt im Leben.

Manchmal wird die Skorpion-Phase durch Zerstörung charakterisiert, die sich fanatisch in sexuellen Verwicklungen, im Gelderwerb und der Manipulation einzelner oder Gruppen manifestiert. Skorpion hat hauptsächlich deshalb eine schlechte Presse, weil seine starken Energien so oft dafür eingesetzt werden, persönliche Macht auf Kosten anderer zu erringen.

Die Skorpion-Frau lebt auf vielen Ebenen, die sie fast vor jedermann verbirgt, bis auf ein paar vertraute, scharfsinnige Beobachter. Man kann sie an ihrer Intensität, ihrer Willenskraft und ihrer starken hypnotischen Aura erkennen. Die Skorpion-Frau betritt einen Raum ruhig, beherrscht ihn jedoch sofort.

Sie ist ganz Frau, und sehr wirklich. Kein Mann könnte mehr verlangen, als sie zu bieten hat. Offen gesagt, weniger wäre manchen Männern angenehmer. Das sind die Männer, die es nicht einfach finden, eine Frau zu lieben, die Macht ausstrahlt und weiß, was sie damit anfangen soll.

Macht ist die Fähigkeit, Veränderungen zu bewirken oder zu verhindern. Die Skorpion-Frau hat sie und will sie haben. Sie bewirkt in den Menschen und Schwingungen, auf die sie trifft, größere Veränderungen. Sie kann auch Einflüsse blockieren, die Veränderungen hervorrufen würden. Sie ist zum Beispiel fast immun gegen Meinungsbildung und ändert selten ihre Meinung.

Um die Skorpion-Frau zu verstehen, muß man sich ihre Bedürfnisse nach Abgeschiedenheit und Macht bewußt machen. Sie will Eindruck auf die Welt machen, manchmal unter großen persönlichen Opfern. Gleichzeitig verlangt sie Verschwiegenheit. Der Konflikt stellt sich ein, wenn sie erkennt, daß die Führerschaft auf Kosten ihres Privatlebens geht.

Ein Schlüsselwort für sie ist *Gebrauch*. So wie ihre eigenen Talente und Mittel gebraucht sie manchmal auch Menschen, um ihre Ziele zu erreichen. Sie sehnt sich nach Verständnis, wird aber selten verstanden. Sie möchte emotionalen Frieden haben, lebt jedoch am Rande eines unwiderstehlichen Exzesses.

KOMPLIZIERT

Das Zeichen Skorpion wird durch den Skorpion, den Adler und den Phönix symbolisiert. Die Skorpion-Frau ist so kompliziert, wie ihre Symbole andeuten. Ihre größte Aufgabe ist es, Selbstbeherrschung

336

zu erlangen und das durch Selbsterneuerung. Sie muß lernen, sich selbst aus der niederen Skorpion-Sphäre in die Welt des Adlers zu erheben.

Ein paar Skorpion-Frauen erreichen die geistige Transzendenz, die der Phönix symbolisiert. Als Johanna von Orleans auf dem Scheiterhaufen starb, soll ein großer Vogel über ihrem Kopf geschwebt haben – ein Adler.

PRAKTISCH? MYSTISCH

Die Skorpion-Frau ist eine Pragmatikerin, aber auch eine Mystikerin. Es ist zwar unwahrscheinlich, daß sie viele Tränen über die Opfer von Hiroshima vergießt, sie mag jedoch Ärztin werden, Kranke pflegen.

Ihre mystische Seite verlangt nach einer kosmischen Erklärung für die Massenvernichtung. Sie mag manchen Leuten grausam vorkommen, die ihre pragmatische, aktive Einstellung nicht kennen und teilen, und die mit ihrem Mystizismus nichts anfangen können. Sie ist der Überzeugung, daß kein Zustand, keine Gewohnheit und keine Beziehung vor Veränderung oder Beendigung sicher ist. Der pragmatische Skorpion glaubt, daß Zerstörung eine notwendige Voraussetzung zur Wiedergeburt ist. Der mystische Skorpion findet einen verborgenen Sinn in jeder Tragödie.

LÜSTERN, LEIDENSCHAFTLICH – TAGESMENSCH, NACHTMENSCH

Die Skorpion-Frau liebt den Sex und kostet seine Wonnen voll aus. Ihre Sinne sind hochentwickelt, sie fühlt mit jedem davon. Sie kann im Heu herumtollen, das Essen ist für sie ein sinnlicher Genuß, eine Mahlzeit kann zu einem Verführungsritual werden.

Sie hungert nach Berührung und dem Körper eines Mannes. Seine Gestalt, seine Haut und seine Potenz entzücken sie. Sie schnüffelt, zeichnet nach, streichelt, knabbert. Wenn sie liebt, liebt sie mit stürmischer Treue. In der Lust sehnt sie sich mit aller Kraft nach

Umstrickung, dem Hin und Her der Körper. Das ist ihr Tages-Selbst.

Skorpion hat auch ein Nacht-Selbst. Es ist genauso hungrig und stark wie ihr Tages-Selbst, aber es lauert, wartet auf seine Gelegenheit.

Es ist ihre zwanghafte, gehemmte, beherrschende, manchmal manisch besitzgierige oder heimlich sadistische Seite. Mata Hari zum Beispiel war so ein Nachtwesen. Sie wollte nur Macht. Sie verbarg ihr wahres Ziel und setzte ihre erotischen Künste ein, es zu erlangen. Diese Seite der Skorpione ist destruktiv und kann schließlich zur Selbstzerstörung führen.

INTENSIV

Jede Skorpion-Frau glüht vor Intensität. Diese Intensität ist zweischneidig – ein Geschenk oder eine Last, je nachdem, was sie damit anfängt. Sie ist ein Geschenk, wenn sie sie in Verbindung mit ihrer starken Konzentrationskraft für eine gute Sache einsetzt. Sie kann sich zum Beispiel intensiv auf die Nummer des Pferdes konzentrieren, das im Rennen am nächsten Tag gewinnt, und sich die Nummer ins Bewußtsein rufen. Ihre geistigen Kräfte machen es ihr möglich, sich den Mann vorzustellen, den sie haben will – und er erscheint.

Positiv genutzt, macht ihre Intensität sie zur Gewinnerin, zu einer reizvollen Herausforderung. Negativ genutzt, führt sie zu Rachsucht und Vergewaltigung.

RACHSÜCHTIG

Wenn ihr irgend jemand in die Quere kommt, verwandelt sich ihre Intensität in Rachsucht. Wenn Sie jemals Skorpion-Stichen und -Angriffen ausgesetzt waren, können Sie ein Lied davon singen und haben wahrscheinlich ein paar unvergeßliche Erinnerungen. Beleidigungen, echte oder eingebildete, wird sie kaum jemals vergessen. Sie fordert sie sogar heraus, denn sie erwartet, beleidigt

oder verletzt zu werden. Es ist ein altes Gesetz, daß man das bekommt, was man erwartet, und ihr begegnet viel Gutes und viel Böses. Wenn sie ihre negative Seite nicht zügelt, kann sie wirklich zu
einer gemeinen Hexe werden.

Skorpion-Frau, ich rate Ihnen, von kleinlichen Intrigen zu lassen
und es zu vermeiden, andere zu verletzen. Denken Sie immer daran: Wenn jemand Ihnen Böses angetan hat, so handelt es sich letzten Endes um dessen Karma, nicht um Ihres. In logischer Folge des
kosmischen Gesetzes bekommen Sie das zurück, was Sie aussenden; ob es nun dieses Jahr kommt oder am Ende Ihres Lebens, spielt
dabei keine Rolle.

ALLES ODER NICHTS: SIE IST EINE EXTREMISTIN

Die Skorpion-Frau zieht es vor, lieber die Tafel abzuwischen und
neu anzufangen, als das Alte wieder aufzunehmen. Ihr Leben ist
eine Berg- und Talfahrt durch die Ewigkeit. Ungleich der Waage-
Frau, die von einer Seite zu anderen schwingt, weil sie sich nicht
entscheiden kann, was sie tun soll, *will* die Skorpion-Frau experimentieren und aus dem Vollen leben, von einem Extrem zum anderen. Von einer glühenden Affäre wechselt sie zur Askese über, ist
erst Künstlerin, dann Geschäftsfrau, nimmt an okkulten Studien-
gruppen teil und begibt sich dann in spirituelle Einsamkeit.

Wenn man etwas Wichtiges tun will, so ihr Motto, dann muß man es
ganz tun. Sie ist fast unfähig, einen Mittelweg zu gehen, selbst nicht
unter dem Druck der öffentlichen Meinung. Gewöhnlich kann sie
eine kühle Haltung bewahren, während sie darauf wartet, ihren
nächsten Coup zu landen. Sie kann in kürzester Zeit von der passiven Beobachterin (jedenfalls scheint es uns so) zur Schlüsselfigur
und treibenden Kraft werden.

Die Energie der Skorpione offenbart sich fast immer in Gegensätzen, und das, weil die Skorpion-Frau im tiefsten Inneren weiß, daß
sie lebt, um Wandlungen zu durchgehen, daß sie wie ein Adler fliegen muß. Sie hat eine innere Gewißheit, die Vision, daß sie sich
immer wieder erneuern muß. Sie weiß, wie sie aus der Asche von
Schmerz und Niederlage wieder aufzusteigen hat. Unbarmherzig

geht sie auf ihrem Pfad den Gegensätzen von Freud und Leid, von Wiedererstehung und Zerstörung nach. Unsere Betrachtungsweise, aus ererbten Anlagen und früher Konditionierung geformt, definiert ihr Verhalten als extrem.

VERDRÄNGTE GEFÜHLE

Die Skorpion-Frau muß lernen, mit dem, was sich aus ihrer Alles-oder-Nichts-Einstellung ergibt, fertig zu werden, ihren verdrängten Gefühlen nämlich. Sie benimmt sich oft so, als hätte sie einen Stöpsel im Hals. Wenn er herausfliegt und sie Dampf abläßt, kann es zu verheerenden Explosionen kommen. Jahrelang kann sie häusliche Schmähungen schlucken und geht dann eines Tages fort, ohne ihren Mann auch nur eines Blickes zu würdigen. Im Beruf kann sie Demütigungen ohne ein Anzeichen von Schmerz erdulden und dann ihren Chef und die Kollegen mit einem niederschmetternden Angriff beleidigen, der an die Nieren geht. Sie unterdrückt ihre Gefühle genauso gut, wie sie ihre Sticheleien und Überfälle da plant und ausführt, wo sie am meisten verletzen.

Sie kann an den sie verzehrenden Gefühlen erkranken. Obwohl die Skorpion-Frau von robuster Konstitution ist, hält sie, ist sie erst krank, so hartnäckig daran fest, wie sie vorher gesund war. Sie erholt sich meist nur sehr langsam.

Ihr empfindlichster Körperteil ist ihr erstes Chakra, das Sexualzentrum. Jede emotionale Veränderung geht direkt in diese Sexualregion und verursacht sofort sexuelle Probleme oder die entsprechenden körperlichen Beschwerden. Das Stopfen-in-der-Flasche-Syndrom kann auch Magengeschwüre, periodische Ausbrüche, die das Familienleben bedrücken, Halsbeschwerden oder -krankheiten und manchmal quälende Schmerzen am unteren Rücken bewirken.

ZWANGHAFT

Die Skorpion-Frau überläßt wenig dem Zufall, sondern versucht alles so zu arrangieren, daß es in ihre Pläne paßt. Sie knetet das

Leben, als wäre es Teig für das tägliche Brot. Sie bestimmt, wünscht, manipuliert, organisiert, kategorisiert, transzendiert, reißt an sich, nutzt aus, hält fest, läßt los, zieht wie magnetisch die Dinge an und lehnt Erfahrungen ab.

Eine geheime innere Kraft zwingt sie, etwas zu wagen, wenn sie viel lieber auf Nummer sicher gehen würde, als Katalysator zu fungieren, wenn sie es viel lieber ruhig hätte. Sie liebt vielleicht Veränderungen nicht, und doch kann sie nicht ohne Risiken und Umwälzungen leben. Ihre zwanghafte Aktivität und ihr Trachten nach Heimlichkeit gehen Hand in Hand.

SICH SELBST VERTRAUEND, LEISTUNGSFÄHIG

Die Skorpion-Frau ist wahrscheinlich die unabhängigste und willensstärkste Frau, die mit dem größten Selbstvertrauen im ganzen Tierkreis, es sei denn, sie stecke in einer ihrer Krisen. Gewöhnlich ist ihr Kampf um das Wesentliche unbarmherzig, ihr Wille zur Macht furchtbar und ihre Fähigkeit, eine Gelegenheit beim Schopf zu packen oder Eingebungen nachzugeben, erstaunlich.

Wenn Selbstachtung dadurch entsteht, daß man weiß, was man will und wie man es bekommt, dann fließt sie davon über. Für sie besteht das Problem nicht so sehr darin, daß sie das bekommt, was sie sich wünscht, als vielmehr darin, konstruktive Mittel dazu auszuwählen und anzuwenden. Beherrschen ist ein Spiel für sie, und sie ist geboren, es zu gewinnen. Aufgaben, die Kühnheit und Ausdauer verlangen, fordern sie heraus. Da sie selbstsicher, ausdauernd, gründlich und intuitiv ist, kann sie eine tüchtige Ingenieurin oder Ärztin sein. Sie ist eine gute Managerin. Sie arbeitet gern und meist gut. Die positiven Ergebnisse stärken ihr Selbstvertrauen, das sie wiederum in die Lage versetzt, neue Aufgaben mit Zuversicht zu meistern. Je mehr sie tut, desto mehr Selbstvertrauen bekommt sie. Kurzschlüsse entstehen nur, wenn sie Rache übt oder irgendein anderes heimtückisches Zeichen von Angst oder Ärger im Spiel ist.

EMPFÄNGLICH FÜR ÜBERSINNLICHE EINFLÜSSE

Das Selbstvertrauen der Skorpion-Frau wird verstärkt durch ihre übersinnlichen Kräfte. Sie verläßt sich auf sie, und obwohl unsere Kultur übersinnliche Gaben nicht anerkennt, kann sie hellhörig, telepathisch und vielleicht auch hellsehend sein. Sie schätzt die Leute schnell und genau ein und wird erst dann handeln, wenn sie es für richtig hält.

Gewöhnlich wird sie ihre Gegner durch ihre übersinnlichen Kräfte aus dem Spiel bringen. Sie versteht es auch ausgezeichnet, ihre Attacken zum passenden Zeitpunkt zu führen, denn obwohl sie im Einklang mit den übersinnlichen Kräften steht, befindet sie sich sehr selten in einem traumverlorenen Niemandsland. Im allgemeinen steckt sie dick in der Sache drin, die Füße auf den Boden, mit den Augen sorgfältig beobachtend, abschätzend der Geist.

EIGENSINNIG

Die Skorpion-Frau ist auf dem falschen Weg, wenn sie zu eigensinnig wird. Skorpion ist immerhin ein festes Zeichen, und daher kann sie sowohl seelisch als auch körperlich in der Routine steckenbleiben. Besonders in den ersten Erwachsenenjahren ist sie noch so unsicher, daß sie solange auf ihrem Standpunkt beharrt, bis es kein Zurück mehr gibt. Manchmal kämpft sie auch nur, um ein Ventil für ihre Aggressionen zu finden, und je mehr sie im Unrecht ist, desto heftiger wird sie trachten, die Schlacht zu gewinnen.

LOYAL

Die Skorpion-Frau ist loyal und wählt ihre Bindungen sorgfältig aus. Normalerweise hat sie nur wenige Freunde, die aber ein für allemal. Sie verteilt ihre Zuneigung vorsichtig und erwartet das gleiche von den anderen. Leichtsinnige Leute und schnell geschlossene Freundschaften mag und versteht sie nicht. Wenn sie sich einem Menschen gegenüber aufschließt, erwartet sie, daß sie ihn ein Leben lang in ihrer Nähe haben wird. Wenn etwas schiefgeht, wird sie sich entweder ohne Erklärung zurückziehen oder wild um sich schlagen.

Skorpion, ich rate Ihnen dringend, Ihre Erwartungen bezüglich Freundschaft und Loyalität herunterzuschrauben. Mißinterpretationen liegen nahe. Rechnen Sie zum Beispiel damit, einen Zwillinge-Typ zum Freund zu haben, kann es zu Enttäuschungen kommen. Legen Sie Ihre Hoffnungen und Bedürfnisse frühzeitig dar. Hören Sie sich die Antwort sorgfältig an und entscheiden Sie dann, ob Sie das geben und erhalten können, was Sie brauchen.

NEUGIERIG, ABENTEUERLICH

Die Skorpion-Frau verlangt es nach Abenteuer, Wissen und Intrige. Sie ist immer daran interessiert, neue Quellen anzuzapfen. Erotische und künstlerische Experimente, Detektivarbeit, metaphysische Forschungen, herausfordernde finanzielle und schwierige geistige Probleme reizen sie.

Ihre Neugier ist jedoch nie theoretisch. Sie möchte ihre Abenteuer erleben und Versuchskaninchen sein. Sie ist sehr neugierig (nie jedoch neidisch). Sie ist begeistert davon, Intrigen zu entwirren und das Skelett im Schrank zu entdecken. Sie ist von Haus aus mehr am Inhalt einer Sache interessiert als an der Verpackung. Der nicht sichtbare Teil des menschlichen Lebens und Verhaltens fordert sie heraus. Wie es sich für einen weiblichen Sherlock Holmes gehört, kann sie die peinlichsten Fragen stellen. Manchmal hat man das Gefühl, die Skorpion-Dame habe sich schon vor der Befragung ihr Urteil gebildet und wisse die richtigen Antworten bereits. Ihre Neugier und ihre barschen, treffsicheren Fragen können zu Grausamkeit und Arroganz werden.

GEGÜHLLOS, ARROGANT

Die Skorpion-Frau ist faszinierend, aber nicht immer einfach und angenehm. Sie kann ein rücksichtsloses, unverschämtes Biest sein oder ein herablassender Amateur, der sich einbildet, mehr zu wissen als der Spezialist. Wenn sie auf Rache aus ist, kann sie ein Teufel auf Rädern sein. Nicht im Entferntesten »die angenehme, sanfte Frau«. Sie geht einem direkt an die Gurgel, und wehe, wer ihr in diesen Augenblicken in die Quere kommt.

Will sie ihren Willen durchsetzen, ist sie außerstande, den Standpunkt des anderen zu erfüllen. Diese Gleichgültigkeit unterscheidet sie von den Vertretern der anderen Wasserzeichen, die viel eher geneigt sind, ihre Freude am Ende gefühlsmäßig zu schützen.

Die Skorpion-Frau hat keinen großen Bedarf an Beifall, und das gibt ihr die Freiheit, ihren eigenen Angelegenheiten nachzugehen. Sie muß jedoch unterscheiden lernen zwischen rücksichtsloser Verfolgung ihrer selbstsüchtigen Zwecke und dem Versuch, auch für andere etwas zu tun.

VERSCHWIEGEN

Als geborene Detektivin fühlt sie sich berechtigt, ein Geheimniskrämer zu sein. Persönliche Dinge wird sie nicht enthüllen.

Sie ist von Grund aus verschwiegen. Manchmal tut sie so, als wäre sie die Hüterin allumfassender Geheimnisse, wobei ihre göttliche Mission darin besteht, sich selbst als größtes Rätsel darzustellen. Ein wichtiger Schlüssel zum Verständnis ihrer Persönlichkeit ist die Erkenntnis, daß sie weder sich selbst noch anderen traut. Da sie mißtrauisch ist, wird sie fanatisch in ihrem Selbstschutz.

Man darf jedoch nicht den Fehler begehen, sie für im Tiefsten indifferent zu halten. Ihr Feuer erlischt nie. Man sollte besser annehmen, daß sie den richtigen Augenblick abwartet, um ins Spiel einzugreifen und die Würfel zu ihren Gunsten zu beeinflussen.

HEMMUNGSLOS

Da sie so vom Leben fasziniert ist, geht sie über die traditionellen Grenzen hinaus. Wie ihre Fische-Schwester neigt sie dazu, auf gefährliche Art hemmungslos zu sein.

Es gibt ein Teil ihres Wesens, der Selbstzerstörung sowohl fürchtet, als auch unterstützt. So manche Skorpion-Frau hat wiederholt Probleme mit Drogen und Alkohol. Die Hemmungslosigkeit der Skorpione führt häufig zu gesundheitlichen Problemen. Von Zeit zu Zeit leiden sie an geheimnisvollen Beschwerden, die kommen und gehen, ohne daß eine geeignete medizinische Diagnose gestellt werden kann – Gicht, rheumatische Leiden, und sogar Malaria und Typhus. Die Skorpion-Frau kann auch über schwer definierbare innere Entzündungen klagen. Auch hohes Fieber mag kommen und gehen.

Sie hat Glück, daß sie diesen stahlharten Willen besitzt. Wenn sie will, kann sie jede Gewohnheit ablegen und verlorene Energie ersetzen.

GLÜHEND ODER ASEXUELL, BESITZGIERIG

Die Skorpion-Frau gebraucht die Sexualität vor allem, um zu herrschen. Sie möchte über einen Mann dominieren und setzt ihre Leidenschaft ein, damit sie besitzen und ausbeuten kann.

Liebe kann sie mit Besitz verwechseln. Sie hat zwei erotische Seiten, die der wilden, anspruchsvollen Liebhaberin und die einer asketischen, asexuellen Frau. Sie wird beiden erotischen Lebensstilen mehr als einmal im Leben folgen.

In ihrer glühenden Phase hat die Skorpion-Frau das Vokabular einer Hure und die Lust eines sexuell ausgehungerten Matrosen. Sie macht einen Mann verrückt vor Begierde. Sie ist eine Virtuosin, die Sex lebenswert macht. Selbst eine unerfahrene Skorpion-Frau kennt sich intuitiv in der Kunst der Liebe aus. Die Erfahrung der Sexualität, auch ohne Liebe, ist ihr aus anderen Zeiten ihres Lebens vertraut. Sie genießt sie, auch wenn sie dabei vielleicht kalkuliert, mit wem sie sich zusammentun soll. Liebe und Sexualität können völlig getrennte Begriffe für sie sein.

Die Skorpion-Frau macht auch Zeiten durch, in denen sie sich völlig von sexueller Aktivität zurückzieht, vielleicht aus Schuldgefühlen über ihre wahllosen Geschlechtsbeziehungen. Dann kann sie ihre Energien ganz auf geistige Betätigung lenken. Sie kann plötzlich entdecken, daß Sex bei weitem nicht ihre hochgeschraubten Erwartungen erfüllt, und gibt ihn angewidert auf. Umfassende Wandlungen gehören zu ihrem Stil.

Die sich nach Höherem sehnende oder höher entwickelte Skorpion-Frau, der Adler oder Phönix, hat etwas von der Jungfrau von Orleans. Sexualität ist ihr nicht nur Mittel, im Leben weiterzukommen oder sich einen Rockefeller an Land zu ziehen. Durch Sexualität kann sie auch heilige Leidenschaften freisetzen. In ihrem späteren Leben mag die erotische Energie ihr dazu dienen, den Gipfel an Kraft und Integration oder aber ein beseligendes Miteinander mit einem anderen menschlichen Wesen zu erreichen.

NONKONFORMISTISCH, BILDERSTÜRMER, FÜHRERNATUR

Die Skorpion-Frau fühlt sich zu drei Mächten hingezogen, die in unserer Gesellschaft immer noch tabu sind: Macht, Tod und Geld. Sie ist Nonkonformistin, weil sie es als Frau genießt, Macht auszuüben – in einer Kultur, die diese Domäne immer noch den Männern vorbehält. Sie ist eine Individualistin, die daran glaubt, daß es ein Leben nach dem Tode gibt. Und bezüglich Geld entlarvt sie ohne Scheu Mythen.

Sie weiß, daß Sexualität Macht ist und Macht ist Geld. Ihre erotischen Heldentaten sind wohlbekannt, weit weniger wissen wir jedoch über ihre Beschäftigung mit Geld.

Reichtümer, Steuern und Erbschaften gehören in Plutos Reich. Deshalb hat die Skorpion-Frau mit ihrer besonderen Intuition das Privileg, auf diesen Gebieten Erfahrungen zu sammeln. Sie ist sehr tüchtig als Kapitalanlegerin für andere, als Immobilienmaklerin, Antiquitätenhändlerin oder Börsenmaklerin (besonders, wenn es sich um Bodenschätze handelt), als Steuerberaterin oder Anwältin, die sich auf Urkunden, Vermächtnisse und Erbschaften spezialisiert.

Es ist wesentlich für sie, daß sie ihre Wertmaßstäbe bezüglich dieser Gebiete überprüft. Denn nur wenn sie sich darüber Klarheit verschafft, kann sie wirksam andere lehren.

EINSAM

Ein Nonkonformist hat es niemals leicht. Ob nun die Skorpion-Frau in der Öffentlichkeit eine Rolle spielt oder nicht, sie ist oft einsam und unverstanden. In mancherlei Hinsicht ist sie ihrer Zeit weit voraus. Gewöhnlich steht sie mit ihren Nachbarn, mit Familie und Freunden nicht auf bestem Fuß. Außerdem ändert sie sich so radikal in ihrem Leben, daß es für die anderen schwer ist, mit ihr Schritt zu halten.

Sie ist ein Mensch des Privaten, und gehört sich selbst. In vieler Beziehung, so findet sie, braucht sie eigentlich die anderen nicht. Natürlich, sie ist ein Mensch, aber sie haust in den Tiefen, sieht in die Zukunft und läßt sich manchmal von der Gegenwart entmutigen. Vielleicht hält ihr Stolz sie davon ab, die Hand auszustrecken und um Mitgefühl zu bitten. Oder sie ist einfach gemein und ekelhaft und zieht es vor, ihre Geheimnisse und ihre abwegigen Methoden für sich zu behalten. Sie hat ein enormes Bedürfnis, sich stark und unabhängig vorzukommen. Oft nimmt sie eine weibliche Imponierhaltung ein und verübelt es, wenn sich jemand um sie sorgt. Trotz allem, sie sehnt sich nach Zustimmung und Verständnis. Keiner ist eine treuere Freundin als sie, wenn sie erst einmal entdeckt hat, daß man ihre komische Art und ihre seltsamen Anwandlungen akzeptiert.

SCHULDGEFÜHLE

Die Skorpion-Frau trägt die Probleme der Welt nicht auf ihrer Schulter, aber sie hat einen stark puritanischen Zug. Daher glaubt sie, je nach Laune, an die Grundsätze der Produktivität. In diesem Sinne ist die Sexualität ein Mittel zur Fruchtbarkeit, und die Zeit darf nicht sinnlos verschwendet werden.

Da sie eine Extremistin ist, gibt es Perioden, in denen sie ein puritanisches Glaubenssystem annimmt und genauso fanatisch pflichtbesessen ist, wie sie sich vorher dem Vergnügen hingab! In dieser Phase hat sie Schuldgefühle ihrer sexuellen Leidenschaften und Aktivitäten wegen, und sie mag schwören, ihnen zu entsagen. Sie kann das Muster einer braven Vorstadtehefrau und Mutter werden und sich die sinnlichen Freuden der Selbstverwirklichung versagen. Wenn das zufriedenstellend verläuft, viel Erfolg! Aber für die meisten ist es nur eine vorübergehende Phase, gewöhnlich durchsetzt mit intensiven Frustrationen und Sehnsüchten.

SELBSTZERSTÖRERISCH

Plutos Macht kann zu selbstzerstörerischen Zwecken mißbraucht werden. Skorpione werden am ehesten den Weg lebenslanger Selbstverleugnung gehen. Dann ist das Stöpsel-in-der-Flasche-Syndrom besonders stark, und die Skorpion-Frau wird viele Krankheiten durchmachen. Ihre geistigen Kräfte sind so stark, daß jeder Gedanke Realität werden kann. Sie kann alles mit sich anfangen, auch das, was schlecht für sie ist. Sie kann ein Leben führen, das für andere einmalig, für sie selbst aber die Hölle ist.

Alkohol und Drogen im Exzeß, einseitige Verfolgung bestimmter Ziele unter Ausschluß aller anderen Bedürfnisse, Vernachlässigung von Vergnügen zugunsten der Pflicht, Sexualität als reines Mittel der Manipulation, nicht als natürliche Quelle der Kommunikation und Freude – das alles trägt letzten Endes zur Selbstzerstörung bei. Die sinnliche Natur der Skorpion-Frau ist so stark, daß sie sich buchstäblich selbst vor Krankheit, Frustration und Ärger verzehrt, wenn einige ihrer Grundbedürfnisse nicht erfüllt werden. Wenn sie zum Beispiel beruflich befördert werden möchte, kann sie ihre Liebesaffäre vernachlässigen. Insgeheim weiß sie, daß sie sich selbst schadet, und dieses Wissen treibt sie immer tiefer ins Unheil, bis sie die Richtung ändert.

Skorpion-Frau, ich gebe Ihnen folgenden Rat: Prüfen Sie Ihre Ziele, stellen Sie sicher, daß das, was Sie wollen, auch wirklich gut für Sie ist, denn als Skorpion-Frau werden Sie ganz bestimmt das Ziel Ihrer Wünsche erreichen.

UNGEWÖHNLICHES SCHICKSAL

Das Leben fügt sich den Wünschen der Skorpion-Frau. Sie hat Konzentration, persönliche Macht, Talent, Urteilskraft, Tatkraft und die Fähigkeit, zu führen oder zu folgen. Das läßt sie siegen oder verzweifelt unterliegen. Sie ist eine Zauberin, die niemals den tristen Mittelweg wählt. Sie ist entweder großartig oder entsetzlich.

Ihre Gewohnheiten, ihre Erscheinung und ihre »Aura« tragen den Stempel eines ungewöhnlichen Lebens. Sie ist eine Künstlerin, eine weiße oder eine schwarze Hexe. Sie mag sich wie die letzte Puritanerin benehmen und lebt in einem Bordell. Sie gibt dem Leben einen seltsamen Anstrich, malt in extremen Farbkombinationen und verbirgt ihren Geheimcode hinter dem Offenbaren. Sie ist wie ein Rembrandt-Gemälde, das von einem schlechten Künstler übermalt wurde: Erst zum geeigneten Zeitpunkt wird sich der wahre Wert zeigen.

Unterschätzen Sie die Skorpion-Frau nie! Sie mag jetzt ein Mauerblümchen oder beruflich unbeachtet sein, bei Ihrem nächsten Treffen kann sie sich in eine fesselnde, kluge Draufgängerin verwandelt haben. Andererseits kann sie aber auch jetzt ganz oben sein, und eine Weile später lesen Sie ihre Todesanzeige.

Wer so nahe am Abgrund lebt wie die Skorpion-Frau, läuft ständig Gefahr, hineinzustürzen. Sie ist jedoch eine kraftvolle Frau, die geboren wurde, gewisse Tabus zu brechen.

Die Beziehungen der Skorpion-Frau

Wenn wir uns mit den Beziehungen der Skorpion-Frau befassen, müssen wir wieder die Definition des Wortes »Macht« betrachten. Denn es ist Macht, was sie will, und bis zu einem späteren Zeitpunkt in ihrem Leben kann sie Sexualität und Intimität gebrauchen, um sie zu erreichen.

Macht bedeutet »fähig sein«, auf welchem Gebiet auch immer. Seit Jahrhunderten sind die Frauen in eine Art seelischer, sexueller und wirtschaftlicher Impotenz erstarrt. Selbst heute darf weibliche Sexualität nur existieren, wenn der »Prinz« sich zu einer Umarmung herabläßt. Während der männliche Sexualtrieb offen anerkannt und allgemein entschuldigt wird, fehlt es den Frauen immer noch an der Macht, das Vorhandensein eines abstrakten, unabhängigen weiblichen Sexualtriebs zuzugeben. Die Vorstellung einer sexuell unabhängigen Frau ist für viele Leute immer noch schmutzig und unmöglich. Und ich glaube, daß die Frauen selbst darin am unnachgiebigsten sind.

Die Frauen sind als Gruppe bisher auch nicht fähig gewesen, bei politischen oder wirtschaftlichen Veränderungen eine wesentliche Rolle zu übernehmen. Bis jetzt haben wir noch nicht die gleichen Risiken und die gleichen Verantwortungen bei Entscheidungen auf höchster Ebene übernommen. Die meisten von uns betrachten sich als vom System und seinen Beherrschern, den Männern, unterdrückt. Es würde schon ausreichen, wenn wir uns unsere Unterdrückung und unsere Angst vor verantwortungsvollen Rollen vor Augen führen.

Die größte Herausforderung für die Skorpion-Frau ist es, fair in der Liebe zu sein. Sie muß ein Ventil für ihre intriganten Ambitionen außerhalb ihrer Beziehungen finden. Sie ist immer versucht, zu Hause den Boß zu spielen, als wolle sie damit die seit langen Zeiten bestehende Ungleichheit zwischen Mann und Frau kompensieren. Sie ist entschlossen, zielbewußt und diktatorisch. Heftig verteidigt sie ihren Rang in Beziehungen.

»In der Liebe und im Krieg ist alles erlaubt«, ist ihr Motto. In der Freundschaft verlangt sie einseitige Loyalität. Bei Liebesaffären ist jene Exklusivität Bedingung, die zugleich ihre Libido, ihr Bankkonto und ihr Aussehen in der Gesellschaft hebt. In der Ehe möchte sie das Doppelte von allem haben.

Die Skorpion-Frau ist sehr ehrgeizig. Sie kann als abschreckendes Beispiel für den Mißbrauch persönlicher Beziehungen dienen. Ich rate ihr zu arbeiten, mit anderen in Wettbewerb zu treten, ernsthafte Studien zu betreiben. Sie muß Mittel und Wege finden, sich wichtig zu fühlen und Anerkennung außerhalb der häuslichen und intimen Sphäre zu finden. Wenn sie das nicht tut, kann sie zu der Xanthippe werden, wie sie Elizabeth Taylor in »Wer hat Angst vor Virginia Woolf?« dargestellt hat.

Kindheit

Eine deprimierend große Anzahl von Skorpion-Typen wächst in einem Klima körperlicher und seelischer Not auf. Der Versuch, solche Erfahrungen für die Entwicklung auszunutzen, auf Krisen aufzubauen, Mißtrauen und die Angst vor weiteren Kränkungen zu überwinden, gehört zum Liebesleben der Skorpione.

Im Laufe der Jahre hat fast jeder, den ich kenne, mit dem ich zusammen lebe oder arbeite, eine Skorpion-Phase durchgemacht, die sein Leben von Grund auf geändert hat. Es hat sich gezeigt, daß Menschen mit starkem Skorpion-Einfluß im Horoskop in der Kindheit einer oder mehrerer der folgenden schicksalhaften Bedingungen ausgesetzt waren: Scheidung der Eltern; früher Tod eines engen Freundes oder Verwandten, gewöhnlich unter seltsamen oder tragischen Umständen; Alkoholismus in der Familie; Menschen auch, die außerordentlich empfänglich für übersinnliche Eindrücke sind, in nächster Umgebung.

Nichts geht einfach bei der Skorpion-Frau, und selbst als Kind hat sie eine extreme Beziehung zu mindestens einem wichtigen Erwachsenen. Gewöhnlich ist sie stark auf ihre Mutter fixiert, die sie entweder idealisiert oder haßt.

Liebhaber und andere enge Beziehungen

Die Skorpion-Frau kann die Menschen magnetisch anziehen, in ihrer Stärke, Tiefe und Hartnäckigkeit hat sie das »gewisse Etwas«. Anfänglich wird sie besitzgierig und heimlichtuerisch sein und manipulieren.

Bis sie diese Phase überwunden hat, wird sie ihre Beziehungen oft so gestalten, als wolle sie eine Schlacht gewinnen. Aber selbst Napoleon hatte sein Waterloo, und die Skorpion-Frau ist keine Ausnahme. Dauerhafte Beziehungen sind kein Übungsfeld für Kriegsstrategie.

Sie hat meist nur wenige Freunde, meistens Männer. Ihr fehlen Einfühlungsvermögen und die leichte Art, die Frauen in ihren Freundinnen zu suchen scheinen. Sie macht sich nicht bewußt, daß sie wesentlich mehr vom Leben hätte, wenn sie mehr Gewicht auf weibliche Freundschaften legt.

Die Skorpion-Frau wird mehrere intensive Freundschaften und einige stürmische Trennungen erleben. Auch Nervenzusammenbrüche liegen nahe.

Ruth war zur Therapie bei mir. Wiederholt warnte sie mich (in Wirklichkeit sich selbst), daß es gleich zu einer Explosion zwischen uns kommen werde. Sie machte gerade eine Skorpion-Phase durch, versuchte, mit sich ins reine zu kommen, war mitten in einer Scheidung und erholte sich von einer Hysterectomie. Unsere therapeutische Beziehung platzte nie. Daraus lernte sie, daß sie nicht nur mit einer anderen Frau auskommen konnte (eine seltene Erfahrung für Ruth), sondern daß auch alte Kontakte weiterbestehen können, wenn man eine neue Phase beginnt.

Nur zu oft scheint die Skorpion-Frau hochmütig, eifersüchtig und anspruchsvoll zu sein, wenn sie in Wirklichkeit nur ihre Unsicherheit überspielt. Sie leidet sehr unter Gefühlen des Mißtrauens und der Isolation. Sie kann einen Mann mit ihrer geheimnisvollen Unbewegtheit anlocken. Unerwartet wird sie sich plötzlich drehen und wenden und ihn gnadenlos testen. Fast nie verrät sie, was sie von ihm erwartet, so kann er ihren Wünschen nur schwer nachkommen. Wie sollte er auch, wenn er nicht weiß, was sie will.

Ständig prüft sie, wie weit sie bei ihren Freunden und Liebhabern gehen könnte. Dabei kann sie sich viele Menschen entfremden, obwohl sie eigentlich deren Unterstützung braucht.

Skorpion-Frau, ich rate Ihnen, genau zu prüfen, 1.) was Sie von den Menschen erwarten, und 2.) was Sie ihnen im Austausch dafür zurückgeben wollen. Ein Schlüsselwort ist auch *Mäßigung*. Ich schlage vor, Sie stecken es sich hinter den Spiegel, an Ihre Küchenschränke und hinter die Windschutzscheibe, bis Sie seine Bedeutung erkannt haben.

Eifersucht

Eifersucht ist die Achillesferse der Skorpion-Frau, hier mißt sie mit zweierlei Maß. Sie kann zwar sexuelle Beziehungen mit mehreren

Partnern haben, aber wehe, wenn das umgekehrt der Fall ist. Das würde sie nicht dulden. Wir wissen nicht, ob Eifersucht ein angeborenes oder erlerntes Verhalten ist, mir scheint jedoch, im Falle der Skorpione ist es eine zweifache Portion von beidem.

Oft schlummert ihre Eifersucht, bis irgendeine Kleinigkeit sie zum Ausbruch bringt. Es kann zur Explosion kommen, wenn etwa ihr Liebhaber eine Bemerkung über den Busen einer Schauspielerin macht, wenn ihr Mann die Kellnerin beobachtet oder zu lange beim Nachbarn ist.

Wie man die Eifersucht bekämpft

Die Skorpion-Frau kann mit dem grünäugigen Monstrum nur fertig werden, wenn sie Abstand gewinnt. Um das zu üben, muß sie ihre Denkweise ändern.

Skorpion, ich rate Ihnen: *Denken Sie nach*. Ihr Partner tut diese Dinge ganz sicher *nicht*, um Sie zu ärgern. Er verhält sich einfach so, wie es ihm Spaß macht, oder wie er es gewöhnt ist. Er weiß vielleicht nicht einmal, wie sehr es Sie stört. Teilen Sie es ihm mit und seien Sie toleranter. Es ist natürlich eine andere Sache, wenn Ihr Liebhaber Ihre allbekannte Eifersucht herausfordert. In diesem Fall müssen Sie herausfinden, ob er sich über Sie geärgert hat oder unsicher in der Beziehung ist. Es ist destruktiv, die Schwächen anderer auszunutzen. Dafür ist kein Platz in einer gesunden Beziehung.

Ein anderer Weg zu Objektivität und einer neuen Denkweise ist die Meditation. Meditation kann Ihnen helfen, die Wurzel Ihrer Eifersucht zu finden, Ihr eigenes Ich. Es folgt ein vereinfachtes Rezept zur Selbsthypnose. Ich empfehle ein Wochenend-Seminar zur Vertiefung des Themas.

Denken Sie auch daran, daß keine Form der Meditation ein Allheilmittel ist. Es kann einige Zeit dauern, bis sich ein Erfolg zeigt, und sie ist keinesfalls Ersatz für eine Therapie.

Selbsthypnose ist ein guter Anfang auf dem Weg zur Selbstheilung. Zu Beginn setzen Sie sich bequem hin. Wenn möglich, benutzen Sie die Lotusstellung. Setzen Sie fest, wie lange Sie meditieren wollen. Wählen Sie eine ruhige Zeit, und stellen Sie einen Wecker.

Gewöhnlich dauert diese Übung drei bis fünf Minuten, obwohl manche Leute viel länger meditieren. Betrachten Sie drei Gegenstände Ihrer Wahl, dann reduzieren Sie Ihre Konzentration langsam auf nur einen Gegenstand.

1. Sprechen Sie sehr langsam und eintönig – erzählen Sie sich, daß Sie drei Dinge *sehen*, *hören* und *fühlen*.
   a) Ich sehe eine Kerze, ich sehe ein Haus, ich sehe ein Buch.
   b) Ich höre Musik, Stille, ein Kind.
   c) Ich fühle mich behaglich, warm, glücklich.
2. Wiederholen Sie das Ganze, aber mit nur zwei Dingen.
3. Wiederholen Sie es nochmals, aber diesmal mit nur einem Ding.
4. Verhalten Sie sich eine Weile ruhig.
5. Konzentrieren Sie sich auf ihre Hände und sehen Sie, welche leichter zu sein scheint. Lassen Sie die leichtere Hand nach oben kommen und ihr Gesicht berühren.
6. Sagen Sie sich, daß Sie sich mögen, und auch Ihren Liebsten. Sagen Sie sich das dreimal.
7. Zweimal. Dann. . .
8. nur einmal.
9. Sie können das wiederholen, ersetzen aber »mögen« durch »lieben«.
10. Leeren Sie Ihren Geist, atmen Sie regelmäßig und verharren Sie in dieser Stellung, so lange Sie können.

Dieses Selbsthypnose-Programm können Sie anwenden, um Eifersucht (Neid, Angst, Schuldgefühle) zu reduzieren und sie langsam durch positive Gefühle zu ersetzen.

Die Wurzel aller guten Gefühle ist Selbstliebe. Arbeiten Sie daran, und lassen Sie sich sehr viel Zeit.

Die Liebe der Skorpion-Frau

Wenn sie liebt, kann die Skorpion-Frau ein Kätzchen sein, eines, das sehr sexy ist. Sie ist dann die Gebende und organisiert das Leben so, daß es ihrem Mann gefällt. Wenn er seine Pfeife neben dem Lehnstuhl, seine Pantoffeln am Kamin, pünktliches Essen und

Sex im Überfluß will, wird sie dafür sorgen, daß er es bekommt. Ihre Eifersucht und ihren Zorn einmal ausgeklammert, ist die Skorpion-Frau uns meilenweit voraus, wenn es um die Willenskraft geht. Selbst mitsamt ihren Problemen ist sie faszinierend und tüchtig.

Zu den Rollen, die sie spielt, um ihrem Mann zu gefallen (und nebenbei ihren eigenen Interessen zu dienen), gehört die der ausgezeichneten Gastgeberin, der Krankenschwester, der Ehefrau, der Partnerin und Geliebten. Wenn ihr Mann nicht gerne Entscheidungen trifft, wird sie das übernehmen. Mag er entschlossene Frauen nicht, wird sie ihre Entscheidungen indirekt treffen – wenn sie will. Ich kenne ein Sägewerk, das nur von Leuten mit der Sonne im Skorpion verwaltet wird, und auch einem Skorpion gehört. Die Frau des Besitzers hilft ihrem Mann beim Umgang mit nervösen Kunden, vertritt die Firma bei Marketing-Versammlungen und versorgt trotzdem noch ihren Haushalt und kocht für die Familie. So lange sie es will, kann sie so diplomatisch wie die Waage, so geduldig wie der Stier und so außerordentlich ehrgeizig wie der Steinbock sein: Aber machen Sie sich bitte bewußt, daß dies nur eine Phase ist. All das muß aus eigenem freien Willen geschehen, und früher oder später soll es sich bezahlt machen.

Die Skorpion-Frau hat also die Kunst gemeistert, sich unentbehrlich zu machen. Bis zu einem gewissen Grade ist das gesund. Sie versucht, die Gegenwart genauso zu planen wie die Zukunft, denn sie glaubt, wenn nicht sie ihre Interessen wahrnehme, werde es niemand tun. Sie kann jedoch leicht die schmale Grenze zwischen Selbstschutz und ständiger Manipulation anderer zu ihren eigenen Zwecken überschreiten. Sie muß sich ständig *bewußt machen*, was sie tut und warum, und sie muß für offene Kommunikation bei dauerhaften Kontakten sorgen.

Die Skorpion-Frau kann das Recht, es sich selbst so angenehm wie möglich zu machen, über alles andere stellen.

Verhaltensmuster in den erotischen Beziehungen

1. Eine ungewöhnlich große Anzahl von Verhältnissen von früher Jugend an oder aber eine sehr späte sexuelle Entwicklung.
2. Eine frühe blinde Leidenschaft, die zu einer überraschenden Ehe führt oder aber eine ungewöhnlich späte Ehe. Die Skorpione heiraten einmal und möglichst für immer. Obwohl Scheidungen heute verbreiteter sind, werden sie eine gestörte Ehe oder eine wichtige Beziehung erst aufgeben, wenn sie alles versucht haben, sie aufrecht zu erhalten.
3. Außerehelicher Sex früher oder später oder, falls nicht, besessen von Arbeit, Essen, Alkohol oder sexuellen Phantasien.
4. Krisis in der Hauptbeziehung. Sie muß damit rechnen und sich damit auseinandersetzen, anstatt den Vogel Strauß zu spielen. Krisen in Beziehungen gehören zu ihrem Leben. Ihr Schicksal ist es, Liebe und Erotik zu transformieren und zu reinigen. Sie selbst muß entscheiden, ob die Wandlungen gut oder schlecht sind, aber Wandlungen wird es geben.
5. Überwindung der Krise und Erreichung einer höheren Bewußtseinsebene. Wenn das in Zusammenhang mit einer Beziehung geschieht, wird es diese vollkommen ändern.
6. Fortsetzung des Kreislaufs. Vielleicht geht sie wieder zu Punkt 3 zurück und fängt von vorne an oder sie schwört für eine Weile jeglicher Sexualität ab.
7. Ein neues Stadium ganzheitlichen Lebens wird erreicht. Hier kann sie Machttrieb und persönliche Erfüllung in Harmonie bringen (siehe »Die kosmische Frau«).

Liebhaber und Ehemänner

Die Skorpion-Frau braucht vor allem einen starken, intuitiven und toleranten Mann, körperlich stark, um mit ihrer Libido Schritt halten zu können, und emotional gesund und intuitiv, um ihr die eigene Befreiung leicht zu machen.

Sie braucht einen Mann, der keine allzu starren Erwartungen an sie stellt und nicht versucht, sie danach zu *beurteilen*. Sie ist intuitiv genug, sich bei einem Mann der zu kritisch ist, unbehaglich zu fühlen. Sie wird sich auch zu oft radikal ändern, um bei einem Mann zu bleiben, der sich nicht mit ihr ändert.

Sie braucht einen Mann, der selbst mächtig ist. Er braucht nicht auf einem Kreuzzug zur Verbesserung der Welt zu sein, selbst wenn sie das sein sollte. Er sollte auf ruhige Art Selbstvertrauen ausstrahlen, das nicht bedroht, aber auch keinen Zoll nachgibt.

Die Skorpion-Frau braucht einen Mann, der sich ihr gegenüber behauptet, jedoch ihrer Weiblichkeit schmeichelt. Wenn sie zum Beispiel zum Essen ausgehen, verlangt sie, daß er einen Plan hat. Wenn er schon nicht telefonisch einen Tisch reserviert, soll er wenigstens Restaurant und Zeit bestimmen und ihr vorschlagen, was sie essen soll. Wenn es ums Vorwärtskommen geht, wird sie erwarten, daß er sie überholt (für sie ein Zeichen männlicher Stärke), sie wird ihn jedoch deshalb bitterlich bekämpfen.

Sie braucht einen Mann, der ihren Blitzmanövern immer einen Schritt voraus ist, aber nicht darauf herumreitet. Sie will zwar die Spielchen gewinnen, die sie treibt, aber Gnade dem Mann, der zu oft verliert!

Sie braucht einen Mann, der es versteht, positiv zu sein und zu fühlen. Der für sie ideale Mann wird Techniken wie etwa die Meditation anwenden und ihr helfen, ihre übersinnlichen Kräfte auf konstruktive Dinge zu konzentrieren.

Sie braucht einen Mann, der sehr stark sexuell veranlagt ist und dessen Repertoire, Ausdauer und Interesse sich mit ihrem messen kann. Wenn sie ihre Sexualität verdrängt hat (siehe »Sexualität der Skorpion–Frau«), braucht sie einen Mann, der ihr hilft, ihre latenten animalischen Leidenschaften und die tief verborgene Feindseligkeit wenigstens zeitweise an die Oberfläche kommen zu lassen.

Sie braucht einen Mann, der vertrauensvoller ist als sie, der ihren Schutzwall durchbrechen kann, sich nicht in der Ecke versteckt, wenn Besuch kommt und der sich nicht in beleidigtes Schweigen hüllt, wenn er aufgebracht ist. Sie braucht einen klar verständlichen Extravertierten mit einem sonnigen Gemüt. Sie braucht einen Mann, mit einem kindlichen Sinn für Humor.

Ich rate ihren Männern folgendes:

1. Hüten Sie sich davor, sie sich zur Feindin zu machen. Sollten Sie

wütend davonstürmen, gehen Sie später zurück und bringen Sie
die Freundschaft wieder in Ordnung.

2. Machen Sie sich bewußt, daß die meisten ihrer Beziehungen vor
   ihrem fünfunddreißigsten Lebensjahr auf einer Art Schlachtplan
   zur Erlangung von Kontrolle oder Macht basierten, auch wenn
   sie es selbst gar nicht weiß.
3. Wenn Sie ihr Partner oder Freund sind, schlage ich vor, daß sie
   einen guten Kurs über Selbstbehauptung und Partner-Kommu-
   nikation besuchen. Wahrscheinlich werden Sie ihr zu fairen Diskussionen, ehrlicher Selbsterkenntnis und aktivem Zuhören
   verhelfen müssen.

Die Skorpion-Frau muß sich besonders um Selbsterkenntnis bemühen, die Stütze jeder guten Beziehung. Und sie muß lernen, sich für
Liebe zu entscheiden, statt für Besitzansprüche.

Die Sexualität der Skorpion-Frau

Nach Ansicht der Leute ist Skorpion gleichbedeutend mit Sex – und
aus gutem Grund! Die Sirenen des Odysseus, die Königin der
Nacht in Mozarts »Zauberflöte«, Gretchen in Goethes »Faust«, Joan
Crawford, Ava Gardner, Indira Gandhi – sie alle haben den glühenden Sex-Appeal, die erdhafte Schläue, das ungewöhnliche
Aussehen und die hypnotische Stimme der Skorpion-Frau.
Die Skorpion-Frau ist eine Zauberin mit heißem Körper und kühlem
Verstand. Sie strahlt das Versprechen sofortiger, beständiger Erregung und tiefer, allumfassender Sexualität aus. Sie ist vielleicht
keine Schönheit im herkömmlichen Sinn, aber die starken Strö-
mungen, die von ihr ausgehen, führen zu Drama, Format und Geheimnis.
Die Sexualität der Skorpione ist zur Legende geworden. Erwähnen
Sie auf einer Gesellschaft, daß Sie Skorpion-Frau sind, und beobachten Sie, wie die Leute reagieren. Sie mögen zurückweichen, kichern, Ihnen zuzwinkern oder eine Art Inquisition starten.
Die Skorpion-Frau muß also einem recht umfangreichen Mythos
gerecht werden. Ein Mythos, den sie auf kundige Weise weiter verstärken hilft. Der sexuelle Mythos des Skorpions kann eine lebens-

lange Last oder eine Wohltat für ihr gesellschaftliches Leben sein, je nachdem, wie sie mit ihrer eigenen Sexualität auskommt.

Durch Sex erringt man in unserer Gesellschaft immer noch am meisten Aufmerksamkeit. Gleich danach, an zweiter Stelle, kommt das Geld, der Tod an dritter, schon mit beträchtlichem Abstand. Die Skorpion-Frau ist im Land der Liebe genauso zu Hause wie bei den Angelegenheiten der Toten. Keiner könnte sich eine vielschichtigere Frau vorstellen.

Wir hören viel mehr über ihre Unersättlichkeit als über ihre sexuellen Probleme. Tatsache ist jedoch, daß sie extreme sexuelle Hemmungen haben kann. Sie leidet unter einer verborgenen, tiefsitzenden Unsicherheit; einem periodischen Bedürfnis, sich in sexuelle Abstinenz zu flüchten und einer grundlegenden Besessenheit auf »Reinigung«, die sie zu Asexualität (kein Sex) oder Masturbation treiben kann.

Ihr gegenüberliegendes Zeichen ist Stier, und ihr Unbewußtes spiegelt den tiefen Selbstzweifel wider, der mit diesem Zeichen verbunden wird. Nach vielen Jahren der Beobachtung und psychoastrologischer Arbeit vermute ich, daß ein Teil der wilden sexuellen Aktivität der Skorpion-Frau ein Deckmantel für ihren Anteil an der Stier-Unsicherheit ist.

Es gibt zwei Schlüsselworte zum Verständnis ihrer Sexualität. Das eine ist *Abwechslung*. Sie braucht Abwechslung in ihrem Sexualleben. Sie ist davon abhängig wie ein Jet-Flugzeug von einer freien Startbahn. Landen und starten, holprige und ruhige Flüge – die Skorpion-Frau sucht wechselnde sexuelle Erfahrungen.

Macht ist das andere Schlüsselwort. Ihr größtes Sex-Geheimnis besteht darin, daß Sex fast nie ihr wirkliches Ziel ist. Sie ist hinter Macht her. Die Skorpion-Frau benutzt Sexualität oft als Mittel zum Zweck. So sehr sie Sexualität auch genießen mag, sie vergißt selten, daß sie eine ihrer stärksten Waffen ist, wenn es um Beherrschung und Überleben geht. Mit Sexualität angelt sie sich ihren Partner und macht ihn vollständig von sich abhängig oder sie klettert auf der Leiter des Erfolges höher.

Erste erotische Erfahrungen

Nichts, was die Skorpion-Frau tut, ist einfach. Es gibt immer zwei Extreme für sie, und ihr Sexualleben macht da keine Ausnahme. Als Halbwüchsige und junge Erwachsene ist sie entweder außerordentlich gehemmt und vermeidet den Sex ganz, oder sie gibt sich schon in frühesten Jahren dem Sexleben im vollen Umfang hin. Sie kann Berufs-Jungfrau oder erotische Feinschmeckerin sein.

Den Weg der Späterblüher wird sie gehen, wenn sie in einer sexuell gehemmten Umgebung aufwächst, häufig in einem streng religiösen Elternhaus oder eine Konfessionsschule, wo sie ermutigt oder gezwungen wird, ihre Energien in andere Kanäle zu lenken.

Wenn sie mißhandelt wird oder ohne Wärme aufwächst, wird sie sich in ihre Phantasiewelt zurückziehen. Sie mag von wilden Abenteuern, wagemütigen Befreiungen und bösen Prinzen träumen, die sie entführen und vergewaltigen. In ihren Teenager-Jahren kann sie deprimiert oder krank sein. Aber Unterdrückung und Unterwerfung sind selten von Dauer. Früher oder später lernt sie, aus sexuellen Niederlagen weltliche Siege (Status oder Führerschaft) zu machen. Wahrscheinlich wird sie dies alles erst in ihren Träumen üben.

Skorpion-Mädchen sind meist unbeliebt bei anderen Mädchen und haben oft nur eine Vertraute. Sie sind verschwiegen und leiden schweigend. Ihre sexuelle Aktivität in der Jugend und später kann Kompensation für die Einsamkeit sein, die sie fast unvermeidlich als Teenager fühlen.

Oft hat das Skorpion-Mädchen als Zwölf- oder Dreizehnjährige eine wilde Schwärmerei für eine Lehrerin, die sie dann auf einen Lehrer überträgt. Die meisten Teenager tun das, aber die Skorpion-Frau (oder das Mädchen in einer Skorpion-Phase) tut es bis zum Exzeß. Sie kann sich dadurch lächerlich machen.

Als Jugendliche grübelt sie viel, befaßt sich mit dem Tod und ist überzeugt, daß die Liebe sich ihr für immer entziehen wird. Getreu der Skorpion-Natur wird sie auch einige ungewöhnliche sexuelle Situationen erleben. Inzest, geheime Affären, sexuelle Grausamkeit, Drogen und Verbindungen mit Außenseitern können in ihrem Leben vorkommen.

Das Skorpion-Mädchen ist oft wie verblendet von einer unerwiderten Liebe, in der sie ihren latenten Masochismus ausleben kann: Sie ist fast immer vollkommen heterosexuell. Meist wird sie ihre Jungfräulichkeit um die Zeit verlieren, in der sie die höhere Schule verläßt. Wenn sie der Versuchung widersteht, dann aus dem Irrglauben heraus, daß Keuschheit ihr helfen werde, ihre Triebe insgesamt zu beherrschen. Das Gegenteil ist der Fall. Unterdrückung sexueller Spannungen kann zu einem Riesenproblem werden.

Mit zwanzig hat sie gewöhnlich einige faszinierte Jünglinge um sich, die sie um den Finger wickeln kann – oder auch um die Schenkel. Sie kommt gut voran auf dem Wege zur erotischen Aktivistin. Sie ist bereit, Sex auszuteilen und zu nehmen.

Liebe und Sexualität

Sie wurde für Sexualität und Macht geboren, Liebe spielt bei ihren Berechnungen nicht unbedingt eine Rolle. Ihren Haupt-Partner mag sie wahrhaftig lieben, aber sie wird die Tür immer offenhalten, falls es sie einmal nach Abwechslung oder einer langatmigeren Vorstellung gelüsten sollte. Orthodoxe Treue ist nicht ihre Sache.

Im allgemeinen gibt sie in den sexuellen Beziehungen den Ton an. Sie verteilt die Rollen, choreographiert die Bewegungen, wählt das Bühnenbild und die Zeit. Sie ist ein Sex-Star, und obwohl sie später dick werden kann, wird sie ihren Körper geschmeidig halten, um die Positionen, die in der Kama Sutra gelehrt werden, einzunehmen.

Sie ist eine anspruchsvolle, wollüstige Geliebte und – sehen wir der Tatsache ins Gesicht – schwer zu befriedigen. Zaghafte Männer brauchen sich nicht zu bewerben.

Der positivste Aspekt ihrer Sexualität, wie immer sie sie auch anwendet, ist ihr eigenes Vergnügen daran. Selten muß sie gegen ihren Willen zum Sex überredet werden. Selten bekommt sie »Kopfschmerzen«. Wenn es um Sexualtriebe geht, ist sie eine emanzipierte Frau.

Die Skorpion-Frau ist neugierig und experimentiert gern. Fast zwanghaft muß sie Dinge ausprobieren. Ihre Standardrequisiten können sein: Sadomasochistische Geräte, Reizwäsche, Leder-Ausrüstung, Zubehör zum Fesseln, Drogen, Kerzen – alles, was die Atmosphäre erotisch sättigt. Vielleicht liebt sie Satinbettwäsche, den Duft von Marihuana, Beatmusik und jeden Tag einen anderen Sexpartner.

Sie ist energiegeladen, emotional, selbstsüchtig, aber leidenschaftlich loyal und sensibler, als man vermutet. Auf dem Gebiet der Sexualität, so meint sie, ist sie ihren Schwestern um Lichtjahre voraus. Ich möchte ihr nicht widersprechen.

Wenn die Skorpion-Frau einmal angefangen hat, möchte sie am liebsten nicht mehr aufhören. Es scheint, als brenne eine ewige Flamme in ihr. Und je mehr sie sexuell erregt ist, desto ungehemmter und dominierender wird sie.

Ihre sexuelle Reaktion während des Geschlechtsverkehrs scheint folgenden Mustern zu folgen:

1. Anfängliches Widerstreben, bevor sie erregt ist.
2. Plötzliche Erregung (dann kann sie die Frau-oben-Position einnehmen, obwohl sie Augenblicke vorher noch kühl und fern wirkte).
3. Vollkommen bei der Sache, ungehemmte Steigerung bis zum Orgasmus.
4. Intensiver Orgasmus. (Manche erleben eine Reihe von Gipfeln und Tälern und erklären, daß spätere Orgasmen am meisten befriedigen.).

Was für einen Liebhaber sie braucht

Ein Mann, der vor Leidenschaft außer sich gerät, der ihr obszöne Worte ins Ohr flüstert, stöhnt und schwer atmet und sie stark in der Beckenregion stimuliert, ist sexuell der Himmel auf Erden für die Skorpion-Frau. Es ist gut, wenn er körperlich stark ist.

Sie wünscht sich einen Mann mit starkem Sexualtrieb, der gelernt hat, seine eigenen Reaktionen völlig unter Kontrolle zu halten. Ein Mann, der zahlreiche Orgasmen haben kann, ist ein sicherer Gewinner. Ein wenig Sadismus, sehr gutes Aussehen, Haare und Männlichkeit, eine Spur Sensibilität sowie Meisterschaft auf sexuellem Gebiet werden sie ganz gewiß voll und ganz erobern.

Einen Mann, der sich nur zögernd zu oraler Sexualität entschließt und dem ihre ehrgeizige Sexualstrategie unbehaglich ist, lehnt sie ab. Wenn er körperlich impotent ist, mag sie Geduld mit ihm haben, denn sie will sich totale Wonnen bereiten – über ihn. Ist er seelisch impotent, wird sie ihn fallenlassen. Selten gibt sie sich mit Schwächlingen ab, Männern, die unter Druck zerbrechen.

Die Skorpion-Frau schätzt den Sex an ausgefallenen Orten, wenigstens in der Phantasie. Ein Leichenwagen, ein Sitz auf dem Flug nach Istanbul, eine Toilette auf einem Schiff, ein öffentlicher Badestrand mit einer passenden Stranddüne, eine Telefonzelle – alles sind einzigartige Rahmen für ihre sexuellen Phantasien. Und vielleicht wird einiges davon sogar Realität.

Die Skorpion-Frau möchte sexuelle Tabus erforschen. Ihre Körpervorstellung ist meist mittelmäßig bis gut, wenn sie nicht in einer ihrer Flauten steckt. In dieser Phase kann nichts sie überzeugen, daß sie attraktiv ist, aber sicher kommt sie auch wieder aus dem Tief heraus. Vor dem Orgasmus werden Himmel und Erde für sie vergehen, wenn sie ihre Hemmungen überwindet und im Orgasmus explodiert.

Die inneren sexuellen Konflikte der Skorpion-Frau kreisen um Sadomasochismus. Damit steht sie keineswegs allein. Man weiß, daß viele Menschen, sei es nun in der Phantasie oder in Wirklichkeit, sadomasochistisch veranlagt sind.

Ihrer Natur nach ist die Skorpion-Frau ein Sklaventreiber. Sie zwingt die Männer, ihr zu dienen. Sie setzt, von ihren hypnotischen Augen bis zu ihren lockenden Schenkeln, alles ein, um einen Mann zu unterwerfen. Sie erfüllt ihm mehr Wünsche, als ihm je bewußt waren, aber sie kann ihn mit ihren Ansprüchen, ihrer Eifersucht und ihren Krisen auch zum Wahnsinn treiben.

Sie möchte einen Mann finden, der ihr auf allen Gebieten ebenbürtig ist, und sie prüft ihn endlos. Die Prüfungen bestehen meist darin, daß sie ihn sexuell beherrschen versucht: Sie wird versuchen, ihren Partner abzurichten und ihn manchmal auch zu zerstören.

Selbst wenn die Skorpion-Frau eine unerfahrene Hausfrau ist, kann sie sich komplizierte Sex-Szenen ausdenken, in denen sie der Star ist und alles beherrscht.

Trotz ihrer ungestümen Rauhheit hat sie jedoch auch ihre masochistische Seite. Auch ihr sind unerfüllte Sehnsucht und Schmerz nicht fremd, und das beeinflußt ihr Sexualleben. Es ist typisch, daß ihre frühen Leiden sie unbewußt darauf vorbereitet haben, Leiden zu erwarten. Dann kann auch sie sich schlagen oder von ihrem Partner zwingen lassen, ihm gefügig zu sein, oder sie wird nach Geschlechtsverkehr verlangen, nach dem sie geschunden und schwach vor Erschöpfung liegenbleibt. Masochistische Phantasien oder Handlungen können ihren Ursprung auch in Schuldgefühlen haben. Keine westliche Frau, die so dominierend wie sie ist, entkommt den Schuldgefühlen, die aus der eigenen Macht entstehen.

Was sie lernen muß

Die Skorpion-Frau muß sich alle ihre Seiten bewußt machen und nicht eine perfekte Mischung erwarten. Bis sie nicht lernt, sich selbst zu verstehen, wird sie das Opfer ihrer eigenen Triebe sein. Sie kann ihre masochistische Seite verleugnen und sie dadurch kompensieren, daß sie ein weiblicher Draufgänger ist, oder sie kann ihre Stärke verleugnen und sich unterwerfen.

Unsere Kultur hat die Skorpion-Frau gelehrt, einige ihrer grundlegendsten Triebe als »schlecht« zu betrachten. Sie muß versuchen, diese Meinung zu widerlegen. Zum Beispiel:

- Sie ist stark sexuell motiviert, aber sie ist keine Hure.
- Sie steht im Konkurrenzkampf, aber sie ist keine frigide Karrierefrau.
- Sie möchte gewinnen, und sie muß das akzeptieren.
- Sie liebt ursprüngliche Liebesspiele und muß erkennen, daß im tiefsten Innern fast jeder sich gerne gehen, sich vergnügen läßt.

Der Ärger der Skorpion-Frau

Die Skorpion-Frau läßt den Ärger langsam aber sicher anwachsen. Gewöhnlich hält sie ihn so zuverlässig zurück, wie sie ein Baby auf ihren Rücken binden würde. Sie erscheint so kühl und ruhig wie das Auge eines Sturms. Aber die Ruhe des Auges hat den Sturm noch nie von seinem Wüten abgehalten. Wenn ihr Ärger schließlich ausbricht, explodiert er und verursacht ein häusliches, zwischenmenschliches Pompeji. Egos werden erdrückt und Beziehungen gehen manchmal zugrunde, weil sie nicht fähig ist, mit ihrem Ärger fertig zu werden. Sie ist nachtragend, lassen Sie sich von ihrer Verschwiegenheit und ihrer Ruhe nicht täuschen.

Über den Ärger

Ich habe verschiedene Skorpion-Frauen befragt, hier sind ihre Antworten:

1. »Ich versuche, mich nicht zu ärgern. Wenn ich es aber tue, bin ich so wütend, daß ich bestimmt zu meinem Recht komme.«
2. »Ich werde fast nie ärgerlich. Bis zu Ihrer Frage war ich mir nicht bewußt, daß für mich Ärger gleichbedeutend mit einer völligen Veränderung ist. Sobald ich mich ärgere, werde ich ein richtiges Biest.«
3. »Ich werde nie ärgerlich über Dinge, über die ich mich eigentlich ärgern sollte, wie zum Beispiel soziale Ungerechtigkeit. Statt dessen werde ich böse und stoße den Hund, wenn er seinen Knochen auf dem Teppich frißt. Ich scheine mich nur über kleine Dinge aufzuregen.«

Die erste Person deutet an, daß sie Schuldgefühle hat, wenn sie sich ärgert. Diese Frau wurde und mit dem Gedanken erzogen, daß Ärger, wie jedes »sündige« Verhalten, den Zorn der Obrigkeit auf einen herabziehen kann. Als sie an einem meiner Kurse über das konstruktive Äußern des Ärgers teilnahm, hatte sie Schwierigkeiten, beim Geschlechtsverkehr einen Orgasmus zu erreichen. Das galt jedoch nicht für die Masturbation. Im Laufe des Kurses wurde klar, daß sie eine typische Skorpion-Phase durchmachte. Sie ärgerte sich innerlich fast ständig, und der Ärger hatte sie jetzt eingeholt, als sie unter dem allgemeinen Streß einer Trennung stand.

Die zweite Frau, Betty, ist ein kultivierter Mensch Mitte Vierzig. In ihrer Erziehung hatte sie gelernt, daß Ärger bedeutet, »ein böses Mädchen« zu sein, daher entschied sie sich dafür, nicht ärgerlich zu

werden. Ich fragte sie, was sie mit ihrem aufgestauten Ärger mache.
Bei Beginn unserer Bekanntschaft sagte sie, daß sie gegen den Ärger
angehe, indem sie ihn einfach ignoriere. Zwei Monate später kam
sie jedoch offensichtlich aufgeregt zu mir. Ich fand heraus, daß ihre
Schwiegermutter zu Besuch gekommen war und Gefühle der
Feindseligkeit aufgerührt hatte, die Betty unter Kontrolle geglaubt
hatte. Man kann Ärger nicht einfach ignorieren und hoffen, daß er
schwindet. Er verlagert sich nur. Am Ende entstehen bei verärgerten Menschen Sexual– und Beziehungs-Probleme. Das kann sich in
den familiären Beziehungen, im Körpergefühl oder im sexuellen
Verhalten zeigen (zum Beispiel Schwierigkeiten, zum Orgasmus zu
kommen oder fehlendes sexuelles Verlangen). In Bettys Fall war das
Sexualleben zum Stillstand gekommen.

Die dritte Sprecherin, Lila, hat Übergewicht, ist intelligent und sehr
verärgert. Ihr Mann ist arbeitslos, und sie muß für beide sorgen. Sie
haßt ihren Job, ist böse auf ihren Mann und möchte sich selbständig
machen. Sie hat jedoch keine Zeit, ihre Pläne zu verwirklichen, und
sie hat auch niemals genug Geld. Lila verlagert ihren Ärger auf »sichere« Objekte. Es ist sicherer, nach dem Hund zu treten als nach
Mann oder Chef. Der Hund knurrt sie vielleicht an, aber er kann
sich nicht von ihr scheiden lassen oder ihr kündigen.

Solange Lila sich weigert, sich mit den Problemen, die sie wirklich
ärgern, auseinanderzusetzen – was sie irgendwann einmal tun
muß, wenn sie ihr Leben ändern und glücklicher werden will –,
wird sie weiterhin ihren Ärger an »kleinen« Dingen auslassen. Übrigens reizt sie ihr Mann im Augenblick überhaupt nicht.

Diese drei Frauen sind typisch für ein Verhaltensmuster. Wahrscheinlich wurden sie als Kinder von den Eltern ohne Abendessen
ins Bett geschickt, wenn sie ihren Ärger zeigten. Sie wuchsen vermutlich in streng religiöser oder puritanischer Atmosphäre auf.
Wenn sie dann allein und sich selbst überlassen dasaßen, hatten sie
Zeit, über die »Sündhaftigkeit« ihres Ärgers nachzudenken und
kamen zu dem Schluß, daß es sündig und gefährlich sei, Ärger zu
zeigen. Unbewußt brachten sie den Ärger wahrscheinlich in Verbindung mit einem anderen Gebiet, das wir mehr oder weniger alle
als sündhaft und gefährlich anzusehen lernten – der Sexualität. Aus
neuesten Untersuchungen wissen wir, daß, wenn man jemanden

einsperrt, dessen Aggressivität nur wächst. Das gilt auch für kleine Mädchen.

Da die Skorpion-Frau ein sehr intensiver Mensch ist, der emotional einem Vulkan gleicht, darf sie Gefühle, sei es nun Liebe oder Ärger, genausowenig unterdrücken, wie wir dem Mond sagen können, er solle die Gezeiten nicht mehr beeinflussen.

Ärger ist besonders für Skorpione Gift, weil er zuerst und vor allem ihren Sexualtrieb trifft. Und das deshalb, weil die Skorpion-Frau, wie ich bereits erwähnte, besonders empfänglich im ersten Chakra (dem Sexualzentrum) ist. Man entziehe der Skorpion-Frau ihren Sexualtrieb und man wird ein armseliges Wesen vor sich haben, beraubt der stärksten Kraft- und Energiequelle. Ich rate ihr dringend, ihre Schuld- und Angstgefühle aufzugeben, wenn es darum geht, Ärger zu zeigen.

Den Ärger ausdrücken

Im folgenden gebe ich den Skorpionen eine grundlegende Anleitung, wie sie mit ihrem Ärger fertig werden können.

1. Lernen Sie Ihren Ärger zu identifizieren. Dabei hilft am besten das Studium folgender Hinweise:
    a) Ihre Körpersprache. Wenn Sie sich nach vorne lehnen, Ihre Augen blitzen, Sie mit den Fingern herumfuchteln, ärgern Sie sich wahrscheinlich.
    b) Ihr sprachlicher Ausdruck. Lernen Sie die Ausdrücke identifizieren, mit denen Sie gewöhnlich Ärger verbergen oder mitteilen.
    c) Ihre Streßgefühle. Welche Körperteile sind betroffen? Sind Sie jetzt krank? Wann hat es angefangen? Versuchen Sie, ob Sie ein Schema für die Zeiten entdecken können, in denen Sie krank sind oder sich ärgern.
    d) Was geht jetzt in Ihrem Leben vor? Gibt es irgendetwas, wovon Sie glauben, sich darüber ärgern zu müssen?
    e) Die Reaktionen anderer Leute. Sie sind ein Spiegel für Sie selbst. Werden Sie geduldig und liebevoll behandelt oder von feindseligen Strömungen anderer überschwemmt?

Wenn letzteres der Fall ist, nehmen Sie sich selbst unter die Lupe.

2. Identifizieren Sie, welcher Art Ihr Ärger ist. Ärger kann sein:
   a) Situationsbedingt (unpersönlich, beruflich)
   b) Familiär (zwischenmenschlich) bedingt
   c) Eine Mauer (freiströmend, scheint weder situationsbedingt noch auf die Familie bezogen zu sein)

3. Stellen Sie fest, wie Sie mit Ihrem beruflichen Ärger fertig werden können:
   a) Führen Sie Ihre Ziele an, sowohl kurz- als auch langfristig
   b) Definieren Sie, welche Hilfsmittel Ihnen zur Verfügung stehen (oder die Machtverhältnisse):
   I) Empfehlungen
   II) Vergangene Leistungen
   III) Persönliche Macht
   IV) Ihre Mitarbeiter
   V) Beziehungen auf Ihrem Gebiet
   VI) Ersparnisse, die es Ihnen erlauben können, das Risiko einzugehen und zu kündigen.

4. Stellen Sie fest, wie Sie mit Ihrem Ärger in persönlichen Situationen fertig werden können:
   a) Betrachten Sie die Dinge mit Humor.
   b) Bewahren Sie eine positive Einstellung.
   c) Entwickeln Sie Abstand zu den Dingen.
   d) Bleiben Sie bei der Sache, wenn die Diskussion beginnt.
   e) Sagen Sie etwas, bleiben Sie nicht still.
   f) Weinen Sie.
   g) Entspannen Sie sich.
   h) Fühlen Sie sich nicht bedroht, und nehmen Sie die Reaktion des anderen nicht zu persönlich.
   i) Wenn Sie schon einen Wutanfall bekommen müssen, dann möglichst allein. Wenn Sie schreien müssen und Ihr Partner ist da, sagen Sie vorher: »Ich muß jetzt Dampf ablassen, sonst platze ich. Bitte geh hinaus, wenn es Dich stört. Wir machen weiter, wenn ich fertig bin.«

Wenn Sie mit Ihrem Ärger fertig werden wollen, müssen Sie sich als Wichtigstes folgendes bewußt machen: *Ärger ist eine Reaktion.*

Wenn Sie sich ärgern, dann deshalb, weil irgend etwas in Ihrem Persönlich-
keitsbereich oder Glaubenssystem Ihnen andeutet, daß Sie mit Ärger reagie-
ren müssen. Ärger ist wie Liebe eine Entscheidung, die Sie aufgrund unbe-
wußter Bedürfnisse und Wertmaßstäbe treffen. Mit anderen Worten, der
Angriffspunkt, der am meisten Erfolg verspricht, befindet sich in
Ihrem eigenen Glaubenssystem.

Wenn ein Bauarbeiter hinter Ihnen herpfeift, können Sie sich ärgern
oder Sie können lächeln. Wenn Ihre Mutter Ihnen sagt, daß Sie Ihre
Kinder nicht richtig erziehen, können Sie sich ärgern, Sie können
sich mit ihr zum Essen verabreden und Ihren Standpunkt erläutern,
oder Sie können sagen, daß Ihnen ihre Ansicht gleichgültig ist. Sobald man seine Reaktionen unter Kontrolle hat, beherrscht man die
Situation.

Wann immer Ärger ihr Sexualleben beeinflußt, muß die Skorpion-
Frau sich zuerst bewußt machen, was geschieht, und dann handeln.
Am erfolgreichsten wird es sein, wenn sie die Situation mit ihrem
Partner bespricht. Wenn sie ihren Ärger nicht in vernünftigem Maß
unter Kontrolle bekommt, sollte die Skorpion-Frau vielleicht eine
Therapie versuchen, in der sie lernt, den Ärger körperlich auszudrücken. Urschrei und Bioenergetik sind zwei Therapie-Arten, die
gut geeignet sind, den Ärger direkt und nachdrücklich abzureagieren.

Die Lebensstile der Skorpion-Frau

Ich glaube nicht, daß die Ehe veraltet ist. Die meisten von uns suchen immer noch nach Liebe, und die Ehe ist noch die beliebteste
Einrichtung, in der man Liebe finden und bewahren kann. Die
Scheidungsrate in Amerika mag beispiellos hoch sein, aber ich sage
voraus, daß auch die Eheschließungen in den achtziger Jahren zu-
nehmen werden.

Die Skorpion-Frau ist nicht der ideale Rohstoff für eine Ehe, denn
die orthodoxe Treue geht ihr ab. Wenn jedoch jemand eine ernsthafte, loyale, intensiv beteiligte Partnerin sucht, die faszinierende
Überraschungen auf Lager hat, dann ist sie all das und mehr.

Sie kann zu früh oder zu spät heiraten, um sich der Norm zu fügen.

Das heißt, sie kann vor ihrem zwanzigsten Geburtstag eine überstürzte Ehe eingehen oder bis zur Mitte des Lebens warten. Wenn ihr Mann ein besserer Stratege ist als sie, wird die Ehe wahrscheinlich halten, obwohl sie viele Krisen überstehen muß.

Sie mag ihren Mann verrückt machen, weil sie sex-besessen ist und nicht genug kriegen kann, oder aber sie macht ihn wild, weil sie plötzlich eine Dürreperiode durchmacht und auch noch soviel Wasser ihren Durst nach Sex nicht wieder auffrischen kann. »Alles oder nichts«, bleibt ihr Motto.

Die Skorpion-Frau ist zu Beginn der Ehe oft das Muster einer Ehefrau. Sie umschmeichelt ihren Mann, ist treu, völlig beteiligt und immer auf seiner Seite. Er wird glauben, er hätte die bemerkenswerteste Frau der Welt gefunden.

Sucht sie sich einen Sexualpartner außerhalb der Ehe, will sie Lust, Erregung, Hemmungslosigkeit, Ausdauer und ist von quälender Herrschsucht. Sie gibt gerne vor, für ihren neuen Mann die erste und einzige zu sein, obwohl er Nummer fünf auf ihrer Liste sein mag.

Die Skorpion-Dame kann routinemäßig Liebe von Sexualität trennen. Sie kann Liebe, wirtschaftlichen Status und Sicherheitsbedürfnisse fest zu Hause verankern, während sie ihren sexuellen Leidenschaften woanders freien Lauf läßt. Lady Chatterley läßt grüßen.

Monogamie und anderes

Monogamie wird als exklusiv mit einem Partner geführter Lebensstil definiert. Wir benutzen das Wort jetzt im Sinne *sexueller* Exklusivität, obwohl das Lexikon auch die emotionale Exklusivität einschließt.

Monogamie bedeutet, daß außerehelicher Geschlechtsverkehr nicht in Frage kommt, obwohl Freundschaft zwischen den Geschlechtern erlaubt ist. Nach dieser Definition ist alles, abgesehen vom Geschlechtsverkehr, noch monogam. (Ich habe mir immer überlegt, wohin unsere sexuelle Phantasien gehören. Wenn eine Frau mit ihrem Mann im Bett und der Nachbar nur in ihrer Phantasie dabei ist, ist sie dann noch treu?) Die Skorpion-Frau bleibt gewöhnlich monogam in den Flitterwochen ihrer Ehe , während einer masochistischen oder asexuellen Phase oder wenn sie unter Schuldgefühlen leidet und eine Wiedergutmachung durch Unterdrückung ihrer Libido versucht.

Wenige Männer können ihren emotionalen und körperlichen Ansprüchen gerecht werden oder mit dem Berg- und Talbahn-Leben, das sie führt, Schritt halten. Daher bleiben nur wenige Skorpion-Frauen ihren Ehemännern ein Leben lang treu.

Irgendwie ist die Skorpion-Frau innerlich ständig auf der Suche nach ihrem Seelengefährten – vielleicht aus einem anderen Leben. Wenn sie sich in einen Mann verliebt, der nicht ihr Ehemann ist, wird sie von Schuld gequält, denn sie ist gewöhnlich eine hingebungsvolle Partnerin. Wenn es aber darum geht festzustellen, ob außergewöhnliche Verführungstechniken auch meisterhaftes Können im Bett verheißen, kann sie selten widerstehen.

Im folgenden sind typische Situationen aufgeführt, welche die Skorpion-Frau veranlassen könnten, nicht monogam zu sein:

1. Suche nach neuen erotischen Erfahrungen, nach Abwechslung, nach besseren Liebhabern.

2. Sexuelle oder emotionale Aushungerung.

3. Anwendung von Sexualität als Mittel zur Macht.

4. Bedürfnis nach Bestätigung der eigenen Macht.

5. Irregeleiteter Ärger über ihren Partner oder frei fließender Ärger.

6. Angst vor dem Tod. Sie ist sehr empfänglich für übersinnliche Einflüsse und glaubt an Kobolde, böse Geister und die böse Hexe. Im Laufe ihres Lebens kann sie sich dem Gebet, spiritistischen Sitzungen, Heilungen oder neuen Sexualpartnern zuwenden, um ihre dunklen Gedanken auszutreiben.

7. Drogenabhängigkeit und möglicherweise Sexualität, um an die Drogen heranzukommen.

8. Unterwerfung unter einen Mann mit mächtiger Phantasie, der sie eine Zeitlang beherrschen kann.

Alternative Lebensstile

Alleinlebende Frau

Wenn die Skorpion-Frau hier dabei ist, dann ganz und gar. Wenn sie zur Änderung bereit ist, wird sie sich mit allen Fasern in einen neuen Lebensstil stürzen. Eine Zeitlang ist diese Möglichkeit gut für sie, besonders, wenn sie beruflich sehr engagiert ist oder nach einer Liebesaffäre ihre Wunden lecken muß. Sie sollte jedoch nicht lange allein bleiben, wenn sie deprimiert ist. Skorpion-Frauen sind periodisch selbstmordgefährdet und brauchen andere, die ihr Leben aufhellen.

Enge Verflechtungen (Intimate Networks)

Diese Bewegung vertritt Freundschaft mit beiden Geschlechtern, wobei sexuelle Beteiligung weder ausgeschlossen noch erzwungen wird.
Die Skorpion-Frau müßte ihre Hemmungen überwinden und vor allem ihr Mißtrauen gegenüber Frauen aufgeben, damit es klappt. Sie müßte auch aufhören, alle Männer als mögliche Bettgenossen und zuverlässige Sexualobjekte zu betrachten.

Offene Ehe

Die Skorpion-Frau teilt nicht, und auch wenn sie vielleicht das Abenteuer der offenen Ehe gerne einginge, würde es nicht halten.

Ménage à trois

Gut für die Skorpion-Frau, wenn die dritte Person, Mann oder Frau, sich unterordnet. Möglich als vorübergehendes Abenteuer.

Gruppenehe

Die Skorpion-Frau ist viel zu eifersüchtig, als daß dieser Lebensstil trotz der möglichen Sicherheit, sexuellen Abwechslung und emotionalen Bereicherung Erfolg haben könnte. Wenn sie nicht ein sehr kluger und objektiver Skorpion ist, wird nichts daraus.

Kommunen

Hier findet die Skorpion-Frau die gleichen Probleme wie in der Gruppenehe. Ich möchte jedoch hinzufügen, daß solche Gruppen jetzt, da wir ins Wassermann-Zeitalter eintreten, immer beliebter werden. Auf lange Sicht gesehen, kann das einen Unterschied machen, jetzt noch ist aber die Skorpion-Frau gewöhnlich zu ichbezogen und besitzgierig, um in eine Kommune einzutreten.

Homosexueller/bisexueller Lebensstil

Die Skorpion-Frau gehört zu den unwiderruflich heterosexuellsten Frauen. Sie lehnt vielleicht Bisexualität nicht ganz ab, denn ihr Appetit auf sexuelle Experimente ist groß und wach, an Homosexualität ist sie jedoch so gut wie nie interessiert. Sie verbindet Sexualität mit Macht, und die haben immer noch die Männer.

Zusammenfassung

Integrierte Macht, die Macht des Zusammenwirkens und der Liebe, ist wahrscheinlich das am weitesten verbreitete Ziel von Menschen, die gelebt, Krisen überwunden und sich der Bedeutung ihres Selbst und des Lebens bewußt geworden sind. Diese integrierte Macht ist die besondere Herausforderung der Skorpion-Frau. Sie hat die Macht, sowohl zu heilen als auch zu zerstören, und beides im Extrem. Sie ist gleichzeitig die machtlose Kassandra und die wütende Klytämnestra.

Integrierte Macht entsteht nicht, wenn man sich nach Modellen richtet, die andere Leute aufgestellt haben. Integrierte Macht findet man nur, wenn man sich seiner selbst und seiner Möglichkeiten bewußt wird, findet man nur in einer tiefen Achtung vor der Erde, auf der wir leben und von der wir abhängen.

Wir sind alle zu einem bestimmten Zweck auf der Erde. Jeder von uns hat die Möglichkeit, ein sinnvolles, bedeutungsvolles Leben zu führen. Wir werden den Sinn unseres Erdendaseins jedoch weder finden, wenn wir der Macht entsagen (Kassandra), noch wenn wir brutal nach der Macht greifen (Klytämnestra). Die besondere Aufgabe der Skorpion-Frau ist es, die Macht nicht zu mißbrauchen, sondern sich so weit zu entwickeln, daß sie ihre Macht nur noch im Dienste der Liebe, der wahrhaft integrierenden Kraft, anwendet.

Schütze

23./24. November bis 21./22. Dezember

Kennzeichen der Schütze-Frau

1. EXPANSIV
2. IMMER IN BEWEGUNG
3. KÜHN
4. JOVIAL
5. GROB
6. VERTRAUENSWÜRDIG
7. LEICHTGLÄUBIG
8. EIFRIG
9. FRÖHLICH
10. OPTIMISTISCH
11. GLÜCKSKIND
12. VERSCHWENDERISCH
13. GEBEFREUDIG
14. BEZAUBERND
15. CHARMANT
16. AUFFÄLLIG
17. EXHIBITIONISTISCH
18. ANPASSUNGSFÄHIG
19. VIELSEITIG
20. GELEHRT
21. HOCHTRABEND
22. UNGESTÜM
23. IMPULSIV
24. INTUITIV
25. GUTE URTEILSKRAFT
26. MUSIKALISCH
27. FÖRDERT DIE KÜNSTE
28. UNABHÄNGIG
29. FORTSCHRITTLICH
30. FORSCHERIN
31. FERNE
32. INSPIRIERT, BEGEISTERT
33. PATRIOTISCH
34. PHILOSOPHISCH
35. SPIRITUELL

Die Persönlichkeit der Schütze-Frau

Allgemeines

Die Schütze-Frau pulsiert vor Leben und Sinnesfreude. Wenn sich die Menge auf einer Cocktail-Party teilt und man den frischen Wind einer reinen, ozonhaltigen, animalischen Energie spürt, ist die Schütze-Dame eingetreten. Idealistin, Philosophin und tatkräftige Eroberin, verfolgt die Schützin ihre Ziele im Geiste des Zentauren. Die Schütze-Frau ist immer unterwegs, ein wahres Perpetuum Mobile. Im Handumdrehen entschließt sie sich zu einer Reise. Das Ziel interessiert sie wenig, solange es aufregend und faszinierend ist und außerhalb des Gewöhnlichen liegt. Sie wird sogar zur Beerdigung eines Fremden gehen, wenn sonst nichts los ist.

Eintönigkeit ödet sie an. Immer sucht sie nach noch grüneren Weiden und übersieht dabei manchmal die Schätze im eigenen Hinterhof.

Ständig ist sie dabei, alles neu zu ordnen. Seien es nun ihre Möbel oder ihr Leben, sie versucht eine andere Ordnung zu schaffen, weil sie dabei vielleicht die Perfektion entdecken könnte. Selten glaubt sie, den Weg gefunden zu haben.

Ihre Ideale strahlen so hell, daß sie oft von dem Licht geblendet wird, das ihr die offensichtliche Wahrheit verbirgt. Sie nimmt sich der Sache der Benachteiligten an, liebt ihre Kinder treu, ist ihrer Familie zärtlich zugetan, doch manchmal verliert sie sich und ihre Angelegenheiten aus den Augen, wenn sie den Idealzustand der Dinge verfolgt.

Sie hat ein starkes Gefühl für alles, was sich gehört. Sie kauft in den richtigen Läden ein, liest alle richtigen Bücher, gehört den richtigen Klubs an – tut alles, was ihren Gesellschaftsstatus und ihr Selbstwertgefühl hebt.

Die Schütze-Frau überprüft ihre Handlungen sehr sorgfältig, denn sie gehört zu den konservativsten Menschen, die es gibt. Sie glaubt daran, daß alles bewahrt werden muß, von den natürlichen Schätzen der Nation bis hin zu Schnur und altem Einwickelpapier – aber sie will dabei kein Ärgernis erregen. Ihre Schubladen werden angefüllt sein mit allem möglichen Zeug, das sie für den richtigen

Moment aufhebt. Sie ist sehr persönlich in ihren Gewohnheiten und wird niemals eine Streitfrage aus ihren Rettungsversuchen machen, sie nimmt an, daß alle anderen ihre hohen Ideale teilen.

Jane Fonda, eine Schütze-Frau der neuen Zeit, verkörpert die hohen Ideale und die Zielstrebigkeit der Schützen. Sie versucht dabei, innerhalb der bestehenden Gesellschaftsstruktur zu bleiben, obwohl ihre Ideen dramatische Veränderungen der Gesellschaft verursachen würden. Sie will der Menge weit voraus sein. Sie ist ein perfektes Beispiel der fortschrittlichen, verantwortungsbewußten Schütze-Frau. Ihre politischen Ideale greifen in ihr künstlerisches und persönliches Leben über, und sie wendet all ihre Begabung und ihren Einfluß auf, um ins Bewußtsein ihrer Zuhörerschaft zu dringen. Ihr wißbegieriger, unabhängiger Geist, und vor allem ihre frische, direkte und geschmeidige Sinnlichkeit haben einen neuen Maßstab für ihr Geschlecht gesetzt.

Schütze ist das neunte Haus im Tierkreis, beweglich, Element Feuer. Die Beweglichkeit äußert sich in der Liebe der Schütze-Frau zu den Menschen und einer vielseitigen Anpassungsfähigkeit an ihre zahllosen Beziehungen. Das Feuer steuert ihre intensive Energie und ihren oft revolutionären Geist bei.

Jedes astrologische Zeichen soll von einem Planeten und seinen Schwingungen »beherrscht« werden. Der Schütze wird von Jupiter beherrscht, dem größten Planeten unseres Sonnensystems und dem Symbol für Expansion und persönliche Befreiung. Historisch wurde Jupiter oft mit dem strahlenden Glanz und den lebensspendenden Energien der Sonne in Verbindung gebracht. Wie Venus verspricht Jupiter Glück und materielle Gaben, wobei er als zusätzliche Attraktion noch die Erforschung langer, erregender Pfade verheißt.

Eine Frau ist ein Schütze-*Typ*, wenn sie die Sonne oder andere wichtig Planeten im Schützen hat, Planeten im neunten Haus (dem natürlichen Haus des Schützen), einen Schütze Aszendenten oder einen stark aspektierten Jupiter. Ein Schütze-Typ ist man auch, wenn man vorübergehend eine Schütze-*Phase* durchmacht. In diesem Fall muß man keine Planeten im Schützen haben. Der Schütze-Typ ist durch die Kennzeichen zu Beginn dieses Kapitels beschrieben. Die Schütze-Phase wird wie folgt charakterisiert:

1. Vertrauen auf intuitive Einsicht, die einen plötzlich überkommt und sich gewöhnlich als richtig erweist.
2. Große Vielseitigkeit, das Bedürfnis, mehr als eine Hauptaufgabe im Leben zu haben. Zwei Berufe oder zwei Beziehungen gleichzeitig.
3. Ein erhöhtes Gefühl von Energie und Optimismus oder von Ruhelosigkeit und Langeweile.
4. Provozierendes Verhalten, oft bis zur Kränkung, oder eine unabsichtlich barsche und taktlose Art gegenüber Freunden und Liebhabern.
5. Ein intensiver Wunsch zu reisen und zu erforschen, sei es nun geographisch, erotisch oder geistig.
6. Plötzliche Gleichgültigkeit gegenüber der Familie und der Wunsch nach einem vollkommen anderen Freundeskreis und Lebensstil.
7. Großes Interesse an Menschen mit vielen, vielen Bekannten, aber nur wenige Freunde.

Die Schütze-Persönlichkeit läßt sich nicht einsperren. Wenn ihre Beziehungen oder ihre Persönlichkeit eingeengt werden, bekommt sie Platzangst. Zielbewußt und voll feuriger Energie verfolgt die Schütze-Frau ihre Ziele mit der Klarheit und der visionären Kraft des Bogenschützen. Der expansive Jupiter kann jedoch ihre Energien verzetteln mit der Liebe zu übermäßigem Essen und Trinken, der Unfähigkeit, Geheimnisse zu bewahren, einem glänzenden sarkastischen Witz und sogar, wenn innere Unruhe und Langeweile sie übermannen, einem heftigen Temperament. Sie kann ihrem gen Himmel fliegenden Pfeil auf eine höchst exzentrische Art nachgaloppieren. Die große Zielstrebigkeit der Schützin kann diese Tendenzen jedoch ausmerzen. Sie hat den Mut, ihre eigene Unausgeglichenheit zu bemerken und zu überwinden und die Kraft zu Visionen, die ihre vielen Freunde und Liebhaber an ihr bewundern. Sie wird sich jedoch Verantwortung nicht von anderen aufzwingen lassen.

Ein Schlüsselwort der Schütze-Frau ist *Erleuchtung*. Sie sucht nach der Wahrheit, die dem Universum zugrundeliegt. Ob nun in Musik, bildender Kunst oder Literatur, sie möchte Licht bringen, wo Schatten ist. Die Schütze-Frau verfährt nach dem Motto: »Es ist besser, eine kleine Kerze anzuzünden, als die Dunkelheit zu verfluchen.«

Ihr Optimismus ist legendär. Sie beobachtet die Leute sehr genau, um besser zu verstehen, warum sie tun, was sie tun. Sie lernt aus Erfahrung. Ein anderes Schlüsselwort ist *Gehorsam*. Sie achtet die Macht und gehorcht dem, was sie als richtig empfindet, besonders, wenn sie es von Autoritätspersonen gelernt hat. Den Gesetzen ihres Landes, dem Druck ihrer Altersgenossen und dem Diktat ihrer Kultur folgt sie mit gleichem Eifer. Sie ist sehr praktisch in ihrem Gehorsam gegenüber den Regeln der Gesellschaft, denn sie weiß, daß sie den Weg zu Achtung, Erfolg und Sicherheit ebnen. Obgleich unabhängig und fortschrittlich im Denken, ist sie (abgesehen vom Sexuellen) in ihren Handlungen sehr konventionell. Ihrer Umgebung erscheint sie als fleißige Biene.

EXPANSIV, IMMER IN BEWEGUNG

Die Schütze-Frau ist immer unterwegs. Sie sitzt selten still und braucht meist unheimlich viel körperliche Bewegung. Das trifft besonders zu, wenn ihre Arbeit sie langweilt oder sie unter Druck steht. Oft wird man sie im Morgengrauen beim Jogging und in der Mittagspause auf den Tennisplätzen sehen.

Sie liebt besonders Geländesport oder irgendeine Unternehmung, die ihr die Möglichkeit gibt, frei umherzustreifen. Als Kind ist sie oft pferdenärrisch und immer noch ist es ihr größtes Vergnügen, über das Land zu galoppieren. Sie ist nicht der Typ, der nervös wird, wenn die Gesellschaft zu fad ist oder zu viele Leute da sind, sie wird im Gegenteil ihre Gäste zum Schwimmbecken oder zu einem mitternächtlichen Volleyballspiel führen.

Sie ist die Zigeunerin des Tierkreises und bewegt sich auch mit zigeunerhafter Anmut durch den Raum oder über den Kontinent. Aber *bewegen* muß sie sich. Stagnation, Ruhelosigkeit und Langeweile machen sie körperlich krank. Die leidende Schützin kann für ihre Gesundheit mehr mit einem schnellen, stimulierenden Schrittwechsel tun, als mit allen Kuren und Rezepten.

Die Schütze-Frau träumt davon, ihren Einfluß so weit wie möglich auszudehnen. Die letzte verwitwete Kaiserin von China, Tsu Hsi, ist dafür ein gutes Beispiel, denn mit ihrem intuitiven Spiel um die Macht gelang es ihr, ein Viertel der Weltbevölkerung zu beherrschen. So weitreichend sind die Träume der Schütze-Frau, wenn sie von Macht besessen ist. Sie kann so sehr damit beschäftigt sein, alles in großem Stil zu tun, daß sie dabei die menschliche Seite übersieht.

KÜHN, JOVIAL

Die Schütze-Frau liebt Menschen, und die in Mengen. Ihr Adreßbuch gleicht dem Telefonbuch einer Großstadt und ist immer auf dem neuesten Stand. Wie die Zwillinge, das gegenüberliegende Zeichen, mischt sie sich bei Gesellschaften gerne unter die Leute. Gruppenausflüge wie Picknicks, Ballspiele oder Ausflüge aufs Land machen ihr fast noch mehr Spaß. Ihre sonnige, joviale Art und ihr Abenteuergeist werden auch den brummigsten Krebs verleiten, bei dem Spaß mitzumachen. Diese Art Herumtreiberei gefällt ihr jedoch so gut, daß sie schon fast unangenehm heftig werden kann. Dann macht sie eine abrupte, unbeabsichtigte Bemerkung – und der sensible Krebs ergreift fluchtartig das Weite. Ist die Party vorbei und sie mit ihrem zerkrumpelten Ballon allein auf dem verlassenen Feld, wundert sie sich, was denn wohl schiefgegangen sei.

GROB

Schütze ist das Zeichen der Wahrheitssucher, und die Schütze-Frau ist sehr, sehr ehrlich. Ehrlichkeit geht ihr über Stolz. Sie ist einfach unfähig zu lügen, ohne dabei einen Bock zu schießen. Sie schießt ihre Böcke jedoch viel öfter mit der Wahrheit, denn Ehrlichkeit ist ihr wunder Punkt. Unerschrocken sagt sie, was sie denkt oder fühlt, oft scheint sie die Sensibilität einer Planierraupe zu haben.
Auf einer Gesellschaft hörte ich einmal, wie eine Schütze-Frau einen Homosexuellen aus ihrem Bekanntenkreis als »Schwulen« bezeichnete. Dann drehte sie sich zu einem Gast der gleichen Party,

der ebenfalls homosexuell war, um, und sagte: »Sie sind natürlich ganz und gar nicht der homosexuelle Typ!« Wieder einmal war ihre Unüberlegtheit mit ihr durchgegangen und hatte ihren Verstand überrumpelt. Verzweifelt versuchte sie danach, sich zu entschuldigen.

Eine andere Seite der berüchtigten Schütze-Taktlosigkeit ist Verachtung für die Unehrlichkeit anderer. Sie wird viel eher die »wirkliche« Wahrheit hinausposaunen, »damit alles seine Ordnung hat«, als sich mit dem unbehaglichen Gefühl auseinanderzusetzen, daß sie einem anderen die Illusionen zerstört hat. Das ist besonders der Fall, wenn in ihrem eigenen Leben Unsicherheit vorherrscht. Ist sie ruhelos und reizbar, so kann sich das auf alle Menschen ihrer Umgebung übertragen, bis jede Bemerkung, die sie macht, aufzuschreien scheint: »Seht Ihr denn nicht?« In Wirklichkeit jedoch ist sie die Blinde, und bis sie sich in der Hand hat, macht sie ihrer Umgebung das Leben schwer.

Die Indiskretion der Schützen ist nicht grausam. Die Schütze-Frau macht nicht die scharfen Bemerkungen, die ihre Skorpion-Schwester »Wahrheit« nennt. Aber gleich dem wirklichen Schützen verliert sie im Augenblick des Zielens alles andere aus dem Auge und schießt ihren Pfeil ab, ohne sich Gedanken darüber zu machen, welche Gefühle er auf seiner Bahn streifen mag. Sie ist nicht gefühllos, eher sind ihre Sinne im Augenblick der »Wahrheit« nicht empfänglich.

Wer in der Nähe einer Schütze-Frau lebt, tut gut daran, sich immer wieder vorzuhalten, daß sie zu Zeiten noch ein Geschöpf der Wildnis ist, das sich menschlicher Gefühle vom Herzen aufwärts zwar bewußt ist, nicht unbedingt aber von der Gürtellinie abwärts.

VERTRAUENSWÜRDIG

Die Schütze-Frau ist ebenso unfähig zum Verrat wie zur Lüge. Wenn Sie auch vorsichtig damit sein sollten, sie zu fragen, was sie von Ihrer neuen Haarfarbe hält, können Sie ihr Ihr Leben anvertrauen – und in den meisten Fällen auch Ihren Mann. Wenn sie eine Verabredung mit Ihnen absagt, können Sie überzeugt sein, daß es tatsächlich aus dem Grund ist, den sie nennt. Wenn es darum ist, weil sie sich um ihren kranken Hund kümmern muß oder sich, auch möglich, ein Fußballspiel im Fernsehen anschauen will, immer wird sie annehmen, Sie sähen ein, wie wichtig ihre Entschuldigung ist. Sie ist sehr loyal und wird Freunde auch dann behalten, wenn sie schon lange nicht mehr von Nutzen für sie sind. Wehe den leicht Beleidigten oder den Eifersüchtigen – der argwöhnische oder mißtrauische Liebhaber sollte es sich zweimal überlegen, bevor er sich mit einer Schütze-Frau einläßt.

Sie ist ganz bestimmt vertrauenswürdig, aber Diskretion ist nicht ihre Sache. Es fällt ihr schwer, ein Geheimnis zu bewahren. Es macht ihr soviel Spaß, zu zeigen, was sie weiß, daß sie es fertigbringt, mit den peinlichsten Informationen herauszuplatzen (die ihr unter dem Siegel der Verschwiegenheit anvertraut wurden).

Die Schütze-Frau erwartet auch von anderen, daß sie vertrauenswürdig sind. Wenn sie ihren Erwartungen nicht entsprechen, ist sie sehr enttäuscht. Wenn eine Beziehung aus solchen Gründen auseinandergeht, kann sie rachsüchtig und sarkastisch werden und alles in die Welt hinausposaunen.

LEICHTGLÄUBIG

Die Schütze-Frau ist so leichgläubig wie vertrauenswürdig. Was man ihr sagt, nimmt sie als bare Münze und wird kaum je nach einer versteckten Bedeutung oder Absicht suchen. Wiederum, wehe den Schüchternen, Gehemmten, Indirekten! Nie werden sie der Schütze-Frau, die, offen gesagt, sowieso nicht versteht, warum sich die Leute so drehen und winden, ihre Botschaft vermitteln können. Ehrlich, wie sie ist, ist die Schütze-Frau viel zu leicht zu täuschen, obwohl ihre starke Intuition und ihr Unabhängigkeitsgefühl sie vor allzu offenkundiger Manipulation bewahren. Gefährlicher sind Verwirrung und Konflikte, die in ihren Beziehungen auftreten können, weil ihr das feine Gefühl abgeht, die subtilen Botschaften ihrer Liebhaber und Freunde wahrzunehmen.

EIFRIG, FRÖHLICH, OPTIMISTISCH

Die Schütze-Frau steht früh auf, um die Sonne zu begrüßen. Sie begrüßt jedes Morgengrauen, als böte es neue Abenteuer, große Herausforderungen und Entdeckungen und das gleich um die Ecke. Niemals wird die typische Schützin sich den Morgen durch das Mißgeschick von gestern verderben lassen. Morgen ist wirklich immer ein neuer Tag für sie, und jeder Tag präsentiert einen Neubeginn und eine helle Zukunft. Sie wird aus dem Bett springen und zur Tür hinauslaufen, sich strecken oder einen Spaziergang machen, und auf dem Weg pflückt sie ein paar Beeren oder Früchte. Sogar die Schütze-Frau in der Großstadt wird man auf dem Balkon oder der Terrasse sehen, die Nase gen Himmel gerichtet.

Eine von Jupiters großen Gaben an dieses Zeichen ist der nie endende, Spannkraft gebende Optimismus, der ihr Schicksal immer beeinflussen wird. Das Leben hält für die Schütze-Frau selten einen Kampf oder eine Herausforderung bereit, die sie nicht selbst gewählt hat. Ihr herrschender Planet öffnet ihr die Wege zu Freiheit und zu Entdeckungen, wie sie ihr Herz nur immer begehren mag.

GLÜCKLICH, VERSCHWENDERISCH, GEBEFREUDIG

Optimismus gehört von Geburt an zur Schütze-Frau. Sie hat einfach Glück! Geld ist für sie selten, wenn überhaupt, ein Problem, und der unergründliche Koffer füllt sich aus allen möglichen Quellen – Arbeit, Freundschaft, »Schicksal«. Sie scheint immer zur richtigen Zeit am richtigen Ort zu sein. Sie wird in eine neue Stadt ziehen und innerhalb einer Woche die ideale Stellung gefunden haben – ihr neuer Liebhaber wird ein kleines Vermögen erben – jemand schenkt ihr ein Lotterielos, und sie macht den Haupttreffer. Wenn sie vorübergehend im Ungewissen ist, mit keinerlei Aussichten, so wird ihr ihre sprühende Persönlichkeit und ihre Anziehungskraft eine Sommereinladung in eine große Villa in Südspanien verschaffen.

Wenn sie über reichlich Mittel verfügt, gibt sie verschwenderisch aus. Sie liebt schöne Kleider, Musik und besonders wunderbares

Essen und gute Weine. Sie tut sich hier keinerlei Zwang an. Irgendwie ist sie davon überzeugt, daß die Quellen nicht versiegen werden.

Von gleicher Art ist ihre Großzügigkeit gegenüber ihren Freunden – es ist leicht, Reichtum zu teilen, der unerschöpflich zu sein scheint. Voller Enthusiasmus verschenkt sie große und kleine Gaben, und wenn sich jemand etwas borgen will, zögert sie keine Minute. Vor allem feiert sie die guten Zeiten gerne mit freigebigen, ungewöhnlichen Gesellschaften. Mit ihren Freunden ist sie so großzügig wie mit ihrem Besitz, und man kann polnische Grafen, französische Skikanonen und östliche Mystiker an ihrem Tisch oder bei ihrer Punschterrine treffen.

BEZAUBERND, CHARMANT

Die Schütze-Frau ist eine fabelhafte Gastgeberin. Sie bewirtet mit einem exotischen Flair, der sowohl aus ihrer Gästeliste als auch der Speisenfolge resultiert. Wenn sie ihr Ziel *nicht* erreicht – wenn Sie das Essen nicht mögen und keine richtige Stimmung aufkommt, wird sie etwas ganz anderes versuchen, vielleicht kistenweise Champagner und einen Riesenkuchen bestellen, und dann ohne Kleider ins Schwimmbecken springen. Sie ist vielleicht individuellen Gefühlen gegenüber unempfindlich, auf Gruppenreaktionen jedoch springt sie an wie ein Geigerzähler. Oft ist sie der Katalysator übermütiger Laune.

Trotz ihrer verhängnisvollen Barschheit ist die Schütze-Frau der ideale Gast. Ihre sonnige Art und der offene, forschende Blick brechen schnell das Eis auf jeder Party. Sie ist enthusiastisch, sehr belesen und an allem interessiert. Vor allem ihre Lebensfreude und ihre Beweglichkeit werden dazu beitragen, daß es rundgeht.

AUFFÄLLIG, EXHIBITIONISTISCH

Die Schütze-Frau ist oft sehr exotisch. Reisende und Forscherin von Natur aus, ist sie oft einmalig und exquisit gekleidet, Mitbringsel aus fremden Ländern. Sie liebt Silber, Gold und Steine oft mehr als Juwelen. Ihr Geschmack bei den Accessoires ist häufig recht primitiv. So werden ihr Bronze-Kragen aus Tansania und Feder-Ohrringe eine Sensation sein.

Die junge Schütze-Frau zeigt häusliche Abenteuerlust und liebt modische Kleidung; je fremdländischer, desto besser, wenn sie nur ihr Freiheitsgefühl unterstreicht. Sie wird einen hautengen Rock tragen, wenn er für ihre langen Schritte hoch genug geschlitzt ist. Sie liebt strahlendes Make-up und glitzernde Blusen. Aus Spaß kann sie die Fingernägel grün und die Lippen schwarz anstreichen. Sie ist stolz auf ihren geschmeidigen, athletischen Körper und prunkt mit ihm in Zellophan, gefärbtem Leder und glänzender, juwelenfarbener Seide. Die Kleider können jedoch noch so prächtig und unerhört sein, wenn sie ihrem Stil nicht mehr entsprechen, kommen sie weg.

ANPASSUNGSFÄHIG

Ihre angeborene Ruhelosigkeit und ihre Energie machen die Schütze-Frau sehr wendig. Als die Reisende des Tierkreises glaubt sie an das Motto: »Wenn in Rom, tu was die Römer tun.« Sie findet es nicht nur interessant und praktisch, es macht meistens auch mehr Spaß.

Sie ist immer bereit, etwas Neues auszuprobieren – sie ißt Couscous auf marokkanische Art mit der Hand oder albert sich durch ihre erste Mahlzeit mit Stäbchen in einem chinesischen Restaurant. Da sie sehr gut koordiniert und eine ausgezeichnete Nachahmerin ist, wird sie nicht lange herumfummeln. Sie nimmt neue Methoden und Gewohnheiten schnell an. Das ist ein Hauptbestandteil des Schütze-Charmes – falls sie ihn anwenden mag.

Sie saugt Kulturen, Sprachen und Sitten auf wie ein Schwamm. Vermutlich wird sie bei einem einfachen Zwischenaufenthalt mit irgend jemand Freundschaft schließen, auf Ozeanüberquerungen wird das Schiff sofort ihre Domäne.

Die andere Seite der Anpassungsfähigkeit ist ihre Launenhaftigkeit. Wenn ihr beweglicher Geist sie auch manchmal so sanft wie ein

Lamm erscheinen läßt, so ist sie eher wie eine Katze, kooperativ, wenn neugierig, unabhängig und ruhelos, wenn sie gelangweilt ist. Sie langweilt sich nicht leicht, aber es ist schwierig für sie, längere Zeit zu verweilen. Ihr ständiges Bedürfnis nach Anregung kann auch hinderlich sein, wenn sie Langzeitprojekte zu Ende bringen soll, die mehr nach Verpflichtung als nach Spaß schmecken. Das kann zu unheilvollen Rückständen an unerledigten Aufgaben führen und zu einer sehr nervösen Schütze-Dame. Zu Nervosität wird sie wahrscheinlich neigen und muß lernen, Aufgaben abzulehnen, die sie nicht erledigen kann. Ihre Launenhaftigkeit wird zur Unberechenbarkeit, wenn belastende Arbeit sich häuft, und so manche Schütze-Frau hört den leidenschaftlichen Ruf der Wildnis, wenn die Situation sich dem Zusammenbruch nähert. Sie muß lernen, ihren ruhelosen Geist zu zügeln und zu disziplinieren, wenn sie die Absicht hat, ihr Verantwortungsgefühl zu stärken.

VIELSEITIG

Die Entdeckungsfreude der Schütze-Frau hängt zum Teil damit zusammen, daß sie die Dinge so leicht meistert. Es scheint, als könne sie alles, und das gut. Die Koordination ihres Körpers ist ausgezeichnet. Ihre gesamte Schulzeit über ist sie wegen ihrer turnerischen Fähigkeiten, verbunden mit der strahlenden Wißbegier und ihrer warmen, enthusiastischen Persönlichkeit, sehr beliebt. Durch ihre Begabung, ihr Selbstvertrauen und ihre angeborenen Führungseigenschaften wird sie oft zur Klassensprecherin oder Klubpräsidentin. Ihre Ungezwungenheit und Selbstsicherheit führen sie ganz sicher zum Erfolg, und sie wird die Schule ruhmbedeckt und mit den schönsten Hoffnungen verlassen.
In der Schule hat sie Schwierigkeiten, ihre Haupt-Prüfungsfächer zu wählen. Wie eine wahre Renaissance-Frau studiert sie, von höherer Mathematik bis zur Dichtkunst hin, alles mit der gleichen Leidenschaft. Von frühester Kindheit an wird sie so viel gelobt und auf so vielen Gebieten ermutigt, daß sie kaum das Bedürfnis hat, ihre Interessen einzuschränken, wenn sie älter wird.
Sie kann jahrelang an der Universität bleiben und ein Fach nach

dem anderen studieren, während sie sich ihren Unterhalt durch Unterricht verdient. Wahrscheinlich wird sie die Wanderlust dann doch in die Welt hinaustreiben. Wenn sie geht, dann mit einiger Sentimentalität und einem akademischen Grad, der sich nur schwer vermarkten läßt.

Vielseitigkeit ist ein Segen, besonders in der Gesellschaft unseres zwanzigsten Jahrhunderts, aber das Leben einer Dilettantin kann frustrierend für die Schütze-Frau sein. Ihre unaufhörlichen Entfaltungsmöglichkeiten werden schließlich dazu führen, daß jede echte Berufs- oder Lebenswahl außerordentlich schwierig wird. Ihre tief verwurzelte Unentschiedenheit wird ihr Leben zersplittern. Sie wird merken, wie ihre Energie schwindet und ständig ruheloser werden. Daraus kann sich Unschlüssigkeit ergeben, die quälend wird, denn sie hat genug Feuer und Energie, fünf Dinge auf einmal zu tun.

GELEHRT, HOCHTRABEND, UNGESTÜM

Die Schütze-Frau hat einen phantastischen Verstand. Zusätzlich zu ihrem Forschergeist und dem allgemeinen Lebensenthusiasmus hat sie auch ein unfehlbares Gedächtnis für Tatsachen. Sie kann jedoch zum zerstreuten Professor werden, so vertieft in ihre intellektuellen Betrachtungen, daß sie ihre Schlüssel vergißt.

Die Schützin braucht geistige Tätigkeiten, die sich mit ihrer hochgradigen körperlichen Aktivität messen können. Lustlosigkeit und Langeweile können zu Depressionen führen. Die Kur dafür besteht in intellektueller Betätigung. Wieder ist die Disziplin der entscheidende Faktor, der oft in ihrer Erziehung fehlt. Der Plan steht fest, es fehlt ihr jedoch die Geduld zur Ausführung. Sie wird auf ihr oberflächliches Wissen vertrauen und ziemlich pedantisch und hochtrabend sein, wenn ihre Meinung angezweifelt wird.

Sie ist ganz gewiß hervorragend, aber sie sollte daran denken, sich erst die erforderlichen Grundlagen zu beschaffen, bevor sie ihre Meinung zum besten gibt.

IMPULSIV, INTUITIV, GUTE URTEILSKRAFT

Die Impulse der Schütze-Frau erwachsen ihrer Intuition. Oft weiß sie, vor eine Entscheidung gestellt, sofort, was sie tun muß. Im Aufblitzen eines Augenblicks stößt sie zum Kern der Dinge vor, obwohl sie selbst nicht weiß, wie ihr geschieht. Die Schütze-Frau , die ihrer Intuition folgt, hat eine untrügliche Urteilskraft.

Sie ist am glücklichsten, wenn sie impulsiv handelt. Ob sie nun ein Auto kaufen, eine Reise unternehmen oder eine Verwandte besuchen will, sie wartet auf die Eingebung. Ihre Vernunft kann hier hinderlich sein. Da sie den Prozeß nicht beschreiben kann, könnte sie ihren blitzschnellen Erkenntnissen mißtrauen. Ihr gegenüberliegendes Zeichen, Zwillinge, handelt aus dem Verstand heraus und hält oft Intellekt für Intuition. Die Schütze-Frau wird dagegen ihren Intellekt einsetzen, um ihre Intuition wegzurationalisieren. Wenn sie jemals eine »unglückliche« Schütze-Frau treffen, ist diese Tendenz wahrscheinlich gerade sehr stark.

Die Intuition der Schützin ist der Ausgleich zu ihren mehr »männlichen« intellektuellen Fähigkeiten. Sie muß lernen, beidem zu vertrauen, wenn sie ein harmonisches Leben führen will.

MUSIKALISCH, FÖRDERER DER KÜNSTE

Die Schütze-Frau ist außergewöhnlich musikalisch, und ihr Talent wird meist früh entdeckt. Ich habe Schütze-Mädchen gekannt, die mit vier Jahren Klavierstunden bekamen, nachdem sie ausgefallene Melodien auf dem Familienklavier geklimpert hatten.

Selbst wenn sie keine musikalische Ausbildung erhält, machen ihr untrügliches Ohr und ihr Gefühl für Rhythmus sie zu einer latenten Musikerin oder wenigstens zur Musikkennerin. Viele Schützen sind Förderer oder Mäzene der Oper oder eines Symphonie-Orchesters.

Da sie das Ausgefallene liebt, schätzt sie sowohl Jazz und moderne Musik als auch die zarten japanischen und die komplizierten balinesischen Klänge. Sie sieht auch keinen Unterschied zwischen »ernster« und »leichter« Musik.

Ihre Vorliebe für die schönen Künste übertrifft noch ihre Musikalität. Mit Feingefühl und Liebe für das Schöne sammelt sie Kunst jeder Art. Wenn möglich, nimmt sie Künstler in ihren Freundeskreis auf und fördert deren Werk. Malerei und Bildhauerei reizen sie intellektuell. Ihr Interesse an der bildenden Kunst ist weniger flüchtig als ihre Liebe zur Musik. Das Zusammenspiel ästhetischer und geistiger Kräfte in der Kultur zieht sie stark an. Selbst wenn sie keine Kunst ausübt, wird sie im kulturellen Leben eine Rolle spielen.

UNABHÄNGIG, FORTSCHRITTLICH

Was immer auch ihre Philosophie oder ihr Glaube, man kann sicher sein, daß sie allein dazu gekommen ist. Keiner sagt ihr, was sie tun und noch viel weniger, was sie denken soll. Auf ihre eigene Art und nach ihrem eigenen System lebt sie und ist jeder Kritik gegenüber gleichgültig. Natürlich liebt sie gute Debatten, hauptsächlich deshalb, weil sie sich immer aufgerufen fühlt, andere zu ihren politischen, spirituellen oder philosophischen Ansichten zu bekehren. Eine gute Wortschlacht ist wie ein sportliches Spiel, sie bietet Gelegenheit zu geistiger Beweglichkeit und zu neuen Ideen. Das Interesse der Schütze-Frau ist immer zukunftsorientiert. Sie wird die Verantwortung der Gegenwart für die kommenden Generationen mit beispielloser Leidenschaft vertreten. Umweltverschmutzung, Atommüll und Energiekrisen sind große und echte Anliegen für sie. Ihre Begeisterung und ihre Hingabe an die Sache machen sie zu einer glänzenden Politikerin.

FORSCHERIN – FERNE

Man kann sich vorstellen, daß eine Schütze-Frau die beiden Worte »Wander-« und »Lust« zu einem Begriff zusammenfügt. Sie hat wirklich Lust auf Reisen: auf Erfahrungen, neue Orte und Gesichter. Ich hörte von einer Schütze-Frau, die mit achtundsechzig Jahren einen Fernkurs in Hotel/Motel-Führung macht. Ehe ihre Familie noch Einspruch erheben konnte, führte sie schon ein Hotel in einem Winterkurort in Colorado. Da ihr alternder Dackel die Höhenluft nicht vertrug, packte sie ihre Sachen und leitet jetzt ein Sanatorium in Süd-Kalifornien.

Es ist wunderbar, die Exzentrizität der Schütze-Frau zu beobachten, aber es ist oft die reine Hölle, mit ihr zu leben.

INSPIRIERT, BEGEISTERT, PATRIOTISCH

Die Religion nimmt oft einen wesentlichen Platz im Leben der Schütze-Frau ein. Sie ist zuerst und vor allem Idealistin. Das Verstehen, das in persönlichen Beziehungen oft abgeht, kann bei ihr in religiöser Hinsicht oft erstaunlich sein.

Viele Schütze-Frauen sind ihrer frühen religiösen Erfahrung wegen von tiefer Frömmigkeit. Sie sind ausgezeichnete Predigerinnen, religiöse Schriftsteller oder geistige Lehrer, weil sie selbst die Gabe haben, andere zu inspirieren.

PHILOSOPHISCH, SPIRITUELL

Für die reifere Schütze-Frau wird aus dem jugendlichen religiösen Eifer ein Glaubenssystem geworden sein, nach dem sie ihr Leben einrichtet. Das kann von »Achtet die Natur und ihre Gesetze in allen Geschöpfen« bis zu den komplizierten Theorien Freuds von der menschlichen Psyche reichen. Was immer es ist, man kann sicher sein, daß sie die weitestmöglichen Schlüsse daraus ziehen wird. Philosophie ist ein gutes Gebiet für sie, analytische Forschung kann zur Leidenschaft ihres Lebens werden. Ihr Kinderglaube wird jedoch nicht erlöschen. So kann es sein, daß sie sich auch mystischen Studien zuwendet. Physik und die Gesetze des Universums erfüllen sie mit Hochachtung und Glauben.

Ihr Kopf mag in den Wolken schweben, aber die Füße der Schütze-Frau stehen fest auf dem Boden der Tatsachen, und ihre kräftigen Beine tragen sie voran. Das ist oft der Schlüssel zu ihrer geistigen Welt. Jede Schütze-Frau hat eine Lehrbegabung, kann ihr Verständnis der kosmischen Gesetze weitergeben und den weltlichen

Ritualen unserer Zeit neuen Sinn verleihen. Die Schütze-Frau ist das Zeichen des Propheten. Sie hat die Möglichkeit, unsere Energien zu integrieren, zu organisieren und weiterzugeben.

Die Beziehungen der Schütze-Frau

Alle beweglichen Zeichen haben die Fähigkeit, Verbindungen anzuknüpfen, und die Schütze-Frau bringt in ihre Beziehungen noch die Lebensfreude Jupiters ein. In ihrer heiteren, anspruchslosen, jedoch loyalen Art ist sie eine ausgezeichnete Freundin.

Ihre Liebesbeziehungen sind sehr viel komplizierter. Sie ist lebensfroh und wahrhaftig, aber auch idealistisch und ruhelos. Durch diese Kombination wird ihr Liebesleben aufregend und schwierig zugleich. Die Liebe zu der Schütze-Frau ist manchmal ekstatisch, manchmal schmerzlich, aber immer eine Herausforderung.

Kameradschaft ist ein Schlüsselwort für alle Schütze-Beziehungen. In der Liebe ist sie weit weniger romantisch als Löwe oder Fische. Viele Männer werden sogar verwirrt sein, wenn sie entdecken, daß sie viel »weiblicher« auf die Schützin reagieren als umgekehrt. Man muß bedenken, daß Schütze ein männliches, positives Zeichen ist. In ihrer Art ist sie ähnlich wie die Widder-Frau. Die Schütze-Frau hat eine ausgesprochen männliche Komponente in ihrem Verhalten, obwohl ihre ausgezeichnete Intuition (eine angeblich »weibliche« Gabe) dem zu widersprechen scheint.

Unabhängigkeit ist das Losungswort der Schütze-Frau. So mancher verwirrte Mann wird mit ansehen müssen, wie seine Schütze-Liebste sich auf einen Feldzug für die Freiheit begibt. Sie muß ihre eigene Identität unter allen Umständen bewahren, und es kann eine Zeit kommen, wo das sogar auf Kosten der Liebe geschehen mag. Ihre Unabhängigkeit ist selten verborgen oder blind, und die Schütze-Frau , die sich für die Ehe entscheidet, wird alles versuchen, damit sie klappt. Selbst wenn ihr Beruf Reisen und lange Abwesenheit von zu Hause bedeutet, wird sie in allen wesentlichen Punkten treu bleiben. Die »Telefon-Ehe« gehört fraglos ins Repertoire der Schütze-Frau. Allen Skeptikern zum Trotz kann es klappen, wenn ihr Partner mitmacht.

Ihr Mann muß sehr schnell lernen, daß ihre Unabhängigkeit nicht Ablehnung bedeutet. Ich kannte eine Frau, die ihre Wohnung neu ausmalen lassen wollte. Ihr Mann war Maler, aber sie kaufte alles Nötige und fing allein mit der Arbeit an. Er war sehr beleidigt und verletzt, aber sie tat einfach nur, was ihr Spaß machte und wollte ihn nicht belästigen.

Die Schütze-Frau liebt Kinder sehr, denn sie betrachten das Leben mit der gleichen frischen unermüdlichen Neugier wie sie. Sie kann eine wunderbare Mutter sein, sobald sie die Plackerei mit den Windeln und den pünktlichen Mahlzeiten meistert. Ihr Haus mag ein einziges Durcheinander mit ungemachten Betten, Haustier-Käfigen und Sportausrüstungen sein, aber für ihre Kinder ist es ein Palast, um den sie die ganze Nachbarschaft beneidet. Ihre Kinder und deren Freunde lieben sie, denn sie bemuttert sie wie eine große Schwester, nicht wie ein Familienoberhaupt. Sie vertrauen ihr, weil sie Beschützerin und Leiterin mit der Energie und Phantasie eines Altersgenossen ist.

Ihre Schwierigkeit als Mutter beginnt, wenn die Kinder sich von zu Hause lösen wollen. Eine problematische Zeit für die Schütze-Mutter.

Einerseits ist sie begeistert, daß sie jetzt wieder mehr Freizeit haben wird, andererseits reagiert sie sehr verletzlich und fühlt sich unnütz, weil sie die Kontrolle verliert. Sie kann diese Loslösung als Anschlag auf ihre Entscheidungsfreiheit ansehen und meinen, man habe sie ihrer Rechte entledigt. Sie will wirklich das Beste für ihre Kinder, glaubt aber, daß nur sie wisse, was das sei.

Zu Beginn ihrer Ehe, wenn die Kinder noch klein sind, wird sie ihren Forschungsdrang in andere Kanäle leiten müssen. Doch sie wird sich bald eine Hilfe für den Haushalt suchen, und wenn die Kinder das Schulalter erreicht haben, wird auch sie das Nest verlassen. Sie wird zwar (zumindest telefonisch) ständig erreichbar sein, aber doch ihr eigenes Leben mit ganzer Kraft wieder aufnehmen. Die Schützin ist keine aufopfernde Mutter. Jedes Familienmitglied wird seinen Beitrag zum Glück und Bestand des Hauses leisten müssen. Im tiefsten Innern glaubt die Schütze-Frau, daß sie nicht ist wie andere Frauen, und in vielen Punkten hat sie recht. Obwohl sie in mancher Beziehung konventionell ist, weicht ihre Vorstellung von einer Familie vom Üblichen ab, und ihre Familie wird entweder mit ihr die Grenzen der Norm überwinden oder ein Opfer ihres Freiheitsdrangs werden.

Die Schütze-Frau ist eine zuverlässige und großzügige Freundin. Sollten Sie jedoch auf eine Tasse Tee und in der Erwartung eines tröstenden Wortes vorbeikommen, wenn Sie niedergeschlagen sind – sie wird nicht zu Hause sein. Zu ihrer Vorstellung von Freundschaft gehört eben Aktivität. Obwohl sie Freunde mit hohen Idealen schätzt, erwärmt sich ihr Herz für jeden, der nicht fade ist. Sie werden sie wahrscheinlich nie rechtzeitig finden, damit sie Ihre Tränen trocknen und Ihre Wunden verbinden kann, aber mit ihrer Liebe, ihren Eingebungen und ihrem Glauben an Sie kann sie Sie zu neuen Höhen mitreißen.

Die Schütze-Frau hat oft mehr Freunde als Freundinnen. Sie liebt keinen Klatsch. Sie hat wenig beizutragen zu den subtilen Gefühlsanalysen, die in mancher weiblichen Konversation Vorrang haben. Sie zieht eine freimütige Unterhaltung über politische Themen mit Abstechern zu erhabenen philosophischen Gedanken und historischen Analogien vor. Über Spitzfindigkeiten ist sie nicht erhaben. Aber sie fühlt sich einfach unter Männern wohler, weil ihr Verstand ähnlich wie der ihre funktioniert.

Heutzutage hat sie viel mehr Möglichkeiten, Freundschaften auch mit Frauen zu schließen, weil sich immer weniger Frauen dem üblichen Klischee beugen, gegen das sie sich auflehnt.

Ihre unterschiedliche Betrachtungsweise wird ihr wahrscheinlich erst bewußt werden, wenn sie heiratet oder eine längere Beziehung mit einem Mann eingeht. Wenn sich beider Energien in verschiedene Richtungen zu entfalten beginnen, wird sie feststellen, daß ihre eigene »weibliche« Seite im Schatten geblieben ist. Genauso wie jeder von uns sowohl Yin als auch Yang ist, sind wir verantwortlich dafür, unsere männlichen und weiblichen Energien miteinander in Einklang zu bringen. In unserem Zeitalter der Befreiung der Frau scheint uns die Schütze-Frau im Spiel voraus zu sein.

Kindheit

Die auffälligsten Merkmale des Schütze-Kindes sind große Energie und intensive Wißbegier. Es kann nicht stillsitzen, und die erschöpften Eltern lernen früh, daß Sport und lebhafte Spiele im Freien für weniger Ärger und weniger Unfälle sorgen. Wenn hartgesottene Eltern ihrer Schütze-Tochter Klavierstunden geben lassen, werden sie eine Überraschung erleben. Wie ein Wunder wird Musik sie auf ihrem Stuhl halten – wenn nicht von draußen jemand zum Fußball pfeift.

Sie verbringt sehr viel mehr Zeit mit Buben als mit Mädchen und kann das einzige Mädchen sein, das in der Fußballmannschaft auf der Straße mitspielen darf. Ihr bester Freund wird jedoch ihr Hund sein. Die Schütze-Frau liebt Tiere. Ihre anspruchslose Gesellschaft, die keine emotionalen Ansprüche stellt, ist genau das, was sie will. In diesen ersten Jahren können ihre kulturell interessierten Eltern verzweifeln, denn sie erscheint oft als hoffnungslos oberflächlich. Ihre intellektuelle Neugier entwickelt sich langsam. In der Kindheit ist sie eine Draufgängerin. Furchtlos im Sport, salopp und sorglos, wird sie sich für Mathematik nur soweit begeistern, daß sie einen Totoschein ausfüllen kann. Sie lehnt sich auf gegen jede Disziplin, und wenn sie zu streng gehalten wird, kann sie sich körperlich verkrampfen, das reicht vom Muskelkater bis zum Übergeben. Sie ist schon eine Nervensäge. Viele Eltern jedoch übersehen, wie vertrauenswürdig und besorgt sie ist. Niemals lügt oder betrügt sie oder tut irgend etwas, das sie nicht tun sollte – solange sie ihre Freiheit hat. Gibt man ihr einen eigenen Schlüssel und Verhaltensmaßregeln, wird sie das Vertrauen ihrer Eltern nicht enttäuschen.

Im Rahmen der traditionellen Familienstruktur wird sich das Schütze-Mädchen wahrscheinlich mit ihrem Vater identifizieren, obwohl ihr die Mutter lieber sein mag, weil sie eher »versteht« und sich bezüglich Regeln und Richtlinien auf ihre Seite stellt. Ihre Mutter mag besser wissen, wie rechtschaffen dieses wilde Ding ist, und sie wird ihre Tochter unerschütterlich gegen alle Kritiker verteidigen. Ihr Vater wird sich ihm geheimen darüber freuen, daß er eine Art »Sohn« hat, mit dem er angeln und Ballspielen kann, andererseits mag er die Romantik vermissen, die ihm »Pappis kleines Mädchen«

verschaffen könnte. Wie sich das Schütze-Mädchen verhält und mit welchem Elternteil es sich stärker identifiziert, wird davon abhängen, welche Vorstellung die Eltern haben.

Liebhaber und andere enge Vertraute

Die Schütze-Frau ist nicht zweideutig in ihren Verbindungen, wenigstens nicht zu Anfang, und niemals für lange Zeit. Wenn sie jemanden sieht, den sie haben möchte, zeigt sie es. Sie wird das Objekt ihrer Wünsche auf eine direkte und erfrischende Art bezaubern, provozieren und reizen. Sie ist zwar nicht kokett, aber auch selten so aggressiv, daß der Mann sich erschreckt zurückzieht. Häufig tut sie den ersten Schritt, aber der Mann, der sie anzieht, ist männlich und unabhängig genug, um eher fasziniert zu sein, als sich bedroht zu fühlen. Der Mann, der zu der Schütze-Frau ja sagt, gibt den Auftakt zu einer für beide reichen und freudevollen Zeit. Sie ist großzügig und freigebig in der Liebe, und er wird ihren Zauber, ihre Intelligenz, ihre ungewöhnliche Art der Erregung und ihre Kultiviertheit genießen, während er seine innere Freiheit bewahrt. Sie wird sein weibliches Ideal werden, er verliebt sich immer mehr in sie und fragt sich, wie er jemals ohne sie leben konnte.

Die zweite Phase ist der Beginn der holprigen Fahrt. Ironischerweise werden die gleichen Eigenschaften, die ihn erst zu der Schütze-Frau hingezogen haben, beide jetzt auseinandertreiben. Das Unabhängigkeitsgefühl, das er schon immer gespürt hat, war keine weibliche Laune. Seine Unabhängigkeit *ist* intakt, und ihre auch. Die Schütze-Frau liebt von ganzem Herzen, aber sie will sich nicht festnageln lassen. Wenn er am Freitag nach Hause kommt und sich vorgestellt hat, jetzt bei Kerzenlicht gemütlich mit ihr zu Abend zu essen, findet er einen Zettel an der Tür: »Habe Karte für das tolle Rennen bekommen. Gegen Mitternacht zurück. Treffen wir uns bei Mario zu einem kurzen Imbiß?« Er mag sich versucht fühlen, darauf mit einer Bemerkung zu reagieren, die Lord Byron über eine Exgeliebte machte: »Um es vornehm auszudrücken, ich halte Madame Claire für ein verdammtes Miststück!«

Oft wird er sich fragen, ob sie nun eine Liebesaffäre haben, oder ob das Ganze eine Freundschaft ist. Die Schütze-Frau verbindet beides gern, und ihre zweifache Erwartung kann beide Partner durcheinanderbringen. Sie glaubt an Ehrlichkeit und Spontaneität, das »Spiel« mit Werbung und zartem Mägdelein spielt sie nicht mit.

Die Liebe der Schütze-Frau

Für die Schütze-Frau ist Liebe gleich Sexualität. Für sie wird »Romantik« aus dem Geheimnis einer Nacht. »Liebe« entsteht aus Freundschaft, denn jede fortdauernde Beziehung mit einer Schütze-Frau hängt von gegenseitiger Ehrlichkeit und einem hohen Grad von Kommunikation ab. Sie wird sich nur in einen Mann verlieben, der ihr ebenbürtig ist und ihr die Unabhängigkeit gewährt, die sie ihm bietet. Sexualität ist für sie Religion, aber auch eine Erfahrung des Animalischen. Ihre Göttin ist Diana, die Jägerin, und die Schütze-Frau wird ihrer erotischen Natur gemäß ständig nach neuen Höhen der Ganzheitserfahrung suchen. Ihre Beziehungen beruhen auf Loyalität. Sie hat keinen monogamen Geist, sie wird nicht lügen, um ihrem Liebsten etwas zu ersparen. In diesem Sinne wird sie in der Beziehung dominieren, denn sie setzt die Bedingungen. Wenn er das nicht aushält, muß er gehen.

Ehrlichkeit

Es ist schwierig, einem Menschen Ehrlichkeit anzulasten, aber wie wir gesehen haben, kann die Aufrichtigkeit der Schütze-Frau sowohl als Katalysator dienen als auch ein Hindernis in allen Aspekten ihres Lebens sein. Sie kann nicht so tun als wäre sie, was sie nicht ist. Es gibt jedoch Schattierungen der Ehrlichkeit, die sie prüfen und verstehen sollte, besonders hinsichtlich ihrer Beziehungen. Ich will nicht vorschlagen, daß sie es lernen sollte zu manipulieren. Aber die Wahrheit hat viele Namen, und sie sollte Unterschiede und deren wirksame Anwendung kennenlernen.

Die folgenden Adjektive, alle auf die Schütze-Frau anwendbar, sind mit Ehrlichkeit synonym:

1. Wahrhaftig – frei von Täuschung, Heuchelei, Falschheit; ernsthaft und echt.
2. Echt – besitzt Charakter oder Qualität; authentisch; frei von Vorspiegelung, Vorwand oder Heuchelei.
3. Ehrenhaft – hat Prinzipien, aufrecht, nobel, hochherzig.
4. Aufrichtig – frei heraus, frei, offen, ohne Vorbehalt, Verstellung oder Ausflucht; geradezu.
5. Grob – unempfindlich, gefühllos, gleichgültig, stumpf.

Es gibt offensichtlich mehr oder weniger wirksame Möglichkeiten für die Schütze-Frau, ehrlich zu ihren Freunden und Liebhabern zu sein. Sie ist unter dem Zeichen des Propheten und Meisters geboren und hat die Mission, in punkto Wahrheit zu unterweisen. Zuerst jedoch muß sie lernen, ihre Botschaft so weiterzugeben, daß sie sich nicht jedermann entfremdet.

Schütze-Frau, diese einfache Übung wird Ihnen helfen, mit Ihrer eigenen Wahrheit besser zurechtzukommen:

1. Lassen Sie sich von einem einfallsreichen Liebhaber oder Freund eine Liste aufstellen, die Ihnen Ihre Meinung zu persönlichen, politischen und erotischen Themen entlockt. Sie sollte ungefähr von »Sehe ich in Gelb gut aus?« bis zu »Kann die offene Ehe klappen?« reichen.
2. Denken Sie sich verschiedene Antworten auf die einzelnen Fragen aus – eine wahrhaftig, eine aufrichtig, eine grob – bis Sie ein Gefühl für die verschiedenen Möglichkeiten, die in jeder Antwort enthalten sind, bekommen.
3. Schätzen Sie ab, inwieweit jede Antwort wirksam ausdrückt, was Sie sagen wollen.
4. Lassen Sie schließlich Ihre Antworten von Ihrem Freund oder Liebhaber prüfen. Deren Beobachtungen könnten Sie überraschen. Sie können aus den Antworten lernen, welche emotionale Reaktion Sie von anderen erwarten dürfen.

Wenn die Schütze-Frau lernt, daß auch die Ehrlichkeit ihre Freiheit hat, werden ihre Beziehungen eine neue Art Vertrauen gewinnen. Die Ambivalenz und die Heftigkeit, die sie so oft in Freundschaft und Liebe erlebt, deuten auf die falsche Art die Wahrheit zu sagen. Ehrlichkeit kann sowohl ein Stück Dynamit als auch eine Kerze sein, die unsere Welt heller macht.

Liebhaber und Ehemänner

Die Schütze-Frau hat genug Feuer, Energie und Idealismus, um Eindruck auf die Welt zu machen, ihr fehlen jedoch oft Einfühlungsvermögen und Geduld, um lang dauernde, fruchtbare und schöpferische Verbindungen mit anderen einzugehen.

Sie braucht einen Mann, der ein Unabhängigkeitsgefühl hat, das sich mit dem ihren messen kann. Sein Ich muß stark genug sein, um ihr die gleiche Freiheit zuzugestehen. Er soll idealistisch, sehr intelligent und schöpferisch sein.

Ihre Ehrlichkeit wird vermutlich die Bedingungen ihrer Beziehung diktieren, Ausflüchte wird sie nicht dulden. Ein Mann, der deutlich sagt, was er will und erwartet, wird ihren Respekt gewinnen, wenn nicht ihre Schlüssel. Wenn es zu einer Wohngemeinschaft mit der Schütze-Frau kommen soll, muß zuerst ein Problem geklärt werden: Sie wird genau wissen wollen, welchen Haken die Sache hat, bevor sie Geld für passende Handtücher ausgibt.

Durch gemeinsame erotische Abenteuer werden sie und ihr Partner zu tiefem gegenseitigen Verständnis gelangen. Bei der Schütze-Frau werden die Risse schneller im Bett gekittet als durch Therapie oder Diskussion. Je mehr sie die Prinzipien von Yin und Yang in der Liebe in Einklang bringen kann, desto leichter wird es für sie sein, mit ihrer Umgebung in Beziehung zu treten.

Ratschläge für den Mann in ihrem Leben

1. Sie müssen wissen, daß Sie eine Frau gefunden haben, die Ihnen in jeder Weise ebenbürtig ist. Sie kann Ihnen ähnlicher sein, als Sie glauben.
2. Lassen Sie Ihre Gefühle für sie sich langsam entwickeln, wie es umgekehrt auch der Fall sein wird. Freundschaft, nicht Eroberung oder Verzauberung ist der Schlüssel. Wenn Sie Ihre Kameradschaftlichkeit bewiesen haben, haben Sie sie schon halb gewonnen.
3. Schenken Sie ihr die Unabhängigkeit und Freiheit, die sie Ihnen anbietet. Sie meint es ehrlich und aufrichtig und erwartet, daß

Sie ihr mit Gleichem begegnen.

4. Geben Sie ihr sowohl geistige als auch körperliche Anregung (das letztere versteht sich heute von selbst). Interessieren Sie sie für Ihre kulturellen und intellektuellen Anliegen. Sie können sie alle voll mit ihr teilen, und Sie werden sie damit wirksamer an sich binden als durch Sicherheit, Zärtlichkeit oder Schutz.

5. Antworten Sie ihr immer ehrlich. Sie wird nie Schliche anwenden, und sie erwartet das gleiche von Ihnen.

6. Lassen Sie es nicht zu, daß sie Ihren Willen mit ständig neuen Überraschungen und Forderungen auf die Probe stellt. Wenn Sie ihr Verhalten nicht ertragen, sagen Sie es ihr. Sie wird Sie dann nur mehr lieben.

7. Bereiten Sie sich auf ein Leben mit Reisen, ständig neuen Gesichtern, neuen Ideen vor. Häusliche Wonnen sind in Ihrer Zukunft nicht vorgesehen, dafür aber die herrlichsten Abenteuer.

Es gibt viele Herausforderungen, wenn man eine Schütze-Frau liebt, und sie ist die Anstrengung wert, sich jeder einzelnen zu stellen. Sie werden mehr über Unabhängigkeit lernen, wenn Sie sie mit ihr teilen, als Sie es je allein könnten. Ihre unbarmherzige Ehrlichkeit ist eine Plage, aber gleichzeitig ein Prisma, das all Ihre Motive und Wünsche reflektiert.

Vor allem aber, vertrauen Sie ihr und erwidern Sie ihre Loyalität. Sie wird Sie niemals anlügen, Sie können alles glauben, was sie über ihre Gefühle und ihr Leben offenbart. Solange Sie sie achten, wird sie Ihre Liebe und Ihr Vertrauen würdigen. Auf ihre besondere Art ist sie der wahrhaftigste, ernsthafteste Seelengefährte, den Sie je finden werden.

Die Sexualität der Schütze-Frau

Die Gene der Schütze-Frau tragen ein uraltes Geheimnis. Sie ist ein Zentaur, geistiger Vetter des Pan. Sie ist halb Frau und halb Naturgeschöpf und hat den Sexualtrieb und das Zielbewußtsein eines weiblichen Satyrs. Die Schützin ist nicht schüchtern, und sie wird ihre verwegene erotische Natur laut und offen äußern. Ihre ewige Unruhe beruht auf ihrem Hunger nach ständigem Anreiz – meist ist sie in halb erregtem Zustand. Wie der Zentaur halb Tier, halb Mensch, ist ihre animalische Energie nie lebendiger als auf dem Tanzboden. Die Musik rinnt ihr durch die Adern, und die vielen schwingenden Körper um sie herum sind Magneten der Sinne. Diese zweideutige Atmosphäre kann schier unerträglich für sie werden.

Sie verliebt sich nicht so schnell, lieber läßt sie ihr Auge frei umherschweifen. Sehr wenige Einzelheiten an eines Mannes Körper entgehen ihrem Blick. Sie schätzt Rundungen und Muskulatur mit dem Blick eines gewieften Pferdehändlers ab. Wenn sie sich jedoch verliebt, dann mit Haut und Haar. Das ganze Universum dreht sich dann um ihren Geliebten. Selbst wenn die Glut abgekühlt ist, behält sie die Erinnerung, solange sie lebt.

Die Schütze-Frau liebt Orgien. Gruppensex ist ein starkes Aphrodisiakum für sie, Scham oder Eifersucht sind ihr fremd. Die Liebkosungen und Dienste von mehr als einer Person, in jeder geschlechtlichen Kombination, elektrisieren sie bis ins Mark. Sie ahnt solche Möglichkeiten instinktiv in jeder Menschenansammlung, ob sie nun das Vergnügen von Gruppensex schon gekostet hat oder nicht. Dieser echte »animalische Magnetismus« wird viele Männer und Frauen in ihrem Leben anziehen, selbst wenn die Anziehungskraft nicht gegenseitig ist.

Die Schütze-Frau ist oft durchaus bereit, mit einem Fremden ins Heu zu gehen, und so mancher brave, gutsituierte Mann wurde von ihr verfolgt. Wie anonym jedoch auch die Begegnung sein mag, ihr Partner wird sich nie nur benutzt vorkommen. Er wird sich im Gegenteil als ihr für ein wonnevolles sexuelles Erlebnis ausgewählter Gefährte fühlen. Ihre Begabung, das Liebesspiel zu einer Feier voll Schönheit und Lebensfreude zu machen, wird ihn elektrisieren und in den Himmel erheben. Die animalische Kraft ihrer Libido entspricht ihrer Kunst und Grazie. Für die Schütze-Frau wird jeder Liebesakt auf dem Altar des Bacchus dargebracht.

Es gibt drei Schlüsselworte für ein besseres Verständnis der Schütze-Sexualität. Das erste ist *expansiv*. Wie bei allem anderen liebt es diese Tochter der Lust auch bei ihrem Liebesspiel, sich auszustrekken, mit viel Raum für Bewegung. Sie ist alles andere als gehemmt, eine gemütliche Kammer bei Kerzenlicht läßt sie vor Klaustrophobie ersticken. Viel erregender ist ein langer Spaziergang am Strand, möglichst nackt. Je mehr Raum, desto besser, und der Meeresstrand bei Sonnenuntergang ist eine prächtige Umgebung für die Liebe mit der Schütze-Frau. Die Natur um sie herum läßt sie vor Entzücken erbeben.

Sie hat ihren Sex gerne mit körperlicher Bewegung und als körperliche Übung. Nie fühlt sie sich lebendiger, als wenn sie aktiv ist, und Aktivität erregt sie in jeder Hinsicht.

Im Hotel möchte sie ein Zimmer mit riesigem Bett und Aussicht. Ihr eigenes Schlafzimmer ist sehr groß oder vermittelt doch den Eindruck von enorm viel Raum. Es ist hell, luftig und einfach, und ihr Bett ist riesig. Das Liebesspiel ist der Tanz des Lebens für sie, und ein Gefühl der Freiheit ist das einzige Requisit, das sie braucht.

Das zweite Schlüsselwort ist *direkt*. Die Schützin ist nicht schüchtern. Sie wird ihren Liebhaber nicht mit »Geh fort, komm näher«-Spielen quälen. Ihr erotisches Interesse ist oft zuerst erregt, oder jeden falls gleichzeitig mit dem seinen. Sie weiß, was sie will, und ihre Zeichen sind deutlich. Sie schätzt die gleiche Direktheit bei ihrem Liebhaber, und die Liebe mit ihr bringt viele erotische Gespräche. Sie hat es lieber, wenn Sie Ihre Wünsche äußern, als daß sie alles erraten muß; dafür wird sie Ihnen dann auch genau sagen, was ihr guttut. Sie liebt auch Klangeffekte, Stöhnen, Schreien, und selbst bewußt gewählte Deftigkeiten werden sie nur noch mehr antreiben. Sie wird sofort ungeduldig, wenn man wie die Katze um den heißen Brei herumschleicht. Ein Reiben der Knie unter dem Tisch wird sie eher irritieren als erregen – es sei denn, ihr Eßzimmer ist sehr groß und abgeschieden und Sie können sich direkt zur Couch begeben. Schließlich ist Sex für die Schütze-Frau *Ästhetik*. Trotz all ihrer Direktheit und Energie will sie keine Roheit. Sexualität ist für sie eine Vereinigung von Gleichen, die etwas verschieden gebaut sind. Den Liebesakt hält sie für die höchste Form der Kunst. Sie ist bereit, ihre Bewegungen mit den Ihren in Einklang zu bringen, und abwechselnd wird jeder einmal die Regie übernehmen. Der Liebhaber der Schütze-Frau ist wirklich glücklich zu preisen.

Erste erotische Erlebnisse

Das junge Schütze-Mädchen ist häufig frühreif. Sie ist meist ein sehr aktives Kind, das ständig neue Anregung sucht für ihren raschen, wißbegierigen Verstand und ihren energiegeladenen Körper. Sie verliert vielleicht nie das »Polymorph-Perverse« des menschlichen Kindes, dessen ganzer Körper eine erogene Zone ist. Sie mag masturbiert haben, so lange sie denken kann. Natürlich ist sie eine große Pferdenärrin, und ihr erster Schwarm wird das zottige Shetland-Pony sein, auf dem sie ohne Sattel über die Koppel reitet.

Andererseits scheinen manche Schütze-Mädchen sich ihrer erotischen Natur nicht bewußt zu sein. Sie sind trotzdem sehr aktiv, und ihre erotische Energie wird durch Sport und außerschulische Betätigungen wie Musikstunden, Theaterklub und die Schulzeitung sublimiert. Aber ob sie nun sinnlich orientiert ist oder nicht, Tatkraft und Unabhängigkeit heben das Schütze-Mädchen aus dem Kreis Gleichaltriger heraus. Oft zieht sie Buben als Spielgefährten vor. Puppengesellschaften machen sie verrückt. Viel lieber baut sie ein Baumhaus, ist meist auch das einzige Mädchen der Nachbarschaft, das von den Jungen geduldet wird. Das fünfzehnjährige Schütze-Mädchen wird nichts dabei finden, nach der Dämmerung noch mit den Burschen draußen zu sein.

Was andere Mädchen und deren Eltern über ihr Benehmen sagen, versteht sie ganz und gar nicht. Sie ist schon immer am liebsten mit Jungen zusammen, und abgesehen davon, daß die sie wirklich mögen, sind sie auch erleichtert, keine koketten oder drohenden Untertöne bei ihr herauszuhören. Erst ein entschlossener und erfahrener Junge wird die schlafende Sinnlichkeit in dem energischen jungen Schütze-Mädchen wecken können. Dabei wird nicht *ihre* Angst die Verzögerung verursachen, sondern die ihres Freundes.

Das Schütze-Mädchen kann seine »Initiation« selbst in die Hand nehmen. Sie mag durch ihre Freundinnen von den verheißenen Wonnen hören. Oder die große Erleuchtung kommt über sie, wenn sie zwei Hunde beobachtet. Auf jeden Fall wird sie oft selbst entscheiden, wann, wo und mit wem sie die erste sexuelle Verbindung haben wird. Es kann ein »älterer Mann« sein, ein Student oder jemand außerhalb ihrer näheren Umgebung. Oder sie geht das Problem direkt an und bittet ihren Freund, mit ihr zu schlafen. Oft ist das eine riesige Überraschung für ihn, da sie vorher seinen Zärtlichkeiten immer ausgewichen ist. Jetzt will sie gleich das Ganze, und es kann eine Nummer zu groß für ihn sein. Wenn dem so ist, kann sie aus Loyalität alles noch hinauszögern. Aber sie wird sehr enttäuscht sein, und lange wird sie nicht herumwarten.

Mit Anfang Zwanzig ist das Schütze-Mädchen meist eine vollendete Liebhaberin. Nach der »Einführung« wird sie sich enthusiastisch dem Selbstunterricht widmen. Sie lernt schnell. Ihre körperliche Gewandtheit und ihr Sinn für Ästhetik machen sie zu einer wunderbaren Partnerin im Liebesakt. Ihre lebensfrohe Sexualität und ihr unabhängiger Geist gestatten es den Männern, sie ohne jede Hemmung zu lieben. Vielen Männern wird sie, zumindest anfänglich, das Ideal sein.

Liebe und Sexualität

Sex ist der Schütze-Frau ein köstliches Fest. Appetit und Vorfreude bringt sie ohnedies mit. Sie sucht den gleichgestimmten Geist im Sexualpartner, einen Mitreisenden, mit dem sie den Überfluß des Füllhorns teilen kann. Vielleicht erleben beide, wie Pilger im fremden Hafen, nur einen Abend zusammen. Sie sucht einfach eine gleichgesinnte Seele, keine lebenslange Bindung, und in einer kurzen Begegnung bedeuten ihr »gleichgestimmte Gefühle« mehr als die Illusion der Liebe. Die Schützin ist fähig, Liebe und Sexualität vollkommen zu trennen, und eine Affäre von nur einer Nacht paßt ihr ausgezeichnet ins Konzept. Beim Frühstück wird sie glücklich und entspannt sein, humorvoll, aber ganz und gar bereit, mit einem Zwinkern und einem Kuß zur Tür hinauszuspazieren. Selbst bei längeren Affären bedeutet ihr Freundschaft mehr als Liebe. Schütze ist ein männliches Zeichen, und ganz gleich, wie fraulich die Schützin sein mag, es herrscht immer ein kameradschaftlicher Ton bei ihren Männergeschichten. Man denkt an die Garbo als Ninotschka und den armen polnischen Soldaten, der sie unterschätzte. Wenn sie bei einem Mann bleibt, dann aus Bewunderung und

Respekt für einen Ebenbürtigen. Liebe entsteht bei ihr oft erst als Letztes.

Diese männliche Art des Denkens und Handelns kann für die Schütze-Frau viele Mißverständnisse bringen. Sie kann von kalten oder willensschwachen Männern verfolgt werden, die sie beherrschen oder von ihr beherrscht werden wollen. Ungleich ihrer Skorpion-Schwester reizt sie ein Spiel um die Macht nicht sehr. Obwohl sie mildere Formen von Unterwerfung und Gewalt in Sexspielen sehr erfreulich findet, steht die »Herr-Sklave«-Dynamik vollkommen im Gegensatz zu ihrer Vorstellung von gegenseitiger Unabhängigkeit.

Vor allem jetzt, in einer Zeit der Veränderungen, kann sie sich in ihren Hauptbeziehungen an Frauen wenden. Sie mag dann eine Partnerin wählen, die äußerlich weiblicher ist als sie. Sie wird jedoch nach einer Frau suchen, die ihr an Energie, Unabhängigkeitsgefühl und erotischem Appetit ebenbürtig ist. Vor allem sucht sie Gleichheit in Herzensdingen. Eine »Ehefrau« in der Küche wird sie so wenig suchen, wie sie selbst eine ist.

Die Muster ihrer sexuellen Reaktion im Liebesakt scheinen wie folgt zu sein:

1. Ein wunderbares Gefühl der Freiheit oder der persönlichen Erweiterung, wahrscheinlich Ergebnis einer Art »Erwärmungs«–Übung wie nacktes Schwimmen, Reiten oder Yoga.

2. Eine offene, direkte Zuwendung, die entweder von ihr oder von ihrem Liebhaber ausgeht. Sie liebt deutliches Interesse und Bewunderung ohne Raffinesse, einschließlich derber Worte – aber keine »Latrinengespräche«. Für sie ist Sex in keiner Weise schmutzig.

3. Fester, starker Geschlechtsverkehr. Die Schütze-Frau ist ganz dabei, ihre Bewegungen sind unverfälscht, passen sich genau ein. Sie liebt heftigen Verkehr und kann die ganze Nacht weitermachen. Sie möchte sich vor allem vollkommen ausgeben, und es braucht allerhand, um sie zu erschöpfen.

4. Häufige Orgasmen während der Nacht. Die Schütze-Frau wird viele wonnevolle Höhepunkte erleben, nach einem herrlichen Orgasmus wird sie ein paar Minuten ausruhen – und dann wieder von vorn anfangen. Das ist ein weiterer Grund, warum

Orgien es ihr so angetan haben; ist ein Partner erschöpft, kann sie woanders weitermachen.

5. Ein Gefühl des Friedens, der Wärme und der Einheit mit dem ganzen Universum. Wenn sie schließlich befriedigt und erschöpft ist, wird sie sich träumend und abwesend zurücklehnen, mit der Natur, den Sternen oder ihren eigenen geheimnisvollen inneren Kräften Zwiesprache halten. Es ist am besten, wenn man sie in ihren Träumereien sich selbst überläßt und wartet, bis sie von selbst »zurückkommt«. Dann wird sie heiter und liebevoll sein.

Was für einen Liebhaber sie braucht

Wie Jupiter ist die Schütze-Frau überschwenglich und lebensfroh in ihren erotischen Äußerungen. Von ihrem Liebhaber verlangt sie vor allem, daß er ihren Enthusiasmus und ihre starke sexuelle Energie teilt. Obwohl die unterschiedlichsten Typen sie reizen, möchte sie einen männlichen Mann im besten Sinne des Wortes haben. Hasenfüße kann sie nicht ausstehen. Genauso verhaßt sind ihr Gewaltmenschen. Sie liebt einen Mann, der offen und stark ist, sogar die Richtung angibt, aber er muß zugleich auch sanft sein. Der Liebesakt ist für sie eine Kunst, und sie genießt den Mann, dessen Bewegungen Grazie, Sensibilität und Macht ausdrücken.

Ihre große Tierliebe (besonders Hunde und Pferde) kann zu erotischen Phantasien führen, die noch aus Kindheitserfahrungen stammen. Natürlich zieht es sie zu Sportlern und Tänzern. Männer, die schwitzen und trainieren, sind ihrer Meinung nach gerade richtig für die Spiele, die sie spielen will.

Sie mag auch Reisende und Fremde aller Nationalitäten. Ihr Abenteuergeist wird sie dazu verleiten, die körperlichen Proportionen eines äthiopischen Gesandten oder die legendäre erotische Meisterschaft eines indischen Yogi näher unter die Lupe zu nehmen.

Auf die Dauer möchte sie einen Liebhaber haben, der stark, aber ebenbürtig ist. Viele Männer sind ihrer Ausdauer im Bett nicht gewachsen, und das ist ein anderer Grund, weshalb sie sich Frauen zuwenden mag. Da es in homosexuellen Beziehungen keine strengen gesellschaftlichen Normen gibt, kann Lesbos ein idealer Lebensstil für sie sein.

Wiederum stehen Freiheit und Unabhängigkeit höher als alle anderen Erwägungen für die Schütze-Frau. Sie ist gewiß loyal, aber nicht unbedingt treu. Sie wird niemals über einen Mann verbittert sein, der sie zuerst wegen ihrer Unabhängigkeit bewundert und sie dann deshalb zur Rede stellt. Sie wird ihn einfach verlassen.

Welchen Lebensstil sie auch wählt, die Schütze-Frau wird immer versuchen, sich die Liebe auf Armeslänge vom Leibe zu halten. Obwohl sie diejenige sein kann, die den Anstoß zu sexuellen Handlungen gibt, wird sie zuerst die Bremsen anziehen, wenn ihr Partner sie mit Gefühlen bedrängt. Sie kennt ihre eigenen Schwächen und möchte keinen zu nahe kommen lassen. Es muß schon ein sehr besonderer Mensch sein, der die Glut anfachen kann, die sich unter ihrer kühlen und blasierten Haltung verbirgt. Wenn das Feuer auflodert, liebt sie von ganzem Herzen.

Was sie lernen muß

Wenn die Schütze-Frau im Grunde auch konventionell ist, ihre Sensibilität ist es ganz und gar nicht. Ihr freier Geist und ihre lebensfrohe, emotional anspruchslose Sexualität führen dazu, daß Männer sie seit Generationen achten und bewundern. Auch sie liebt und achtet die Männer wahrhaft, aber zu ihren eigenen Bedingungen. Sie liebt ihre unabhängige Sicherheit und wird sie beibehalten, selbst wenn sie deshalb einen guten Teil ihres Lebens allein leben muß. Aus bitterer Erfahrung mag sie gelernt haben, daß die Männer sie gerade deshalb anklagen, weil ihre Liebe die Schützin nicht »ändert«, weil sie ihre Unabhängigkeit und beiläufige Kameradschaftlichkeit beibehält. Nie darf sie zulassen, daß ihre Ehrlichkeit auf diese Art gegen sie ausgespielt wird. Wenn ihr Mann annimmt, daß sie ihm von Beginn an etwas vorgespielt hat, dann kennt er sie offensichtlich nicht gut genug. Und wenn er den Frauen im allgemeinen so sehr mißtraut, muß sie auch *seine* Botschaften laut und deutlich vernehmen.

Heutzutage wird sie es weniger schwierig finden, allein zu leben, aber das ist ja auch kaum erforderlich. Viele ihrer Schwestern lernen bereits die Freuden der Freiheit und Unabhängigkeit von fremder Hilfe kennen, und die Männer akzeptieren den offenen Lebensstil immer mehr, den die Schützen praktizieren.

Da die Männer sich mit ihrer eigenen »weiblichen«, empfänglichen Seite mehr und mehr anfreunden, muß die Schütze-Frau sich in acht nehmen, ihre persönliche maskuline Dynamik nicht noch zu verstärken. Sie mißachtet schwache Männer so sehr, daß sie versuchen könnte, ihren Standpunkt gegenüber einem Mann durchzusetzen, der gerade lernt, seine eigene Verwundbarkeit zu erkennen. Es mag sich ihr ein Mann nähern, der hofft, in der Liebe ein neues Gleichgewicht zu finden. Eine Schütze-Frau, die aus Unsicherheit die Männlichkeit ihres Partner aufstachelt, wird alle seine Versuche vereiteln. Wütend wird er den Schauplatz verlassen. Sie kann also wohl eine moderne Yanthippe werden.

Die Schütze-Frau muß bedenken, daß ihr Animus – die männliche Seite – sehr wohl stärker sein kann als ihre Anima, die weibliche Seite. Ein interessanter Aspekt ihrer neuen Beziehungen zu Männern ist die Herausforderung, *mit* ihnen weiblicher zu werden. Natürlich will keiner eine Klette, die sich anklammert, ob nun weiblich oder männlich, aber die Entdeckung von Zärtlichkeit und Einfühlungsvermögen und ein Teilhaben an echter Intimität ist oft für die Schütze-Frau eine genauso große Aufgabe wie für ihren Mann. Wenn ihr Abenteuergeist sich nach oben und nach innen richtet, wird sie die ideale Partnerin für den Mann von heute.

Der Ärger der Schütze-Frau

Wenn die Schütze-Frau sich ärgert, dann verwandeln sich ihre Energien in Ruhelosigkeit, Reizbarkeit, sarkastischen Witz und schneidende Bemerkungen. Sie fürchtet dieses so wichtige Gefühl fast ebenso, wie sie Intimität fürchtet. Sie will die vielfältigen Leidenschaften nicht, die der enge Kontakt mit anderen bringt.

Die Schütze-Frau mag gelegentlich mit dem Fuß aufstampfen, schreien und sogar weinen, wenn sie sich ärgert. Doch machen sie derlei Exzesse verlegen, sie will sich nicht schwach oder unbeherrscht zeigen. Ihre Reaktion auf den Ärger ist eher intellektuell als emotional. Sie versucht, sich vor den Ansprüchen und emotionalen Bedürfnissen ihrer Freunde und Vertrauten zu schützen und abzuschirmen.

So paradox es ist, während sie enge Beziehungen zu *einem* Menschen fürchtet, macht sie sich etwas aus Menschen im allgemeinen und aus ihrer näheren Umgebung im besonderen. Unehrlichkeit, Grausamkeit, Betrug oder Ungerechtigkeit, die gegen Gruppen oder anonyme Personen gerichtet sind, werden ihren Zorn sofort entflammen. Sie empfindet ihre Zurückweisung und Enttäuschung in einem allumfassenden Sinn. Sie ist eine große Menschenfreundin, eine echte Kreuzfahrerin.

Richtet die Schütze-Frau ihren Ärger gegen die dumpfe Masse oder gegen Menschen, die Probleme aus dem Wege gehen, so hat sie doch Schwierigkeiten, ihren persönlichen Ärger zu äußern und in positive Bahnen zu lenken. Jane Fonda zum Beispiel kann ihren Ärger einsetzen, die Rechte anderer zu verteidigen und tut das auch. In eigener Sache jedoch rührt sie sich leider nur selten.

Eine große Herausforderung für die Schütze-Frau ist es, die schwierigen persönlichen Probleme ihrer Nächsten nachzuempfinden und zu verstehen. Sie kann eine große Menschenfreundin sein, selten wird sie sich jedoch auf die Probleme ihres Partners einlassen.

Ihre Behendigkeit nutzt die Schütze-Frau, sich bei Gefühlen des Zweifels und Ärgers sofort zurückzuziehen. Wohlüberlegt schützt sie ihre gesellschaftliche Fassade. Ihren Ärger wird sie nur dann zeigen, wenn sie sich persönlich bedroht fühlt. Sie kann eine würdige Gegnerin im Kampf um die eigene Freiheit sein, der Ausgang dieses Kampfes wird jedoch oft durch ihren ausgeprägten Sinn fürs Überleben bestimmt. Häufig zieht sie sich aus Streitereien zurück. Selten wird sie bleiben und ein Thema bis zum Schluß verfechten. Sie muß lernen, ihre Energien in eine Richtung zu lenken, ständig zu analysieren.

Lernt sie ihren Ärger konstruktiv zu zeigen, kann sie ihre Umgebung positiv beeinflussen.

Unerfreuliche Situationen, für die sie keine Lösung weiß, überwältigen sie zuweilen und sie versinkt in Depressionen. Da sie nicht zu Selbstanalyse neigt, wird es ihr schwerfallen, ihre Probleme zu ergründen. Das kann in eine jahrelange Verwirrung münden. Schließlich wird sie sich wieder fangen, aber die so wesentliche Einsicht in die Gründe erlangt sie vielleicht nie.

Haß empfindet die Schütze-Frau nicht oft. Wenn es geschieht, zieht sie sich meist für immer von denen zurück, die ihren Haß erregt haben. Ihr Ärger ist kurz und heftig. Er zischt wie eine Wunderkerze auf und stirbt dann schnell.

Die Schütze-Frau löst viele ihrer Probleme mit einem Lachen. Sie ist ein großer Witzbold, und wenn sie mit jemandem zu tun hat, den sie nicht mag, ist sie eine Meisterin in sarkastischen und spontanen schneidenden Bemerkungen. Selten kommt sie herunter von ihrer erhabenen Höhe und läßt sich in schmutzigen Streit verwickeln. Sie ist nicht sonderlich gefühlvoll, sondern reagiert mehr philosophisch oder intellektuell.

Sie liebt es, die Gefühle anderer zu erforschen, während sie die eigenen sicher verbirgt.

Die Schütze-Frau muß bei ihren nächsten Angehörigen auf Anzeichen von Unruhe und Spannung achten. Zu Beginn ihres Lebens vermochte sie kaum, sich in andere einzufühlen, die verletzt reagierten, und wurde folglich auch mit ihrem Ärger und dem der anderen nicht fertig. Oft konnte sie ihn nicht einmal mitteilen. Eine aufgebrachte oder kritische Bemerkung von einem Nahestehenden kann ihr auch heute noch tiefen Schmerz verursachen. Sie sollte derlei Bemerkungen registrieren, ihr Verletztsein zugeben und den strittigen Punkt in einer entspannten, offenen und freundlichen Haltung erörtern.

Die Streitpunkte sind dann besonders kritisch, wenn ihr Liebhaber betroffen ist. Ist die Luft wieder rein, können beide jedoch zu den Grundproblemen zurückkehren. Es kann alles so einfach sein wie ein Telefongespräch oder so kompliziert wie eine fortbestehende Freundschaft mit einem früheren Liebhaber. Wenn die gegenwärtige Beziehung es wert ist, werden die zwei sich schon zusammenraufen. Die Schütze-Frau muß sensibel auf die Bedürfnisse ihres Liebhabers reagieren und erklären, was *sie* wissen muß, damit sie sich rücksichtsvoll benehmen kann. Wenn dann immer noch nicht alles funktioniert, ist es nicht ihre Schuld, es ist ein Fehler im Kommunikationssystem der beiden.

Die Lebensstile der Schütze-Frau

Die Schütze-Frau paßt ihren Lebensstil oft ihren augenblicklichen Vorlieben an. Wenn sie für Östliches schwärmt, wird sich ihr Leben um die Prinzipien dieser Philosophie drehen. Als ewig Lernende ist sie auch ewig im Wandel.

Es ist nicht ungewöhnlich, daß sie jung heiratet und sich bald darauf wieder scheiden läßt. Oft fasziniert sie die Philosophie der Ehe genauso wie andere Dinge sie philosophisch interessieren. Wenn jedoch der erste Mann, mit dem sie sich niederläßt, nicht ihren Freiheitsgeist hat, ihr nicht den Raum läßt, den sie braucht, um sich zu entfalten oder mit ihr und den Zeiten nicht wächst und sich ändert, wird sie weiterziehen. Im Haushalt kann sie ein Schrecken sein, und so mancher Mann schon hat entsetzt die Hände gehoben und war mit der Scheidung einverstanden.

Bleibt sie, entweder von Anbeginn an oder nach einer enttäuschenden Ehe, lieber allein, wird sie wahrscheinlich in einen anderen Stadtteil oder in eine andere Stadt ziehen – oder gar in ein anderes Land – und von vorne beginnen. Wenn vorhanden, wird sie gerne in »Single bars« gehen, denn hier findet sie auf erotischem Gebiet, was sie sucht. In ihrer Leichtgläubigkeit kann sie jedoch Opfer jener seichten Verlogenheit werden, die sich dort so häufig breitmacht. Mit ihren Freunden eine »Familie« zu gründen und deren Kinder, Haustiere und wohlgefüllte Schränke zu adoptieren, ist bei ihr durchaus möglich. Das entlastet sie von familiären Verpflichtungen und läßt sie doch Familienatmosphäre genießen. Sie ist eine großartige Freundin, vertrauenswürdig und gut gelaunt. Man muß jedoch eine ganze Menge Geduld mit ihrer nervösen Energie, ihrer lauten, oft verletzenden Ehrlichkeit und ihrer zuweilen auftretenden geistig-spirituellen Überheblichkeit haben, um sie wahrhaft zu lieben. Die Schütze-Frau wird fast alles wenigstens einmal ausprobieren. Dabei reizt sie die große Linie, Einzelheiten interessieren sie nicht. Bürokratismus ist ihr verhaßt.

Ungleich ihrer Wassermann-Schwester, macht es der Schütze-Frau wenig aus, was sie Leute zu Hause von ihr denken. Sie ist auffällig, extravagant und impulsiv, und alle, die sie verspotten oder auslachen, fordert sie einfach auf, mitzumachen. Sie hat wahrscheinlich mehr als jede andere Frau im Tierkreis den Weg zu alternativen Lebensstilen freigemacht. Für sie ist die offene Ehe kein Lebensstil, sondern Notwendigkeit. Sie hat Kommunen ins Leben gerufen und den Weg zurück zur Natur eingeschlagen, lange, bevor es Mode wurde. Bei ihrem Optimismus und ihrem Glück paßt jeder Lebensstil für sie.

Wenn sie reifer wird und sich entwickelt, muß sie lernen, daß die Annahme eines anderen Lebensstils mehr bedeutet als bloße Teilhabe. Es heißt daran arbeiten und sich auch für einen längeren Zeitraum der Sache widmen, wenn eine neue Bewegung Erfolg haben und Glaubwürdigkeit erreichen soll.

Die expansive Art der Schütze-Frau hat es mit sich gebracht, daß sie die traditionelle Rolle der Frau schon ablehnte, als diese Idee noch nicht allgemein akzeptiert wurde. Sie hat eine gute, positive Wirkung auf die Frauen ihrer Umgebung. Wenn man sie ansieht, scheint es so einfach zu sein, »befreit« zu leben, und das hat seinen Einfluß auf ihre Freundinnen. Oft demonstriert sie, daß Frauen, Ehefrauen, Mütter und produktive Mitglieder der Gesellschaft sein und trotzdem Erfahrungen haben können, die bisher nur den Männern vorbehalten waren.

Alternative Lebensstile

Alleinlebende Frau

Dieser Lebensstil gibt der Schütze-Frau die Freiheit, umherzuziehen und das Leben so zu erfahren, wie es sich anbietet, ohne an einen Ehemann oder eine Familie gebunden zu sein. Sie bleibt oft viel länger ledig als ihre Altersgenossinnen; oft bleibt sie auch nach einer besonders schwierigen Scheidung allein. Ihre Begabung, Freunde zu gewinnen und ihre Loyalität ihnen gegenüber schenkt ihr oft Ersatz-Familien, so daß entsprechende Bedürfnisse befriedigt werden. Selten fühlt sie sich einsam.

Sollte sie sich entscheiden, ledig zu bleiben, muß sie sich erst einige Fragen beantworten: Ist der Vorteil größer als der, in einer traditionellen Familie zu leben? Habe ich Angst vor einer Bindung, oder

412

sehe ich meine Bedürfnisse und Schwächen realistisch? Habe ich die Kraft, den letzten Teil meines Lebens allein zu verbringen? Sind Kinder wirklich der sprichwörtliche »Trost«? Bin ich bereit, Mitglied einer erweiterten Familie zu werden oder eine erweiterte Familie zu bilden, um mein Bedürfnis, zu jemandem zu gehören und familienähnliche Erfahrungen zu machen, zu befriedigen?

Enge Verflechtungen (Intimate Networks)

Das ist eine Einrichtung, in der man Freunde beider Geschlechter hat, und in der sexuelle Beziehungen weder verboten noch ermutigt werden. Die Schütze-Frau blüht in solchen Situationen auf, und sei es nur deshalb, weil sie ihr Bedürfnis nach Expansion, Geben, Intuition und Entdeckung befriedigen kann. Sie gedeiht in Beziehungen, wo Eifersucht und Besitzgier wenig Chancen haben. Ihren Unabhängigkeitsdrang und ihre Deftigkeit wird sie bei jeder Beziehung in Schach halten müssen, bei den engen Verflechtungen ist das eine ausgesprochene Notwendigkeit.

Getreu ihrer Art wird die Schütze-Frau bis heute bereits in viele enge Verflechtungen verwickelt gewesen sein. Es ist die Art Freundschaft, die sie sucht, diejenige ohne die traditionelle Forderung »Du tust das für mich, dann tue ich das für dich«.

Offene Ehe

Auf die Dauer gesehen wird es für die Schütze-Frau von Vorteil sein, jede Ehe mit der Vorstellung einer gewissen Offenheit einzugehen. Sie sollte die Motive ihres zukünftigen Partners sorgfältig untersuchen und ihm ihre eigenen ebenfalls klar darlegen, *bevor* sie sich in einer Ehe bindet. Sie wird oft mißverstanden, teilweise, weil sie sich nicht deutlich genug ausdrückt und teilweise, weil sie sich so rapide ändert.

Eine offene Ehe befriedigt nicht nur ihr Bedürfnis nach vielfältigen erotischen Erfahrungen, sondern auch ihr Bedürfnis nach Reisen (und sei es nur bis zum anderen Ende der Stadt). Sie muß sich fragen, wieviel ihre Hauptbeziehung ihr bedeutet, damit sie verheiratet bleibt und die Vorteile der offenen Ehe genießen kann.

Ménage à trois

Das einzige, was der Schütze-Frau noch mehr gefallen könnte, wäre wohl eine Orgie. Es macht ihr Spaß, wenn andere an ihren erotischen Abenteuern teilnehmen, und sie zeigt ihnen auch gerne den Weg. Sie muß jedoch achtgeben, daß auf sexuellem Gebiet nicht nur ihre Wünsche erfüllt werden und sie die beiden anderen nicht zu sehr beherrscht. Bei diesem Arrangement ist es wichtig, daß alle drei gleichermaßen an der Freude, der Entdeckung und der Befriedigung des Sex teilhaben; wenn einer oder beide Partner nicht so stark sind wie sie, wird sie natürlich das Kommando übernehmen, damit sie bekommt, was sie will. Sie sollte den Dingen ihren Lauf lassen ohne nachzuhelfen.

Gruppenehe

Eine ideale Situation für eine Schütze-Frau, die sich weiterentwikkelt und den Wert des Selbstvertrauens erkannt hat. Wahrscheinlich wird sie die ganze Gruppe auf ihre weiten Reisen und zu ihren Erkundungen mitnehmen wollen. Dieser Lebensstil gibt eine perfekte Bühne für ihre exhibitionistischen Talente und ihren fortschrittlichen Geist ab. Wiederum muß sie jedoch aufpassen, daß sie die anderen Mitglieder der Gruppenehe nicht an die Wand drückt. Sie muß allerdings auch sicher sein, daß die anderen es ehrlich meinen in ihrem Bemühen. Zu oft wird sie durch ihre Leichtgläubigkeit ein Opfer derer, die nach zuviel Macht streben.

Leben in einer Wohngemeinschaft

Die Schütze-Frau ist wie für das Leben in einer Gemeinschaft gemacht. Nichts hat sie lieber, als Erfahrungen mit anderen zu teilen, Neues zu lernen, ihren Charme zu zeigen und Freude zu verbreiten. Schon die Anzahl der Leute in einer Wohngemeinschaft garantiert, daß sie niemals ohne Anregungen und ohne ein Publikum für ihre exhibitionistischen Neigungen ist. Sie ist für einen persönlichen Stil, hat Interesse an der Natur und ihrer Erhaltung. Ihre Intuition ist unschätzbar in Kommunen.

Sie muß jedoch wiederum ihre Grobheit und ihre übertriebene Ehrlichkeit im Zaum halten, um die Gefühle ihrer Mitbewohner nicht zu verletzen. Auch an die Intimität in Wohngemeinschaften muß sie sich erst gewöhnen. Ihr Eifer und ihr Optimismus wird die anderen aufrichten, wenn es einmal Probleme gibt – und dann ist da ja auch immer noch ihr unerhörtes Glück!

Homosexueller/bisexueller Lebensstil

Obwohl die männliche Seite der Schütze-Frau in homosexuellen Beziehungen sich meist verstärkt, ist sie eine Kandidatin für diesen Lebensstil. Männer sind häufig sexuell frustriert und nicht fähig, ihren enormen Appetit zu befriedigen, auch sehen sie die Schützin natürlich lieber in ihrer traditionellen Rolle. Sie ist allerdings in der Lage, diese Alternative zur konventionellen gesellschaftlichen Norm zu wählen. Sie sollte dabei ihre Herrschsucht unterdrücken und sich die Unterschiede zwischen homosexuellem und heterosexuellem Leben verdeutlichen. Rollenspiel und Raffinesse den Männern gegenüber lehnt sie ab, sie darf sie auch nicht bei einer anderen Frau anwenden.

Zusammenfassung

Die größte natürliche Gabe der Schütze-Frau – ihre unerschöpfliche Energie – ist vielleicht auch ihre größte Herausforderung. Um diese Energie in die richtigen Bahnen zu lenken, muß sie lernen, sie zu kontrollieren. Zuvor aber muß sie erkennen, daß Kontrolle nicht unbedingt Behinderung heißt. Kontrolle muß für sie eine neue Bedeutung erhalten und zu einer Kraft werden, die ihre Bewegungen lenkt und ihren Geist diszipliniert. Nur dann kann sie die hohen Ziele erreichen, nach denen sie Ausschau hält. Sie sollte jedoch nicht bei den Sternen suchen, sondern ihr Streben dem realen Leben auf der Erde zuwenden. Die Schütze-Frau kann dann ihre Identität gewinnen, wenn sie die Angst, ihre Unabhängigkeit zu verlieren, überwindet.

Steinbock

22./23. Dezember bis 20./21. Januar

Kennzeichen der Steinbock-Frau

1. ZIELBEWUSST
2. LEBENSHUNGRIG
3. EHRGEIZIG
4. ENTSCHLOSSEN
5. GESCHICKT IM KRISEN- MANAGEMENT
6. LOYAL
7. VERANTWORTUNGSGEFÜHL
8. HINGABE
9. WIDERSPRÜCHLICH
10. LEIDENSCHAFTLICH
11. KRITISCH
12. STARK SEXUELL INTERESSIERT
13. VERWUNDBAR
14. MATERIALISTISCH
15. MORALISTISCH
16. HÄLT AUF FORM
17. STARR
18. KONFORMISTISCH
19. TRADITIONELL, VERHERRLICHT DIE VERGANGENHEIT
20. UNSICHER, ABER. . .
21. ZUVERSICHTLICH
22. KÖNIGLICH
23. WÄHLERISCH, ABER. . .
24. ZERSTREUT
25. UNABHÄNGIG, ABER. . .
26. SUCHT PROTEKTION
27. VORSICHTIG, VERABSCHEUT RISIKEN
28. PRAKTISCH
29. REALISTISCH
30. ORGANISATORISCHE BEGABUNG
31. GUTES GEDÄCHTNIS
32. HUMORVOLL, SARKASTISCH
33. LAUNISCH, DEPRESSIV
34. LEBT LANGE
35. ERFOLGREICH (GEWINNT AM ENDE)

Die Persönlichkeit der Steinbock-Frau

Allgemeines

Die Steinbock-Frau ist mit einem starken Hunger auf das Leben, auf Leistung und auf Sieg über die Alltäglichkeiten gesegnet. In Krisen und widrigen Umständen bewährt sie sich als Expertin, und während ihres gewöhnlich langen Lebens hat sie genügend Gelegenheiten dazu. Sie hat Stehvermögen, ist eine loyale Liebhaberin und Freundin. Häufig behandelt sie die Angelegenheiten anderer mit mehr Spürsinn und Scharfblick als ihre eigenen.

Ihre Gesundheit und ihr Glück steigern sich im Laufe der Zeit. Erst mit ungefähr fünfunddreißig Jahren wird sie selbstsicher. Ihr bester Freund ist die Freude. Ihre Geburt in den dunkelsten Tagen des Winters scheint ein starkes Bedürfnis nach Sonne zu schaffen. Ihr größter Feind ist ein verborgener Zweifel an sich selbst, der zu häufigen Depressionen führen kann.

Die Steinbock-Frau hat olympische Ideale und Erwartungen. Selten ist sie mit sich und den Dingen so, wie sie sind, zufrieden. Sie greift nach den Sternen, und wenn sie nicht gerade einen Traum verwirklichen will, ist sie in rigorosem Training für die nächste Mount Everest-Besteigung. Stier, Jungfrau und Steinbock sind die drei Erdzeichen des Tierkreises. Steinbock ist ein kardinales Erdzeichen, das zehnte Zeichen.

Der Steinbock-*Typ* ist durch die Kennzeichen zu Beginn dieses Kapitels charakterisiert. Die Steinbock-*Phase* hat die folgenden Merkmale:

1. Tätigkeit und Selbstbehauptung. Die Schlüsselworte für Steinbock sind *beschäftigen, verwerten* und *Erfolg*.

2. Alle wichtigen Dinge im Leben werden sorgfältig auf ihren Wert abgeklopft. Die Steinbock-Frau geht die Prioritäten durch und hat dabei immer vor Augen, wie sie in ihr ehrgeiziges Schema passen. Selten verliert sie ihre Ziele aus den Augen.

3. Sie hat eine besondere Beziehung zum Wort und kann damit zaubern. Wenn sie will, kann sie kraftvoll artikulieren, sagt aber selten mehr, als ihr erforderlich scheint. Wenn es ihren Zwecken dient, ist sie gänzlich verschwiegen.

4. Steinbock wird astrologisch von Saturn beherrscht. Saturn wird traditionell mit Pflicht, Verantwortung, Verzögerung, Einschränkung oder Einengung in Zusammenhang gebracht; Metaphysiker betrachten Saturn als den Herrn des Karma. Man sagt, daß die Steinbock-Geborenen unparteiisch und gerecht sein sollen, weil ihr astrologischer Herrscher ein gerechter Herr und Richter ist.

Die Steinbock-Frau ist sicherlich zum Herrscher geboren. Schon als Kind hat sie, wie häufig beobachtet, ein königliches Gebaren. Autorität ist wichtig für sie, besonders als Bestandteil des Erfolges.

Die Steinbock-Energie weist stets auf die Möglichkeit außerordentlicher Leistung hin. Aber wie bei jedem Aspekt des Lebens, bestimmen auch hier erst Gebrauch und Anwendung der Energie die Lebensqualität.

Menschen mit starker Steinbock-Betonung im Horoskop oder Menschen in einer Steinbock-Phase ernten in ihren Gedanken und Taten gewöhnlich genau das, was sie säen. Positiv gesehen können sie jeden Gipfel erobern, negativ gesehen haben sie einen langen, mühsamen Kampf vor sich.

Die junge Steinbock-Frau oder eine Frau, die durch eine Steinbock-Phase geht, wird hart arbeiten, sich »hart« vergnügen, für jeden Fehler bezahlen, sehr auf Geld und materielle Dinge aus sein und Schwierigkeiten haben, sich zu entspannen. Die positive Steinbock-Frau wird einem hohen Ziel nachstreben und materielle Sorgen nicht beachten, die negative Steinbock-Frau bleibt am Boden kleben und kann dabei in den Dreck fallen.

Positiv ist die Steinbock-Frau eine Magierin der Form und der Zeremonien. Sie kann mit Gedanken Wunder vollbringen – das heißt, Kranken und Verwundeten helfen. Sie kann ihren Zauberstab schwingen und eine schöne und behagliche Umgebung schaffen. Sie kann für sich und ihre Lieben die Wege zu Kommunikation, Erfüllung und Optimismus vereinfachen. Mit alten Traditionen kann sie wohl vertraut und imstande sein, sie in die heutige Welt zu integrieren.

Negativ ist sie materialistisch bis zu übertriebener Sorge und Geiz, starr, kritisch und ängstlich. Durch ihren harten Ton und ihr Urteil kann sie viele Leute abstoßen. Auf Kritik kann sie überempfindlich reagieren und unter Pessimismus, Zweifel und zeitweisen Depressionen leiden. Manchmal werden ihre Depressionen ihr Leben völlig beeinflussen – eine immer vorhandene Gefahr in der Steinbock-Phase. Geboren, das Gesetz auszuführen, kann sie ihre Mission im Leben irrtümlich für die eines Diktators halten. Es würde ihr sehr viel helfen, wenn sie in ihren Phantasien mehr auf ihre Geduld als auf ihre Ängste vertrauen würde. Die Steinbock-Frau hat das Zeug zur Verwirklichung ihrer Träume, aber sie muß daran arbeiten, den Stil dafür zu entwickeln. Sie kann recht schlampig sein und ihre äußere Erscheinung vernachlässigen. Sie ist fasziniert von Leuten, die schicker und prächtiger sind als sie, und kann auch neidisch auf sie sein. Anstrengungen, ihrem zauberhaften Wesen eine entsprechende äußere Umrahmung zu geben, würden ihr nur gut tun. Sie ist eine Nachteule, meist ernsthaft, die einsame Träumerin großer Träume. Was sie letzten Endes so faszinierend und bemerkenswert macht, sind ihre Zivilcourage, ihr Ehrgeiz, ihre Beharrlichkeit und die Fähigkeit, ihre Phantasien zu verwirklichen.

Es folgt eine Auflistung der positiven und negativen Aspekte der Steinbock-Energie. Diese Aufstellung enthält Eigenschaften, die allen Steinbock-Geborenen gemeinsam sind, die einzelne Steinbock-Frau muß jedoch daran denken, daß sie einen freien Willen, eine vielfältige Auswahl hat. Sie muß entscheiden, welche der aufgeführten Eigenschaften sie in ihrer augenblicklichen Phase genauer betreffen.

Positive Steinbock-Eigenschaften sind: Gefühlsbetontheit, Unabhängigkeit, Ehrgeiz, Freude an schönen Dingen, Sparsamkeit, Beharrlichkeit, Mut, Achtung vor der Tradition, Vorsicht, Beherrschung, Souveränität, Würde, Bescheidenheit, Verantwortungsbewußtsein, Zuversicht, Selbstvertrauen, Organisationstalent und Willenskraft. Die negativen Steinbock-Eigenschaften sind: Launenhaftigkeit, übertriebene Abhängigkeit , den anderen um eine Nasenlänge voraus sein, Habgier, Gewinnsucht, Geiz, depressive Ängste, Unbeweglichkeit, Zögern, Verdrängung, Überheblichkeit, Anmaßung, falscher Stolz, Herrschsucht, Mißtrauen, Selbstzweifel, autoritäres Wesen, Behinderung anderer.

Im Körper der Steinbock-Frau sind besonders empfindlich: Knie,

Wirbelsäule, Haut, Gelenke, Bänder, Knorpel, Sehnen, Zähne, Gallenblase, Nägel.

Die Berufe, die dem Steinbock oder dem Saturn, seinem herrschenden Planeten, zugeschrieben werden, sind: Architekt, Baumeister, Maurer, Chiropraktiker, Rechtsberater, Landbesitz und Spekulation mit Land, Getreidehandel, Ingenieur, Landwirtschaft, Viehzucht, Bildhauer, Gerber, Unternehmer im allgemeinen, Tischlerei, Regierung, Politik, Verwaltung im großen Maßstab, Uhrmacher. Berufe, die günstig für Steinböcke sind: handwerkliche Produkte aus Leder, Stein, Metall oder Holz herstellen, Auktionator, selbständiger Juwelier oder Besitzer von Antiquitätengeschäften, Modegeschäften oder Restaurants, Immobilien-Makler, Berufe in der Nahrungsmittelindustrie, Antiquitätenhändler, Museumskurator oder Förderer der Künste, Buchbinder, Bühnenbildner oder -handwerker, Schauspieler und Produzenten, Cartoonisten oder Humoristen, Buchhaltung, Verwaltung großer Projekte, Arbeit als Knochenspezialist, Zahnärzte, Organisatoren.

SEHR ZWECK- UND ZIELBEWUSST, LEBENSHUNGRIG

Als ein Reporter den Steinbock-Filmstar fragte, seit wann sie Schauspielerin werden wollte, antwortete sie: »Immer.« Wenn Scarlett O'Hara der typische Widder des Films ist, so kann man sagen, daß die Rollen, die Joan Crawford in ihren berühmtesten Filmen spielte, alles Steinbock-Typen waren. Ihre Charaktere waren klug und ausgeglichen, königlich, beharrlich, tüchtig, aufstrebend. Sie wußten, wie sie ihre ehrgeizigen Ziele erreichen konnten, überwanden viele Hindernisse, aber am Schluß waren sie erfolgreich, wenigstens beruflich. Das übliche Thema dieser Filme ist immer noch relevant für alle Frauen, besonders aber für die Steinbock-Frau: Kann eine Frau starken Ehrgeiz mit persönlicher Erfüllung verbinden? Wie?

Sexualität und Liebe sind sehr wichtig für die Steinbock-Frau, aber sie erfüllen nicht ihr Bedürfnis nach weltlicher Anerkennung. Selbst als kleines Mädchen ist sie meist schon eine hingebungsvolle Denkerin und Planerin. Die typische Steinbock-Frau weiß, was sie einmal werden will, wenn sie groß ist – sie möchte rundum gewinnen im Spiel des Lebens. Wenn sie dieses Wissen unterdrückt, wird sie wahrscheinlich Erfahrungen machen, die sie aufrütteln und ihr ihr Schicksal vor Augen halten: Sie muß *jemand* sein. Wie sie dieses *jemand* definiert, ist ihre Sache, aber sie muß mit ihren Leistungen zufrieden sein.

EHRGEIZIG, ENTSCHLOSSEN

Das astrologische Symbol der Steinbock-Frau ist der Ziegenbock – manchmal der Steinbock, manchmal die Seeziege. Der Steinbock wird meist auf einem Felsen dargestellt. Sicheren Fußes und allein erklettert er die Höhen. Die Seeziege ist halb Ziege, halb Fisch, sie repräsentiert die Fähigkeit, weit zu kommen und tief zu empfinden. Ihr altes Symbol war das Einhorn. Sein eines Horn symbolisiert die aufrichtige Entschlossenheit der Steinbock-Frau, ihre Ziele zu erreichen. Sie hat eine ungeheure Konzentrationskraft und gibt niemals ein Rennen auf, das wichtig für sie ist. Sie ist vielleicht der Igel und nicht der Hase, aber wir alle wissen, wer den Wettkampf gewonnen hat.

Sie ist beharrlich in der Verfolgung ihrer Ziele, wenn sie auch ihre Methoden den Umständen anpassen kann. Sie erkennt die Gelegenheit und ergreift sie zu ihrem Vorteil, obwohl schnelle Entscheidungen ihr unter Umständen schwerfallen. Manche halten sie für eine Opportunistin, aber das ist die Geschichte vom Fuchs und den sauren Trauben. . .

Im geheimen hegt sie große Pläne. Vielleicht hat sie die Vision, sie würde zum Establishment gehören und viel Geld verdienen. Oft stellt sie sich ihren Namen in Neonbuchstaben am Broadway oder einer anderen Großstadtstraße vor. Allgemein ist es ihr Ziel, von denen anerkannt zu werden, die sie respektiert. Wenn sie den häuslichen Pfad wählt, wird sie ihren Mann gewiß auf der Stufenleiter vorwärtsdrängen.

GESCHICKT IM KRISEN-MANAGEMENT, LOYAL

Wenn Sie in einer Krise stecken, gerade eine Scheidung durchmachen und sich die Augen ausweinen oder nach Stockholm zu den Nobel-Preis-Zeremonien eingeladen sind, Ihr Mann aber mit Magengeschwüren im Krankenhaus liegt – dann rufen Sie Ihre Steinbock-Freundin an. Sie ist großartig in Notfällen. Keiner wird mit mehr Ruhe die Zügel übernehmen, Ihre Nerven beruhigen und die Entscheidungen für Sie treffen. Und keinem macht es auch mehr Spaß.

Gelegentlich werden Sie ihr zwar ihre Besserwisser-Haltung übelnehmen, aber Tatsache ist, daß sie wirklich weiß, was zu tun ist, besonders in einer Krise. Sie ist glücklich, wenn jeder sie braucht und keiner Zeit hat, sich an ihr zu stoßen. Sie genießt es, Herr der Lage zu sein.

VERANTWORTUNGSGEFÜHL, HINGABE

Die Steinbock-Frau ist durch und durch loyal, eine hingebungsvolle Freundin und Angestellte und ein verantwortungsbewußter Mensch. Sie ist ehrgeizig, und sie hat ein gutes Herz. Sie widmet sich auch sich selbst und verliert selten eine Schlacht, es sei denn, sie hält das für erforderlich, um den Krieg zu gewinnen.

Keiner, es sei denn die Stier-Geborene, ist so verläßlich in der Buchhaltung und bei der Verwaltung von Geld und Besitz. Sie bekommt den besten Gegenwert für ihr Geld und ist eine unvergleichlich gewitzte Einkäuferin. Allerdings erwartet sie Anerkennung für ihre Bemühungen, sonst fängt sie zu grübeln an, warum man sie ihr vorenthält.

WIDERSPRÜCHLICH

Wer würde je vermuten, daß die Steinbock-Frau, in sich selbst ruhend und gesammelt, ein Bündel aus Widersprüchen ist?
Sie ist so leidenschaftlich, wie sie kritisch und vorsichtig ist. Sexuell

ist sie stark interessiert, geht aber etwas schief bei der Liebe, wird sie zur nur noch pflichtbewußten Sexualpartnerin und mag die Sexualität sogar überhaupt ablehnen. Sie ist gefühlvoll und zurückhaltend zugleich. Im Hinblick auf ihre eigenen Chancen ist sie optimistisch, pessimistisch aber, was die menschliche Natur betrifft. Sie ist wählerisch bei Partnern und sexuellen Positionen, macht aber Phasen durch, in denen sie für kurze Affären, sogar das Abenteuer einer Nacht empfänglich ist. Sie erreicht viel und zweifelt doch an sich selbst. Sie ist großzügig und doch sparsam; gebefreudig und loyal, doch eigenwillig und launisch. Sie ist unabhängig von fremder Hilfe, hat es jedoch gern, wenn ihr Mann sie beschützt. In der Liebe gibt sie alles, doch kann es ein Leben dauern, bis sie ihre wahre Liebe gefunden hat.

LEIDENSCHAFTLICH, KRITISCH

Die Steinbock-Frau bewegt sich vorsichtig auf unbekanntem Gebiet. Sie geht keine Bindungen ein, ohne lange überlegt zu haben; wenn sie aber liebt, liebt sie ganz. Sind ihre Leidenschaften einmal erregt, kennt sie keine Hemmungen. Leider findet sie auch immer mehr Fehler, wenn die Liebe andauert.

Sie zögert, eine Bindung einzugehen, denn normalerweise fürchtet sie Zurückweisung. Sie hält sich jedoch auch zurück, um in Ruhe alle Antworten zu bedenken und die Risiken abzuschätzen. Was, fragt sie sich, wird diese Liebe für meinen gesellschaftlichen Status, meine sinnliche Befriedigung, meine Familie bedeuten? Was werden Preis und Vorteile meiner Hingabe sein? Manchmal zögert sie so lange, bis die Gelegenheit vorüber ist. Sie muß lernen, daß es im Leben keine Garantien gibt, auch nicht auf kurze Sicht.

STARK SEXUELL INTERESSIERT, VERWUNDBAR

Das schlimmste im Leben der Steinbock-Frau ist ihre ständige Angst, verletzt zu werden. Vielleicht erklärt das, warum sie so häufig Mängel an ihren Liebhabern findet. Läßt sie das Eis schmelzen und die Flammen emporlodern, ist sie zugleich auch allzu verletzlich, offen. Dann zeigt sich ihre andere Seite: ein Kind, verwundbar, entzückend, zart, hinter der beherrschten Königin.

Manchmal explodiert sie mit der Gewalt eines Vulkans. Im Bett kann sie sich wie ein junger Hund fühlen, der endlich genug Platz zum Auslauf hat. Sie reagiert sehr auf einen sensiblen Mann, der gefühlsstark und voller Spannkraft ist, der genug Intelligenz hat, um sie zu hätscheln und genug sexuelle Erfahrung, um durchzuhalten.

MATERTIALISTISCH

Laufend muß die Steinbock-Frau Kämpfe mit sich selbst ausfechten, weil sie sich so sehr zum Reichtum und seinen strahlenden Verlockungen hingezogen fühlt. Sie sehnt sich nach Geld und Ansehen, kann aber deshalb auch Schuldgefühle haben. Immer wieder einmal träumt sie von Zobelpelzen, einer Jacht, Juwelen und Häusern auf dem Lande. Sie möchte sich in materielle Sicherheit einhüllen, als wolle sie sich vor dem kalten Wintertag ihrer Geburt schützen. Die Gefahr ihrer materialistischen Tendenzen liegt darin, daß sie sich ihrem Streben nach Gold und Glanz auf Kosten ihrer Selbstentwicklung hingibt. Sicherheit kann die einzige Realität für sie werden. Sie kann zum Beispiel eine vielversprechende Laufbahn als Malerin oder Dramatikerin zugunsten eines Berufs aufgeben, der nur materiellen Gewinn bringt. Es kann auch sein, daß sie nur des Geldes wegen heiratet und es dann später bereut.

Die Welt, das Leben, sie sind ständig im Fluß, ständig in Veränderung. Die Steinbock-Frau könnte noch der altmodischen Ansicht sein, daß Universum und Leben rein körperliche Wesenheiten seien. Seit Einstein aber hat sich unsere Weltanschauung gewandelt. Man muß die Relativität des Lebens, auch die des eigenen Selbst, erkennen. Steinbock-Frau, Sie sollten sich nicht so sehr mit *tun* oder *haben* beschäftigen, daß Sie vergessen, zu *sein*.

MORALISTISCH, HÄLT AUF FORM, STARR

Der Puritanismus mit seinem engherzigen und starren Moralkodex kann als Steinbock-Phase in unserer Geschichte betrachtet werden. Die Steinbock-Frau hat ein starkes Sittlichkeitsgefühl. Sie ist überzeugt, daß sie weiß, was richtig und was falsch ist, und sie hat nicht die Absicht, vom Pfad der Tugend abzuweichen. Selbst als kleines Kind teilte sie ihre Spielsachen wahrscheinlich schon in Kategorien ein, hatte ihre Gefühle unter Kontrolle und zog klare, wiederholbare Regeln und Normen zu Hause einem ungeregelten Lebensstil vor.

Meist wächst sie zu einer sehr korrekten jungen Dame heran. Sie mag Hut und Handschuhe tragen, wenn andere Mädchen es nicht tun, und oft strahlt sie einen kühlen Magnetismus aus. In jungen Jahren hat sie meist absolute Ansichten darüber, was man auf sexuellem Gebiet tun darf und was nicht. Sie kann richtig zimperlich, überheblich und dünkelhaft sein.

Sie ist der Typ, der im allgemeinen seine Tagespläne schon eine Woche im voraus macht. Selten liebt sie Veränderungen und mißbilligt »unnormale« Gewohnheiten. »Unnormal« kann alles sein, was sie gerade mißbilligt. Es ist gut, daß sie mit den Jahren und nach ein paar Affären ihre gesellschaftlichen und auch erotischen Maßstäbe etwas weiter faßt. In manchen Fällen bedarf es erst einer verfehlten Ehe und einer unangenehmen Scheidung, damit sie flexibler und toleranter wird.

KONFORMISTISCH, VERHERRLICHT VERGANGENHEIT UND TRADITION

Die Steinbock-Frau respektiert nichts so sehr wie die Vergangenheit. Da gab es ihrer Meinung nach noch Größe, alles war schöner, als es in der dekadenten Gegenwart ist und in der unstabilen Zukunft sein wird. Gewöhnlich liebt sie Dauerhaftigkeit, Beständigkeit, Sicherheit und Verwurzelung. Da möglichst alles mit ihrer Weltanschauung übereinstimmen soll, umgibt sie sich mit Dingen, die eine Aura der Beständigkeit haben. Sie schätzt Antiquitäten, möchte solide Möbel haben. Markennamen spielen eine Rolle. Sie will nur das Beste, denn es ist von dauerhaftem Wert und vermittelt Ansehen.

Die überlieferten Werte der Familie sind ihr wichtig. Deren Stammbaum kennt sie oft besser als ihre Eltern. Ihren kleinen Brüdern und Schwestern mag sie altmodische Moralbegriffe und altmodisches Benehmen eintrichtern und manchmal, wenn sie auf ihre Rechte als ältere Schwester pocht, geradezu erdrückend sein.

Schon als kleines Mädchen hilft sie alten Damen über die Straße, pflegt kranke oder alte Tiere und ist niemals zu müde zum Lesen. Sie hat die unglückliche Angewohnheit, bei schlechtem Licht zu lesen, so als wolle sie eine Vergangenheit heraufbeschwören, wo es noch keine Elektrizität gab. Sie mag weitentfernte Orte, Erfolgsgeschichten und ältere Leute. Für sie liegt das Geheimnis des Lebens darin, daß man die Traditionen bewahrt und ein hohes Alter erreicht. In mancher Hinsicht erinnert sie an ihr gegenüberliegendes Zeichen, die Krebs-Frau, auch sie nostalgisch, materialistisch und traditionell.

UNSICHER, ZUVERLÄSSIG, KÖNIGLICH

Die Steinbock-Frau ist ein faszinierender Irrgarten, ein echtes Labyrinth des Dädalus. Irgendwo ist der Zugang, aber es braucht Geduld und Erfindungsgabe, den Weg zu finden.

Sie vertraut darauf, daß sie die Zeit auf ihrer Seite hat, und mit Recht. Sie rechnet mit ihrer eigenen Beharrlichkeit im Verfolgen ihrer Ziele. Sie weiß, daß sie stark und tüchtig ist und erwartet, früher oder später dafür entschädigt zu werden. Sie hat ein Gespür für das Schicksal und ist bereit, hart zu arbeiten, um es zu erfüllen.

In der Liebe ist sie weniger sicher. Insgeheim lockt sie die Intimität, im allgemeinen jedoch schreckt sie davor zurück. Man braucht schon eine Unmenge liebevoller Zuwendung, um sie zu erobern, sei es auch nur für kurze Zeit.

Überlebensgroß und prächtig ist sie, der seltenen Perle in einer Auster gleich. Es braucht mehr als ein Sandkorn, um zu ihr durchzudringen, es braucht einen ganzen Sandsturm.

WÄHLERISCH, ZERSTREUT

Die seltsame Mischung von vertrauensvoller Unsicherheit verursacht viele Dramen im Leben der Steinbock-Frau. Sie ist vertraut mit Krisen und Verlusten, mit Höhen und Tiefen. Sie ist außerordentlich wählerisch. In ihrem Bedürfnis nach Bindung ist sie jedoch ständig auf der Suche nach wirklicher Intimität, und das oft bei den falschen Leuten. Sie zersplittert ihre Energien im Versuch, den Bedürftigen, den Heimatlosen, den Alten zu helfen. Es geschieht auch, daß sie, ruhelos und nach körperlicher Berührung hungernd, inhaltslose Freundschaften und Affären hat.

Intimität mag bedrohlich sein, ihr angeborenes Selbstvertrauen verlockt sie jedoch immer wieder, das auf die Probe zu stellen. Daß sie dann Quantität statt Qualität erhält, wen wundert's.

UNABHÄNGIG, SUCHT JEDOCH PROTEKTION

Die Steinbock-Frau ist wahrscheinlich am ehesten in der Lage, unabhängig zu sein, sie ist jedoch auf gesunde Art altmodisch in ihrem Bedürfnis, einen Menschen zu haben, von dem sie abhängt. Sie kann Direktorin ihrer Firma oder Präsidentin einer Frauengruppe sein, sie wird immer noch verlangen, daß ihr Partner entscheidet, ob das Haus neu möbliert wird, Hansi in eine Privatschule und ihre Mutter in ein Altersheim soll. Sie zieht es auch vor, wenn er bezahlt.

VORSICHTIG, VERABSCHEUT RISIKEN

Der Steinbock schreitet sicheren Fußes, ist aber vorsichtig. Er weiß genau, daß jeder unüberlegte Schritt einen Sturz verursachen kann, der ihn vorübergehend behindert. Die Steinbock-Frau hat oft Verletzungen und Verzögerungen und versucht, dem zuvorzukommen. Behutsam bewegt sie sich voran, setzt einen Fuß vor den anderen.

Sie sollte wissen, daß sie über den gesunden Menschenverstand und die Fähigkeit verfügt, ihr Leben zu steuern. Die Zukunft allerdings läßt sich nicht kontrollieren, sie sollte daher ihre Vorsicht nicht übertreiben. Gehen Sie ein paar kalkulierte Risiken ein, Steinbock-Frau, besonders in menschlicher Beziehung. Führen Sie nicht Buch. Das Gesetz Saturns, Ihres herrschenden Planeten, ist umfassende Gerechtigkeit, und Sie werden nicht ausgeschlossen sein.

PRAKTISCH, REALISTISCH

Die Steinbock-Frau ist eine Pragmatikerin, die selten ihre kurz– oder langfristigen Ziele aus den Augen verliert. So schätzt sie auch die Vor- und Nachteile jeder Situation ab. Wird sie ihre Ersparnisse aufbrauchen, falls sie sich einen neuen Mantel kauft? Wird sie Gehaltserhöhung bekommen, wenn sie jetzt Überstunden macht? Wenn sie mit Fred ins Kino geht, folgt dann das Bett, oder ist es noch zu früh dazu? Verdient Fred genug, um nächste Woche mit ihr abends auszugehen, oder soll sie lieber auf Heinz warten? Die Steinbock-Dame hat ihre Buchführung so im Kopf, daß es den gewiegtesten Bridge-Spieler beeindrucken würde.

Ihre Aussichten bei ihrem Liebhaber schätzt sie genauso realistisch ein wie die in der Firma oder bei ihrer Scheidung. Sie kommt gut vorbereitet und geht keine Risiken ein. Man wird sie nicht wie wild die Straße hinunterradeln sehen, die Pläne, die sie vorher gemacht hat, sprechen nicht dafür. Trifft man sie am Roulettetisch, kann man sicher sein, daß sie sich ihre Gewinnchancen vorher errechnet hat (vielleicht durch Biorhythmik, Computer, Astrologie, Handlesekunst oder Traumdeutung).

Gewöhnlich versucht sie, ihre Intuition durch Tatsachen zu untermauern, sie verankert alle Aktionen möglichst in der Realität. Wenn sie Juwelen verkauft, kennt sie Geschichte und ursprüngliche Herkunft jedes Steins. Hat sie Pflanzen, weiß sie genau, wieviel Sonne und Nahrung jede einzelne braucht, um am besten zu gedeihen. Ist sie Astrologin, wird sie soviel nützliche Hinweise auf ungefähr jedem Gebiet des praktischen Lebens haben, daß sie ein Buch füllen könnte. Sie wird sich um grundlegende Dinge des Lebens kümmern wie etwa Wohnraum für alte Menschen, Bekleidung oder Nahrung.

ORGANISATORISCHE BEGABUNG, GUTES GEDÄCHTNIS

Beruflich ist die Steinbock-Frau besser organisiert als im persönlichen Leben. Ihre Konten wird sie penibel führen, ihr Schlafzimmer aber kann aussehen wie ein Antiquitätengeschäft vor der Liquidation. So sehr ihre Wohnung jedoch durcheinander sein mag, gewöhnlich hat sie die Dinge genau im Kopf. Fragen Sie sie, wo die Geranien vom letzten Jahr eingesetzt wurden, und sie zeigt es Ihnen im Garten, auf den Zentimeter genau. Suchen Sie seit Wochen eine Nadel, ein Garn, das für Ihr neues Kleid paßt, ein Buch, das seit Jahren vergriffen ist? Fragen Sie sie, sie weist Ihnen den Weg.

Was Tüchtigkeit und Loyalität betrifft, so ist sie eine besonders gute Mutter und Kindergärtnerin. Kinder hören ihr zu, und sie kann ihre Spiele und Beschäftigungen im Handumdrehen organisieren. Sie deichselt alles und jeden, oder versucht es jedenfalls. Sollten die Leute sich an ihrer Aufdringlichkeit stoßen, so bewundern sie doch ihre Tüchtigkeit. Sie mag versuchen, das Leben zu genau in Kategorien zu pressen, aber das wird sich wahrscheinlich von selbst geben. Ihr gutes Gedächtnis, obwohl ein Segen, kann manchmal auch eine Quelle des Übels für sie sein. Selten vergißt sie eine Beleidigung, niemals eine Kritik, und es fällt ihr schwer, schmerzliche Erinnerungen zu vergessen.

HUMORVOLL, SARKASTISCH

Die Steinbock-Frau liebt Streiche, solange sie anderen gespielt werden. Mit Wonne wird sie die Socken ihres Bruders zusammenkleben, das Futter für das Meerschweinchen unters Abendessen mischen und der Großmutter ausgestopfte Mäuse auf den Stuhl legen. Humor ist ihr Lebensretter. Ihr Leben lang kann sie so ihre Feindseligkeiten abreagieren. Sie versteht sich auf verletzende Einzeiler und schleudert sie Leuten entgegen, die sie ärgern. Selten gesteht sie ihren Ärger ein, aber man merkt schon, was sie meint.

Freilich, manche ihrer Scherze gleichen verdächtig einer Beleidigung, aber darüber sollen sich andere den Kopf zerbrechen.

Die Steinbock-Frau kann eine vorzügliche Komödiantin sein. Sie hat ein präzises, gut entwickeltes Gefühl für den richtigen Zeitpunkt. Auf der Bühne oder sogar im Rampenlicht der Öffentlichkeit blüht sie auf. Sie schätzt politische Satire und scharfe, sozialkritische Cartoons.

LAUNISCH, DEPRESSIV

Trotz ihres Humors ist die Steinbock-Frau Stimmungen ausgesetzt. Launen überfallen sie so plötzlich, wie unsereins von Bienen gestochen wird. Auch Anfälle von Traurigkeit und plötzliche Weinkrämpfe sind ihr nicht fremd. Sehr oft gibt es keine Erklärung für ihre Stimmungsschwankungen, aber sie sind sehr real und begleiten sie fast ihr ganzes Leben.

Ihr größtes Problem ist es, daß sie nicht weiß, wie sie glücklich sein soll. Sie muß es lernen. Ihre Seele hat Trauer. Sie ist anfällig für lang anhaltende Depressionen und nagenden Selbstzweifel, und das oft aus nichtigem Anlaß.

Automatisch führen ihre hohen Erwartungen auch zu Enttäuschungen. Vielleicht ist das die Erklärung für ihre Launenhaftigkeit. Keiner kann schließlich ständig hohen Idealen gerecht werden. Ein anderes Problem kann ihre zu starke Bindung an die Vergangenheit sein. Hauptsächlich muß sie jedoch ihre plötzlichen Stimmungsschwankungen als Tatsache akzeptieren und sich mit ihnen arrangieren, statt ihnen Widerstand entgegenzusetzen.

LEBT LANGE, ERFOLGREICH

Die meisten Steinbock-Frauen kommen erst richtig zu sich selbst, wenn sie fünfunddreißig Jahre oder älter sind. Sie entwickeln viel Charakter, und das zum Teil durch erfahrenes Unglück.

Die hervorstechendsten Eigenschaften der Steinbock-Frau sind ihre Fähigkeiten, das Leben so zu formen, daß es ihren Bedürfnissen in reiferen Jahren gerecht wird – Erfolg, Unabhängigkeit, gegenseitige Abhängigkeit –, und auf großartige Art zu altern. Die große alte

432

Dame, deren Exzentrik das Gespräch der Stadt ist, während zugleich die meisten Trinksprüche auf sie ausgebracht werden, verkörpert das Beste, was der Steinbock zu bieten hat.

Die Beziehungen der Steinbock-Frau

Die Steinbock-Frau wird oft mit einem Glücksjäger verglichen. Prestige und Geld sind wirklich sehr wichtig für sie. Im allgemeinen möchte sie einen weltlichen Status, Sicherheit, Verwurzelung, ein ordentliches Leben und höfliche Kinder haben. Sie möchte auch den idealen Mann, aber das kann zweitrangig sein.

Daß der Steinbock tiefer Liebe fähig ist, ebenso jedoch auch unermeßlicher Einsamkeitsgefühle, das ist schon weniger bekannt. Insgeheim sehnt sich die Steinbock-Frau nach Zauber und Erregung, und manchmal gibt sie deshalb ihre Sicherheit auf. Sie hat Angst vor der Liebe, doch sie braucht sie nur allzu sehr, um ein ganzer Mensch zu sein, ihrer Einsamkeit zu entfliehen. Die Zeit liegt ihr schwer auf der Seele, und sie verschwendet sie nicht gern. Sie ist immer beschäftigt.

Intensiv und doch beherrscht, wie sie ist, versucht die Steinbock-Frau, ihre Gefühle durch bemerkenswerte Tüchtigkeit zu bremsen. Es würde ihr gefallen, wenn sie ihre Beziehungen wie Geschäftsvorgänge handhaben könnte.

Sie ist voller Überraschungen. Sie mag selbst nicht wissen, was sie als nächstes tun wird. Sie lebt mit einem vielstimmigen inneren Dialog, der ihre eigenen, sich bekämpfenden Meinungen widergibt. Manchmal hört sie auf eine innere Stimme, die ihr sagt: »Los, geh das Risiko mit Hans oder Gerd oder Werner ein.« Eine andere Stimme bedeutet ihr jedoch zu warten, um nicht verletzt zu werden. Gerade wenn sie sich klar für ein Leben mit Prestige und leidenschaftsloser Sicherheit entschieden hat, verliebt sie sich in einen um Anerkennung ringenden Maler. Vielleicht glaubt sie auch, er werde der nächste Michelangelo – besonders mit ihrer Hilfe.

Zum Verständnis der Steinbock-Frau ist es wichtig zu wissen, daß sie zwar den Sternen nachjagt, ihr Blick jedoch fest auf dem Boden der Tatsachen ruht. Sie möchte eben nicht stolpern, wenn sie es vermeiden kann, selbst dann nicht, wenn sie ihren Träumen nachgeht.

Ihre vornehmste Aufgabe ist es, den Menschen zu vertrauen und die Barrieren, die sie zum Selbstschutz errichtet hat, abzubauen. Sie ist oft in der Defensive, weil sie erwartet, daß man sie verletzt oder kränkt. Am meisten jedoch ängstigt sie der Gedanke, daß selbst die Liebe nicht ihre große Einsamkeit durchdringen könnte.

Der Kreislauf von Angst und Einsamkeit – die Liebe brauchen, sie suchen, Angst haben, verletzt zu werden, im Laufe der Jahre eine immer dickere Haut bekommen, Berechtigung und Bedeutung der Liebe im eigenen Leben immer mehr in Frage zu stellen – das ist ein typisches Verhaltensmuster des Steinbocks. Sie beharrt; sie gibt soviel wie sie bekommt, und manchmal mehr. Der Satz: »Es ist besser, geliebt und verloren zu haben, als nie geliebt zu haben«, könnte von ihr stammen. Ihre Hauptrequisiten in erotischer Beziehung sind dauerhafter Sex Appeal, der mit dem Alter zunimmt; Ausdauer; die Fähigkeit, soviel zu geben, wie sie bekommt; geheime Leidenschaft; außerordentliche Loyalität; Sinn für Humor und Steherqualitäten. Man kann sehr lange mit ihr rechnen, das beweisen die Steinböcke Ava Gardner und Marlene Dietrich.

Kindheit

Als Kind hat die Steinbock-Frau meist eine sehr enge Beziehung zu ihrem Vater und fühlt sich bei der Mutter nicht so wohl. Ist sie dem Vater gefühlsmäßig nicht allzusehr verbunden, so bewundert sie ihn doch aus der Ferne und räumt ihm den Respekt ein, den sie nur Männern vorbehält. Selten identifiziert sie sich mit ihrer Mutter. In der Art ihrer Orientierung ist sie mehr männlich als weiblich. Sie kann ein Wildfang oder ein anständiges kleines Mädchen sein, sie ist jedoch fast unweigerlich zielbewußter und mehr auf weltlichen Erfolg aus als ihre Freundinnen.

Vielleicht versteckt sie ihren hochfliegenden Ehrgeiz (und später ihre Leidenschaften) hinter einer außerordentlich korrekten und/oder tüchtigen Fassade. Viele Steinbock-Mädchen benehmen sich wie kleine alte Damen, man kann sie sich direkt im Schaukelstuhl mit einer Häkeldecke über den Knien, den beim Steinbock anfälligsten Gelenken, vorstellen. Keiner mag sich bewußt sein, daß in dem sorgfältig frisierten, ordentlichen Köpfchen die Träume eines großen Plänemachers hausen.

Selten, wenn überhaupt, spielt sie mit Puppen oder anderen Symbolen der heranwachsenden Weiblichkeit. Im geheimen stößt sie sich vielleicht daran, ein Mädchen zu sein, denn das beeinträchtigt ihren Stil. Sie kann sich auf ihre Art auflehnen, doch nicht ohne die Sorge, ob das Boot wohl kippt. Steinbock ist kein geborener Rebell. Doch wird sie sich keineswegs als zweitklassig einstufen lassen – besonders, wenn es um Größe und Art der Belohnung geht.

Viele Steinbock-Frauen haben als Kinder eine qualvolle emotionale Distanz zu anderen, besonders zu den Frauen der Familie. Und da sie hypersensibel sind, nehmen sie sich das sehr zu Herzen.

Das junge Steinbock-Mädchen empfindet sich oft als Außenseiter, ob nun in der Schule, zu Hause, in der Familie generell oder auch in ihrer Zeit oder Kultur. Dieses Gefühl des Exiliert-Seins treibt sie, meist in späteren Jahren, an, entschlossen die Erfolgsleiter hinaufzuklettern. Durch den Erfolg möchte sie beweisen, daß sie dazugehört.

Oft hat sie das Gefühl, in der falschen Zeit geboren zu sein. Vielleicht hätte sie gern im Frankreich des achtzehnten Jahrhunderts mit seiner Logik und Humanität gelebt, oder auch im viktorianischen England. Ihre Identifizierung mit historischen Zeiten bedingt ihre Liebe zu Antiquitäten, aber sie verwirrt sie auch. Heimlich mag sie denken, daß keiner so fühle wie sie, keiner sie verstehe.

Die Geburt eines Geschwisterchens, das die meiste Aufmerksamkeit der Eltern beansprucht, verschlimmert oft das Gefühl der Entfremdung. Auch die Scheidung der Eltern kann das bewirken. Nicht wenige Steinbock-Mädchen haben Sportunfälle (besonders Knochen und Knie sind betroffen) oder eine Krankheit, die Spiel und Sport mit Altersgenossen einschränkt. Auch Umzüge, durch die sie radikal aus allen Beziehungen herausgerissen werden und die zu Einsamkeit führen, kommen nicht selten vor.

Liebhaber und andere Vertraute

Die Steinbock-Frau ist oft sehr schüchtern und ängstlich. Ständig ist sie auf der Hut vor den Motiven der anderen, versucht dann wieder, eine Beziehung zu kontrollieren – und das bei all ihrer Fähigkeit zu tiefer Liebe und Hingabe. Hat sie sich entschieden, jemanden zu lieben, dann gibt sie alles. Weder Blitz noch Erdbeben können ihren instinktiven Drang, ihre Lieben zu schützen, erschüttern. Wesentlich ist es zu verstehen, daß die Steinbock-Frau, aller Tüchtigkeit und Selbstsicherheit ungeachtet, in einer intimen Beziehung die Vereinigung mit dem anderen sucht.

Die Steinbock-Frau hat oft Schwierigkeiten, mit ihrem Bedürfnis nach Abhängigkeit/Unabhängigkeit zurechtzukommen. In ihren Beziehungen zeigt sich dieser Konflikt in dem Wechselbad von äußerster Hingabe an einen Liebhaber und gefühlsmäßiger Zurückhaltung. Sie mag übertriebene Angst vor Abhängigkeit in jeder Form haben und duldet keine Schmarotzer und Schwächlinge, und doch kann sie sich so sehr in eine Bindung stürzen, daß sie ihre Bedürfnisse vorübergehend vergißt. Oft wendet sie sich den falschen Männern zu, gibt, ohne etwas zu erhalten. Immer wieder gerät sie an Verlierer und hat ihre Lektionen gründlich zu lernen. Es mag zwar nicht schwierig sein, sie in jüngeren Jahren zu übervorteilen, daß sie jedoch vergißt, was man ihr angetan hat, ist unmöglich.

Sie verbindet eine eindeutige Einladung (»Komm doch irgendwann mal vorbei«) mit einem herausfordernden Lächeln, um ihren Verführer zu verspotten. Die Steinbock-Dame liebt es, ihre Verehrer herauszufordern, sich zu beweisen, mögliche Liebhaber dazu, sie zu erregen und es ihnen dann in ungehemmter Glut gleichzutun. Aber sie ist auch bereit, ihren Preis dafür zu zahlen.

Eine Steinbock-Frau, die in Identität und Status völlig von ihrem Mann abhängig ist, wird fast mit Sicherheit ernstliche Schwierigkeiten bekommen. Ein Leben aus zweiter Hand ist nicht ihre Sache. Früher oder später wird sie das Bedürfnis und die Energie haben, sich selbst und ihren Beruf ernst zu nehmen. Es gibt Steinbock-Frauen, die zufrieden zu Hause bleiben und ihr Leben lang den Herd hüten, aber sie sind in der Minderzahl. Die meisten brauchen einen größeren Rahmen für ihren Ehrgeiz und haben das brennende Bedürfnis zu beweisen, daß sie »es schaffen«.

Die Steinbock-Frau muß erkennen, daß sie diesen Trieb, der zu ihr gehört, in ihrem Lebensstil berücksichtigen muß. Wenn sie sich entscheidet, durch und für ihren Mann und ihre Kinder zu leben, gibt sie die Macht über ihr Leben und ihre Zukunft an einen anderen Menschen ab. Es ist wahrscheinlich, daß sie das früher oder später bereuen wird. Viele Steinbock-Frauen enden als heimliche Trinker und reagieren ihre Probleme auf diese Art ab.

Als Freundin hat die Steinbock-Frau kaum ihresgleichen. Sie kennt die Bedürfnisse eines Menschen, greift in Notfällen zu und handelt bei Schwierigkeiten mit jener Tüchtigkeit und Klugheit, die aus Erfahrung entstanden sind. Sie hat Herz, und oft zeigt sie es lieber in der Freundschaft als in der Liebe. Meist ist sie großzügig, sucht ihre Geschenke sorgfältig aus: Sie kann ihren Nächsten helfen, Träume zu verwirklichen, indem sie Beispiel, Unterstützung oder praktischen, energischen Ansporn gibt.

Sie hat gewöhnlich Freunde beiderlei Geschlechts, wenn sie auch nur mit sehr wenigen vertraut sein wird. So wie sie sich ändert, wechselt sie auch periodisch ihre Freunde. Selten fehlt es ihr an Kontakten, die sie auch aufrechterhält. Sie kann Freundinnen vorziehen, die ihren Erfolgsdrang respektieren, selbst wenn sie ihn nicht teilen. Häusliche Freundinnen mögen ihr von Zeit zu Zeit einen ruhigen Hafen im Sturm bieten. Sie hat keine Schwierigkeiten, männliche Freunde zu gewinnen und zu behalten, denn sie denkt wie ein Mann. Selten wird sie einen Mann verunsichern und ihn des Opportunismus beschuldigen, denn sie versteht sein Bedürfnis, anerkannt zu werden.

Steinbock-Frau, wenn Sie sich bei der Partnerwahl irren, behalten Sie Ihren Optimismus und betrachten Sie das als eine Lehre. Lassen Sie ab, bevor zuviel Zeit vergangen ist.

Gehen Sie auch dem Leben aus zweiter Hand aus dem Weg. Aus gutem Grund sind Ihre Symbole das Einhorn und der Steinbock – Sie sind eine Gewinnerin, geboren für den Zauber des Erfolgs, den Sie teilen, aber nicht an einen Ungeeigneten verschenken sollten. Denken Sie daran, daß im Leben, diesem ständig fortschreitenden Prozeß, das Gleichgewicht wichtig ist. Wenn es manchmal wie ein Drahtseilakt aussieht, so gilt das für uns alle. Bewahren Sie sich Ihr

Selbstvertrauen und lassen Sie sich nicht von Selbstbeschuldigung oder Depressionen überwältigen.

Ihr starkes Bedürfnis nach Leistung und Anerkennung ist ein Wunder. Auch wenn es der traditionellen weiblichen Erziehung widerspricht, weichen Sie nicht von Ihrem Weg ab. Und bringen Sie Arbeit mit Vergnügen, öffentlichen Erfolg mit privater Freude in Einklang.

Die Liebe der Steinbock-Frau

Ein Engel, wenn sie liebt, das scheint die Steinbock-Frau zu sein, eine Versucherin im Bett und eine Königin der Gesellschaft, denn sie beherrscht die Situation.

Gewöhnlich ist sie ihrem Liebhaber gegenüber mit den Gaben der Überredungskunst, der Vorahnung und der altmodischen Höflichkeit ausgestattet. Sie ist bereit, den Weg zum reizvollen Leben und Lieben zu ebnen. Vielleicht stellt sie ihrem Mann originelle, drollige handgearbeitete Gegenstände auf den Schreibtisch, damit er an sie denkt. Vielleicht entwirft sie, Behaglichkeit und Leidenschaft im Sinn, auch die Einrichtung ihres Schlafzimmers. Selbstverständlich wird sie alle seine Lieblingsgerichte kochen und sie mit Anmut servieren. Praktisches wird sie mit Romantischem verbinden.

Die Steinbock-Frau ist im allgemeinen begabt zur Handarbeit. Selbstgemachte Geschenke oder die umgehende Verwandlung einer Junggesellen-Bude in ein Liebesnest sind Zeichen ihrer Zuneigung. Sie kann eine sichere und ungestörte Atmosphäre als Zufluchtsort für sich und ihren Liebsten schaffen. Sie wird viel vom gemeinsamen Haus träumen und es vielleicht zum Schluß selbst entwerfen. Aber sehen sie nicht nach, ob sie die Ecken und Spalten gründlich säubert, das wird sie nicht interessieren.

Sie ist ein sinnlicher Mensch, und die Liebe mag die erste Möglichkeit zur Erfahrung dieser Neigung sein. Hatte sie sich zuvor sinnliche Freuden versagt, kommen sie jetzt zum Vorschein und verlangen ihr Recht.

Sie wird die feinsten Leckerbissen kochen und eine beliebte Gastgeberin sein. Sie sonnt sich in der Anerkennung wichtiger Leute und möchte, daß ihr Mann stolz auf sie ist. Ihr Verlangen nach Anerkennung, besonders von Männern, wird wahrscheinlich nie ganz verschwinden. Es scheint zwei grundsätzliche Steinbock-Reaktionen in bezug auf Gesellschaften und gesellschaftliche Beziehungen zu geben. Eine Steinbock-Dame etwa vergöttert Parties und kann es fast nicht ertragen, allein zu sein. Auf eine Krise in ihrem oder ihres Mannes Leben reagiert sie mit einer großen Gesellschaft. Nichts ist dann ausgefallen oder teuer genug für sie, und je wilder die Parties, desto größer mögen die Probleme sein. Die andere wiederum ist das entgegengesetzte Extrem. Sie nimmt Einladungen nicht zur Kenntnis, sondern bleibt lieber zu Hause und liest zu Füßen ihres Mannes ein Buch. Sie möchte ihr Heim zu einer Oase machen, die von den Sorgen der Welt nicht berührt wird, und sie kann sich an jeder Einmischung stoßen. Gesellschaften wird sie als Unfug ansehen, und wenn ihr Mann bei Geschäftsreisen über Nacht fortbleibt, ist das eine kleine Katastrophe.

Solange die Fusion hält, ist die Steinbock-Frau die loyalste unerschütterlichste, hingebungsvollste, verläßlichste Liebende der Welt.

Platzt die Verbindung, löst sie ihr Konto auf und verlangt den Einsatz zurück, plus Zinsen. Das ist eine traurige und bittere Zeit. Kalter Winterwind bläst um die angeschlagenen Herzen. Aber gerade für Steinböcke gibt es immer wieder ein Morgen!

Muster in den erotischen Beziehungen

Die Steinbock-Frau zeigt in ihren erotischen Beziehungen folgende Verhaltensmuster:

1. Verzögerte sexuelle Aktivität und Beteiligung.
   Die wenigen Steinbock-Frauen, die schon vor ihrem siebzehnten oder achtzehnten Jahr sexuelle Kontakte haben, laufen Gefahr, enttäuscht zu werden. Ihre angeborene puritanische Haltung und der verborgene Hang zur Romantik fordern im allgemeinen hingebungsvolle Liebe, nicht schnelle Bettabenteuer.
2. Schwärmerei für ältere Jungen, später für ältere Männer
   Die Steinbock-Frau ist meist sehr vorsichtig damit, »alles« zu

geben. Wahrscheinlich wird sie ihre Seele, wenn nicht ihren Körper, für die ganz besondere Beziehung aufheben.

3. Frühe Ehe und die Hoffnung, die vollkommene Vereinigung gefunden zu haben
   Schlägt sie diesen Weg ein, wird sie es wahrscheinlich sehr erwartungsvoll, vielleicht aber auch blind tun. Wenn nicht, heiratet sie vielleicht ziemlich spät oder bleibt ledig.
4. Falsche Partnerwahl
   Es ist sehr wahrscheinlich, daß die Steinbock-Frau letztes Endes den falschen Partner wählt. Wenn Ehrgeiz und Ruhelosigkeit aufkommen, ist die Ehe in Gefahr. Dann heißt es, etwas verändern oder scheitern. Der Steinbock-Frau fällt es sehr schwer, von der Ehe oder einer wichtigen Männerbeziehung zu lassen, auch wenn nichts mehr stimmt zwischen beiden. Klugheit und Problemergründung sind geboten.
5. Bilanz in der Mitte des Lebens
   Die Steinbock-Frau hat ein besonders starkes Bedürfnis, sich zu diesem Zeitpunkt Rechenschaft über ihr Entwicklungsstadium abzulegen. Manchmal ist es erforderlich, eine Beziehung zu beenden, um emotionales Wachstum nicht zu behindern.
6. Reife- und Blütezeit
   Zwischen vierzig und fünfundvierzig kommt die Steinbock-Frau wahrscheinlich in jeder Hinsicht zur Geltung. Sie ist vermutlich selbstsicherer denn je. Jetzt erlebt sie ihre schönsten Jahre und auch die angenehmsten, was dauernde Liebesaffären betrifft. Sie hat vielleicht nicht mehr die naiven Hoffnungen der Jugend, dafür aber die Reife der Zuversicht.

Jetzt hat sie gewöhnlich den Punkt erreicht, wo sie es wagt, sich ohne Schuldgefühle oder Vorwürfe anzupassen. Die größte Liebe ihres Lebens taucht meistens auf, wenn sie keine Angst mehr und das Suchen aufgegeben hat.

Liebhaber und Ehemänner

Die Steinbock-Frau ist sowohl Pragmatikerin als auch Romantikerin. Sie möchte solide investieren, wenn sie eine romantische

Beziehung eingeht. Deshalb will sie einen Mann haben, der es wert ist.

Gewöhnlich zieht es sie zu älteren Männern, vielleicht, weil die Bindung zu Pappi sehr stark war, vielleicht auch, weil ältere Männer mächtiger sind. Sie sucht einen gesetzten Bürger, beweglich und ehrgeizig auf seinem Gebiet. Sie möchte stolz und sicher in der Gewißheit sein, richtig gewählt zu haben. Außerdem soll er würdigen, wie sehr sie sich anstrengt, ihn gesellschaftlich und beruflich anzuspornen und darauf zu achten, daß er immer gepflegt ist.

Aber Geld und gesellschaftliche Macht sind wohl nicht genug für diese insgeheim leidenschaftliche Frau. Sie möchte auch einen Mann haben, der beständig und leidenschaftlich ist und, wenn sie ihre Blütezeit in den mittleren oder späten mittleren Jahren erreicht, nicht plötzlich allein dastehen. Sie sucht einen Mann mit Stehvermögen, der das Leben – und das Leben mit ihr – für eine faszinierende Herausforderung hält.

Weil sie ihren Mangel an Spürsinn fühlt, will sie einen Mann, der ihn im Überfluß hat. Er ist auch ein sensibler Mann, der trotzdem hart genug ist, zu gewinnen. Er wird schwer zu finden sein, und sie wird dazu eine ganze Menge für sich selbst tun müssen. Immerhin, keiner kann der Steinbock-Dame vorwerfen, daß sie schnell aufgebe.

Ihr Partner soll finanziell für sie sorgen und sie in Seide und Pelze hüllen, zum Schutz gegen ihre Ängste und vor Armut und Einsamkeit. Sie macht genügend Versuche und findet diesen Mann vielleicht auch. Wenn es jedoch darum geht, die romantische Seite ihres Wesens zu befriedigen, wird die Sache schon schwieriger.

Sie träumt etwa von einem Großindustriellen oder einem berühmten Dichter, dessen Geld und Prestige ihr Schutz und Ansehen bieten, aber wahrscheinlich soll er dann auch bei ihr am Kamin sitzen und seine Arbeit Arbeit sein lassen, wenn sie ihn braucht. Sie wünscht sich einen Partner, der es versteht, die erotische Stimmung sich langsam entfalten zu lassen, bis die unterdrückten Leidenschaften in einem Crescendo zum Ausbruch kommen. Kurz gesagt, die Steinbock-Dame sucht den seltenen, erfolgreichen Mann, der auch romantisch und erotisch sensibel ist. Mein Rat, wie die junge Steinbock-Frau den für sie besten Mann erkennen kann: Versuchen

Sie, sich ihre Prioritäten bewußt zu machen. Suchen Sie vor allem Sicherheit oder Romantik? Machen Sie sich klar, daß Ihre Prioritäten, Ihre Bedürfnisse sich ändern, wenn Sie sich ändern und sich entwickeln. Jetzt wollen Sie vielleicht einen »Pappi«, der für Sie sorgt, wenn sich jedoch in fünf Jahren zeigt, daß er zu träge und zu geschwätzig ist, was wird dann aus der Beziehung?

Die junge Steinbock-Frau darf auch ihr latentes Verlangen nach Glamour nicht vergessen. Meist hält sie sich für gesetzt und ziemlich konservativ, und gewöhnlich sucht sie unbewußt einen Mann mit Charme und verführerischer, unbekümmerter Fröhlichkeit. Er mag aufregend und bezaubernd sein, aber es kann sich auch herausstellen, daß er ein mieser Charakter ist. Vielleicht will sie es mit ihm versuchen, will sich selbst dadurch verzaubern, aber ich rate ihr ab, diesen Mann zu heiraten. Er wird ihre starken Sicherheitsbedürfnisse nicht erfüllen, und auf die Dauer wird sie ihn auch nicht respektieren können.

Zieht man eher astrologische *Typen* als Sonnenzeichen heran, so gelten folgende allgemeinen Richtlinien: Die Steinbock-Frau kann mit dem Wassermann zu Geld kommen, sich geistig zu Zwillingen und Löwen (erwarten Sie Konflikte) hingezogen fühlen, geheime Zweifel und Ängste um den Schützen haben, vom Krebs angezogen und fasziniert sein (viele Kompromisse) und erotisch von Jungfrau und Stier gereizt werden. Mit Widder und Waage wird sie vorsichtig sein müssen, denn beide wollen genauso herrschen wie sie, am Fisch wird sie dagegen ihre Freude haben und in der Beziehung dominieren.

Was die Steinbock-Frau lernen muß

Die Steinbock-Frau ist ein geborener Aufsteiger. Sie wird auf jedem Lebensgebiet Erfolg haben, aber sie muß ihre eigenen dunklen Stimmungen und deren Hauptursache, ihre Ängste, überwinden. Sie hat vor vielen Dingen Angst. Sie hat Angst, ungeliebt, allein, krank und arm zu sein. Sie kann Angst vor dem Leben selbst mit seinen Risiken und emotionalen Ansprüchen haben. Manchmal wird sie auch Angst vor der Liebe haben, denn sie hat Schwierigkeiten, sich angesichts eines unkontrollierbaren Gefühls gehen zu lassen, ohne die Gewähr zu haben, daß sie das gleiche zurückbekommt. Saturn, ihr herrschender Planet, beschert fast immer anfängliche Kämpfe in der Liebe, aber genauso garantiert er auch für liebevolle Handlungen die rechte Belohnung. Liebe unter Saturn-Einfluß mag schwierig sein, letzten Endes aber ist sie bindend und treu.

Da Saturn Knochen, Skelett, Zähne und Gelenke beherrscht, kann die Steinbock-Frau gemeinhin den Fluß ihrer Gefühle daran abmessen, wie »geschmiert« ihre Gelenke sind. Lose Gelenke zeigen anpassungsfähiges Denken und Fühlen an, knarrende Gelenke bedeuten Unbeugsamkeit. Wenn sie steife Knie oder Handgelenke oder andere Gelenkschmerzen hat, kann das auf eine Kristallisation in ihrer Lebensart hindeuten. Ihr Körper produziert meist zuviel Kalzium, das in den Gelenken als Reaktion auf Angst abgelagert wird, die wiederum Streß auslöst. Die Steinböcke haben öfter mit Rheumatismus, Arthritis, Zahnproblemen, Kniescheiben-Schwierigkeiten und Venenentzündungen zu tun als alle anderen astrologischen Typen.

Die Steinbock-Frau muß lernen, mit der Ursache für ihren körperlichen Streß, ihre Angst, fertig zu werden. Aus langer Erfahrung habe ich gelernt, daß die Steinböcke nicht so ohne weiteres lernen, indem sie anderen Leuten zuhören oder Bücher lesen. Die Steinbock-Frau lernt fast nur aus eigener Erfahrung. Wenn ihre Beziehungen funktionieren sollen, muß sie einen Weg finden, ihre Angst loszuwerden.

Mein Ratschlag für die Steinbock-Frau: Hören Sie auf zu drängen. Die späten Jahre werden fast sicher ausgezeichnet für Sie sein. Wenn Sie negative Gefühle ausschalten, vor allem die Angst, können Sie auch in der Jugend Liebe und bedeutungsvolle Beziehungen finden. Seien Sie nicht mehr ängstlich, wenn es um das Leben, um Geld und Sicherheit geht. Geben Sie Ihre Angst vor Unsicherheit auf.

Die folgende Technik, die *Farben-Meditation*, sollen Sie selbst ausprobieren. Machen Sie sich mit Methode und Ergebnissen vertraut, so wie sie auf den nächsten Seiten dargestellt sind. Sie ist eine hervorragende Art, negative Gefühle, vor allem Angst, zu beseitigen.

Die Methode der Farben-Meditation

1. Legen oder setzen Sie sich bequem hin, schließen Sie die Augen. Sorgen Sie für Ruhe und Ungestörtheit für die Dauer der Meditation (von sieben Minuten bis zu über einer halben Stunde).

2. Stellen Sie sich mit geschlossenen Augen vor, Sie stünden am Fuß einer Pyramide, die oben flach ist. Vor und über Ihnen erstrecken sich sieben Stufen in sieben Farben. Sie werden langsam hinaufgehen, Schritt für Schritt.

3. Betreten Sie die erste Stufe, die rot ist. Stellen Sie sich vor, Ihr Körper würde sich mit der roten Farbe überziehen. Bleiben Sie so lange stehen wie Sie wollen, fühlen Sie sich nur »rot«. Lassen Sie das Rot durch Ihren Körper aufsteigen, von den Fußgelenken bis zum Kopf. Ihr Rot soll klar und echt sein, wie ein Feld voller Mohnblumen. Rot ist eine vibrierende, tatkräftige Farbe, die Freiheit, Willen, Macht, Stärke, Entschlossenheit, Unabhängigkeit, Ehre, Führerschaft und Mut ausdrückt.

4. Atmen Sie tief und lassen Sie die Farbe langsam hinunterkriechen. Stellen Sie sich zuerst das Rot oben auf Ihrem Kopf vor. Dann rollen Sie die Farbe hinunter über Ihre Brust, Hüften, Knie und schließlich zu der Stufe.

5. Atmen Sie tief. Besteigen Sie die nächste Stufe. Sie ist blau. Fühlen Sie das Blau, während Sie atmen. Lassen Sie das Blau langsam von den Zehen aufsteigen, bis es oben auf Ihrem Kopf angelangt ist. Stellen Sie sich als vollkommen blau vor, ein wunderschönes Blau des tiefen Meeres oder des Himmels. Blau entspricht Liebe, Weisheit, Güte, Bescheidenheit, Sanftheit, Verständnis, Vertrauen, Vergebung, Mitleid, Barmherzigkeit, Sensibilität, menschlicher Objektivität , Geduld und Kooperation.

6. Atmen Sie tief und lassen Sie die Farbe langsam hinunterrollen. Lassen Sie das Blau erst oben vom Kopf herunter und dann rollen Sie es langsam über Brust, Hüften, Knie, Fußgelenke, bis es wieder in der Stufe ist.

7. Die nächste Stufe ist gelb. Stellen Sie sich vor, Sie wären auf einer hellen, klaren, sonnigen gelben Stufe. Es darf nicht trüb

sein. Das Gelb hat die Farbe von Butterblumen im Vorfrühling. Stellen Sie sich vor, daß die gelbe Farbe langsam in Ihnen aufsteigt, bis Sie vollkommen butterblumengelb sind. Vergessen Sie nicht, in all dieser Zeit zu atmen. Lassen Sie das Gelb langsam aufsteigen, bis es oben auf Ihrem Kopf angelangt ist. Lassen Sie es dort, während Sie atmen und sich entspannen. Gelb steht für Freude, Ausdruck, Unterscheidung, Organisation, Bewertung, Lob, tätige Intelligenz, Urteilskraft, Fähigkeit. Lassen Sie es in sich einsickern.

8. Atmen Sie wieder tief. Lassen Sie das Gelb langsam hinunter, vom Scheitel zu den Augenbrauen, zu Hals, Brust, Hüften, Knien und ganz hinunter auf die Stufe, auf der Sie stehen. Bereiten Sie sich auf die nächste Stufe vor. Atmen Sie. Entspannen Sie sich.

9. Treten Sie auf die nächste Stufe, die grün ist. Es ist ein lebhaftes Grasgrün, oder vielleicht ein funkelndes Smaragdgrün. Stellen Sie sich vor, Sie wären grün, und rollen Sie die grüne Farbe langsam bis zu Ihrem Scheitel hinauf. Konzentrieren Sie sich darauf, grün zu sein. Atmen Sie das Grün tief ein. Grün hat alle guten Eigenschaften von gelb und blau, und es bringt außerdem Entwicklung, Enthusiasmus, Teilhabe, Energie, Fleiß, Auskommen, Dankbarkeit, Forschen und Nähren. Grün ist die Farbe der Vitalität, des Lebendigen. Atmen Sie es tief ein.

10. Wenn Sie bereit sind, rollen Sie das Grün langsam hinunter. Beginnen Sie am Scheitel und rollen Sie es über Ihren Hals, die Brust, die Arme, die Hüften, die Knie und die Füße hinunter, bis das Grün wieder in der Stufe verschwunden ist. Bereiten Sie sich auf die nächste Stufe vor. Atmen Sie weiterhin tief. Entspannen Sie sich.

11. Die nächste Stufe ist orange, ein leuchtendes Orange wie das Sonnenlicht oder eine gesunde Mandarine. Atmen Sie das Orange langsam ein, sorgfältig. Genießen Sie seine Energie. Es sollte wärmer als das Grün sein, etwas kühler als das Rot. Stellen Sie sich vor, wie das Orange langsam an Ihrem Körper hinaufgeht, den ganzen Weg über Ihren Körper. Stellen Sie es sich erst in Ihren Füßen vor, dann in Ihren Beinen, Ihren Knien, Geschlechtsteilen, Hüften, Brust, Hals, Kopf und hinauf, bis Sie

selbst orange sind. Jetzt sind Sie ganz orange. Atmen Sie tief ein. Es gibt Ihnen alle Eigenschaften von rot und gelb sowie großen Mut, Erleuchtung, Intellekt, Aktion, Beharrlichkeit, die Fähigkeit, Formen zu gestalten, Vertrauen, Sieg, Ernte, Streben.

12. Lassen Sie das Orange durch sich hindurchgehen. Machen Sie sich mit seiner intensiven Energie vertraut. Wenn Sie bereit sind, beginnen Sie, es hinunterzurollen. Wenn es Ihre Füße erreicht hat, bereiten Sie sich auf die sechste Stufe vor.

13. Diese Stufe ist purpurviolett. Es ist eine tiefe violette Farbe , wie samtene Stiefmütterchen oder ein tiefes Königsblau mit einem Schuß Rot darin. Entfalten Sie das Purpurviolett langsam von Ihrer Fußsohle bis hinauf zu Ihrem Scheitel. Tun Sie es langsam. Purpurviolett enthält alle Eigenschaften von blau und rot sowie Hingabe, Loyalität, Dienst, Verantwortung, Idealismus, Verlangen, Verständnis für Gerechtigkeit und königliche Würde. Purpurviolett ist eine außerordentlich heilsame Farbe. Viele, die sich mit der Heilung der Seele abgeben, umgeben sich und ihre Patienten zu Beginn mit dieser Farbe. Violett ist eine Farbe, die schützt.

14. Atmen Sie tief und langsam. Genießen Sie die Schwingungen dieser Farbe. Wenn Sie fertig sind, rollen Sie die Farbe langsam wieder in die Stufe unter Ihnen. Bereiten Sie sich auf den letzten Schritt vor, bevor Sie das flache Dach der Pyramide erreichen.

15. Steigen Sie auf die letzte Stufe. Sie ist indigoblau. Atmen Sie tief. Lassen Sie die Farbe indigo, die Farbe des Mitternachtshimmels, langsam durch Ihren Körper aufsteigen. Wenn sie Ihren Scheitel erreicht hat, stellen Sie sich vor, daß Sie vollkommen mit Indigo bedeckt sind. Es sollte so aussehen, als hätte jemand sie mit Tusche übergossen. Wie die Heilenden sagen, ist Indigo die Farbe mit den höchsten Schwingungen. Es bringt Synthese, Einheit, rituelle und zeremonielle Magie. Es ist ein Katalysator für geistige Entwicklung und Reinigung.

16. Nach einer Weile bringen Sie das Indigo zurück in die Stufe. Beginnen Sie an Ihrem Scheitel und rollen Sie es langsam hinunter, über Ihre Brust, Knie und Füße.

17. Betreten Sie das flache obere Ende der Pyramide. Stellen Sie es

sich als einen hellen, weißlichen Kristall vor. Sie sollten allein dort stehen, in Licht gebadet, herrlich entspannt. Sehen Sie sich stolz, liebend, vertrauensvoll. Löschen Sie Gefühle der Angst und Furcht aus. Konzentrieren Sie sich auf das Licht, das Funkeln und fühlen Sie, wie Ihre eigene Energie blitzartig aufleuchtet. Wenn Sie oben auf der Pyramide sind, werden Sie gereinigt und entspannt sein. Sehen Sie sich jetzt frei von Angst. Sehen Sie sich strömend und schön. Erzählen Sie sich, welche Wünsche Sie im Leben haben.

18. Da dies eine machtvolle Meditation ist, müssen Sie jetzt die Worte sagen »Dies soll zum Besten aller sein«. Sie wollen andere nicht durch die Kraft der Vorstellung manipulieren. Der Zweck der Meditation ist, Ihnen zu helfen, gesund zu sein und sich zu entwickeln.

19. Wenn Sie damit fertig sind, sich zu betrachten, wie Sie oben auf Ihrer Pyramide stehen, vollkommen glücklich und frei, bereiten Sie sich vor, hinabzusteigen. Wenn Sie das Gefühl haben, Sie hätten sich von der Quelle kosmischer Energie genährt und mit ihr Kontakt gehabt, sagen Sie »danke«. Wenn Sie irgend jemand um Hilfe gebeten haben, als Sie da oben waren, danken Sie auch ihm.

20. Sie werden jetzt die Stufen umgekehrt zurückgehen. Die umgekehrten Farben sind indigo, purpurviolett, orange, grün, gelb, blau, rot. Gehen Sie jede Stufe langsam hinunter. Fühlen Sie die Farbe jeder Stufe durch sich hindurch. Stellen Sie sich vor, daß diese Farbe Sie durchflutet.

21. Wenn Sie die letzte Stufe, die rote, erreicht haben, haben Sie Ihre Farbenmeditation beendet. Öffnen Sie Ihre Augen, genießen Sie das Gefühl von Vertrauen und Entspannung.

Veranschaulichung bedeutet, sich im Geist Bilder vorzustellen, ein mächtiges – und wirksames – Mittel, die eigene Realität zu spüren. Mit dieser Meditation, einmal täglich durchgeführt oder ein paarmal pro Woche, werden Sie Ihre Ziele erreichen, wie zahllose Leute aus meinem Bekanntenkreis bestätigen werden. Ein letzter Rat: Wenn Sie bei geschlossenen Augen nicht gleich Bilder *sehen*, so ist das normal. Manche Leute brauchen Wochen oder sogar Monate, bevor sie mit dem inneren Auge sehen können. Entspannen

Sie sich, als hätten Sie Tagträume. Üben Sie keinen Druck auf sich aus. Die Ergebnisse sind gewöhnlich erstaunlich, wunderbar.

Zusammenfassung

Die Steinbock-Frau ist meist praktisch und romantisch zugleich, eine erotische Realistin. Sie gibt zurück, was sie erhält und ist bereit, den Preis für das zu bezahlen, was sie haben will. Sie kann eine wunderbare Partnerin sein, ist sie verunsichert oder verstört, wird sie schwer zu fassen sein.

Sie sucht Sicherheit, Ordnung und einen gesellschaftlichen Status, unbewußt jedoch reizen sie Glanz und Ruhm. Gewöhnlich zieht es sie zu älteren Männern, vielleicht einer früheren Bindung an den Vater wegen, vielleicht auch, weil ältere Männer ihr eher das geben, was sie haben will.

Durch ihre Ängste und ihr unbewußtes Bedürfnis, offener, eleganter, bezaubernder zu sein, als sie sich wirklich fühlt, kann sie in eine Falle und daher auch an einen Mann (oder mehrere Männer) geraten, der zwar forsch, letzten Endes aber nicht gut für sie ist. Sie muß sich ihre veränderlichen Bedürfnisse und Prioritäten, ihr ganzes Selbst und die Fähigkeit, sich gehen zu lassen, bewußt machen, dann kann sie die Grundlagen für gute, lang anhaltende Beziehungen schaffen.

Die Sexualität der Steinbock-Frau

Die Steinbock-Frau wird erotisch meist unterschätzt, denn nicht jeder Beobachter vermag unter ihrem kühlen Äußeren den sinnlichen Kern zu erahnen. Die Steinbock-Frau erblüht nur dann voll, wenn die rechte Gelegenheit sich ergibt. Und es braucht seine Zeit, bis sie sich entscheidet.

Sie mag eine Femme fatale mit der Weisheit einer alten Dame und der Anmut und Gewandtheit eines Fohlens sein. Sie ist wählerisch, sie mag launisch sein, aber wenn sie sich verliebt, dann ganz.

So manche Steinbock-Frau ist eine junge Schönheit, die erwarten darf, sich zu einer alterslosen, bezaubernden Frau zu entwickeln. Andere jedoch pflegen ihren Körper nicht, nehmen zu und altern früh. So bringen sie sich selbst um die volle Entfaltung ihrer erotischen Möglichkeiten. Nichts ist trauriger, als eine Steinbock-Frau mit einem sprühenden, lebendigen Geist in einem trägen, vernachlässigten Körper zu sehen. Wenn sie sich die Mühe macht, ihre Jugend und Schönheit zu erhalten, blüht sie wahrscheinlich ewig und erlebt Höhen und Tiefen erotischer Ekstase und Langeweile. Sie zeigt eine bewundernswerte »Haltbarkeit« und lebt meist länger als ihre Partner.

Das erotische Schicksal der Steinbock-Frau braucht auch geduldige Arbeit. Mag sein, daß sie ihrem Liebhaber sexuelle Techniken beibringen muß, noch wahrscheinlicher ist, daß sie ihm zeigen muß, wie man wirklich liebt. Wenn sie selbst auf einem dieser Gebiete Schwierigkeiten haben sollte, was durchaus sein kann, wird sie einige mit Spannungen geladene Beziehungen erleben müssen.

Ihre Sexualität ist eine tiefe, beständige, stark bindende Kraft. Meist hat sie das Gefühl, daß Liebe und Sexualität zusammengehören und ein Leben lang andauern. Kurze Affären liegen ihr nicht, und sie wird selten über Einzelheiten sprechen, aber sie sucht nach der besten Kombination von Liebe und Geld. Sie kann hinsichtlich ihrer erotischen Sehnsüchte ausgesprochen verschwiegen sein und auch nicht viel offener in ihrer Suche nach Liebe.

Diese Frau »spürt« die Dinge, als hätte sie ein eingebautes Radarsystem. Sie prüft den Himmel, ob das Wetter sich ändert und den Horizont, ob sich ein idealer Liebhaber zeigt. Sie ahnt Stimmungen, Wetter und ihre eigenen Liebesaffären mit einer bemerkenswerten, erdhaften Intuition voraus.

Sie hat eine fast panische Angst, von einem Mann abhängig zu sein. Daher versucht sie, umso reservierter zu erscheinen, je gründlicher sie sich verliebt hat. Es ist, als müsse sie innerlich eine magische Schwelle überschreiten, bevor sie es wagt, sich liebevoll in der Öffentlichkeit und leidenschaftlich zu Hause zu zeigen.

Ihre Sexualität muß durch viele Demonstrationen liebevoller Zuneigung, von Leidenschaft, Interesse und altmodischer Höflichkeit genährt werden. Sie ist außerordentlich vorsichtig, wenn sie sich verliebt. Wenn man ihr daher helfen will, mehr erotische Selbstachtung zu gewinnen, so muß man sie darin unterstützen, sich allmählich zu erschließen und ihre Hemmungen abzulegen. Schließlich wird das Ergebnis eine reizvolle Mischung aus Sexualität und Sinneslust sein.

Die Experimente dieser Madame Casanova einmal ausgenommen, ist die Steinbock-Frau meist der Typ der Liebenden, der ein gemeinsames Leben, eine Beziehung mit Vergangenheit und Zukunft will und braucht. Fühlt sie sich sicher, geht sie allmählich mehr aus sich heraus und offenbart nach und nach eine wunderbare, nie zuvor gezeigte Ungeschütztheit und eine üppige, erdhafte erotische Kraft.

Erste erotische Erlebnisse

Frühe erotische Erlebnisse der Steinbock-Frau gibt es meist gar nicht. Gewöhnlich erblüht sie erst spät. Normalerweise ist sie auch mehr am handfesten »Entgelt« interessiert, so wie es die Ehe mit sich bringt, als am reinen und weniger greifbaren sexuellen Vergnügen. Sie mag nicht immer wissen, wie sie sich entspannen soll, denn sie ist sich ihres Verhaltens immer bewußt und ziemlich schüchtern.

Von Zeit zu Zeit findet man ein Steinbock-Mädchen, das schon mit zwölf Jahren mit Jungens anfängt. Mit achtzehn kann sie dann schon ihre eigene Version von »Fanny Hill« schreiben. Sie ist eine faszinierende Ausnahme der Steinbock-Regel. Man muß annehmen, daß sie schon sehr früh den Schlüssel zu ihrem angeborenen starken Sexualtrieb gefunden hat, allen Autoritäten zum Trotz. Ein erdhaftes, sinnliches Vergnügen und eine starke Neugier mögen sie angetrieben haben.

Die Steinbock-Frau fühlt sich meist in einer monogamen Beziehung am wohlsten. Sie ist häufig eifersüchtig und meist anspruchsvoll. Sie muß ihre erotischen (und anderen) Erwartungen sorgfältig prüfen, bevor sie eine ernsthafte Beziehung eingeht.

Das typische Steinbock-Mädchen hat wenigstens eine größere Schwärmerei für eine ältere Schülerin oder eine Lehrerin, aber sie wird meist zu schüchtern sein, darüber zu sprechen. Insgeheim mag sie sich vor Homosexualität fürchten, bevor sie überhaupt weiß, welche Namen gleichgeschlechtliche Beziehungen haben. Die meisten Steinbock-Mädchen, die mit homosexuellen Beziehungen Erfahrungen machen, betrachten sie nur als eine Stufe ihrer erotischen Entwicklung.

Die Steinbock-Frau muß sich vor Drogen und Alkohol hüten. Sie hat eine heimliche Neigung dafür, denn sie hofft, daß sie dadurch gelöster wird. Alkohol wirkt jedoch deprimierend, und neueste Forschungen haben ergeben, daß sogar Marihuana zur Sucht werden kann und auf die Dauer destruktiv wirkt. Es wäre daher besser, wenn die Steinbock-Frau ihre Verkrampfung ablegen und ihre Selbstachtung und ihre Kommunikationsfähigkeiten steigern könnte. Theaterspielen, das Rezetieren von Gedichten, Verkauf, Werbung und eine Tätigkeit als Hostess sind alles ausgezeichnete Übungsmöglichkeiten für sie.

Was für eine Liebhaberin sie ist

Die Steinbock-Frau taut meist viel schneller auf als viele, die anfangs den Eindruck kometenhaft aufsteigender erotischer Energie vermitteln. Wenn sie geistig angeregt ist, ist sie sogar sehr schnell in Fahrt. Es ist zwar nicht unbedingt ihre Sache, die Initiative zu ergreifen, aber irgendwie schafft sie es immer, daß die Dinge nach ihrem Wunsch gehen. Ihr Liebhaber kann sich sehr plötzlich unter ihr befinden, während sie ihn in selige Vergessenheit reitet.

Die Steinbock-Frau liebt Ordnung, auch in ihrem Sexualleben. Am liebsten würde sie – vorher natürlich – ihre Erregung so planen, daß sie mit seinen lustvollen Höhepunkten zusammentrifft. Sie hat gerne die Kontrolle in schwierigen Situationen, macht jedoch selten den Fehler, ihren Mann zu offenkundig zu beherrschen. Ihre sexuellen Obliegenheiten erfüllt sie mit hingebungsvoller, rücksichtsvoller Leidenschaft. Versuchen Sie allerdings herauszufinden, was sie denkt, so werden Sie wahrscheinlich nur ein rätselhaftes, flüchtiges Lächeln ernten. Die Steinbock-Frau weiß, wie sie ihre Meinung für sich behält, deshalb wird wohl auch von ihrer erotischen Leidenschaft so selten gesprochen. Der geeignete Ort für Sex ist für sie ihr Schlafzimmer, vorzugsweise mit dem Mann, dem sie sich fürs Leben verbunden hat. Worte sind kaum erforderlich.

Die Steinbock-Frau kann abwechselnd Phasen erotischer Passivität und reiner animalischer Lust durchleben. Man kann ihr sexuelles Verhalten nie vorhersagen, genausowenig wie das auf anderen Gebieten. Es ist, als ob zwei Frauen hinter ihrem wunderbar beherrschten Äußeren lebten, und jede brennt stetig auf eigene Art. In ihrer passiven Phase kann sie ganz auf Sex verzichten oder sich von einem Mann teilnahmslos lieben lassen. Wenn sie in einer Beziehung unglücklich ist, wird sie alles Sexuelle als eine ärgerliche Plage betrachten. Sex kann jedoch auch Belohnung für Tugend oder ein Sonderangebot sein. Ebenso mag sie sinnliche Durststrecken erleben. Dann wirkt sie unnahbar, kühl und selbstgenügsam. Sie strahlt dann so viel Erfolg und Selbstsicherheit aus, daß die Männer vor Angst wegbleiben und ihr Liebesleben einer Wüste gleicht. Zu anderen Zeiten hat sie dann vielleicht so viele Verehrer und Liebhaber, daß sie kaum Schritt halten kann: Geschieht etwas in ihrem Liebesleben, dann gleich ganz. Sie gibt sich der reinen, altmodischen Lust hin. Sind die Hemmungen einmal dahin, kann sie flegelhafter sein als ein Soldat auf Urlaub und anziehender als ein schillernder Schmetterling. Sie verhält sich eigentlich selbst wie ein Schmetterling, der gerade aus dem Kokon geschlüpft ist.

Vielleicht ist sie von Playboys und Gigolos umgeben, die sie unterhalten. Steinbock-Frauen mittleren Alters macht es nichts aus, sich Profis zur Begleitung zu wählen, besonders, wenn sie gerade zwischen zwei Ehen sind. Ich habe einige kennengelernt, denen dieser Lebensstil besser gefiel als ihre frühere Häuslichkeit. Frei genossene Sexualität und der damit verbundene Zauber können im Leben der durchschnittlichen Steinbock-Frau so unterdrückt sein, daß sie die Gelegenheit dann, wenn sie sich bietet, voll ergreift. Vielleicht versucht sie es einmal mit der Bisexualität, wahrscheinlich ist sie aber durch und durch heterosexuell. Die gewaltig bindende Kraft der Sexualität ist wichtig für sie, noch mehr, wenn auch Liebe dabei ist.

Was für einen Liebhaber sie braucht

Die Steinbock-Frau wünscht sich einen Mann, der empfänglich und verantwortungsvoll ist. Er sollte altmodische Wertmaßstäbe haben und mit Herz und Blumen werben. Zeigt er sein Herz auf subtile Art, desto aufregender. Sie wird bestimmt nichts tun.
Er muß imstande sein, ihre verborgene Sinnlichkeit hervorzulokken, und er muß ihre spöttische Werbung zu schätzen wissen. Wenn sie neben sich auf einem Barhocker plötzlich den Mann ihrer Träume findet, kann sie ihre angeborene Schüchternheit überwinden und ihn mit selbstironischem Witz ansprechen. Ebenso mag sie auch die stachlige Seite zeigen und ihn herausfordern, sich mit ihr zu messen.
Ein Mann, dem man ansieht, daß er aus guter Familie kommt, der einen Schuß männlicher Kraft und sehr viel Drang nach oben hat, hat eine gute Chance bei ihr. Zusätzlich wünscht sie sich zwei schwer definierbare Eigenschaften: Klasse und erotische Ausstrahlung.
Im Bett soll er ein Gentleman sein, der ihren Bedürfnissen gerecht wird und klug ihren schweigenden Forderungen lauscht. Ihre Stimmungen muß er vorausahnen und ihre erogenen Zonen besser kennen, als sie selbst. Aber er sollte noch mehr sein als ein Gentleman. Sie möchte ihn erdhaft, fordernd und unverhüllt männlich haben. Im allertiefsten Herzen achtet sie ihn mehr, wenn er nicht jedem ihrer Wünsche nachgibt. Manchmal sollte er sie mehr im Bett tun lassen, als sie, einer Prinzessin gleich, jemals von sich aus tun wollte.
Im geheimen hat sie auch den Wunsch, sexuell unterworfen zu werden. Sadomasochismus ist zwar meist nicht ihre Sache, aber heimlich hofft sie doch, daß der Mann, den sie liebt, im Bett genausoviel Macht ausüben kann wie im Sitzungssaal der Firma.

Der Ärger der Steinbock-Frau

Ärger ist ein natürliches, menschliches Grundgefühl. Wir lieben, sind traurig, glücklich, eifersüchtig – und wir ärgern uns.

Die meisten von uns haben jedoch so gut gelernt, den Ärger zu ignorieren oder zu unterdrücken, daß wir ihn anders nennen oder ihn überhaupt verleugnen. Gelegentlich explodieren wir in aufgestauter, unvernünftiger Wut, unbeherrscht und destruktiv.

Unsere Kultur hat die meisten von uns gelehrt, den Ärger hinter Namen wie Gereiztsein, Frustration, Depression oder Traurigkeit zu verbergen. Aber Ärger ist Ärger, und noch so viele psychologische Spiele können uns nicht von seinen vergiftenden Folgen befreien. Ärger muß man als solchen erkennen und lernen, ihn in eine konstruktive Richtung umzulenken: in Arbeit, Sport oder den Kampf gegen soziale Übel. Im günstigsten Fall kann unser Ärger uns aus dem gewohnten Trott bringen und uns veranlassen, die notwendigen Schritte zu unternehmen.

Ärger ist ein Haupthindernis für ein gesundes Sexualleben. Er ist eine der Ursachen für geringe Selbstachtung und führt häufig dazu, daß man sich unwichtig oder machtlos vorkommt. Fehlt uns die Selbstachtung, werden feindselige Gefühle und Ärger immer stärker. Die Sexualität wird in einer Beziehung, in der Ärger vorherrscht, eher zum Schlachtfeld als zu einem erfreulichen Band.

Die Steinbock-Frau hat meist weniger Schwierigkeiten mit unterdrücktem oder falsch geäußertem Ärger als andere. Aber auch bei ihr kann Ärger wie eine Bombe und als Bedrohung ihres Glücks wirken. Es ist typisch für sie, daß sie ihren Ärger von der Vernunft aus angeht. Sie kann sich auch mit beißendem Witz aus der Affäre ziehen oder sich hinter gesellschaftlichen Formen verschanzen. Oder aber sie ignoriert den Ärger ganz.

Zum Thema Ärger habe ich einige Frauen befragt, die Steinbock-Typen sind oder gerade eine Steinbock-Phase durchmachten. Hier sind die typischen Antworten:

1. »Ich bin lange verheiratet und ärgere mich selten. Schon vor vielen Jahren habe ich gelernt, daß ich meinen Mann nicht ändern kann, und habe mich in mein Schicksal ergeben. Meine gelegentlichen Frustrationen – oder meinen Ärger, wenn Sie so wollen – reagiere ich beim Nähen ab, im Garten, oder beim Bildhauern.«

2. »Ich habe immer geglaubt, daß ich mich selten ärgere, bis ich mich selbst richtig kennengelernt habe. Erst in den Dreißigern

habe ich erkannt, wie enorm viel Ärger ich immer mit mir herumgeschleppt und wie ich versucht habe, ihn in wohlabgemessenen Dosen loszuwerden. Ich habe Theater gespielt und fand das eine ausgezeichnete Art, mich zu befreien. Wenn ich zurückschaue, habe ich meist Komödien gespielt und die Rolle des frechen Biestes übernommen. Es machte direkt Spaß, feindselig zu sein und die Leute damit zum Lachen zu bringen. Ich glaube, jetzt drücke ich den Ärger dann am besten aus, wenn ich fühle, daß er nicht abgelehnt oder mißbilligt wird.«

3. »Ich bin immer bei kleinen Dingen explodiert, wenn ich mich jedoch wirklich ärgerte, konnte ich das selten zeigen. Seit neuestem bin ich sehr in meine Arbeit verstrickt, mein Geschäft geht immer besser und ich habe Erfolg, so daß ich mir keines Ärgers bewußt bin. Ich glaube, ich bin zu müde und zufrieden, um mich zu ärgern.«

4. »Ich ärgere mich, wenn ich einen *Grund* dafür habe. Wenn man mir keinen Grund gibt, ärgere ich mich nie. Der Hauptgrund für meinen Ärger ist meist die Unfähigkeit der Leute und unanständiges Verhalten. Mit mir hat das selten zu tun.«

5. »Ich finde, daß ich durch gesellschaftliche Kontakte, Tanzen und Trinken ein gutes Ventil für meinen Ärger finde. Ich stelle mich meinem Ärger nicht direkt, aber ich werde ihn los, wenn ich zu Parties, auf Kreuzfahrten und zu Picknicks gehe. Das gibt mir Sicherheit, das schützt mich vor mir selbst.«

Die erste Frau ignoriert ihren Ärger oder lenkt ihn in nützliche Tätigkeiten um. Man hat den Eindruck, als wäre sie im Laufe der Jahre klüger und gütiger zu sich selbst geworden. Die zweite Frau »schauspielert« positiv, um mit ihrem Ärger zurechtzukommen. Sie spielt buchstäblich – auf der Bühne. Sie setzt auch Humor ein und kann damit Feindseligkeit abbauen. Die Steinbock-Frau hat meist einen guten Sinn für Humor und kann sich mit witzigen, spöttischen Bemerkungen hervortun, die kaum ihre Feindseligkeit verhüllen.

Die dritte Frau hört sich realistisch an. Sie hat den Weg gefunden, ihre Aggressionen und ihren Ärger in die Arbeit abzuleiten. Sie hat eine hohe Selbstachtung, und sie ist erfolgreich. Erfolg kann der Steinbock-Frau mehr Streß nehmen als er ihr verursacht.

Die vierte Frau scheint sich vernünftig mit ihrem Ärger auseinanderzusetzen. Sie scheint nicht zu wissen, daß Gefühle Tatsachen
sind und nicht gerechtfertigt werden müssen. Wenn wir uns ärgern, müssen wir keine Beweise dafür erbringen, warum wir das
tun. Wir müssen niemals nachweisen, warum wir glücklich sind,
weshalb haben wir dann immer das Gefühl wir müßten »gute«
Gründe für unseren Ärger haben? Diese Dame muß ihre Wertmaßstäbe überprüfen. Es kommt mir so vor, als stelle sie hohe Anforderungen. Sie ist unduldsam und unerbittlich, wenn sie den Leuten
vorschreiben möchte, wie sie sich benehmen sollten. Sich selbst hält
sie wahrscheinlich für absolut beherrscht.

Die Steinbock-Frau steigert sich sehr oft in ihren Ärger hinein und
wieder heraus. Häufig macht sie äußere Umstände für ihre Wut verantwortlich und übernimmt selbst sehr wenig oder gar keine Verantwortung. Sie glaubt oft, daß die anderen und deren unvernünf-
tiges, sonderbares Verhalten sie zu ihrem Ärger »berechtigen«.

Die fünfte Frau benutzt das gesellschaftliche Treiben als ein Ventil
für ihren Ärger. Das ist bis zu einem gewissen Grad in Ordnung,
aber es besteht wie sie selbst betont, die Gefahr, daß sie vor sich
selbst davonläuft. Ich nenne dies das »Peter-Pan-Symptom«. Sie
entflieht der Realität ihres Ärgers durch frenetische Tätigkeit. Diese
Frau übernimmt nicht die volle Verantwortung für ihre Gefühle, in
diesem Fall für den Ärger.

Vier der Frauen (die erste, zweite, dritte und fünfte) waren bereit,
offen über ihr Sexualleben zu sprechen. Alle vier hatten Schwierigkeiten, erlebten sowohl Phasen ohne jede sexuelle Begierde als auch
solche intensiver sexueller Tätigkeit. Alle hatten Zeiten gehabt, zu
denen sie nur schwer einen Orgasmus erreichten, *besonders*, wenn
sie aufgeregt oder verärgert waren.

Keine der Frauen hatte sich ihren Ärger voll bewußt gemacht, bevor
wir mit dem Gespräch begannen. Daher war es auch unmöglich für
sie, die Rolle des Ärgers bei sexuellen Problemen klar zu definieren.
Nur die fünfte Frau erkannte, daß sie umso weniger an Sex interessiert war, je wilder ihr gesellschaftliches Treiben wurde. Sie erklärte
auch, daß sie ihren Ärger oft nur dann beherrschen könne, wenn sie
ihren Sexualtrieb unterdrücke. Ich fand es äußerst interessant, daß
die vierte Frau, die so von sich überzeugt schien und die Gründe für

ihren Ärger für so gerechtfertigt hielt, es ablehnte, über ihr Sexualleben zu sprechen. Ich hatte das Gefühl, daß sie gar keines hatte.

Wie man den Ärger identifiziert und ausdrückt

Die Steinbock-Frau muß sich ihre Gefühle einschließlich des Ärgers bewußt machen. Ärgert sie sich? Über wen? Was davon ist Resultat ihrer Erziehung, was resultiert aus ihrem Temperament oder aus den Problemen ihrer momentanen Beziehung oder ihres momentanen Lebensstils? Welche alten Vorstellungen existieren noch in ihrem Kopf? Ist das »Braves-Mädchen«- oder »Klassenbeste«-Syndrom noch wirksam? Wieso verursacht das alles Ärger?

Hauptquelle des Ärgers ist bei der typischen Steinbock-Frau ein Gefühl von Machtlosigkeit. Meist definiert sie es als ein Gefühl der Unfähigkeit. Die Steinbock-Frau ist so stark auf Leistung ausgerichtet, da ihr Ärger oft mit ihrem Ehrgeiz zusammenhängt. Selbst wenn sie nicht arbeitet, ärgert sie sich vielleicht darüber, daß eine Hilfsorganisation nicht richtig funktioniert, die Kinderversorgung für arbeitende Mütter schlecht ist oder es zu wenige Akademikerinnen gibt. Im Beruf wird sie wahrscheinlich als Frau Benachteiligung erfahren. Das wird ihren Ärger besonders schüren, denn bei Steinböcken ist das Gefühl der Selbstachtung oft eng mit der Verfolgung und dem Erreichen der beruflicher Ziele verbunden. Wenn sie nicht für ihren Lebensunterhalt arbeitet, strebt sie ganz sicher eine Führungsposition in einer Freiwilligen-Organisation, in Gemeindeausschüssen oder in der Familie an.

Es gibt auch für die Steinbock-Frau einige Techniken, um leichter mit dem Ärger zurechtzukommen. (Größere Flexibilität in der Kommunikation: siehe dazu das Kapitel »Der Ärger der Waage-Frau«. Zur Identifizierung des Ärgers finden Sie Hinweise unter »Der Ärger der Skorpion-Frau«).

Darüber hinaus müssen Sie besonders

1. Erkennen, daß Konflikte unvermeidbar sind und der Ärger wirklich und annehmbar ist.
2. wissen, daß man Ärger lenken kann und daß er nicht als unwürdige, unvernünftige Reaktion ignoriert werden muß.

3. akzeptieren, daß fortgesetzter Widerstand gegen die Anerkennung des Ärgers weitere Probleme schaffen kann.
4. wissen, daß Gefühle des Ausgeschlossenseins, von Eifersucht, Machtlosigkeit und Ungerechtigkeit den Ärger sowohl bei anderen Frauen als auch bei der sensiblen Steinbock-Frau auslösen.
5. darauf achten, sich nicht in das »Ich-armes-kleines-Ding«-Syndrom hineinzusteigern. Auch andere haben Probleme.

Die Steinbock-Frau wird besonders durch folgende Eigenschaften gehindert, ihren Ärger auszudrücken:
1. Verwundbarkeit. Ihr Ich ist groß und empfindlich. Oft zeigt sie ihren Ärger nicht, weil sie nicht zugeben will, daß sie verletzt ist.
2. Angst. Sie fürchtet, daß der andere sie tadelt, ablehnt oder sie auslacht, und sie hat Angst vor ihren eigenen destruktiven Kräften.
3. Schuldgefühle über ihren Ärger.
4. Der Wunsch zu gefallen, perfekt zu sein.

Eine Verbesserung der Kommunikationsfähigkeit und Meditation kann hier sehr hilfreich sein. Auch das Sexualleben der Steinbock-Frau muß nicht leiden, wenn sie ihren Ärger konstruktiv zeigt und nicht unterdrückt.

Wir leben in einer patriarchalischen Gesellschaft. Die Steinbock-Frau hat selbst eine starke männliche Seite. Eine kürzlich in Amerika durchgeführte Untersuchung ergab, daß patriarchalische Gesellschaften sinnliche Freuden, körperliche Berührung und Sexualität vor der Ehe unterdrücken. In der Studie wurde angedeutet, daß eine Kultur desto kriegerischer wird, je mehr sie die Sexualität unterdrückt.

Ein ähnliches Phänomen zeigt sich auf persönlicher Ebene in der reziproken Beziehung zwischen Ärger und Sexualität. Unterdrückte Sexualität erzeugt Ärger.

Erhöhter Ehrgeiz auf Kosten der Sinnlichkeit bringt schließlich Probleme in der Liebe mit sich. Eine Frau, der man etwas vorenthält, wird sich ärgern, und eine verärgerte Frau kann sehr destruktiv handeln.

Dauerhafte Liebe entsteht nicht durch Verleugnung der Gefühle. Die Gefühle müssen im Gegenteil erweitert und geteilt werden. Die Steinbock-Frau muß daher lernen, ihre Liebe zu nähren. Sie muß die Mittel erlangen, den vergiftenden Ärger von ihrem Leben und ihrem Bett fernzuhalten.

Die Lebensstile der Steinbock-Frau

Die Steinbock-Frau ist prächtiges Rohmaterial für die Ehe. Sie braucht und wünscht sich eine beständige Beziehung, die ihre gesellschaftlichen, materiellen und emotionalen Bedürfnisse erfüllt. Sie ist wahrscheinlich eine der besten Kandidatinnen für ein gutes altmodisches »Band der Liebe und der Lust«, das auf einer lange bestehenden Hauptbeziehung beruht. Es dauert jedoch meist seine Zeit, bis sie dort angelangt ist. Sie mag sich eine Ehe oder eine starke Hauptbeziehung wünschen und Sexualität und Liebe nicht trennen wollen, gewöhnlich findet sie ihr Glück jedoch erst spät. Meistens braucht sie auch lange, bis sie Selbstbewußtsein erlangt und die Fähigkeiten entwickelt, die eine Beziehung lebendig erhalten.

Es gibt Frauen, deren Bedürfnisse am besten durch eheliche und außereheliche Beziehungen gleichermaßen gestillt werden. Die Steinbock-Frau hat vielfältige Interessen, zieht es aber vor, ihre Energien auf eine Hauptbeziehung zu konzentrieren, die, so hofft sie, die meisten ihrer Bedürfnisse erfüllt.

In jungen Jahren, gewöhnlich in den Zwanzigern und sogar noch in den Dreißigern, hat sie zahlreiche Liebesaffären; kann verschiedene Lebensstile ausprobieren, oder aber sie ist verheiratet und monogam. Ihr Leben kann in ganz bestimmte Phasen eingeteilt werden, in denen sich ihr erotisches Verhalten völlig ändert.

Typische Verhaltensmuster bei der Änderung des Lebensstils einer Steinbock-Frau:

1. Jugendjahre von zwanzig bis achtundzwanzig, manchmal aber auch erst von fünfundzwanzig bis zu zweiunddreißig Jahren. Sie ist wahrscheinlich unreif und unsicher, zieht sich entweder in eine vollkommene monogame Beziehung zurück, in der sie sich sicher fühlt, oder sie fällt ins andere Extrem und experimentiert, um Erfahrungen zu sammeln und ihren Horizont zu erweitern. Wenn sie jung heiratet und von der alten Schule ist, bleibt sie wahrscheinlich ihr Leben lang monogam. Ich habe jedoch eine

wachsende Anzahl Steinbock-Typen gesehen, die in den Fünfzigern aus einer festgefahrenen Ehe ausbrechen und noch einmal neu anfangen.

2. Mittlere Jahre, ungefähr von fünfunddreißig bis sechzig. In diesem Zeitraum gibt es viele individuelle Unterschiede, die nur vorhersagbare Umbrüche gemeinsam haben, besonders mit fünfunddreißig, zwei- oder dreiundvierzig, fünfzig und achtundfünfzig bis sechzig.

3. Späte Jahre, ab sechzig. Es ist typisch für die Steinbock-Frau, daß sie in dieser Phase am besten zur Geltung kommt, *vorausgesetzt* , sie hat keine festgelegten Gewohnheiten. Sollten Angst und Depressionen überhand genommen haben, wird es ernsthafte körperliche Schwierigkeiten geben. Wenn nicht, wird sie mit den weiteren Jahren aufblühen wie eine seltene, kostbare Blume.

Monogamie und anderes

Die folgenden Situationen könnten die Steinbock-Frau veranlassen, nicht monogam zu leben:

1. Bitterkeit oder Enttäuschung hinsichtlich ihres Lebens und Partners.

2. Das Gefühl, vom Leben betrogen zu sein und irgend etwas Radikales dagegen unternehmen zu müssen. Das Gefühl, daß das Leben an ihr vorbeigehe.

3. Suche nach Glanz und Aufregung. Oft hat sie das Gefühl, jemand anderes müsse sie mit dem versorgen, was ihr ihrer Meinung nach fehlt. Stuft sie auch ihren Partner als schwerfällig ein, wird sie fast mit Gewißheit früher oder später einen Mann suchen, dessen Glamour ein bißchen auf sie abfärbt.

4. Die Suche nach einem männlichen Mentor (besonders bei einer sehr ehrgeizigen Steinbock-Karriere-Frau). Voraussichtlich besonders dann, wenn ihr Mann sich nicht für ihre Arbeit interessiert.

5. Einsamkeit in der Ehe.

6. Übertragung. Wenn sie emotionale Probleme hat, kann sie ihren Altersgenossen, vielleicht einschließlich ihres Mannes, die

Schuld geben und sich einem älteren Mann zuwenden.
7. Fehlgeleiteter Ärger auf sich selbst oder den Partner.
8. Suche nach neuen erotischen Erfahrungen.

Alternative Lebensstile

Alleinlebende Frau

Von Zeit zu Zeit mag es gut für die Steinbock-Frau sein, allein zu leben. Sie sollte allerdings aufpassen, daß es nicht zu lange dauert, damit sich nicht ihre Neigung zu Depressionen verstärkt. Sie braucht Gesellschaft und Fröhlichkeit. Allein zu leben, ist nicht immer gut für sie.

Enge Verflechtungen (Intimate Networks)

Eine sehr gute Möglichkeit für die Steinbock-Frau. Sie hat meist Freunde beiderlei Geschlechts und fühlt sich nicht bedroht, wenn sexuelle Beziehungen nicht die Norm sind. Sie hat es nicht gern, wenn man sie drängt, sie wird einfach auf stur schalten, wenn jemand sie überreden will und sich selbst entscheiden, ob es Zeit dazu ist – und das gilt auch für Sexualakte.

Offene Ehe

Meines Wissens hat sich dieser Lebensstil, der in den Sechzigerjahren populär wurde, nicht durchgesetzt. Für die Steinbock-Frau ist er fast unmöglich. Sie ist besitzgierig, und ihr Bedürfnis nach Exklusivität ist von Dauer. Sie ist ganz glücklich in ihrer Monogamie, besonders, wenn es der gesellschaftlich anerkannte Lebensstil der Zeit ist.

Ménage à trois

Diese Vereinbarung, bei der Paare ihr Bett mit einer dritten Person teilen, ist vorübergehend gut für sie als Test für ihre Befähigung zu Beziehungen. Vor Widdern, Löwen, Wassermännern und Zwillingen sei sie gewarnt.

Gruppenehe

Die Steinbock-Frau liebt abgegrenzte Lebensstile. Wenn die Gruppenehe in einer Atmosphäre des Vertrauens und der finanziellen und emotionalen Sicherheit geführt wird, kann sie es versuchen.

Kommunen

Sie unterscheiden sich von der Gruppenehe insofern, als die Verbindungen nicht offiziell abgesegnet sind, und sie nicht aus Paaren zusammengesetzt sind. Eine Kommune bietet der Steinbock-Frau ungefähr die gleichen Möglichkeiten wie die Gruppenehe, und es könnte zu den obengenannten Bedingungen klappen.

Homosexueller/bisexueller Lebensstil

Ich habe sehr wenige Steinbock-Frauen gesehen, die offen so lebten, aber ich vermute, viele würden es gerne versuchen. Die männliche Seite der Steinbock-Frau ist oft stärker entwickelt als ihre weibliche. Vielleicht wünscht sie, ihre Weiblichkeit dadurch stärker zum Ausdruck zu bringen, daß sie mit anderen Frauen lebt. Im allgemeinen ist es ihr jedoch so wichtig, anerkannt zu werden, daß sie kaum von der Norm abweichen wird.

Zusammenfassung

Ihre Erfahrungen macht die Steinbock-Frau in tiefster, winterlicher Gruft. Sie sollte sie als warme, sommerliche Liebe, als Selbstliebe, Optimismus und in der Entwicklung eines höheren Selbst zum Ausdruck bringen.

Die Achse materiell/körperlich gegen emotional/spirituell steht im Zentrum der Herausforderung. Wird sie den Weg der Macht auf Kosten der Liebe wählen? Wird der Kopf auf Kosten des Herzens siegen? Wird sie ihre Selbstzweifel, ihre pessimistischen Neigungen überwinden und lernen, im Heute zu leben, statt sich um das Morgen Sorgen zu machen? Wird sie soviel Freude an ihrer Jugend und ihren mittleren Jahren haben, wie sie sie ganz sicher am Alter hat?

Das sind Fragen, die nur sie selbst beantworten kann. Wichtig für sie ist es, die Herausforderung anzunehmen. Dann muß sie sich bewußt machen, welche enormen Möglichkeiten sie hat, ihr Leben nach Wunsch zu gestalten. Schließlich muß sie sich um emotionale Entwicklung bemühen und zu vertrauen lernen. Wenn das Herz offen und der Geist diszipliniert ist, regelt sich das Körperliche von selbst.

Die Steinbock-Dame ist wirklich eine Herrscherin, die zu Höherem geboren ist. Regiert die Löwe-Frau die Massen von ihrem erhabenen Thron aus, so übt die Steinbock-Frau Autorität aus. Sie kann die Stimme des Wissens, der Weisheit und der positiven Tradition sein. Sie kann das Gute von gestern zum praktischen Gebrauch für heute umwandeln. Gerät sie in falsche Bahnen, wird sie die Vergangenheit zurückholen wollen. Ist sie allerdings vorurteilslos, so wird sie Schönheit und Vorzüge der Vergangenheit nutzen, die Gegenwart zu bereichern und selbst daran teilhaben, die menschlichste Zukunft für uns alle zu schaffen.

Wassermann

21./22. Januar bis 18./19. Februar

Kennzeichen der Wassermann-Frau

1. REFORMERIN
2. VERSCHROBEN
3. UNGEWÖHNLICH
4. PHANTASTIN
5. NICHT BESITZGIERIG
6. NICHT MATERIALISTISCH
7. FREIHEITSLIEBEND
8. AVANTGARDISTISCH
9. REVOLUTIONÄR
10. GEISTIGE KRAFT
11. EIGENSINNIG
12. SICH SELBST VERTRAUEND
13. PFLICHTBEWUSST
14. ALTRUISTISCH
15. WAHRHEITSLIEBEND
16. HÖFLICH
17. ZIVILISIERT
18. GESPANNT
19. EINSAM
20. BEGABT
21. GETRIEBEN
22. STOLZ
23. GRUPPENBEWUSST
24. WISSBEGIERIG
25. EXPERIMENTIERT GERN
26. UNVOREINGENOMMEN
27. FÜRCHTET INTIMITÄT
28. SCHÜCHTERN
29. BESCHEIDEN
30. GETEILTE INTERESSEN
31. ZWANGLOS
32. RESERVIERT
33. FREUNDLICH
34. SEXUELL GROSSZÜGIG
35. EROTISCH GEHEMMT

Die Persönlichkeit der Wassermann-Frau

Allgemeines

Um die Wassermann-Frau zu verstehen, ist ein neuer Bezugsrahmen erforderlich. Sie ist ein faszinierendes Labyrinth aus Tradition und Zukunftsgläubigkeit, Logik und Intuition, Exzentrik und Dogmatismus. Das Gehirn hält sie für das wichtigste Sexualorgan, und sie filtert auch jeden Aspekt des Lebens durch ihren scharfen Verstand.

Die Wassermann-Frau ist der Vorbote kultureller Konzepte, von Lebensstilen, die noch auf uns zukommen. Sie könnte in ein Ambiente des Jahres 2001 treten und sich ohne weiteres zu Hause fühlen. Gedankenkontrolle verabscheut sie, sie sucht Gedankenfreiheit, möchte Frieden, Harmonie, Verständnis, Sympathie, Vertrauen, und das für die ganze Menschheit. Sie will Freiheit, Gleichheit, Schwesterlichkeit – in leichter Abwandlung die Maximen der französischen Revolution, dazu ihren freien Willen. Sie sucht die gleiche und vollkommene Vereinigung aufgeklärter Männer und Frauen. Und sie möchte alles zu ihren Bedingungen.

Wassermann ist das elfte Zeichen des Tierkreises, fest, Element Luft. Wegen seines Namens halten viele Leute »Wassermann« für ein Wasserzeichen. Aber Wassermann ist ein Luftzeichen, und deshalb verlassen sich die Wassermänner vor allem und zuerst auf ihren Verstand. Sie leben oft aus dem Verstand, dem sie mehr vertrauen als dem Körper. Viele sind intellektuell überragend, gefühlsmäßig zurückhaltend, und man kann nur voraussagen, daß es Voraussagen über sie nicht gibt.

Jedes astrologische Zeichen wird mit einem Planeten in Verbindung gebracht oder von ihm beherrscht. Wassermann ist auf mehr Gebieten sonderbar, als man zählen kann. Exzentrisch ist schon, daß er von zwei Planeten beherrscht wird. Der Planet Uranus, 1781 entdeckt, wird ebenso mit dem Wassermann in Verbindung gebracht wie der Saturn. Es wird den Wassermännern nachgesagt, daß sie Eigenschaften beider Planeten haben: Konservativismus, Ernsthaftigkeit und Ehrgeiz werden dem Saturn, verrückte Erfindergabe, Originalität und unpraktisches Verhalten dem Uranus zugeschrieben. Der Wassermann-Frau kann jeder Materialismus abgehen, und doch kann sie fünfzig Kilometer fahren, um eine Dose grüne Bohnen im Sonderangebot zu bekommen. Die Frau des Wassermann-*Typs* hat die Sonne oder andere wichtige Planeten im Wassermann, Planeten im elften Haus, dem natürlichen Haus des Wassermanns, oder einen stark aspektierten Uranus. Wassermann-Typen sind auch die, die eine vorübergehende Wassermann-*Phase* durchmachen. In diesem Fall braucht man keine Planeten im Wassermann zu haben. Der Wassermann-Typ wird durch die Kennzeichen zu Beginn dieses Kapitels charakterisiert. Die Wassermann-Phase hat die folgenden Merkmale:

1. Blitzartige Einsicht und Intuition, Visionen, Telepathie, Träume, die sich mit der Zukunft befassen, besonders der Zukunft der Gesellschaft.

2. Intensive Beschäftigung mit Forschung und Erfindung, besonders der Elektronik zukunftsweisende technologische Entwicklungen sind auch Sache des Wassermann.

3. Eigenwillige, exzentrische Ansprüche auf Freiheit und Privatleben; Lebensstil eines Einsamen, abwechselnd mit Gruppenzugehörigkeit, aber keinem Individuum zugehörig. Viele Wassermänner führen ein futuristisches Leben.

4. Humanitäre Bindung an die Philosophie einer Gruppe (vielleicht kombiniert mit dem Leben in einer Kommune) mit dem Ziel, eine neue Ordnung aufzustellen. Wassermann unterscheidet sich hauptsächlich insofern vom Skorpion, als dieser mit der Auflösung vor der Wiedergeburt beschäftigt ist, während es die Wassermänner interessiert, eine bessere, idealere Welt aufzubauen oder aber wieder aufzubauen.

5. Wiederholte Schwierigkeiten mit gefühlsmäßiger Nähe; verbarrikadierte Gefühle

6. Experimentieren auf allen Lebensgebieten, dabei unmaterialistisch.

7. Lehren und Teilhaben am Wissen mit weitreichenden Konsequenzen (gilt besonders für den entwickelten Wassermann)

Wassermann, der zweiundfünfzigste Staat, der elfte Planet, der elfte Schüler, hat das Außergewöhnliche, jene besondere Qualität, ein Geheimnis. Die Wassermann-Frau ist nicht nur kompliziert, sie gewährt auch keinen Zugang. Sie gleicht dem Spion in der Tür: Man schaut nach draußen, schätzt ab und bleibt doch meist drinnen ohne zu öffnen. Gerade ihre Kühle ist ihr Charme. Gewöhnlich mit recht zweideutigem Humor gesegnet, kann sie sich auf die Person oder Aufgabe konzentrieren, um die es gerade geht. Sie verfügt über eine faszinierende Intuitionsgabe, die häufig zum Vorauswissen wird. Sie kann geistesabwesend, unpraktisch, reserviert, reizbar und gehemmt sein. Sie ist aber auch hingebungsvoll, loyal, freundlich, gebildet, scharfsinnig, idealistisch, nicht aggressiv, nonkonformistisch und aufgeklärt. Sie scheint einen Schritt voraus zu sein. Dazu gehört aber auch ein Zug von Eifersucht und Neid. Eigentlich möchte sie nicht, daß ihre Freunde und Vertrauten Besitztümer haben, die sie begehrt oder die von besserer Qualität sind als die ihren. Der Verstand der Wassermann-Frau ist wie ein Setzkasten. Sie greift sich einzelne Stücke heraus, und doch sind die Kästchen nicht verbunden.

Auf einzigartige Weise scheint sie von den stürmischen Gefühlen, die andere zu flammenden Ausbrüchen hinreißen oder in Depressionen treiben können, unberührt. Meist beherrscht, erntet sie die Erträge – und bezahlt den Preis für ihre Beherrschung.

Wer sie liebt, muß sie so lassen, wie sie ist. Wer sie liebt, muß ihr Schutz gewähren, daß sie ihre Flügel ausbreiten kann. Man muß zur Stelle sein, wenn sie sich einsam fühlt, ohne das gleiche von ihr zu fordern. Sie zu lieben heißt frustriert zu sein, erfüllt, neugierig, verrückt , ängstlich, es heißt zu Toleranz, Wißbegier, Flexibilität und geistigen Interessen gezwungen zu sein. Wer sie liebt, muß vorwärts schauen, muß sowohl die Vergangenheit als auch die Angst vor Zukunft und Freiheit vergessen. Die Wassermann-Frau spornt ihre Freunde und Liebhaber an. Es ist natürlich für sie, alte Vorstellungen zu revidieren. Platonische Liebe ist angenehm, Leidenschaft in Ordnung, solange sie nicht überwältigend wird, Wortgefechte machen ihr den Mund wässrig. Und am Schluß hat sie einen mit ihrer facettenreichen, leicht aggressiven Ausstrahlung umgarnt. Sie überrascht einen ständig, ihr dogmatischer Moralismus und ihre liberalen Ansichten gehen Hand in Hand. Sie ist weder zu schüchtern noch zu extravertiert, weder zu persönlich noch zu reserviert. Sie ist alles und nichts davon.

Sie ist ganz Frau mit einem männlichen Verstand, wieder eine Herausforderung unserer Klischeevorstellungen. Sie möchte in Schwung gebracht und herumgewirbelt werden, sich verlieben – in Sie, in das Leben, in sich selbst. Sie sucht die Anerkennung der Gemeinschaft, intellektuelle Führerschaft und Erfüllung, eine romantische, aber gemessene Liebesaffäre. Lernen muß sie, den Dingen ihren Lauf, sich gehen zu lassen.

Folgende Körperteile oder Funktionen der Wassermann-Typen werden bei Streß oder Kummer am stärksten in Mitleidenschaft gezogen: Waden, Knöchel, Knochen vom Knie abwärts, Kreislauf, Atem, Augenlicht, Achilles-Sehne, Blut und Lymph-System. Die am weitesten verbreiteten Wassermann-Beschwerden sind Krampfadern, als nächstes folgen Kreislaufbeschwerden.

Wassermann-Berufe oder Gebiete, auf denen sie tätig werden, sind: Flieger; alles was mit der Luftfahrt zu tun hat; Funk und Fernsehen; Architektur; Autos; Astrologie; Chiropraktik; Arbeit im Zusammenhang mit Kongressen; Genossenschaften; Beratungen; Elektronik; Ingenieurwesen; Forschung jeder Art, geistig oder körperlich; Glaubensheilungen; Subventionen; philanthropische oder Klub-Arbeit; Instrumenten- und Möbel-Herstellung; Erfindungen; Gesetzgebung; Mechanik; Film; Motoren; Motorräder; Navigation; Neurologie; neuartiges Lehren und Berufe, z.B. Kernphysik; Perlen; Photographie; Psychologie; Radiologie; Radiotherapie; Reformen; Revolutionen; Wissenschaft; sozialistische Bewegung; spirituelle Bewegung; Telefon; Telegraf; Fernsehen; Röntgenstrahlen.

Die Wassermann-Frau sammelt Unterlagen, damit sie alles und alle ganz und gar versteht. Sie selbst widersetzt sich dem Versuch, verstanden zu werden. Äußerlich ist sie von solcher Kühle und Selbstbeherrschung, daß nur wenige ihr darin gleichkommen. Insgeheim aber kann sie recht durcheinander sein. Sie ist, was sie am meisten fürchtet, auch verletzlich. Es fehlt ihr an Selbstvertrauen, und darum verbirgt sie sich hinter einer Fassade. Sie hat ihren eigenen Zauber, paradox und voller Unheil, Mißverständnisse sind an der Tagesordnung. Wassermann ist wahrscheinlich das menschlichste und humanitärste aller Tierkreiszeichen, und doch gefühlsmäßig eines der zurückhaltendsten. Sie neigt dazu, sich selbst zu beobachten, sogar im Liebesspiel. Nur wenn sie das Risiko echter Intimität eingeht, kommt sie ihrem Ideal einer universellen, liebenden Brüder- und Schwesternschaft nahe.

Selten wird sie eine Position annehmen, in der sie weniger als – ihrer Vorstellung nach – perfekt sein kann. Heuchelei ist oft ihr Kompromiß. Ihre inneren Überzeugungen lassen manchmal jede Ähnlichkeit mit ihrer öffentlichen Haltung vermissen. Sie muß sich vor allem verzweifelt darum bemühen, gute Beziehungen von Mensch zu Mensch zu entwickeln.

REFORMERIN

Die Wassermann-Frau ist teils Helen Keller, teils Peter Pan, mit einem Schuß Minnie Maus und einer Prise Madame Curie. Sie ist nicht nur kompliziert und unberechenbar, sie hat auch einen Fuß in der Zukunft und seltsame, in die Ferne gerichtete Augen, die viel sehen und nichts verraten.

Sie ist eine Aktivistin, der die Sache wichtiger als die achtbaren Sitten der Mittelklasse sein kann; sie mag sich irgendwann gezwungen sehen, die Freiheit zu verteidigen, den Sexismus zu bekämpfen oder ins diplomatische Korps einzutreten, um eine »interne« Arbeit zu tun. Sie ist eine Macherin mit visionärem Geist und missionarischem Eifer, denn sie glaubt an das Gute der gemeinsamen Sache und an das Schicksal der Gruppe.

In ihren Beziehungen mag sie Quantität vor Qualität stellen und sich zuweilen in der Menge vor sich selbst verstecken. Sie könnte jedem gehören, und am Ende nicht mehr sich selbst. Sie hat das periodisch wiederkehrende Bedürfnis, sich einzuigeln, aber auch den starken Trieb, Leute um sich zu versammeln, um die Gültigkeit ihrer Ansichten zu demonstrieren. Jules Verne, ein Wassermann-Typ, sah in die Zukunft. Mit seiner phantasievollen futuristischen Welt unterhielt er seine Leser und erzog sie gleichzeitig.

Die Wassermann-Frau hat – vorurteilsfrei – Ideale auf bestimmten Gebieten, die sich von der Kinder- und Sexualerziehung bis zu Menschenrechten und Gefängnisreformen, von medizinischer Revolution bis zur persönlichen Freiheit erstrecken. Sie behält sich immer das Recht vor, anderer Meinung zu sein, wenn auch auf friedliche Weise. Gewöhnlich ist sie an ihre Version der Wahrheit gebunden, und sie ist auf irgendeine Art ihrer Zeit unweigerlich voraus. Ihr Lebensstil ist oft mittelklassig, aber sie hat ein oder zwei schockierende Vorstellungen. Zum Beispiel kann sie in die Kirche gehen und gleichzeitig eine ergebene Anhängerin der Nacktkultur sein, oder sie unterrichtet im Kindergottesdienst und vertritt gleichzeitig das Recht auf Abtreibung. Ein Teil von ihr ist immer für Reformen offen. Die menschlichen Rechte, nicht nur dem Buchstaben nach, sondern auch nach dem Geist des Gesetzes, sind wesentlich für sie. Das Recht auf Glück, einschließlich einer guten Erziehung und ärztlicher Versorgung, wird sie bis zu ihrem Grab verteidigen, obwohl Glück im Sinne einer tiefen, persönlichen, gefühlsmäßigen Erfüllung und vollkommenen inneren Heiterkeit ihr häufig entgeht.

VERSCHROBEN, UNGEWÖHNLICH, PHANTASTIN

Die Wassermann-Frau entzieht sich den üblichen Beschreibungen, sie ist heiß und kalt zugleich. Ist sie einmal die Plätzchen backende Mutter, nichts weiter im Sinn als die Wäsche und die Blumen, marschiert sie am nächsten Tag vielleicht an der Spitze einer Demonstration und setzt sich wild für das Recht der Frauen auf Arbeit ein. An einem Abend liest sie einen romantischen Roman, bis drei Uhr in der Früh, in der Woche darauf fängt sie wahrscheinlich mit Reiten und Bogenschießen an. Sie kann morgens extrovertiert und abends in sich gekehrt sein, Politikerin und gleichzeitig Hellseherin.

Sie mag einen am Montag enthusiastisch begrüßen, am Dienstag gleichgültig sein, geistesabwesend am Mittwoch, am Donnerstag mag sie mit offenen Armen auf einen zugehen, einen am Freitag in ein intellektuelles Gespräch verwickeln und einen dann begeistert zu einem Mitternachtsball übers Wochenende einladen. Sie kann die beste Nachbarin sein, immer zu Hilfe und Rat bereit. Andererseits wird sie wahrscheinlich der einzige Mensch sein, den Sie (Ihrer Meinung nach!) sehr gut kennen, der seelenruhig direkt an Ihnen vorbeifährt, wenn Sie sich mit einem platten Reifen abmühen. Nicht, daß sie Sie nicht sieht, nur betrachtet sie Ihr Pech als Ihr Problem.

Die Wassermann-Frau ist in ihren Launen, ihrem Geschmack und ihren Gewohnheiten ungewöhnlich. Sie kleidet sich so, wie es ihr gefällt, wenn sie auch manchmal nach Beifall hungert. Trotzdem kann sie genausogut Zigeuner-Röcke tragen wie altmodische Nachthemden oder – als letzten Schrei aus Italien – weite, lose Kleider. Obwohl sie ihren Stil nicht begründen kann, wird ihr doch eins nie fehlen – Individualität und eine Neigung zum Avantgardismus.

NICHT BESITZGIERIG, NICHT MATERIALISTISCH, FREIHEITSLIEBEND

Eine herausragende und ungewöhnliche Wassermann-Eigenschaft ist der Mangel an Besitzgier Menschen und Dingen gegenüber. Die Wassermännin lebt nach ihrem eigenen Stil. Ihre Beziehungen funktionieren dann am besten, wenn man sie achtet und ihre Verschrobenheiten akzeptiert.

Sicherheit oder Angabe sind nicht halb so wichtig für sie, als eine gute Show und ungewöhnliche Ziele mit ungewöhnlichen Methoden zu erreichen. Viel mehr als am Besitz ist sie an den Techniken interessiert, die zum Erfolg führen, und ihre Haustiere interessieren sie mehr als Menschen und Dinge. Geld ist ihr nur wichtig, soweit es ihr Unabhängigkeit verschafft. Sie möchte in der Lage sein, das zu tun, was sie will, jederzeit. Ein eifersüchtiger oder besitzgieriger Partner ist untragbar für sie, sie schätzt jedoch einen, der die materiellen und die intellektuellen Mittel beisteuert, so daß sie ihre »eigenen Dinge« verfolgen kann.

Bis zu der Freiheit, die sie sucht, ist es noch weit hin. Die Wassermann-Frau läßt sich nicht in Schablonen pressen. Sie ist weder radikale Feministin, noch Bohemien, Sozialistin, Anhängerin der freien Liebe oder Rebell und Revolutionärin. Sie mag manches davon oder alles sein, aber ihr Drang nach Aktivität und unbehinderter Existenz geht wahrscheinlich selbst über ihr eigenes Verständnis hinaus. Sie *ist* und so muß man sie akzeptieren.

Die Wassermann-Frau spiegelt unser aller Bedürfnis nach Entwicklung und Freiheit wider. Sie ist, zumindest potentiell, Offenbarung eines neuen Bewußtseins, das nicht an der Vergangenheit hängt,

Grenzen überwindet, dem Augenblick vertraut und fähig ist, eine zivilisierte Zukunft vorauszusetzen und zu schaffen.

AVANTGARDISTISCH, REVOLUTIONÄR, GEISTIGE KRAFT

Die Wassermann-Frau gleicht dem Glücksrad der Tarockkarten. Sie lebt im ewigen Wechsel. Ebbe und Flut ihrer geistigen Gezeiten mögen kaum die Oberfläche kräuseln, aber der Geist des weiblichen Wassermanns ist aktiver als jeder Computer. Sie hält das Gehirn für das wichtigste menschliche Organ, das alles beherrscht. Seine Signale bestimmen sexuelle Erregung, Krankheit, Stimmungen und Reaktionen. Es schaudert sie bei dem Begriff »Gedankenkontrolle«, sie ist weit mehr an der heranwachsenden Selbsthilfe-Bewegung interessiert, wenn deren Ziel »Gedankenfreiheit« heißt.
Sie verläßt sich auf die Macht ihres Geistes, die ihr dennoch so manchen Trick spielt. Das Unkonventionelle kann ihr zur Norm werden, falls sie geistig offen ist. Sie kann telepathisch, hellseherisch und hellhörig, das Magische kann sehr gewinnbringend für sie sein. Viele Wassermann-Typen beschäftigen sich mit einem Gebiet der Metaphysik, eine große Anzahl hat Visionen, sie sind Astrologen mit wissenschaftlicher Note oder Zukunftswissenschaftler. Urplötzlich hervorbrechende, revolutionäre Gedanken und Vorfälle charakterisieren ihr Leben. So manche Wassermann-Frau mußte ihre Stadt, ihr Land und ihre ganze Lebensweise von heute auf morgen aufgeben und in einem anderen Teil der Welt noch einmal von vorn anfangen. Sie wird gut mit derlei Herausforderungen fertig, obwohl sie selten danach sucht. Vielleicht hat die Wassermann-Frau einen besonderen Draht zum Kosmos. Fast könnte man sich vorstellen, daß sie unbewußt beim planetarischen Hauptquartier um ein oder zwei Donnerschläge ansucht, wenn Veränderung notwendig ist. Sie lernt wahrscheinlich mehr aus plötzlichen und schwierigen Erfahrungen, als aus all ihren geistigen Grenzwanderungen, und daher braucht sie derlei Erschütterungen.

EIGENSINNIG

Die Wassermann-Frau mag wetterwendisch sein, hat sie sich aber einmal ihre Meinung gebildet, ist sie ausgesprochen eigensinnig. Sie ist klug in der Argumentation und kann so überzeugend sein, daß es schwierig ist, ihrer Ansicht zu widerstehen. Sie sucht *eine* Wahrheit, die ihre, nur ihre Ansichten und Überzeugungen sind gültig. »So ist es. Entweder Sie akzeptieren es oder Sie lassen es bleiben«, das ist ihre Devise.

SELBSTVERTRAUEND, PFLICHTBEWUSST, SORGT FÜR SICH SELBST

Die Wassermann-Frau wird so manches im Leben erreichen, denn sie hat einen mächtigen Verstand und einen stahlharten Willen. Sie erkennt, was sie will und hat das Talent, das anzuziehen, was sie braucht, besonders in unerwarteten Augenblicken. Wahrscheinlich hat sie ein paar stürmische, verrückte Beziehungen, und es fällt ihr schwer, von Herzen zu geben. Wo jedoch ihr Kopf dominiert, ist sie ungeheuer erfolgreich. Um ihr Selbstvertrauen beneiden sie viele. Niemand kann sie unterbügeln, nie ist sie hilfloses Opfer oder Mauerblümchen. Obwohl im Grund bescheiden und zuweilen recht schüchtern, kann sie diese Eigenschaften notfalls überwinden. Meist vertraut sie ihrer Arbeitsleistung mehr als ihrer Person. Sie hungert nach Anerkennung und Belohnung. Nur wenn sie das Gefühl hat, ihre Pflicht getan zu haben, hat sie auch Selbstachtung. Selten wird sie nervös, und ihr Verstand arbeitet schnell und wirksam. Leidenschaften werden sie kaum zu Torheiten verleiten. Zeitweise einsam, im allgemeinen reserviert, scheint die Wassermann-Frau das, was sie will und bekommt, sehr gut unter Kontrolle zu haben. Andere Frauen können in dieser Beziehung viel von ihr lernen. Dennoch, die Wertmaßstäbe, die man ihr vermittelt hat, akzeptiert sie meist, des reformistischen Zugs in ihrem Wesen ungeachtet. Sie braucht den Beifall einer Gemeinschaft mehr als den eines einzelnen. Hauptsächlich aber fällt sie sich selbst zum Opfer, wenn sie die ihr bewußten unangenehmen Eigenschaften bewußt unterdrückt. Da Eigensucht vollkommen unannehmbar für sie ist, kann sie ihre Zaubertricks dazu verwenden, sich selbst zu täuschen, um so ihre Selbstachtung zu bewahren. Die Gefahr dabei ist, daß sie, die ohnedies reserviert ist, den bereits vorhandenen Abstand zwischen sich und anderen noch vergrößert.

ALTRUISTISCH, WAHRHEITSLIEBEND

Die Wassermann-Frau ist im allgemeinen ein wohltätiger, humaner, anständiger Mensch, der den Leuten eine ehrliche Chance bietet. Sie wird gewissenhaft, verantwortungsvoll, pflichtbewußt, freundlich und vertrauenswürdig sein. Oft setzt sie ihre Talente ein, um anderen zu nützen. Häufig hat sie künstlerische Begabungen, Malen, Singen oder Schreiben etwa. Sie ist auch geschickt mit den Händen und mag Freude am Nähen, handwerklichem Können oder am Kochen haben. Diese Tätigkeiten sind gut für sie, als Ausgleich für ihren überaus regen Verstand.

Sie ist so gut wie ihr Wort. Sie sagt nichts, was sie nicht meint, und wenn sie wenig zu sagen hat, so hat das oft seine Bedeutung. Manchmal tut sie sich selbst leid und zieht sich zurück. Sie kann alles für alle tun und nichts für sich selbst. Sie kann auf passive Art manipulieren, meist aber versucht sie ehrlich, analytisch, scharfsinnig und aktiv zu sein. Das Gefühl, anderen etwas zu schulden, mag sie nicht, daher vermeidet sie Situationen, die sie von anderen abhängig machen. Sie ist wahrscheinlich glücklicher, wenn sie zu Hause oder in einem kleinen Unternehmen, vielleicht selbständig, arbeitet, als in großen bürokratischen Firmen. Obwohl sie alles lernen und tun kann, was sie sich vornimmt, will sie gewöhnlich keine Energie an das Spiel um die Macht verschwenden.

HÖFLICH, ZIVILISIERT

Obwohl die Wassermann-Frau dann, wenn sie für etwas kämpft, an das sie glaubt, sich höllisch aufführen kann, behandelt sie die Leute im Grunde lieber höflich und zivilisiert. Sie ist eine Frau von Qualität und umgibt sich gerne mit Menschen gleicher Art. Sie ist auf eine subtile Art kultiviert. Ihre Fähigkeit, sich vom leidenschaftlichen Streben nach dem Materiellen freizumachen und ihre häufige Ablehnung gefühlsmäßiger Verstrickungen verleihen ihr eine undefinierbare Vornehmheit. Kein Zweifel – sie ist anders. Sie möchte sich nicht in den Netzen und Fallen des Lebens fangen lassen.

GESPANNT, EINSAM, BEGABT

Obwohl es schwierig ist, eine solche Verallgemeinerung aufzustellen, so ist es doch wahr, daß die Wassermann-Frau unweigerlich einmalig begabt, oft von Talenten geradezu überschwemmt ist. Sie hat zum Beispiel Vorausahnungen, hat organisatorische Fähigkeiten – und Menschlichkeit dazu.

Sie ähnelt einer Blume, die sich in der Morgendämmerung schließt und nachts öffnet. Das Bild vom Wüstenkaktus, der statt der Sonne den Mond sucht, entspricht ihr. Die Nacht ist ihre Zeit, und oft macht sie ihre Pläne dann. Oft schläft sie schlecht. Sie ist hypersensibel und reagiert auf die kleinste Schwingung. Sie hat ein eingebautes Radarsystem, das sie nicht abstellen kann.

Sie geht völlig in ihrer jeweiligen Beschäftigung auf. Bei jedem Phänomen fragt sie nach dem »Warum«. Sie ist mit dem Drang geboren, einzuordnen, herauszufinden, gesellschaftliche und politische Richtlinien zu untersuchen und selbst welche zu setzen.

Ob sie nun Ratten untersucht, Antikörper entdeckt, Kleinkindern die Nase wischt oder ihr Lieblingsbuch liest, die Wassermann-Frau ist gespannt wie eine Sprungfeder. Leicht gehemmt, aufmerksam aus der Beobachtung zu Einsicht gelangend, denkt und arbeitet sie hart. Ihre Pflichten nimmt sie ernst, und Begabung und Gewissen, an eine gute Sache hingegeben, lassen sie oft außerordentliche Leistungen vollbringen. Von Zeit zu Zeit zieht sie sich ins Privatleben zurück, damit ihr Sicherheitsventil nicht durchbrennt.

GETRIEBEN, STOLZ, GRUPPENBEWUSST

Von so mancher Wassermann-Frau hörte ich das gleiche: »Ich weiß nicht, was mich antreibt, so hart zu arbeiten. Irgend etwas in mir, der Drang zu helfen zwingt mich, mich selbst zu geben. Vielleicht ist es der alte Wunsch nach Unsterblichkeit? Ich will etwas hinterlassen, Zeichen setzen.

Die Wassermann-Frau mag ihre Hausfrauenpflichten vergessen, unwahrscheinlich jedoch ist es, daß sie etwas vernachlässigt, was ihrer Meinung nach für den Fortschritt einer guten Sache und zum Besten der Leute wesentlich ist. Sie ist oft Lehrerin, aber keine herkömmlicher Art. Sie kann Verlegerin, Dozentin oder Ärztin sein. Sie mag wütende Protestbriefe an Politiker schreiben oder eine Initiativgruppe für alternative Erziehung oder alternative Lebensstile gründen. Sie glaubt fest daran, daß jeder die Möglichkeit zum Guten in sich trägt. Sie möchte aufklären. Selbstverwirklichung und die Gemeinsamkeit in der Gruppe sind Wassermann-Ideale.

Andererseits übersieht sie oft das Persönliche. Sie vergißt, daß eine Berührung heilsamer sein kann, als ein unpersönlicher Vortrag von einer halben Stunde. Sie ist nicht ausgesprochen verschwiegen, aber sie neigt kaum zur Selbstoffenbarung, manchmal lügt sie durch Verschweigen. Sie kann eine visionäre Menschenfreundin, eine Führerin, ein Kamerad sein. Oft aber ist sie auch taktlos, kann ihre großen Projekte zu Fall bringen, weil sie nicht mit den »kleinen« Leuten arbeitet, die ihr helfen könnten, sie zu verwirklichen. Sie hat daher Schwierigkeiten, das zu praktizieren, was sie predigt.

WISSBEGIERIG, EXPERIMENTIERT, UNVOREINGENOMMEN

Wassermänner sind weniger vorurteilsbeladen als wir anderen. Schließlich wurden Newtons Ideen von Einstein revidiert, und auf Einstein kann ein neuer Theoretiker folgen. Der Wassermann möchte es genau wissen und alles immer wieder erneut in Frage stellen und bewerten.

Ideologisch experimentiert die Wassermann-Frau. Sie kann an

astrologische Geburtenkontrolle, UFOs, Nacktheit in der Familie und an das Leben nach dem Tod glauben. Aber ihr konservativer, für Beifall empfänglicher Instinkt hält sie in der Praxis zurück. Sie glaubt zum Beispiel, daß Monogamie passé ist und alternative Lebensstile notwendig sind, daß die neuen Technologien wunderbare medizinische Heilungen hervorbringen. Wenn sie sich jedoch scheiden läßt, wird sie darum kämpfen, das Gesetz auf ihrer Seite zu haben, sie wird schwerwiegende Bedenken haben, wenn sie vom Wege abkommt oder irgendeinen ausgefallenen Lebensstil versucht, und sie wird sich weigern, das Versuchskaninchen für ein medizinisches »Wunder« oder eine neue Pille zu sein.

FÜRCHTET INTIMITÄT, SCHÜCHTERN, BESCHEIDEN

Die Wassermann-Frau benutzt ihren Verstand als ihre Sicherheitsdecke. Sie befaßt sich mit großartigen Angelegenheiten, Gruppen, Gemeinschaften und Massen, um sich darin zu verlieren und der zwischenmenschlichen Intimität aus dem Wege zu gehen. Emotional kann sie ihr Leben lang Jungfrau bleiben, zumindest so lange, bis sie den ersten irrationalen, unbezwinglichen Drang verspürt, mit jemandem zusammen zu sein und ihr Herz auszuschütten – eine Erfahrung, die sie bis ins Mark erschüttern wird.

Sie experimentiert meist mehr theoretisch als praktisch. Aber die Menschen neigen nun einmal dazu, es auf der Schwelle zu großen Veränderungen mit der Angst zu tun zu bekommen – und der Wassermann ist keine Ausnahme. Sie spricht daher oft mehr vom Spiel, als daß sie selbst es spielt. Ihr größtes Problem wird überspielt von ihrer Großzügigkeit; die Angst vor Intimität, sehr oft mit der Angst zu versagen verbunden. Die Wassermann-Frau kann in persönlichen Beziehungen schüchtern und etwas passiv sein. Nur wenige kommen an ihr sorgfältig abgeschirmtes Selbst heran. Und nur einige von diesen werden verstehen, daß öffentliche Unternehmungen, in die sie sich mit solcher Verve stürzt, einfacher für sie sind als ein intimes Tête-à-tête.

Sie hat einen gewinnenden Hang zur Bescheidenheit, kann der Öffentlichkeit mit Gerechtigkeit und Demut dienen. Ihr inneres Auge scheint die Bedeutungslosigkeit einer Persönlichkeit in der großen Ordnung der Dinge wahrzunehmen und zu akzeptieren.

ZWANGLOS, GETEILTE INTERESSEN

Sie macht sich nichts aus förmlichen Vorstellungen, wiederholtem Zeremoniell und allem Überladenen. Sie geht lieber als Aschenbrödel zum Ball denn als Prinzessin, zieht das Ungewöhnliche und Unerwartete vor. Die Flexibilität moderner italienischer Möbel, die Ungezwungenheit japanischer Wohnzimmer und die Originalität und funktionelle Schönheit einer viktorianischen Badewanne mit Klauenfüßen gefallen ihr. Bewegliche Möbel, Häuser und Lebensstile faszinieren sie.

Sie kann ihren Beruf in eine Ecke ihres Kopfes und ihr Liebesleben in eine andere stecken. Wenn erforderlich, läßt sie ihr Heim in heillosem Chaos zurück, um eine neue führende Stelle anzutreten oder einem Hobby nachzugehen. Familiensorgen lenken sie selten von der Arbeit ab. Eine Wassermann-Freundin von mir sah eines Morgens zum Fenster hinaus und entdeckte ihr Pferd tot auf der Wiese. Sie rief die Polizei und den Tierschutzverein an, zog sich ruhig an und fuhr zu einem Wohltätigkeitsessen in die Stadt. Das Pferd war natürlich während ihrer Abwesenheit weggeholt worden.

Die Fähigkeit, den Verstand zu parzellieren, verhilft ihr zur Konzentration. Erfolg ist meist in ihrer Reichweite, teilweise aus eben diesem Grund. Sie wird sich kaum von der Beständigkeit, dem Schreckgespenst kleiner Geister oder von Gefühlskonflikten, dem Stoff der Dramatiker, stören lassen.

RESERVIERT, DOCH FREUNDLICH

Die Wassermann-Frau befaßt sich wahrscheinlich mehr mit dem Wohlergehen der Welt als mit dem individuellen Leben. Natürlich liebt sie ihre Familie und ist loyal ihren Freunden gegenüber, aber sie denkt in großem Maßstab, das Bild fasziniert sie mehr als die Details. Sie respektiert den natürlichen Rhythmus der Ereignisse und hält die Ordnung der Dinge für wichtiger und ganz bestimmt für dauerhafter als ihre eigenen kleinen Angelegenheiten.

Selten ist sie narzißtisch und versucht immer, großzügig und gerecht zu sein. Ihre emotionale Reserviertheit kann gesunde Auswirkungen haben. Kaum einmal spielt sie die Primadonna oder verursacht häusliche Disharmonien, nur um ein übergroßes, unterernährtes Ich zu füttern. Sie überläßt dem Skorpion das Spiel um die Macht, das Selbstmitleid den Fischen und den Löwen die Manipulation. Dennoch kann sie, wann immer sie es für angebracht hält, jedes Mittel einsetzen. In der Gruppenarbeit ist sie ein As, denn leitende und kameradschaftliche Eigenschaften halten sich bei ihr die Waage. Statisstische Darstellungen der Wahrheit haben für sie mehr Gültigkeit als unerwünschte Gefühlsaufwallungen.

SEXUELL GROSSZÜGIG, EROTISCH GEHEMMT

Die Wassermann-Frau sagt selten nein zu Forderungen nach sexueller Freiheit. Sie wird nicht für die Abschaffung von Porno-Kinos, oder gegen den offenen Verkauf von Empfängnisverhütungsmitteln kämpfen. Sie glaubt an die persönliche Freiheit und vertritt das Recht von jedermann, aus einem großen Angebot auswählen zu können. Im Prinzip ist sie großzügig, liberal und kaum zu schockieren.

Eine ihrer anziehendsten Eigenschaften ist ihre vorurteilslose Freundlichkeit. Sie kann neben Menschen leben, die vollkommen andere Glaubenssysteme haben als sie, und obwohl sie die geborene Lehrerin ist, wird sie nicht versuchen, jeden in ihrer Nähe zu bekehren. Wenn ihre beste Freundin jede Nacht einen anderen Mann hat, während sie selbst monogam lebt, wird das keinen Einfluß auf ihre Freundschaft haben. Die Wassermann-Frau läßt den Menschen viel Raum, und sie erwartet das gleiche.

Sie lernt sehr früh, ihre ausgeprägten Ansichten über persönliche Etikette für sich zu behalten und sie nur dann weiterzugeben, wenn es unbedingt erforderlich ist. Statt dessen mag sie das Forum der Öffentlichkeit suchen. Vielleicht schreibt sie Bücher über Sexualität, wird Sexualtherapeutin, Beraterin für Alkoholiker mit Sexualproblemen, Schriftstellerin, Verlegerin mit liberalen Ansichten oder Filmproduzentin, daran interessiert, zu erforschen, wie sich Beziehungen und Lebensweisen ändern.

Schwieriger für sie ist es, im persönlichen Leben offen und ungehemmt zu sein. Je mehr sie gefühlsmäßig in eine Beziehung verwickelt ist und investiert hat, desto mehr fällt sie in altmodische Verhaltensweisen zurück. Sie hat große Angst, abgelehnt zu werden. Sie kann das, was ihr Kopf ihr eingibt (daß es z.B. in Ordnung ist, in offener Ehe zu leben), von dem lösen, was ihr Gefühl ihr diktiert. Im Grund erschrickt sie vor den grenzenlosen Möglichkeiten von Gut und Böse, die zur persönlichen Freiheit gehören, und läßt sich von dieser Angst zurückhalten.

Die Beziehungen der Wassermann-Frau

Die Schönheit der Liebe besteht darin, daß sie alles umfaßt. Die Probleme der Liebe sind Probleme der Seele.

Die Wassermann-Frau hat viele Beziehungen in ihrem Leben, selten aber wirklich enge und intime. Konservativ, wie sie ist, wünscht sie sich Liebe, eine Hauptbeziehung und dann zunehmend einen wichtigen Beruf. Zudem ist sie avantgardistisch. Sie ist die letzte, die sich den Erwartungen, die irgend jemand von altmodischer Weiblichkeit hat, anpaßt. Das wäre zu einengend für die moderne Wassermann-Frau.

Sie ist eine starke Frau mit festen Überzeugungen und zahlreichen Aktivposten. Einer davon sollte eine gute Erziehung sein. Es fällt ihr schwer, sich zu ändern, sich – auch für Verletzungen – zu öffnen, und doch kann sie im höchsten Maße altruistisch sein und das bis zur Selbstverleugnung. Manchmal ist sie so durchsichtig und offen wie ein klarer Teich, zu anderen Zeiten ist sie verschlossen, hält die Arme um sich geschlungen wie einen schützenden Schild. Intimität wünscht und fürchtet sie zugleich.

Sie ist wie ein facettenreiches Prisma. Ihr Verstand ist ihre größte Attraktion, zuweilen funkelnd wie ein Kristall, leuchtend wie der Mond, schillernd wie eine Perle. Nicht immer ist ihr Körper makellos, denn sie vernachlässigt ihn. Ihr Geist ist offen, greift auf der

Suche nach Einsicht, nach ungewöhnlichen Informationen und Wissen nach den Sternen. Ihre Seele dagegen ist meist verschlossen, dürstet nach vibrierender Gegenseitigkeit, nach jenem mühelosen Austausch von Interessen und Hoffnung, der so reich an Gefühlen ist. Die Wassermann-Frau wird in ihren Beziehungen nur dann zur Erfüllung gelangen, wenn sie sich ihrer Angst vor Bloßstellung und Schmerz stellt. Sie wird sich auf die unterschiedlichsten Fluchtmöglichkeiten stürzen: Arbeit, humanitäre Angelegenheiten, Tierschutz und Tierliebe, Studien und vielfältige Beziehungen. Am Ende wird sie erkennen, daß ein Mensch sich erst dann entwickeln kann, wenn er Intellekt und Herz verbinden kann, wenn Wissen sich in Anteilnahme und Mitgefühl verwandelt.

»In der Liebe und der Freundschaft ist alles gleich«, ist ihr Motto. Halte sie nur ihre Verpflichtungen ein, meint sie, werde die Beziehung schon von selbst laufen. Dennoch ist sie keineswegs exzentrisch – auf ihre Art eine hingebungsvolle Mutter, Ehefrau und Freundin, verantwortungsbewußt und außergewöhnlich phantasievoll. Sie kann der Mittelpunkt einer Gesellschaft sein. Ihre lustigen, merkwürdigen Ideen machen dann jedes Beisammensein zum Ereignis. Kinder beten sie an, sie reagieren auf ihre Narreteien, auf ihre Bereitschaft, sie an ihren Gedanken teilnehmen zu lassen und sie als, wenn auch kleine so doch ganz menschliche Wesen anzusehen. Sie möchte ihr Leben allein bestimmen und verträgt es nicht, wenn jemand ihr sagt, was sie tun soll. Sie rechnet nicht damit, daß ihr Partner sie herumkommandiert oder sich in wesentliche Dinge ihres Lebens einmischt. Das bringt sie oft in Schwierigkeiten mit Männern der Tat, die ihr Spiel und dessen Bedingungen nicht verstehen: Sie wird alles tun, um eine gute Ehefrau, Mutter, Partnerin oder Freundin zu sein. Dafür erwartet sie, daß man sie achtet, versteht und unterstützt, ohne daß man sie auf welche Art auch immer einschränkt.

Die Wassermann-Frau ist die beste Freundin in schlechtesten Zeiten. Man kann damit rechnen, daß sie da ist, wenn man sie wirklich braucht. Aber rechnen sie nicht damit, daß sie mit Ihnen weint. Sie wird nicht einmal ein Taschentuch dabeihaben, falls Sie es brauchen sollten. Sie wird kaum mit Ihnen fühlen. Ihr geht einfach jedes Einfühlungsvermögen ab, wenn sie auch, hauptsächlich aus gesellschaftlichen Gründen, lernt, sich teilnehmend zu geben. Sich an die Stelle eines anderen zu versetzen, ist nicht ihre Stärke, wohl aber, einem den Weg aus den Schwierigkeiten heraus zu weisen und dabei ständig Vorträge zu halten. Möglich, daß sie zu einem Freund, der Probleme hat, sagt: »Das habe ich Dir doch schon früher gesagt.« Ihre Selbstgerechtigkeit verletzt oft die Gefühle sensiblerer, selbstkritischer Seelen. Sie wird vermutlich kaum verstehen, warum die Leute sie beschuldigen, reserviert, sogar gefühllos zu sein, denn für sie sind die Dinge so wie sie sind. Sie bringt es sogar fertig, die Herzensangelegenheit anderer Leute zu sezieren. Häufig hat sie erstaunliche Einsichten in menschliche Beziehungen, aber sie verhält sich dabei so, als würde sie alles von einem Hügel aus mit dem Fernglas beobachten.

Ihre Phantasie ist üppig, überschreitet die herkömmlichen Grenzen zwischen weiblich und männlich. Sie wird ihre Gedanken nicht auf Dekorationen, Kuchenteig oder ihr Liebesleben beschränken, wird sich statt dessen mit Forschung, chinesischer Gedichte oder italienischer Kunst befassen. Wahrscheinlich ist sie an der Börse, an wissenschaftlichen Erfindungen, den Veränderungen des Weltklimas und daran interessiert, warum die Leute Glaubensheiler aufsuchen. Ausgefallene Themen, astrologische Geburtenkontrolle etwa, mögen sie interessieren, und sie kann bei einem Essen damit herausplatzen, daß sie übersinnliche Erfahrung macht.

Klug, wie sie ist, darf sie jedoch ihre Fähigkeit zur Kommunikation nicht für selbstverständlich halten. Sie muß sie entwickeln und verbessern, damit ihre Beziehungen besser funktionieren.

Sie läßt sich in allen Dingen fachmännisch beraten. Es ist wahrscheinlich, daß sie sowohl ihre Immobiliengeschäfte mit einem bezahlten Spezialisten als auch psychologische Probleme mit einem Psychologen bespricht. Ihre persönlichen Probleme läßt sie zurück, wenn sie in die Öffentlichkeit geht. Sie ist meist ein bemerkenswert beherrschter und auf verschiedene, stark voneinander abgegrenzte Interessen ausgerichteter Mensch. Hat sie indessen einmal einen Entschluß gefaßt, so mag der Himmel denen beistehen, die anderer Meinung sind. Sie kann dann auf unterkühlte, leidenschaftslose Art ärgerlich werden, die ganz darauf abgestimmt ist, die Opposition zur totalen Kapitulation zu bringen.

Tiere mag sie sehr, und obwohl ihr die Wärme abgeht, ist sie sehr gastfreundlich. Sie ist traditionsbewußt genug, um zu glauben, daß bestimmte Dinge auf bestimmte Art getan werden müssen, und zu den Dingen, die richtig gemacht werden müssen, gehört es auch, die Leute gastfreundlich bei sich aufzunehmen und willkommen zu heißen. Sie hat einen sechsten Sinn dafür, welche Leute in ihr Leben passen und welche nicht, im allgemeinen ist sie jedoch eine makellose Gastgeberin. Sie ist ehrgeizig, braucht ein Ventil für ihre humanitären Ideale und ihre grenzenlose geistige Energie. Ein dauerndes Studium kann gut für sie sein. Für übersinnliche Einflüsse ist sie meist empfänglich, in diesem Fall sollte sie ihre Begabung nutzen. Ihre geistige Aufgeschlossenheit macht sie beliebt bei ihren Freunden. Indes sollte sie versuchen, sich mehr zu erschließen, ihre Empfindungsfähigkeit zu verstärken, sowohl Gefühle (Eros) als auch Gedanken (Logos) auszudrücken. Sie ist meist Optimistin und erwartet einen ungehinderten Austausch von Geben und Nehmen. Sie muß mehr von dem lernen, was ihre Liebesbeziehungen erfolgreicher werden läßt.

Kindheit

Das Wassermann-Mädchen hat zum Vater meistens eine engere Bindung als zur Mutter. Sie wird seine vielleicht logischere und leidenschaftslosere Lebenseinstellung schätzen und sich zu seiner Autorität und Macht hingezogen fühlen. Oft entwickelt sie eine Schwärmerei für den Vater und distanziert sich von ihrer Mutter. Von ihrem Vater muß sie sich innerlich lösen, ehe sie eine dauerhafte Liebesbeziehung mit einem Mann eingehen kann.

Im Laufe der Jahre haben mir viele Wassermann-Frauen erzählt, daß sie ihren Vater idealisierten und Schwierigkeiten hatten, ihrer Mutter nahezukommen. Unweigerlich hatten es diese Frauen schwer, einen Mann zu finden, der ihren Erwartungen entsprach. Ein paar lehnten ihre Väter nach einer Periode der Bewunderung in den Teenager-Jahren ab und suchten sich bewußt Männer, die offensichtlich anders waren.

Katharina ist ein Beispiel für den ersten Fall. Eine bildhübsche Blondine in den Zwanzigern, kam sie zu mir, weil sie an Scheidung dachte. Sie hatte ihren Vater angebetet und war sein Liebling.

Als sie vierzehn war, verlor der Vater Geld und Geschäft. Die Mutter, der sie nie eng verbunden war, ging arbeiten, und der Vater führte den Haushalt. Katharina war selig, denn nun würde sie ihren Pappie ganz für sich haben. Der Pappi jedoch fing bald an zu trinken und verfiel immer mehr in Depressionen. Mit Katharina, die langsam erwachsen wurde, sprach er, als wäre sie acht.

Die Krise kam, als sie entdeckte, daß er heimlich lauschte, als sie einmal mit sechzehn von einer Verabredung heimkam. Sie hatten einen gewaltigen Streit. Der Vater hatte getrunken und sagte Dinge, die er später bereute. Die Tochter entdeckte, daß das einzige Bild von ihr, das er bei sich trug, sie mit acht Jahren im Ballettröckchen zeigte. – Kurz nach dem Streit starb der Vater plötzlich an einem Herzanfall.

Sie erzählte mir folgendes:

»Ich unterdrückte den Ärger über meinen Vater und idealisierte ihn nach seinem Tod so, wie ich es als Kind getan hatte. Ich suchte nach einem jungen Mann, der mir die gleiche Bewunderung entgegenbrachte, mein Fan war. Schließlich wandte ich mich älteren Männern zu, die Geld hatten, gekränkt worden waren und eine junge Frau verwöhnen wollten. Ich war für Dutzende Männer mittleren Alters Ersatztochter. Schließlich heiratete ich Sam, den sanftesten von allen, zwölf Jahre älter als ich.

Jetzt ist unsere Ehe gescheitert. Ich habe keinen Schulabschluß und weiß nicht, was ich jetzt machen soll. Aber ich kann nicht mehr mit Illusionen leben. Sam hat weder die Kraft noch die emotionale Ehrlichkeit, sich zu ändern. Ich bin ihm über den Kopf gewachsen. Ich hoffe, ich bin endlich so weit, daß ich niemandes kleines Mädchen mehr sein will. Neulich habe ich auch ein Gespräch mit meiner Mutter gehabt. Sie entpuppte sich als sensibler, starker Mensch.«

Katharina war sehr gekränkt, verärgert und ambivalent in ihren Gefühlen, wenn sie an ihren Vater dachte. Sie liebte ihn, und doch hatte er sie verwirrt und im Stich gelassen, sogar als er plötzlich starb. Sie wollte einen Mann wie ihren Vater heiraten, und in Sam glaubte sie ihn gefunden zu haben. Aber dann änderten sich ihre Bedürfnisse. Sam, immer noch der sanfte, bewundernde Mann, reichte ihr nicht mehr bei ihrer Entwicklung, der beginnenden Auseinandersetzung mit ihrem erwachsenden Selbst. Der berufliche Mißerfolg und plötzliche Tod ihres Vaters, lange Jahre heruntergespielt, warfen plötzlich lange Schatten. Sie schien direkt darauf zu warten, daß auch Sam Mißerfolge hatte. Als sie das erkannte, wollte sie durch die Scheidung ausweichen. Schließlich entschieden sich Katharina und Sam für den Versuch einer Versöhnung.

Je eher die Wassermann-Frau ihre Gefühle mit ihrem Intellekt verbinden kann, desto glücklicher wird ihr Liebesleben sein. Je mehr sie sich ihrer komplizierten, idealisierten Bindung an den Vater bewußt wird, desto wahrscheinlicher ist es, daß sie eine gesündere Einstellung zu anderen Männern findet.

Liebhaber und andere enge Vertraute

Die Wassermann-Frau kann Menschen auf jede Art, die ihr beliebt, an sich ziehen. Die Kraft dazu hat sie. Normalerweise hat sie mehr platonische Freunde als erotische Beziehungen. Sie zieht kultivierte, interessante, ungewöhnliche Leute den einfachen Leuten und auch einem erotischen Karussell vor. Ihre Anziehungskraft liegt in ihrer körperlichen Attraktivität, die mit Intelligenz, Wißbegier und einem Anflug höflichen Interesses verbunden ist. Die Wassermann-Frau legt nicht soviel Wert auf Sex-Appeal wie viele ihrer Schwestern. Es ist interessant, daß sie oft ein genauso verlockendes Rätsel ist wie eine Frau, die sich weit mehr um die Männer bemüht. Sie hat jene ausweichende, leicht reservierte, uninteressierte Haltung, die hartgesottene Schürzenjäger reizt. Sie besitzt auch eine angeborene Bescheidenheit, die mit einem subtilen geistigen Hochmut verbunden ist, ein elitäres Gefühl, das von humanitärem Interesse begleitet wird.

Solange sie nur geistig frei und erotisch gehemmt ist, wird sie ihre Liebesbeziehungen wie ein Kreuzworträtsel behandeln. Ein vielseitiger und leidenschaftsloser Verstand, die Fähigkeit, Stücke und Teilchen von Informationen zu analysieren und das zugrundeliegende Konzept zu finden, eine kühl elegante, subtile, ruhige Betrachtungsweise – das ist ihr Stil. Sie hat Angst vor Zurückweisung und wird daher nichts übereilt tun. Doch von Zeit zu Zeit, wenn Vorsicht und Analyse ihr bis zum Halse stehen, kann sie plötzlich alles hinwerfen.

Teil ihres Charmes ist ihre Unberechenbarkeit. Sie hat zwei Seiten: Das Mädchen von nebenan (wenn auch vielleicht mit einem Universitätsgrad) und die exotische Bohemienne, die hinter einer sonnigen Fassade hervorlugt. Sie selbst weiß wahrscheinlich nie, welche Rolle als nächste drankommt.

Sie ist ganz Dame: Niemals übersieht sie dienstbare Geister, ist freundlich zu ihrer Wirtin, zum Liftboy, zum Reinigungsmann. Sie mag einen Fanklub in der Nachbarschaft haben, der aus Dreikäsehochs und Tieren besteht. Sie gehört wahrscheinlich zumindest nominell verschiedenen Klubs und Vereinigungen an und wird niemals versäumen, ihren Pflichten und irgendwelchen Organisationen nachzukommen, die mit der Schule ihrer Kinder oder dem Beruf ihres Mannes zu tun haben.

Wirkliche, echte Freunde, solche, die man nachts um drei anrufen kann, weil man einen schrecklichen Alptraum hatte, wird sie kaum haben. Da sie sich nicht um engere Beziehungen bemüht, schwinden die sich anbahnenden Freundschaften oft dahin. Stur und loyal, wie sie überhaupt ist, verhält sie sich auch, wenn es um Selbstschutz geht.

Von dreizehn Wassermann-Frauen, die ich befragte, waren acht bereits seit Beginn ihrer Ehe und geraumer Zeit von ihren Männern durch Krieg, Revolution oder unerwartete Familienkrisen getrennt. Drei hatten sich plötzlich in andere Männer verliebt. Der Mann der einen starb bereits im ersten Ehejahr, ein anderer verschwand wie vom Erdboden verschluckt. Aus der Gesamtzahl von siebenunddreißig, davon achtundzwanzig verheiratet, die anderen »zusammenlebend«, ergab sich folgendes: Sieben waren monogam geblieben und hatten das Auf und Ab der Ehe relativ gut überstanden; zwölf hatten außereheliche Verhältnisse, ungeplant, unvorhergesehen, sogar gegen ihre bessere Einsicht; sechs führten ein Leben, das wir als »offene Ehe« bezeichnen; vier lebten wegen deren plötzlicher beruflicher Versetzung getrennt von ihren Männern; der Rest fand sich mit abwesenden Ehemännern (meist in der Forschung tätig) oder einer Krankheit ab, auf der Suche nach einer anders gearteten sexuell/erotischen Erfüllung. Vier Frauen dieser Gruppe hatten sich scheiden lassen und den gleichen Mann wieder geheiratet – ein ungewöhnlich hoher Anteil.

Die Wassermann-Frau kann alles für ihren Mann sein: Kameradin, Partnerin, phantasievolle Liebhaberin, Mutter, Lehrerin, Schülerin, Schwester, Tochter. Sie kann sein Geschäft führen oder das gemeinsame Haus; sie kann Kollegin im kompliziertesten Unternehmen sein, kann mit ihm Artikel oder Bücher schreiben, vornehm und stolz die Familientradition fortführen. Sie wird seine Schwester, seine Mutter und möglicherweise sogar seine erste Frau mit Anmut und vorurteilslos willkommen heißen. Sie kann ihn vor den Launen des Schicksals abschirmen, indem sie sein Ich stützt, ihm dann Kraft und Ausdauer gibt, wenn er sie am meisten braucht. Indes, sie muß bereit sein, sich selbst zu prüfen. Sie sollte etwas Raum und Liebe für das kleine Mädchen übriglassen, das sie auch noch ist, ungeduldig, bedürftig, hungernd nach Zuneigung und Aufmerksamkeit. Die Wassermann-Frau kann ihre Zweifel und Unsicherheiten erfolgreicher als die meisten verbergen; sie ist oft so versiert in ihrer Zurückhaltung, daß sie vergißt, was Anteilnahme ist. Ihr Schlüsselwort für Beziehungen und kritische Erfahrung ist *Intimität*.

Intimität

Eine Frau, die Intimität lernen will, muß zuerst das Fingerspitzengefühl für ihre eigene Gefühlskapazität entwickeln. Sie darf nicht grundsätzlich alles, was im herkömmlichen Sinn weiblich ist, ablehnen. Intimität ist *nicht*: Berechnung, eine Maske tragen, seine Spielchen spielen, anderen gefallen wollen, manipulieren, erzwingen, wetteifern, sich um Vergangenheit oder Zukunft sorgen, Rollen spielen, Menschen benutzen, sagen, was man nicht meint. Intimität, ob sie nun erotisch/geschlechtlich ist oder nicht, hat eine körperliche Komponente des Berührens, Umarmens, des Handausstreckens.

Intimität ist wechselseitiger Kontakt, Berührung auf allen Kommunikationsebenen, sensibles Zuhören, ehrliches Reden, Einfühlungsvermögen, Offenheit, Vertrauen, ein Teilhaben auf emotionaler, geistiger, verstandesmäßiger und körperlicher Ebene. Intimität ist eine Vereinbarung ohne Ende, in der sich die Partner ein bedingungsloses Ja geben, eine Versicherung, die von den Einschränkungen, die Gesellschaft und Religion den meisten menschlichen Gefühlen und Handlungen setzen, unberührt bleibt. Intimität schließt absichtliche Kränkung, Ausnutzung, Vorenthaltung und Gewalt aus. Sie verhilft zu einem vollkommenen Sein, Werden und Teilhaben. Durch Intimität kann ein Mensch glücklich werden, sie ist sogar ein so unumgänglicher Bestandteil des Glücks, daß ohne sie jede Kreativität unmöglich scheint. Berufliche Leistung mag enttäuschend, sogar bitter für die sein, denen im persönlichen Leben jede intime Anteilnahme fehlt.

Probleme mit der Intimität

Die Achillesferse der Wassermann-Frau ist ihre Angst vor Intimität, die Angst, ihre wahren Gefühle zu zeigen, ihre Wurzeln freizulegen, Verwundbarkeit zuzugeben, Anteil zu nehmen an anderen (oder einem) Menschen auf der Basis von gleich-zu-gleich.

Wassermann hat eine niedrige Toleranzschwelle für traditionelle weibliche Aufgaben, Rollen, weibliches Verhalten und weiblichen Status.

Noch immer ist es weitgehend der Frau überlassen, im Mann, den sie liebt, die Sensibilität, die Gabe, sich mitzuteilen, sich zu öffnen und verwundbar zu sein, zu wecken. Wenn ihr selbst die Fähigkeit zur Intimität abgeht, wird ihrer Beziehung jede emotionale Richtlinie abgehen und sie wird nicht funktionieren. Und die Wassermann-Frau wird ihre Zeit brauchen, bis sie erkennt, daß die Mißachtung der eigenen Weiblichkeit nur ihrer Selbstachtung schadet, ihre Bereitschaft zu jenem Risiko schmälert, gefühlsmäßig in einer Liebesbeziehung die führende Rolle einzunehmen. Sie muß sich bewußt machen, daß die Angst vor anderen Frauen teilweise Angst vor sich selbst ist.

Der wichtigste Schritt zur Überwindung jeder Angst ist es, die eigene Angst zuzugeben und zu akzeptieren. Alle Vertreter der Luftzeichen haben diesen Abstand zu den eigenen Gefühlen. Wenn sie ihre Angst nicht zugeben können, ist das schlimm für sie.

Typisch für die Wassermann-Frau ist eine Art des Selbstbetrugs, die Virginia Satir »Computing« nennt. Computing ist jene Technik, bei der man seine emotionalen Bedürfnisse hinter einer Schutzwand verbirgt, um jede Kränkung zu vermeiden. Bei Computing verhält man sich reserviert, vernünftig, leise, beherrscht, und zwar jeder mit Gefühlen geladenen Situation gegenüber. Computing bedeutet zum Beispiel: »Ich glaube, daß Du Dich ärgerst, weil Deine Hände zittern und Du ernsthaft überlegt hast, etwas nach mir zu werfen«, oder »Diese Familie sollte einmal ihre Kommunikationsfähigkeiten überprüfen.«

Computing erregt den Neid anderer, und insgeheim strebt der »Computer« danach, mögliche Gegner aufzurütteln, um sie zu Verbündeten zu machen. Computing dient zur Verschleierung der Gefühle. Es schafft die Illusion, die eigenen Gefühle jederzeit unter Kontrolle zu haben. Computing ist auch ein Spiel der Überheblichkeit, bei dem der andere nicht eingeweiht ist, die Rolle eines Ebenbürtigen nicht spielen darf. Beim Computing spielt man auf negative Art den Beschützer, und das vollkommen gleichgültig und rein intellektuell.

Einige verräterische Zeichen für Computing sind: überaus vernünftige Worte, der Körper ruhig, kühl und beherrscht, so jedenfalls scheint es und innerlich schreit man: »Ich bin verwundbar!!« Eine Frau, die Computing betreibt, wirkt äußerst korrekt und vernünftig und zeigt keinerlei Gefühle. Ihr Körper kommt ihr oft trocken und losgelöst vor, während ihre Stimme monoton wird.

Wie man mit der Angst vor Intimität fertig wird

Bevor die Wassermann-Frau sich mit ihrer Angst vor Intimität auseinandersetzt, sollte sie sich folgende Fragen beantworten:

1. Was bedeutet mir Intimität? Wünsche ich mir Intimität? Habe ich sie?
2. Wenn ich sie wünsche und nicht habe, was will ich deshalb unternehmen?

3. Wie beeinflussen meine Wertmaßstäbe im allgemeinen mein persönliches Leben? Habe ich ein enges Verhältnis zu meinen Freunden? Fühle ich mich wohl dabei, wenn ich sie um einen großen Gefallen bitte? Offenbare ich mich meinem Gefährten oder augenblicklichen Freund? Welche Abwehrmanöver benutze ich, um Abstand zu schaffen? Wir kennen sie alle und wenden sie fast automatisch an. Sie gleichen Techniken, die Shirley MacLaine erfand, um »die Gefühle zu überwinden, die mir unbehaglich waren.«

Es gibt einige grundlegende Dinge, die wir alle uns einreden, um uns nicht selbst entblößen zu müssen. Die Wassermann-Frau wendet dazu folgende Abwehrmaßnahmen an:

1. Sie werden herausfinden, daß ich nichts tauge (fauler Zauber).
2. Ich könnte alles falsch machen.
3. Sie lachen mich aus, kritisieren mich.
4. Ich könnte mich aufdrängen.
5. Sie könnten mich verlassen.
6. Sie entdecken, daß ich nicht perfekt bin.
7. Sie werden sehen, wie nah mir das geht.

Das Bedürfnis nach Intimität ist eines der menschlichen Grundbedürfnisse. Wird es in der Kindheit nicht gestillt, sind beim Erwachsenen die sexuellen Funktionen beeinträchtigt. Das wurde auf eindrucksvolle Weise beim Harlow-Experiment mit jungen Affen bewiesen.

Bei diesem Experiment gaben die Forscher jungen Affen zwei »Mütter«. Eine war aus Draht und die Milchquelle. Die andere war aus Stoff. Die Äffchen spielten meist mit der weichen Stoffmutter, hätschelten sie und bettelten um Zuneigung. Nur widerwillig verließen sie sie und holten sich Milch von der Drahtfigur. Diese Affen, die ohne warmen, liebevollen, intimen Kontakt aufgezogen wurden, wuchsen zwar körperlich heran, aber in einem Sinne wurden sie nie erwachsen. Sie konnten nicht lieben und waren sexuell dermaßen gestört, daß sie nicht einmal die richtige Stellung zum Geschlechtsverkehr fanden. Die Forscher kamen zu dem Schluß, daß Intimität ein wichtiger Bestandteil der kindlichen Sexualerziehung ist, und daß sexuelles Funktionieren von emotionaler Ganzheit abhängt.

Jeder hungert nach Liebe, nach Berührung, nach Hätscheln und

Streicheln, nach einem emotional befriedigenden körperlichen Kontakt. Selten jedoch wird nach der frühen Kindheit noch das Bedürfnis nach Intimität zugegeben. Die meisten von uns lernen, jenen Affen gleich, funktionsgestört zu sein, weil wir unsere Sozialisierungslektion all zu gewissenhaft aufnehmen. Wir lernen, unsere Impulse nach Zärtlichkeit zu unterdrücken und sie umzusetzen in Tabus gegenüber Inzest, Homosexualität, Bisexualität, dem Ödipus-Komplex, dem Elektra-Komplex usw. Wir halten Zuneigung zurück, weil wir Angst haben, unsere Kinder und uns selbst zu verwöhnen, Angst, »unrealistisch« oder »zu gefühlsvoll« zu sein. Machtkämpfe beginnen in früher Kindheit, wo man uns lehrt, natürliche Gefühle zugunsten des sozialen Rollenspiels zu unterdrücken.

Die Wassermann-Frau ist eine ausgezeichnete Schülerin und lernt diese Verbote der Intimität gegenüber nur zu gut. Daß sie sich in größeren Gruppen wohler fühlt, mag seinen Grund darin haben, mit so vielen widerspiegelnden Persönlichkeiten wie möglich in Austausch zu gelangen.

Es folgen praktische Vorschläge für die Wassermann-Frau, mit der Intimität umzugehen. Diese ist allerdings eine so komplizierte, so belastete Interaktion, daß ich rate, bei ernsten Schwierigkeiten einen Berater oder einen Therapeuten aufzusuchen. Einige der folgenden Techniken sind auch wirklich besser in der Praxis eines Therapeuten durchzuführen.

1. Eine Gestalt-Übung: Nehmen Sie zwei Stühle, setzen Sie sich auf einen Stuhl und Ihre Angst vor Intimität auf den anderen. Sprechen Sie mit Ihrer Angst. Wechseln Sie jedesmal den Stuhl, wenn Sie eine andere Rolle einnehmen (Sie oder Ihre Angst allein). Nehmen Sie die Sitzung auf Band auf, so daß Sie die Unterhaltung später anhören können, und denken Sie nach über die zutage tretenden Einsichten.

2. Um mehr über Ihr wahres Selbst zu lernen, beschreiben Sie sich als Tier, als Wolke, als Baum, als Kind, als Farbe. Erst mündlich, damit sie die Sache begreifen, dann schreiben Sie es auf. Greifen Sie von Zeit zu Zeit auf Ihre Beschreibungen zurück, besonders, wenn es um Intimität geht. Teilen Sie sie Ihrem Partner oder Ihren Freunden mit.

3. Wenn Sie im Zweifel über Ihre Gefühle sind, summen Sie ein Lied. Lassen Sie sich die Worte dazu einfallen: Wenn Sie in einer Gefühlsbindung stehen, ist das eine besonders rasche Möglichkeit, Ihre wahren Gefühle festzustellen.

4. Achten Sie auf anscheinend unzusammenhängende Gedanken, besonders wenn Sie über diese Dinge sprechen, die mit Intimität zu tun haben. Versuchen Sie auch freie Assoziation, mit oder ohne Partner. Eine Möglichkeit ist, den Satz »Ich fürchte. . .« oder »Ich habe Angst. . .« zu vollenden. Woran denken Sie bei diesem Kapitel? Welches Gefühl haben Sie bei diesem Abschnitt?

5. Machen Sie sich bewußt, wie und wann Sie etwas zurückhalten. Wenn Sie jemanden berühren wollen und in letzter Minute zurückschrecken, machen Sie es sich bewußt. Das nächste Mal haben Sie die Wahl: Sie können berühren, oder Sie können sich zurückhalten. Machen Sie sich auch bewußt, wie und wann Sie sich verbal zurückhalten. Übung 3 und 4 können dabei helfen.

6. Seien Sie so ehrlich wie möglich, was Ihre geheimen Gedanken und deren Wirkung auf Ihr intimes Verhalten betrifft. Lassen Sie vergangene Handlungen noch einmal vor Ihren inneren Augen ablaufen, so wie alte Schriften hin und wieder auf neuesten Stand gebracht und revidiert werden müssen. Denken Sie daran, daß Schuld, Scham und Angst sich bei ehrlicher Einschätzung auflösen. (Weitere Ratschläge zur Kommunikations-Fähigkeit siehe »Beziehungen der Waage-Frau« und »Beziehungen der Skorpion-Frau«.)

7. Wollen Sie genau wissen, wer wichtig für Sie ist, hilft folgende Übung: Nehmen Sie alle Kissen, die Sie haben, und legen Sie sie in Ihre Reichweite. Stellen Sie sich in die Mitte des Zimmers. Dann nehmen Sie ein Kissen nach dem anderen und bezeichnen Sie jedes als eine Person. Die Person kann lebendig oder tot sein, solange er/sie wichtig für Sie ist. Wenn Sie fertig sind, werden Sie wissen, wer Vorrang in Ihrem Leben hat, wer Ihnen am nächsten ist, wer nicht. Sie werden jedes Kissen genauso nah und weit entfernt von sich aufstellen wollen, wie Sie der Person gegenüber, die es repräsentiert, empfinden.

8. Sexuelle Intimität ist ein wichtiger Aspekt des Gefühls der Nähe.

Zur Erörterung dieses Themas siehe »Die Sexualität der Wassermann-Frau«.

Die Liebe der Wassermann-Frau

Liebt die Wassermann-Frau, fühlt sie sich »ganz« und integriert. Ihr Herz öffnet sich, Pflicht und Freude fließen ineinander über. Sie läßt sich allerlei einfallen, ihren Partner zu interessieren. Sie prickelt fast vor elektrischer Spannung. Die Liebe bringt ihr ganzes Wesen zum Strahlen; sie ist schöpferischer denn je. Ihr Motor läuft ständig auf hohen Touren. Sie schwirrt vor Plänen und Erregung. Endlich einmal hat sie das Gefühl, daß die Zukunft sicher ist, wenigstens für eine Weile.

Verschwiegenheit und Intrigen gehören zu ihren Annäherungsmethoden. Ob sie an karmische Verbindungen denkt, an ein Leben in anderen Dimensionen, sie spinnt ihre Netze, sowohl aus Menschen wie aus Schwingungen. Sie wird nicht an der Ecke stehen und ihr Glück in alle Winde schreien, aber sie wird wahrscheinlich alle internationalen Zeitschriften abonnieren, die ihr etwas über menschliche Beziehungen, Sexualität, zukünftige Lebensweisen und die Möglichkeiten einer liebenden Frau sagen können. Sie sucht nicht direkt nach Rollenmodellen, sie will sich nur gut vorbereiten, damit sie für alles Neue, Aufregende gerüstet ist.

Ihrem Mann macht sie die Freude, gleiche Verantwortung auf allen Gebieten, die es erforderlich machen, zu übernehmen. Sie kann im Sexualleben die führende Rolle haben und auf finanziellem Gebiet ihm den Vorrang lassen. Sie kann kochen, nähen, einkaufen, seine Hand halten, zuhören und lehren, eine gute Gastgeberin, Liebhaberin, Partnerin, Assistentin, Chefin oder Pflegerin sein. Sie kann quälend standhaft, eigensinnig und unabhängig sein, sogar in der Liebe, aber sie wird ihrem Geliebten Gleiches einräumen, wenn er darum bittet. Sie ist gerecht und tolerant seinen Schwächen gegenüber, und sie wird mehr ertragen als viele andere Frauen. Probleme stören sie selten, sie betrachtet sie als geistige Herausforderung. Sie kann eine wunderbar gleichberechtigte Partnerin sein. Mit ihrer Fähigkeit, jede Rolle, auch die männliche zu übernehmen, ist sie ihrer Zeit voraus. Sie wird nicht versuchen, ihren Mann zu besitzen, ihm Rechenschaft über jeden Pfennig oder jeden kleinen Fehler abzuverlangen. Sie gibt einem Mann Spielraum und erwartet gleiches von ihm. Ihren Kopf hält sie sogar in der Liebe oben, und auch seinen kann sie unter den schrecklichsten Umständen über Wasser halten. Sie behält immer ihren gesunden Menschenverstand und setzt ihn auch zum Schutz ihres Mannes ein.

Sie ist eine erregende, mehr oder weniger exzentrische Liebhaberin. Sie hat etwas Unvorhersehbares, hat Mut und den Wunsch, etwas Besonderes, Einmaliges zu sein. Wenn er zum Beispiel verrückt nach Tennis ist, wird sie auch unter größeren Schwierigkeiten Tennisstunden nehmen, um mit ihm Schritt halten zu können. Ihm zujubeln oder neben dem Platz mit den Butterbroten zu warten, ist nicht ihr Stil. Der einfache Weg, der vorhersehbare, reizt sie niemals. Und der Mann, der sie liebt, wird von diesem Aspekt ihrer Persönlichkeit begeistert sein, sich nicht davon bedroht fühlen.

Am ausgeglichensten ist die Wassermann-Frau, wenn sie liebt. Wann immer sie sich mitteilt, hat sie etwas zu geben. Sie gibt ihrem Mann das Gefühl, »in« zu sein, der begabte, erregte Mitwisser geheimer Kenntnisse. Sie schafft eine Atmosphäre der Gegenseitigkeit, in der sie mehr als bereit ist, ihren Anteil zu tragen. Sie kann ihren Mann glücklich machen, ihn immer wieder in Erstaunen darüber versetzen, was für eine besondere, ewig wandelbare, elektrisch-magnetische kosmische Energie er da angezapft hat.

Verhaltensmuster in den erotischen Beziehungen

In ihren erotischen Beziehungen zeigt die Wassermann-Frau folgende Verhaltensweisen, die bis zu einem gewissen Grad auch für die platonischen gelten:

1. Sie erblüht meist früh, experimentiert und ist offen für Experimente. Der *Gedanke* an Sexualität erregt sie sehr, zur Tat treibt sie oft erst ihr Widerspruchsgeist, der Wunsch zu prahlen und anders zu sein.
2. Sie kann viele erotische Beziehungen haben, bevor sie heiratet. Sie liebt ihre Freiheit und kann alle möglichen Lebensweisen

ausprobieren, bevor sie zur Ruhe kommt. Im Grund möchte sie vielleicht die Ehe hinauszögern, zumindest deren altmodische Spielart; sie hat Angst, die Ehe könne zum Käfig werden.

3. Ihre Zuneigung ist, sobald sie sich entschieden hat, unerschütterlich. Liebe und Sexualität sind jedoch zwei verschiedene Dinge für sie. Häufig verliebt sie sich nur, um dann festzustellen, daß andere Männer sie erotisch reizen (oder zumindest interessieren). Wenn sie verheiratet ist, hat sie höchstwahrscheinlich im geheimen außereheliche Verhältnisse.

4. In der Freundschaft gibt sie sehr viel, aber ihre Freundschaften enden oft plötzlich, sie selbst versteht oft nicht, warum.

5. Sie wird sich vermutlich einige Male im Leben entwurzelt fühlen, meist unvorhergesehen. Das kann verheerende Wirkungen auf ihre Beziehungen haben.

6. Sie ist oft emotional unerfüllt. Obwohl sie anregende und vielfältige Beziehungen hat, sind sie selten ganz intim, selten vollkommen befriedigend. Ihre zurückhaltende Art, der Gefühlspanzer, den sie trägt, hindern sie oft an vertrauten Beziehungen mit anderen und sind der häufigste Grund für emotionale und auch körperliche Trennungen.

7. Durch übertriebene Arbeit kann sie Bindungen entfliehen oder sie kompensieren. Sie neigt dazu, gefühlsschwangeren Situationen aus dem Wege zu gehen, und das oft ihr ganzes Leben lang. Beruflich jedoch ist sie oft sehr erfolgreich.

8. Erreicht sie jene wirkliche Intimität, die sie zwar braucht, doch selten sucht, kann sie zur bedingungslosen Liebe gelangen. Sie muß nur vertrauen und ihren Gefühlen mehr Raum lassen.

Was für einen Mann sie am ehesten braucht:

Liebhaber und Ehemänner

Die Wassermann-Frau braucht vor allem einen toleranten, verständnisvollen und warmherzigen Mann. Er sollte ihre Methoden verstehen, akzeptieren, daß ihre Beziehungen auf geistig-analytischer Ebene aufgebaut werden, sollte fähig sein, in Einklang mit ihr zu kommen und Freude an ihrer Art zu haben. Er muß warmherzig sein, denn sie kann frostig sein.

Sie braucht einen Mann, der auf keinen Fall starre Ansichten und Erwartungen hat. Er sollte flexibel, gerecht und aufgeschlossen sein, dazu wißbegierig, neugierig, hingerissen von (vor allem ihren neuen) Ideen. »Recht ist Recht und Unrecht ist Unrecht«, mag für die Steinbock-Frau gelten, nicht aber für die Wassermann-Frau. Sie achtet den Mann, der seine eigenen erprobten Prinzipien kennt und zu ihnen steht. Sie braucht einen ehrlichen Mann, der positiv ist und auch einmal auf einer Auseinandersetzung besteht, wenn erforderlich. Er muß sie durchschauen können und ihr alle Tricks vor Augen halten, die destruktiv auf die Beziehung wirken könnten. Sie braucht einen Mann, der ihr hilft, sowohl Gedanken als auch Gefühle umzusetzen, der ihren Optimismus und ihre Hoffnung unterstützt.

Ihr Mann sollte weder zu passiv noch zu aggressiv sein. Im ersteren Fall könnte sie sich so behaglich fühlen, daß sie um des häuslichen Friedens willen zu Kompromissen bereit ist. Ist er zu aggressiv, wird sie sich abwenden. Brutale Männer sind nicht ihre Sache.

Ihr Mann muß auf vielen Gebieten ein harmonisches Gleichgewicht bewahren. Sie ist nicht verrückt nach Geld, Reichtum ist nicht das Wichtigste für sie. Ihr Mann sollte jedoch wenigstens soviel an Geld denken, daß genug für ein einigermaßen unabhängiges Leben da ist.

Ihr Mann sollte flexibel aber auch planvoll sein. Sie möchte, daß er ihre Verschrobenheiten akzeptiert und auch, daß er an die Kleinigkeiten denkt, die eine Beziehung ausmachen. Sie bestellt bereitwillig einen Tisch im Restaurant, diskutiert über die Einkommensteuer, kauft seine Socken und wäscht einen Teil der Wäsche, aber sie erwartet von ihm, daß er da weiter macht, wo sie aufhört. Gleichheit, gemeinsame Führung und gegenseitige Verantwortung, das liegt ihr.

In irgendeinem Aspekt der Beziehung muß ihr Mann der Leitende oder Lehrende sein. Vielleicht ist er ein angehender Metaphysiker, der ihre erotische Intuition anregt. Oder er ist Wissenschaftler, der ihre Gedanken in neue Bahnen lenkt. Er mag einen farblosen Beruf, aber ein erregendes Hobby haben, das sie mit ihm teilen kann.

Ein Mann, praktisch und erfahren, der eine starke erotische Ausstrahlung hat, wäre ein guter Partner für sie. Zusammen könnten
sie ihren Tanz aus Glut und Leidenschaft tanzen, einen Geschlechtsakt, der jedesmal anders ist, verlockend, verfeinert, voll endloser
Herrlichkeit.
Ein Mann, der an der Erweiterung seines Horizonts oder an kosmi-
schem Bewußtsein interessiert ist, der immer bereit ist, abgenutzte,
platte Definitionen neu zu fassen, wird sie erregen. Der Mann, der
das alles mit ihr teilt, der schließlich ihr schwer erringbares Vertrauen gewinnt, ist der Mann für sie.

Die Sexualität der Wassermann-Frau

Die Wassermann-Frau mit ihrer angeborenen Neugier und ihrer
Experimentierfreude will alles erforschen, was zu erotischem Vergnügen, erotischer Erfüllung und sexueller Aufklärung führt. Sie
wird wahrscheinlich am glücklichsten sein, wenn ihr sexuelles Leben eine Mischung aus Traditionellem und Zukünftigem ist. Die übliche Position während eines Video Playbacks von 2001 in ihrem
Schlafzimmer wäre gerade das richtige für sie.
Sie hält das Gehirn für das stärkste sexuelle Organ des Körpers. Das
ihre benutzt sie phantasievoll, wenn nicht berechnend, um ihrem
Liebhaber verborgene Triebe und Phantasien zu entlocken. So ist
sie manchmal mehr Beobachtende oder Anregerin als Teilnehmerin
auf erotisch gleicher Ebene. Sie lechzt auf allen Gebieten nach Beifall, Sex ist da keine Ausnahme. Wenn sie ihren Mann zu einem
vollkommenen, erschöpfenden und rasenden Orgasmus bringen
kann, hat sie ihrer Meinung nach ihr Soll erfüllt.
Ihre beherrschte Einstellung zum Leben überschneidet sich mit ihrem leidenschaftlichen Bedürfnis zum Experimentieren. Man kann
sie sich vorstellen, wie sie bei einer Orgie nackt über die Körper spa-
ziert und sich Notizen macht oder den Teilnehmern hilfreiche Tips
gibt. Sie ist bereit, sexuelle Erfahrungen zu machen, die gesellschaftlich »unnormal« sind, wird aber die Grenzen nicht überschreiten, die *sie* sich gesetzt hat. Die Grenzen werden sich natürlich beträchtlich erweitern, wenn sie glaubt, daß ihre Unterneh-

mungen geheim bleiben. Manchmal, mitten im intimsten erotischen Kontakt, wird sie an etwas anderes denken, und ach, der Zauber der vereinigten Körper versagt wiederum. Ihre Reserviertheit, ihre Angst, verletzt zu werden, scheinen ihren Verstand dergestalt zu beeinflussen, daß er sich anderem zuwendet, sowie die Vereinigung mit *einem* Menschen zu eng wird. Der Mann, der glaubt, er könne sie überlisten, ihr ihre wohlgehüteten Geheimnisse durch leidenschaftliche Berührung, durch Fühlen, Küssen, Beißen und Knabbern oder durch tiefe, entschlossene Stöße entlokken, betrügt sich nur selbst. Dieser List fällt sie selten zum Opfer, man kann sich viel eher vorstellen, daß sie in diesem Spiel Täter und nicht Opfer ist.

Daß sie ihrem Geist mehr als ihrem Körper vertraut, zeigt sich auch darin, wie wenig Sorgfalt sie oft auf ihr Äußeres legt. Sie kann zeitweise direkt abstoßend aussehen, aber der Zukunftsschimmer in ihren Augen und ihre kaum merkliche Bescheidenheit veranlassen die Männer oft, den alles andere als perfekten Zustand der Verpackung zu übersehen, um dahinter zu kommen, welche Überraschungen der Inhalt des Paketes birgt.

Oft verspricht sie mehr, als sie hält. Theoretisch ist sie, was für so viele Aspekte ihres Lebens zutrifft, die wahre Liebende. Praktisch aber ist sie bemüht, ihre Leidenschaft so unter Kontrolle zu halten, daß sie nicht überläuft.

Die Wassermann-Frau hat es gern, wenn ihr Mann (oder ihre Männer) für sie verfügbar ist, er kann jedoch unmöglich von ihr das gleiche verlangen. Wassermann ist wahrscheinlich eins der frustrierendsten Tierkreiszeichen – echtes Beispiel für gepanzerte Gefühle. Der Gedanke einer Vereinigung von Mann und Frau sagt ihr schon zu, sie ist jedoch zurückhaltend und verlangt ihre Ruhe, wenn sie ihre Kräfte wieder erneuern muß.

Wenn die Wassermann-Frau meint, daß ihre Ehe nicht das ist, was sie sich vorgestellt hat, wendet sie sich oft anderen Männern zu. Wie sie denn überhaupt während ihres ganzen Ehelebens andere Männer erotisch reizen, die zugleich auch ihren Intellekt ansprechen. Da sie dogmatisch, moralistisch und altmodisch ist, gibt es manch inneren Aufruhr, wenn ihr erotischer Appetit angesprochen wird.

Erste erotische Erfahrungen

Das Wassermann-Mädchen fühlt sich oft mehr zur Macht und dem Intellekt ihres Vaters hingezogen, als zu den hegenden, schützenden Aspekten ihrer Mutter. Oft entwickelt sie eine Schwärmerei für den Vater, die gut bis in die Teenager-Jahre reicht. Sie achtet seine Klugheit und seine Welterfahrung und möchte diese Eigenschaften auch gern erwerben.

Die Idealisierung des Vaters (oder älterer männlicher Mitglieder der Großfamilie) führt dazu, daß sie Frauen im allgemeinen ablehnt. Es ist fast unmöglich für sie, enge, bedeutungsvolle Beziehungen zu anderen Mädchen zu haben, und auf ihrer Suche nach einem jungen Mann, der ihrem Vater gleichkommt, wird sie fast die ganze männliche Bevölkerung ihrer Schule durchprobieren.

Sie ist in jungen Jahren eine ausgezeichnete Schülerin (und wird später eine ausgezeichnete Lehrerin sein). Die ihr oft in der Kindheit eingehämmerten traditionellen Werte und Tabus prägt sich das Wassermann-Mädchen ein. Sie mag glauben, Homosexualität, Inzest, Motorrad-Banden, die auch sexuelle Spielchen treiben, Gruppensex, das alles sei schlecht, weil ihre Eltern ihr das so beibrachten, aber sie wird auf ihrer Suche nach Erkenntnis alle Alternativmöglichkeiten bereitwillig übernehmen. Wenn nötig, wird sie sexuelle Beziehungen zu Männern haben, die ihre Familie entrüstet ablehnt, sie hat nicht das Gefühl, sie werde »so wie die« werden – sie macht nur gültige Erfahrungen in alternativen Lebensweisen.

Langweilige Schulstunden werden oft von erotischen Tagträumen begleitet. Der Gedanke an die Sexualität regt das junge Wassermann-Mädchen an, Phantasien sind daher ein guter Ausweg aus dem öden Schulalltag, dessen Anforderungen sie bereits erfüllt.

Ihre emotionale Zurückhaltung hat ihren Ursprung häufig in der Kindheit. Der Abstand zu ihrer Mutter und die Idealisierung ihres Vaters führen oft dazu, daß sie beiden gegenüber wenig Gefühl zeigt. Manchmal ist sie eifersüchtig auf die Mutter, weil ihr Vater sich um sie bemüht, ein anderesmal ist sie sauer auf den Vater, weil er der Mutter nachgibt. Wie bei fast jedem Konflikt, so ist es auch hier. Sie wird sich zurückziehen, zumindest gefühlsmäßig, und das Ganze aus größerem Abstand betrachten.

Liebe und Sexualität

Da liegt das Problem. Die Wassermann-Frau hat ein tief verwurzeltes Bedürfnis nach Liebe, nach Nähe, nach dem, was wir Intimität nennen. Sie hat jedoch so viele Hindernisse errichtet, daß ihr das alles oft entgeht. Sie ist intellektuell so scharfsinnig und unabhängig, daß sie sogar die Liebe intellektualisiert. Eine Behinderung des Geistes hält sie fast für die größte aller Sünden. Daher hält sie auch die Unterdrückung sexueller Gedanken für falsch. Verbunden mit den ihr früh erteilten Lektionen in Monogamie, wahrer Liebe und Glück (2 bis 3 Kinder), entsteht aus dieser Einstellung ein gewaltiger Konflikt. Sie muß lernen, um Liebe zu bitten und Liebe zu empfangen. Sie muß *enge* Beziehungen zu einem Menschen entwickeln, auch wenn sie sich fürchtet, daß die Menschen, denen sie nahekommt, sie zurückweisen. Verwundbarkeit und Zuneigung betrachtet sie als mögliche Fesseln. Liebe, Nähe und Vertrautheit sind natürliche und notwendige Emotionen, selbst bei Tieren.

Ihre oft eigensinnige Haltung wird immer starrer, je länger sie sich gegen jedes Vertrautsein sträubt. Sie liebt ihren Partner und ihre Familie, aber sie wird sie beinahe im Stich lassen, wenn es um neue Erkenntnisse geht, eine neue Erfahrung oder die Gelegenheit winkt, denen zu helfen, die weniger glücklich sind als sie. Sie wird kaum erkennen, daß so gerade ihr Partner und ihre Familie zu den »weniger Glücklichen« gehören werden, denen sie zu helfen sucht. Sie hat die Macht und den geistigen Horizont, sich ihrer Familie *und* der Massen anzunehmen, sie muß lernen, beidem die notwendige Aufmerksamkeit zukommen zu lassen.

Sexuelle Intimität

Man kann sich schwer vorstellen, daß eine Wassermann-Frau sich in einem schwül duftenden Liebesnest zurücklehnt und sich mitsamt ihrer ungenutzten Leidenschaft nehmen läßt. Sie wird nicht in die Falle gehen, denn das bedeutet Eingesperrtsein für sie; mit der Hingabe hat sie auch nichts im Sinn, denn dadurch verliert sie ihrer Meinung nach an Macht. Die Wassermann-Frau sollte lernen, daß sie keinen Zentimeter an Boden verliert, wenn sie mit einem Menschen wahrhaft vertraut ist; ganz im Gegenteil, beider Horizont wird so erweitert. Kaum einer von all den Leuten, mit denen sie sich abgibt, lehnt sie ab, warum glaubt sie, daß es bei einem Menschen anders ist?

Sie ist bereit, Hilfe vom Gesetzgeber anzunehmen, vom Kultusministerium mehr Verständnis für Sexualerziehung zu verlangen, die Frauenvereine um mehr Geld für Biafra zu bitten – warum hat sie Angst, den Mann, den sie liebt, um etwas zu bitten (Zuneigung, Schutz, Liebe etwa?).

Befreiung ist das Schlüsselwort für die Wassermann-Frau. Die Befreiung der konservativen Geister ist ein Ziel, das sie niemals aus den Augen verliert. Die Befreiung der Frau von ihrer traditionellen Rolle, die man ihr auferlegt hat, ist von größter Bedeutung für sie. Wenn die Wassermann Frau lernt, daß auch sie Befreiung braucht, wird sie sich noch stärker für andere einsetzen können. Ein selbstauferlegtes emotionales Exil ist in der Tat ein Gefängnis, aus dem man nur schwer entkommt. Erkennt sie aber, daß ganz neue Bereiche an Vertrautheit und Nähe auf sie warten, wird sie einen Weg finden, die Tür zu öffnen.

Was für einen Liebhaber sie braucht

Einem Mann, der bereit ist, ihre geistigen Abenteuer zu teilen, wird sie sich für immer zugesellen. Die Wassermann-Frau möchte alle Aspekte ihres Lebens mit ihrer Familie teilen. Sie wird mit ihrem Mann durch dick und dünn gehen und zweifellos auch für den Unterhalt sorgen, wenn es einmal knapp zugeht und er sich erst hocharbeiten muß. Sie erwartet Gleichstellung als Gegengabe und der kluge Mann, der sich in diese futuristische, idealistische Frau verliebt hat, wird sie ihr geben. Sie ist eine im herkömmlichen Sinn, ausgezeichnete Hausfrau, wenn das dazu dient, ihren intellektuellen Zirkel zu komplettieren. Andererseits kann die gesamte Wäsche der Familie tagelang herumliegen, wenn sie das Gefühl hat, ihre Energien seien woanders besser angebracht. Sie ist ein Bündel von Widersprüchen, ständig wechselnden Prioritäten – mit einer Ausnahme. Ihr Geist und die Entwicklung geistiger Kräfte bei anderen haben immer Vorrang.

Ihre Unberechenbarkeit ist auch ein Teil ihrer Sexualität. Zeitweise kann sie feurig sein, im Sexuellen den Ton angeben, wenn sie jedoch ihre Ruhe braucht und ihr geistig nicht nach Sex ist, wird sie im Bett allerhöchstens ihre Pflicht tun. Ihr Mann sollte ein Gespür dafür entwickeln. Sie wird nicht um Zuneigung, Liebe, Vertrautheit betteln, also sollte er sich bemühen, sie aus der Reserve herauszulocken, ihre Sehnsucht nach Wärme ahnen.

Wenn er futuristisch in seiner sexuellen Einstellung sein kann, wird sie auch futuristisch reagieren. Vor Experimenten mit ihr sollte er keine Angst haben, denn ihr ganzes Leben ist aufs Experimentieren aufgebaut. Sie wird ihm Tips geben, welchen Weg er nehmen soll, und wenn der Sex-Trip gut ist, wird sie das Steuer übernehmen und beide zu höchster Befriedigung, zur Sehnsucht nach mehr führen. Wenn er sie dazu bringen kann, ihre kleinen erotischen Geheimnisse preiszugeben, wird er das Fast-Unmögliche erreicht haben. Sie ist fähig zur Hingabe, und er wird sicher für seine Mühen belohnt werden, wenn er Schritt halten kann.

Was sie lernen muß

Ganz einfach, die Wassermann-Frau muß lernen zu vertrauen. Sie muß auch lernen, das Leben praktischer zu nehmen. Prinzipien und Ideen sind Werkzeuge für eine bessere Zukunft, aber aus konkreten Dingen wie Nähe, Teilhaben und Vertrautheit ziehen die Menschen ihre Kraft. Sie muß erst ihr Gefühl entwickeln und dann so fühlen lernen wie es andere tun. Sie bringt es fertig, ihre Art zu fühlen für ausreichend, wenn nicht für überlegen zu halten. Sie teilt auch ihre Informationen mit anderen und lernt mit ihnen, also dürfte es ihr auch nicht schwerfallen, annehmbare und anerkannte Theorien über Gefühle zu akzeptieren.

Ihre Konkurrenzfähigkeit ist messerscharf. Sie kann unbewußt verletzen, wenn sie dadurch Resultate erzielt. Tritt sie mit Männern in Wettbewerb, kann sie um ihres Überlegenheitsgefühls willen kastrationsartige Taktiken anwenden. Aber die Wassermann-Frau hat ohnedies den Erfolg, sie muß nicht zu unfairen Mitteln greifen. Auch die Wassermann-Frau ist eine Frau, ob sie diese Wahrheit akzeptiert, liegt bei ihr. Vieles von dem, was sie zu jener bezauberndsten, eindrucksvollsten und mächtigsten Persönlichkeit machen könnte, lehnt sie ab – ihre Weiblichkeit nämlich. Sie sollte nach dem Gleichgewicht zwischen ihren weiblichen und männlichen Zügen suchen, oder eines wird übermächtig werden. Sie hat Angst vor Zurückweisung, wenn sie aber eine stark »männliche« Haltung annimmt und doch einen weiblichen Körper hat, fordert sie diese fast heraus. Männer reagieren wie von selbst auf sie, denn in ihren Augen liegt so viel Anziehungskraft, liegt ein Versprechen, wie sie kaum einem der anderen Zeichen gegeben sind. Hin und wieder sollte sie sich gehenlassen, wenn auch nur um festzustellen, wie das ist. Wahrscheinlich wird es ihr so gut gefallen, daß sie's noch einmal versucht. Beherrschung ist zwar gut zum beruflichen Vorwärtskommen, die persönliche Erfüllung aber wird sie nur behindern. Wassermann-Frau, sollten Sie auf alles pfeifen und sich leidenschaftlich in den Mann verlieben wollen, der Sie geistig so anzieht, tun Sie es! Sie sind stark genug, sich auch einen Fehler leisten zu können. Fehler sind Maßstäbe für Erfolg . . . Und Sie können sich nicht immer die Bestätigung von all den Leuten holen, bei denen sie Ihre Tüchtigkeit unter Beweis stellen. Beweisen Sie sich selbst, gehen Sie Risiken ein, seien Sie aufgeschlossen und lassen Sie den Dingen ihren Lauf. Ihre Leidenschaft, die lebendige Wärme, die von den Zehen bis in die äußersten Verästelungen Ihres Verstandes reichen, werden ihre Sinne schwinden lassen.

Der Ärger der Wassermann-Frau

Es fällt uns schwerer, Ärger, Feindseligkeit, Haß und Groll zu erkennen als das Glück, die Großzügigkeit und die Angst in uns. Es ist in Ordnung, wenn man freundlich und nett ist, so, wie unsere Eltern uns lehrten. Aber wir wollen nicht grob und ekelhaft sein, also unterdrücken wir unseren Ärger automatisch. Wir sind alle von Natur aggressiv und fähig zum Haß. Einige Fachleute glauben sogar, daß Haß ein Teil der Liebe ist. Wir alle suchen Partner, die Eigenschaften haben, die wir selbst gerne hätten, und so entsteht unweigerlich von Zeit zu Zeit Groll. »Warum kann eine Frau nicht so sein wie ein Mann?« fragt Henry Higgins. Ein kluger Mann sagte mir einmal, daß viele Leute sich aus denselben Gründen scheiden lassen, aus denen sie geheiratet haben; zum Schluß hassen die Partner einander und ärgern sich über die gleichen Eigenschaften, die früher für die gegenseitige Liebe verantwortlich waren.

Aggression ist notwendig zur Erreichung gewisser Ziele, um uns in Spannung zu halten und um wachsam zu bleiben. In alten Zeiten war Aggression eine Angelegenheit von Leben und Tod, ohne sie konnte es kein Überleben geben. Ärger entsteht oft, wenn wir meinen, daß jemand in unsere natürlichen Aggressionen eingreift. Frauen, die glauben, nicht schreien zu können, die zu lange an den Bauernhof oder die Küche gefesselt waren, reagieren feindselig und aggressiv auf Manipulationen von außen. Das Gehirn sendet ständig Botschaften durch den Körper, die Botschaft der Aggression soll uns auf größere Anstrengung vorbereiten.

Wenn wir unseren Ärger zügeln, obwohl unser Körper in Alarmbereitschaft ist, sind negative Konsequenzen unvermeidbar. Magengeschwüre, Migräne, Rückenschmerzen und Menstruationsbeschwerden plagen Millionen Menschen. Ich glaube, daß sie in vielen Fällen an unterdrücktem Ärger leiden.

Über Ärger

Ich habe mit einigen Wassermann-Frauen über das Thema Ärger gesprochen. Hier sind ihre Antworten:

1. »Wenn mein Mann immer wieder fragt, was ich fühle und ich weiß, daß meine Gefühle feindselig sind, dann weiche ich ihm aus. Dann rede ich über andere Leute. Ich erzähle von Peters Klavierlehrerin, der Scheidung der Nachbarn, dem Skandal im Elternbeirat oder dem neuesten Klatsch im Büro. Selten, daß ich einmal explodiere. Häufiger werde ich biestig. Hat er zum Beispiel gewußt, daß die Klavierlehrerin eine frustrierte Lesbierin ist? Weiß er, daß der Direktor bald eine Glatze bekommt und eine beinahe stadtbekannte Affäre mit seiner Sekretärin hat?

Dabei ist sie dünn wie eine Bohnenstange und weiß wahrscheinlich gar nicht, wo bei ihr vorn und hinten ist. Und was die Nachbarn betrifft, warum können sie nicht woanders streiten? Vom Küchenfenster aus ist alles klar zu sehen. Und sie ist doch der größte Trottel, wenn sie meint, mit dem Gesicht könne sie ihn zurückgewinnen. Das ist ja kein Gesicht, das ist ein Pfannkuchen!«

2. »Ich entschärfe meinen Ärger durch Witze. Ich habe einen Vorrat an ausländischen Witzen, häuslichen Witzen und sexuellen Witzen. Die schmutzigsten bringe ich wahrscheinlich vor, wenn ich mich am meisten ärgere, wegen des Schockwertes. Dann habe ich das Gefühl, als zahle ich es meinem Mann heim, ohne meinen Ärger über ihn direkt auszudrücken.«

3. »Ich bin Tänzerin. Ärger ist kein Problem. Ich nehme meine Ballettschuhe vom Haken und tanze drauflos. Eine wunderbare Art, meinen Körper und meinen Geist zu trainieren.«

4. »Ich weiß nicht. Ich habe alle Therapiearten ausprobiert – Freud, Reich, Jung, Urschrei und die, bei der ich mit dem Tennisschläger auf Betten einschlagen muß – aber keine hat geholfen. Je mehr ich meinen Ärger zeigte, desto mehr stieg in mir hoch. Ich habe schmerzhafte Methoden versucht, war in Kalifornien, nichts half. Mein Leben hat sich nicht gebessert. Ich ärgere mich immer noch, über jeden, besonders über Männer. Und doch, wenn ich meinem Freund gegenüber ärgerlich werden will, kommt nichts heraus als eine besänftigende Stimme, eine Entschuldigung für meine Feindseligkeit. Außerdem ist es, glaube ich, nicht fair, wenn ich meinen Ärger an ihm auslasse. Er kann schließlich nichts dafür, daß ich seit meiner Geburt wütend bin.«

Die erste Frau scheint eine Methode gefunden zu haben, den Ärger aufzuteilen – sie läßt ihn sozusagen auslaufen. Ihr Ärger äußert sich in Ekelhaftigkeit Dritten gegenüber. Sie ist nicht bereit, eine Atmosphäre zu schaffen, wo sie sich sicher genug fühlt, ehrlich zu sein. Durch ihre Herabsetzung anderer Leute läßt sie Bosheit ab.

Als ich sie nach den seltenen Explosionen fragte, antwortete sie, daß ihr Mann bei den paar Malen, wo es passierte, einen großen Schreck bekommen hätte. Es schien ihm überhaupt nicht gedämmert zu haben, daß seine Frau sich ärgerte und sich in biestigen, satirischen

Geschichten abreagierte. Sie gab zu, daß ihre Explosionen ihren Mann so beunruhigt hätten, daß sie sie im Laufe der Jahre praktisch aufgegeben hätte.

Zur nächsten Stunde kam sie mit glänzenden Augen. Sie habe entdeckt, erzählte sie mir, daß ihr Sexualleben sich zwei Tage *nach* ihrer Explosion außerordentlich verbessert habe und wochenlang ungewöhnlich erfreulich geblieben sei. Sie wolle das mit ihrem Mann auf konstruktive Art diskutieren, meinte sie. Außerdem wollte sie irgendein Gebiet der Kunst (ihr Hauptinteresse) ausfindig machen, um dort ihren Ärger abzureagieren. Ich schlug vor, sie solle Witze oder Kurzgeschichten schreiben. Ich empfahl dem Ehepaar auch einen Urlaub in romantischer Umgebung, mit einem Tonbandgerät für die kommenden Diskussionen. Die Frau war im Grunde gesund, sie brauchte nur eine Neuorientierung, und die hatte sie nun angesteuert.

Die zweite Sprecherin war sich ihrer selbst sehr bewußt. Ich konnte wenig sagen, was sie nicht schon wußte. Sie analysierte sehr stark und setzte so ihren Ärger absichtlich ein. Ich wollte jedoch wissen, was sie wirklich *fühlte*. Hatte sie wirklich ein Ventil für ihren Ärger gefunden, oder verlagerte sie ihren Ärger durch die Witze bloß? Sie erklärte, sie habe nicht die Absicht, ihren Stil zu ändern, sie könne mit ihrem Ärger fertig werden. Im Augenblick war sie offensichtlich nicht bereit, das Thema zu verfolgen.

Die dritte Dame, die Tänzerin, ist eine selbstbeherrschte, schöne Künstlerin. Sie hatte viele Kinderkrankheiten und mißbilligende Eltern hinter sich gelassen, ebenso zwei Scheidungen. Jetzt liebte sie das Leben. Ich glaubte ihr, als sie mir erzählte, daß sie im Tanz alles ausdrücken konnte, von Liebe zu Haß, von Schönheit bis zum Ärger. Als sie als kleines Mädchen sehr krank war, hatte sie sich gewünscht, später einmal eine gesunde, berühmte Tänzerin zu werden. Keiner glaubte, daß sie ihre Beweglichkeit und ihre Kraft wiedergewinnen könne, aber durch Geisteskraft und anstrengende Übungen erreichte sie es, daß sie innerhalb eines Jahres wunderbar tanzte.

Selbstbeherrschung kann eine Tugend sein, in ihrem Fall war es wohl so. Eine sehr schmale Grenze trennt den Versuch, dem Ärger durch wilde Aktivität zu entfliehen, von einem Verhalten, das wirklich integrierend ist. Beim letzteren ist der Ärger ein Katalysator, der zum Schaffen anregt, der froh macht und ein Wertgefühl vermittelt. Die Motive der Menschen sind sehr schwer zu verstehen und oft unwesentlich. Was macht es aus, ob Albert Schweitzer nach Afrika ging, um berühmt zu werden, es seinen Feinden zu beweisen, oder aber aus echter Menschenliebe? Er mag viele Motive gehabt haben, das Ergebnis aber war kristallklar. Wenn ich mich mit Ärger befasse, frage ich nicht, warum ein Mensch sich überhaupt geärgert hat.

Die vierte Dame probierte in den Sechzigerjahren alle möglichen Lebensweisen, Drogen und Heilmethoden aus. Sie kann einerseits eine wütende Feministin, andererseits eine besänftigende, ergebene Partnerin sein. Diese Frau ist eine sehr fähige, bestimmte Karrierefrau, die nicht fähig ist, ihren Ärger im Privatleben offen zu zeigen. Anscheinend kann sie ihren Ärger teilweise konstruktiv im Beruf umsetzen. Sie erzählte mir, manchmal hätte sie das Gefühl, sie könne die Welt erobern oder sie in zwei Tagen aufbauen, und das wären die Tage, an denen sie die Menschen entweder vor Liebe umarmen könne oder sich über sie geärgert habe.

Zu Hause verbindet sie das Schuldgefühl ihres Ärgers wegen mit besänftigendem Verhalten. Sie entschuldigt ihren Freund für Handlungen, über die sie sich normalerweise ärgern würde. Sie hat Angst, ihn zu verlieren. Sie hat Angst, daß ihre berufliche Stärke eine Bedrohung für ihn ist. Sie glaubt, sie müsse sein Ich schützen, und so unterdrückt sie ihren Ärger.

Ich wies darauf hin, daß sie letztlich sich selbst schütze. Sie war es, die nicht bereit war, sich in ihrer intimsten Beziehung mit ihrem Ärger auseinanderzusetzen, und zwar aus Angst, sie zu zerstören aus der alten Vorstellung heraus, daß »eine gute Frau ihren Mann nicht beschuldigt und nicht ärgerlich wird«. Im Grund schützte sie Harry sogar vor seinen eigenen Gefühlen, indem sie die ihren permanent verleugnete.

Die angeborene Reserviertheit der Wassermann-Frau tut ihr gute Dienste auf dem Gebiet des Ärgers. Sie kann instinktiv ihre Aggressionen in nützliche Kanäle leiten. Aber sie grollt nun auch einmal und erlebt manchen Abwärtstrend in ihren Beziehungen. Ärger kann man nicht ignorieren, man muß sich mit ihm auseinandersetzen.

Susannes Wut steigerte sich allmählich, weil ihr Mann jeden Morgen die Zahnpastatube offenließ. Sie fand Borsten im Waschbecken und hatte überhaupt das schlampige Badezimmer satt, das er jeden Morgen hinterließ. Ihr Ärger wuchs. Sie dachte: »Wenn er sich wirklich etwas aus mir machte, würde er mehr aufpassen. Das Mindeste, was er tun könnte, wäre, die Zahnpastatube zuzuschrauben und von unten aufzurollen, wie ich es immer tue.«

Susanne hatte gelernt, daß sie nicht gleichzeitig lieben und sich ärgern kann. Aber mit der wachsenden Rücksichtslosigkeit ihres Mannes wuchs auch ihr Ärger. Und abwärts ging's mit der Ehespirale. Susanne bekam immer häufiger Kopfschmerzen, der Sex wurde mechanisch, machte weniger Spaß. Sie tranken beide mehr, lächelten mühsamer. Sie griffen zu neuen kleinen Ritualen, die eine kränkelnde Beziehung zusammenhalten sollten. Sie kaufte Reizwäsche, die sie heimlich verabscheute, er schlug ein Wochenende zur Auffrischung der Ehe vor, vor dem er sich fürchtete. Sie versuchten, mit Blumen, Schokolade und Essen im Restaurant alles zu flicken. Er vergaß nie, sie zum Abschied zu küssen, und sie vergaß nie, sein Lieblingsessen zu kochen. Aber die Atmosphäre wurde frostiger, beide schienen unbeteiligt. Nach einer Weile halfen auch die kleinen Rituale nicht mehr.

Susannes Mann spürte ihren Ärger statt ihrer Billigung. Anstelle von Bereitwilligkeit spürte er ihre erotische Kühle. Er bemerkte, daß sie nicht mehr seine Lieblingsspeisen kochte. Er sei zu dick geworden, behauptete sie. Er fühlte sich zurückgestoßen. Sie warf ihm vor, daß er nie mehr mit ihr ausgehe. Er wies darauf hin, daß sie zuviel Geld für Kleidung ausgebe. Sie fühlte sich zurückgestoßen.

Sie gingen auf eine Party, tranken zuviel, und auf dem Heimweg gab es Krach. Es kam zur Explosion, die bald wieder abzuklingen schien, wieder aufflammte. Sie vertrauten einander nicht. Sie rief ihn nicht mehr an, um ihm zu sagen, wo sie nach Büroschluß sei. Er kam nicht mehr direkt vom Büro nach Hause. Ärger auf beiden Seiten nagte an den Grundfesten ihrer einst so schönen Beziehung. Manchmal war der Sex besser als je – rasend, wild, doch niemals nah. Aber der Sex erkaltete, begann nachzulassen und starb schließlich.

An diesem Punkt angelangt, gehen viele Paare außereheliche Verhältnisse ein, oder sie wandern zur Eheberatung oder zur Einzeltherapie. Manche trennen sich oder lassen sich scheiden. Manche nehmen den wütenden Stier bei den Hörnern und beginnen ehrlich über ihre Gefühle zu sprechen. Drei Dinge sind dafür erforderlich: Bewußtheit, der Wille, ehrlich zu sein und den Ärger ohne Gewinner/Verlierer-Einstellung zu erörtern, und eine gewisse Begabung zur Kommunikation. Das Paar muß auch entscheiden, ob es die Beziehung fortsetzen will und in welcher Form.

Susanne und andere in ihrer Situation werden vielleicht eine Hilfe darin finden, wenn sie sich sagen: »Ich bin verrückt!« und dann etwas dagegen tun. Manchmal ist es nicht mehr, als einen Spaziergang zu machen oder einen Tennisball herumzuschlagen. Solche Sachen helfen, aber sie bringen niemals eine Beziehung wieder in Ordnung. Susanne mag vielleicht so beginnen: »Das war's. Ich bin wütend, und ich will etwas dagegen tun. Sehen wir mal zu, was getan werden kann.«

Konstruktiv genutzter Ärger schafft eine Konfrontation zwischen den Partnern, die zum besseren Verständnis und zur Befreiung der Gefühle führen kann. Susanne hat nicht nur ihren Ärger unterdrückt, sondern sie hat auch Hoffnung, Liebe und Selbstachtung unterdrückt.

In meinen Kursen über konstruktive Nutzung des Ärgers haben die Teilnehmer eine Liste aufgestellt, inwiefern Ärger nützlich oder auch schädlich sein kann:

Wo mir Ärger am meisten genützt hat

1. Als ein Zeichen, an mir zu arbeiten.
2. Als ein Zeichen, auf welchem besonderen Gebiet meines Lebens ich arbeiten muß.
3. Als Hinweis auf das, was wichtig ist, aber geändert werden muß.
4. Ärger hilft mir, meine Gefühle zu konzentrieren.
5. Ärger gibt mir die Energie zum Überleben.
6. Ärger ist eine Quelle der Bestätigung.
7. Ärger ist ein Katalysator, ein »Muntermacher«.
8. Ärger bringt mich dazu, unnütze Geschlechtsrollen aufzugeben.

9. Ärger gibt mir Autorität, die Macht, mich so auszudrücken, daß ich auch gehört werde.

Wie die Unterdrückung meines Ärgers mir geschadet hat

1. Wenn ich den Ärger nicht anwandte oder ausdrückte, wurde ich deprimiert.
2. Ich bin den Manipulationen anderer ausgesetzt.
3. Ich ziehe mich dann zurück und halte Abstand (kann auch positiv sein).
4. Gibt mir ein Gefühl der Entfremdung.
5. Lähmt mich sofort.
6. Habe sie als Waffe benutzt.

Probleme, die am häufigsten Ärger hervorrufen

1. Familienbeziehungen.
2. Wechsel der Stellung.
3. Veränderung des geschlechtlichen Rollenverhaltens; alte Vorstellungen.
4. Hausverkauf.
5. Das Verhalten anderer Leute ändern wollen.

Zum letzten Punkt wäre zu sagen: Kann man eine Situation nicht ändern, so kann man seinen Wunsch ändern, die Situation ändern zu wollen, man kann sich dafür entscheiden, die Sache auf sich beruhen zu lassen.

Eine Frau macht einen Fehler, wenn sie eine Beziehung mit einem Mann eingeht, den sie ändern will. Die Frustrationen, die daraus entstehen, daß man andere Leute ändern will, werden oft zu Ärger. Abschließende Worte: Die Wassermann-Frau muß den Versuch aufgeben, andere ändern zu wollen. Sie muß die Verantwortung für ihre Liebe und ihren Ärger übernehmen. Sie sollte ihre Energien dafür einsetzen, die Qualität ihrer Beziehungen aufrechtzuerhalten.

Die Lebensstile der Wassermann-Frau

Das Wassermann-Zeitalter steht buchstäblich vor der Tür, und wer sollte besser mit den Lebensstilen der neuen Ära experimentieren können, als die Wassermann-Frau? Mit ihrer grundsätzlichen geistigen Freiheit ist sie eine hervorragende Kandidatin, neue Lebensstile zu finden und zu festigen. Leben in Kommunen, offene Ehen, Polygamie und Homosexualität/Bisexualität sind Lebensstile, die im letzten Abschnitt unseres Jahrhunderts auftauchten. Wassermann kann sie kombinieren und das Gute aus jedem übernehmen. Es wird Lebensstile geben, an die die meisten noch nicht einmal einen Gedanken verschwendet haben. Die Wassermann-Frau hat es getan. Ihre Liberalität und ihre zukunftsorientierten Gedanken verbürgen gutes Brainstorming auf diesem Gebiet. Ihr Bedürfnis nach Anerkennung und ihre Höflichkeit bringen es jedoch manchmal mit sich, daß sie nicht sagt, was den Leuten helfen und ihre Lebensmöglichkeiten erweitern könnte. Sie ist jedoch so gruppenbewußt, daß jede Alternative zur Exklusivität der Ehe und der Kernfamilie sie reizt.

Während sie einen Fonds für Südostasien-Flüchtlinge einrichtet, überlegt sie wahrscheinlich, wie sie sie in ihre Gemeinde einreihen könnte. Wenn sie die Soße für das Abendessen austeilt, wird sie daran denken, wie es wäre, wenn sie jetzt Essen an die vielen Menschen ausgäbe, die sie zu ihrer Familie zählt. So arbeitet ihr Verstand. Hat sie sich wirklich intensiv für ein Problem oder die Misere weniger begünstigter Menschen erwärmt, wird eine Angelegenheit daraus, die ihr ganzes Leben betrifft. Sie hat das Selbstvertrauen und den Antrieb, große Veränderungen in unserer Lebensweise zu bewirken.

Die Wassermann-Frau ist besonders erpicht darauf, die Notlage anderer Frauen, deren Leben in den traditionellen Rollen festgefahren ist, zu erleichtern. Sie hält es für ihre Aufgabe, sie von dem Einerlei ihres Lebens zu befreien, und sie wird alles versuchen, ihr Ziel zu erreichen. Sie findet, daß unterdrückten Frauen das Recht genommen wurde, sich für einen Lebensstil zu entscheiden, und daß sie ihnen den Auftrieb geben kann, sich freizumachen und Alternativen *innerhalb* der Strukturen, die sie gewählt haben, zu suchen. Die

Wassermann-Frau ist keine große Revolutionärin in dem Sinne, daß sie Bestehendes zerstören oder ausrotten und durch etwas Neues ersetzen will. Sehr oft will sie das Vorhandene nur neu orientieren, um mehr Gleichheit zu erreichen und das Leben lebendiger zu gestalten.

Obwohl sie schwer arbeitet, um anderen zu helfen, wäre ihr selbst oft eine »Wiederherstellung« ihres Lebens nötig. Sie ist im Grunde nicht besitzgierig, wenn sich jedoch ihr verfeinerter Geschmack für »gute Dinge« und Qualität durchsetzt, kann sie auch am Besitz hängen. Sie kann dann sogar recht geizig werden. Vielleicht deshalb, weil sie sich so wenig Zeit für ihr persönliches Leben nimmt. Wenn sie es dann einmal tut, kann es zur Besessenheit werden.

Alternative Lebensstile

Leben in einer Kommune

Die Wassermann-Frau ist ein ausgezeichnetes Kommunen-Mitglied. Ihr Bedürfnis, jedermann den Weg zur geistigen Befreiung zu weisen, ihre Fähigkeit, die Menschen zu überzeugen, daß es eine Alternative zum Unglück gibt und ihre außerordentliche Diplomatie sind wie gemacht für das Leben in einer Kommune. Ihre Angst vor dem »Käfig« der Ehe muß verschwinden, wenn die Ehe-Situation von vielen geteilt wird. Sie ist eine ausgezeichnete Leiterin und Lehrerin, sie wird diejenige sein, die den »Katalog der ganzen Erde« in der einen Hand und die Materialien zum Bau eines Treibhauses in der anderen hält. Natürlich erwartet sie, daß die Mitbewohner ihr Teil dazu beitragen.

Sie glaubt, daß die in einer Kommune zahlreichen »Mütter und Väter« Wissen und Lernbereitschaft der Kinder dort nur fördern können. Sie wird sich an der Kindererziehung beteiligen wollen und schnell auf die hinweisen, die ihren Anteil nicht übernehmen.

Probleme, die ihr bei dem Leben in einer Kommune begegnen werden: Ihr Air von Selbstvertrauen kann, wenn es nicht offen mit den anderen geteilt wird, bei diesen Selbstzweifel hervorrufen. Sie ist verkrampft, getrieben und reserviert, und das verträgt sich nicht mit dem mehr gelockerten, informellen und bequemen Lebensstil der Kommune. Harte Arbeit ist ein notwendiger Bestandteil für den Erfolg einer Kommune, gezwungene Arbeit gleicht jedoch zu sehr dem Lebensstil, vor dem viele Menschen geflohen sind, und das kann zu Enttäuschungen führen.

Alleinlebende Frau

Die Wassermann-Frau kann diesen Lebensstil als junge Erwachsene führen, im allgemeinen heiratet sie aber und »läßt sich nieder«. Das schließt Scheidung und Rückkehr zum Alleinleben natürlich nicht aus. Wenn die Dinge nicht so laufen, wie sie es sich vorgestellt hat, wird sie sie schnell ändern. Sie kann viele sexuelle Begegnungen vor der Ehe haben. Sie lebt recht gut allein, und die Komplikationen und zusätzlichen Behinderungen einer Ehe können sie veranlassen, lange Zeit dabei zu bleiben.

Probleme mit der Einsamkeit treiben sie oft in eine Ehe. Selten wird das Gefühl der Einsamkeit dadurch gelindert, daß man nachts neben jemandem schläft und sich um Kinder kümmert. Sie wird entdecken, daß ihr Bedürfnis nach Zurückgezogenheit stärker ist als ihr Bedürfnis nach Gesellschaft.

Enge Verflechtungen (Intimate Networks)

Diese Bewegung paßt der Wassermann-Frau recht gut, so lange die Freundschaften nicht zuviel Intimität erfordern. Im wirklichen Sinne kann diese Vereinbarung für sie nicht bestehen, da sie große Schwierigkeiten hat, Beziehungen von Mensch zu Mensch einzugehen. Wenn sie sich entwickelt und so weit kommt, daß sie Intimität sucht, kann sie eine großartige Freundin sein, die im übrigen die sexuellen Komplikationen meidet, die hier manchmal eintreten.

Offene Ehe

Ihre mangelnde Besitzgier, ihr Bedürfnis nach Spielraum und ihre Unduldsamkeit gegenüber Eifersucht lassen die Wassermann-Frau für dieses Projekt sehr geeignet erscheinen. Ihre Schüchternheit und ihre Erziehung zur Höflichkeit können Probleme schaffen, ich vermute jedoch, daß sie offen, frei und erfolgreich sich der offenen Ehe ergeben wird, wenn die Welt im allgemeinen andere Maßstäbe anlegt.

Ménage à trois

Diese Vereinbarung erfordert Intimität mit zwei verschiedenen Personen auf zwei Ebenen. Wenn sie eine Dreier-Kombination finden kann, die nicht zuviel Nähe, Wärme oder Intimität erfordert, wird sie es versuchen. Obwohl sie weit mehr eine geistige Sexualbefreierin ist, wird sie sich körperlich beteiligen, wenn gesellschaftliche Billigung nicht erforderlich ist. Sie wird diesen Lebensstil wahrscheinlich einer Freundin vorschlagen, die sich über eintönige sexuelle Beziehungen zu ihrem Mann beklagt, und wenn die Wassermann-Frau eine Sexualtherapeutin ist, wird die Ménage à trois ganz oben auf der Liste ihrer Vorschläge rangieren.

Gruppenehe

Wie bei den Kommunen wird sie gut hineinpassen, besonders, wenn sie einen Teil ihrer sexuellen Hemmungen überwinden kann. Hier muß sie sich mit mehr als einem Mann auf einmal befassen, sowohl sexuell als auch in der Ehesituation, und in so etwas ist sie gut. Es kann eine gute Gelegenheit für sie sein, Intimität näher kennenzulernen und um die Dinge zu bitten, die sie braucht. Ihre Fähigkeit, die anderen Frauen im Leben ihres Mannes zu akzeptieren (Mutter, Schwester, Ex-Geliebte, Ex-Frau), ist auch von Vorteil für diesen Lebensstil.

Homosexueller/Bisexueller Lebensstil

Ihr Durst nach Freiheit, ihre Avantgarde-Einstellung und ihr wißbegieriger Verstand können sie in beide dieser Lebensstile treiben. Sie kann die Herausforderung einer homosexuellen Lebensweise und die Verwicklungen, die damit verbunden sind, akzeptieren. Sie ist ein ausgezeichnetes Rollenmodell, eine gute Fürsprecherin für die Rechte der Homosexuellen, da sie durch ihre höfliche, freundliche und kultivierte Art sehr akzeptabel ist. Zweifellos wird sie mit einer anderen Frau die gleichen Intimitätsprobleme haben wie mit Männern. Sie wird außerdem versuchen, der aggressive Partner in einer Frau/Frau-Beziehung zu sein, wobei sie nicht dazulernt, wie man um jene Zuneigung bittet, die sie sich selbst vorenthält. Bisexualität fasziniert sie, weil das futuristisch, neues Zeitalter ist. Sie entdeckt sehr schnell in jedermann Männlichkeit und Weiblichkeit, und das gibt ihr Gelegenheit, die sexuelle Dualität zu üben, die, wie sie weiß, existiert. Sie wird einen Großteil ihres Lebens mit Leuten verbringen, die in alternative Lebensstile wie Homosexualität und Bisexualität verwickelt sind. Ihr scheint das eine gültige Lebensweise, und sie verteidigt das Recht der Menschen, so zu leben, wann immer sie Gelegenheit dazu finden.

Androgynie

Je mehr die Wassermann-Frau sich dem neuen Zeitalter nähert, desto mehr wird sie ein androgyner Prototyp für ihre Schwestern. Sie ist eine der ersten, die die männlichen und weiblichen Energien ins Gleichgewicht bringen kann. Sie hat erkannt, daß beide existieren, und es befriedigt ihre Bedürfnisse, sie in angemessene Beziehung zueinander zu bringen. So macht sie sich die neue Einstellung mit großem Vergnügen zu eigen. (Siehe ausführlichere Darstellung in »Die kosmische Frau«.)

Zusammenfassung

Wenn die Wassermann-Frau sich *alle* ihre Bedürfnisse bewußt macht und lernt, daß einige nur befriedigt werden können, wenn ein anderer Mensch ihr das abnimmt, wird sie sich wahrhaft entwickeln. Durch ihre auf die Zukunft gerichteten Pläne, ihren erfinderischen und phantasievollen Geist, ihr Interesse für die Menschen und ihr Selbstvertrauen wird sie zur geborenen Führerin. Sie hat die Macht (und nutzt sie oft aus), die Menschen sehr glücklich zu machen, weil sie ihnen genug Freiheit läßt, sich zu entwickeln und zu lernen. Ein klein wenig mehr Beachtung für den häuslichen Herd und die Dinge, die sie selber in Schwung halten, werden ihre Energien noch weiter anstacheln. Sie hat die einmalige Gelegenheit, sich selbst und ihre Nächsten auf die Zukunft vorzubereiten. Wenn sie einen Mann findet, der sie achtet, ihr das gibt, von dem sie weiß, daß sie es braucht, wird sie aufblühen. Ihr Streben nach Gleichheit und Ehrlichkeit, ihre Wißbegier und Freundlichkeit sind einige ihrer besten und bewundernswertesten Eigenschaften. Wärme und Vertrautheit würden dabei noch das ihre tun, das Erreichte zu vertiefen und zu erweitern.

Fische

19./20. Februar bis 20./21. März

Kennzeichen der Fische-Frau

1. GEHEIMNISVOLL
2. SCHÖN
3. ROMANTISCH
4. SUBTIL
5. AUSWEICHEND
6. PASSIV
7. VERÄNDERLICH
8. ANPASSUNGSFÄHIG
9. VERLIEBT IN DIE LIEBE
10. ERGEBEN
11. LEICHTGLÄUBIG
12. GESPALTENE INTERESSEN
13. LEICHT VERLETZLICH
14. SENTIMENTAL
15. INDIREKT
16. ABHÄNGIG
17. INTUITIV
18. ÜBERSINNLICH
19. STARKE GEISTIGE KRAFT
20. BEHERRSCHT VOM UNBEWUSSTEN
21. EMPFÄNGLICH
22. DEPRESSIV
23. SICH ABKAPSELND
24. INTROVERTIERT
25. UNKONZENTRIERT
26. WIRKLICHKEITSFREMD
27. KÜNSTLERISCH
28. GRÜBELT, WENIG ENERGIE
29. NEIGT ZU SCHULDGEFÜHLEN
30. AUFOPFERUNGSFÄHIG
31. WENIG SELBSTACHTUNG
32. ZÖGERND
33. MITFÜHLEND, HUMAN
34. UMSORGT
35. MESSIANISCH

Die Persönlichkeit der Fische-Frau

Allgemeines

Die Fische-Frau ist voller Zauber und voller Unruhe. Ihre Welt ist reich an Gefühlsstürmen, ihren Spuren folgt ein allgegenwärtiger Freund oder Verehrer, der sich ihrer Stärke, Spannkraft und Selbstgenügsamkeit glücklicherweise nicht bewußt ist. Vor ihr liegt ein Pfad, mit beinahe unüberwindlichen Hindernissen und unergründlichen Erfahrungen bespickt, um sie herum eine feindliche Welt, die ihr nichtsdestotrotz vorübergehend Schutz gewährt und unerwartete Hilfe in seltener Form anbietet. Am Ende der Reise wartet ein Traumland, das nur für die sichtbar ist, die die smaragdgrüne Brille tragen, mit der jede Fische-Frau von Natur ausgestattet ist.

Fische ist das zwölfte Zeichen im Tierkreis, veränderlich, Element Wasser. Es wird von Neptun beherrscht und ist eins der drei Wasserzeichen des Tierkreises. Als letztes der zwölf Zeichen ist es eine Mischung aller Eigenschaften der elf anderen. Empfänglich, ultrafeminin und intuitiv, ist die Fische-Frau von magnetischer Schönheit, verfügt über starke übersinnliche und geistige Kräfte, die oft hinter ihren Abwehrmaßnahmen verborgen sind.

Eine Frau des Fische-*Typs* hat die Sonne oder andere wichtige Planeten in den Fischen, einen Fische-Aszendenten oder einen stark aspektierten Neptun. Fische-Typen können auch Frauen sein, die gerade eine Fische-*Phase* durchmachen. Die Kennzeichen zu Beginn dieses Kapitels beschreiben den Fische-Typ. Die Fische-Phase hat die folgenden Merkmale:

1. Konfuse, veränderliche Gefühle.
2. Die Neigung, sich in Selbstversunkenheit oder romantische Träume zurückzuziehen, dem Alkohol oder Drogen zu verfallen.
3. Wiederholt Wahl enttäuschender oder verletzender Liebhaber.
4. Ein überwältigendes Gefühl der Verpflichtung oder Selbstaufopferung.
5. Eine neue Art geistigen Verständnisses oder das Erwachen des Glaubens.
6. Erkenntnis der Freude am selbstlosen Dienen.

Schlüsselworte für die Fische sind *Leiden* und *Dienen*. Neptun und das zwölfte Haus beherrschen das Unbewußte, und die Fische-Frau wird solange im Streit mit sich selbst liegen, bis sie sich den Aufgaben, die das Leben ihr bietet, stellt und sie annimmt. Sie wird sich abwechselnd mit Schuldgefühlen herumschlagen und sich hemmungslos gehen lassen, bis sie lernt, was Geben wirklich bedeutet. Sie hat die Neigung, sich bei den Antworten auf andere zu verlassen, und die sie immer im Stich lassen werden.

Das Zeichen Fische wird durch zwei Fische symbolisiert, die in entgegengesetzter Richtung schwimmen. Die Fische-Frau hat die einmalige Aufgabe, den positiven Weg zu wählen und dabei zu bleiben. Im Idealfall ist es ihr Schicksal, anderen den Blick für magische Welten zu öffnen. Da es häufig Sache der Fische ist, sich treiben zu lassen und den einfacheren Weg zu wählen, brauchen die Fische-Frauen Unterstützung und Anleitung, um ihre so ungeheuer fruchtbare Phantasie und Sensibilität produktiv einzusetzen. *Sie müssen lernen, erwachsen zu werden, ohne abhängig zu sein.*

GEHEIMNISVOLL, SCHÖN, ROMANTISCH

Die Fische-Frauen sind schön und haben klare, seelenvolle Augen, in denen Lichter tanzen. Man kann ein Leben lang in ihre Augen schauen und niemals das Geheimnis ihrer Tiefe ergründen. Ihr Zauber ist fesselnd, man kann nicht anders, man wird davon angezogen.

Ihre Welt steht im Gegensatz zu unserer. Sie sieht mehr und leidet mehr. Sie ist die göttliche Unzufriedene des Tierkreises. Ihre Träume sind anders, nicht im Einklang mit der kühlen Rationalität, die in unserer Kultur vorherrscht.

Man kann unmöglich abschätzen, was wirklich im Kopf der Fische-Frau vor sich geht. Sie hat eine Maske für jede Rolle und Gelegenheit, und so will sie es auch. Sie stellt sich schneller auf Schwingungen ein als eine Zigeunerin, aber sie verbirgt ihre Einsichten. Sie ist so weise – und so unergründlich – wie das Orakel zu Delphi. Die Fische-Frau hat mehr unerfüllte Träume, als die Jungfrau von Orleans Visionen hatte. Doch viele ihrer Träume verlaufen im Sand, werden nie Realität, da sie niemals das Tageslicht erblicken.

SUBTIL, AUSWEICHEND, PASSIV

In Beziehungen, in der Liebe und in der Arbeit ist die Fische-Frau elastisch, faszinierend und voller Überraschungen. Sie ist zäher als es scheint. Mit jedem ist sie anders. Wenn jemand ihr zu nahe kommt, gleitet sie einfach davon.

Sie folgt eher, als daß sie führt. Sie untersucht Kulte und Religionen, die gerade in Mode sind, und hofft, dort den Partner oder die Ideologie zu finden, die ihren Bedürfnissen gerecht werden. Sie hat mehr Seiten, als Shakespeare im Repertoire gehabt haben könnte – leichtgläubig und wissend, naiv und weltklug, abhängig und doch stark abgesondert.

VERÄNDERLICH, ANPASSUNGSFÄHIG, GESPALTENE INTERESSEN

Die Fische-Frau ist im Zeitalter der Relativität ein neuzeitlicher Mensch. Sie ist ein Symbol für Einsteins Ansicht, daß wir in unserem Umgang mit der Realität verbale Formen für das Wesentliche halten. Sie ist ein bewegtes Kaleidoskop, niemals eine ruhige Photographie.

Elizabeth Taylor hat die Sonne in den Fischen. In Begriffen der neuzeitlichen Astrologie ausgedrückt, schwankt sie zwischen dem Skorpion- und Widder-Typ, oft ist sie in einer Waage- oder Fische-Phase. Sie repräsentiert die außerordentliche Schönheit der Fische-Frau, die Fische-Neigung, unpassende Partner zu wählen und die Fähigkeit der Fische, mit ihrem Leben und ihrer wandelbaren Identität zu jonglieren. Ihr Talent, Illusionen (Schauspielerei) zu schaffen, ihr zu Krisen neigender Charakter, ihr Schneid und ihre Gabe, zu überleben, weisen alle auf den Fische-Typ hin.

VERLIEBT IN DIE LIEBE, ERGEBEN, LEICHTGLÄUBIG, LEICHT VERLETZLICH

Die Fische-Frau muß sich gebraucht wissen. Sie ist auf ihre Art in die Liebe verliebt. Sie kann plötzlich in Enthusiamus geraten; in musikalischen Bildern gesprochen ist sie keine leidenschaftliche Trommlerin, sondern eine zarte Harfinistin, die aus der Ferne anhimmeln mag.

Sie liebt auf jede Art: geistig, religiös, platonisch, sexuell. Am glücklichsten ist sie, wenn sie alle ihre Gefühle verströmen kann. Sie ist in der Tat eine anspruchsvolle Perfektionistin und in ihren Bindungen gespalten. Ich kenne eine Fische-Dame, die einen Vaterfigur-Liebhaber hatte, einen zweiten, der ihre sinnlichen Tiefen erforschte und einen dritten, zu dem sie eine gespannte, geladene, gefühlsmäßige Beziehung hatte. Sie jonglierte mit diesen dreien über ein Jahr und spielte einen gegen den anderen aus. Keiner war ihr Ideal, aber für eine gewisse Zeit konnte sie ihre verschiedenen Bedürfnisse unabhängig voneinander befriedigen. Schließlich zog sie sich in einem dramatischen Auftritt ganz zurück, in der tiefen Überzeugung, von jedem Liebhaber verraten worden zu sein. Die Fische-Frau scheint versessen darauf, Partner und Gefährten zu wählen, die sie enttäuschen – was nicht überraschend ist, denn sie ist in der Liebe eine verträumte Idealistin. Oft projiziert sie das Bild des perfekten Seelengefährten auf ihren Liebhaber und ist dann sehr verärgert und frustriert, wenn er ihren Erwartungen nicht entspricht.

SENTIMENTAL, INDIREKT, ABHÄNGIG

Die Fische-Frau ist eine Träumerin, deren sensible Art sie ungeeignet zu direktem Handeln und zu direkter Rede macht. Sie muß beides lernen, wenn sie sich entwickelt. Sie muß auch lernen, *um das zu bitten, was sie braucht*.

In einer intimen Beziehung muß die Fische-Frau jede Anstrengung unternehmen, ihr unabhängiges Selbst zu bewahren. Sonst wird sie statt einer gleichberechtigten Verbindung zwischen zwei Erwachsenen eine symbiotische Beziehung eingehen, die der Eltern-Kind-Bindung gleichkommt.

INTUITIV, ÜBERSINNLICH, STARKE GEISTIGE KRAFT, VOM UNBEWUSSTEN BEHERRSCHT

Die höher entwickelte Fische-Frau glaubt an Mystizismus und Reinkarnation. Sie erwartet, daß sie weltliche Ungelegenheiten überleben und in inspiriertere Dimensionen aufsteigen wird. Sie ist widersprüchlich insofern, als sie Schmerz und Tragik als Teil des Lebens akzeptiert, aber Schuldgefühle hat, wenn sie andere Menschen leiden sieht. Sie hat einen ausgeprägten Erlöserkomplex und kämpft ständig für die Unterprivilegierten.

Ihr eigenes Leid und ihre Bedürftigkeit kann sie als natürliche Lebenserfahrung rationalisieren, aber sie ist oft deprimiert. Sie glaubt an ein Leben nach dem Tode und an kosmische Mächte, würde aber gern eine Bestätigung dafür erhalten. Sie hat Erkenntnisse, vertraut ihnen aber selten. Sie lebt in Dimensionen, in die andere nie eindringen werden und bewahrt alles so sehr als Geheimnis, daß es kein Wunder ist, wenn in Fische-Haushalten die Verständigung manchmal Lücken zeigt.

Sie blüht nicht auf durch Herausforderung und Veränderungen, und doch wird sie von ständig wechselnden Unterströmungen beherrscht. Introvertiert, stark intuitiv, einem Leben voller Leiden und Schönheit verpflichtet, verliebt in den Schmerz, muß die Fische-Frau lernen, Brücken zur Außenwelt zu bauen. Um aber diese Brücken zu bauen, muß sie ihre reiche Intuition und Phantasie akzeptieren und artikulieren. Depression ist ihr größter Feind, die, wie jeder Laienberater weiß, von jenem Ärger verursacht wird, der sich gegen einen selbst richtet.

EMPFÄNGLICH, DEPRESSIV, ISOLATIONISTIN

Bei der Fische-Frau sind Ärger und Depression das Ergebnis von Frustration und dem Gefühl des Unvermögens, von unterdrücktem Ehrgeiz und erstickten Wünschen, von ungeborenen Träumen. Die Fische-Frau ist übermäßig in ihre Gefühle verstrickt. Belastet mit übertriebener Angst, reagiert sie auch noch mit Schuldgefühlen und großen Ärger auf die negativen Gefühle anderer und hat Schwierigkeiten, sie wieder loszuwerden. Sie versucht auszuweichen, aber das ist nicht die Lösung. Sie muß mehr aus sich herausgehen, mit anderen in Kontakt kommen. Sie braucht Vertraute, die an ihre Träume glauben, die ihr helfen, sich zu äußern und die als Katalysator für ihre schöpferische Energie dienen.

Sie muß die Dinge mehr mit Humor betrachten. Sie braucht Anker, die sie an »normale« Routine binden, sie aber nicht so schwer herabziehen, daß sie den Versuch aufgibt, ihre Träume zu verwirklichen.

Sie sollte auch mehr Leute ins Vertrauen ziehen, über ihre starken Bedürfnisse und Gefühle sprechen. Sie kann ihrem Liebhaber und ihren Freunden gegenüber offen zugeben, wie schwer es ihr fällt, zu vertrauen. Sie wird viele finden, die ihre Gefühle teilen.

INTROVERTIERT, UNKONZENTRIERT, WIRKLICHKEITSFREMD, KÜNSTLERISCH

Fische ist das astrologische Zeichen, das sich mit verborgenen Gefühlen, negativen Emotionen, Selbstverwundung und allen Einengungen befaßt. Die Fische haben es mit *Einschränkungen* zu tun. Wer die astrologischen Standardwerke liest, weiß, daß das Zeichen oder der Typ Fische besonders anfällig für die Flucht aus der Wirklichkeit ist. Alkohol und Drogen sind die üblichen Wege.

Eine Fische-Frau mit niedrigem Bewußtseinsstand läßt sich nicht gern prüfen und weicht häufig Situationen aus, in denen Fehler meßbar sind. Erfolg vermeidet sie genauso und verbringt ihr Leben mit Tagträumereien, gibt sich stets nach und geht völlig in sich selbst auf.

Sie sagt wenig zu anderen, denn sie will sich schützen. Sie hat gelernt, daß man dafür bezahlen muß, wenn man ein scheuer, sensibler Mensch ist, eine Dichterin, eine Künstlerin. Wenn aber nicht gerade jeder sie schätzt, viele können es lernen. . . wenn sie es zuläßt.

Die Flucht aus der Wirklichkeit kann sie vermeiden, wenn sie die Hilfe von Freunden und eine tägliche Routine findet. Ihre Sorge für sich selbst kann sie durchaus in Einklang mit ihrer Bindung an

Gruppen, Beziehungen und Aufgaben bringen, indem sie einfach das tut, was »dem Gefühl nach richtig« ist. Die Fische-Frau kann es sich erlauben, ihren Ahnungen zu folgen.

Die Fische-Frau auf dem Weg nach oben, kann ihre Apathie überwinden, wenn sie sich Aufgaben stellt. Sie kann ihre Situation klären, indem sie sich realistische Kurz- und Langzeitziele setzt. Dann muß sie hartnäckig bleiben. Sie kann zwischen Selbstverwirklichung und Selbstverleugnung wählen. Ob sie nun aber auf dem Weg nach oben ist oder ausrutscht, ihr Leben liegt in regenbogenfarbenem Nebel. Judy Garland war ein Fische-Typ. Ihr Leben ist ein gutes Beispiel für die Kompliziertheit und Polarität der Fische-Frau. Wir finden bei ihr Leistungen und Demütigungen, Selbstaufopferung und Selbstverzärtelung. Sie war genauso süchtig nach gescheiterten Beziehungen wie nach Drogen. Ihre Probleme entstanden aus jämmerlich geringer Selbstachtung.

Wie es sich für die Fische-Frau gehört, litt Judy Garland darunter, sich mißverstanden zu fühlen. Ihre Bewunderer waren immer bereit, ihr zu helfen und sie zu verteidigen. Sie wurde von vielen geliebt, aber sie fühlte sich wie eine Fremde in einem fremden Land – schwer faßbar, mißtrauisch, begierig zu lieben und geliebt zu werden, Schmerz und Sorgen immer nahe. Doch sie war fähig, ihren Schmerz in Kunst zu verwandeln. Sie war ein Profi, ein prachtvolles, bezauberndes, charismatisches Wesen, das Millionen den Alltag verschönte.

GRÜBELT, WENIG ENERGIE

Körperlich nie sehr kräftig, muß die Fische-Frau sehr auf ihre negativen Gefühle achten, die sich auf ihren Körper auswirken. Sie sollte versuchen, ein besseres Filtersystem, einen besseren Entlastungsmechanismus zu entwickeln und sich häufiger Ruhepausen von ihren Sorgen zu gönnen.

Die ganzheitliche Gesundheits-Bewegung ist der Ansicht, daß Gesundheit eine ausgeglichene Beziehung zwischen Seele, Körper und Geist ist. Das trifft auf jeden zu. Die Fische-Frau aber ist ihrer außerordentlichen Sensibilität wegen besonders betroffen, wenn eines der drei krank ist. Persönlich und beruflich kann es ihr nur nützen, wenn sie sich mit der ganzheitlichen Richtung auseinandersetzt. Die Bewegung beruft sich auf die alte Weisheit, daß Körper und Geist voneinander abhängen und daß körperliche Gesundheit der Ausdruck seelischer Gesundheit ist.

In der Praxis heißt das, sie sollte sich eine sonnige, heitere Umgebung schaffen. Farben, Materialien, Musik, Blumen – die ganze Ausstattung sollte so sein, daß ihre Selbstachtung und ihre Energie erhöht werden.

NEIGT ZU SCHULDGEFÜHLEN, AUFOPFERUNGSFÄHIG

»Lebenslust« heißt die Richtung, in welche die Fische-Frau ihre Energien lenken sollte. Die Fische haben vieler Dinge wegen Schuldgefühle, vor allem aber wegen »selbstsüchtiger« Vergnügungen. Die Fische-Frau versagt sich oft gerade die Dinge, die sie, wie sie weiß, glücklich machen würden.

Sie muß vor allem lernen, sich selbst zu lieben, nicht immer die Forderungen der anderen über ihre eigenen zu stellen, mehr für sich selbst zu sorgen. Sie hat die Ermahnungen der Gesellschaft nur zu gut in sich aufgenommen, daß Geben immer seliger als Nehmen ist. Wenn man ihr vorschlägt, selbstsüchtiger, bestimmter und selbstvertrauender zu sein, so grenzt das für sie beinahe an Ketzerei. Immerhin, *sie hat die Wahl* !

Die Fische-Frau läßt sich in vielen beruflichen und persönlichen Situationen ausnutzen. Sie muß sich durch mehr Abstand schützen. Dazu braucht sie ein paar Eigenschaften des ihr gegenüberliegenden Zeichens Jungfrau. Der gegenüberliegende astrologische Typ beschreibt die Eigenschaften, die man erringen muß, um ein ganzer Mensch zu werden. Diese latenten Tendenzen müssen aus dem Unbewußten ans Tageslicht gebracht werden und sich entfalten können. Die Fische-Frau braucht die Jungfrau-Eigenschaften geistigen Abstands, klarer Zielsetzung und vernünftiger Urteilskraft. Sie muß sich mit Aufgaben befassen, die ihr mehr Selbstvertrauen geben.

Das Optimum wäre eine Art reservierter Beteiligung – eine Verbindung von Einfühlungsvermögen und Verpflichtung für andere, jedoch im Bewußtsein der eigenen Bedürfnisse. Wir leben in verschiedenen Bereichen und sollten niemals vergessen, unsere eigenen Gärten zu bebauen.

GERINGE SELBSTACHTUNG, ZÖGERND

Die ungesündeste Neigung der Fische-Frau ist ihr Mißtrauen sich selbst gegenüber und ihre Flucht in Apathie und Verwirrung. Wie jeder andere steht sie einer wichtigen Frage gegenüber – wie man Selbstachtung gewinnt. Die Fische-Frau muß besonders darauf achten, ihre positiven Seiten zu stärken und zu erkennen, was ihrem Leben Bedeutung gibt.

Sie sollte daran denken, daß sie ein wertvolles, erwünschtes menschliches Wesen ist, und zwar so, wie sie ist. Obwohl wir alle schlanker und größer, hübscher oder rüstiger sein wollen, vergessen wir, daß wir, wie gebrandmarkt wir uns auch immer vorkommen mögen, doch einmalig und liebenswert sind.

Hinter dem beherrschten Auftreten der Fische-Frau verbergen sich leidenschaftliche Versuche, eine tiefe Angst vor Zurückweisung zu verbergen. Manchmal scheint sie unterwürfig und unentschieden, während sie zu anderen Zeiten wiederum stark und kampfbereit ist. Sie muß lernen, sich zu Wort zu melden und zu sagen, was sie denkt und fühlt. Sie kann lernen, ihre übersensible Art zu akzeptieren und ihre ausgezeichneten Einsichten mit anderen zu teilen. Sie wird Verständnis und Respekt finden und mehr Selbstachtung gewinnen.

Die Fische-Frau kann sich selbst mehr lieben, wenn sie sich mit Gleichgesinnten zusammentut. In einer Gruppe könnte sie schöpferischer, verantwortungsbewußter und von sich selbst abgelenkt werden. Sie würde auch positive Reaktionen auf ihre eigenen einmaligen Beiträge erhalten. Die Fische sind Zauderer. Sie müssen sich Menschen auswählen, die sie zur Tat antreiben, die sie dabei aber mit Einfühlungsvermögen behandeln. Sie müssen lernen, diese Typen zu erkennen, damit sie ihre Ziele erreichen.

Der gesündeste Trieb der Fische-Frau ist der, zu hegen und zu pflegen. Sie tut das instinktiv. Sie schickt einem Geburtstagskarten, lange nachdem man vierzig wurde, sie kommt vorbei, wenn man krank ist, obwohl man ihr nichts gesagt hat (sie hat gespürt, daß etwas nicht in Ordnung war und hat nachgesehen!).

Sie bemuttert ihre Kinder übermäßig, unterstützt ihren Mann (ob nun den ersten, zweiten oder dritten) aus ganzem Herzen und vergißt einen bedürftigen Nachbarn oder Freund niemals. Die Fische-Frau ist ernährungsbewußt, sie ist körperlich nicht wirklich robust, aber sie arbeitet daran und möchte auch gesunde Kinder aufziehen. Jede Fische-Mutter weiß, daß es nicht das Pflaster ist, das den Schmerz im zerschundenen Knie ihres Kindes heilt. Die Heilung wird durch ihre Pflege angeregt. Sie ist eine ausgezeichnete Hausfrau, die nicht die kleinste Einzelheit der Kinderbetreuung oder Haushaltsführung vernachlässigt. Sie kann sich jedoch in Details und ihrem Bedürfnis nach Perfektion verlieren. Sie wird ihren Phantasien nachgeben und so weit hinausfliegen, wie die Astronauten im Jahre 2001.

Die Beziehungen der Fische-Frau

Als junge Menschen hoffen wir alle, daß unsere Träume wahr werden, daß wir den idealen Partner finden. Wir erwarten, daß wir eine starke Beziehung und ein glückliches Leben mit nur einem Menschen haben werden. Wir glauben, daß unsere Beziehungen uns vor den komplizierten Forderungen unseres Selbst und der Außenwelt schützen. Obwohl das nur Phantasiegebilde sind, ist die Fische-Frau recht erfolgreich darin, ihre Nächsten gegen den Streß abzuschirmen. Sie schützt sie und hilft ihnen, ihre Träume zu verwirklichen.

Sie ist eine wunderbare Geliebte, solange sie sich geliebt und beschützt fühlt. Probleme entstehen dann, wenn sie selbst sich nicht genug liebt. Sie wird vielleicht nicht gleich Männer finden, die für sie sorgen. Die Situation kann sich ändern, aber das benötigt für sie Selbsterkenntnis, Selbstachtung und sehr viel Zeit.

Die Fische-Frau, die ihre Neigung zum Grübeln und zum Sich-An-klammern überwindet und nicht immer alles auf eine Karte setzt, hat ausgezeichnete Liebesmöglichkeiten. Sie versteht, die Menschen sich selbst nahezubringen. Man hat sie gern und liebt sie weit und breit.

Sie macht auch gerne jemandem eine Freude. Sie würde übers Wasser gehen, wenn ihr Partner sie darum bäte, und sie scheint auf den Schwingen der Liebe dahinzugleiten.

Die Fische-Frau braucht viel Liebe und Schutz, bekommt sie jedoch selten. Ständig ist sie bemüht, den anderen eine entspannte Atmosphäre zu verschaffen, aber sie selbst verzehrt sich bei diesen Anstrengungen, wird nicht bereichert dadurch. *Sie hat nicht gelernt zu empfangen*.

Die Fische-Frau ist eine rätselhafte Mischung aus Unabhängigkeit und Fähigkeiten, die sich hinter starker Verwundbarkeit verbergen. Sie ist eine Frau mit komplizierten Bedürfnissen, die durch ihre Launenhaftigkeit und die Angst vor Zurückweisung noch vergrößert werden.

Widersprüchlichkeit ist ein Hauptmerkmal ihrer Persönlichkeit, und Widersprüchlichkeit charakterisiert auch die Art ihrer Beziehungen.

Sie gewinnt Freunde und Liebhaber, indem sie sich von ihnen verfolgen und erobern läßt. Sie sehnt sich danach, erobert und als Eigentum betrachtet zu werden, und doch läßt ihr Geist das nicht zu. Sie braucht Freunde, die sie antreiben und doch beschützen. Es ist unmöglich vorherzusagen, wie sie sich verhalten wird, oder sie zu verstehen.

Muse, Mutter, Hure und Madonna sind weibliche Archetypen, die von Männern ersonnen wurden. Sie ist jede davon und jede zu ihrer Zeit, und manchmal ist sie alles zugleich. Sie ist verführerisch und weiß, wie sie den Mann bekommt, den sie haben will. Die Fische-Frau in den Dreißigern und Vierzigern ist jedoch sehr anfällig für Krisen. In dieser Zeit erkennt sie, daß sie die Rollen, die ihre Mutter und unsere Kultur ihr auferlegt haben, erfüllt hat, daß sie die Phantasien ihres Mannes verwirklichte, daß sie aber *ihre eigenen* Bedürfnisse, Phantasien und Lieblingsrollen kaum kennt.

Kindheit

Die Fische-Frau hat häufig eine dominierende Mutter, die sich versteckt oder offen jedes Vergnügens in ihren Beziehungen versagte. Die Tochter nimmt das alles auf und hat ebenfalls Schuldgefühle. Sie ist eng an matriarchalische Wertmaßstäbe gebunden. Sie ist intuitiv und empfänglich für Schwingungen und unterbewußte Botschaften.

Eines der stärksten Tabus, mit denen sie sich auseinandersetzen und von denen sie sich befreien muß, ist ihre Angst vor Männern. Es braucht seine Zeit, bis sie diese Angst erkennt. Es fällt ihr nicht leicht, sich von Verwirrung und Schuldgefühlen freizumachen, zu entscheiden, was für Beziehungen sie sich wünscht, und dann ihre Bedürfnisse klar zu erkennen.

Die Fische-Frau ist Jedermann, denn sie macht ständig andere Phasen durch. Auch ihre Bedürfnisse ändern sich entsprechend. In ihrer Kindheit hält sie ihre Mutter für rein und perfekt. Später im Leben hat sie enorme Schwierigkeiten mit erotischen Phantasien und Impulsen, denn hier kommt es zu Konflikten mit der idealisierten Vorstellung, die sie von ihrer Mutter hat. Die Mutter scheint unberührbar, daher ist es schwierig für die Tochter, an echter sexueller Intimität teilzuhaben.

Erwachsene Liebesbeziehungen sind, zumindest zu Beginn, eine Wiederholung des alten Musters Abhängigkeit-Ärger-Zurückweisung, das das Kind mit der Mutter erlebte. Das symbiotische Band zur Mutter (oder zum Mutter-Ersatz) ist daher die Basis aller anderen intimen Beziehungen. Wie dieses Band zerrissen wird, ist daher Maßstab für die psycho-emotionale Reife.

Wenn sie erwachsen wird, hat die Fische-Frau wenig oder keine Selbstbewußtheit und kein Selbstvertrauen. Sie ist ihrer selbst nicht sicher, wankelmütig. Das, was sie selbst glaubte tun zu müssen, entpuppt sich im allgemeinen als der Wunsch ihrer Mutter.

Frühe Erwachsenenjahre

In ihren ersten erotischen Beziehungen ist die Fische-Frau passiv und abhängig. Ihre Unterordnung unter den Mann ist eine Taktik, die sie, wie sie glaubt, anwenden muß, um ihn zu gewinnen und zu halten. Ihr erotisch-emotionales Selbst geht schnell in ihren sexuellen Beziehungen auf, ein sicherer Weg zu Abhängigkeit und Schwierigkeiten.

Die Fische-Frau neigt zu früher Ehe und heiratet oft mehrmals. Sie braucht sehr viel emotionale Zuwendung, da sie aber selten darum bittet, erhält sie sie auch selten. Statt sich mit diesem Problem auseinanderzusetzen, summt sie wie ein Biene von einer Honigquelle zur anderen. Sie ist eine gute Kandidatin für Serien-Monogramme à la Liz Taylor. Sie ist eine ideale Gefährtin, solange ein Mann sie beschützt – und solange sie glaubt, er sei ihre beste, ertragsreichste Honigquelle.

Die junge Fische-Frau gleicht dem schlafenden Schneewittchen. Der Zwiespalt zwischen neu erwachten Wünschen und das Bedürfnis, sich zu ändern, zwingt sie, die Augen zu öffnen. Diese Unruhe resultiert aus ihrer Unwissenheit und Unterdrückung. Die Fische-Frau geht ins Leben hinaus und unterdrückt ihre männliche Seite: das Bedürfnis nach Unabhängigkeit, Selbstgenügsamkeit, Ehrgeiz, Leistung und Anerkennung. Sie übersieht, daß jeder solche Bedürfnisse hat, auch sie selbst. Erst allmählich macht sie sich ihre bis dahin unannehmbare männliche Seite bewußt. Schließlich muß sie sich auch mit ihren verborgenen Ängsten vor den Männern im allgemeinen oder den Feindseligkeiten gegen sie auseinandersetzen. Die Fische-Frau möchte nicht mit ihrem Mann wetteifern. Sie sucht männlichen Beifall und männlichen Schutz. In einer sexuellen Beziehung richtet sie sich in Anhänglichkeit und Flucht in den Rückzug ganz auf ihren Partner aus. In eifersuchtsschwangerer Atmosphäre betet sie ihren Mann an. Ein eventueller Bruch der Beziehung, wenn ihr Partner seine Liebe woanders sucht, kann zu Ärger führen. Ein Kind, das sich von der übermächtigen Mutter, der einzigen Quelle der Zuneigung, lösen will, hat es genauso schwer wie der Partner der Fische-Frau, sollte sein Auge umherschweifen.

Die Fische-Frau verabscheut aggressive Karriere-Frauen, die auffällige Kleidung und Statussymbole dazu benutzen, Aufmerksamkeit zu erringen. Sie trägt statt Hosenanzüge fließende Röcke, derbe Ausdrücke sind ihr fremd.

Das erste Stadium einer intensiven Beziehung mit einer Fische-Frau kann zwei Monate oder zwei Jahre dauern. Immer aber muß ihr Mann praktisch Gedankenleser, Langstreckenläufer, Künstler und Zauberer sein, um mit der Unvorhersehbarkeit der Fische-Frau Schritt halten zu können.

Die mittleren Jahre – emotionale Reife

Fische ist ein Wasserzeichen, was Intuition, Empfänglichkeit, starke Gefühle, Phantasie und Sensibilität anzeigt.

Die Fische-Frau macht viele Stadien in ihren wichtigen Beziehungen durch. Wenn es eine sexuelle Beziehung ist, werden die einzelnen Phasen intensiver gefühlt, andernfalls können sich, wie in der Beziehung zu ihren Kindern und Freunden, die Phasen der Fische-Frau unmerklicher ausdrücken. Mit fortschreitender Reife, dann, wenn sie neue Freunde findet oder wieder heiratet, kann sie die ersten drei Phasen überspringen:

1. Vollkommene Hingabe an das Objekt der Zuneigung.
2. Wachsende Abhängigkeit verbunden mit der Angst, unwürdig zu sein, verlassen zu werden.
3. Besitzergreifende Anhänglichkeit an den Partner.
4. Selbstbewußtheit bringt die Erkenntnis, daß Liebe und Intimität starkes Selbstvertrauen erfordern; man will sich auf neue Art mehr auf den anderen einstellen.
5. Versuche, sich zu ändern und zur Tat zu schreiten, bringen Unruhe und später Veränderungen.
6. Irgendein Entschluß wird gefaßt: Ein Waffenstillstand, eine Beendigung, Neuformung der bestehenden Beziehung. Die Fische-Frau sucht nach Beziehungen, in denen sie hoffen und lieben kann. Sie verliebt sich in Menschen, die sie froh und liebevoll stimmen.

Was sie lernen muß

Die Fische-Frau muß besonders zwischen Bindung und Anhänglichkeit unterscheiden.

Der Partner, der Freund oder die Freundin der Fische-Frau, die zu
sich selbst finden will, sollte sie in ihrer Suche und ihrer Entwicklung unterstützen. Er oder sie muß akzeptieren, daß die Fische-Frau
manchmal Ruhepausen braucht. Sie sollten darauf vertrauen, daß
ihre Suche zu mehr Selbstachtung führt und dies schließlich der Beziehung zugute kommt. Natürlich bedeutet es inneren Aufruhr,
wenn sich ein neues Selbst entwickelt. Warum aber sollten Partner
nicht auf die gegenseitigen Bedürfnisse reagieren, den Aufruhr
überstehen und daran wachsen?

Die Fische-Frau sollte aber, ganz gleich, wie schwankend ihre Beziehungen sind, wie viele sie als fehlgeschlagen betrachten muß,
bedenken, daß sie diese Erfahrungen brauchte, daß sie Herausforderungen und Wegweiser in ihrer Entwicklung sind.

Sie muß vor allem den Begriff der Androgynie verstehen. Männlich
und weiblich, Yin und Yang sind Energien, die sich im lebenden
Organismus ergänzen. Ihre scheinbare Dualität beruht auf einer
ganzheitlichen, natürlichen Einheit. Die beiden Fische, die ihr Zeichen symbolisieren, sind daher eigentlich vereint, obwohl sie in ge-
gensätzliche Richtungen zu schwimmen scheinen.

Bindung bedeutet: »Ich liebe und akzeptiere dich, wie du bist und
werde alles tun, was ich kann, dir zu helfen, dich selbst zu lieben
und zu akzeptieren.« Es bedeutet: »Ich werde alles tun, was ich
kann, um dein Wohlbefinden zu fördern.«

Abhängigkeit bedeutet: »Ich liebe dich, weil ich dich brauche, und ich
möchte daher, daß du für mich sorgst. Ich möchte, daß du mich auf
meine Art liebst.«

Die unreife Fische-Frau gerät leicht in Abhängigkeit. Weil sie diese
für Bindung hält, fühlt sie sich oft ungeliebt. Die gereifte Fische-
Frau kann ihre Nächsten bedingungslos lieben und fühlen, daß
diese sie lieben.

Weil die Fische-Frau so geschickt in wortloser Kommunikation ist,
spricht sie selten über psycho-emotionale Bedürfnisse. In dem Maß
aber, wie sie die Brücken zum ungesunden Teil ihrer Vergangenheit

abbricht, sollte sie auch Nachdruck auf verbale Kommunikation legen. Sie kann unruhige Zeiten vermeiden, wenn sie ihre Freunde und Liebhaber an ihrem Leben teilnehmen läßt und sie in ihren Wachstumsprozeß einschließt.

Ihre Beziehungen blühen und gedeihen, wenn sie Bestätigung, Zuneigung und Bewunderung enthalten.

Die Sexualität der Fische-Frau

Die Fische-Frau macht in ihrem Leben viele radikale Änderungen durch. Sie ist eine Frau mit vielen Ichs und vielfältigen Bedürfnissen und anfänglich mehr an gesellschaftlichen und moralischen Fragen interessiert, als an psycho-sexueller Entwicklung. Sexuell ist sie ein Spätzünder. Ihr Urteil in der Liebe ist vernebelt. Oft hält sie Phantasie für Liebe. Sie mißtraut den Männern, hat einen Märtyrerkomplex und ist wiederholt tief verletzt.

Wie ihr Zeichen, ist auch die Sexualität der Fische-Frau zweideutig. Unerfahren ist sie eine zarte Blume, deren Duft die anzieht, die nicht zu ihr passen. Ist sie erfahren, wird sie zur umsichtigen und vertrauensvollen Künstlerin in der Liebe.

Die gereifte Fische-Frau ist eine sensible, sinnenhafte, ungewöhnlich kreative Liebende, die ihren Körper beherrscht und ihren Partner genauso leicht erfreuen kann wie sich selbst. Sie kann sexuell liberal oder aber altmodisch und keusch sein. Sie spielt die Phantasien ihres Liebhabers aus und spiegelt seine Stimmungen wider. Sie glaubt an die totale Erfahrung der Liebe und an die Sexualität als beiderseitige Ekstase.

Besonders wichtig für die Fische-Frau ist es, daß sie sich einen Liebhaber oder Partner wählt, der ihr besseres Ich stützen und zutage bringen kann, denn wenn sie nicht aufpaßt, kann sie in sexuellen Verbindungen gedemütigt und erniedrigt werden. Sie hat starke masochistische Neigungen, und sie ist unsicher. Sie ist so sehr auf die Stimmungen und Bedürfnisse eines Mannes eingestimmt, daß sie sie oft für ihre eigenen hält. Sie gibt viel von ihrer Macht auf und für fast alles, was schiefgeht, sich selbst die Schuld.

Die Einheit von Liebe und Sexualität ist für sie zwingendes Bedürfnis. Ihre inneren Kämpfe verlaufen in einer Spirale: entweder aufwärts zu höchstem Glück in liebevoller Sexualität oder aber abwärts in die Tiefen des Sadomasochismus, der Ausnutzung, der Drogen und der totalen Selbstverleugnung.

Die erotische Natur der Fische-Frau ist veränderlich. Niemals ist sie kalkulierbar, eindimensional. Sie ist im Gegenteil immer im Fluß, ambivalent, reich an Möglichkeiten, oft am Scheideweg. Ihr sinnlicher Appetit ist stark, subtil, tendiert abwechselnd zur Selbstauslöschung und zu lustvollem Fordern.

Die Fische-Frau hat vergeistigte, außerkörperliche, ekstatische erotische Erfahrungen mit dem richtigen Mann zur richtigen Zeit. Sie erschließt sich, wenn sie das Gefühl hat, er sei ihr Seelengefährte. Die Fische-Frau ist eine der wenigen, die Spaß an platonischen Affären aus der Ferne haben.

Sie hat auch Vergnügen an aktiven erotischen Beziehungen aus der Ferne. Sie stellt ihren Liebhaber auf ein Podest und mag Intrigen, verschleierte und schwierige Situationen und gewundene, unüberschaubare Pfade.

Sie hat eine stärkere Neigung zur Bisexualität als die meisten. Es zieht sie zur weichen, empfänglichen Schönheit der Frauen hin und sie fühlt sich oft bei sanftem »weiblichem« Liebesspiel wesentlich behaglicher als bei harten männlichen Stößen. Androgyne, poetische Männer findet sie fast unwiderstehlich. Sie möchte sie bemuttern und tut das auch. Sie möchte ihre glatte, jugendliche, geschmeidige Schönheit fühlen und tut auch das. Ihr Sexualtrieb hat seine Gezeiten. Sie kann Wochen oder Monate unersättlich sein, üppig, reif für die zarte und harte Berührung. Dann hat sie Perioden, in denen sie apathisch ist, sich von allen sexuellen Aktivitäten zurückzieht und sich statt dessen neutralen Beschäftigungen hingibt. Ist sie deprimiert, hat sie keinerlei sexuelle Begierden, Selbstzweifel breiten sich aus. Ihre Persönlichkeit prägt ihre sexuelle Reaktion, sie ist zyklisch, in manchen Fällen durch eine komprimierte manische Phase gekennzeichnet, die dann mit depressiven Neigungen abwechselt.

Die Schlüsselworte zum Verständnis der Fische-Sexualität sind *Phantasie* und *Esoterik*. Die Fische-Frau stellt sich vor, wie Sex sein könnte und wagt es nicht, das Gold ihrer Tagträume vom Abfall ihres Lebens zu trennen. In ihren besten Zeiten gleichen ihre Phantasien der Realität. Sie hat esoterische Neigungen, Begabungen und Möglichkeiten. Im besten oder im schlechtesten Sinn, die Sexualität der Fische-Frau übersteigt alle Erklärungen. Sie funktioniert bei 110 und 220 Volt zugleich, hat ein zweifaches Tempo, einen Rhythmus, dem man sich nicht entziehen kann, der die Zeit und die eigenen Vorstellungen überlistet.

Frühe sexuelle Erfahrungen

Das Fische-Mädchen, unter Mamas wachsamen und oft unglücklichen Augen aufgewachsen, nimmt mehr sexuelle Schuldgefühle und Ängste in sich auf als üblich. Ihr Leben ist niemals leicht. Die Sexualität, ob nun mit oder ohne Liebe, als Vergnügen zu akzeptieren, wird ihr nie ganz liegen.

Sie ist meist ein braves Mädchen, das dem äußeren Anschein nach beiden Eltern gleich nahesteht. Nach meinen Beobachtungen wird sie jedoch häufig vom Vater hart angefaßt, nicht immer offenkundig, nicht immer physisch. In Verbindung mit der latenten Dominanz der Mutter ist das Ergebnis bei der Fische-Frau oft Gefühlsverwirrung und Angst vor Männern. Auch sexuelle Schuldgefühle (siehe »Beziehungen der Fische-Frau«) spielen eine große Rolle.

Das Fische-Mädchen bemüht sich sehr, alles richtig zu machen, obwohl sie oft faul ist. Nichts würde ihr mehr gefallen, als die Rolle der tragischen Prinzessin zu spielen. Statt dessen spielt sie das Opferlamm. Sie leidet aus Liebe und Pflicht, und wenn alle zum Picknick gegangen sind, weint sie sich aus. Tränen bringen ihr große Erleichterung, und sie nimmt oft Zuflucht zu ihnen.

Schauspielerin von der Wiege an, ist sie eine Baby-Zauberin, deren Talente oft so glänzend sind, daß man sie beneidet. Andererseits aber kann sie auch Sündenbock sein, Zielscheibe für die derben Späße ihrer Altersgenossen, das Mädchen, das geneckt wird, weil es zu nett und zu gut ist, um wahr zu sein. Sie ist wirklich nett und hat wirklich das Bedürfnis, Gutes zu tun und den Armen, Lahmen, Einsamen, Stummen und Blinden zu helfen. Ihr Leben lang fällt es ihr schwer, nein zu sagen. Ihre erste sexuelle Erfahrung wird sie wahrscheinlich deshalb machen, weil sie dem Drängen irgendeines sexbesessenen Teenagers nicht entgehen kann.

Sie kann darunter leiden, daß man sie nicht beachtet oder unter dem Ruf, eine leichte Beute zu sein.

Wahrscheinlich wird sie früh die Masturbation entdecken. Von Natur aus ein sinnlicher Mensch, liebt sie es, berührt zu werden, und selbst die rigoroseste puritanische Erziehung kann sie nicht davon überzeugen, daß allen, die über zwei Jahre alt sind, liebender Kontakt vorenthalten werden soll, und das besonders hinsichtlich geschlechtlicher Liebkosungen.

Ihre Wertmaßstäbe sind zu dieser Zeit stark von jüdisch-christlicher Tradition geprägt (vorausgesetzt, daß sie in dem entsprechenden Kulturkreis aufwächst) und lenken von ihrer eigentlich hedonistischen Natur ab. Irgendwann sehr früh wird ihr beigebracht, daß Sexualität nur der Zeugung dient, daß Sex zum Vergnügen Schuldgefühle mit sich bringt, daß der Körper, den sie so genießt, ihr Schamgefühle verursachen sollte. Sie wird schmerzlich viel lernen müssen, um ihre angeborene Verspieltheit, ihr freies Körpergefühl, ihre Sinnlichkeit wieder zu erlangen.

Die junge Fische-Frau glaubt, zum Leiden verurteilt zu sein – und so leidet sie. Sie wird verletzt, weil sie es erwartet. Sie wählt die falschen Männer, als ob sie die Wahrheit ihrer Überzeugung beweisen wolle. Von einem anderen Gesichtspunkt aus betrachtet wählt sie jedoch die richtigen Männer, diejenigen nämlich, die – weil sie ihre Vorzüge und Nachteile widerspiegeln – sie zwingen, sich mit sich selbst auseinanderzusetzen. Sie ist intuitiv genug zu wissen, daß sie die Eigenschaften anzieht, die sie bietet – und sie daher, will sie Männer von Niveau haben, erst selbst an sich arbeiten muß.

Zu Beginn ihres Sexuallebens informiert sie sich über die vorhandenen Möglichkeiten. Sie kann sich eifrig über pornographische Literatur hermachen. Sie geht durch einen Wirrwarr von Liebesaffären mit unterschiedlich starker sexueller Beteiligung. Ihre sich entwickelnde Sexualität führt sie an Orte, von denen sie nicht einmal wußte, daß sie außerhalb ihrer Phantasie existieren. Andere mögen sie für promiskuitiv halten, aber das ist nur ein Etikett, das man der umständlichen, berechtigten Suche der Fische-Frau nach einem Seelengefährten umhängt.

Liebe und Sexualität

Die Fische-Frau hat eine subtile, elektrisierende Intensität. Nur Kenner entdecken ihre unterschwellige, flüchtige, geheimnisvolle erotische Ausstrahlung. In dem Maße, wie man ihr vertraut, schafft sie Meisterwerke, sammelt Erfahrungen, folgt ihrer Intuition. Sie liebt viele Männer auf ihrem Weg zu einem harmonischen Leben. Die Fische-Frau lernt schnell. Sie gibt mit Freude und geht auf die Forderungen ihres Liebhabers ein. Je heftiger er ist, desto mehr gefällt er ihr. Sie braucht einen sexuell erfahrenen Liebhaber, der ihr hilft, sich von ihren Hemmungen zu befreien; die andere Möglichkeit ist ein Liebhaber, dessen Leidenschaft und Liebe die ihre entzünden. Sie liebt den Mann am meisten, der seine Bedürfnisse und Phantasien ohne Scheu äußert.

Ihre spröde Erscheinung läßt nichts von den Phantasien ahnen, in denen sie sich unablässig mit dominierenden Männern vergnügt. Während die Widder-Frau Phantasievorstellungen von Vergewaltigung als Anregung ablehnt, ist der Gedanke einer erzwungenen Verführung für die Fische-Frau von erotischem Reiz. Sie läßt sich gerne besitzen, strebt im geheimen aber danach, Herrin der Situation zu sein. Sie möchte den Märchenprinzen, der sie auf zarteste Art umwirbt, zugleich wünscht sie sich »Jack the Ripper«, der sie zwingt, sich zu erschließen und sich in gequälter, ekstatischer Kapitulation zu ergeben. Sie läßt sich von einem Mann beherrschen, ergreift jedoch Besitz von ihm, indem sie seine unentbehrliche Sklavin und Verbündete wird, ähnlich der gerissenen Scheherazade in »Tausendundeine Nacht«.

Sie ist gern bereit, die Phantasien ihrer Liebhaber zu befriedigen, sei es nur, um zu sehen, wie sie die Kontrolle verlieren. Sie gewinnt das Herz ihres Liebhabers, weil sie ihm das Gefühl vermittelt, etwas Besonderes zu sein, ihm die Überzeugung gibt, sie sei nur zu seinem Vergnügen auf der Welt. Sie treibt diese Liebesspiele, um Kränkungen zu vermeiden. Ihre erotische Entwicklung ist durchsetzt von der Angst, den in sie gesetzten Ansprüchen nicht zu genügen. Sie braucht den besonderen Mann, der das erkennt und das erschreckte kleine Mädchen in ihr sieht und liebt.

Verspielt, frei, sprudelnd, phantasievoll, forschend, reich an Stimmungen und Variationen liebt sie die Sexualität. Ein deprimierter Mann ist kein guter Liebhaber, für sie schon gar nicht. Ein manischer Typ wäre nicht sensibel und rücksichtsvoll genug. Der Mann, der aufgrund seiner eigenen Skrupel bestimmte sexuelle Verhaltensweisen als abweichend von der Norm ansieht, kann ihr nicht helfen, ihre eigenen Hemmungen zu überwinden. Wenn sie ehrlich ist, muß die Fische-Frau zugeben, daß nur äußerste Gewaltanwendung als sexueller Akt tabu für sie ist.

Sie hat Vergnügen daran, Masken im Bett zu tragen, mag Räucherstäbchen, Kerzenlicht und weiche Kissen. Sie liebt Vibratoren und Federn als zusätzliche Stimulanzien. Sie wird alles einmal versuchen, und, einmal erweckt, gefällt ihr fast alles. Ein guter Tip sind Wasserspiele.

Wenn die Fische-Frau liebt, läßt sie sich hinreißen. Dann erzählt sie ihrem Liebhaber, wieviel Spaß es ihr macht, hohe Absätze und einen Strumpfhaltergürtel im Bett zu tragen, oder daß die Peitsche im Schrank sie fasziniert. Seltsame Ausstaffierungen wirken als starkes Stimulans bei ihr. Aber erst, wenn sie sich in einer Beziehung sicher fühlt, wird sie innerlich so frei sein, sie auch zu genießen.

Zu ihren Phantasien gehört die Vorstellung, eine Hure zu sein. Gern würde sie mit dem Mann, den sie liebt, zu einem Kostümball gehen, so anstößig wie möglich gekleidet.

Sie hat es gern, wenn ihr Mann sie überrascht. Wenn er chinesisch mit ihr essen will, und das in einem Schaumbad, wird sie seine Sklavin für die Nacht sein, und sie wird ihn so leidenschaftlich lieben, wie er es sich in seinen kühnsten Träumen nicht vorstellen konnte. Wenn die Fische-Frau das Kommando übernimmt, dann tut sie es ganz.

Was sie aber in der Einheit von Liebe und Sexualität, in der Vereinigung mit einem anderen sucht, ist Reinheit und Harmonie. Ihre größte Aufgabe ist es, ihre Angst vor Einengung und Zurückweisung in die Liebe zum Leben und zur Liebe, in Sexualität ohne Schuldgefühle zu verwandeln.

Was sie lernen muß

Die Fische-Frau kann ihre Energie ganz mit einem anderen teilen. Wir alle können lernen, frühe Ängste und Unentschiedenheiten in lebensspendende Gefühle zu verwandeln. Die sexuell bewußte Fische-Frau gestaltet ihre erotischen Begegnungen zu einer umfassenden, seelenverbindenden Vereinigung.

Es ist schwierig, von sexueller Unterdrückung zu voller Sinnlichkeit zu gelangen. Als erstes heißt es, wie die Sexualtherapeuten empfehlen, zu erkennen, wie man sich selbst Vergnügen bereiten kann. Die Fische-Frau muß ihren Körper kennenlernen und nicht einfach auf die Dienste anderer vertrauen. Sie ist eine Künstlerin, wenn es darum geht, dem Partner Vergnügen zu bereiten, sie sollte gleiches auch für sich selbst tun. Dann kann sie das Wissen, das sie durch eigene Wonnen erlangt hat, mit anderen teilen. Sie ist zwar scheu in persönlichen Angelegenheiten, aber in einer wachsenden Beziehung ist es wichtig, Mitteilungen über sich selbst zu machen (für besondere Fähigkeiten in der verbalen Kommunikation, siehe »Beziehungen der Skorpion-Frau«).

Die Fische-Frau hat eine instinktive Verbindung zu einer uralten Methode der vollkommenen Liebesvereinigung, dem Tantra. Grob übersetzt bedeutet Tantra die Wissenschaft von der Ekstase. Zur vollkommenen Erfüllung braucht die Fische-Frau einen Mann, der diesen Weg mit ihr gehen kann.

Tantra ist ein seelisch-körperliches Ritual, das fünftausend Jahre alt ist. Sein Ziel ist die vollkommene innere Harmonie. Dahin führen unterschiedliche Wege. Man kann den Tantristen zufolge Tantra durch Anwendung von Klängen, durch Veranschaulichung oder durch Geschlechtsverkehr erreichen.

Der sexuelle Austausch hat im Rahmen des Tantra den Sinn, im Liebesspiel die Einheit zwischen Mann und Frau zu schaffen. Um Tantra zu praktizieren, sind folgende Bedingungen zu erfüllen:

1. Die Partner müssen sexuell erfahren und reif sein.
2. Sie müssen eine beständige Rolle im Leben des anderen spielen.
3. Sie müssen fähig sein, bei einem Versagen weiterzumachen und den Willen haben, es noch einmal zu versuchen.
4. Sie müssen bereit sein, Zeit für diesen Prozeß aufzubringen.

5. Sie müssen die westliche, zielorientierte Einstellung zur Sexualität aufgeben. Im Tantra ist Ziel nicht der Orgasmus, sondern das Vergnügen.

Die Fische-Frau ist eine besonders gute Kandidatin für inspirierte Sexualität. Immer auf geistige Entwicklung aus, hat sie ein grundlegendes Bedürfnis nach umfassender Liebe. Um sich selbst zu verwirklichen, muß sie die negativen Gefühle, die zu Depressionen und schließlich zur Selbstzerstörung führen, überwinden. Die sexuelle Energie ist eine mächtige, treibende Kraft des Menschen. Indem die Fische-Frau sie anwendet, nutzt sie universelle Energien. Wenn sie sie mißbraucht, verliert sie die Liebe zu sich selbst und die Kreativität.

Der Ärger der Fische-Frau

Die sexuell gehemmte Fische-Frau vermag auch ihren Ärger nur schwer zu erkennen und auszudrücken. Sie braucht lange, bis sie soweit ist, den Ärger anzuerkennen und nach seinen Ursachen und den Situationen zu forschen, die ihn auslösen. Die Gründe für den Ärger liegen oft in der Vergangenheit, sein unmittelbarer Anlaß jedoch in der Gegenwart. Für die Fische-Frau ist es heilsamer, die gegenwärtige Situation genauer zu betrachten, statt sich in der Vergangenheit zu verlieren. Sie wird wahrscheinlich eher krank, als daß sie sich ärgert, sie bekommt eher Magengeschwüre, als daß sie ihre Kinder anschreit, und sie schützt ihren Mann vor ihrem Ärger, wie er sie vor der bösen Außenwelt schützt. Es scheint tatsächlich so, als gehe sie einen unsichtbaren Handel mit ihrer Familie ein. Wenn diese die Dinge, die ihr Angst einflößen und sie ärgerlich machen, nicht an sie herankommen läßt, wird sie sie dafür mit ihren Depressionen und ihrem Ärger verschonen.

Wie im Traum wandelt die Fische-Frau durch ihre ersten Berufsjahre oder die Zeit, in der sie ihre Kinder aufzieht. Sie ist lieb, eine gute Untergebene und blüht auf, wenn sie eine glückliche Atmosphäre schaffen kann. Sie möchte wirklich an das Ideal vom trauten Heim und der glücklichen Ehefrau glauben. Tut sie nur ihr Teil dazu, so hofft sie, wird das Märchen weitergehen. Ihren Phantasien folgt sie mehr als ihren wahren Gefühlen, deren Unterdrückung sie mit Kopfschmerzen und Magengeschwüren bezahlt.

Mit Dreißig steht sie am Wendepunkt. Es wird ihr bewußt, daß sie ganz anders als ihre Mutter ist. Obwohl der Gedanke sie bekümmert, heißt sie die Veränderung doch willkommen. Zum ersten Mal beginnt sie, unabhängig die eigene Identität zu genießen.

Realität gewinnt der Ärger für sie erst dann, wenn sie mit ihrem früheren, gehorsamen Selbst bricht. Mit Dreißig erkennt die Fische-Frau, daß sie für wesentliche Teile ihres heranwachsenden Ich erst Raum hat, wenn sie Gefühle von Angst, Schuld und Ärger nicht länger unterdrückt. Um diese Zeit trippelt sie auf ihre unnachahmliche, subtile, vorsichtige und selbstbedachte Art großen Veränderungen entgegen. Ihr Partner und andere bemerken vielleicht nur, daß sie lebendiger ist. Ihre Körpersprache ändert sich, sie wird energiegeladener.

Schon immer konnte die Fische-Frau ihre Augen einsetzen, um Botschaften zu übermitteln (und zu empfangen wie eine Radarstation). Jetzt aber läßt sie ihren ganzen Körper sprechen. Unzufriedenheit in sexuellen Dingen wird durch eine starke Körpersprache ausgedrückt. Enttäuschung, Ärger über Zurückweisungen und Interesse an mehr sexueller Gleichheit, das alles zeigt sie nun. War ihr Partner bislang eine bequeme Gangart gewöhnt, so stehen ihm jetzt einige Überraschungen bevor. Sie wird schwierig, wenn es um Geld, Herrenabende und häusliche Unordnung geht – und sagt das auch.

Fische in den Dreißigern können Selbsthilfe-Fanatiker werden. Vielleicht kultiviert die Fische-Frau nun ihre persönliche Entwicklung. Sublimiert sie so ihren Ärger, wird sie auf gute Art damit fertig.

In den Vierzigern stehen zwei Wege zur Wahl. Schlägt sie den erst genannten ein, so reift sie daran. Entdeckt sie ihren Ärger, kommt es zu Trennungen und Scheidungen.

Um die Vierzig hat sie sich mit vielen Rückschlägen auseinanderzusetzen. Es mag ihr dann so vorkommen, als häufe sich das Negative in ihrer Umgebung, je mehr sie ihren Ärger fühle und zeige, eine ausgesprochen defätistische Haltung, die durch den Widerstand der anderen gegen diese ungewohnte Haltung noch geschürt wird. Die Fische-Frau sollte sich nicht länger Sorgen darüber machen, ob ihre Kinder sie jede Minute des Tages brauchen, ob ihr Mann sie noch liebt, obgleich sie nicht vollkommen ist oder ob ihrem Chef ihr neuentdecktes Selbstbewußtsein mißfällt. Sie sollte vorwärts schauen!

In den Fünfzigern fängt sie an, den Ärger als eine Schwäche anzusehen, an die man sich gewöhnen kann. Sie hat mehr Geduld mit sich selbst, lächelt in sich hinein und lacht, um sich vom Druck ihrer Selbstzweifel zu befreien. Ihre Beziehung zu sich selbst ist besser, sie hat Freude an anderen Menschen und glaubt, in einer schöpferischen Phase zu sein. Sie hat Frieden gefunden.

Erotisch folgt sie, da eine enge Beziehung zwischen konstruktiv geäußertem Ärger und Freude besteht, dem gleichen Verhaltensmuster. War sie in den Zwanzigern gehemmt, so lernt sie in den Dreißigern, der sexuellen Blütezeit der Frauen, intensive Orgasmen kennen. So wie sie ihren Ärger akzeptiert und äußert, kann sie nun auch ihrer Sinnlichkeit freien Lauf lassen. Kommt es in dieser Zeit zu einer Krise, einer Scheidung etwa, kann sie einen Rückfall erleiden und sich selbst nicht mehr mögen, wie früher. Sie überlebt, stärker als zuvor, und empfindet, wie gut es tut, sich negativer Gefühle zu entledigen. Sich selbst annehmen kann nur, wer sich selbst erkennt. Die Fische-Frau kann Negatives abstreifen, wenn sie sich selbst akzeptiert.

Ende Dreißig erkennt die Fische-Frau ihr Bedürfnis nach Selbstachtung und Leistung. Sie schätzt jene Macht, die sich unmerklich äußert. Jetzt merkt sie, daß ihr Ärger aus dem Gefühl von Hilflosigkeit, Minderwertigkeit und Machtlosigkeit resultierte, das sie von früher kennt. Sie versteht allmählich, wie indirekt und destruktiv sie bisher in ihren Beziehungen etwas zu erreichen suchte: durch die Forderung nach mehr Aufmerksamkeit, durch Krankheit, durch stilles Leiden und Depressionen. Die Fische-Frau benutzt ihren Ärger selten als Mittel, das zu erreichen, was sie will, wie es aggressive Typen tun. Sie sollte ihren Ärger etwa entschärfen und konstruktiv einsetzen.

Die Fische-Frau kann ihre Frustrationen nur vermindern und Depressionen nur vermeiden, wenn sie akzeptiert, daß *ihr Leben durch ihre eigenen Wahrnehmungen bestimmt wird, daß es bei ihr liegt, was sie wahrnehmen will*. Ärger ist Reaktion, für die man sich entscheidet.

Wie man mit dem Ärger fertig wird

Konstruktiv wird der Ärger in einer Partnerschaft angewandt, wenn beide Partner sich ihrer Aufgabe bewußt sind, über sich selbst und die Intimität mit dem anderen nachzudenken. Im folgenden finden Sie Richtlinien zur konstruktiven Anwendung des Ärgers, die hier speziell auf die Fische-Frau abzielen.

1. Die vier Hauptbedingungen zum konstruktiven Ausdruck des Ärgers sind:
   a) Die Bereitschaft, neue Erfahrungen zu machen.
   b) Eine Umgebung, in der gesprochen und zugehört werden kann.
   c) Zeit zur freien Verfügung steht.
   d) Partner zur freien Verfügung stehen.

2. Die Regeln für einen gesunden Austausch von Ärger sind:
   a) Das Wort »sollte« darf nicht benutzt werden.
   b) Die Teilnehmer verpflichten sich zu gegenseitiger Aufmerksamkeit, dazu, den Partner auf nicht bedrohliche Art von ihrem Standpunkt zu überzeugen und sind verhandlungsbereit.
   c) Beide Partner verpflichten sich, die vorgesehene Zeitspanne einzuhalten.
   d) Der Tatbestand, der den Ärger hervorruft, wird vom Persönlichen vollkommen getrennt.

3. Ärger wird konstruktiv angewandt:
   a) Zur Entlastung von Spannungen.
   b) Als ein Zeichen, daß Veränderung erforderlich ist.
   c) Zur Aufmunterung.
   d) Als Katalysator, um Angst, Langeweile oder eingefahrene Gewohnheiten zu überwinden.
   e) Als ein Mittel, Einfluß zu gewinnen.
   f) Als Mittel, eine stärkere Identität zu erlangen.

4. Der konstruktive Ausdruck des Ärgers verläuft für eine Fische-Frau nach folgendem Muster:
   a) Bewußtmachung des Ärgers.
   b) Bewußte Aufgabe früherer Rollen-Modelle.
   c) Entwicklung einer unabhängigen Identität. Ärger über die

Mutter kann hier sehr nützlich sein, um Abstand zum Verhalten des »kleinen Mädchens« zu gewinnen. Wenn sie ihre Mutter als Produkt ihrer Zeit betrachtet und sieht, daß sie getan hat, was sie konnte, kann die Fische-Frau sie besser akzeptieren.

d) Die reife Identität entwickelt sich. Ärger mit Männern ist zu erwarten. Er ist insofern nützlich, als er ihr Zeit und Raum gibt, die Dinge auf ihre Art zu tun. Sie kann Möglichkeiten für eine Änderung in Betracht ziehen, therapeutische Methoden zur Befreiung von Ärger (Bioenergetik, Urschrei, Psychodrama usw.).

e) Bewußtmachung der Ursachen des Ärgers und der Methode, mit jeder Situation fertig zu werden. Ärger über Männer kann man mit konstruktiven Diskussionen, mit Beratung oder in Frauengruppen steuern.

f) Aufbau einer eigenen Welt, in der sie sich sicher genug fühlt, ihr ganzes Selbst auszudrücken.

Wenn die Fische-Frau lernt, den Ärger als konstruktive Kraft anzuwenden, wenn sie ihn als wirklich und universal betrachtet, wenn sie sowohl seine positive als auch seine negative Macht anerkennt, wenn sie erkennt, daß sie als reife Frau Entscheidungsmöglichkeiten in ihrem Gefühlsleben hat, dann wird sie eine ganzheitliche, unabhängige Frau.

Die Lebensstile der Fische-Frau

Monogamie und anderes

Die Fische-Frau ist sehr stark auf eheliche Monogamie festgelegt, denn von Natur aus ist sie konservativ. Die Zeiten haben sich jedoch geändert, und sie entdeckt nun ihre ungestillten Wünsche. Auch die Gelegenheiten für sexuelle Affären außerhalb der Ehe sind zahlreicher geworden.

Eine Frau kann beim Ehemann andere Eigenschaften suchen als beim Liebhaber. Außerdem sind die Bedürfnisse der Fische-Frau in der ersten Hälfte des Lebens ganz anders als in späteren Jahren.

Mag sie in der Jugend noch das kleine Mädchen sein, das sich von einem großen, starken Mann umsorgen lassen möchte, sich einen Ehemann wählt, der ein guter Versorger und Beschützer, ein guter Vater und ein nachsichtiger, anscheinend allmächtiger Mann ist, wünscht sie sich später einen Mann, der ihr hilft, sich zu entwickeln und Unabhängigkeit zu gewinnen. Sie möchte, daß er sich darüber freut, wenn sie sich zu einer verantwortungsvollen, unabhängigen Frau entfaltet. Das Leben allerdings bringt es mit sich, daß nicht jeder Mann sich entsprechend verhalten kann oder will.

Als Partnerin ist die Fische-Frau loyal, sensibel, gebefreudig, kreativ und konservativ. Ist sie überzeugt, eine gute Wahl getroffen zu haben, wird sie auch hinnehmen, was das Schicksal so bringt. Sie vollbringt wahre Wunder mit einem kleinen Einkommen und überschüttet ihren Partner mit zärtlich-liebevoller Fürsorge. Sie ist jedoch immer auf der Hut vor Zurückweisung und steigert sich in dieses Gefühl hinein.

Schwer fällt es ihr, einen Mann zu verlassen, tut sie es aber, kann sie sich Hals über Kopf in den nächsten verlieben. Die Fische neigen dazu, mehr als einmal zu heiraten.

Im folgenden sind typische Situationen dargestellt, die Fische-Frauen veranlassen könnten, nicht monogam zu bleiben:

1. Phantasieliebe, die unter Umständen niemals geschlechtlich vollzogen wird. Die Fische-Frau kann jahrelang eine platonische Beziehung haben. Sehnsucht nach etwas Außergewöhnlichem und ihre fabelhafte Einbildungskraft sind der Grund dafür.

2. Persönliche Entwicklung. Sie ändert sich radikal, und mit ihr Bedürfnisse und Wertmaßstäbe. Wenn ihr Partner nicht Schritt hält, wird sie es woanders versuchen. Vielleicht erzählt sie es ihm nie, vielleicht verläßt sie ihn ohne Vorwarnung. Sie ist alles andere als vorherbestimmbar.

3. Entdeckung der Unzulänglichkeiten ihres Partners. Jung und unerfahren hat sie geheiratet, jetzt stellt sie fest, daß ihr Partner nicht das ist, was sie sich vorgestellt hat. In ihrer Enttäuschung und ihrer romantischen Art gibt sie sich einem anderen hin. Sie ist ein Abbild der Madame Bovary, jener unheilbaren Romantikerin. Die Ehe kann mehrere solche Episoden überstehen.

4. Wiederholte Fehleinschätzungen. Die Fische-Frau scheint oft

den falschen Mann zu wählen. Erkennt sie, daß der momentane Partner nicht zu ihr paßt, schwört sie allen Männern oder auch ihrem Partner restlos ab. Gegen ihr besseres Urteil allerdings läßt sie sich wieder in eine Affäre verwickeln. Das kann zu Ehebruch oder zu Serien-Monogamie führen.

5. Wenig Selbstwertgefühl, unterdrückter Ärger. »Ich werde mir schon beweisen, daß ich gut genug für ihn bin«, das und die Einstellung: »Ich werde es ihm schon beweisen, daß er mit mir rechnen muß«. Konstruktiv ist keins von beiden, schlecht für die Ehe beides.

6. Mangel an Einfühlungsvermögen oder Mangel an Gefühlsbeweisen seitens des Partners. Das ist tödlich. Sie sieht sich woanders um, um zu überleben. Viele Fische-Frauen finden sich in dieser Situation, denn wenige Männer können ihren Wunsch nach einfühlsamer Fürsorge erfüllen.

7. Sadismus des Partners. Oft ziehen Rohlinge die Fische-Frau an. Sie geht, wenn sie entdeckt, was sie da mit sich geschehen ließ. In der Zwischenzeit täuscht sie ihn, um ohne Schwierigkeiten gehen zu können. Hier besteht das größte Problem darin, daß sie sich vormacht, sie *verdiene* eine solche Behandlung. Niemand verdient das!

8. Allgemeines Fluchtverhalten. Manchmal meistert sie die Dinge einfach nicht. Die Fische-Frau kann eine Ehefrau sein, die ständig davonläuft, sich in zwanghafte Berufstätigkeit oder in den Alkoholismus »rettet«, nur um einer Beziehung zu entfliehen. Der Beginn der Kur besteht darin, sich mit sich selbst auseinanderzusetzen.

Alternative Lebensstile

Enge Verflechtungen (Intimate Networks)

Die Fische-Frau ist lieber Königin im eigenen Reich, als daß sie teilt. Freundschaft mit beiden Geschlechtern kann ihr jedoch gefallen, und sie mag sie versuchen, wenn sie über Dreißig ist.

Kommunen

Eine erstklassige Wahl für die Fische-Frau, solange ihr Partner sich genau festlegt und ihr Einflußgebiet nicht in Gefahr ist. Sie beteiligt sich gern an den Haushaltspflichten und blüht auf bei gemeinsamem Zeitvertreib. Wenn Sex dazugehört, zieht sie es vor, nur zwei Liebhaber an ihrer Seite zu haben.

Gruppenehe oder erweiterte Familien

Sie hat die gleiche Einstellung wie bei Kommunen, solange auch hier eine klare, nachgiebige Haltung der Männer ihr gegenüber besteht. Fühlt sie sich sicher, macht ihr diese Einrichtung viel Spaß und sie entdeckt eine lebendigere Sexualität als je zuvor. Sie kann auch zärtlich und liebevoll zu einer anderen Frau sein, wenn sie schon an ihrer negativen Mutter-Beziehung gearbeitet hat. Empfehlenswert ist eine andere Frau, die ihrer Mutter in keiner Weise ähnelt – das mag eine gute sinnliche, erotische und intellektuelle Erfahrung für sie sein.

Ménage à trois

Eine gute vorübergehende Einrichtung, in der Paare ihr Sexualleben und/oder ihre Wohnung mit einer dritten Person teilen. Das Hauptpaar muß eine feste Basis haben, und beide Partner müssen einen dritten wollen. Die Fische-Frau kann sich hier in der unhaltbaren Situation finden, von dem Paar ausgenutzt zu werden.

Offene Ehe

Der sogenannte revolutionäre Lebensstil der Sechzigerjahre, der sich nur mäßig durchgesetzt hat, wird der Fische-Frau nicht empfohlen.

Homosexueller/Bisexueller Lebensstil

Viele Fische-Frauen haben eine nicht erkannte Sympathie für

Homosexuelle. Schließlich ist Fische ein doppelkörperliches, bewegliches Zeichen.

Aber auch der konservative Zug der Fische-Frau ist stark. Wenn sie ihn und das kulturelle Tabu Homosexuellen gegenüber überwinden kann, mag sie Mitgefühl für deren Misere haben und, obwohl sie selbst heterosexuell bleibt, in Beziehungen hineingezogen werden. Es gehört zu ihren Stärken, die Partei der Unterdrückten zu ergreifen.

Neuzeitliche Lady Chatterley

Das ist entschieden eine Möglichkeit für die entwickelte, sexuell erfahrene Fische-Frau.

Sie kann ihrem Mann gegenüber loyal bleiben, Leidenschaft und sexuelle Entwicklung jedoch woanders suchen.

Nur Schuldgefühle stehen ihr im Weg, die aber sind eine starke Kraft. Vielleicht wird sie damit fertig und beschert sich derlei Beziehungen als Geschenk und nicht als Strafe.

Alleinlebende Frau

Es ist nicht gut, wenn die Fische-Frau allein lebt.

Sie braucht Gesellschaft, Unterstützung, die Energie anderer Menschen.

Dieser Lebensstil ist bestimmt nicht empfehlenswert für sie, besonders dann nicht, wenn sie niedergeschlagen ist. Alleinerziehende Mutter zu sein, das ist für sie keine Möglichkeit. Der gemeinsame Nenner für all das ist Veränderung. Die Fische-Frau braucht Veränderung.

Ihre Einstellung und ihre Wertmaßstäbe verschieben sich, folglich auch ihr Verhalten.

Was sich von Typ zu Typ, Altersgruppe zu Altersgruppe, Phase zu Phase und von Kultur zu Kultur unterscheidet, ist nicht unser Bedürfnis zu lieben und geliebt zu werden, sondern der Ausdruck unserer tiefsten Bedürfnisse – unseres Mutes, unseres Selbstvertrauens, unserer Fähigkeit, Risiken einzugehen und sich zu entwickeln, die Begabung zur Kommunikation.

Wenn die Fische-Frau Gefallen an einer Beziehung findet, wird sie dabei bleiben.

Zusammenfassung

Die Aufgabe der Fische-Frau ist es, positive Ventile für ihre vielfältigen übersinnlichen, künstlerischen und therapeutischen Kräfte zu finden.

Viele Fische heilen durch Handauflegen. Andere sagen die Zukunft voraus, malen, schreiben oder sind Schauspieler. Sie können leidenschaftliche Verfechter der Wahrheit und Fürsprecher der Armen und Hilflosen sein.

Die Fische werden von ihrem Unbewußten, von ihren Träumen geleitet. Die Fische-Frau hat unerschöpfliche übersinnliche und geistige Kräfte. Sie sollte jedoch bedenken, daß sie eine Sterbliche ist. Um die Bedeutung körperlicher und geistiger Gesundheit zu entdecken, muß sie den Nebel ihrer Visionen durchdringen, die unterdrückten Gefühle erforschen, sich mit der Außenwelt auseinandersetzen und Kommunikation mit ihrer Umgebung suchen.

Sie muß sich die Menschen aussuchen, die ihre Begabung akzeptieren, sei sie nun künstlerischer, therapeutischer oder übersinnlicher Art. Die Energien, die der Fische-Frau in einer Gruppe zufließen, werden sie davon abhalten, in Träume oder Ängste abzuleiten.

Andererseits kann sie nicht damit rechnen, daß andere ihre Arbeit tun. Sie sollte ständig neue Wertungen suchen, dann wird sie ihre Stärke erkennen und zu ihr stehen, ihre Schwächen entdecken und auch sie in Stärken verwandeln.

Das Fische-Zeitalter geht zu Ende: Die letzten zweitausendfünfhundert Jahre wurden durch zwei Fische symbolisiert, die in entgegengesetzte Richtungen schwimmen: besitzergreifender Materialismus und selbstlose Liebe. Die Botschaft des neuen Zeitalters beinhaltet die positive Seite der Fische: Negative Kräfte und Vorherrschaft egoistischer Individualität werden filtriert und eliminiert.

Auf ihre Art ist die Fische-Frau ein Pionier. Wesentlich für sie ist es, das, was sie fühlt, weiß, erfährt und sich ausmalt weiterzuvermitteln. Sie muß Brücken bauen, und sie muß handeln. Wenn die Fische-Frau ihre Visionen weitergibt, wenn sie die Liebe, die sie fühlt und symbolisiert, austeilt, wenn sie positiv, konzentriert und aktiv bleibt, wird sie dem Wassermann-Zeitalter, dem Zeitalter der Liebe, als Schlüsselfigur vorangehen.

Die kosmische Frau

Kennzeichen der kosmischen Frau

1. INTERESSIERT, FÜRSORGLICH
2. LIEBEND
3. NICHT BESITZERGREIFEND
4. FREUNDLICH
5. GEDULDIG
6. LEBENDIG, VITAL
7. GEBILDET, BEWUSST
8. OFFEN
9. TOLERANT
10. VISIONÄR
11. NEUGIERIG, KINDLICH
12. VON STAUNEN ERFÜLLT
13. GEFÜHLVOLL
14. ZART
15. GÜTIG
16. HARMONISCH
17. GANZ
18. FRIEDVOLL
19. ANDROGYN
20. WETTEIFERT NICHT
21. KOMMUNIKATIV
22. FREUDIG
23. POETISCH
24. REALISTISCH
25. IDEALISTISCH
26. MYSTISCH, VERGEISTIGT
27. ZYKLEN
28. UNABHÄNGIG
29. KOOPERATIV
30. FURCHTLOS
31. FREI VON SCHULDGEFÜHLEN
32. KREATIV
33. DISTANZIERT
34. ERFÜLLT, SICH SELBST VERWIRKLICHEND

Die Persönlichkeit der kosmischen Frau

Allgemeines

Die »kosmische Frau« ist der Archetyp, den alle Frauen verkörpern möchten. Sie ist das ewig weibliche Prinzip, das alle die Eigenschaften hat, die Männer anziehen. Sie reflektiert eine innere Stärke, die andere Frauen erkennen und nachzuahmen versuchen. Ihre Gegenwart erhellt einen Raum. Die kosmische Frau repräsentiert den vollständigen Tierkreis. In ihr sind die Energien von Erde, Luft, Feuer und Wasser vollkommen ausgeglichen, wobei jedes Element seinen Einfluß ausübt, alle jedoch in perfekter Harmonie zueinander stehen.

Die kosmische Frau ist sich aller Schwingungen der verschiedenen Planeten bewußt und hat gelernt, sie zur Stärkung und Kräftigung ihre Lebens anzuwenden. Deshalb dominiert in ihrem Leben kein Planet und kein astrologisches Haus. Sie schwingen alle in vollkommener Harmonie. Jeder Planet, jedes Haus, jede Übereinstimmung ist wichtig für sie, denn um klug zu sein, muß sie wissen, wie sie mit den Energien in Einklang kommen kann. Sie hat gelernt, daß ihr endliches Sein mit einem unendlichen Quell in Verbindung steht und erkennt die Grenzen, die sie achten muß. Da sie sich selbst jedoch kennt, kennt sie auch die vielfältigen Möglichkeiten, die sie innerhalb ihrer Sphäre verwirklichen kann. Die kosmische Phase hat die folgenden Merkmale:

1. Entwicklung eines liebenden, anteilnehmenden Wesens, das mit sich und anderen vollkommen in Frieden ist.
2. Die Fähigkeit, Zeit und Kraft für den Umgang mit Menschen und Dingen aufzubringen, die positiv auf das Leben einwirken.
3. Abstand zu wiederkehrenden negativen Erfahrungen.
4. Die Fähigkeit, in der Welt zu leben, aber nicht weltlich zu sein.
5. Die Fähigkeit, sich selbst und die Ergebnisse der eigenen Handlungen zu erkennen und aus den Beobachtungen zu lernen.
6. Die Fähigkeit, unabhängig zu sein und gleichzeitig mit anderen arbeiten zu können.
7. Die Fähigkeit, die Zukunft vorauszusehen und dennoch ganz in der Gegenwart zu leben.

8. Die Fähigkeit, andere zu akzeptieren, wo immer sie in ihrer Entwicklung stehen mögen.
9. Freude und Erregung über das Leben.
10. Die Fähigkeit, die eigene Lebenserfahrung in den Prozeß des Lehrens und Lernens mit Gefährten umzusetzen.

Die kosmische Frau zeichnet sich durch ihre Sensibilität und durch ihre Fähigkeit, sie umzusetzen aus. Sie ist intuitiv und vertraut ihren Intuitionen. Sie hat gelernt, daß sie durch die Verbindung zu ihrem höheren Selbst in Berührung mit ihrem Schicksal steht und daß sie, wenn sie ihrer inneren Stimme folgt, niemals irregeht. Sie lebt ein erfülltes Leben.

Sie kann die Gefühle ihrer zwölf Schwestern nachempfinden, kann sich in sie einfühlen und hat gelernt, in Einklang mit ihren eigenen Zyklen zu kommen. Diese Eigenschaft hebt sie auch aus der Menge heraus. Sie ist so sehr in Einklang mit der Natur und ihrem eigenen Wesen, daß sie eine Sicherheit hat, um die die meisten Frauen sie beneiden, die sie aber niemals erreichen, weil nur wenige so weit entwickelt sind, daß sie ihren Gefühlen und Intuitionen vollkommen vertrauen.

Die meisten Frauen setzen sich selbst Grenzen, weil sie sich nicht einmal vorstellen können, was sie wirklich wollen. Die kosmische Frau hat gelernt, stereotype Erwartungen bezüglich der Grenze zwischen dem Möglichen und dem Unmöglichen zu ignorieren. Sie weiß, daß der Geist keine Grenzen kennt und daß sie alles, was sie sich *vorstellen* kann, auch *tun* kann.

Sie hat auf ihrem Weg zur kosmischen Frau viele Hindernisse überwunden. Jeden Gegner hat sie als Herausforderung willkommen geheißen, jede Schwierigkeit als eine Möglichkeit zu lernen. Sie gibt nicht den Umständen Schuld an ihrer Lebenssituation, sie nutzt sie zu ihrer Entwicklung. Sie wartet nicht darauf, daß der Zufall oder das Schicksal ihr Geschick bestimmen, sie übernimmt die Verantwortung für ihre eigenen Erfahrungen.

Die kosmische Frau zieht die Ordnung dem Chaos vor. Sie weiß, daß sie, um ein ganzer Mensch zu sein, Ordnung in ihr Leben bringen muß. Ihr Geist, ihre Umgebung und ihr Leben sind von jener Ordnung, die ihrem Tun Klarheit, Zweck, Richtung und Zusammenhang verleiht. Sie hat klare Ansichten über die Welt und ihre

Funktionen. Menschliche Unzulänglichkeit überrascht sie nicht, und sie kennt die Hindernisse, die zu überwinden sind, wenn ihre Träume sich erfüllen sollen. Sie ist nicht ohne Träume, schätzt aber deren Verwirklichung sehr realistisch ein. Sie erkennt, wieviel Kraft es kostet und kann abschätzen, ob sie sich überhaupt erfüllen werden.

Die kosmische Frau erkennt die zyklische Natur der Dinge – die Zyklen des Körpers (Biorhythmus), der Planeten (Astrologie), der Äquinoktialpunkte (Wassermann-Zeitalter). Alle bringen Veränderungen in ihr Leben. Ihre Fähigkeit, mit diesen Veränderungen in Einklang zu kommen, machen ihr Leben leichter.

Die kosmische Frau sucht die natürlichen Gaben, mit denen sie geboren wurde, zu bewahren – einfach, direkt, liebend und fühlend zu sein, fähig, nach den Sternen zu greifen. Niemals muß sie besitzergreifend, beherrschend oder manipulierend sein, um ganz zu leben. Sie findet Erfüllung, wenn sie ihrer Intuition folgt, die sie zu ihrem höheren Selbst und zur bestmöglichen Beziehung zu den Dingen ihrer Umgebung führt. Sie ist in Einklang mit ihrem Wesen und hat dadurch sich selbst erotisch und gefühlsmäßig kennengelernt. Sie weiß, wie sie Veränderungen in ihrem Leben herbeiführen muß, ohne deren Opfer zu werden. Sie hat den Schlüssel, um auf konstruktive Weise ihre Selbstachtung zu erhöhen und ihren Ärger auszudrücken. Sie wählt den Lebensstil, der ihr entspricht. Sie liebt sich selbst und andere.

Das Schlüsselwort für die kosmische Frau ist *Liebe*. Sie hat die wahre Bedeutung der Liebe gefunden und sich so befreit. Dementsprechend lebt sie und richtet ihr Leben so ein, daß es ihre Freude widerspiegelt. Ich glaube, wir haben den Schlüssel zum Leben gefunden, wenn wir uns selbst und andere kennen und lieben lernen. Denn Liebe ist der Ursprung unserer Kraft und unserer Kreativität.

INTERESSIERT, FÜRSORGLICH

Die Interessen der kosmischen Frau sind so weitreichend wie der Kosmos selbst, aber ihr Hauptinteresse gilt dem Menschen. Sie ist die geborene Lehrerin, die anderen durch Wort und Beispiel hilft, die Hindernisse zu überwinden, die sie auf ihrem Weg zur Befreiung genommen hat. Ihr gesunder Menschenverstand macht sie zu einer unvergleichlichen Beraterin.

Ihre Interessen gehen über das Materielle hinaus. Sie nimmt Anteil an jeder Institution und jedem Gesetz, die das Leben der Menschen betrifft. Man kann sie in Universitätsausschüssen finden, sie hilft bei der Gründung einer Umwelt-Initiative, setzt sich für bessere Wohlfahrtsgesetze ein oder gründet eine Gesellschaft zur Erfassung der Zukunft der Menschheit. Worum es auch immer geht, sie unterscheidet sich von den anderen, weil sie nicht selbstsüchtige Interessen vertritt. Sie kümmert sich nur um die ihr gestellte Aufgabe und deren Einfluß auf die Gruppe. Im persönlichen Leben zeigt sie ihre Anteilnahme oft in direkten und einfachen Taten. Wenn jemand zum Arzt gefahren werden muß, wenn es einen Todesfall in der Familie gegeben hat oder eine Freundin die Schulter braucht, an der sie sich ausweinen kann, die kosmische Frau ist zur Stelle. Sie macht aus ihrer Zeit das Beste, läßt sich aber von anderen nicht ausnutzen.

Die kosmische Frau ist wahrhaft fürsorglich. Um mit ihr selbst zu beginnen: Sie sorgt für ihren Körper, sie ißt das Richtige, badet, bürstet und putzt sich. Sie zieht sich gut an und hat die Ausstrahlung eines Menschen, der sich selbst liebt. Diese Fürsorge dehnt sie auf ihre ganze Umgebung aus: die Familie, den Garten, die Arbeit. Sie hofft, daß alles sich gut entwickeln wird und kümmert sich um alles mit einer Hingabe, die sicherstellt, daß dem auch so sein wird.

Fast jeder hat den Willen zu überleben, er ist schließlich die Quelle des Lebens. Das gute Leben der kosmischen Frau jedoch entwickelt sich aus den Dingen, an denen sie Anteil nimmt. Sie versucht, in jeder Situation das Beste zu tun. Sie setzt ihren Willen mit Liebe ein und handelt positiv.

LIEBEND

Jede Handlung der kosmischen Frau ist ein Akt der Liebe. Sie hat den Unterschied zwischen »sich verlieben« und »lieben« entdeckt. Wenn wir lieben, bleibt unser Kern erhalten, wir sind fähig, uns hinzugeben, schöpfen jedoch immer wieder Kraft aus diesem Zentrum.

Liebe ist für die kosmische Frau nicht der Weg zu Sicherheit, Macht oder Ruhm. Liebe ist Ausdruck eines freudevollen Lebens. Sie fühlt zutiefst, daß sie in der Liebe Teil der Natur ist, wie sie gedacht war. Plato erkannte die ehrfuchtsgebietende Macht der Liebe. Die kosmische Frau hat gelernt, sich diese Macht nutzbar zu machen, in ihren Beziehungen zu anderen Menschen wie in ihrem Sexualleben. Ihre Liebe ist nicht von jener romantischen Art, die sich um zwei Menschen in einem geschlossenen System dreht; sie ist offen für eine viel weitergehendere Erfahrung.

Sie schließt romantische Liebe nicht aus, aber sie weiß, daß die besonderen Umstände rar sind, unter denen sie sich entwickeln kann.

Ihr Heim und ihr Büro reflektieren diese Art der Liebe und Rücksichtnahme auf das Leben – ein Stück buntes Glas im Fenster, in dem sich sie Sonnenstrahlen brechen; viele Pflanzen – Kennzeichen für einen Menschen, der Anteil nimmt. Sie entschuldigt sich nicht für ihre Anteilnahme, macht sich kaum Gedanken darüber, wie sie ihre Liebe zeigt, berechnet die Wirkung ihrer Handlungen nicht. Sie liebt, weil es ihre Natur ist.

NICHT BESITZERGREIFEND

Die kosmische Frau hat ihre Lektion gelernt. Sie weiß, daß das Leben ein ständiges Auf und Ab ist, und das bezieht sich sowohl auf ihren Besitz als auch auf die Menschen in ihrem Leben. Daher sieht sie in Dingen und Menschen Schätze, die gehütet werden müssen, solange sie ihr anvertraut sind, und sie versucht nicht, sie zu besitzen. Sie ist sich der Vergänglichkeit des Lebens bewußt und genießt jeden Augenblick, aber sie weiß auch, wann sie loslassen muß. Sie erkennt, daß ihre eigene Entwicklung beeinträchtigt wird, wenn sie versucht, etwas festzuhalten, das wegfliegen möchte.

Die kosmische Frau ist sehr freigebig mit ihrem weltlichen Besitz. Sie hält sich nur für die Verwalterin dieser Besitztümer, die anderen Freude und Überfluß bringen sollen und gibt, ohne zu zögern. Es ist interessant zu beobachten, daß bei ihr der Fluß niemals versiegt. Sie scheint weltlichen Besitz anzuziehen und weiß, wie sie ihn zur Bereicherung ihrer Umgebung verwendet. Immer ist noch ein Platz am Tisch frei für einen unerwarteten Gast, Raum für einen Wanderer, der keine Bleibe hat. Ihre Fürsorge und Anteilnahme sind allgegenwärtig.

Die gleiche Einstellung finden wir in allen ihren Beziehungen. Wenn sie liebt, so liebt sie großzügig und versucht nicht, den Geliebten zu besitzen. Da sie ganz in sich selbst ruht, fordert sie sehr wenig von ihren Gefährten. Liebe ist für sie eine wechselseitige Reaktion, wo alle Beteiligten geben und nehmen.

FREUNDLICH

Die kosmische Frau kennt keinen Fremden. Sie sieht die Schöpfung als Ganzes an und betrachtet ihre Teile als auf ganz besondere Weise mit sich verwandt. Sie erkennt, daß der gleiche Impuls, der sie erhält, auch den Rest der Menschheit trägt, und daß alle Menschen von ihrem Ursprung her verwandt sind. In den Verbindungen, die sie eingeht, sucht und erwartet sie Schlüssel zum Verständnis des eigenen Wesens.

GEDULDIG

Die kosmische Frau hat die Lektion ihrer Stier-Phase gelernt. Sie hat die Geduld Hiobs. Familienschwierigkeiten, die andere in den Alkohol treiben würden, stören sie nicht. Sie betrachtet sie in dem kühlen Wissen, daß alle Dinge sich ändern. Der Tod mag die einzige Kur sein, aber für die kosmische Frau ist er eine Veränderung und ein neuer Beginn. Sie ist sich des Kreislaufs von Tod und Leben bewußt und weiß, daß der Tod einen Kreislauf in Gang setzt, in dem die Dinge wieder neu Gestalt annehmen können.

Sie sieht das Leben als einen Lernprozeß und hat Geduld mit sich und den anderen, die sich hindurchtasten. Vielleicht kann sie zuweilen ungeduldig dabei werden und versuchen, die Dinge voranzutreiben. Meist aber hat sie Respekt vor der Zeit und Mühe, die das Lernen nun einmal kostet. Die kosmische Frau hat ein neues Bewußtsein entwickelt, in dessen Zentrum persönliche Beziehungen stehen. Sie weiß, daß es geraumer Zeit bedarf, bis einer die tiefere Bedeutung der Tatsache, ein Mensch zu sein, entdeckt.

LEBENDIG, VITAL

Die kosmische Frau hat jene Erwartungshaltung, die erst lebendig macht. Da sie weiß, daß Veränderung das einzige Konstante ist, erwartet sie die Veränderungen, die sie sich im Leben wünscht. Sie benutzt ihre Vorstellungskraft, sich klarzumachen, was sie wirklich will. Sie bleibt flexibel, damit sie die äußere Realität nach ihren inneren Impulsen gestalten kann. Sie erkundet ihre negativen Gefühle, und findet eine Lösung, wie sie sich von ihnen befreien kann. Sie ist sich des dynamischen Energieaustausches ringsum bewußt, und das ist die Quelle ihrer Vitalität.

GEBILDET, BEWUSST

Mit wachem Bewußtsein nimmt die kosmische Frau die Veränderungen in der Welt wahr. Nichts ist zu gering, um ihre Aufmerksamkeit zu erregen. Entsprechend betrachtet sie auch die eigenen Handlungen und macht sich bewußt, was sie tut und warum sie es tut.
Ihr Ziel ist es, jede Entscheidung bewußt zu treffen und sie versucht, sich alle Erkenntnisse bewußt zu machen, auch die intuitiven.
Spürt die kosmische Frau erst einmal, daß ihr Körper die verschiedensten Energien beherbergt, weiß sie, daß diese Energien in verschiedene Richtungen streben können, so verliert sie Angst und Schuldgefühle. Sie hört auf, sich selbst zu bestrafen, weil sie nicht vollkommen ist. Psychosomatische Krankheiten und Schamgefühle der eigenen Fehler wegen verschwinden. Sie verwirft ihre Sexualität nicht, sondern akzeptiert sie als Teil jener komplizierten Ener-

gien, aus denen sie selbst besteht. Sie schämt sich der nächtlichen Intuitionen nicht, die ihre Ordnung und Bedeutung in ihrem Leben haben. Sie rechtfertigt ihre Träume nicht, sondern versucht sie zu verstehen. Sie hat die selbstauferlegten Schranken der sogenannten *richtigen* Gedanken und Handlungen durchbrochen und bewegt sich im Reich der *möglichen* Gedanken und Handlungen. Damit ist sie auf dem Weg zu wahrhafter Befreiung.

Indem sie die Gültigkeit traditioneller Sitten und ethischer Maßstäbe, traditioneller Prinzipien und Verhaltensmaßregeln in Frage stellt, nimmt sie an jenem schöpferischen Prozeß teil, durch den sie sich selbst und die Welt um sich herum ändert.

OFFEN, TOLERANT

Die kosmische Frau erkennt nur wenige Grenzen an. Sie ist sich der Künstlichkeit der Welt, die sich entwickelt hat, bewußt. Sie ist offen für alternative Lebensmöglichkeiten und neue Lebensstile.

Sie ist gleichermaßen offen in ihrer Einstellung zu den Menschen. Ihre Freunde kommen aus allen Altersgruppen, aus allen Gesellschaftsschichten. Sie ist Pionier auf dem letzten großen Gebiet, das der Menschheit noch zur Verfügung steht, dem Geist. Sie betrachtet die Menschen als lebendige Quellen. Sie fühlt, daß sie aus ihren Erfahrungen lernen kann und geht Lehrer/Schüler-Beziehungen ein, in denen die offene Kommunikation von größter Bedeutung ist. Nur bei ehrlicher Kommunikation kann es für sie und ihre Freunde einen Fortschritt geben.

In ihrer Zwillinge-Phase hat sie gelernt, daß Kommunikation im Zentrum aller erfolgreichen Beziehungen steht, daß ohne sie die Sexualität eher ein neurotischer Ausbruch als Teilhabe oder Begegnung ist.

VISIONÄR

Die kosmische Frau hat die seltene Fähigkeit, die Dinge so zu sehen, wie sie sein könnten. Ihr Vorstellungsvermögen umfaßt das ganze Feld der menschlichen Persönlichkeit, der menschlichen

Beziehungen und der menschlichen Einrichtungen. Sie kann auf allen diesen Gebieten Möglichkeiten entdecken, und wenn sie trauert, dann darüber, daß jemand oder etwas diesen Möglichkeiten nicht gerecht wird.

Sie hat ein so intensives Gespür für den Kreislauf der Natur und der Geschichte, daß sie sie in die Zukunft projizieren und einen Blick auf deren zukünftige Möglichkeiten erhaschen kann. Sie weiß nur zu gut, woher sie kommt und welchen Tribut sie zu entrichten hat, um dahin zu gelangen, wo sie hinkommen möchte.

Mit Hilfe ihrer starken Vorstellungskraft malt sie sich ihre Ziele im Leben aus. In ihrer Schütze-Phase hat sie gelernt, daß die hohen Ideale, die sie seinerzeit erkannte, ihr entsprechen und erreichbar sind. Sie hat auch gelernt, daß Erleuchtung ein Teil der Erkenntnis ist, und sie versucht, alle Dinge von der Warte des höheren Geistes aus zu sehen. Sie hat in ihrer Waage-Phase gelernt, daß sie sich fügen und sich von dem Fluß tragen lassen muß, wenn sie aktiver Teilnehmer und nicht passiver Beobachter sein will.

Die Klarheit ihrer Visionen und die Tiefe ihrer Beobachtungen bringen ihr Erfolg im Beruf und in ihrer Beziehung zu anderen Menschen. Im Fische-Zeitalter, das vom Neptun beherrscht war, wo alles im Verborgenen bleiben mußte, hat sie ihre Macht nur heimlich ausgeübt. Jetzt, da das Wassermann-Zeitalter vor der Tür steht, wird sie mehr in Erscheinung treten.

NEUGIERIG, KINDLICH, VON STAUNEN ERFÜLLT

Die kosmische Frau hat die Fähigkeit, sich zu wundern und zu staunen nicht verloren. Sie kann den Sternenhimmel betrachten und über ihren Platz in dieser Unermeßlichkeit staunen. Ihre Einstellung zur Welt und den Menschen ist wie die eines Kindes.

Ihre Neugier ist eine treibende Kraft bei ihren Erkundungen, seien es nun Orte, Menschen oder die Welt des Unsichtbaren. Es gibt nichts unter der Sonne, das sie nicht untersuchen wird. Sie vertraut auf ihre Fähigkeit, selbst über die Verwendbarkeit und Gültigkeit jedes Gedankensystems zu entscheiden. Sie fühlt sich sogar gezwungen, sich selbst ein Urteil zu bilden, denn sie hat entdeckt, daß so mancher ihren Geist zu manipulieren versuchte. Sie möchte wissen, was sie selbst denkt und nicht an die Projektionen anderer gebunden sein, die sie in eine unangenehme, stereotype Rolle pressen wollen.

GEFÜHLVOLL, ZART, GÜTIG

Die kosmische Frau hat die übliche Ablehnung der Intuition schon lange beiseite geschoben, denn sie weiß, daß ihre Gefühle richtig sind und daß man ihnen mehr vertrauen kann, als den wissenschaftlichen Vorhersagen des Meteorologen. Sie achtet sowohl ihre eigenen Emotionen als die anderer und kann die Liebe und Fürsorge für einen Menschen auch ausdrücken.
Sie weiß, daß Worte, sogar das einfache »Ich liebe dich«, eine tiefe Wirkung auf die Gefühle ausüben. Die positiven Reaktionen, die ihre Zuneigung anderen entlockt, sieht sie mit Freude. Sie hat ein sehr gütiges Herz. Kein Wunder, daß sie alles Lebendige mit solcher Zartheit behandelt.

HARMONISCH, GANZ, FRIEDVOLL

Die kosmische Frau weiß, daß die ganze Schöpfung vibriert und tönt. Sie hat auch sich sorgfältig beobachtet und entdeckt, daß auch sie zu verschiedenen Tages- und Nachtzeiten andere Schwingungen hat. Die aufgehende Sonne verursacht eine andere emotionale Reaktion als die Mittagssonne. Die Dämmerung erfüllt sie mit anderen Gefühlen als die Sterne. Zu jeder Minute, zu jeder Jahreszeit sind ihre Schwingungen von anderer Stärke. Früher, als die Menschen noch erdverbundener waren, war es leichter, mit dem natürlichen Rhythmus in Harmonie zu leben. In der modernen Industriegesellschaft ist das anders. Die kosmische Frau jedoch ist im Einklang mit sich und der Natur.
Die kosmische Frau hat erreicht, was eine Frau in der Zwillinge-Phase sucht: die Ganzheit, wo männliche und weibliche Kräfte versöhnt, wo Geist und Körper sich gegenseitig respektieren und auf-

einander abgestimmt sind. Sie weiß genau, wann sie aggressiv und wann sie nachgiebig sein muß. Sie ist in Frieden mit sich. Sie hat gelernt, ihre negativen Energien zu unterdrücken.

ANDROGYN

Die kosmische Frau hat erkannt, daß sie männliche und weibliche Energien hat und sie versucht, beide auf ihrem Weg zur Selbstverwirklichung einzusetzen. Der Krebs-Phase müde, die unser Leben beherrschte und die von der Frau verlangte gehorsam, nachgiebig, ultrafeminin und häuslich zu sein, sind die Frauen in den Sechzigerjahren mit aller Kraft ihrer männlichen Energie in die Welt des Mannes eingedrungen. Sie versuchten, die Männer zu imitieren und gingen so in die gleiche Falle, in der die Männer schon so lange sitzen. Sie wurden aggressiv, halsabschneiderisch, hinterlistig, egoistisch und was dergleichen destruktiver Adjektive mehr sind. Sie verloren einen Teil ihrer Weiblichkeit und nahmen so manche negative Eigenschaft ihrer männlichen Gegenspieler an.
Die kosmische Frau ist auf dem besten Wege, androgyn zu sein, das heißt, sie akzeptiert ihre männlichen und weiblichen Energien und arbeitet mit ihnen. Sie hat ihre andere Hälfte in sich selbst gefunden. Ihre Interaktionen, nunmehr auf die männlichen sowie die weiblichen Energien in sich und ihrem Geliebten bezogen, werden fortan dynamischer sein.

WETTEIFERT NICHT

Die kosmische Frau wetteifert nur mit der Aufgabe, die sie gerade zu bewältigen hat. Die Herausforderung, die Dinge gut zu tun, ist für sie Wettbewerb genug. Sie hat es nicht nötig zu beweisen, daß sie besser ist als andere; sie ist zufrieden, gute Arbeit zu tun. Sie findet, daß der Konkurrenzgeist, als Schlüssel zum Erfolg angepriesen, nur der Ich-Befriedigung dient und zu einem unnatürlichen Konsumverhalten führt.
Trotz ihrer Abneigung gegen den Wettbewerb landet sie meist in

einer vorteilhaften Stellung, denn sie arbeitet gut und ist gründlich. Da sie nur das Beste erwartet, bekommt sie auch das Beste. Sie weiß, daß sie ein unveräußerliches Recht auf ihren Spielraum hat und fühlt sich nicht bedroht, wenn man ihr nahe kommt. Sie muß ihr Gebiet nicht verteidigen, denn sie ruht in sich selbst.

KOMMUNIKATIV

Die kosmische Frau ist eine Meisterin der Kommunikation. Mit Worten, Gebärden oder einer leichten Berührung schafft sie Offenheit und Wärme. Sie erkennt die wichtige Verbindung zwischen Liebe und Kommunikation. Sie glaubt an vollkommene Ehrlichkeit. Es gehört zu ihren größten Freuden, mit einer anderen Seele in Kontakt zu treten. Sie strahlt eine Lebensfreude aus, die man kaum übersehen kann. Sie liebt das Leben. Der Tag hat nicht genug Stunden, die Woche nicht Tage genug für ihre vielen Interessen und Projekte. Menschlicher Kontakt ist wesentlich für sie. Ihre Freude ist ansteckend.

POETISCH

Die kosmische Frau hat eine sehr poetische Seele und äußert sich auch so. Sie liebt die Dichtkunst, die alle Geheimnisse verbal zutage bringt. Sie bedient sich auch nichtverbaler Kommunikationsmittel. Sie liebt die Schönheit auch in der Musik und findet ihre Verbindungen zu ihr durch ihr kosmisches Selbst.

REALISTISCH, IDEALISTISCH

Die kosmische Frau ist realistisch in ihren Erwartungen. Da sie das Wesen ihrer Mitmenschen durchschaut, weiß sie, was sie zu erwarten hat und projiziert ihre eigenen Bedürfnisse und Wünsche nicht auf andere.
Sie ist auch realistisch in bezug auf den Verlauf der Dinge. Da sie

viele Veränderungsprozesse durchgemacht hat, hat sie auch mit vielen gesellschaftlichen Einrichtungen zu tun gehabt. Sie kennt die Mammut-Organisationen und weiß, wieviel Energie notwendig ist, um hier auch nur das Geringste in Bewegung zu setzen. Sie verschwendet ihre Zeit nicht, wenn wenig Aussicht besteht, etwas zu verändern. Sie erkennt, daß die erforderlichen Veränderungen in der Gesellschaft erst dann durchgeführt werden können, wenn die Menschen sich gewandelt haben.

Die kosmische Frau ist realistisch, wenn es um Zeit und Geld geht. Sie weiß, daß gute Dinge ihre Weile haben. Die Not muß vom Haus ferngehalten, das durchlässige Dach repariert und die Einkommensteuer-Erklärung abgegeben und abgelegt werden. Sie kann diese Dinge tun und dabei ihren Idealismus bewahren.

MYSTISCH, VERGEISTIGT

Die kosmische Frau erlebt ihre Seele und ihren Geist als Teil ihres multidimensionalen Selbst. Sie erfährt viele Wahrheiten, die nicht in der körperlichen Ebene des Daseins ihren Ursprung haben, also glaubt sie an eine feiner abgestimmte Realität. Sie hat gelernt, ihrer Intuition zu vertrauen und hat auf ihrer langen Reise vieles entdeckt, das ihr intuitives Wissen bereichert. Jetzt ist sie stärker, glücklicher, sich ihres Platzes im großen Universum wohl bewußt. Sie hat sicherlich nicht vor, diese wichtige Seite ihres Wesens aufzugeben.

ZYKLEN

Die kosmische Frau hat ein gutes Gedächtnis und erkennt die wiederkehren den Muster ihres Lebens. Sie studiert die Einzelheiten, um den Entwurf zu verstehen. Sie kennt die Zyklen ihres Lebens, das getragen ist von Rhythmen – dem Herzschlag, dem Rhythmus des Atems, des Gehirns, der Menstruation.

Sie kennt auch den Einfluß des Mondes auf ihr Leben. Sie spürt, wie ihre Gefühle mit dem Mond wechseln. Der Mond hat die kürzeste

Umlaufzeit im Planetenkreis, er verursacht jedoch auf lange Sicht auch einen Zyklus, der wichtig für die kosmische Frau ist.

UNABHÄNGIG, KOOPERATIV

Die kosmische Frau liebt ihre Unabhängigkeit. Sie möchte ihre Angelegenheiten selbst erledigen, für ihre Entscheidungen verantwortlich und dann ungestört sein, wenn sie es braucht. Sie ist von Natur aus selbstgenügsam und macht sich selten um die materiellen Belange des Lebens Sorgen. Bittet sie jemanden um einen Gefallen, so wird sie sich auch revanchieren. Sie schuldet nicht gerne etwas. Gibt jemand von Herzen, sind keine Bedingungen an die Sache geknüpft, kann sie voller Anmut akzeptieren. Ihre Unabhängigkeit ist ihr wertvoll, und sie verteidigt sie voller Stolz.
Andererseits ist sie sehr kooperativ. Sie erkennt, daß Gruppen vieles erreichen können und engagiert sich entsprechend. Sie hat ihre Skorpion-Lektion gelernt und kann auf Machtansprüche zugunsten einer Aufgabe leicht verzichten. Sie braucht keinen anderen Menschen, um ihr Ego aufzubauen.

FURCHTLOS, OHNE SCHULDGEFÜHLE

Die kosmische Frau ist auf dem Weg zu ihrer Selbstverwirklichung so vielem Ungemach begegnet, daß sie kaum noch etwas fürchtet. Das Unbekannte stört sie nicht. Sie hat ihre Fische-Phase hinter sich und beunruhigt sich nicht sonderlich. Sie nimmt Anteil, hat aber gelernt, daß jeder Mensch selbst die Verantwortung für sein Leben übernehmen muß, so wie auch sie das getan hat.
Sie hat erkannt, daß Schuldgefühle wie Fesseln sind und räumt ihnen keinen Platz in ihrem Leben mehr ein. Die ihr von ihrer Familie, der Gesellschaft, ihren Freunden und Liebhabern verursachten Schuldgefühle hat sie auf ihren langen Wegen abgeschüttelt und erkannt, daß sie damit meist nur manipuliert.

KREATIV

Die kosmische Frau kann aus einem Stück Holz eine Seidentasche machen. Ihr Auge für die Schönheit und das Wesentliche, ihr Gefühl für Proportion und Maß, für Gleichgewicht und Harmonie unterstützen ihre schöpferische Ader. Sie kann sich eine Umgebung schaffen, die ihre Gefühle symbolisiert. Mit wenigen Möbelstücken und sorgsam ausgewählten Kunstwerken versteht sie es Atmosphäre zu schaffen.

Sie sieht sich in einem dynamischen Prozeß, wo Leben und Tod, Freude und Sorge, Werden und Vergehen ihre wechselnden Spuren hinterlassen.

Der Tod, wesentlicher Bestandteil aller Veränderung, ängstigt sie nicht. Wichtiger noch, sie hat auch keine Angst vor dem Leben. Sie ist mutig, lernt, sich anzupassen und ihren Kurs zugleich mit ihren Erkenntnissen zu ändern.

HÄLT ABSTAND

Die kosmische Frau lebt in der Welt, weltlich jedoch ist sie nicht. Dieser scheinbare Widerspruch ist für sie aufgehoben, denn sie ist sich ihres multidimensionalen Wesens bewußt und weiß, daß sie auf vielen Ebenen existiert. Obwohl ihr körperliches Selbst fest auf der Erde steht, weiß sie, daß ein Teil ihres Wesens mit den Sternen in Beziehung steht. Sie kann ihre Gefühle mit Abstand betrachten und sich auch von den starken Kräften befreien, die durch die Sexualität geschaffen werden. Sie weiß, daß sie nicht ist, was sie fühlt, Ihre Gefühle sind wie Schiffe, die nachts vorüberfahren. Sie kommen und gehen, beeinflussen sie, sind aber für das multidimensionale Wesen, das sie ist, nicht richtunggebend. Auch ihre Gedanken bestimmen nicht, was sie ist. Sie beeinflussen ihre Einstellung, ihre Reaktion auf die Dinge, ihre Ansichten vom Leben, aber sie ist mehr als ihre Gedanken. Sie zieht sich ganz auf ihr wahres Selbst zurück, wenn sie vor ihren Gefühlen, ihren Gedanken, ihren negativen und positiven Handlungen flieht, denn nur dort fühlt sie sich wirklich zu Hause.

Die kosmische Frau ist glücklich und zufrieden in ihrem Leben. Ihr Geist ist frei, denn sie lebt ihrem wahren Wesen gemäß. Ihre Tränen sind echt, ihr Lachen kommt aus dem Herzen, ihr Ärger ist aufrichtig. Alle ihre Gefühle scheinen aus der Tiefe ihrer Seele zu kommen. Sie ist so sehr in Einklang mit ihren Gefühlen, daß sie sie mit einer Kraft äußert, die beinahe Kunst ist. Und genauso ist sie auch in Verbindung mit ihrem Verstand. Gedanken werden Zauberteppiche, die sie zu Erfolg und Erfüllung tragen. Sie mag hingehen, wo immer sie will, die Kraft ihrer Gefühle treibt ihre Gedanken an wie der Wind.

Friede und Gelassenheit sind um die kosmische Frau. Sie hat die Menschen und die Welt, in der sie tätig ist, so sehr akzeptiert, daß man ihre Gegenwart fühlen kann. Sie vermittelt ein solches Verständnis der Welt und des Kosmos, daß man den Eindruck hat, sie kenne alle Geheimnisse. Und so ist es auch. Obwohl sie ruhig dahinlebt und oft leise daherkommt, lebt sie ihr Leben doch bis zum Äußersten aus. Sie wünscht sich sehr wenig, denn sie hat alles. Sie ist ganz.

Die Beziehungen der kosmischen Frau

Persönliche Beziehungen nehmen eine zentrale Stellung im Leben der kosmischen Frau ein. Sie sind lebende Lehrbücher für das Studium der menschlichen Natur und ein wandelndes Laboratorium, das die verschiedenen Phasen widerspiegelt, die sie in ihrem eigenen Leben durchmachen wird. Sie kann sich nirgends ausschließen, denn sie hat ständig zu lernen.

Die Reaktionen auf die kosmische Frau sind entweder sehr positiv oder sehr negativ. Diejenigen, die selbst geliebt werden und für alle Erfahrungen des Lebens offen sind, werden die Wärme und die Glut ihrer Liebe spüren und auf sie zuströmen. Die, die sich selbst bemitleiden und ihr Leben komplizieren, werden ihre Nähe schwer ertragen.

Die kosmische Frau ist erfolgreich in ihren Beziehungen. Sie kennt die Menschen so gut, daß sie ihre Reaktionen auf sich und ihre Überzeugungen voraussagen kann. Selbst wenn ihre Beziehungen sich nicht konstruktiv entwickeln, lernt sie daraus. Ihre Fähigkeit, sich selbst in Interaktionen mit anderen zu sehen, ist ein weiteres Geheimnis für ihre erfolgreichen Beziehungen. Da sie den Tierkreis durchlaufen hat, erkennt sie die Archetypen und weiß häufig, wie sie auf eine Situation oder einen anderen Typ reagieren.

Freiheit ist ein Wort, das die Beziehung zur kosmischen Frau zutreffen beschreibt. »Frei, du und ich zu sein«, wie es im Lied heißt, das könnte ihr Motto sein. Sie weiß, daß Beziehungen da, wo keiner den anderen besitzen will, wachsen und gedeihen, ein gefangener Schmetterling aber schnell stirbt.

Die kosmische Frau weiß, wann sie eine Beziehung aufgeben muß. Sie akzeptiert, daß alle Dinge von Zyklen beeinflußt werden. Ist ein Kreislauf abgeschlossen, versucht sie nicht, sich festzuklammern. Sie erkennt, daß es zerstörerisch ist, etwas zu erzwingen und sich gegen den Kreislauf zu stemmen.

Die kosmische Frau umgibt sich mit Menschen, die in einem Veränderungs- und Wachstumsprozeß stehen. Sie hat wenig Zeit für die anderen, die im alten Trott steckengeblieben sind. Ihr Magnetismus zieht liebende und anteilnehmende Menschen an. Sie scheut nicht vor der Verantwortung zurück, sie zu lieben. Erst in Not und Unglück zeigt sich, wer sie wirklich ist. Beides ist ihr Herausforderung.

KINDHEIT

Das kosmische Kind mag viel Zeit mit älteren Menschen verbringen. Es kann Freundschaften mit ihnen schließen, oft auf Kosten ihrer Altersgenossen. Es möchte soviel wie möglich von ihrem Wissen aufnehmen und hat tausend Fragen, die eines Erwachsenen würdig wären. Seine Eltern mögen den Kopf schütteln und wünschen, es würde mehr mit Puppen und Bauklötzen spielen.

Das kosmische Kind kann allein sein. Die Eltern allerdings werden sich Sorgen machen und nicht verstehen, daß es nicht wie andere Kinder spielt.

Ideal sind die Eltern, die die Individualität des kosmischen Kindes respektieren. Es denkt von sich wie von einer Erwachsenen. Die Kindheit ist oft eine lästige, unangenehme Zeit für sie. Sie hat Gedanken und Ansichten, die den meisten jungen Frauen niemals kommen. Sie braucht viel Raum und Verständnis, um sich entwickeln zu können. Wenn sie die Achtung und Liebe findet, die ihr ihrer Meinung nach zustehen, ist sie ein Muster an Anstand. Wenn nicht, kann sie aufsässig und gereizt oder auch in sich gekehrt sein. Das kosmische Kind ist eine Aufgabe, aber eine lohnende.

Sie hat keine genauen Vorstellungen von dem, was sie werden will, wenn sie groß ist.

Versuchen Sie nicht, sie wie ein Schoßhündchen zu behandeln. Sie wird Ihnen deutlich zu verstehen geben, daß sie ein Mensch ist und mehr braucht, als nur gefüttert zu werden. Selten vertrödelt sie ihre Zeit. Sie ist in höchstem Maße kreativ.

Das kosmische Kind wird viele Dinge beginnen, die über die normalen Fähigkeiten von Kindern hinausgehen. Und alles, was sie anfängt, wird von ihrer Phantasie, ihrem Spürsinn und Wissen zeugen. Sie arbeitet hart, und beendet, was sie begonnen hat.

Oft liegt ihren Tagträumen auch ein starker erotischer Zug zugrunde.

Das kosmische Kind gleicht einem Wunder, ist ein Erwachsener in einem Kinderkörper. Viele Erinnerungen an eine ferne Vergangenheit hat es mit in sein Leben gebracht. Es ist sehr intuitiv, fühlt und erfährt die Dinge auf unübliche Weise, und lebt ein erfülltes und vollständiges Leben.

LIEBHABER UND ANDERE VERTRAUTE

Die kosmische Frau behandelt ihre Freunde und Liebhaber mit Achtung und Höflichkeit. Sie nimmt Anteil, ist liebevoll und gebend, erkennt aber, daß auch sie Anteilnahme braucht und Liebe empfangen möchte. Niemals enthüllt sie alles, sondern bewahrt sich eine Aura von Geheimnis um sich, um ihre Beziehungen erregend und lebendig zu belassen. Aufmerksam hört sie zu, was einer ihr sagen möchte und untersucht jede Reaktion auf ihre offene oder versteckte Bedeutung.

Die kosmische Frau hält Kontakt, nimmt wirklich Anteil. Der, den sie meint, der weiß es. Ihre Achtung vor der Sexualität ist groß. Sie nutzt sie nicht als Tauschobjekt und sieht nicht einen Gebrauchsartikel, den man kaufen und verkaufen kann in ihr. Die kosmische Frau richtet sich so attraktiv wie möglich her, nicht, um die Sinne zu kitzeln, sondern um ihr Selbst zum Ausdruck zu bringen.

Für die kosmische Frau steht die Liebe im Mittelpunkt ihrer Beziehungen. Sie bemüht sich, verständnisvoll und sensibel auf die Bedürfnisse ihrer Lieben einzugehen. Sie hat ihr Leben vollkommen integriert und ein gesundes Gleichgewicht aller vier Elemente geschaffen: Sie handelt mit Inspiration (Feuer), sie fühlt und nimmt Anteil (Wasser), sie ist körperlich (Erde), und sie steht in Kommunikation und ist kooperativ (Luft). Daß sie dies alles mit Wohlwollen und echter Bescheidenheit tut, ist ein Zeichen für ihre kosmische Natur.

Die folgende Liste zeigt Mittel und Wege, wie die kosmische Frau ihre Liebesbeziehungen lebendig und vital erhalten kann:

1. Drängen Sie Ihren Geliebten nicht, er solle Ihnen sagen, daß er Sie liebt.
2. Werden Sie seine Freundin und Vertraute.
3. Verwöhnen Sie ihn, aber werden Sie nicht seine Dienerin.
4. Lassen Sie ihn wissen, daß Sie ihn begehren.
5. Machen Sie ihn stolz darauf, mit Ihnen zusammen zu sein.
6. Bewahren Sie Ihre Identität und Ihr eigenes unabhängiges Leben.
7. Behalten Sie Ihren Humor.
8. Bauen Sie Ihr Ich auf, indem Sie seine Stärken bekräftigen und seine Schwächen akzeptieren.
9. Seien Sie ehrlich, ohne destruktiv zu sein.
10. Vertrauen Sie Ihrem Mann, aber werden Sie nicht von ihm abhängig.
11. Erwarten Sie nicht, daß er Ihre Gedanken lesen kann, äußern Sie Ihre Bedürfnisse und Ihre Erwartungen klar und deutlich.
12. Lernen Sie seine Bedürfnisse kennen und versuchen Sie, sie direkt oder indirekt zu erfüllen.
13. Machen Sie die Freude zu einem Hauptanliegen der Beziehung.

14. Vermeiden Sie, Schuldgefühle zu verursachen und vermeiden Sie Schliche.
15. Lassen Sie sich nicht in traditionelle Sexualrollen drängen.
16. Seien Sie sowohl ein Fels in der Brandung als auch ein weicher, liebevoller Bettgefährte.
17. Führen Sie ihn erst allmählich in Ihren Freundes- und Familienkreis ein.
18. Verlangen Sie niemals mehr, als Sie geben können oder wollen.
19. Schaffen Sie eine Atmosphäre des Vertrauens und der Zuneigung.
20. Erwarten Sie, daß Ihre Beziehung sich ändert und entwickelt; geben Sie ihr und sich selbst viel Raum.
21. Teilen Sie die guten Zeiten mit ihm und lassen Sie ihn wissen, daß Sie bereit sind, auch die schlechten mit ihm zu teilen.
22. Versuchen Sie, sowohl Ihre als auch seine Stimmungsschwankungen vorauszusehen.
23. Nehmen Sie ihn niemals als selbstverständlich.
24. Lernen Sie, Ihren Ahnungen zu vertrauen und entsprechend zu handeln.
25. Erwarten Sie nur eins – das Unerwartete.

WAS FÜR EINEN MANN SIE HABEN MÖCHTE

Die kosmische Frau kommt am besten mit einem Mann aus, der seiner selbst sicher ist, unbeschwert liebt und ein Gefühlsmensch ist. Ihr Idealpartner muß so sensibel und gebefreudig sein wie sie selbst. Sie genießt seine Liebe und empfängt sie aufrichtig und mit einer Spur von Geheimnis. Er erkennt ihre Bedürfnisse und Phantasien, bevor sie sie ausspricht. Ihre Verbindung zu ihm ist so stark, daß sie kaum der Sprache bedarf. Er akzeptiert sie so, wie sie ist, bekräftigt sie in ihrem Lebensstil und hilft, ihr den Raum zu geben, in dem sie gedeihen kann.

Er ist intuitiv und empfänglich für ihre Schwingungen, so wie sie für die seinen. Sie gibt einem Mann den Vorzug, der einige jener Lektionen gelernt hat, die auch sie lernte, beide befinden sich dann auf vertrautem Gebiet. Es wird ihr nichts ausmachen, einen Mann zu unterweisen, den sie attraktiv findet, aber es ist eine Freude und ein Segen, wenn sie einen trifft, der schon gelernt hat.

Sie hat die Kunst gemeistert, Probleme in jeder Beziehung nur mit denen zu lösen, die davon betroffen sind. Sie ist ein freiheitsliebendes Wesen, das auch seine Unabhängigkeit respektiert. Sie vertraut darauf, daß sie und ihr Mann eine dauerhafte, liebevolle Bindung eingegangen sind, die nur auf selbstloser Liebe beruht.

Im Sexuellen ist sie vielseitig: Sie kann aggressiv und spröde, fraulich und kindlich, geduldig und standhaft sein. Sie ist sich ihrer sexuellen Natur bewußt und hat sie akzeptiert. Ihr Partner sollte ähnlich eingestellt sein. Sie erwartet von ihm, daß er sie liebt. Sie ist unschuldig, sicher und liebevoll, wenn sie verführt wird. Sie verführt mit dem gleichen Geschick.

Der Mann, der das Herz der kosmischen Frau erobert, muß bereit sein, zu berühren, zu liebkosen, zu weinen, zu debattieren, zu beruhigen, zu beschützen und zu ermutigen. Niemals soll er mit ihr in Wettbewerb treten. Er spiegelt ihr androgynes Wesen so wie sie das seine. Er ist flexibel und offenherzig. Er erwidert ihre Bewunderung, Zuneigung und Bestätigung in vollem Ausmaß. Er läßt sie an seiner Entwicklung teilhaben und ermutigt sie, wenn sie sich entwickelt und Entdeckungen macht. Er nimmt unmittelbar an dem Zwiegespräch teil, das sie mit sich selbst führt. Er ist offen und ehrlich mit ihr, so wie sie mit ihm. Er ist im wahrsten Sinne des Wortes ein kosmischer Mann.

Die Sexualität der kosmischen Frau

Die kosmische Frau ist eine Seele, die einen Körper trägt. Sie akzeptiert ihre Sexualität als Tatsache, als einen der natürlichsten und grundlegendsten Bestandteile ihres Lebens. Sie ist aus ihrer geistigen Amnesie erwacht und nicht mehr an den Körper gebunden. Sie fühlt sich wohl mit ihrer Sexualität.

Die kosmische Frau benötigt keine Tests, denn sie hat bereits gefunden, was sie sucht. Sie kann gemächlich vorgehen, bis sie jemanden entdeckt, mit dem sie eine bedeutungsvolle Beziehung und eine bedeutungsvolle erotische Verbindung eingehen kann.

Sie sucht nach anderen multidimensionalen Menschen, mit denen sie sich einig weiß. Bei ihnen bedarf es nicht all dieser eindimensionalen Katz- und Maus-Spiele. Die meisten Menschen existieren nur auf der körperlichen Ebene, und allein danach ist ihr Leben orientiert, allein auf der Suche nach Macht und Prestige, nach Genuß und noch mehr Genuß. Das Ego braucht ständig Futter, all das kennzeichnet den eindimensionalen Menschen. Die kosmische Frau sucht einen höher entwickelten Typ.

Sie kennt die Gefahr, in der männlichen Welt ihr männliches Selbst finden zu wollen, nur zu gut. Nur wenige Männer haben ihre weibliche Seite entwickelt und stehen der Welt der Psyche und Liebe aufgeschlossen gegenüber. Sie mußte einige männliche Eigenschaften erwerben, um in einer Welt der Männer nicht verloren zu sein. Jetzt sucht sie Männer, die sich ihres multidimensionalen Wesens ebenfalls bewußt geworden sind, die das Weibliche nicht anbeten, sondern es sich zu eigen gemacht haben und es in ihrem eigenen Leben erkennen.

Das Sexualleben der kosmischen Frau hat oft scheinbar magische Aspekte. Sie fühlt sich von Männern angezogen, zu denen eine Beziehung so spontan entsteht, als wäre sie ihnen schon einmal begegnet. Derlei Kontakte geben ihr die Gewißheit, schon zuvor gelebt zu haben. Sie erkennt, wie die Muster sich wiederholen. Die Männer in ihrem Leben haben ähnliche Eigenschaften. Die Situationen im Zusammenleben wiederholen sich. Es ist, als nehme sie Beziehungen wieder auf, die in einem früheren Leben abgebrochen wurden.

Die kosmische Frau hat die Lektionen ihrer Stier-Phase gut gelernt und liebt, ohne besitzergreifend zu sein. Sie läßt ihrem Partner seine Freiheit und erwartet nicht mehr, als der andere geben kann. Sie kann positive Erfahrungen akzeptieren und die negativen vorüberziehen lassen.

Für die kosmische Frau ist die Sexualität kein Schlachtfeld mehr, wo ein Körper den anderen zu kontrollieren versucht. Sex dient nicht mehr zur Manipulation, dazu, Macht oder Überlegenheit zu erlangen. Er ist einfach eine Ergänzung des Lebens.

Es gibt zwei Schlüsselworte zum Verständnis der kosmischen Sexualität. Das eine ist *natürlich*. Die kosmische Frau betrachtet die

Sexualität als eine in der körperlichen Welt natürliche Angelegenheit. Und hier hält sie Ausschau nach Qualität. Sie hat die Prüderie ihrer Jungfrau-Phase hinter sich gelassen und akzeptiert die Sexualität als eine der Freuden der Natur. Ihre körperliche Kraft setzt sie vernünftig ein, sie hält nichts davon, die Gaben der Natur zu verschwenden.

Das andere Schlüsselwort ist *Unschuld*. Die Schuldgefühle, die mit der Sexualität verbunden werden und so vielen ihrer Schwestern ein Bein stellen, hat sie hinter sich gelassen. Sie verursacht auch bei ihren Sexualpartnern keine Schuldgefühle. Obwohl sie sich ihrer subtilen Energien sehr bewußt ist, verweist sie die Sexualität auf die körperliche Ebene. Sie empfindet keine Schuld über einen so natürlichen und befriedigenden Akt.

Die kosmische Frau erlebt die Sexualität auf verschiedenen Ebenen. Sie fühlt sich körperlich wohl dabei, ist befriedigt durch die Nähe, die Freisetzung der körperlichen Energie. Sie genießt das Berühren und Halten, die Zuneigung, wie sie eine enge geistige und körperliche Verbindung glücklich macht. Sie vertraut ihrem Geliebten. Sie vertraut ihm ihren Körper an und erkennt, daß einer den anderen versteht.

FRÜHE EROTISCHE ERFAHRUNGEN

Sehr früh schon akzeptiert die kosmische Frau die Sexualität als einen natürlichen Bestandteil des Lebens und integriert sie meist schon als Kind in ihr Leben. Auch für multidimensionale Begegnungen ist sie schon in sehr viel jüngeren Jahren bereit als ihre Altersgenossinnen. Sie hat schon früh sexuelle Beziehungen, ist aber meist enttäuscht, weil sie einseitig und fade sind. Daß irgend etwas fehlt, fühlt sie, aber es braucht seine Zeit bis sie herausfindet, was eigentlich es ist.

Wenn sie ihre wahren Gefühle von ihren emotionalen Reaktionen trennen kann, wird sie besser mit ihrer Sexualrolle als multidimensionaler Mensch in einer eindimensionalen Welt fertig.

Es kann lange dauern, bis das kosmische Kind erwachsen ist, denn es hat eine Unmenge von Lektionen zu erlernen. Verwirrt davon, daß die Dinge nicht so sind, wie sie sein sollten, ist es mühsam für sie, das anscheinend Paradoxe, das sie umgibt, zu akzeptieren und damit umzugehen. Erst dann, wenn sie wahrhaft lieben kann, klären sich die Dinge.

WAS SIE FÜR EINEN LIEBHABER BRAUCHT

Die kosmische Frau ist eine integrierte, multidimensionale Frau, die sowohl den Tierkreis als auch die kosmische Ebene durchschritten hat. Ihre Bedürfnisse sind grundlegend und natürlich.

In ihren erotischen Verbindungen offenbart sich ganz offensichtlich die ehrliche und nüchterne Art, mit der sie grundsätzlich ihre Beziehungen eingeht. Wenn es um ihre eigenen Bedürfnisse, die ihres Liebhabers oder um gemeinsame Bedürfnisse geht, ist sie realistisch. Sie erwartet keine Wunder, häufiger bewirkt sie sie.

Braucht ihr Liebhaber eine Schulter, sich auszuweinen, sie ist da und erwartet, daß umgekehrt auch er für sie da ist. Die individuelle Äußerung der Sexualität gehört für sie zu den Menschenrechten. An Tauschhandel, Austausch, daran, daß man seine Menschenrechte aufgeben kann, um Befriedigung und Anerkennung auf anderen Gebieten zu erlangen, glaubt sie nicht. Gibt ihr Liebhaber jedoch zu erkennen, daß Gefühle und erotischer Ausdruck wesentlich für ihn sind, wird sie das Sexual-Seminar mit grenzenloser Hoffnung und mit Optimismus abhalten.

Die Sexualität erlebt sie auf unterschiedlichster Ebene. Sie ist zu jedem Sexualakt, den man sich vorstellen kann, fähig. Sie hat Verständnis für traditionelle Position ebenso wie für Sadomasochismus, und wird die Technik anwenden, die ihr und ihrem Liebhaber das höchste Vergnügen bereitet – und ganz gleich, wie und wann es sein wird, sie wird es mit aller Liebe tun, die sie aufbringen kann. Wenn sie das kosmische erotische Erlebenis, das sie braucht, wünscht und erahnt, bei einem Liebhaber nicht findet, wird sie ihre Suche unverzagt fortsetzen. Sie wird nach dem Höchsten, dem Besten, nach dem Liebhaber suchen, mit dem sie das Leben wirklich teilen kann – und sie wird dabei realistisch vorgehen. In ihrer Zwillinge-Phase hat sie gelernt, daß eine realistische Einstellung zu ero-

tischen Erwartungen und sexuellen Erfahrungen zu wahrer Befriedigung führt. Sie ist nicht ohne Phantasie, läßt sich aber von ihren
Phantasien nicht zu törichten Erwartungen hinreißen, die in Wirklichkeit nicht zu erfüllen sind.

Der Ärger der kosmischen Frau

»Wenn du dich ärgerst, konzentriere dich nicht auf den Menschen,
der deinen Ärger verursacht. Belasse ihn an der Peripherie, sonst
wirst du dich nur noch mehr ärgern. Fühle den Ärger ganz, laß ihn
innerlich geschehen. Rationalisiere nicht, sag nicht: ›Dieser Mann
hat den Ärger verursacht‹. Verurteile den Mann nicht. Er ist nur die
Situation geworden. Und sei ihm dankbar, denn er hat geholfen,
etwas aufzudecken, das verborgen war. Er hat irgendwo hinge-
schlagen, wo eine Wunde versteckt war. Jetzt weißt du es, also
werde die Wunde.
Der Ärger wird vergehen.«*SHAGWAR SHREE RAJNESH*
Tantra-Spiritualität und Sexualität

Die kosmische Frau vermag den Reichtum und die Tiefe ihres Ge-
fühlslebens besonders zu schätzen. Sie erfährt Ärger, Liebe, Freude, Verzweiflung und Ungeduld. Sie erkennt die vielfältigen Energien, die sie durchströmen und behindert den Strom nicht, sondern
begrüßt ihn als Zeichen oder Feedback ihrer Reaktionen auf die
Vorgänge in ihrer Umgebung. Niemals nutzt sie ihre Gefühle, um
einem anderen bewußt zu schaden, sondern schafft stattdessen positive Veränderungen.
Die kosmische Frau kann sich ärgern über Ungerechtigkeit, wenn
die Rechte anderer verletzt werden, es zu sinnloser körperlicher
Grausamkeit kommt, oder wenn Möglichkeiten kaum genutzt oder
gar nicht verwirklicht werden.
Sie läßt sich auf einen sinnlosen Wettbewerb nicht ein und spielt
niemals Rollen. Sie ist offen, ehrlich und vorurteilslos. Die Frustration, die entsteht, wenn einer seinen Ärger verleugnet, hat sie kennengelernt und auch die Schwäche, die darin liegt, noch immer
dem, »was brave kleine Mädchen tun«, nachkommen zu wollen.

Die kosmische Frau hat sich gründlich mit der Stellung der Frau in unserer Gesellschaft auseinandergesetzt (im Grunde eine Krebs-Rolle) und mit der Löwen-Rolle der Männer. Sie kennt den ungesunden und unproduktiven Konkurrenzkampf der Frauen – was Wirkung und Erfolg in der Wissenschaft, im Sport, in der Kinderbetreuung und im Besitz anbetrifft, sowie die – ganz und gar unbekömmliche – Einstellung: »Ich bin nicht so gut wie ein Mann.« Das führt zuweilen zu einer aggressiven Haltung als Überkompensation für die weibliche Seite ihres Wesens. Daraus sind unrealistische Zielsetzungen entstanden und ein schwaches Selbstvertrauen.

SELBSTACHTUNG

Die kosmische Frau ist nicht Produkt ihrer Umgebung, sondern Produkt ihrer inneren Entwicklung. Sie hat die engen Grenzen der Gesellschaft überwunden und ist darüber ganz geworden. Sie liebt sich selbst und kann ihre Gefühle in jeder Situation und unter allen Umständen ausdrücken. Ihre Selbstliebe scheint liebende Kräfte freizusetzen, die sie selbst noch in Augenblicken des Ärgers verströmt.

Selten kritisiert sich die kosmische Frau nachträglich, denn sie erkennt, wie unsinnig es ist, jede Entscheidung in Frage zu stellen, jede Bewegung in Selbstzweifel zu analysieren. Die kosmische Frau läßt sich ihren Spaß nicht nehmen, sie geht Vergnügungen nach und ist auf den verschiedensten Gebieten tätig. Sie verdient es, sich über das Leben und sich selbst zu freuen – und sie tut das auch.

Der Lebensstil der kosmischen Frau

Unsere traditionelle Lebensweise gefällt der kosmischen Frau genauso wie die Alternativen. Sie lebt ein verwirklichtes Leben, und wenn das bedeutet, daß sie in einer Kommune, in offener Ehe, einer Gruppenehe oder allein lebt, so ist sie dazu fähig. Sie weiß sich im Einklang mit ihren Energien und auch, daß diese Energien vielleicht nicht in herkömmlichen Gemeinschaften anzutreffen sind. Sie macht sie sich zu eigen, wenn sie ihnen begegnet, und wenn sie alles aus ihnen gelernt hat, lenkt sie ihre Kräfte zur nächsten Stufe. Das oft sinnlose Chaos alternativer Lebensstile kann unter ihrer leitenden Hand Ordnung und Richtung gewinnen. Sie hat die fast unheimliche Fähigkeit, Verwirrungen und Machtkämpfe zu durchschauen und instinktiv zu fühlen, was die daran Beteiligten suchen, brauchen und ersehnen. Ihre Kraft hilft anderen, ihre Träume zu verwirklichen.

Ihre Intuition bewahrt die kosmische Frau vor Illusionen, die weniger bewußte Menschen zu alternativen Lebensstilen verleiten. Sie weiß, was sie erwarten kann, wenn sie unbekanntes Gebiet erforscht, sie erkennt den Wahn utopischer Träume. Ihre Träume sind auf Beton und positiven Indikatoren begründet. Sie weiß, daß es schwierig ist, Kommunen zu gründen, daß sie durch Egoismus, Faulheit und Machtkämpfe zerfallen können. Also sucht sie derlei Pläne mit festen Überzeugungen und vernünftigen Erwartungen zu realisieren. Sie leitet an, inspiriert. Es macht ihr Freude, anderen zu helfen, Frieden, Selbsterfüllung und Selbstverwirklichung zu finden. Dabei ist sie ein geduldiger Mensch, der weiß, daß Veränderungen bevorstehen, die aber ihre Zeit brauchen. Genauso, wie sie die forcierten Meinungen und Haltungen anderer ablehnt, lehnt sie es auch ab, Angelegenheiten zu erzwingen, die ein behutsames Vorgehen erfordern. Obwohl sie selten das Gefühl hat, daß der Tag genug Stunden, die Woche genug Tage, der Monat genug Wochen und das Jahr genug Monate habe, um all das zu erleben, von dem sie weiß, daß es sie erwartet, überstürzt sie nichts. Jeder lernt seine Lektion auf der ihm gemäßen Stufe, und ehe einer nicht bereit ist, Veränderungen anzuerkennen und sich auf sie einzustimmen, werden selbst die Kräfte des Kosmos die Dinge nicht beschleunigen.

Bisexualität und Homosexualität liegen sicher im Erfahrungsbereich der kosmischen Frau. Es ist wahrscheinlich, daß sie zu irgendeiner Zeit ihres Lebens eine intime sexuelle Beziehung zu einer anderen Frau hat. Obwohl Homosexualität exklusive sexuelle Orientierung und gefühlsmäßige Bevorzugung eines gleichgeschlechtlichen Partners nahelegt, gibt die Androgynie der kosmischen Frau einen neuen Rahmen für gleichgeschlechtliche Beziehungen ab. Sie hat das vollkommene Gleichgewicht zwischen ihrer männlichen und ihrer weiblichen Seite erreicht. Wenn sie sich dafür entscheidet, ihr Leben mit einer anderen Frau zu teilen, kann man überzeugt sein, daß auch dieser Mensch in Harmonie mit sich selbst lebt.

Ihr starkes androgynes Gefühl bewahrt die kosmische Frau davor, sich in Beziehungen und Lebensstile zu verstricken, die ihre angeborene Sympathie für die Frau unterdrücken. Nahezu bis in unsere Tage wurden die Frauen auf Positionen verbannt, die *nur* das Löwe-Bild verstärkten, das für Leben und Geist des Mannes in unserer Gesellschaft steht. Die kosmische Frau wird sich zu diesem Mißbrauch menschlicher Gaben nicht hergeben und versuchen, auch hier Veränderungen zu bewirken.

Zusammenfassung

Die kosmische Frau hat ihren Platz im Leben für sich und ihre Lieben gestaltet. Gelassen verbindet sie Neues mit Überliefertem. Sie ist interessiert, sie liebt, sie äußert sich, sie hat Gefühle, Ideale, ist unabhängig; sie lebt ihr Leben frei von Schuldgefühlen und das Leben einer erfüllten und verwirklichten Frau.

Das Wassermann-Zeitalter, das Erwachen eines neuen Bewußtseins trägt sie, und sie respektiert es, respektiert sich selbst und die anderen. Sie ist eine Frau, die mit ihrer Sensibilität, ihrem Feingefühl umzugehen weiß, daß sie beides weitergeben und mit anderen teilen kann, ohne Angst, beides zu verlieren.

Ein Nachsatz

Judith Bennett stand im Begriff, das vorliegende Buch abzuschließen, als sie auf dem Weg zu einem Treffen des amerikanischen Buchhändler- und Verlegerverbandes, wo sie über ihr Buch sprechen wollte, bei einem Flugzeugabsturz ums Leben kam. Daraufhin haben sich einige ihrer engsten Freunde und Kollegen – Menschen, die sich seit Jahren mit Judith Bennetts Arbeit beschäftigt haben – zusammengetan, um das Buch in ihrem Sinne fertigzustellen:

Joan Bowman hat bei den Abschnitten über Ärger und Lebensstile geholfen.

Gerry Born hat an den Kapiteln über die Persönlichkeit, über Beziehungen und Sexualität mitgearbeitet und war für die Koordination innerhalb der Gruppe verantwortlich.

Kenn Calhoun war so begeistert von dem Buch, daß er sich zur Mitarbeit an einigen Abschnitten über Lebensstile und Sexualität bereiterklärte.

Jeanette Koshut hat das Kapitel über die Schütze-Frau beendet und kritisch eingegriffen, wo es erforderlich war.

Cheryl Storm hat beim Schreiben mitgearbeitet und für das Buch recherchiert.

Leseprobe aus
BASTEI-LÜBBE-TASCHENBUCH Band Nr. 66 055

Susanna Hoffmann

22 MÄNNERTYPEN
UND WIE MAN IHNEN BEIKOMMT

*Ein ernst-heiterer Ratgeber für alle Frauen, die es satt
haben, ihr blaues Wunder zu erleben*

Die Idee zu diesem etwas ungewöhnlichen »Leitfaden«
kam mir eines Tages, als ich darüber nachgrübelte,
warum meine Freundinnen und ich immer und immer
wieder in unglückliche und absurde Liebesgeschichten
schlitterten. Menschen lernen doch auch auf anderen
Gebieten aus Erfahrungen, von anderen Menschen, aus
Büchern. Warum nur hier nicht? Warum machen wir
Frauen immer wieder die gleichen schmerzhaften und
frustrierenden Erfahrungen mit Männern? Warum können wir nicht aus den Erfahrungen anderer lernen?
Warum haben wir keine einschlägigen Ratgeber, die uns
warnen, lenken und Sicherheit geben?

Und so entstand dieses Buch. Mir ist natürlich völlig
klar, daß die Probleme der Mann/Frau-Beziehung so alt
sind wie Adam und Eva und daß sie sich auch nicht
grundlegend ändern werden. Aber wenn man weiß, was
einem blüht, wenn man vorgewarnt ist, muß man ja
nicht unbedingt jede aussichtslose Straße selbst ausprobieren. Und wenn man dennoch einen schwierigen Weg
einschlägt, dann tut man es wenigstens in voller Kenntnis der Gefahren.

Da ich von Haus aus Wissenschaftlerin und Anthropo-
login bin, lag es natürlich nahe, systematisch vorzuge-
hen. Und so kam ich darauf, die Spezies Mann in seine
am häufigsten auftretenden Erscheinungsformen einzu-
teilen und damit ein »Männerbestimmungsbuch« zu
schaffen, das handlich, leicht faßlich und zu sofortigem
Gebrauch bestimmt ist. Ich habe versucht, die geläufig-
sten Männertypen zu durchleuchten, darzustellen und
mit Gebrauchsanleitung zu versehen. Selbstverständlich
ist natürlich jeder Mann ein ganz spezieller Mann, ein

vielschichtiges Individuum und einzigartig (auch für die Frau!). Aber so, wie man Musik, Bücher und Kunstwerke in bestimmte Kategorien einordnen kann, kann man auch die verschiedenen männlichen Typen mehr oder minder akkurat klassifizieren. Einige Typen werden Ihnen, verehrte Leserin, mißfallen, von anderen werden Sie sich dagegen angezogen fühlen. Für die einen mag ein bestimmter Typ nur für ein gewisses Stadium ihres Lebens der einzige richtige sein, für die anderen für ein ganzes Leben.

Was ich in diesem »Ratgeber« versucht habe, die verschiedenen Typen zu charakterisieren, und zwar ihre jeweiligen Verhaltensweisen, ihre Einstellung zu Familie, Geld und Sex, und dies alles in der Hoffnung, meinen Mitschwestern dabei zu helfen, das komplizierte Zusammenspiel der Geschlechter etwas zu vereinfachen.

Mein »Handbuch« soll dabei helfen, das jeweilige »Studienobjekt« kühl und abwägend unter die Lupe zu nehmen. Warum? Weil Ihnen das eine gewisse Freiheit der Wahl verschafft. Schließlich konsultieren Sie ja auch Reiseprospekte, bevor Sie Urlaub machen, um zu sehen, ob Ihnen der Zielort überhaupt zusagt.

Sie können dieses Buch als eine Art Straßenkarte menschlicher Beziehungen betrachten, die Sie über Sackgassen und Schnellstraßen, Feldwege und Landstraßen, Umleitungen und Kurven führen wird. Sie entstand aufgrund eines langen Studiums von vielen, vielen verschiedenen Männern. Kein Mann wird allerdings in allen Einzelheiten mit diesen Porträts übereinstimmen, aber in den dominierenden Grundzügen werden Sie den jeweiligen Vertreter seines Typs doch schnell wiedererkennen.

Ich habe in jedem Kapitel auch die verwandten Typen mit angegeben, aber natürlich gibt es noch eine Menge anderer Kombinationen, die herauszufinden ich der Phantasie meiner Leserinnen überlasse; denn dieses Buch will nicht nur gelesen werden, sondern soll auch zum Mitdenken anregen.

Natürlich geschieht es oft, daß Männer mit fortschreitendem Alter oder durch Erfolg (oder Mißerfolg) den Typ ändern. Zum Beispiel legt sich der zuckersüße Gummibonbon-Typ oft die Hinterhältig-Überlegene-Masche zu, oder der heimlich Überlegene kann sich, vom Erfolg beflügelt, zum Möchtegern-Großmogul mausern. Andererseits gibt es Typen wie der schillernde Schnorrer oder die eingebildete Ausnahme, die keiner Entwicklung fähig sind, ganz einfach, weil sie zu faul sind, um Erfolg zu haben, oder weil sie ewig verzogene Kinder bleiben.

Vielleicht spiegeln sich in meinem Buch gewisse Vorurteile meines Alters (Mitte Dreißig) und meiner Herkunft (bürgerlich) wider. Aber zu seinem größten Teil resultiert es aus der Zusammen- und Forschungsarbeit mit Frauen und Männern aller Altersklassen und Umstände. Meine Männertypen mögen sich von denen der vergangenen oder kommenden Generation etwas unterscheiden, aber nicht grundlegend. Sie werden sich mehr oder minder gleich bleiben, zumindest für die nächsten vierzig Jahre, und sie werden im Leben der Frauen aller Nationen eine Rolle spielen: Als Ehemänner, Liebhaber, Freunde, Feinde, Vorgesetzte, Untergebene und politische Führer.

Ich wage von mir zu behaupten, eine kritische, aber großzügig denkende Frau zu sein, vor allem aber eine Frau, die Männer durchaus schätzt. Ich habe dieses Buch nicht für Frauen geschrieben, die schon im ersten Moment mit einem Mann ins Bett fallen. Ich habe es vielmehr für Frauen geschrieben, die Sex als einen Teil der Partnerschaft betrachten und die eine echte Beziehung mit einem Mann anstreben. So geht es auch nicht auf flüchtige Zufallsbekanntschaften ein. Ich habe nichts gegen Abenteuer für eine Nacht, aber ich glaube doch, daß die meisten Frauen irgendwann in ihrem Leben mehr als das wollen.

Meine Durchleuchtung der verschiedenen Aspekte der

männlichen Psyche ist für Frauen gedacht, die ein harmonisches Zusammenleben anstreben, die sich Freundschaft und ein gemeinsames Erleben von Gefühlen wünschen – ob für Monate oder Jahre spielt dabei keine Rolle.

Mein Thema ist der Mann. Das könnte zu dem Mißverständnis und der Überzeugung führen, nur der Mann sei der ausschlaggebende Faktor in einer Beziehung, was natürlich überhaupt nicht zutrifft. Selbstverständlich tragen Frauen genausoviel zu der Art einer Beziehung bei – können sogar tonangebend sein, Reaktionen provozieren, die emotionellen Akzente setzen. Aber viele Frauen verhalten sich immer noch so, als seien die Männer Alleinherrscher über ihr Geschick – und gegen diese doch recht illusorische Vorstellung richtet sich einiges in diesem Buch.

Zuweilen könnte meine »Typologie« auch den Eindruck erwecken, daß Männer bewußt und absichtlich so handeln, wie sie es nun einmal tun. Das ist von mir natürlich in keiner Weise beabsichtigt. Zugegeben, gelegentlich rechnet ein Mann die Konsequenzen seiner Handlungen bewußt bis in alle Einzelheiten aus, aber das ist nicht mein Thema. Ich schreibe über die tief verwurzelten, unbewußten Verhaltensweisen des Mannes.

Dies ist ganz und gar kein männerfeindliches Buch – im Gegenteil. Es ist ein Leitfaden für Frauen, die Männer brauchen (so wie ich selbst!), die aber begriffen haben, daß sich die weibliche und männliche Rollenverteilung in unserer Zeit weitgehend verschoben hat, und die gleichzeitig wissen, daß die Männer das gleiche wollen wie die Frauen, nämlich: eine herzliche und intime Beziehung. Meine Typisierungen sollten treffend sein, aber beißend sind sie nicht gedacht. Denn mein Wunsch und Ziel ist es ja, Frauen *und* Männern zu helfen. Und wenn Sie mich nun fragen, ob es sich überhaupt lohnt, der Liebe noch einmal eine Chance zu geben, dann ist meine Antwort: Ja! Man hat oft den Eindruck, der einzige Weg, in einer Beziehung nicht zu leiden, sei einfach nein zu sagen, und daß der Partner, der sich verweigert, alle Trümpfe in der Hand hält. Aber das Neinsagen ist nur ein Scheinsieg, denn jede ungenutzte Gelegenheit ist letzten Endes ja doch ein Verlust. Sicherlich, mit jeder Bindung, die Sie eingehen, verlieren Sie einen Teil Ihrer Unabhängigkeit, aber andrerseits eröffnen sich Ihnen auch neue Horizonte. Und vergessen Sie nicht: Nein kann man auch später noch sagen.

Natürlich gibt es Männer, die Sie meiden sollten, weil sie für eine engere Bindung definitiv ungeeignet sind. Ich werde Ihnen diese Typen genau beschreiben, und wenn Sie ihnen begegnen, dann sagen Sie sofort nein. Falls Sie sich jedoch nicht ganz sicher sind, was Sie von einem bestimmten Mann, von der Liebe und von einer Beziehung erwarten – oder was Sie über sich selbst herausfinden wollen –, dann probieren Sie auch diesen Typ aus. Die Liebe hat einen hohen Preis, aber die Einsamkeit einen noch höheren.

Ende der Leseprobe